Kotlin
IN ACTION
2/e

KOTLIN IN ACTION, 2nd edition by Roman Elizarov, Svetlana Isakova, Sebastian Aigner, and DmitryJemerov

Korean edition copyright ⓒ 2025 by 에이콘 Publishing Company. All rights reserved.
Authorized translation of the English edition ⓒ 2024 Manning Publications.
This translation is published by an sold by permission of Manning Publications.
the owner of all rights to publish and sell the same.

이 책의 한국어판 저작권은 대니홍 에이전시를 통한 저작권사와의 독점 계약으로 에이콘출판(주)에 있습니다.
저작권법에 의해 한국 내에서 보호를 받는 저작물이므로 무단 전재와 복제를 금합니다.

Kotlin
IN ACTION
2/e

**코틀린 컴파일러 개발자가
직접 알려주는
코틀린 언어 핵심**

세바스티안 아이그너 · 로만 엘리자로프
스베트라나 이사코바 · 드미트리 제메로프 지음

오현석 옮김

에이콘

 에이콘출판의 기틀을 마련하신 故 정완재 선생님 (1935-2004)

| 1판에 쏟아진 찬사 |

"매닝 출판사의 다른 모든 훌륭한 인액션 시리즈와 마찬가지로 이 책도 여러분이 빠르게 생산성을 높이기 위해 필요한 모든 내용을 알려준다."

— 서머스 솔루션즈^{Sumus Solutions}의 케빈 오르^{Kevin Orr}

"이 책을 읽으면 코틀린을 쉽고 재미있게 배울 수 있다."

— Info.nl의 필립 프라비카^{Filip Pravica}

"코틀린 전체를 다룬, 잘 쓰여진 읽기 쉬운 책이다."

— 넷스위트^{NetSuite}의 제이슨 리^{Jason Lee}

"코틀린 프로그래밍 언어의 개념과 패러다임에 대한 완전한 소개 가이드다."

— WWK 보험의 시스템 아키텍트인 로날드 티실리어^{Ronald Tischliar}

"코틀린은 재미있지만 실용적이며 모든 자바 프로그래머가 배워야 할 언어다. 이 책은 자바 프로그래머들이 코틀린을 배울 때 필요한 유일한 책이다."

— 패시픽 날리지 시스템즈^{Pacific Knowledge Systems}의 시니어 소프트웨어 엔지니어인 팀 레이버즈^{Tim Lavers}

"저자들은 코틀린을 깊이 알고 있고, 이 책은 그들이 자신들의 지식을 독자에게 명확히 전달할 수 있다는 사실을 확실히 보여준다."

— 스레드 코드[Shred Code]의 소프트웨어 개발자인 **딜런 스콧**[Dylan Scott]

"코틀린 언어를 배우기 시작할 때 적합하게 쓸 수 있는 완벽하면서도 특별한 책이다. 젯브레인즈의 코틀린 팀원인 훌륭한 개발자들에 의해 쓰여졌다."

— EL 패션[EL Passion]의 안드로이드 개발자인 **파월 가즈다**[Pawel Gajda]

| 지은이 소개 |

세바스티안 아이그너 Sebastian Aigner

젯브레인즈의 개발자 어드버킷이다. 정기적으로 콘퍼런스에서 강연을 하고, 코틀린 관련 주제에 대한 워크숍을 진행한다. 토킹 코틀린 Talking Kotlin 이라는 코틀린 팟캐스트의 주최자이며 공식 코틀린 유튜브 채널의 비디오를 제작하기도 한다. 코틀린 재단의 일원으로 코틀린 생태계가 지속적으로 성장할 수 있게 돕고 있다.

로만 엘리자로프 Roman Elizarov

젯브레인즈의 코틀린 프로젝트 리드로, 7년 동안 코틀린 언어의 리드 설계자 역할을 수행하면서 코틀린 언어 설계에 집중하고 있다. 이전에 최고의 증권 거래 중계업체에서 매초 수백만 건의 이벤트를 처리하는 고성능 트레이딩 시스템과 시장 데이터 제공 서비스를 개발했다. 젯브레인즈에서 코틀린을 개발하면서 코틀린 코루틴 설계와 코틀린 동시성 라이브러리 개발에 기여했다.

스베트라나 이사코바 Svetlana Isakova

코틀린 컴파일러 팀원이었으며 지금은 젯브레인즈의 코틀린 어드버킷이다. 전 세계의 여러 콘퍼런스에서 코틀린에 대해 강연하면서 코틀린을 가르치고 있다. 코세라 Coursera 의 『Kotlin for Java Developers』 코스의 공저자이며, 『아토믹 코틀린』(길벗, 2023)의 공지자이기도 하다.

드미트리 제메로프^{Dmitry Jemerov}

프로젝트 초기 개발자 중 한 명이며 계속 코틀린을 개발해왔다. 코틀린 언어 설계에 대해 잘 알고 있고 코틀린 언어를 설계할 때 내린 여러 결정의 이유도 잘 알고 있다. 젯브레인즈에 재직하면서 인텔리제이 IDEA의 코틀린 플러그인이나 코틀린 문서화 등의 여러 코틀린 관련 프로젝트에 참여했다.

| 감사의 글 |

무엇보다 새로운 언어를 만들자는 아이디어를 믿어주고 젯브레인즈의 자원을 투자하기로 결정한 세르게이 드미트리에프^{Sergey Dmitriev}와 막스 샤피로프^{Max Shafirov}에게 감사한다. 그들이 없었다면 코틀린 언어나 이 책 모두 세상에 없었을 것이다.

특별히 안드리 브레즈레프^{Andrey Breslav}에게 감사를 표하고 싶다. 코틀린에 대한 책을 쓰거나 코틀린으로 코딩하는 일이 즐거운 일이 된 데에는 그의 공이 가장 컸다. 안드리는 지속적으로 인원이 늘어난 코틀린 팀을 관리하면서도 이 책의 1판을 쓸 때 우리에게 매우 도움이 되는 조언을 해줬다. 그 사실에 깊이 감사한다.

이 책을 쓰는 동안 계속 우리를 도와주며, 읽기 쉽고 제대로 구조가 잡힌 책이 되게 힘써준 매닝 출판사 팀에게 감사한다. 특히 우리의 바쁜 일정에 맞춰 시간을 쪼개 내어준 개발 편집자 댄 마하리^{Dan Maharry}와 마리나 마이클스^{Marina Michales}에게 감사하며 마이클 스티븐스^{Michael Stephens}, 헬렌 스터기스^{Helen Stergius}, 케빈 설리반^{Kevin Sullivan}, 타파니 테일러^{Tiffany Taylor}, 엘리자베스 마틴^{Elizabeth Martin}, 마리아 튜더^{Marija Tudor}에게도 감사드린다. 추가로 이 책을 편집하는 데 도움을 준 모든 스탭에게도 감사드린다.

기술 리뷰어인 이고르 워즈다^{Igor Wojda}와 브렌트 왓슨^{Brent Watson}의 소중한 조언과, 책을 쓰는 과정에서 초고를 읽고 조언을 해준 리뷰어인 로버트 웨너^{Robert Wenner}, 알레산드로 캄피스^{Alessandro Campeis}, 아밋 람바^{Amit Lamba}, 안젤로 코스타^{Angelo Costa}, 보리스 바질^{Boris Vasile}, 브렌든 그레인저^{Brendan Grainger}, 칼빈 퍼르난데즈^{Calvin Fernandes}, 크리스토퍼 베일리^{Christopher Bailey}, 크리스토퍼 보르츠^{Christopher Bortz}, 코너 레드먼드^{Conor Redmond}, 딜런 스콧^{Dylan Scott}, 필립 프라비카^{Filip Pravica}, 제이슨 리^{Jason Lee}, 저스틴 리^{Justin Lee}, 케빈 오르^{Kevin Orr}, 니콜라스 프랑켈^{Nicolas Frankel}, 파웰 가즈다^{Pawet Gajda}, 로날드 티실리어^{Ronald Tischliar}, 팀 레이버즈^{Tim Lavers}에게 감사드린다.

또한 이 책을 MEAP 프로그램으로 진행하는 동안 피드백을 제공해주거나 이 책의 포럼에 글을 남겨준 여러 독자에게도 감사드린다. 여러분의 조언을 바탕으로 이 책을 더 향상시킬 수 있었다. 일레산드로 캄피스Alessandro Campels, 밥 레젠데즈Bob Resendes, 디디어 가르시아Didier Garcia, 하임 라만Haim Raman, 제임스 왓슨James Watson, 조아오 미구엘João Miguel, 피레스 디아스Pires Dias, 조르게 아즈키엘 보Jorge Ezequiel Bo, 마크 토킥Mark Kotyk, 샤리아르 안와르 박사Md. Shahriar Anwar, 미카엘 도트리Mikael Dautrey, 니틴 고드Nitin Gode, 피터 자보Peter Szabo, 필립 소렌센Phillip Sorensen, 라니 사림Rani Sharim, 리차드 메이슨Richard Meinsen, 세르지오 브리토스Sergio Britos, 시므온 레저존Simeon Leyzerzon, 스티브 프라이어Steve Prior, 월터 알렉산더Walter Alexander, 마타 로페즈Mata López, 윌리엄 모건William Morgan이 이런 독자들이다.

이 책을 쓰는 내내 "한 절 더 끝났음!"과 같은 일간 보고를 계속 들어야만 했던 모든 코틀린 팀원에게도 감사드린다. 이 책을 기획하고 초고를 쓰는 동안 도움을 준 여러 동료, 특히 일리야 리젠코프Ilya Ryzhenkov, 마이클 그루킥Michael Glukhikh, 일리야 고버노프Ilya Gorbunov, 브세브로드 톨스토피아노프Vsevolod Tolstopyatov, 드미트리 카란스키Dmitry Khalanskiy, 하디 하리리Hadi Hariri에게 감사드린다. 또한 항상 우리를 지원해주고(심지어 휴가기간에 스키 리조트에서까지) 본문을 읽고 피드백을 제공해준 친구 레프 세레브리코프Lev Serebryakov, 파벨 니코라에프Pavel Nikolaev, 일렉스 세민Alex Semin, 알리사 아포니나Alisa Afonina에게 감사한다.

마지막으로 우리 가족들과 고양이들에게 이 세상을 더 나은 곳으로 만들어준 것에 대해 감사한다.

| 옮긴이 소개 |

오현석(enshahar@gmail.com)

모빌리티42의 이사로 일하면서 매일 고객의 요청에 따라 코드를 만드는 현업 개발자다. 『코틀린 함수형 프로그래밍』(에이콘, 2023), 『코틀린 완벽 가이드』(길벗, 2022) 등 코틀린 서적을 여러 권 번역했고, 코틀린 외에도 『객체에서 함수로』(길벗, 2024), 『읽고 나면 진짜 쉬워지는 자료 구조』(길벗, 2024) 등 다양한 프로그래밍 언어와 프로그래밍 기술에 대한 책을 번역했으며, 『핵심 코틀린 프로그래밍』(에이콘, 2023)을 쓴 저자이기도 하다.

| 옮긴이의 말 |

이 책의 1판을 번역한 2017년에는 코틀린이 안드로이드에 본격적으로 쓰이기 시작했고 스칼라, 하둡 등을 통해 함수형 프로그래밍 개념이 슬슬 메인스트림 프로그래밍 언어 세상에 들어오던 시기였다. 그래서 1판의 '옮긴이의 말'에서는 관련 내용을 길게 설명해야 했다. 하지만 시간이 지나면서 안드로이드 프로그래밍에서는 코틀린이 확고히 자리 잡았고, 서버 프로그래밍에서도 코틀린을 사용하는 개발자나 회사가 많이 늘어났으며, 함수형 프로그래밍 개념도 어느 정도 확고히 자리 잡았으니 이제는 코틀린 언어의 특징이나 장점, 함수형 프로그래밍의 특징이나 장점을 굳이 설명할 필요가 없어졌다고 생각한다. 이 책을 집어든 개발자라면 코틀린이라는 이름을 듣고 그 언어의 매력에 빠져들 준비가 돼 있을 것이다.

코틀린은 이제 JVM에서 자바를 대신하는 더 나은 자바의 위치를 벗어나 자신만의 동시성 프로그래밍 프레임워크와 다중 플랫폼 지원을 통해 독자적인 프로그래밍 언어로서의 위치를 잡아가고 있다. 이 책을 통해 코틀린 언어의 기본적인 철학과 문법, 함수형 프로그래밍의 기초적 기법을 활용한 컬렉션 처리, 코틀린 언어의 DSL 지원 기능을 통한 내부 DSL과 풍부한 API 개발 방법, 코틀린 코루틴과 플로우를 통한 동시/병렬 프로그래밍을 배울 수 있다. 또한 JVM상에서 자바와 코틀린을 어떻게 함께 프로젝트에 활용할 수 있는지도 배울 수 있다. 이 책을 통해 튼튼한 코틀린 기초를 갖춘 개발자라면 향후 컴포즈 다중 플랫폼compose multiplatform을 통한 다중 플랫폼 앱 개발이나 스프링 등 자바 라이브러리를 통합한 클린 아키텍처 서버 개발 등 다양한 분야에 코틀린을 활용할 수 있을 것이다. 예를 들어 역자가 일하고 있는 (주)모빌리티42에서는 자체 코틀린 다중 플랫폼 라이브러리를 개발해서 서버(스프링 기반의 자체 서버 라이브러리와 내부 DSL을 활용한 데이터베이스 모델링), 웹(자바스크립트 + 자체 개발 컴포넌트 라이브러리), 컴포즈 데스크톱 등의 다양한 애플리케이션을 개발해 사용하고 있다.

아무쪼록 이 책을 통해 코틀린이 여러분 손에 착 달라붙는 제대로 깎은 방망이처럼 작업할 때 편하게 사용할 수 있는 도구로 자리 잡길 바란다. 그리고 코틀린을 통해 늘어난 생산성만큼 독자 여러분이 좀 더 여유 있는 저녁이 있는 삶을 누릴 수 있게 되길 빈다. 책이 나오기까지 도움을 주신 에이콘출판사 관계자 여러분께 감사드린다.

| 간단 목차 |

1부	코틀린 소개	39
	1장 코틀린이란 무엇이며, 왜 필요한가?	41
	2장 코틀린 기초	75
	3장 함수 정의와 호출	129
	4장 클래스, 객체, 인터페이스	171
	5장 람다를 사용한 프로그래밍	237
	6장 컬렉션과 시퀀스	277
	7장 널이 될 수 있는 값	313
	8장 기본 타입, 컬렉션, 배열	349
2부	코틀린을 코틀린답게 사용하기	383
	9장 연산자 오버로딩과 다른 관례	385
	10장 고차 함수: 람다를 파라미터와 반환값으로 사용	431
	11장 제네릭스	469
	12장 어노테이션과 리플렉션	525
	13장 DSL 만들기	571
3부	코루틴과 플로우를 활용한 동시성 프로그래밍	613
	14장 코루틴	615
	15장 구조화된 동시성	651
	16장 플로우	683
	17장 플로우 연산자	719
	18장 오류 처리와 테스트	739

| 차례 |

1판에 쏟아진 찬사 5
지은이 소개 7
감사의 글 9
옮긴이 소개 11
옮긴이의 말 12
들어가며 31

1부   코틀린 소개

1장   코틀린이란 무엇이며, 왜 필요한가?   41
    1.1   코틀린 맛보기 42
    1.2   코틀린의 주요 특성 44
        1.2.1   코틀린 용례: 안드로이드, 서버, 자바가 실행되는 모든 곳,
              그 외의 용도 45
        1.2.2   정적 타입 지정으로 인해 코틀린 성능, 신뢰성, 유지 보수성이
              모두 좋아진다 46
        1.2.3   함수형 프로그래밍과 객체지향 프로그래밍의 조합이 코틀린을
              안전하고 유연하게 한다 48
        1.2.4   코루틴을 쓰면 동시성, 비동기 코드를 자연스럽고 구조적으로
              사용할 수 있다 50
        1.2.5   코틀린을 모든 목적에 사용할 수 있다. 코틀린은 오픈소스이며,
              여러분의 참여를 환영한다 52
    1.3   코틀린이 자주 쓰이는 분야 53

		1.3.1	백엔드 지원: 코틀린 서버 프로그래밍	53
		1.3.2	모바일 개발: 안드로이드는 코틀린 우선이다	57
		1.3.3	다중 플랫폼: iOS, JVM, JS 및 그 외의 플랫폼에서 비즈니스 로직을 공유하고 코드 중복을 최소화하기	60

1.4 코틀린의 철학 61

	1.4.1	코틀린은 실용적인 언어다	61
	1.4.2	코틀린은 간결하다	62
	1.4.3	코틀린은 안전하다	64
	1.4.4	코틀린은 상호운용성이 좋다	66

1.5 코틀린 도구 사용 68

	1.5.1	코틀린 코드 설정과 실행	69
	1.5.2	코틀린 코드 컴파일	71

요약 73

2장 코틀린 기초 75

2.1 기본 요소: 함수와 변수 77

	2.1.1	첫 번째 코틀린 프로그램 작성: Hello, World!	77
	2.1.2	파라미터와 반환값이 있는 함수 선언	78
	2.1.3	식 본문을 사용해 함수를 더 간결하게 정의	80
	2.1.4	데이터를 저장하기 위해 변수 선언	82
	2.1.5	변수를 읽기 전용 변수나 재대입 가능 변수로 표시	84
	2.1.6	더 쉽게 문자열 형식 지정: 문자열 템플릿	86

2.2 행동과 데이터 캡슐화: 클래스와 프로퍼티 89

	2.2.1	클래스와 데이터를 연관시키고, 접근 가능하게 만들기: 프로퍼티	90
	2.2.2	프로퍼티 값을 저장하지 않고 계산: 커스텀 접근자	93
	2.2.3	코틀린 소스코드 구조: 디렉터리와 패키지	95

2.3 선택 표현과 처리: 이넘과 when 98

	2.3.1	이넘 클래스와 이넘 상수 정의	98
	2.3.2	when으로 이넘 클래스 다루기	100

	2.3.3	when식의 대상을 변수에 캡처	102
	2.3.4	when의 분기 조건에 임의의 객체 사용	103
	2.3.5	인자 없는 when 사용	105
	2.3.6	스마트 캐스트: 타입 검사와 타입 캐스트 조합	106
	2.3.7	리팩터링: if를 when으로 변경	110
	2.3.8	if와 when의 분기에서 블록 사용	112

2.4 대상 이터레이션: while과 for 루프 114
    2.4.1 조건이 참인 동안 코드 반복: while 루프 114
    2.4.2 수에 대해 이터레이션: 범위와 순열 115
    2.4.3 맵에 대해 이터레이션 117
    2.4.4 in으로 컬렉션이나 범위의 원소 검사 119

2.5 코틀린에서 예외 던지고 잡아내기 122
    2.5.1 try, catch, finally를 사용한 예외 처리와 오류 복구 123
    2.5.2 try를 식으로 사용 125

요약 127

3장 함수 정의와 호출 129

3.1 코틀린에서 컬렉션 만들기 130

3.2 함수를 호출하기 쉽게 만들기 132
    3.2.1 이름 붙인 인자 134
    3.2.2 디폴트 파라미터 값 135
    3.2.3 정적인 유틸리티 클래스 없애기: 최상위 함수와 프로퍼티 138

3.3 메서드를 다른 클래스에 추가: 확장 함수와 확장 프로퍼티 142
    3.3.1 임포트와 확장 함수 144
    3.3.2 자바에서 확장 함수 호출 145
    3.3.3 확장 함수로 유틸리티 함수 정의 145
    3.3.4 확장 함수는 오버라이드할 수 없다 148
    3.3.5 확장 프로퍼티 150

3.4 컬렉션 처리: 가변 길이 인자, 중위 함수 호출, 라이브러리 지원 152

		3.4.1	자바 컬렉션 API 확장 152
		3.4.2	가변 인자 함수: 인자의 개수가 달라질 수 있는 함수 정의 154
		3.4.3	쌍(튜플) 다루기: 중위 호출과 구조 분해 선언 155
	3.5	문자열과 정규식 다루기 157
		3.5.1	문자열 나누기 157
		3.5.2	정규식과 3중 따옴표로 묶은 문자열 159
		3.5.3	여러 줄 3중 따옴표 문자열 161
	3.6	코드 깔끔하게 다듬기: 로컬 함수와 확장 165
	요약	 169

4장 클래스, 객체, 인터페이스   171

	4.1	클래스 계층 정의 172
		4.1.1	코틀린 인터페이스 173
		4.1.2	open, final, abstract 변경자: 기본적으로 final 177
		4.1.3	가시성 변경자: 기본적으로 공개 181
		4.1.4	내부 클래스와 내포된 클래스: 기본적으로 내포 클래스 184
		4.1.5	봉인된 클래스: 확장이 제한된 클래스 계층 정의 188
	4.2	뻔하지 않은 생성자나 프로퍼티를 갖는 클래스 선언 191
		4.2.1	클래스 초기화: 주 생성자와 초기화 블록 191
		4.2.2	부 생성자: 상위 클래스를 다른 방식으로 초기화 196
		4.2.3	인터페이스에 선언된 프로퍼티 구현 199
		4.2.4	게터와 세터에서 뒷받침하는 필드에 접근 201
		4.2.5	접근자의 가시성 변경 204
	4.3	컴파일러가 생성한 메서드: 데이터 클래스와 클래스 위임 206
		4.3.1	모든 클래스가 정의해야 하는 메서드 206
		4.3.2	데이터 클래스: 모든 클래스가 정의해야 하는 메서드를 자동으로 생성 211
	4.4	object 키워드: 클래스 선언과 인스턴스 생성을 한꺼번에 하기 217
		4.4.1	객체 선언: 싱글턴을 쉽게 만들기 218

		4.4.2	동반 객체: 팩토리 메서드와 정적 멤버가 들어갈 장소 221

- 4.4.2 동반 객체: 팩토리 메서드와 정적 멤버가 들어갈 장소 221
- 4.4.3 동반 객체를 일반 객체처럼 사용 225
- 4.4.4 객체 식: 익명 내부 클래스를 다른 방식으로 작성 229

4.5 부가 비용 없이 타입 안전성 추가: 인라인 클래스 231

요약 234

5장 람다를 사용한 프로그래밍   237

5.1 람다식과 멤버 참조 238
- 5.1.1 람다 소개: 코드 블록을 값으로 다루기 238
- 5.1.2 람다와 컬렉션 240
- 5.1.3 람다식의 문법 242
- 5.1.4 현재 영역에 있는 변수 접근 249
- 5.1.5 멤버 참조 253
- 5.1.6 값과 엮인 호출 가능 참조 255

5.2 자바의 함수형 인터페이스 사용: 단일 추상 메서드 257
- 5.2.1 람다를 자바 메서드의 파라미터로 전달 259
- 5.2.2 SAM 변환: 람다를 함수형 인터페이스로 명시적 변환 260

5.3 코틀린에서 SAM 인터페이스 정의: fun interface 262

5.4 수신 객체 지정 람다: with, apply, also 266
- 5.4.1 with 함수 266
- 5.4.2 apply 함수 270
- 5.4.3 객체에 추가 작업 수행: also 273

요약 274

6장 컬렉션과 시퀀스   277

6.1 컬렉션에 대한 함수형 API 278
- 6.1.1 원소 제거와 변환: filter와 map 278
- 6.1.2 컬렉션 값 누적: reduce와 fold 282

	6.1.3	컬렉션에 술어 적용: all, any, none, count, find	286
	6.1.4	리스트를 분할해 리스트의 쌍으로 만들기: partition	289
	6.1.5	리스트를 여러 그룹으로 이뤄진 맵으로 바꾸기: groupBy	291
	6.1.6	컬렉션을 맵으로 변환: associate, associateWith, associateBy	293
	6.1.7	가변 컬렉션의 원소 변경: replaceAll, fill	295
	6.1.8	컬렉션의 특별한 경우 처리: ifEmpty	295
	6.1.9	컬렉션 나누기: chunked와 windowed	296
	6.1.10	컬렉션 합치기: zip	299
	6.1.11	내포된 컬렉션의 원소 처리: flatMap과 flatten	301
6.2	지연 계산 컬렉션 연산: 시퀀스		303
	6.2.1	시퀀스 연산 실행: 중간 연산과 최종 연산	305
	6.2.2	시퀀스 만들기	309
요약			311

7장 널이 될 수 있는 값 · 313

7.1	NullPointerException을 피하고 값이 없는 경우 처리: 널 가능성	314
7.2	널이 될 수 있는 타입으로 널이 될 수 있는 변수 명시	314
7.3	타입의 의미 자세히 살펴보기	318
7.4	안전한 호출 연산자로 null 검사와 메서드 호출 합치기: ?.	320
7.5	엘비스 연산자로 null에 대한 기본값 제공: ?:	322
7.6	예외를 발생시키지 않고 안전하게 타입을 캐스트하기: as?	325
7.7	널 아님 단언: !!	327
7.8	let 함수	330
7.9	직접 초기화하지 않는 널이 아닌 타입: 지연 초기화 프로퍼티	334
7.10	안전한 호출 연산자 없이 타입 확장: 널이 될 수 있는 타입에 대한 확장	336
7.11	타입 파라미터의 널 가능성	339
7.12	널 가능성과 자바	340
	7.12.1 플랫폼 타입	341
	7.12.2 상속	345

요약 347

8장 기본 타입, 컬렉션, 배열   349

   8.1 원시 타입과 기본 타입 350
      8.1.1 정수, 부동소수점 수, 문자, 불리언 값을 원시 타입으로 표현 350
      8.1.2 양수를 표현하기 위해 모든 비트 범위 사용: 부호 없는 숫자 타입 351
      8.1.3 널이 될 수 있는 기본 타입: Int?, Boolean? 등 353
      8.1.4 수 변환 355
      8.1.5 Any와 Any?: 코틀린 타입 계층의 뿌리 359
      8.1.6 Unit 타입: 코틀린의 void 360
      8.1.7 Nothing 타입: 이 함수는 결코 반환되지 않는다 361

   8.2 컬렉션과 배열 363
      8.2.1 널이 될 수 있는 값의 컬렉션과 널이 될 수 있는 컬렉션 363
      8.2.2 읽기 전용과 변경 가능한 컬렉션 367
      8.2.3 코틀린 컬렉션과 자바 컬렉션은 밀접히 연관됨 370
      8.2.4 자바에서 선언한 컬렉션은 코틀린에서 플랫폼 타입으로 보임 374
      8.2.5 성능과 상호운용을 위해 객체의 배열이나
             원시 타입의 배열을 만들기 377

   요약 381

2부 코틀린을 코틀린답게 사용하기

9장 연산자 오버로딩과 다른 관례   385

   9.1 산술 연산자를 오버로드해서 임의의 클래스에 대한 연산을
       더 편리하게 만들기 386
      9.1.1 plus, times, divide 등: 이항 산술 연산 오버로딩 387
      9.1.2 연산을 적용한 다음에 그 결과를 바로 대입:

복합 대입 연산자 오버로딩 391
    9.1.3 피연산자가 1개뿐인 연산자: 단항 연산자 오버로딩 393
9.2 비교 연산자를 오버로딩해서 객체들 사이의 관계를 쉽게 검사 395
    9.2.1 동등성 연산자: equals 396
    9.2.2 순서 연산자: compareTo (<, >, <=, >=) 397
9.3 컬렉션과 범위에 대해 쓸 수 있는 관례 400
    9.3.1 인덱스로 원소 접근: get과 set 400
    9.3.2 어떤 객체가 컬렉션에 들어있는지 검사: in 관례 402
    9.3.3 객체로부터 범위 만들기: rangeTo와 rangeUntil 관례 404
    9.3.4 자신의 타입에 대해 루프 수행: iterator 관례 406
9.4 component 함수를 사용해 구조 분해 선언 제공 407
    9.4.1 구조 분해 선언과 루프 410
    9.4.2 _ 문자를 사용해 구조 분해 값 무시 411
9.5 프로퍼티 접근자 로직 재활용: 위임 프로퍼티 413
    9.5.1 위임 프로퍼티의 기본 문법과 내부 동작 414
    9.5.2 위임 프로퍼티 사용: by lazy()를 사용한 지연 초기화 416
    9.5.3 위임 프로퍼티 구현 418
    9.5.4 위임 프로퍼티는 커스텀 접근자가 있는 감춰진 프로퍼티로 변환된다 ... 424
    9.5.5 맵에 위임해서 동적으로 애트리뷰트 접근 425
    9.5.6 실전 프레임워크가 위임 프로퍼티를 활용하는 방법 427
요약 429

10장   고차 함수: 람다를 파라미터와 반환값으로 사용   431

10.1 다른 함수를 인자로 받거나 반환하는 함수 정의: 고차 함수 432
    10.1.1 함수 타입은 람다의 파라미터 타입과 반환 타입을 지정한다 432
    10.1.2 인자로 전달 받은 함수 호출 434
    10.1.3 자바에서 코틀린 함수 타입 사용 437
    10.1.4 함수 타입의 파라미터에 대해 기본값을 지정할 수 있고,
           널이 될 수도 있다 440

        10.1.5 함수를 함수에서 반환 443

        10.1.6 람다를 활용해 중복을 줄여 코드 재사용성 높이기 446

  10.2 인라인 함수를 사용해 람다의 부가 비용 없애기 449

        10.2.1 인라이닝이 작동하는 방식 450

        10.2.2 인라인 함수의 제약 453

        10.2.3 컬렉션 연산 인라이닝 455

        10.2.4 언제 함수를 인라인으로 선언할지 결정 457

        10.2.5 withLock, use, useLines로 자원 관리를 위해 인라인된 람다 사용 458

  10.3 람다에서 반환: 고차 함수에서 흐름 제어 461

        10.3.1 람다 안의 return 문: 람다를 둘러싼 함수에서 반환 461

        10.3.2 람다로부터 반환: 레이블을 사용한 return 463

        10.3.3 익명 함수: 기본적으로 로컬 return 465

요약 467

11장   제네릭   469

  11.1 타입 인자를 받는 타입 만들기: 제네릭 타입 파라미터 470

        11.1.1 제네릭 타입과 함께 동작하는 함수와 프로퍼티 472

        11.1.2 제네릭 클래스를 홑화살괄호 구문을 사용해 선언한다 474

        11.1.3 제네릭 클래스나 함수가 사용할 수 있는 타입 제한:

              타입 파라미터 제약 476

        11.1.4 명시적으로 타입 파라미터를 널이 될 수 없는 타입으로

              표시해서 널이 될 수 있는 타입 인자 제외시키기 479

  11.2 실행 시점 제네릭스 동작: 소거된 타입 파라미터와

       실체화된 타입 파라미터 482

        11.2.1 실행 시점에 제네릭 클래스의 타입 정보를 찾을 때 한계:

              타입 검사와 캐스팅 482

        11.2.2 실체화된 타입 파라미터를 사용하는 함수는 타입 인자를

              실행 시점에 언급할 수 있다 487

        11.2.3 클래스 참조를 실체화된 타입 파라미터로 대신함으로써

             java.lang.Class 파라미터 피하기 490
        11.2.4 실체화된 타입 파라미터가 있는 접근자 정의 492
        11.2.5 실체화된 타입 파라미터의 제약 493
    11.3 변성은 제네릭과 타입 인자 사이의 하위 타입 관계를 기술 494
        11.3.1 변성은 인자를 함수에 넘겨도 안전한지 판단하게 해준다 494
        11.3.2 클래스, 타입, 하위 타입 496
        11.3.3 공변성은 하위 타입 관계를 유지한다 499
        11.3.4 반공변성은 하위 타입 관계를 뒤집는다 505
        11.3.5 사용 지점 변성을 사용해 타입이 언급되는 지점에서 변성 지정 509
        11.3.6 스타 프로젝션: 제네릭 타입 인자에 대한 정보가 없음을
              표현하고자 * 사용 513
        11.3.7 타입 별명 519
    요약 522

12장 어노테이션과 리플렉션   525

    12.1 어노테이션 선언과 적용 526
        12.1.1 어노테이션을 적용해 선언에 표지 남기기 526
        12.1.2 어노테이션이 참조할 수 있는 정확한 선언 지정: 어노테이션 타깃 529
        12.1.3 어노테이션을 활용해 JSON 직렬화 제어 533
        12.1.4 어노테이션 선언 536
        12.1.5 메타어노테이션: 어노테이션을 처리하는 방법 제어 537
        12.1.6 어노테이션 파라미터로 클래스 사용 539
        12.1.7 어노테이션 파라미터로 제네릭 클래스 받기 541
    12.2 리플렉션: 실행 시점에 코틀린 객체 내부 관찰 542
        12.2.1 코틀린 리플렉션 API: KClass, KCallable, KFunction, KProperty 544
        12.2.2 리플렉션을 사용해 객체 직렬화 구현 549
        12.2.3 어노테이션을 활용해 직렬화 제어 552
        12.2.4 JSON 파싱과 객체 역직렬화 557
        12.2.5 최종 역직렬화 단계: callBy()와 리플렉션을 사용해 객체 만들기 563

요약 568

13장 DSL 만들기   571

13.1 API에서 DSL로: 표현력이 좋은 커스텀 코드 구조 만들기 572
    13.1.1 도메인 특화 언어 574
    13.1.2 내부 DSL은 프로그램의 나머지 부분과 매끄럽게 통합된다 576
    13.1.3 DSL의 구조 577
    13.1.4 내부 DSL로 HTML 만들기 579

13.2 구조화된 API 구축: DSL에서 수신 객체 지정 람다 사용 581
    13.2.1 수신 객체 지정 람다와 확장 함수 타입 581
    13.2.2 수신 객체 지정 람다를 HTML 빌더 안에서 사용 587
    13.2.3 코틀린 빌더: 추상화와 재사용을 가능하게 해준다 595

13.3 invoke 관례를 사용해 더 유연하게 블록 내포시키기 599
    13.3.1 invoke 관례를 사용해 더 유연하게 블록 내포시키기 599
    13.3.2 DSL의 invoke 관례: 그레이들 의존관계 선언 601

13.4 실전 코틀린 DSL 603
    13.4.1 중위 호출 연쇄시키기: 테스트 프레임워크의 should 함수 603
    13.4.2 원시 타입에 대해 확장 함수 정의하기: 날짜 처리 606
    13.4.3 멤버 확장 함수: SQL을 위한 내부 DSL 607

요약 612

3부 코루틴과 플로우를 활용한 동시성 프로그래밍

14장 코루틴   615

14.1 동시성과 병렬성 616
14.2 코틀린의 동시성 처리 방법: 일시 중단 함수와 코루틴 617
14.3 스레드와 코루틴 비교 618

14.4 잠시 멈출 수 있는 함수: 일시 중단 함수 ... 621
   14.4.1 일시 중단 함수를 사용한 코드는 순차적으로 보인다 ... 622

14.5 코루틴을 다른 접근 방법과 비교 ... 624
   14.5.1 일시 중단 함수 호출 ... 627

14.6 코루틴의 세계로 들어가기: 코루틴 빌더 ... 628
   14.6.1 일반 코드에서 코루틴의 세계로: runBlocking 함수 ... 629
   14.6.2 발사 후 망각 코루틴 생성: launch 함수 ... 630
   14.6.3 대기 가능한 연산: async 빌더 ... 634

14.7 어디서 코드를 실행할지 정하기: 디스패처 ... 637
   14.7.1 디스패처 선택 ... 638
   14.7.2 코루틴 빌더에 디스패처 전달 ... 641
   14.7.3 withContext를 사용해 코루틴 안에서 디스패처 바꾸기 ... 642
   14.7.4 코루틴과 디스패처는 스레드 안전성 문제에 대한 마법 같은 해결책이 아니다 ... 643

14.8 코루틴은 코루틴 콘텍스트에 추가적인 정보를 담고 있다 ... 646
요약 ... 648

15장   구조화된 동시성   651

15.1 코루틴 스코프가 코루틴 간의 구조를 확립한다 ... 652
   15.1.1 코루틴 스코프 생성: coroutineScope 함수 ... 654
   15.1.2 코루틴 스코프를 컴포넌트와 연관시키기: CoroutineScope ... 656
   15.1.3 GlobalScope의 위험성 ... 658
   15.1.4 코루틴 콘텍스트와 구조화된 동시성 ... 660

15.2 취소 ... 664
   15.2.1 취소 촉발 ... 665
   15.2.2 시간제한이 초과된 후 자동으로 취소 호출 ... 665
   15.2.3 취소는 모든 자식 코루틴에게 전파된다 ... 667
   15.2.4 취소된 코루틴은 특별한 지점에서 CancellationException을 던진다 ... 668

　　　　15.2.5 취소는 협력적이다 670
　　　　15.2.6 코루틴이 취소됐는지 확인 672
　　　　15.2.7 다른 코루틴에게 기회를 주기: yield 함수 673
　　　　15.2.8 리소스를 얻을 때 취소를 염두에 두기 676
　　　　15.2.9 프레임워크가 여러분 대신 취소를 할 수 있다 677
　　요약 680

16장　플로우　683

16.1 플로우는 연속적인 값의 스트림을 모델링한다 684
　　　　16.1.1 플로우를 사용하면 배출되자마자 원소를 처리할 수 있다 685
　　　　16.1.2 코틀린 플로우의 여러 유형 686
16.2 콜드 플로우 687
　　　　16.2.1 flow 빌더 함수를 사용해 콜드 플로우 생성 687
　　　　16.2.2 콜드 플로우는 수집되기 전까지 작업을 수행하지 않는다 689
　　　　16.2.3 플로우 수집 취소 692
　　　　16.2.4 콜드 플로우의 내부 구현 693
　　　　16.2.5 채널 플로우를 사용한 동시성 플로우 695
16.3 핫 플로우 699
　　　　16.3.1 공유 플로우는 값을 구독자에게 브로드캐스트한다 700
　　　　16.3.2 시스템 상태 추적: 상태 플로우 707
　　　　16.3.3 상태 플로우와 공유 플로우의 비교 713
　　　　16.3.4 핫 플로우, 콜드 플로우, 공유 플로우, 상태 플로우:
　　　　　　　 언제 어떤 플로우를 사용할까? 715
　　요약 717

17장 플로우 연산자 ... 719

17.1 플로우 연산자로 플로우 조작 ... 719
17.2 중간 연산자는 업스트림 플로우에 적용되고 다운스트림 플로우를 반환한다 720
  - 17.2.1 업스트림 원소별로 임의의 값을 배출: transform 함수 722
  - 17.2.2 take나 관련 연산자는 플로우를 취소할 수 있다 723
  - 17.2.3 플로우의 각 단계 후킹: onStart, onEach, onCompletion, onEmpty 724
  - 17.2.4 다운스트림 연산자와 수집자를 위한 원소 버퍼링: buffer 연산자 727
  - 17.2.5 중간값을 버리는 연산자: conflate 연산자 730
  - 17.2.6 일정 시간 동안 값을 필터링하는 연산자: debounce 연산자 732
  - 17.2.7 플로우가 실행되는 코루틴 콘텍스트를 바꾸기: flowOn 연산자 733
17.3 커스텀 중간 연산자 만들기 734
17.4 최종 연산자는 업스트림 플로우를 실행하고 값을 계산한다 736
  - 17.4.1 프레임워크는 커스텀 연산자를 제공한다 737
요약 738

18장 오류 처리와 테스트 ... 739

18.1 코루틴 내부에서 던져진 오류 처리 740
18.2 코틀린 코루틴에서의 오류 전파 743
  - 18.2.1 자식이 실패하면 모든 자식을 취소하는 코루틴 744
  - 18.2.2 구조적 동시성은 코루틴 스코프를 넘는 예외에만 영향을 미친다 ... 746
  - 18.2.3 슈퍼바이저는 부모와 형제가 취소되지 않게 한다 748
18.3 CoroutineExceptionHandler: 예외 처리를 위한 마지막 수단 751
  - 18.3.1 CoroutineExceptionHandler를 launch와 async에 적용할 때의 차이점 755
18.4 플로우에서 예외 처리 757
  - 18.4.1 catch 연산자로 업스트림 예외 처리 758
  - 18.4.2 술어가 참일 때 플로우의 수집 재시도: retry 연산자 760

18.5 코루틴과 플로우 테스트 762

    18.5.1 코루틴을 사용하는 테스트를 빠르게 만들기:
          가상 시간과 테스트 디스패처 763

    18.5.2 터빈으로 플로우 테스트 767

요약 769

부록 A 코틀린 프로젝트 빌드   771

부록 B 코틀린 코드 문서화   777

부록 C 코틀린 생태계   783

    찾아보기 789

| 들어가며 |

코틀린 언어에 대한 아이디어는 2010년 젯브레인즈에서 시작했다. 그 시절 젯브레인즈는 자바, C#, 자바스크립트, 파이썬, 루비, PHP 등의 다양한 언어에 대한 개발 도구를 제공하는 널리 알려진 꽤 성공적인 회사였다. 젯브레인즈의 대표 제품인 자바 IDE 인텔리제이 IDEA^{IntelliJ IDEA}에는 스칼라와 그루비 개발을 돕는 플러그인도 들어있었다.

이렇게 다양한 언어의 도구를 개발해온 경험으로 인해 우리는 프로그래밍 언어라는 영역을 전체적으로 조망할 수 있는 독특한 시야와 이해를 얻을 수 있었다. 그리고 인텔리제이 IDEA 자체를 포함해서 인텔리제이를 플랫폼으로 하는 모든 IDE는 자바로 개발되고 있었다. 우리는 모던하고 강력하며 빠르게 진화하는 언어인 C#으로 개발을 진행하는 닷넷^{.Net} 팀의 동료들이 너무 부러웠지만 자바를 대신할 만한 언어를 찾을 수 없었다. 우리가 자바를 대신할 언어에 대해 어떤 요구 사항을 갖고 있었을까?

처음이자 가장 분명한 요구 사항은 **정적 타입 지정**^{static typing}이었다. 정적 타입 지정 외에 수백만 줄이나 되는 코드 기반을, 미치지 않고 개발할 수 있는 다른 방법은 없다. 둘째로 기존 자바 코드와 완전히 호환되는 언어가 필요했다. 기존 코드베이스는 젯브레인즈의 엄청나게 귀중한 자산이며 상호운용성이 부족해서 그런 자산을 잃어버리거나 자산의 가치가 줄어드는 일을 용납할 수는 없었다. 셋째로 우리는 도구 제공 가능성을 타협하고 싶지 않았다. 회사로서 젯브레인즈에게 가장 중요한 가치는 개발 생산성이며, 높은 생산성을 얻으려면 훌륭한 도구가 필수다. 마지막으로 배우기 쉽고 코드에 대해 추론하기 쉬운 언어가 필요했다.

우리가 회사 내부에 이렇게 충족되지 못한 수요가 있다는 사실을 발견했을 즈음에 일부 회사도 우리와 비슷한 처지에 있다는 사실을 알게 됐다. 따라서 젯브레인즈 내부의 수요를 충족할 수 있는 솔루션을 만들면 젯브레인즈 밖에서도 더 많은 사용자를 찾을 수 있으리라고 예상할 수 있었다. 이를 염두에 두고 새로운 언어인 코틀린을 만드는 프로젝트를 시작하기로 결정했다.

언어를 개발하는 과정에서 처음의 예상과 달리 개발 기간이 더 늘어났고, 코틀린 1.0은 최초의 저장소 커밋 이후 5년이 넘는 시간이 지나서 나왔다. 그 이후 코틀린을 원하는 사용자를 찾았고, 자체적인 생태계가 훌륭히 발전했으며, 지금까지 그런 발전이 계속되고 있다.

코틀린은 러시아의 상트페테르부르크$^{St.\ Petersburg}$ 근처에 있는 섬 이름이다. 섬 이름을 선택한 것은 자바와 실론^{Ceylon} 언어의 전통을 따른 것이다.

코틀린 정식 배포가 가까워짐에 따라 코틀린 언어를 설계하는 과정에 관여하고 코틀린 언어의 특성이 왜 현재의 모습이 됐는지에 대해 자신 있게 설명할 수 있는 사람들이 쓴 책이 한 권 있다면 사람들에게 도움이 많이 되리라 생각했다. 이 책은 그런 노력의 일환이며, 독자 여러분이 이 책을 통해 코틀린 언어를 더 잘 배우고 이해하기를 바란다. 행운을 빌며, 여러분이 항상 즐겁게 개발할 수 있기를 바란다.

이 책에 대해

이 책은 독자에게 코틀린 언어를 가르쳐주고 코틀린을 사용해 자바 가상머신^{JVM}과 안드로이드^{Android}에서 실행되는 애플리케이션을 작성하는 방법을 알려준다. 이 책은 코틀린 언어의 기본 특징으로부터 시작해서 코틀린의 독특한 측면을 더 다룬다. 이런 부분으로는 고수준 추상화나 도메인 특화 언어$^{DSL,\ Domain\ Specific\ Language}$를 작성할 때 쓸 수 있는 특성이 있다. 이 책은 코틀린과 기존 자바 프로젝트를 통합하는 것과 관련한 정보를 제공하며, 독자 여러분이 현재 작업 환경에 더 쉽게 코틀린을 도입할 수 있게 돕는다.

이 책은 코틀린 2.0에 초점을 맞춘다. 최신 버전에 새로 추가된 기능이나 진행 중인 변경 사항은 문서(https://kotlinlang.org)를 확인하라.

이 책의 대상 독자

주로 어느 정도 자바 경험이 있는 개발자를 대상으로 한 책이다. 코틀린은 자바에 있는 여러 개념과 기법 위에 만들어졌고, 이 책은 독자가 코틀린을 빠르게 배울 수 있도록 독자들의 기존 지식을 활용한다.

C#이나 자바 스크립트 같은 다른 프로그래밍 언어에 대한 경험이 있는 독자라면 코틀린과 JVM의 상호작용의 복잡한 측면을 이해하기 위해 다른 자료가 필요하겠지만 여전히 이 책을 사용해 코틀린을 배울 수 있다. 이 책은 코틀린 언어 전체를 다루며, 특별히 구체적인 문제 영역에 초점을 맞추지는 않는다. 따라서 서버 개발자나 안드로이드 개발자나 JVM에서 실행될 프로젝트를 구축하는 모든 개발자에게 도움이 될 것이다.

이 책의 구성: 로드맵

이 책은 3부로 나눴다.

1부에서는 코틀린을 기존 라이브러리나 API와 함께 사용하는 방법을 설명한다.

- 1장에서는 코틀린의 핵심 목표, 가치, 적용 영역을 알려준다. 또한 코틀린 코드를 실행하는 여러 가지 방법을 보여준다.
- 2장에서는 모든 코틀린 프로그램의 핵심 요소인 제어 구조, 변수, 함수 선언 등을 설명한다.
- 3장에서는 코틀린에서 함수를 정의하는 방법을 자세히 다루고 확장 함수 extension function 와 프로퍼티 property 개념을 소개한다.

- 4장에서는 클래스 선언에 초점을 맞춰 설명하고 데이터 클래스^{data class}와 동반 객체^{companion object}를 다룬다.
- 5장에서는 코틀린 람다^{lambda} 사용법을 설명하고 람다를 사용하는 코틀린 표준 라이브러리 함수를 몇 가지 보여준다.
- 6장에서는 코틀린에서 컬렉션^{collection}을 다루는 방법을 설명하고 지연 계산을 사용하는 컬렉션인 시퀀스^{sequence}를 소개한다.
- 7장에서는 널 가능성^{nullability} 개념과 친해지게 돕는다.
- 8장에서는 코틀린 타입 시스템을 설명하는데, 컬렉션에 대해 추가로 초점을 맞춰 살펴본다.

2부에서는 코틀린에서 자신의 API를 선언하고 추상화를 정의하는 방법을 가르쳐 주고 코틀린 언어의 더 깊은 특성을 다룬다.

- 9장에서는 관례^{convention}라는 원리를 설명한다. 관례는 미리 이름이 정해진 함수나 프로퍼티에 특별한 의미를 부여한다. 또한 위임 프로퍼티^{delegated property}라는 개념도 소개한다.
- 10장에서는 함수를 파라미터로 받거나 함수를 반환하는 함수인 고차 함수^{high order function}를 선언하는 방법을 설명한다. 또한 인라인 함수 개념을 소개한다.
- 11장에서는 코틀린 제네릭스^{generics} 개념을 자세히 다룬다. 먼저 기본 문법을 설명하고 실체화한^{reified} 타입 파라미터나 타입 변성^{type variance} 같은 더 어려운 주제를 설명한다.
- 12장에서는 제이키드^{JKid}라는 실전에 사용할 수 있는 작은 JSON 직렬화 라이브러리를 통해 어노테이션^{annotation}과 리플렉션^{reflection} 사용법을 다룬다.
- 13장에서는 영역 특화 언어^{DSL, Domain Specific Language} 개념을 소개하고 코틀린의 DSL 지원 기능을 설명하며, 여러 DSL 예제를 살펴본다.

3부에서는 코틀린에서 동시성 프로그래밍에 접근하는 방법인 코루틴과 플로우를 살펴본다.

- 14장에서는 코틀린의 일시 중단 함수 suspending function, 코루틴 coroutine 등의 동시성 모델을 전반적으로 설명하고, 동시성 코드를 작성하는 기본적인 메커니즘을 다룬다.
- 15장에서는 동시성 작업을 쉽게 관리할 수 있게 해주는 구조화된 동시성 structured concurrency을 알아본다. 또한 오류 처리나 동시성 작업 실행을 취소할 수 있는 메커니즘을 소개한다.
- 16장에서는 코루틴을 기반으로 시간에 따라 발생하는 값의 순차적 스트림을 모델링할 때 사용되는 플로우 flow를 소개한다.
- 17장에서는 코틀린 플로우를 변환할 때 사용하는 플로우 연산자를 더 자세히 다룬다.
- 18장에서는 오류 처리와 동시성 코드를 테스트하는 방법을 자세히 살펴본다.

마지막으로 3개의 부록이 있다.

- 부록 A에서는 그레이들 Gradle과 메이븐 Maven에서 코틀린 코드를 빌드하는 방법을 살펴본다.
- 부록 B에서는 코틀린 모듈에 대해 문서화 주석을 사용하는 방법과 API 문서를 생성하는 방법에 초점을 맞춘다.
- 부록 C에서는 코틀린 생태계에 있는 여러 라이브러리나 프레임워크를 소개하고 최신 정보를 온라인에서 얻는 방법을 알려준다.

이 책은 전체를 다 차례대로 읽을 때 가장 효과가 좋다. 하지만 관심 분야를 다루는 장을 찾아서 읽거나 잘 모르는 개념을 마주칠 때 색인을 통해 필요한 부분을 찾아보면서 이 책을 활용하는 것도 좋다.

편집 규약

이 책에서는 다음과 같은 표기 방식을 채택했다.

- 새로운 용어를 제시할 때 고딕 글꼴을 쓴다.
- 코드 예제나 함수, 클래스 이름 등의 코드 식별자에 고정폭 글꼴을 쓴다.

코드 리스트나 중요한 개념에 대해 자세한 설명을 추가하기도 한다. 필요한 경우 원본 소스코드의 형식을 변경하기도 했다. 페이지 크기에 맞춰 줄을 변경하거나 들여쓰기를 변경한 경우가 있다. 이런 방식으로 충분하지 않은 일부 드문 경우에는 줄이 이어짐을 표현하는 마커(➥)를 사용했다.

소스코드와 출력을 함께 표시한 경우가 많다. 그런 경우 다음과 같이 출력을 만들어내는 코드 바로 뒤에 한 줄 주석(//)을 사용한다.

```
fun main() {
  println("Hello World")
  // Hello World
}
```

예제 중 상당수는 제대로 실행할 수 있는 프로그램이지만 일부는 어떤 개념을 보여주기 위해 채택한 코드 조각으로, 생략한 부분이 있거나(...로 표시) 분법 오류가 있는 경우도 있다(본문이나 예제에서 이런 오류에 대해 알려준다). 실행 가능한 예제는 출판사 웹 사이트(https://www.manning.com/books/kotlin-in-action-second-edition)에서 다운로드할 수 있다.

한국어판은 에이콘출판사 도서정보 페이지(http://www.acornpub.co.kr/book/kotlin-in-action-2e)에서도 예제 코드를 다운로드할 수 있다.

기타 온라인 자료

활발한 코틀린 언어 온라인 커뮤니티가 있다. 질문이 있거나 동료 코틀린 사용자와 이야기하고 싶은 독자는 다음 링크를 방문해보자.

- **코틀린 슬랙:** https://slack-chats.kotlinlang.org/
- **공식 코틀린 포럼:** https://discuss.kotlinlang.org
- **스택 오버플로의 코틀린 태그:** http://stackoverflow.com/questions/tagged/
- **코틀린 레딧[Reddit]:** www.reddit.com/r/Kotlin
- **(한국) 코틀린 사용자 페이스북 모임:**
  https://www.facebook.com/groups/kotlin.korea.users

문의

한국어판의 정오표는 에이콘출판사의 도서정보 페이지(http://www.acornpub.co.kr/book/kotlin-in-action-2e)에서 찾아볼 수 있다.

Part 1

코틀린 소개

1부의 목표는 독자들이 기존 API를 사용하는 생산성이 더 높은 코틀린^{Kotlin} 코드를 이해하게 돕는 것이다. 1장에서는 코틀린의 일반적인 특성을 설명한다. 2장 ~ 4장에서는 대부분의 자바 프로그래밍의 기본 개념(문장, 함수, 클래스, 타입)에 해당하는 코틀린 코드를 배우고, 코틀린 언어가 각 개념을 얼마나 풍성하게 만들었는지 살펴본다. 그 과정에서 기존 자바 지식과 자바-코틀린 변환기, IDE가 제공하는 코딩 지원 기능 등의 여러 도구를 활용하면 더 빠르게 코틀린을 배울 수 있다. 5장에서는 컬렉션을 다루는 등 프로그래밍에서 자주 해야 하는 작업을 람다를 사용해 얼마나 효율적으로 해결할 수 있는지 살펴본다. 6장은 코틀린에서 함수형 프로그래밍 접근 방법을 통해 어떻게 컬렉션을 우아하게 변경할 수 있는지 가르쳐준다. 7장을 통해 코틀린의 특징 중 하나인 `null` 처리에 대해 익숙해진다. 8장에서는 기본적인 숫자 타입부터 `Any`, `Nothing` 타입에 이르는 코틀린 타입 시스템의 기본을 자세히 살펴본다. 또한 컬렉션 타입의 읽기 전용과 가변 버전의 차이를 더 알아보고 배열을 소개한다.

1
코틀린이란 무엇이며, 왜 필요한가?

1장에서 다루는 내용

- 코틀린 기본 기능 데모
- 코틀린 언어의 주요 특성
- 코틀린을 활용한 안드로이드와 서버 개발
- 코틀린 다중 플랫폼
- 코틀린이 다른 언어보다 더 나은 점
- 코틀린으로 코드를 작성하고 실행하는 방법

코틀린은 자바 가상머신$^{JVM,\ Java\ Virtual\ Machine}$ 플랫폼과 JVM 외의 다른 플랫폼에서 돌아가는 현대 프로그래밍 언어다. 코틀린은 범용 언어로 간결하고 안전하며 실용적이다. 독립적인 프로그래머, 작은 소프트웨어 개발사, 큰 기업에서 모두 코틀린을 사용할 수 있다. 이제는 수백만의 개발자가 모바일 앱을 개발하고, 서버 측 애플리케이션을 작성하며, 데스크톱 소프트웨어 등을 작성하는 데 코틀린을 사용하고 있다.

코틀린은 처음에 '더 나은 자바'로 시작했다. 즉, 개발자들이 일반적으로 저지를 수 있는 유형의 오류를 방지하고, 현대적 언어 설계 패러다임을 포용하면서도 자바가 쓰이던 모든 곳에 더 편리하게 쓸 수 있는 언어로 시작했다. 최근 10년간 코틀린은 자신이 여러 유형의 개발자, 프로젝트, 플랫폼에 실용적으로 잘 들어맞는 언어임을 증명해왔다. 안드로이드는 이제 코틀린 우선 플랫폼이다. 이는 대부분의 안드로이드 개발자가 코틀린으로 개발을 한다는 뜻이다. 스프링^{Spring} 같은 널리 쓰이는 프레임워크들이 코틀린을 네이티브로 지원하고 풍부한 코틀린 문서도 함께 제공하는 반면, 케이토^{Ktor} 같은 순수 코틀린 프레임워크도 코틀린 언어의 모든 잠재 능력을 활용할 수 있게 해주기 때문에 서버 개발에서도 코틀린이 자바의 강력한 대안이 되고 있다.

코틀린은 잘 작동하는 다른 언어의 아이디어를 포함하면서 비동기 프로그래밍을 위한 코루틴 등 혁신적인 접근 방법도 취한다. JVM에만 초점을 맞춰 시작했지만, 코틀린은 JVM을 훨씬 더 넘어섰으며 크로스플랫폼 솔루션을 만들 수 있는 기술을 포함해, 실행될 수 있는 더 많은 '타깃'을 제공한다.

1장에서는 코틀린의 주요 특징을 자세히 살펴볼 것이다.

1.1 코틀린 맛보기

코틀린의 특징을 보여줄 수 있는 작은 예제로 시작해보자. 코드는 아주 짧지만 그 안에서 나중에 이 책에서 다룰 여러 가지 흥미진진한 코틀린 언어의 특성을 발견할 수 있을 것이다.

- 클래스 본문을 지정하지 않고도 프로퍼티가 포함된 Person이라는 데이터 클래스를 정의한다.

- `val` 키워드를 사용해 읽기 전용 프로퍼티(name과 age)를 선언한다.
- 인자의 기본값을 제공한다.
- 타입 시스템을 통해 널이 될 수 있는 값들(Int?)을 명시적으로 다룸으로써 `NullPointerException`으로 인해 발생하는 '10억 달러짜리 실수'를 피한다.
- 클래스 안에 포함될 필요가 없는 최상위 함수를 정의한다.
- 함수나 생성자를 호출할 때 파라미터 이름을 지정한 인자를 사용한다.
- 트레일링 콤마(trailing comma)를 사용한다.
- 람다식을 사용해 컬렉션 연산을 활용한다.
- 엘비스 연산자(?:)를 사용해 변수가 `null`일 때에 대비한 값을 제공한다.
- 수동으로 문자열을 연결하는 대신, 문자열 템플릿을 사용한다.
- 데이터 클래스를 위해 컴파일러가 자동으로 생성해주는 `toString` 같은 함수를 사용한다. 코드를 간략히 설명하지만 코드 중 일부를 제대로 이해할 수 없어도 걱정하지 말라. 여기서 보여준 코드 조각의 모든 세부 사항을 논의하기 위해 이 책 전반에서 충분히 시간을 들일 것이다. 따라서 여러분은 자신 있게 이 예제와 같은 코드를 작성할 수 있게 될 것이다.

http://try.kotl.in에 접속하면 이 예제를 가장 쉽고 빠르게 실행해 볼 수 있다. 예제를 프로그램 입력 창에 입력하고 실행Run 버튼을 클릭하면 코드가 실행된다.

리스트 1.1 코틀린의 첫 인상

```
data class Person(    ◀──── '데이터' 클래스
    val name: String,    ◀──── 읽기 전용 프로퍼티
    val age: Int? = null    ◀──── 널이 될 수 있는 타입(Int?)과
)                              파라미터 기본값

fun main() {    ◀──── 최상위 함수
    val persons = listOf(
        Person("영희", age = 29),    ◀──── 이름 붙은 파라미터
        Person("철수"),    ◀──── 트레일링 콤마
    )
```

```
    val oldest = persons.maxBy {  // ◀──── 람다식
        it.age ?: 0 //  ◀──────── 널에 작용하는 엘비스 연산자
    }
    println("가장 나이가 많은 사람: $oldest") //  ◀──── 문자열 템플릿
}
// 가장 나이가 많은 사람: Person(name=영희, age=29) //  ◀──── toString 자동 생성
```

이 첫 코틀린 코드는 코틀린에서 컬렉션을 만드는 방법과 만든 컬렉션에 Person 객체를 채워 넣는 방법, 그 후 컬렉션에서 가장 나이가 많은 사람을 찾는 방법, 나이를 지정하지 않았을 때 기본값을 사용하는 방법을 보여준다. 사람 리스트를 만들면서 철수의 나이를 지정하지 않았기 때문에 null이 대신 쓰인다. 리스트에서 가장 나이가 많은 사람을 찾기 위해 maxBy 함수를 사용한다. maxBy 함수에 전달한 람다식 lambda expression은 파라미터를 하나 받는다. 람다식의 파라미터가 하나인 경우 암시적인 디폴트 이름 it을 쓸 수 있다(물론 별도로 파라미터 이름을 지정할 수도 있다). 엘비스 연산자 Elvis operator라고 부르는 ?:은 age가 null인 경우 0을 반환한다. 철수의 나이를 지정하지는 않았지만 엘비스 연산자가 null을 0으로 변환해주기 때문에 영희가 가장 나이가 많은 사람으로 선정될 수 있다.

여러분은 이 예제를 직접 실행해볼 수도 있다. 가장 쉬운 방법은 https://play.kotlinlang.org/의 온라인 놀이터를 쓰는 것이다. 예제를 타이핑해 넣고 실행 버튼을 클릭하면 코드가 실행된다.

방금 본 코드가 맘에 드는가? 코틀린을 더 배우고 코틀린 전문가가 되기 위해 이 책을 계속 읽기 바란다. 이 책뿐 아니라 여러분의 프로젝트 안에서도 조만간 코틀린 코드를 볼 수 있게 되기를 희망한다.

1.2 코틀린의 주요 특성

코틀린은 다중 패러다임 언어다. 코틀린은 정적 타입 지정statically typed 언어인데, 이는 실행 시점이 아니라 컴파일 시점에 많은 오류를 잡아낼 수 있다는 뜻이다. 코틀린

은 객체지향 언어와 함수형 언어의 아이디어를 조합했는데, 이런 조합은 여러분이 우아한 코드를 작성할 수 있고, 추가로 더 강력한 추상화를 사용할 수 있게 도와준다. 코틀린은 수많은 여러 개발 분야에서 중요한 비동기 코드를 작성할 수 있는 강력한 방법을 지원한다.

이런 짧은 소개만으로도 코틀린이 어떤 언어인지에 대해 약간의 감을 잡았을 것이다. 코틀린의 핵심 특성을 좀 더 자세히 알아보자. 우선 코틀린을 통해 어떤 종류의 애플리케이션을 만들 수 있는지 살펴보자.

1.2.1 코틀린 용례: 안드로이드, 서버, 자바가 실행되는 모든 곳, 그 외의 용도

코틀린이 정한 목표 영역은 상당히 광범위하다. 코틀린은 어느 한 문제 영역만을 해결하거나 오늘날 소프트웨어 개발이 처한 어려움 중 일부만을 다루기 위한 언어가 아니다. 대신 코틀린은 개발 과정에서 수행해야 하는 모든 과업에 있어 폭넓게 생산성을 향상시켜준다. 코틀린은 구체적인 영역의 문제를 해결하거나 특정 프로그래밍 패러다임을 지원하는 여러 라이브러리와 아주 잘 융합된다.

코틀린을 활용할 수 있는 가장 일반적인 영역은 다음과 같다.

- 안드로이드 디바이스에서 실행되는 모바일 애플리케이션
- 서버상의 코드(특히 웹 애플리케이션의 백엔드)

원래 코틀린의 주목적은 현재 자바가 사용되고 있는 모든 용도에 적합하면서도 더 간결하고 생산적이며 안전한 대체 언어를 제공하는 것이다. 이런 용도에는 아주 작은 디바이스에서 실행되는 환경으로부터 큰 데이터 센터에 이르는 다양한 환경이 포함된다. 이런 환경 모두에 코틀린이 잘 들어맞으며, 개발자들은 더 적은 코드로 더 편하게 목표를 달성할 수 있을 것이다.

하지만 코틀린은 다른 환경에서도 잘 작동한다. 코틀린 다중 플랫폼을 사용하면 데스크톱, iOS, 안드로이드, 더 나아가 브라우저에서도 코틀린을 실행할 수 있는

크로스플랫폼 애플리케이션을 만들 수 있다. 이 책은 주로 코틀린 언어 자체와 JVM과의 상호작용에 초점을 맞추고 있다. 코틀린 웹 사이트(https://kotl.in/)에서 코틀린 애플리케이션에 대한 광범위한 정보를 얻을 수 있다.

다음으로 프로그래밍 언어 코틀린의 핵심적인 특징을 살펴보자.

1.2.2 정적 타입 지정으로 인해 코틀린 성능, 신뢰성, 유지 보수성이 모두 좋아진다

정적 타입 지정 언어에는 성능, 신뢰성, 유지 보수성 등의 몇 가지 장점이 있다. 정적 타입 지정 언어의 핵심적인 장점은 프로그램의 모든 식의 타입을 컴파일 시점에 알 수 있다는 점이다. 코틀린은 정적 타입 지정 언어다. 코틀린 컴파일러는 여러분이 접근하려는 메서드나 필드가 실제로 존재하는지 검증할 수 있다. 이로 인해 필드가 존재하지 않거나 함수의 반환 타입이 예상과 달라짐으로 인해 생기는 모든 종류의 버그를 런타임에 프로그램이 갑자기 중단되면서 발견하는 대신, 컴파일 시에 문제를 발견함으로써 미리 방지할 수 있고, 개발 사이클의 앞쪽에서 더 일찍 문제를 해결할 수 있다.

다음은 정적 타입 지정의 몇 가지 장점이다.

- **성능:** 어떤 메서드를 호출해야 할지를 런타임에 살펴볼 필요가 없기 때문에 메서드 호출이 더 빠르다.
- **신뢰성:** 컴파일러가 타입을 사용해 프로그램의 일관성을 검증하며, 그로 인해 실행 시점에 프로그램이 실패할 가능성이 줄어든다.
- **유지 보수성:** 코드가 작용하는 타입을 볼 수 있기 때문에 낯선 코드를 다룰 때도 더 쉽게 다룰 수 있다.
- **도구 지원:** 정적 타입 지정을 사용하면 리팩터링의 신뢰도를 높일 수 있고, 코드 완성이나 다른 IDE 기능의 정확도를 높일 수 있다. 이런 특징은 파이썬이나 자바스크립트 같은 동적 타입 지정 언어와는 다른 점이다. 이런 언어에서는 타입과 관계없이 모든 값을 변수에 넣을 수 있고, 메서드나 필드 접

근에 대한 검증이 실행 시점에 일어난다. 그에 따라 코드가 더 짧아지고 데이터 구조를 더 유연하게 생성하고 사용할 수 있다. 하지만 반대로 이름을 잘못 입력하거나 파라미터를 잘못 전달하는 등의 실수도 컴파일 시 걸러내지 못하고 실행 시점에 오류가 발생한다.

코틀린에서는 컴파일 시점에 프로그램에 사용된 모든 식의 타입이 알려져 있어야만 하지만, 프로그래머가 직접 모든 변수의 타입을 명시할 필요가 없다. 대부분의 경우 코틀린 컴파일러가 문맥으로부터 변수 타입을 자동으로 유추할 수 있기 때문에 프로그래머는 타입 선언을 생략해도 된다. 가장 간단한 예는 다음과 같다.

```
val x: Int = 1   ←── 변수 타입을 명시적으로 지정할 수 있다.
val y = 1   ←── 변하지만 명시적으로 지정하지 않아도 되는 경우가 자주 있다.
```

여기서는 변수를 정의하면서 정수 값으로 초기화한다. 코틀린은 이 변수의 타입이 Int임을 자동으로 알아낸다. 컴파일러가 문맥을 고려해 변수 타입을 결정하는 이런 기능을 **타입 추론**type inference이라 부른다. 코틀린이 타입 추론을 제공한다는 말은 여러분이 직접 타입을 지정할 필요가 없어서 정적 타입 지정 언어에서 프로그래머가 직접 타입을 선언해야 함에 따라 생기는 불편함이 대부분 사라진다는 뜻이다.

코틀린의 타입 시스템을 더 자세히 살펴보면 여러분이 다른 객체지향 언어에서 이미 잘 알고 있는 내용을 많이 발견할 수 있다. 예를 들어 클래스나 인터페이스는 여러분이 다른 언어에서 경험하고 예상할 만한 방식으로 작동한다. 또 자바 개발자라면 제네릭스처럼 여러분이 자바에 대해 아는 내용을 코틀린에서도 쉽게 적용할 수 있다.

여러분의 눈길을 끄는 특성으로 코틀린이 널이 될 수 있는 **타입**nullable type을 지원한다는 점을 들 수 있다. 널이 될 수 있는 타입을 지원함에 따라 런타임에 프로그램이 망가지면서 끝나는 대신, **널 포인터 예외**null pointer exception가 발생하는지 여부를 컴파일 시점에 검사할 수 있어서 좀 더 프로그램의 신뢰성을 높일 수 있다. 널이 될 수 있는 타입은 1.4.3절에서 간략히 살펴본 후 7장에서 더 자세히 설명한다.

코틀린의 타입 시스템에 있는 다른 새로운 내용으로는 함수 타입에 대한 지원을 들 수 있다. 함수 타입이 무엇인가 알아보기 위해 **함수형 프로그래밍**functional programming 이 어떤 개념인지와 코틀린이 함수형 프로그래밍을 어떻게 지원하는지 먼저 알아보자.

1.2.3 함수형 프로그래밍과 객체지향 프로그래밍의 조합이 코틀린을 안전하고 유연하게 한다

다중 패러다임 언어인 코틀린은 객체지향 접근 방식과 함수형 스타일을 엮어 제공한다. 함수형 프로그래밍의 핵심 개념은 다음과 같다.

- **일급 시민인**first-class **함수:** 함수(프로그램의 행동을 나타내는 코드 조각)를 일반 값처럼 다룰 수 있다. 함수를 변수에 저장할 수 있고, 함수를 인자로 다른 함수에 전달할 수 있으며, 함수에서 새로운 함수를 만들어 반환할 수 있다.
- **불변성**immutability**:** 함수형 프로그래밍에서는 일단 만들어지고 나면 내부 상태가 절대로 바뀌지 않는 불변 객체를 사용해 프로그램을 작성한다.
- **부수 효과**side effect **없음:** 함수형 프로그래밍에서는 입력이 같으면 항상 같은 출력을 내놓고 다른 객체의 상태를 변경하지 않으며 함수 외부나 다른 바깥 환경과 상호작용하지 않는 순수 함수pure function를 사용한다. 이런 핵심 개념을 사용하는 함수형 스타일로 프로그램을 작성하면 어떤 유익이 있을까? 첫째로 간결성을 들 수 있다. 함수형 코드는 그에 상응하는 명령형 코드에 비해 더 간결하며 우아하다. 변수의 값을 변경하고 루프나 조건 분기에 의존하는 대신 (순수) 함수를 값처럼 활용할 수 있으면 더 강력한 추상화가 가능하다.

함수형 접근 방식을 택하면 코드 중복을 피할 수 있다. 비슷한 작업을 구현하는 비슷한 코드 조각이 있는데, 일부 세부 사항에서 차이가 난다면 쉽게 공통 로직을 따로 함수로 뽑아내고 서로 다른 세부 사항을 인자로 전달할 수 있다. 이런 인자는 그 자체가 함수다. 코틀린에서는 람다식이라는 간결한 문법으로 그런 함수를 표현할 수 있다.

함수형 프로그래밍에서 얻을 수 있는 두 번째 유익은 안전한 동시성이다. 다중 스레드 프로그램에서는 적절한 동기화 없이 같은 데이터를 여러 '행위자'(보통은 여러 스레드)가 변경하는 경우 가장 많은 문제가 생긴다. 불변 데이터 구조와 순수 함수를 사용한다면 안전하지 않은 데이터 변경이 발생하지 않는다고 확신할 수 있으므로 복잡한 동기화 방법을 적용하지 않아도 된다.

마지막으로 함수형 프로그램은 테스트하기 쉽다. 부수 효과가 없는 함수는 그 함수가 의존하는 전체 환경을 구축하기 위한 준비 코드 없이 독립적으로 테스트 가능하다. 여러분의 함수가 외부 세계와 상호작용하지 않으므로 코드에 대해 쉽게 추론할 수 있고, 마음속에 더 큰 복잡한 시스템을 항상 염두에 두지 않고서도 코드의 동작을 검증할 수 있다.

일반적으로 말하자면 언어와 관계없이 함수형 스타일을 활용할 수 있으며, 함수형 프로그래밍 스타일 중 상당 부분은 좋은 프로그래밍 스타일로 장려되고 있다. 하지만 모든 언어가 함수형 프로그래밍을 편하게 사용하기에 충분한 라이브러리와 문법을 지원하지는 않는다. 코틀린은 처음부터 함수형 프로그래밍을 지원하는 풍부한 특징을 제공해왔다. 그런 특징으로는 다음과 같은 것이 있다.

- 함수 타입을 지원함에 따라 어떤 함수가 다른 함수를 파라미터로 받거나 함수가 새로운 함수를 반환할 수 있다.
- 람다식을 지원함에 따라 번거로운 준비 코드를 작성하지 않아도 코드 블록을 쉽게 정의하고 여기저기 전달할 수 있다.
- 멤버 참조를 통해 (어떤 객체의 멤버인) 함수를 값으로 사용할 수 있다. 예를 들어 이런 함수를 파라미터로 넘길 수 있다.
- 데이터 클래스는 불변적인 데이터를 저장하는 클래스를 만들 수 있는 간결한 구문을 제공한다.
- 코틀린 표준 라이브러리는 객체와 컬렉션을 함수형 스타일로 다룰 수 있는

API를 제공한다.

다음 코드는 입력 시퀀스에 대해 일련의 동작을 수행하는 과정을 보여준다. 주어진 일련의 메시지가 있을 때 이 코드는 "읽지 않고 비어있지 않은 메시지를 찾아 송신자들의 모든 고유한 이름을 정렬해" 돌려준다.

```
messages
    .filter { it.body.isNotBlank() && !it.isRead }
    .map(Message::sender)
    .distinct()
    .sortedBy(Sender::name)
```

코틀린 표준 라이브러리는 여러분이 쓸 수 있는 `filter`, `map`, `sortedBy` 등의 함수를 제공한다. 코틀린 언어는 람다식과 멤버 참조(Message::sender와 같은 형태)를 제공하기 때문에 이런 함수에 인자를 아주 간결하게 전달할 수 있다.

코틀린으로 코드를 작성할 때는 객체지향과 함수형 접근 방식을 함께 조합해서 여러분이 해결하려는 문제에 가장 적합한 도구를 사용할 수 있다. 여러분은 코틀린에서 함수형 스타일의 모든 능력을 활용할 수 있고, 번거롭지 않게 필요할 때 가변 데이터를 쓰고 부수 효과를 사용한 함수를 작성할 수 있다. 당연히 인터페이스와 클래스 계층 구조를 바탕으로 하는 프레임워크도 여러분이 바라는 대로 쉽게 사용할 수 있다.

1.2.4 코루틴을 쓰면 동시성, 비동기 코드를 자연스럽고 구조적으로 사용할 수 있다

서버, 데스크톱, 모바일 폰에서 실행되는 애플리케이션을 만들 때 동시성, 즉 코드의 여러 조각을 동시에 실행하는 것을 거의 피할 수 없다.

백그라운드에서 오래 계산이 실행되는 동안에도 사용자 인터페이스는 계속 반응성을 유지해야 한다. 인터넷 서비스와 상호작용할 때 애플리케이션이 한 번에 하나 이상의 요청을 보내야 하는 경우가 자주 있다. 비슷하게 서버 측 애플리케이션은 어떤 요청이 평소보다 훨씬 더 오래 걸리더라도 자신에게 들어오는 다른 요청들을 처리해야 한다. 이런 성질을 갖는 모든 애플리케이션은 동시적으로 진행되는데, 이는 한 번에 하나 이상의 작업을 처리한다는 뜻이다.

동시성 처리에는 스레드로부터 콜백^{callback}, 퓨처^{future}와 프라미스^{promise}, 반응형 확장$^{reactive\ extension}$ 등의 다양한 접근 방법이 있었다.

코틀린은 동시성과 비동기 프로그래밍의 문제를 코루틴^{coroutine}이라 불리는 일시 중단 가능한 계산$^{suspendable\ computation}$을 사용해 접근한다. 코루틴에서는 코드가 자신의 실행을 잠시 중단시킬 수 있고, 나중에 (중단했던 지점부터) 작업을 계속 수행할 수 있다.

다음 예제에는 authenticate, loadUserData, loadImage를 호출해서 3가지 네트워크 호출을 수행하는 processUser 함수를 보여준다.

```
suspend fun processUser(credentials: Credentials) {
    val user = authenticate(credentials)    ◀── 장시간 실행되는 연산이라도 ...
    val data = loadUserData(user)    ◀── ... 순서대로 위에서 아래로 지정할 수 있다.
    val profilePicture = loadImage(data.imageID)    ◀── 이때 각 연산이 블록되지 않는다.
    // ...
}
                                        suspend 키워드가 이런 처리를
                                        가능하게 해준다.
suspend fun authenticate(c: Credentials): User { /* ... */ }    ◀──
suspend fun loadUserData(u: User): Data { /* ... */ }
suspend fun loadImage(id: Int): Image { /* ... */ }
```

네트워크 호출은 무한정 길어질 수 있다. 각각의 네트워크 요청을 수행할 때 processUser 함수의 실행은 일시 중단되고 결과를 기다리게 된다. 하지만 이 코드가 실행되는 스레드는 (그리고 더 나아가 애플리케이션 자체는) 블록되지 않는다. processUser의 결과를 기다리는 동안, 스레드(그리고 애플리케이션)는 사용자 입력에 반응하는 등의 다른 작업을 수행할 수 있다(일시 중단 함수는 14장에서 자세히 다룬다).

블로킹을 사용하지 않고 이 코드를 한 번에 하나씩 순차적으로 실행하는 코드를 명령형 스타일로 작성할 수는 없다. 반면 콜백이나 반응형 확장을 사용하면 이런 단순한 연속적인 로직이 훨씬 더 복잡한 코드로 바뀐다.

다음 예제는 async를 사용해 두 이미지를 적재하고(async는 14.6.3절에서 다룬다) await를 통해 적재가 끝나기를 기다린 다음, 두 이미지를 합성(예: 한 이미지를 다른 이미지 위에 겹침)한 결과를 반환한다.

```
suspend fun loadAndOverlay(first: String, second: String): Image =
  coroutineScope {                    새 코루틴으로 첫 번째 이미지 적재를 시작한다.    또 다른 코루틴으로 두 번째
    val firstDeferred = async { loadImage(first) }  ◀                              이미지 적재를 시작한다.
    val secondDeferred = async { loadImage(second) } ◀                    두 이미지가 적재되면
                                                                          두 이미지를 겹친 결과
    combineImages(firstDeferred.await(), secondDeferred.await()) ◀        이미지를 반환한다.
  }
```

15장의 주제인 **구조화된 동시성**structured concurrency이 코루틴 생명주기 관리에 도움이 된다. 이 예제에서는 2가지 적재 프로세스가 (같은 코루틴 영역으로부터) 구조화된 방식으로 시작된다. 구조화된 방식으로 시작했기 때문에 두 적재 프로세스 중 한쪽이 실패하면 두 번째 프로세스는 자동으로 취소된다.

또 코루틴은 아주 가벼운 추상화인데, 이는 큰 성능 손해를 보지 않고 수백만 개의 동시성 작업을 시작할 수 있다는 뜻이다. 16장에서 다룰 뜨거운 플로우flow나 차가운 플로우 같은 추상화를 통해 코틀린 코루틴은 동시성 애플리케이션을 구축할 때 쓸 수 있는 강력한 도구가 됐다.

이 책의 3부 전체는 코루틴의 안팎 그리고 여러분의 용례에 맞게 코루틴을 가장 잘 사용하는 방법을 다루는 내용으로만 구성돼 있다.

1.2.5 코틀린을 모든 목적에 사용할 수 있다. 코틀린은 오픈소스이며, 여러분의 참여를 환영한다

코틀린 언어와 컴파일러, 라이브러리 및 코틀린과 관련한 모든 도구는 모두 오픈소스이며, 어떤 목적에든 무료로 사용할 수 있다. 코틀린은 아파치Apache 2 라이선스하

에 제공된다. 개발은 깃허브^{GitHub}를 통해 열린 방식으로 이뤄지고 있다(https://github.com/jetbrains/kotlin). 코틀린 개발이나 코틀린 커뮤니티에 기여할 수 있는 다양한 방법이 있다.

- 코틀린 프로젝트는 기여자들이 코틀린 컴파일러나 관련된 도구들에 대한 새로운 기능이나 버그 픽스를 제공하는 것을 환영한다.
- 버그 보고서와 피드백을 제출함으로써 모든 사람의 코틀린 개발 경험을 향상시키는 데 도움을 줄 수 있다.
- 잠재적인 코틀린 언어 기능에 대한 논의가 커뮤니티에서 길게 논의되고 있는데, 이런 논의에 여러분 같은 코틀린 개발자들이 제공하는 입력이 언어의 방향을 결정하고 언어를 진화시키는 데 큰 역할을 한다. 코틀린 애플리케이션을 개발하고 싶은 경우 인텔리제이 IDEA 커뮤니티 에디션$^{IntelliJ\ IDEA\ Community\ Edition}$이나 안드로이드 스튜디오$^{Android\ Studio}$ 같은 여러 오픈소스 IDE를 선택할 수 있다(물론 인텔리제이 IDEA 얼티밋$^{IntelliJ\ IDEA\ Ultimate}$도 완전히 잘 작동한다).

이제 코틀린이 어떤 유형의 언어인지 이해했을 테니 코틀린을 실제로 구체적으로 적용할 경우 어떤 유익이 있는지 살펴보자.

1.3 코틀린이 자주 쓰이는 분야

앞에서 말했던 것처럼 코틀린이 널리 쓰이는 2가지 분야는 서버와 안드로이드 개발이다. 이 두 분야를 살펴보면서 왜 코틀린이 각 분야에 적합한 언어인지 살펴보자.

1.3.1 백엔드 지원: 코틀린 서버 프로그래밍

서버 프로그래밍은 상당히 광범위한 개념이다. 아래에 적은 응용 분야를 포함하는 여러 분야가 서버 프로그래밍에 포함된다.

- 브라우저에 HTML 페이지를 돌려주는 웹 애플리케이션
- HTTP를 통해 모바일 애플리케이션에게 JSON API를 제공하는 백엔드 애플리케이션
- RPC(원격 프로시저 호출) 프로토콜이나 메시지 버스를 통해 서로 통신하는 작은 서비스들로 이뤄진 마이크로서비스

개발자들은 이런 애플리케이션을 수년간 JVM에서 개발해 오면서 이런 종류의 애플리케이션 개발에 도움을 줄 수 있는 기술과 프레임워크를 엄청나게 만들어왔다. 이런 애플리케이션을 독립적으로 맨 밑바닥부터 개발하는 경우는 거의 없다. 새로운 기술이나 프레임워크는 언제나 기존 프레임워크나 기술을 확장하고 개선하거나 대치하며, 이미 여러 해 동안 쓰여 온 기존 시스템과 새로운 코드를 통합해야만 한다.

이런 환경에서 자바 코드와 매끄럽게 상호운용할 수 있다는 점이 코틀린의 큰 장점이다. 코틀린은 새로운 컴포넌트를 작성하거나 기존 서비스 코드를 코틀린으로 이식해야 하는 경우에 모두 잘 들어맞는다. 자바 클래스를 코틀린으로 확장해도 아무 문제가 없으며, 코틀린 클래스 안의 메서드나 필드에 특정 (자바) 어노테이션annotation을 붙여야 하는 경우에도 아무 문제가 없다. 그러면서도 시스템 코드는 더 간결해지고 더 신뢰성이 높아지며 더 유지 보수하기 쉬워질 것이다.

코틀린을 사용할 때 얻을 수 있는 다른 큰 장점으로는 애플리케이션의 신뢰성이 더 나아진다는 점을 들 수 있다. 코틀린 타입 시스템은 null 값을 정확히 추적하기 때문에 null 포인터 예외로 인한 문제의 영향을 덜 받게 된다. 자바에서라면 실행 시점에 NullPointerException을 발생시켰을 대부분의 코드는 코틀린에서 컴파일에 실패하기 때문에 애플리케이션이 프로덕션 환경에 채택되기 전에 오류를 확실히 수정할 수 있다.

스프링Spring(https://spring.io) 같은 현대적 프레임워크도 처음부터 코틀린을 일급 시민으로 지원한다. 이런 프레임워크들은 매끄러운 상호운용성을 제공하는 한편, 해당 프레임워크가 처음부터 코틀린을 위해 설계된 것처럼 느껴지게 해주는 확장을

제공하며 코틀린 기술을 활용한다.

다음 예제는 HTTP를 통해 ID와 텍스트가 포함되는 Greeting 객체의 리스트를 JSON으로 제공하는 간단한 스프링 부트 애플리케이션을 정의한다. 스프링 프레임워크의 개념은 직접 코틀린으로 전달된다. 예를 들어 스프링에서도 자바와 똑같은 어노테이션(@SpringBootApplication, @RestController, @GetMapping)을 사용한다. 스프링을 코틀린과 함께 사용하는 방법은 코틀린이나 스프링 웹 사이트를 참고하라(https://kotlinlang.org/docs/jvm-spring-boot-restful.html).

리스트 1.2 스프링 부트 애플리케이션을 코틀린으로 작성하기

```kotlin
@SpringBootApplication      ◀── 어노테이션 같은 프레임워크 기능을 사용하며...
class DemoApplication

fun main(args: Array<String>) {
  runApplication<DemoApplication>(*args)
}

@RestController
class GreetingResource {
  @GetMapping
  fun index(): List<Greeting> = listOf(      ◀──
    Greeting(1, "Hello!"),
    Greeting(2, "Bonjour!"),
    Greeting(3, "Guten Tag!"),
  )
}                                                  ... 동시에 코틀린의 표현력을 활용할 수 있다.

data class Greeting(val id: Int, val text: String)  ◀──
```

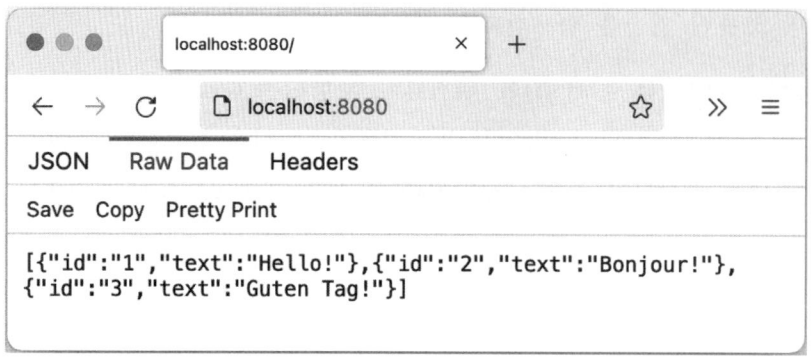

그림 1.1 코틀린과 스프링 같은 업계에서 잘 증명된 프레임워크를 조합함으로써 HTTP를 통해 JSON을 제공하는 애플리케이션을 단 20여 줄의 코드로 작성할 수 있다.

또한 계속 성장 중인 서버 측 프레임워크를 포함하는 코틀린 자체 라이브러리 생태계를 즐길 수도 있다. 예를 들어 케이토^{Ktor}(https://ktor.io)는 젯브레인즈^{JetBrains}에 의해 만들어진 연결형 애플리케이션 프레임워크로, 서버 측 애플리케이션을 구축하거나, 모바일이나 클라이언트에서 네트워크 요청을 보낼 때 사용할 수 있다. 케이토는 젯브레인즈의 스페이스^{Space}(https://jetbrains.space)나 툴박스^{toolbox}(https://jetbrains.com/toolbox) 같은 제품에 쓰이며, 어도비^{Adobe} 같은 회사도 케이토를 채택했다.

코틀린 프레임워크로서 케이토는 코틀린 언어의 기능을 완전히 활용한다. 예를 들어 케이토는 애플리케이션이 HTTP 요청을 라우팅하는 방법을 기술하는 커스텀 도메인 특화 언어$^{DSL, Domain Specific Language}$를 제공한다. 애플리케이션에서 XML 파일이나 어노테이션을 통해 경로 라우팅을 지정하는 대신, 케이토가 제공하는 DSL을 통해 서버 애플리케이션의 라우팅^{routing}을 설정할 수 있다. 이 DSL은 코틀린 언어의 일부분인 것처럼 보이지만 케이토 프레임워크 전용으로 커스텀화돼 있다. 이는 13장에서 다룬다.

다음 예제는 케이토가 제공하는 get, post, route DSL을 사용해 /world, /greet, /greet/{entityId}라는 3가지 경로를 정의한다.

리스트 1.3 DSL을 사용해 HTTP 요청을 라우팅하는 케이토 앱

```
fun main() {
  embeddedServer(Netty, port = 8000) {
    routing {  ◀── 케이토가 들어오는 HTTP 요청을 어떻게 처리하는지 정의하는데...
      get ("/world") {  ◀── ... 이때 코틀린 내장 기능처럼 보이는 DSL을 사용하고...
        call.respondText("Hello, world!")
      }
      route("/greet") {
        get { /* . . . */ }
        post("/{entityId}") { /* . . . */ } ◀──┐
      }                      ... 이런 DSL을 쉽게 합성할 수 있다.
    }
  }.start(wait = true)
}
```

DSL은 코틀린 언어 특성을 유연하게 조합하며 설정, 복잡한 객체 생성, 객체 관계 매핑^{ORM, Object Relational Mapping} 작업, 객체를 데이터베이스 표현으로 변환하거나 역방향으로 변환하기 등에 자주 사용된다.

다른 코틀린 서버 프레임워크로 http4k(https://http4k.org/)가 있다. http4k는 코틀린 코드의 함수적 특성을 강력히 포용하며, 요청과 응답에 대해 단순하고 균일한 추상화를 제공한다. 정리하면 다음번 대규모 프로젝트에 쓸 실전을 통해 검증된 업계 표준 프레임워크를 찾든, 다음번 마이크로서비스를 위한 경량 프레임워크가 필요하든, 광범위한 코틀린 생태계에는 여러분이 사용할 수 있는 프레임워크가 기다리고 있다는 사실을 확신할 수 있다.

1.3.2 모바일 개발: 안드로이드는 코틀린 우선이다

세계에서 가장 널리 쓰이는 모바일 운영체제인 안드로이드는 2017년부터 코틀린을 앱 빌딩을 위한 언어로 공식 지원하기 시작했다. 단 2년 만인 2019년부터는 수많은 개발자의 긍정적 피드백으로 인해 안드로이드가 코틀린을 우선시하는, 즉 새로운 앱을 만들 때 코틀린을 디폴트 선택으로 제공하는 정책을 채택했다. 그 후 구글의 개발 도구나 젯팩^{Jetpack} 라이브러리(https://developer.android.com/jetpack), 예제, 문서, 훈련은 모두 주로 코틀린에 초점을 맞추고 있다.

코틀린은 모바일 앱에 적합하다. 이런 유형의 앱은 보통 더 다양한 디바이스에 대해 운용 신뢰성을 보장하면서 더 빠르게 개발해 배포할 필요가 있다. 코틀린 언어의 특성은 안드로이드 애플리케이션 개발의 생산성을 더 높이고 개발의 즐거움을 더할 수 있다. 흔한 안드로이드 개발 작업을 훨씬 더 적은 코드로 달성할 수 있다. 안드로이드 팀이 만든 안드로이드 KTX 라이브러리(https://developer.android.com/kotlin/ktx)를 사용하면 수많은 안드로이드 API에 대한 코틀린 어댑터^{adapter}를 제공받을 수 있어서 안드로이드 프로그래밍 경험을 더 개선할 수 있다.

안드로이드에서 네이티브 사용자 인터페이스를 만들기 위한 구글의 젯팩 컴포즈 툴킷$^{Jetpack\ Compose\ toolkit}$(https://developer.android.com/jetpack/compose)도 맨 밑바닥부터 코틀린으로 작성됐다. 젯팩 컴포즈 툴킷은 코틀린 언어의 특징을 포용하며, 모바일 애플리케이션 UI를 구축할 때 더 작고 단순하며 유지 보수하기 쉬운 코드를 작성할 수 있게 해준다.

다음은 첫팩 컴포즈 예제로, 단지 코틀린을 사용한 안드로이드 개발이 어떤 느낌일지를 보여주기 위한 것이다. 다음 코드는 메시지를 표시히고, 클릭할 때 세부 사항을 펼치거나 감춘다.

```
@Composable
fun MessageCard(modifier: Modifier, message: Message) {
    var isExpanded by remember { mutableStateOf(false) }   ◀── 메시지 카드를 펼쳐야 하는지 기억한다.
    Column(modifier.clickable { isExpanded = !isExpanded }) {  ◀── 클릭할 때 카드의 세부 사항을
        Text(message.body)   ◀── 텍스트를 보여주기 위해 라이브러리 함수를 합성한다.    펼치거나 감춘다.
        if (isExpanded) {   ◀── 일반적인 코틀린 문법이다.
            MessageDetails(message)      ◀── 커스텀 합성 가능 함수다.
        }
    }
}
```

```
@Composable
fun MessageDetails(message: Message) { /* ... */ }
```

전체 UI를 코틀린으로 작성할 수 있고, if 식이나 루프 같은 일반적인 코틀린 문법을 사용할 수 있다. 이 예제에서는 사용자가 확장된 뷰를 보기 위해 카드를 클릭한 경우에만 세부 사항을 표시해주는 UI 엘리먼트를 보여준다. 코틀린을 사용하면 UI의 다른 부분을 표현하는 커스텀 로직을 `MessageDetails` 같은 함수로 뽑아낼 수 있어 더 우아한 코드를 만들어낼 수 있다.

또한 안드로이드에서 코틀린을 사용하는 것은 신뢰성이 더 높아지고 NullPointerException이나 "불행히도 프로세스가 중단됨"[Unfortunately, process has stopped] 같은 메시지가 표시되는 대화상자가 줄어든다는 뜻이다. 예를 들어 구글도 자신의 '구글 홈' 앱에서 새로운 기능 개발을 코틀린으로 전환한 후 NullPointerException으로 인한 프로그램 중단 횟수를 30% 줄일 수 있었다.

코틀린을 사용하더라도 성능이나 호환성 측면에서 아무 손해가 없다. 코틀린은 자바 8 이상과 완전히 호환되며, 코틀린 컴파일러가 생성한 바이트코드도 효율적으로 실행된다. 코틀린의 런타임 시스템은 상당히 작기 때문에 컴파일 후 패키징한 애플리케이션 크기도 그리 많이 늘어나지 않는다. 또한 대부분의 코틀린 표준 라이브러리 함수는 인자로 받은 람다 함수를 인라이닝[inlining]한다. 따라서 람다를 사용해도 새로운 객체가 만들어지지 않으므로 객체 증가로 인한 가비지 컬렉션[GC, Garbage Collection]으로 프로그램이 더 자주 잠시 멈추는 것을 겪지 않아도 된다.

여러분은 코틀린이 제공하는 모든 멋지고 새로운 언어 기능으로부터 이익을 얻을 수 있다. 또한 여러분의 사용자들은 여전히 여러분이 작성한 애플리케이션을 자신의 디바이스에서 실행할 수 있을 것이다. 심지어 사용자가 사용하는 폰이 최신 안드로이드 버전을 탑재하지 않은 경우에도 그렇다.

1.3.3 다중 플랫폼: iOS, JVM, JS 및 그 외의 플랫폼에서 비즈니스 로직을 공유하고 코드 중복을 최소화하기

코틀린은 다중 플랫폼 언어이기도 하다. JVM 외에 코틀린은 다음과 같은 타깃을 지원한다.

- 코틀린을 자바스크립트로 컴파일할 수 있다. 이를 통해 브라우저나 노드(node.js) 같은 런타임에서 코틀린 코드를 실행할 수 있다.
- 코틀린/네이티브를 사용하면 코틀린 코드를 이진 코드로 컴파일할 수 있다. 이를 통해 iOS나 다른 플랫폼에서 스스로 실행되는 프로그램을 만들 수 있다.
- 코틀린/와즘^{Wasm}은 현재 아직 개발 중인 타깃이지만 코틀린 코드를 웹어셈블리^{WebAssembly} 바이너리 형식으로 컴파일할 수 있다. 그리고 여러분의 코드를 최신 브라우저나 다른 런타임에 탑재되는 웹어셈블리 가상머신에서 실/행할 수 있다.

코틀린은 또 여러 타깃에 대해 여러분의 소프트웨어 중 어느 부분을 공유하고 어느 부분을 플랫폼마다 구체적인 구현을 제공하게 할지를 아주 세밀하게 지정할 수 있게 해준다. 이런 제어가 아주 세밀하기 때문에 공통 코드와 플랫폼별 코드를 최선의 조합으로 섞어 사용할 수 있다. 코틀린에서 **expect/actual**이라는 키워드로 사용하는 이 메커니즘을 사용하면 코틀린 코드에서 크로스플랫폼 기능을 활용할 수 있다. 이런 기능으로 인해 보통 크로스플랫폼 툴킷이 당면하게 되는 여러분이 타깃으로 하는 모든 플랫폼에서 사용 가능한 연산들의 하위 집합에 속하는 연산만 사용하게 제한되는 '최소 공통 수준에 맞춰야만 하는' 고전적인 문제를 완화시킬 수 있다.

코드 공유의 가장 큰 용례는 안드로이드와 iOS 모두를 타깃으로 하는 애플리케이션이다. 코틀린 다중 플랫폼을 사용하면 비즈니스 로직은 단 한 번만 작성해야 하지만, iOS와 안드로이드 타깃에서 그 비즈니스 로직을 완전히 네이티브한 방식으로 사용할 수 있으면서도 각각의 플랫폼이 제공하는 API, 툴킷, 기능을 활용할 수 있다. 비슷하게 서버 측과 자바스크립트 클라이언트에서 공유된 코드를 사용하면 작업 중복을 감소시킬 수 있고, 검증 로직을 서버와 클라이언트에서 똑같이 동기화해 유지할 수 있는 등의 장점이 있다.

이런 추가된 플랫폼에 대해 구체적인 내용을 알고 싶고 코틀린의 다중 플랫폼과 코드 공유 지원을 알고 싶다면 코틀린 웹 사이트의 '다중 플랫폼 프로그래밍' 부분을 참고한다(https://kotlinlang.org/docs/multiplatform.html). 코틀린을 훌륭한 언어로 만들어주는 여러 요소를 살펴봤다. 이제 코틀린과 다른 언어를 구별해주는 주요 특징인 코틀린의 철학을 살펴보자.

1.4 코틀린의 철학

코틀린에 대해 이야기할 때 상호운용성에 초점을 맞춘 실용적이고 간결하며 안전한 언어라고 말하기를 좋아한다. 그렇다면 이런 각각의 단어는 어떤 뜻일까? 각각을 순서대로 자세히 살펴보자.

1.4.1 코틀린은 실용적인 언어다

실용적이라는 말은 우리에게 코틀린이 실제 문제를 해결하기 위해 만들어진 실용적인 언어라는 것을 뜻한다. 코틀린 설계는 대규모 시스템을 개발해본 다년간의 IT 업계 경험을 바탕으로 이뤄졌으며, 코틀린의 특성은 수많은 소프트웨어 개발자들의 사용에 잘 들어맞을 수 있도록 주의 깊게 선택됐다. 더 나아가 이제는 전 세계의 개발자들이 대략 십년동안 코틀린을 사용했고, 사용하면서 전달한 피드백이 현재 발표된 최종 코틀린 버전에 반영돼 있다. 그런 이유로 실제 프로젝트에서 문제를 해결할 때 코틀린이 도움이 되리라고 자신 있게 말할 수 있다.

또한 코틀린은 연구를 위한 언어가 아니다. 코틀린은 다른 프로그래밍 언어가 채택한 이미 성공적으로 검증된 해법과 기능에 주로 의존한다. 이로 인해 언어의 복잡도가 줄어들고 여러분이 이미 알고 있는 기존 개념을 통해 코틀린을 더 쉽게 배울 수 있다. 새로운 특성을 도입할 때는 '실험적'인 상태로 상당히 오랜 기간 남겨진다. 이로 인해 언어 설계 팀이 사람들의 피드백을 모으고, 어떤 기능의 마지막 설계를 변경하고 세밀하게 조정한 다음에 언어의 안정적인 일부분으로 추가할 수 있다.

코틀린은 어느 특정 프로그래밍 스타일이나 패러다임을 사용할 것을 강제로 요구하지 않는다. 코틀린 언어를 처음 배우는 사람은 자신이 익숙한 프로그래밍 스타일이나 기법을 활용할 수 있다. 나중에 점차 코틀린의 더 강력한 특성(확장 함수(3.3절), 코틀린의 표현력이 좋은 타입 시스템(7장과 8장), 고차 함수(10장) 등)을 발견하게 된다. 그런 특성을 자신의 코드에 적용하는 방법을 배우고 나면 간결하고 전형적인 코틀린 코드를 작성할 수 있다.

실용성에 있어 코틀린의 다른 측면은 도구를 강조한다는 점이다. 좋은 언어만큼이나 편리한 개발 환경도 생산성 향상에 필수적이다. 따라서 언어를 먼저 설계한 다음에 IDE 지원에 대해 고민해서는 안 된다. 코틀린의 경우 인텔리제이 IDEA 플러그인의 개발과 컴파일러의 개발이 맞물려있다. 그리고 코틀린 언어의 특성은 항상 도구의 활용을 염두에 두고 설계돼 왔다.

코틀린의 여러 특성을 배울 때도 IDE의 코틀린 언어 지원이 중요한 역할을 한다. 흔히 쓰이지만 더 간결한 구조로 바꿀 수 있는 대부분의 코드 패턴을 도구가 자동으로 감지해서 수정하라고 제안한다. 이런 자동 수정 안내에 쓰인 특성을 살펴보면서 코틀린 언어의 특성을 잘 이해하면 여러분 자신의 코드에 그런 특성을 적용하는 법을 배울 수 있다.

1.4.2 코틀린은 간결하다

개발자가 코드를 새로 작성하는 시간보다 기존 코드를 읽는 시간이 더 길다는 사실이 잘 알려져 있다. 여러분이 큰 프로젝트를 수행하는 팀에 속해 있고 프로젝트에서 만들어낸 소프트웨어의 버그를 수정해야 한다고 가정해보자. 가장 먼저 해야 할 일은 무엇일까? 수정해야만 하는 부분이 어딘지 먼저 알아내야 한다. 그래야만 버그를 수정할 수 있다. 수정할 부분을 찾고 어떻게 고쳐야 할지 알아내려면 엄청난 양의 코드를 읽어야 한다. 최근에 여러분의 동료가 그 코드를 작성했을 수도 있고, 이미 프로젝트에서 손을 뗀 어떤 사람이 예전에 그 코드를 작성했을 수도 있으며, 여러분 스스로 작성했지만 아주 오래전에 작성한 코드일 수도 있다. 버그와 관련된 여러 코드를 두루두루 살펴본 뒤에야 코드를 제대로 수정할 수 있다.

코드가 더 간단하고 간결할수록 내용을 파악하기가 더 쉽다. 물론 설계가 좋고 각 부분의 역할을 잘 표현해주는 적절한 이름이 붙어있다면 내용을 파악할 때 큰 도움이 된다. 그러나 어떤 언어를 사용해 코드를 작성했고 그 언어가 얼마나 간결한 언어인지도 중요하다. 어떤 언어가 간결하다는 말은 그 언어로 작성된 코드를 읽을 때 의도를 쉽게 파악할 수 있는 구문 구조를 제공하고, 그 의도를 달성하는 방법을 이해할 때 방해가 될 수 있는 부가적인 준비 코드가 적다는 뜻이다.

코틀린은 프로그래머가 작성하는 코드가 의미를 최대한 전달하고 프로그램 언어가 요구하는 구조를 만족시키기 위한 요소를 줄이기 위해 많은 노력을 기울였다. 게터^{getter}, 세터^{setter}, 생성자 파라미터를 필드에 대입하기 위한 로직 등 객체지향 언어에 존재하는 여러 가지 번거로운 준비 코드를 코틀린은 암시적으로 제공하기 때문에 코틀린 소스코드는 그런 준비 코드로 인해 지저분해지는 일이 없다. 또한 코틀린의 강력한 타입 추론으로 인해 컴파일러가 문맥으로부터 타입을 추론할 수 있는 경우 여러분이 타입을 직접 지정할 필요가 없다.

코틀린의 기능이 풍부한 표준 라이브러리를 사용하면 반복되거나 길어질 수 있는 코드를 라이브러리 함수 호출로 대치할 수 있다. 코틀린은 람다와 익명 함수(식처럼 사용될 수 있는 함수 리터럴)를 지원하기 때문에 작은 코드 블록을 라이브러리 함수에 쉽게 전달할 수 있다. 따라서 일반적인 기능을 라이브러리 안에 캡슐화하고 작업에 따라 달라져야 하는 개별적인 내용을 사용자가 작성한 코드 안에 남겨둘 수 있다.

반면 코틀린은 소스코드에 필요한 글자 수를 최대한 짧게 만들려고 노력하지는 않는다. 예를 들어 코틀린은 연산자 오버로딩$^{operator\ overloading}$을 미리 정해진 연산자 집합에 대해서만 제공한다. 이는 여러분이 +, -, in, [] 등의 연산에 대해 커스텀 구현을 정의할 수 있다는 뜻이다. 하지만 프로그래머가 직접 언어가 제공하지 않는 연산자를 정의할 수는 없다. 이로 인해 개발자가 메서드 이름을 암호문처럼 보이는 기호만으로 이뤄진 연산자 식별자로 대치할 수 없다. 식별자로 된 이름은 더 읽기 어렵고 설명적인 (영어 등의 문자로 된) 이름을 사용할 때에 비해 문서 시스템에서 원하는 이름을 검색하기도 어렵다.

코드가 더 간결하면 쓰는 데 시간이 덜 걸린다. 더 중요한 것은 읽고 이해하는 데도 시간이 덜 걸린다는 점이다. 간결성은 여러분의 생산성을 향상시켜주고 원하는 일을 더 빠르게 할 수 있게 해준다.

1.4.3 코틀린은 안전하다

일반적으로 프로그래밍 언어가 안전하다는 말은 프로그램에서 발생할 수 있는 오류 중에서 일부 유형의 오류를 프로그램 설계가 원천적으로 방지해준다는 뜻이다. 물론 이는 절대적이지는 않다. 어떤 언어도 발생할 수 있는 모든 오류를 막을 수는 없다. 추가로 오류를 방지하는 데는 대가가 따르기 마련이다. 컴파일러에게 프로그램이 어떻게 작동해야 하는지에 대한 정보를 더 자세히 제공해야만 컴파일러가 프로그램 코드와 프로그램의 작동 의도에 대한 정보가 일치하는지를 검증할 수 있다. 따라서 프로그램에 더 많은 정보를 덧붙여야 하기 때문에 감소하는 생산성과 그로 인해 늘어나는 안전성 사이에는 트레이드오프$^{trade\ off}$ 관계가 성립한다.

코틀린을 JVM에서 실행한다는 사실은 이미 상당한 안전성을 보장할 수 있다는 뜻이다. 예를 들어 JVM을 사용하면 메모리 안전성을 보장하고, 버퍼 오버플로$^{buffer\ overflow}$를 방지하며, 동적으로 할당한 메모리를 잘못 사용함으로 인해 발생할 수 있는 다른 문제를 예방할 수 있다. JVM에서 실행되는 정적 타입 지정 언어로서 코틀린은 애플리케이션의 타입 안전성을 보장한다. 코틀린은 이보다 더 나가서 읽기 전용 변수를 (val 키워드를 통해) 쉽게 정의할 수 있게 해주고, 불변 변수들을 묶어 불변 (데이터) 클래스로 빠르게 만들 수 있게 해줌으로써 다중 스레드 애플리케이션에서 안전성을 더 보장할 수 있다.

그 외에도, 코틀린은 실행 시점에 오류를 발생시키는 대신 컴파일 시점 검사를 통해 오류를 더 많이 방지해준다. 가장 중요한 내용으로 코틀린은 프로그램의 NullPointerException을 없애기 위해 노력한다. 코틀린의 타입 시스템은 null이 될 수 없는 값을 추적하며 실행 시점에 NullPointerException이 발생할 수 있는 연산을 사용하는 코드를 금지한다. 이로 인해 추가로 들어가는 비용은 미미하다. 어떤 타입이 널이 될 수 있는지 여부를 표시하려면 타입 이름 끝에 ? 한 글자만 추가하면 된다.

```
fun main() {
    var s: String? = null    ← 널이 될 수 있다.
    var s2: String = ""      ← 널이 될 수 없다.

    println(s.length)        ← 컴파일될 수 없어서 프로그램 오류를 방지해준다.
    println(s2.length)       ← 예상대로 작동한다.
}
```

널이 될 수 있는 경우를 보완하기 위해 코틀린은 널이 될 수 있는 값을 다룰 수 있는 편리한 방법을 다양하게 제공한다. 이런 기능은 애플리케이션이 갑자기 중단되는 경우를 많이 줄여준다.

코틀린이 방지해주는 다른 예외로는 클래스 캐스트(클래스 타입 변환) 예외가 있다. 어떤 객체를 다른 타입으로 변환cast하기 전에 타입을 미리 검사하지 않으면 이런 예외가 발생한다. 코틀린은 타입 검사와 캐스트를 한 연산자로 수행한다. 이는 어떤 객체의 타입을 검사했다면 그 객체의 멤버를 별도의 캐스트나 재선언이나 타입 검사 없이 사용할 수 있다는 뜻이다.

다음 예제에서 is는 value 변수에 대해 타입 검사를 수행한다. value는 Any 타입이다. 컴파일러는 조건문의 true 가지에서 value가 반드시 String임을 알기 때문에 안전하게 해당 타입의 메서드를 사용하도록 허용할 수 있다(이를 스마트 캐스트smart cast라고 부르며, 2.3.6절에서 자세히 다룬다).

```
fun modify(value: Any) {
    if (value is String) {        ◀── 타입을 검사한다.
        println(value.uppercase())   ◀── 더 이상의 타입 변환 없이 String 타입의 메서드를 사용할 수 있다.
    }
}
```

다음으로는 JVM을 타깃으로 하는 코틀린에만 해당되는 내용을 살펴보자. 코틀린은 자바와 매끄러운 상호운용성을 제공한다.

1.4.4 코틀린은 상호운용성이 좋다

상호운용성^{interpoerability}과 관련해 여러분이 첫 번째로 걱정하는 것은 "기존 라이브러리를 그대로 사용할 수 있나?"일 것이다. 코틀린의 경우 그에 대한 답은 "물론 그렇다"이다. 라이브러리가 어떤 API를 제공하던지 코틀린에서 그 API를 활용할 수 있다. 자바 메서드를 호출하거나 자바 클래스를 상속하거나 인터페이스를 구현하거나 자바 어노테이션을 코틀린 코드에 적용하는 등의 일이 모두 가능하다.

다른 일부 JVM 언어와 달리 코틀린은 상호운용성 측면에서 훨씬 더 많은 것을 제공한다. 즉, 자바 코드에서 코틀린 코드를 호출할 때도 아무런 노력이 필요하지 않다. 자바에서 코틀린을 호출할 때 어떤 교묘한 장치도 필요 없다. 코틀린의 클래스나 메서드를 일반적인 자바 클래스나 메서드와 똑같이 사용할 수 있다. 이에 따라 자바와 코틀린 코드를 프로젝트에서 원하는 대로 섞어 쓸 수 있는 궁극적인 유연성을 발휘할 수 있다. 기존 자바 프로젝트에 코틀린을 도입하는 경우 자바를 코틀린으로 변환하는 도구를 코드베이스 안에 있는 자바 클래스에 대해 실행해서 어느 한 자바 클래스를 코틀린 클래스로 변환할 수 있고, 이 경우에도 프로젝트의 나머지 부분을 전혀 수정하지 않고 컴파일 및 실행이 가능하다. 이런 성질은 여러분이 변환한 클래스의 역할과 관계없이 성립한다. 이에 대해서는 1.5.1절에서 자세히 다룬다.

상호운용성 측면에서 코틀린이 집중하는 다른 방향으로는 기존 자바 라이브러리를 가능하면 최대한 활용한다는 점을 들 수 있다. 예를 들어 코틀린은 거의 대부분을 자바 표준 라이브러리 클래스에 의존하며 코틀린에서 컬렉션을 더 쉽게 활용할 수 있게 해주는 함수를 몇 가지 더 확장할 뿐이다(이런 확장 메커니즘은 3.3절에서 자세히 살펴본다). 이는 코틀린에서 자바 API를 호출할 때나 자바에서 코틀린을 호출할 때 객체를 감싸거나 변환할 필요가 없다는 뜻이다. 코틀린이 제공하는 풍부한 API는 실행 시점에 아무런 부가 비용을 야기하지 않는다.

코틀린이 제공하는 도구도 다중 언어 프로젝트를 완전히 지원한다. 코틀린은 자바와 코틀린 소스 파일이 임의로 섞여 있어도 각 소스 파일 사이의 의존관계가 어떤 식으로 이뤄지든 관계없이 컴파일할 수 있다. 인텔리제이나 안드로이드 스튜디오의 IDE 기능도 언어와 관계없이 제대로 작동한다. 따라서 다음과 같은 동작이 가능하다.

- 자바와 코틀린 소스 파일을 자유롭게 내비게이션할 수 있다.
- 여러 언어로 이뤄진 프로젝트를 디버깅하면서 서로 다른 언어로 작성된 코드를 한 단계씩 실행할 수 있다.
- 자바 메서드를 리팩터링해도 그 메서드와 관련 있는 코틀린 코드까지 제대로 변경된다. 반대로 코틀린 메서드를 리팩터링해도 그와 관련 있는 자바 코드까지 모두 자동으로 변경된다.

예제로 그림 1.2는 인텔리제이에서 코틀린과 자바가 혼합된 코드기반에서 클래스가 사용된 곳을 찾는 모습을 보여준다.

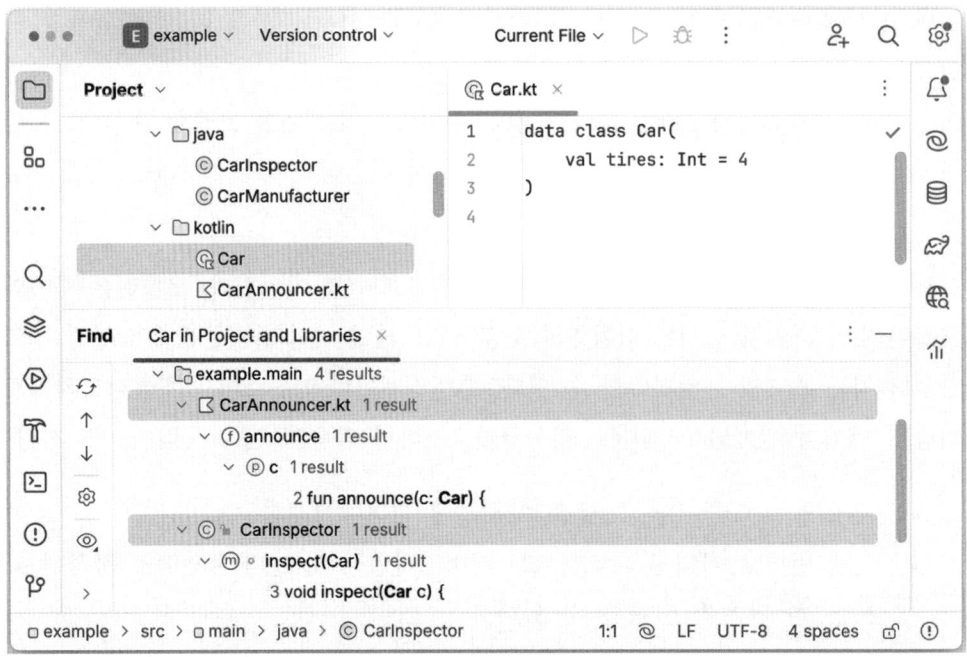

그림 1.2 인텔리제이에서 'Find Usage(사용된 곳 찾기)'를 사용하면 한 프로젝트 안의 코틀린과 자바 파일에서 결과를 얻을 수 있다. 리팩터링이나 내비게이션 등 다른 IDE 기능도 두 언어에서 부드럽게 작동한다.

이제 코틀린을 한번 검토해보고 싶다는 생각이 들었기를 바란다. 그렇다면 어떻게 코틀린을 사용할 수 있을까? 다음 절에서는 커맨드라인과 다른 여러 도구에서 코틀린 코드를 컴파일하고 실행하는 방법을 살펴본다.

1.5 코틀린 도구 사용

코틀린 도구를 살펴보자. 먼저 여러분의 환경에서 코틀린 코드를 실행하도록 설정하는 방법을 살펴보자.

1.5.1 코틀린 코드 설정과 실행

작은 코드 조각을 온라인에서 실행할 수도 있지만 IDE를 설치해 실행할 수도 있다. 인텔리제이 IDEA나 안드로이드 스튜디오를 사용하면 가장 좋은 경험을 할 수 있다. 여기서는 기본적인 정보를 제공하지만 최신의 튜토리얼을 코틀린 웹 사이트에서 볼 수 있다. 여러분이 환경을 어떻게 설정할지에 대한 자세한 정보가 필요하거나 여러 컴파일 타깃에 대한 정보가 필요하다면 코틀린 웹 사이트의 '시작하기Getting Started' 부분을 보라(https://kotlinlang.org/docs/getting-started.html).

코틀린 온라인 놀이터에서 코틀린을 설치하지 않고 실행해보기

프로그램을 설치하거나 설정할 필요 없이 코틀린을 써볼 수 있는 아주 쉬운 방법이 있다. https://play.kotlinlang.org/에는 웹상에서 작은 코틀린 코드를 작성하고 컴파일한 다음 실행할 수 있는 온라인 놀이터가 있다. 이 놀이터에는 코틀린의 특성을 보여주는 여러 코드 예제와 코틀린을 대화식으로 배울 수 있는 연습문제들이 있다. 그와 함께 코틀린 문서(https://kotlinlang.org/docs/home.html)에도 브라우저에서 실행해 볼 수 있는 동적 예제가 많다.

이들은 짧은 코틀린 코드 조각을 실행해볼 수 있는 가장 빠른 방법이다. 하지만 이들이 제공하는 도움이나 안내는 제한적이다. 이들은 최소한의 개발 환경으로, 여러분의 코틀린 코드를 어떻게 개선할지 제안하는 자동 완성이나 코드 인스펙션 등의 기능이 빠져있다. 웹 버전은 표준 입력 스트림을 통한 사용자 상호작용이나 파일과 디렉터리 사용을 지원하지 않는다. 그렇지만 이런 모든 기능을 인텔리제이 IDEA나 안드로이드 스튜디오 안에서는 편리하게 사용할 수 있다.

인텔리제이 IDEA와 안드로이드 스튜디오를 위한 플러그인

인텔리제이 IDEA의 코틀린 플러그인은 코틀린 언어와 함께 개발돼 왔으며 완전한 기능을 제공하는 코틀린 개발 환경이다. 코틀린 플러그인은 안정적이며 성숙돼 있고, 코틀린 개발에 필요한 완전한 도구 모음을 제공한다.

인텔리제이 IDEA나 안드로이드 스튜디오에는 코틀린 플러그인이 기본적으로 포함돼 있다. 따라서 별도로 플러그인을 설치할 필요가 없다. 무료 오픈소스인 인텔리제이 IDEA 커뮤니티 에디션이나 안드로이드 스튜디오를 사용하거나, 상용인 인텔리제이 IDEA 얼티밋을 사용해도 된다. 인텔리제이 IDEA에서 New Project(새 프로젝트) 대화상자에서 코틀린을 선택하고 진행하면 된다. 안드로이드 스튜디오에서는 새 프로젝트를 만들면 즉시 코틀린 코드를 작성할 수 있다. 인텔리제이 IDEA에서 프로젝트를 만드는 방법에 대한 자세한 절차와 스크린샷을 포함하고 있는 튜토리얼인 'Get started with Kotlin/JVM(코틀린/JVM 시작하기)'를 살펴봐도 된다(https://kotlinlang.org/docs/jvm-get-started.html).

자바-코틀린 변환기

새로운 언어를 사용해 속도를 높이려면 노력이 필요하다. 다행히 우리는 여러분이 자바에 대해 알고 있는 지식을 바탕으로 코틀린을 더 빠르게 배워서 써먹을 수 있도록 지름길을 마련해뒀다. 자바-코틀린 변환기Java-to-Kotlin converter는 자동으로 자바를 코틀린으로 변환해주는 변환기다.

코틀린을 배우기 시작했을 때 정확히 코틀린 문법이 기억나지 않는 경우 이 변환기를 유용하게 써먹을 수 있다. 작성하고 싶은 코드를 자바로 작성해 복사한 후 코틀린 파일에 그 코드를 붙여 넣으면 변환기가 자동으로 같은 뜻의 코틀린 코드를 제안한다. 물론 변환기가 항상 가장 코틀린다운 코드를 제안해주지는 못하지만 잘 작동하는 코틀린 코드를 알려주기 때문에 원하는 바를 코틀린으로 달성할 수 있다.

기존 자바 프로젝트에 코틀린을 도입하고 싶을 때도 변환기가 훌륭하게 쓰일 수 있다. 새 클래스를 작성할 필요가 있다면 처음부터 코틀린으로 그 클래스를 만들면 된다. 기존 클래스를 상당 부분 변경해야 한다면 자바 대신 코틀린을 사용하고 싶을 것이다. 이럴 때 변환기를 사용하면 도움이 된다. 기존 자바 클래스를 먼저 코틀린으로 변환한 다음에 변환된 코틀린 코드를 변경하면 코틀린이라는 최신 언어의 기능을 활용할 수 있다.

인텔리제이 IDEA에서 변환기를 사용하기는 아주 쉽다. 자바 코드 조각을 변환하고 싶을 때는 자바 코드 조각을 복사해서 코틀린 파일에 붙여 넣는다. 자바 파일 하나를 통째로 코틀린으로 변환하고 싶으면 메뉴에서 Convert Java File to Kotlin File(자바 파일을 코틀린 파일로 변환)을 선택하면 된다.

1.5.2 코틀린 코드 컴파일

코틀린은 컴파일 언어다. 이는 코틀린 코드를 실행하기 위해서는 반드시 코드를 컴파일해야 한다는 뜻이다. 1.3.3절에서 설명한 것처럼 코틀린 코드를 다른 여러 타깃으로 컴파일할 수 있다.

- JVM에서 실행되는 JVM 바이트코드(.class 파일에 저장됨)
- 추가 변환 후 안드로이드에서 실행되기 위한 JVM 바이트코드
- 다른 운영체제에서 네이티브로 실행되기 위한 네이티브 타깃
- 브라우저에서 실행되기 위한 자바스크립트(또는 웹어셈블리)

코틀린 컴파일러에게는 생성된 JVM 바이트코드가 JVM에서 실행될지 더 변환된 후 안드로이드에서 실행될지는 중요하지 않다. 안드로이드 런타임(ART, Android RunTime)은 JVM 바이트코드를 Dex 바이트코드로 변환하고 JVM 바이트코드 대신 Dex 바이트코드를 실행한다. 안드로이드에서 이런 과정이 어떻게 이뤄지는지는 관련 문서(https://source.android.com/devices/tech/dalvik)를 확인하라.

이 책의 주요 타깃은 코틀린/JVM이기 때문에 여기서는 JVM에서 컴파일 과정이 어떻게 이뤄지는지 더 자세히 다룬다. 다른 타깃에 대한 정보를 코틀린 웹 사이트에서 찾을 수 있다.

코틀린/JVM에서의 컴파일 과정

코틀린 소스코드를 저장할 때는 보통 .kt라는 확장자를 파일에 붙인다. 코틀린 컴파

일러는 자바 컴파일러가 자바 소스코드를 컴파일할 때와 마찬가지로 코틀린 소스코드를 분석해서 .class 파일을 만들어낸다. 만들어진 .class 파일은 여러분이 개발 중인 애플리케이션의 유형에 맞는 표준 패키징 과정을 거쳐 실행될 수 있다.

가장 간단한 방식은 커맨드라인에서 kotlinc 명령을 통해 코틀린 코드를 컴파일한 다음 java 명령으로 그 코드를 실행하는 것이다.

```
kotlinc <소스파일 또는 디렉터리> -include-runtime -d <jar 이름>
java -jar <jar 이름>
```

자바 가상머신은 원래 코드가 코틀린이나 자바 중 어느 언어로 작성됐는지는 알지 못해도 코틀린 코드에서 빌드된 .class 파일을 실행할 수 있다. 하지만 코틀린 내장 클래스와 API는 의존관계로, 코틀린 런타임 라이브러리^{Kotlin runtime library}라는 추가 정보가 필요하다. 커맨드라인에서 코드를 컴파일할 때는 명시적으로 -include-runtime을 호출해서 결과로 생기는 JAR 파일 안에 런타임 라이브러리를 포함시켜야 한다.

코틀린 런타임 라이브러리에는 Int나 String 같은 코틀린 기본 클래스의 정의가 들어가 있고, 표준 자바 API에 대한 확장도 들어있다. 여러분의 애플리케이션을 배포할 때는 런타임 라이브러리도 함께 배포할 필요가 있다.

그림 1.3은 코틀린 빌드 과정을 간단히 보여준다.

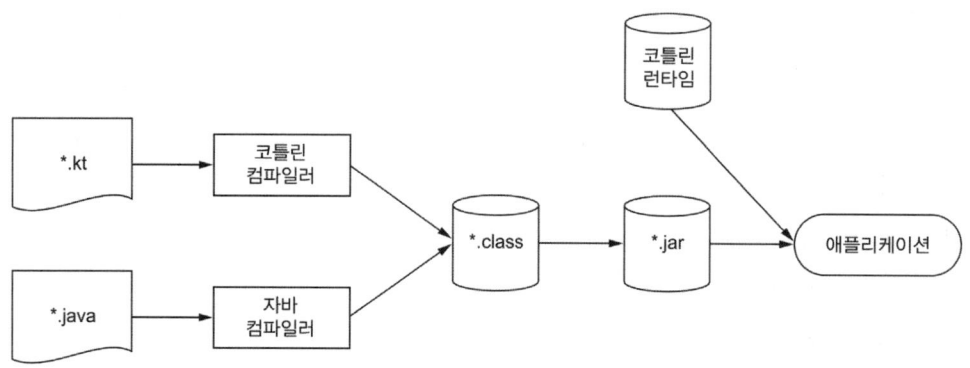

그림 1.3 코틀린 빌드 과정

추가로 **코틀린 표준 라이브러리**^{Kotlin standard library}도 애플리케이션의 의존관계로 필요하다. 이론적으로는 코틀린 표준 라이브러리 없이도 코드를 작성할 수 있지만 실제로는 결코 그런 식으로 코드를 작성하지 않을 것이다. 표준 라이브러리에는 List, Map, Sequence 같은 기초 클래스와 이런 클래스에 대해 작동하는 수많은 메서드가 들어있다. 표준 라이브러리에서 중요한 클래스와 그들의 API에 대해서는 앞으로 이 책에서 더 자세히 다룰 것이다.

실제로 개발을 진행한다면 프로젝트를 컴파일하기 위해 메이븐^{Maven}, 그레이들^{Gradle} 등의 빌드 시스템을 사용할 것이다. 코틀린은 그런 빌드 시스템과 호환된다. 이런 빌드 시스템은 모두 코틀린과 자바가 코드베이스에 함께 들어있는 혼합 언어 프로젝트를 지원한다. 메이븐과 그레이들은 애플리케이션을 패키징할 때 알아서 코틀린 런타임과 최신 코틀린 표준 라이브러리를 의존관계에 포함시켜준다. 따라서 이들을 명시적으로 포함시킬 필요가 없다.

여러분이 선택한 빌드 시스템으로 프로젝트를 설정하는 세부 방법의 최신 내용을 알아보려면 https://kotlinlang.org/docs/gradle.html과 https://kotlinlang.org/docs/maven.html을 보자. 빠른 시작을 위해서는 이들의 모든 세부 사항을 알 필요는 없고 그냥 새 프로젝트를 실행해도 된다. 그렇게 하면 필요한 의존관계가 들어있는 올바른 빌드 파일이 생성될 것이다.

요약

- 코틀린은 타입 추론을 지원하는 정적 타입 지정 언어다. 따라서 소스코드의 정확성과 성능을 보장하면서도 소스코드를 간결하게 유지할 수 있다.
- 코틀린은 객체지향과 함수형 프로그래밍 스타일을 모두 지원한다. 코틀린에서는 일급 시민 함수를 사용해 수준 높은 추상화가 가능하고 불변 값 지원을 통해 다중 스레드 애플리케이션 개발과 테스트를 더 쉽게 할 수 있다.
- 코루틴은 스레드에 대한 대안으로 경량이다. 코루틴을 사용하면 비동기 코

드를 자연스럽게 느낄 수 있는 순차적 코드와 비슷한 로직을 작성할 수 있으며, 자식-부모 관계로 동시성 코드를 구조화할 때 도움이 된다.

- 코틀린을 서버 애플리케이션 개발에 잘 활용할 수 있다. 코틀린은 코틀린으로 작성된 케이토나 http4k와 같은 프레임워크는 물론이고 스프링 부트와 같은 기존 자바 프레임워크도 완전히 지원한다.
- 안드로이드도 코틀린 우선으로 개발이 이뤄진다. 안드로이드 개발 도구, 라이브러리, 예제, 문서는 모두 주로 코틀린에 초점이 맞춰져 있다.
- 코틀린은 무료이며 오픈소스다. 또한 주요 IDE와 여러 빌드 시스템을 지원한다.
- 인텔리제이 IDEA와 안드로이드 스튜디오를 사용하면 코틀린과 자바 모두가 포함된 코드를 매끄럽게 내비게이션할 수 있다.
- 코틀린 놀이터(https://play.kotlinlang.org/)는 아무 설정 없이 코틀린 코드를 시도해볼 수 있는 빠른 방법이다.
- 자바를 코틀린으로 변환하는 자동화된 자바-코틀린 변환기를 사용하면 기존 코드와 자바 언어에 대한 지식을 코틀린으로 가져올 수 있다.
- 코틀린은 실용적이며 안전하고 간결하며 상호운용성이 좋다. 이는 우리가 코틀린을 설계하면서 일반적인 작업에 대해 이미 잘 알려진 해법을 채택하고, `NullPointerException`과 같이 흔히 발생하는 오류를 방지하며, 읽기 쉽고 간결한 코드를 지원하면서 자바와 아무런 제약 없이 통합될 수 있는 언어를 만드는 데 초점을 맞췄다는 뜻이다.

2 코틀린 기초

2장에서 다루는 내용

- 함수, 변수, 클래스, 이넘, 프로퍼티를 선언하는 방법
- 코틀린 제어 구조
- 스마트 캐스트
- 예외 던지기와 예외 잡기

2장에서는 작동하는 첫 번째 코틀린 프로그램을 작성하기 위해 필요한 코틀린 언어의 기초를 배운다. 이런 기초에는 모든 코틀린 프로그램에서 볼 수 있는 기본적인 빌딩 블록인 변수^{variable}와 함수^{function}도 포함된다. 코틀린에서 데이터를 표현하는 여러 가지 방법인 이넘^{enum}이나 클래스^{class}와 클래스의 프로퍼티^{property} 등에도 익숙해지게 될 것이다.

2장에서 배울 여러 제어 구조는 프로그램에서 조건부 로직이나 루프를 사용한 반복을 쓸 때 필요한 도구를 제공한다. 또한 자바와 같은 다른 언어와 비교할 때 코틀린에만 있는 특별한 구성 요소도 살펴본다.

타입 검사와 타입 캐스팅을 하나의 연산으로 조합한 연산인 스마트 캐스트 개념을 시작으로 코틀린 타입의 기본적인 메커니즘도 소개한다. 스마트 캐스트가 어떻게 안전성을 희생하지 않으면서 불필요한 중복을 제거하게 해주는지 보게 된다. 또한 예외 처리를 간략하게 다루고, 예외 처리에 대한 코틀린의 철학도 살펴본다.

2장을 끝낼 때쯤이면 이런 코틀린 언어의 기본적인 부품들을 조합해 작동하는 자신만의 코틀린 코드를 작성할 수 있게 될 것이다. 다만 이런 코드는 가장 코틀린스러운 코드는 아닐 수도 있다.

> **'코틀린스러운' 코드란 무엇일까?**
>
> 코틀린 코드에 대해 논의할 '코틀린스러운(idiomatic Kotlin, 코틀린 숙어적인)'이라는 말이 자주 나타난다. 분명 이 책의 여기저기서나, 동료들과 이야기하거나, 코틀린 커뮤니티의 이벤트에 참석하거나, 콘퍼런스에서 이런 문구를 자주 보고 듣게 된다.
>
> 단순히 말해 코틀린스러운 코드는 '코틀린을 모국어로 사용하는' 사람이 언어의 기능과 언어가 제공하는 문법 설탕을 적절히 사용해 코드를 작성하는 방법이라 할 수 있다. 이런 코드는 숙어(idiom)들로 이뤄지며, 숙어는 여러분이 해결하려는 문제를 '코틀린의 방법으로' 처리하는 식별 가능한 구조다. 어떤 언어에서 그 언어스러운(또는 그 언어에서 숙어적인) 코드는 언어 커뮤니티에서 일반적으로 받아들여지는 프로그래밍 스타일과 잘 들어맞고, 언어 설계자들이 권장하는 방식을 따르는 코드다.
>
> 다른 기술과 마찬가지로 코틀린스러운 코드를 작성하려면 시간과 연습이 필요하다. 이 책을 진행하면서 제공된 코드 예제를 살펴보고 스스로 코드를 작성하다 보면 점차로 코틀린스러운 코드가 어떤 모양이고 어떤 느낌인지에 대한 감을 키울 수 있을 것이다. 그리고 이렇게 배운 점을 자신의 코드에 독립적으로 적용할 수 있는 능력을 얻을 수 있을 것이다.

2.1 기본 요소: 함수와 변수

이번 절에서는 모든 프로그램을 구성하는 기본 단위인 함수와 변수를 살펴본다. 첫 번째 코틀린 코드를 작성하고 코틀린에서 타입 선언을 생략해도 된다는 사실을 보고, 코틀린이 어떻게 변경 가능한 데이터보다 변경할 수 없는 불변 데이터 사용을 권장하는지와 왜 불변 데이터가 더 좋은 것인지 살펴본다.

2.1.1 첫 번째 코틀린 프로그램 작성: Hello, World!

이제는 고전이 된 예제인 'Hello, World!'를 출력하는 프로그램으로 시작해보자. 코틀린에서는 함수 하나로 이 프로그램을 만들 수 있다.

그림 2.1 코틀린으로 작성한 'Hello, World!'

이렇게 간단한 코드에서도 꽤 많은 코틀린 문법이나 특성을 발견할 수 있다.

- 함수를 선언할 때 `fun` 키워드를 사용한다. 실제로도 코틀린 프로그래밍은 수많은 `fun`을 만드는 재미있는 일이다.
- 함수를 모든 코틀린 파일의 최상위 수준에 정의할 수 있으므로 클래스 안에 함수를 넣어야 할 필요는 없다.
- 최상위에 있는 `main` 함수를 애플리케이션의 진입점으로 지정할 수 있다. 이때 `main`에 인자가 없어도 된다(예를 들어 어떤 언어는 반드시 커맨드라인 인자들을 받는 배열을 파라미터로 받아들이도록 요구하기도 한다).
- 코틀린은 간결성을 강조한다. 콘솔에 텍스트를 표시하고 싶으면 `println`이라고만 쓰면 된다. 코틀린 표준 라이브러리는 수많은 표준 자바 라이브러리

함수(예: System.out.println)에 대해 더 간결한 구문을 사용할 수 있게 해주는 래퍼^{wrapper}를 제공한다. println도 그런 래퍼 중 하나다.
- 최신 프로그래밍 언어 경향과 마찬가지로 줄 끝에 세미콜론(;)을 붙이지 않아도 좋다(꼭 필요한 경우가 아니면 붙이지 않는 것을 더 권장한다). 좋다!

그중 일부를 나중에 자세히 살펴볼 것이다. 이제 함수 선언 문법을 좀 더 살펴보자.

2.1.2 파라미터와 반환값이 있는 함수 선언

앞에서 처음으로 작성했던 함수(앞의 main)는 실제로 의미 있는 값을 반환하지 않는 함수였다. 하지만 함수의 목적이 어떤 값을 계산해서 어떤 결과를 반환하는 것인 경우가 자주 있다. 예를 들어 두 정수 a와 b를 받아 둘 중 더 큰 수를 반환하는 max라는 간단한 함수를 작성하고 싶을 수 있다. 그렇다면 이 함수는 어떤 모양일까?

함수 선언은 fun 키워드로 시작한다. fun 다음에는 함수 이름이 온다. 여기서는 max가 함수 이름이다. 함수 이름 뒤에는 괄호 안에 파라미터 목록이 온다. 여기서는 a와 b라는 두 파라미터를 정의하는데, 둘 다 Int 타입이다. 코틀린에서는 파라미터 이름이 먼저 오고 그 뒤에 그 파라미터의 타입을 지정하며, 타입과 이름을 콜론(:)으로 구분한다. 함수의 반환 타입은 파라미터 목록을 닫는 괄호 다음에 오는데, 닫는 괄호와 반환 타입 사이를 콜론(:)으로 구분해야 한다.

```
fun max(a: Int, b: Int): Int {
    return if (a > b) a else b
}
```

그림 2.2는 코틀린 함수의 기본 구조를 보여준다. 코틀린에서 if는 결과를 만드는 식^{expression}이라는 점에 유의한다. if가 2가지 모두에서 값을 반환한다고 생각할 수 있다. 이로 인해 코틀린 if 식은 자바 같은 다른 언어의 삼항 연산자와 비슷하다. 이런 언어에서는 이 식을 (a > b) ? a : b처럼 사용했을 것이다.

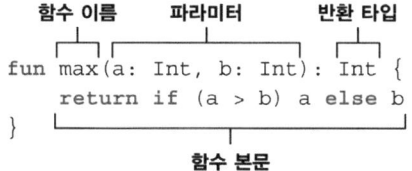

그림 2.2 함수 선언은 fun 키워드로 시작한다. 파라미터와 그 타입이 괄호 안에 들어있으며, 파라미터와 타입을 콜론으로 구분한다. 함수의 반환 타입을 파라미터 목록의 뒤에 지정한다. 이와 같은 함수는 모든 코틀린 프로그램의 기본적인 빌딩 블록이다.

함수를 호출할 때는 함수 이름을 적고 그 뒤의 괄호 사이에 인자를 제공한다(코틀린 함수를 호출하는 다른 방법은 3.2.1절에서 다룬다).

```
fun main() {
  println(max(1, 2))
  // 2
}
```

> **main 함수의 파라미터와 반환 타입**
>
> 'Hello, World' 예제에서 본 것처럼 모든 코틀린 프로그램의 진입점은 main 함수다. 이 함수는 파라미터가 없는 함수로 선언될 수도 있고, 문자열 배열이 파라미터(args: Array<String>)인 함수로 선언될 수도 있다. 후자의 경우 배열의 각 원소는 애플리케이션에게 전달된 각각의 커맨드라인 인자에 대응한다. 어떤 경우든 main 함수는 아무 값도 반환하지 않는다.

> **문(statement)과 식의 구분**
>
> 코틀린에서 if는 식이지 문이 아니다. 식은 값을 만들어내며 다른 식의 하위 요소로 계산에 참여할 수 있는 반면, 문은 자신을 둘러싸고 있는 가장 안쪽 블록의 최상위 요소로 존재하며 아무런 값을 만들어내지 않는다는 차이가 있다. 코틀린에서는 루프(for, while, do/while)를 제외한 대부분의 제어 구조가 식이라는 점이 자바와 같은 다른 언어와 다른 점이다. 나중에 이 책에서도 보여주겠지만 제어 구조를 다른 식으로 엮어낼 수 있으면 여러 일반적인 패턴을 아주 간결하게 표현할 수 있다. 맛보기로 다음 코드는 올바른 코틀린 코드다.

```
val x = if (myBoolean) 3 else 5
val direction = when (inputString) {
    "u" -> UP
    "d" -> DOWN
    else -> UNKNOWN
}
val number = try {
    inputString.toInt()
} catch (nfe: NumberFormatException) {
    -1
}
```

반면 코틀린에서는 대입이 항상 문으로 취급된다. 이는 값을 변수에 대입해도 그 대입 연산 자체는 아무 값도 돌려주지 않는다는 뜻이다.

이런 문법은 대입식과 비교식 사이의 혼동을 피할 수 있게 해준다. 이런 혼동은 자바나 C/C++ 같이 대입을 식으로 취급하는 언어에서 자주 발생하는 버그의 원인이다. 다음 코드는 올바른 코틀린 코드가 아니다.

```
val number: Int
val alsoNumber = i = getNumber()
// 아래와 같은 컴파일 오류가 발생함:
//
// ERROR: Assignments are not expressions,
// and only expressions are allowed in this context
```

2.1.3 식 본문을 사용해 함수를 더 간결하게 정의

실제로는 max 함수를 더 간결하게 표현할 수도 있다. max 함수 본문이 if 식 하나(if (a > b) a else b)로만 이뤄져 있기 때문에 이 식을 함수 본문 전체로 하고 중괄호를 없앤 후 return을 제거할 수 있다. 대신, 이 유일한 식을 등호(=) 뒤에 위치시켜야 한다.

```
fun max(a: Int, b: Int): Int = if (a > b) a else b
```

본문이 중괄호로 둘러싸인 함수를 블록 본문 함수^{block body function}라 부르고, 등호와 식으로 이뤄진 함수를 식 본문 함수^{expression body function}라고 부른다.

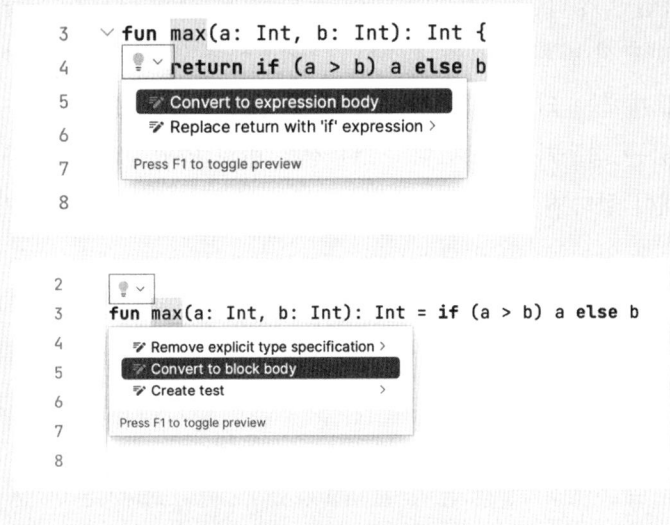

> **인텔리제이 IDEA나 안드로이드 스튜디오에서 식 본문과 블록 본문 변환하기**
>
> 인텔리제이 IDEA와 안드로이드 스튜디오는 이 두 방식의 함수를 서로 변환하는 메뉴를 제공한다. 각각은 Convert to expression body(식 본문으로 변환)과 Convert to block body(블록 본문으로 변환)이다. 커서가 함수에 위치해 있을 때 전구 아이콘을 클릭하면 이런 메뉴를 찾을 수 있다. 또는 Alt + Enter(맥OS에서는 Option + Return) 단축키를 사용해도 된다.

코틀린에서는 식 본문 함수가 자주 쓰인다. 조건 검사나 자주 사용되는 연산에 기억하기 쉬운 이름을 부여하는 뻔한 함수의 경우에도 식 본문 함수가 꽤 편리하다는 사실을 이미 살펴봤다. 하지만 if, when, try 등의 더 복잡한 식을 평가하는 함수에서도 식 본문 함수가 유용하다. 이번 장에서 나중에 when을 설명할 때 그런 함수를 볼 수 있다.

반환 타입을 생략하면 max 함수를 더 간략하게 만들 수 있다.

```
fun max(a: Int, b: Int) = if (a > b) a else b
```

처음 봤을 때는 이 코드를 이해하기 어려울 것이다. 어떻게 반환 타입 선언이 없는 함수가 있을 수 있을까? 코틀린은 정적 타입 지정 언어라고 배웠는데, 그렇다면 컴파일 시점에 모든 식의 타입을 지정해야 하지 않는가?

실제로 모든 변수나 모든 식에는 타입이 있으며, 모든 함수는 반환 타입이 정해져야 한다. 하지만 식 본문 함수의 경우 굳이 사용자가 반환 타입을 적지 않아도 컴파일러가 함수 본문 식을 분석해서 식의 결과 타입을 함수 반환 타입으로 정해준다. 이런 분석을 타입 추론$^{type\ inference}$이라 부른다.

식 본문 함수의 반환 타입만 생략 가능하다는 점에 유의한다. 값을 반환하는 블록 본문 함수의 경우에는 반드시 반환 타입을 지정하고 return 문을 사용해 반환값을 명시해야 한다. 이런 설계에는 의도가 있다. 실전 프로그램에는 아주 긴 함수에 return 문이 여럿 들어있는 경우가 자주 있다. 그런 경우 반환 타입을 꼭 명시하고 return을 반드시 사용해야 한다면 함수가 어떤 타입의 값을 반환하고 어디서 그런 값을 반환하는지 더 쉽게 알아볼 수 있다.

> **라이브러리를 작성할 때는 반환 타입을 명시하라**
>
> 다른 사람들이 사용할 라이브러리를 작성하는 경우에는 공개된 API에 속하는 함수에 대해 반환 타입 추론을 사용하는 것을 피하라. 명시적으로 함수의 반환 타입을 지정하면 실수로 함수 시그니처가 바뀌면서 라이브러리 소비자들의 코드에 오류가 발생하는 경우를 피할 수 있다. 실제로 코틀린에는 여러분이 반환 타입을 명시적으로 지정하는지 자동으로 검사해주는 컴파일러 옵션이 있다. 이런 명시적 API 모드는 4.1.3절에서 다룬다.

2.1.4 데이터를 저장하기 위해 변수 선언

모든 코틀린 프로그램에서 자주 사용하게 될 다른 기본 빌딩 블록으로는 변수가 있다. 변수에는 데이터를 저장할 수 있다. 코틀린 변수 선언은 키워드(val이나 var)로 시작하고 그 뒤에 변수 이름이 온다. 코틀린에서는 여러 변수 선언에서 타입 지정을 생략할 수 있게 해주지만(이미 2.1.3절에서 다룬 강력한 타입 추론 때문이다) 항상 변수 이름 뒤에 타입을 명시할 수도 있다. 예를 들어 가장 유명한 질문과 답을 코틀린 변수에 대입하려고 한다면 question과 answer라는 두 변수를 정의하면서 각각의 타입(텍스트인 질문은 String, 정수인 답변은 Int)을 선언해보자.

```
val question: String =
    "삶, 우주, 그리고 모든 것에 대한 궁극적인 질문"
val answer: Int = 42
```

여기서 타입 선언을 생략해서 예제를 약간 더 간결하게 만들 수도 있다.

```
val question =
    "삶, 우주, 그리고 모든 것에 대한 궁극적인 질문"
val answer = 42
```

식 본문 함수와 마찬가지로 타입을 지정하지 않으면 컴파일러가 초기화 식을 분석해서 초기화 식의 타입을 변수 타입으로 지정한다. 여기서 초기화 식은 42로서 Int 타입이기 때문에 answer 변수의 타입도 Int가 된다.

부동소수점$^{floating\ point}$ 상수를 사용한다면 변수 타입이 Double이 된다.

```
val yearsToCompute = 7.5e6      ◀── 7.5 x 10⁶ = 7,500,000.0
```

나중에 8.1절에서 숫자 타입과 기본 타입을 더 자세히 설명한다.

변수를 선언하면서 즉시 초기화하지 않고 나중에 값을 대입하고 싶을 때는 컴파일러가 변수 타입을 추론할 수 없다. 이런 경우에는 명시적으로 변수의 타입을 지정해야 한다.

```
fun main() {
    val answer: Int
    answer = 42
}
```

2.1.5 변수를 읽기 전용 변수나 재대입 가능 변수로 표시

언제 변수에 새 값을 대입할 수 있는지 제어하기 위해 코틀린에서는 변수 선언 시 val과 var를 사용한다.

- val(값을 뜻하는 value에서 따옴)은 읽기 전용 참조^{read-only reference}를 선언한다. val로 선언된 변수는 단 한 번만 대입될 수 있다. 일단 초기화하고 나면 다른 값을 대입할 수 없다(자바에서는 final 변경자를 통해 이를 표현할 수 있다).
- var(변수를 뜻하는 variable에서 따옴)은 재대입 가능한 참조^{reassignable reference}를 선언한다. 이런 변수에는 초기화가 이뤄진 다음이라도 다른 값을 대입할 수 있다 (이런 동작은 자바에서 final이 아닌 일반 변수의 동작과 같다).

기본적으로 코틀린에서 모든 변수를 val 키워드를 사용해 선언하는 방식을 지켜야 한다. 반드시 필요할 때에만 변수를 var로 변경한다. 읽기 전용 참조와 변경 불가능한 객체를 부수 효과가 없는 함수와 조합해 사용하면 함수형 프로그래밍 스타일이 제공하는 이점을 살릴 수 있다. 2.2.3절에서 함수형 스타일의 장점을 간략히 설명한다. 5장에서 좀 더 자세히 함수형 프로그래밍에 대해 설명한다.

val 변수는 그 변수가 정의된 블록을 실행할 때 정확히 한 번만 초기화돼야 한다. 하지만 어떤 블록이 실행될 때 오직 한 초기화 문장만 실행됨을 컴파일러가 확인할 수 있다면 조건에 따라 val 값을 다른 여러 값으로 초기화할 수도 있다.

result 변수의 내용을 canPerformOperation 같은 다른 함수의 반환값에 따라 대입하고 싶은 경우 이런 상황에 처할 수 있다. 컴파일러가 잠재적인 2가지 대입 중단 하나만 실행될 수 있다는 사실을 알 만큼 똑똑하기 때문에 여전히 val 키워드를 사용해 result를 읽기 전용 참조로 지정할 수 있다.

```
fun canPerformOperation(): Boolean {
    return true
}

fun main() {
```

```
    val result: String
    if (canPerformOperation()) {
        result = "Success"
    }
    else {
        result = "Can't perform operation"
    }
}
```

val 참조 자체가 읽기 전용이어서 한 번 대입된 다음에 그 값을 바꿀 수 없더라도 그 참조가 가리키는 객체의 내부 값은 변경될 수 있다는 사실을 기억하자. 예를 들어 읽기 전용 참조가 가리키는 가변 리스트에 원소를 추가하는 것은 완전히 올바른 코틀린 코드다.

```
fun main() {
    val languages = mutableListOf("Java")    ◀── 읽기 전용 참조를 선언한다.
    languages.add("Kotlin")    ◀── 참조가 가리키는 객체에 원소를 하나 추가하는 변경을 수행한다.
}
```

8.2.2절에서 변경 가능한 객체와 읽기 전용 객체를 더 자세히 살펴본다.

var 키워드를 사용하면 변수의 값을 변경할 수 있지만 변수의 타입은 고정된다. 예를 들어 프로그램 중간에 (이미 정수를 담는 변수로 선언한) answer 변수가 정수가 아닌 문자열을 담아야 한다고 결정하면 컴파일 오류를 만나게 된다.

```
fun main() {
    var answer = 42
    answer = "no answer"    ◀── Error: type mismatch 컴파일 오류 발생
}
```

문자열 리터럴에서 컴파일 오류가 발생한다. 해당 타입(String)이 컴파일러가 기대하는 타입(Int)과 다르기 때문이다. 컴파일러는 변수 선언 시점의 초기화 식으로부터 변수의 타입을 추론하며, 변수 선언 이후 변수 재대입이 이뤄질 때는 이미 추론한 변수의 타입을 염두에 두고 대입문의 타입을 검사한다.

어떤 타입의 변수에 다른 타입의 값을 저장하고 싶다면 변환 함수를 써서 값을 변수의 타입으로 변환하거나, 값을 변수에 대입할 수 있는 타입으로 강제 형 변환^{coerce}해야 한다. 숫값 변환은 8.1.4절에서 다룬다.

지금까지 변수를 정의하는 방법을 살펴봤다. 이제는 그런 변수에 들어있는 값을 참조하는 몇 가지 새로운 기법을 살펴볼 때다. 특히 여러분의 첫 번째 코틀린 프로그램에서 더 나은 조직화된 출력을 제공하는 방법을 보게 된다.

2.1.6 더 쉽게 문자열 형식 지정: 문자열 템플릿

이전의 'Hello, World!' 예제로 돌아가서 모든 유형의 코틀린 프로그램에서 자주 사용하게 될 몇 가지 추가 기능을 덧붙이자.

여러분은 약간의 개인화 기능을 추가해서 이름을 사용해 인사를 출력하게 할 것이다. 사용자가 표준 입력을 통해 이름을 지정하면 프로그램은 그 이름을 인사말에 사용한다. 사용자가 실제 입력을 제공하지 않은 경우에는 그냥 'Kotlin'을 환영한다. 이런 인사말을 출력하는 프로그램은 다음과 같으며, 여러분이 이전에 보지 못했던 기능을 보여준다.

리스트 2.1 문자열 템플릿 사용하기

```
fun main() {
  val input = readln()
  val name = if (input.isNotBlank()) input else "Kotlin"
  println("Hello, $name!")   ◀── stdin(예: 터미널)에 "Bob"을 입력하면 "Hello, Bob"을 출력하고,
}                                입력을 하지 않으면 "Hello, Kotlin"을 출력한다.
```

이 예제는 문자열 템플릿$^{string\ template}$이라는 기능을 보여주고 간단한 사용자 입력을 읽는 방법을 보여준다. 코드에서 여러분은 표준 입력 스트림에서 `readln()` 함수를 통해 `input`을 읽는다(모든 코틀린 파일에서 다른 함수들과 함께 readln()을 사용할 수 있다). 그 후 `name`이라는 변수를 선언하고 `if` 식으로 초기화한다. 표준 입력에서 받은 문자열이 존재

하고 비어있지 않으면 name에 input의 값을 대입한다. 그렇지 않으면 name에 Kotlin을 저장한다. 마지막으로 name을 println에 전달하는 문자열 리터럴 안에서 사용한다.

여러 스크립트 언어와 비슷하게 코틀린에서도 변수 이름 앞에 $를 덧붙이면 변수를 문자열 안에 참조할 수 있다. 이렇게 만든 문자열은 자바의 문자열 접합 연산("Hello," + name + "!")과 동일한 기능을 하지만 좀 더 간결하며 똑같이 효율적이다. 물론 컴파일러는 이 식을 정적으로 검사하기 때문에 존재하지 않는 변수를 문자열 템플릿 안에서 사용하면 컴파일 오류가 발생한다.

> **노트**
>
> JVM 1.8 타깃의 경우 컴파일된 코드는 StringBuilder를 사용하고 상수 부분과 변수 값을 이 StringBuidler에 덧붙인다. JVM 9나 그 이상의 버전을 타깃으로 하는 애플리케이션에서는 invokedynamic을 사용해 문자열 연결이 더 효율적으로 컴파일된다.

$ 문자를 문자열에 넣고 싶으면 백슬래시(\)를 사용해 $를 이스케이프^{escape}시켜야 한다.

```
fun main() {
  println("\$x")   ◄── x를 변수 참조로 해석하지 않는다.
  // $x
}
```

코틀린의 문자열 템플릿은 내부에서 개별적인 변수만 참조하는 것으로 제한되지 않기 때문에 꽤 강력하다. 여러분의 인사말이 좀 더 모험적이길 바라고 사용자의 이름 길이에 따라 인사를 하고 싶다면 문자열 템플릿 안에서 복잡한 식을 사용할 수도 있다. 단지 중괄호(${})) 안에 식을 넣기만 하면 된다.

```
fun main() {
  val name = readln()
  if (name.isNotBlank()) {
    println("Hello, ${name.length}-letter person!")   ◄── ${} 구문을 사용해 name 변수의 length 프로퍼티를 인사말에 삽입한다.
```

```
    }
    // Blank input: (no output)
    // "Seb" input: Hello, 3-letter person!
}
```

> **한글을 문자열 템플릿에서 사용할 경우 주의할 점(옮긴이)**
>
> 코틀린에서는 한글(사실은 한글 뿐 아니라 '글자(letter)' 카테고리로 분류할 수 있는 모든 유니코드 문자)을 식별자에 사용할 수 있으므로 변수 이름에 한글이 들어갈 수 있다. 그런 유니코드 변수 이름으로 인해 문자열 템플릿을 해석할 때 오해가 생길 수 있다. 문자열 템플릿 안에 $로 변수를 지정할 때 변수명 바로 뒤에 한글을 붙여 사용하면 코틀린 컴파일러는 영문자와 한글을 한꺼번에 식별자로 인식해서 unresolved reference 오류를 발생시킨다. 예를 들어 리스트 2.1의 "Hello, $name!"을 "$name님 반가와요!"라는 문자열로 바꾸고 컴파일해보라. 마찬가지 이유로 input이라는 변수가 정의되 있을 때 input 변수의 내용 뒤에 _derived를 붙이기 위해 "$input_derived is derived from $input" 같은 식으로 쓸 수는 없다. input_derived 자체가 올바른 변수 이름이기 때문에 여기서도 unresolved reference 오류가 발생한다.
>
> 이 문제를 해결하는 방법은 "${name}님 반가와요!"처럼 변수 이름을 {}로 감싸는 것이다.

이제 임의의 식을 문자열 템플릿에 포함시킬 수 있다는 사실을 알았고, if가 코틀린에서 식이라는 사실도 알고 있다. 이 두 사실로부터 인사말 출력 프로그램에서 조건을 직접 문자열 템플릿 안에 넣을 수 있음도 알 수 있다.

```
fun main() {
    val name = readln()
    println("Hello, ${if (name.isBlank()) "someone" else name}!")
    // Blank input: Hello, someone!
    // "Seb" input: Hello, Seb!
}
```

여기서 문자열 템플릿 안의 중괄호로 둘러싼 식 안에서 여전히 큰따옴표를 사용할 수 있다는 점에 유의한다. 이 조건식은 문자열 someone이나 사용자가 제공한 이름을 반환하며, 조건식을 둘러싸고 있는 템플릿 안에 그 결과가 삽입된다. 나중에 3.5절에서 문자열을 다시 다루면서 문자열로 어떤 일을 할 수 있는지 더 살펴볼 것이다.

여러분은 이미 자신의 코틀린 프로그램을 작성할 때 필요한 가장 기본적인 빌딩 블록, 즉 함수와 변수에 대해 알았다. 이제는 수준을 한 단계 더 높여 클래스를 살펴보고 클래스가 객체지향적인 방식으로 연관된 데이터를 그룹으로 묶고 캡슐화할 때 어떤 도움을 주는지 알아보자. 이번에는 코틀린 언어의 새로운 특성을 배울 때 자바에서 코틀린으로 변환하는 변환기를 어떻게 활용할 수 있는지 보여주기 위해 자바-코틀린 변환기를 사용할 것이다.

2.2 행동과 데이터 캡슐화: 클래스와 프로퍼티

다른 객체지향 언어와 마찬가지로 코틀린도 클래스라는 추상화를 제공한다. 이 영역에서 코틀린의 클래스 개념은 이미 잘 아는 내용일 것이다. 하지만 코틀린을 활용하면 다른 객체지향 언어를 사용할 때보다 더 적은 양의 코드로 대부분의 (객체지향에서) 공통적인 작업을 수행할 수 있다는 점을 알게 될 것이다. 이번 절은 클래스를 선언하는 기본 문법을 소개한다. 더 자세한 내용은 4장에서 다룬다.

시작하기 위해 간단한 포조[POJO, Plain Old Java Object] 클래스 Person을 정의하자. Person에는 name이라는 프로퍼티만 들어있다.

리스트 2.2 간단한 자바 클래스 Person

```java
/* 자바 */
public class Person {
  private final String name;

  public Person(String name) {
    this.name = name;
  }

  public String getName() {
    return name;
  }
}
```

2장 코틀린 기초 | 89

자바에서는 이런 클래스에도 상당히 긴 코드가 필요하다. 생성자 본문은 완전히 반복적이다. 파라미터 이름과 똑같은 필드에 값을 대입하는 코드이기 때문이다. 관습(자바빈의 관습)에 따라 name 필드에 접근하기 위해 Person 클래스는 getName이라는 게터[getter] 함수를 제공해야 하며, 이 함수는 단순히 필드의 내용을 반환하기만 한다. 이런 유형의 반복이 자바에서는 자주 발생한다. 코틀린에서는 이런 로직을 훨씬 더 적은 준비 코드로 작성할 수 있다.

1.5.1절에서 자바-코틀린 변환기를 소개했다. 자바-코틀린 변환기는 자바 코드를 같은 일을 하는 코틀린 코드로 자동 변환해준다. 변환기를 써서 방금 본 Person 클래스를 코틀린으로 변환해보자.

> **리스트 2.3 코틀린으로 변환한 Person 클래스**

```
class Person(val name: String)
```

멋지지 않은가?. 다른 최신 객체지향 언어에서 이와 비슷한 구문을 이미 본 독자도 있을 것이다. 여러분이 본 것처럼 코틀린은 클래스를 간결하게 정의할 수 있는 문법을 제공하며, 특히 코드가 없이 데이터만 저장하는 클래스에 대해 간결한 문법을 제공한다. 이런 클래스와 자바 14 이상의 비슷한 개념인 레코드[record] 사이의 관계는 4.3.2절에서 살펴본다.

자바를 코틀린으로 변환한 결과 public 가시성 지정자[visibility modifier]가 사라졌음에 유의한다. 코틀린의 기본 가시성은 public이므로 이런 경우 지정자를 생략해도 된다.

2.2.1 클래스와 데이터를 연관시키고, 접근 가능하게 만들기: 프로퍼티

클래스라는 개념은 데이터를 캡슐화하고 캡슐화한 데이터를 다루는 코드를 한 주체 안에 가두는 것이다. 자바에서는 데이터를 필드에 저장하며 멤버 필드의 가시성은 보통 비공개[private]다. 클라이언트가 클래스의 필드에 접근해야 할 필요가 있으면 접근자 메서드[accessor method]를 제공한다. 접근자 메서드에는 게터[getter]가 있고 세터[setter]

도 있을 수 있다. 이런 예를 Person 클래스에서 볼 수 있다. 세터는 자신이 받은 값을 검증하거나 필드 변경을 다른 곳에 통지하는 등의 로직을 더 포함할 수 있다.

자바에서는 필드와 접근자를 한데 묶어 **프로퍼티**property라고 부르며 프로퍼티라는 개념을 활용하는 프레임워크가 많다. 코틀린은 프로퍼티를 언어 기본 기능으로 제공하며 코틀린 프로퍼티는 자바의 필드와 접근자 메서드를 완전히 대신한다. 클래스에서 프로퍼티를 선언할 때는 앞에서 본 변수를 선언하는 방법과 마찬가지로 val이나 var를 사용한다. val로 선언한 프로퍼티는 읽기 전용이며 var로 선언한 프로퍼티는 변경 가능하다.

예를 들어 이미 읽기 전용 name 프로퍼티를 갖고 있는 Preson 클래스에 변경 가능한 isStudent 프로퍼티를 추가할 수도 있다.

리스트 2.4 클래스 안에서 변경 가능한 프로퍼티 선언하기

```
class Person(
    val name: String,        ◀── 읽기 전용 프로퍼티로, 코틀린은 (비공개) 필드와 필드를 읽는
                                 단순한 (공개) 게터를 만들어낸다.
    var isStudent: Boolean   ◀── 쓸 수 있는 프로퍼티로, 코틀린은 (비공개) 필드,
)                                (공개) 게터, (공개) 세터를 만들어낸다.
```

기본적으로 코틀린에서 프로퍼티를 선언하는 방식은 프로퍼티와 관련 있는 접근자를 선언하는 것이다(읽기 전용 프로퍼티의 경우 게터만 선언하며, 변경할 수 있는 프로퍼티의 경우 게터와 세터를 모두 선언한다). 이런 접근자의 디폴트 구현은 뻔하다. 값을 저장하기 위한 비공개 필드가 생성되고, 게터는 그 필드의 값을 반환하며, 세터는 그 필드의 값을 변경한다. 하지만 원한다면 다른 로직을 사용해 프로퍼티 값을 계산하거나 변경하는 커스텀 접근자를 선언할 수도 있다.

리스트 2.4에 있는 간결한 Person 클래스 정의 뒤에는 원래의 자바 코드와 똑같은 구현이 숨어있다. 즉, Person에는 비공개 필드가 들어있고 생성자가 그 필드를 초기화하며, 게터를 통해 그 비공개 필드에 접근한다. 이는 어떤 언어로 정의했느냐와 관계없이 자바 클래스와 코틀린 클래스를 동일한 방식으로 사용할 수 있다는

뜻이다. 사용하는 쪽의 코드는 완전히 똑같다. 다음은 Person을 자바 코드에서 사용하는 방법(Bob이라는 이름의 학생인 새 Preson 객체를 생성하는 방법)을 보여준다.

리스트 2.5 자바에서 Person 클래스를 사용하는 방법

```
public class Demo {
  public static void main(String[] args) {
    Person person = new Person("Bob", true);
    System.out.println(person.getName());
    // Bob
    System.out.println(person.isStudent());
    // true
    person.setStudent(false); // 졸업!
    System.out.println(person.isStudent());
    // false
  }
}
```

자바와 코틀린에서 정의한 Person 클래스 중 어느 쪽을 사용해도 이 코드를 바꿀 필요가 없다는 사실을 기억하자. 코틀린의 name 프로퍼티는 자바 측에게 getName이라는 이름으로 노출된다. 게터와 세터의 이름을 정하는 규칙에는 예외가 있다. 이름이 is로 시작하는 프로퍼티의 게터에는 get이 붙지 않고 원래 이름을 그대로 사용하며, 세터에는 is를 set으로 바꾼 이름을 사용한다. 따라서 자바에서 isStudent 프로퍼티에 접근할 때는 isStudent()와 setStudent()를 사용해야 한다.

리스트 2.5를 자바-코틀린 변환기로 변환한 결과는 다음과 같다.

리스트 2.6 코틀린에서 Person 클래스 사용하기

```
fun main() {
  val person = Person("Bob", true)    ◀── new 키워드를 사용하지 않고 생성자를 호출한다.
  println(person.name)  ◀──┐
  // Bob                    │ 프로퍼티 이름을 직접 사용해도 코틀린이
  println(person.isStudent) ◀── 자동으로 게터를 호출해준다.
```

```
    // true
    person.isStudent = false // 졸업!
    println(person.isStudent)
    // false
}
```

◀── 프로퍼티 이름을 직접 사용해도 코틀린이 자동으로 세터를 호출해준다.

게터를 명시적으로 호출하는 대신 프로퍼티를 직접 사용했음에 유의하라. 로직은 동일하지만 코드는 더 간결해졌다. 변경 가능한 프로퍼티의 세터도 마찬가지 방식으로 동작한다. 자바에서는 `person.setStudent(false)`가 졸업을 기호화하지만 코틀린에서는 프로퍼티 구문을 직접 사용해서 `person.isStudent = false`를 쓴다.

> **팁**
>
> 자바에서 선언한 클래스에 대해 코틀린 문법을 사용해도 된다. 코틀린에서는 자바 클래스의 게터를 val 프로퍼티처럼 사용할 수 있고, 게터/세터 쌍이 있는 경우에는 var 프로퍼티처럼 사용할 수 있다. 예를 들어 setName과 getName이라는 접근자를 제공하는 자바 클래스를 코틀린에서 사용할 때는 name이라는 프로퍼티를 사용할 수 있다. 자바 클래스가 isStudent와 setStudent 메서드를 제공한다면 그에 상응하는 코틀린 프로퍼티의 이름은 isStudent다.

대부분의 프로퍼티에는 그 프로퍼티의 값을 저장하기 위한 필드인 뒷받침하는 필드^{backing field}가 있다(뒷받침하는 필드는 4.2.4절에서 다룬다). 하지만 원한다면 프로퍼티 값을 그때그때 계산(예를 들어 다른 프로퍼티들로부터 값을 계산할 수 있다)할 수도 있다. 커스텀 게터를 작성하면 그런 프로퍼티를 만들 수 있다.

2.2.2 프로퍼티 값을 저장하지 않고 계산: 커스텀 접근자

프로퍼티 접근자의 커스텀 구현을 작성하는 방법을 살펴보자. 커스텀 구현이 필요한 일반적인 경우로는 어떤 프로퍼티가 같은 객체 안의 다른 프로퍼티에서 계산된 직접적인 결과인 경우다. 직사각형 클래스인 Rectangle에서 width와 height를 저장한다면 너비와 높이가 같을 때만 true를 돌려주는 isSquare 프로퍼티를 제공할 수 있다. 이 프로퍼티는 프로퍼티에 접근할 때 계산을 할 수 있는 '온더고^{on the go}'

프로퍼티이므로, 정보를 별도의 필드에 저장할 필요가 없다. 대신 커스텀 게터를 제공할 수 있고, 이 커스텀 게터 구현은 프로퍼티에 접근할 때마다 Rectangle 객체가 정사각형인지 여부를 계산한다.

```
class Rectangle(val height: Int, val width: Int) {
  val isSquare: Boolean
    get() {      ◀── 프로퍼티 게터 선언
      return height == width
    }
}
```

중괄호로 시작하는 복잡한 구문을 꼭 사용하지 않아도 좋다. 다른 함수들과 마찬가지로 게터도 2.1.3절에서 살펴본 식 본문 함수 구문을 사용해 작성할 수 있기 때문에 get() = height == width라고 써도 된다. 코드를 보면 식 분문 구문을 쓸 때는 프로퍼티 타입을 명시적으로 지정하지 않고 생략해서 컴파일러가 여러분 대신 프로퍼티의 타입을 추론하게 해도 된다.

여러분이 선택한 구문과 관계없이 isSquare와 같은 프로퍼티 호출은 이전과 마찬가지다.

```
fun main() {
  val rectangle = Rectangle(41, 43)
  println(rectangle.isSquare)
  // false
}
```

이 접근자를 자바에서 사용할 필요가 있다면 예전처럼 isSquare 메서드를 호출하면 된다.

커스텀 게터를 정의하는 방식과 클래스 안에 파라미터가 없는 함수를 정의(코틀린에서는 멤버 함수나 메서드라고 부름)하는 방식 중 어느 쪽이 더 나은지 질문하는 독자도 있을 것이다. 두 방식 모두 비슷하다. 구현이나 성능 차이는 없다. 차이가 나는 부분은 가독성뿐이다. 일반적으로 클래스의 특성(프로퍼티에는 특성이라는 뜻이 있다)을 기술하고 싶다면 프로퍼티로 그 특성을 정의해야 한다. 클래스의 행동을 기술하고 싶다면 프로퍼티가 아니라 멤버 함수를 선택한다.

4장에서 클래스와 프로퍼티, 멤버 함수에 대한 예제를 더 보여주고 생성자를 명시적으로 선언하는 문법을 다룬다. 지금 당장 그 내용을 알고 싶고 같은 내용을 자바에서 어떻게 하는지 아는 독자는 언제든지 자바-코틀린 변환기를 사용해 미리 그 내용을 살펴볼 수 있다.

이제 코틀린 언어의 다른 특성을 살펴보기 전에 일반적으로 코틀린 프로젝트에서 코틀린 코드의 구조를 어떻게 잡는지 간략히 살펴보자.

2.2.3 코틀린 소스코드 구조: 디렉터리와 패키지

프로그램의 복잡도가 커지고 더 많은 함수, 클래스, 다른 언어 구성물들로 이뤄짐에 따라 프로젝트를 유지 보수하고, 프로젝트 안에서 내비게이션을 더 쉽게 할 수 있도록 소스코드를 조직화할 방법을 생각해야 할 시점이 반드시 생기기 마련이다.

코틀린은 클래스를 조직화하기 위해 패키지라는 개념을 사용한다(자바 패키지와 비슷하다). 모든 코틀린 파일에는 맨 앞에 package 문이 올 수 있다. package 문이 있는 파일에 들어있는 모든 선언(클래스, 함수, 프로퍼티)은 해당 패키지 안에 들어간다.

다음 예는 패키지 선언문의 문법을 보여주는 소스 파일이다.

리스트 2.7 클래스와 함수 선언을 패키지 안에 넣기

```
package geometry.shapes    ◀── 패키지 선언

class Rectangle(val height: Int, val width: Int) {
    val isSquare: Boolean
        get() = height == width
}

fun createUnitSquare(): Rectangle {
```

```
    return Rectangle(1, 1)
}
```

같은 패키지에 속해 있다면 다른 파일에서 정의한 선언일지라도 직접 사용할 수 있다. 반면 다른 패키지에 정의한 선언을 사용하려면 해당 선언을 불러와야 한다. 파일 맨 앞의 package 문 아래에 import 키워드를 사용해서 다른 패키지를 불러올 수 있다.

코틀린은 클래스 임포트와 함수 임포트를 구분하지 않고 import 키워드로 모든 종류의 선언을 임포트할 수 있게 해준다. geometry.example 패키지 안에 데모 프로젝트를 작성 중이라면 geometry.shapes 패키지에서 Rectangle 클래스와 createUnitSquare 함수를 그냥 이름을 사용해 임포트해 사용할 수 있다.

리스트 2.8 다른 패키지에 있는 함수 임포트하기

```
package geometry.example

import geometry.shapes.Rectangle          ◀── 이름으로 Rectangle 클래스를 임포트한다.
import geometry.shapes.createUnitSquare   ◀── 이름으로 createUnitSquare
                                              함수를 임포트한다.
fun main() {
    println(Rectangle(3, 4).isSquare)
    // false
    println(createUnitSquare().isSquare)
    // true
}
```

패키지 이름 뒤에 .*를 추가하면 패키지 안의 모든 선언을 임포트할 수 있다. 이렇게 **스타 임포트**star import를 사용하면 패키지 안에 있는 모든 것(클래스 뿐 아니라 최상위에 정의된 함수나 프로퍼티까지)을 불러온다는 점에 유의하라(스타 임포트를 와일드카드wildcard 임포트라고도 부른다). 리스트 2.8에서 구체적인 임포트 문 대신 import geometry.shapes.*를 사용해도 코드는 똑같이 잘 컴파일된다.

자바에서는 패키지의 구조와 일치하는 디렉터리 계층 구조를 만들고 클래스의 소스코드를 그 클래스가 속한 패키지와 같은 디렉터리에 위치시켜야 한다. 예를 들어 shapes라는 패키지 안에 일부 클래스가 들어있다면 각각의 클래스를 자신의 이름과 똑같은 자바 파일로 저장하되 그 모든 파일을 shapes 디렉터리 안에 넣어야 한다. 그림 2.3은 geometry 패키지와 그 패키지에 속한 하위 패키지를 자바에서 어떻게 구성해야 하는지 보여준다. 이때 createRandomRectangle 함수는 RectangleUtil이라는 별도의 파일에 들어있다고 가정하자.

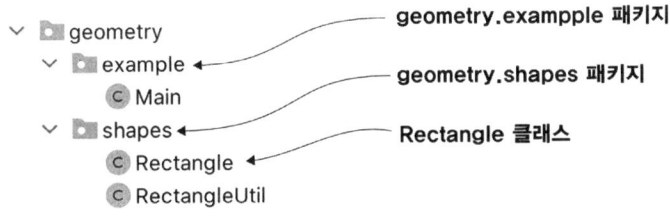

그림 2.3 자바에서는 디렉터리 구조가 패키지 구조를 그대로 따라야 한다.

코틀린에서는 여러 클래스를 같은 파일에 넣을 수 있고, 파일의 이름도 마음대로 정할 수 있다. 코틀린에서는 디스크상의 어느 디렉터리에 소스코드 파일을 위치시키든 관계없다. 따라서 원하는 대로 소스코드를 구성할 수 있다. 예를 들어 geometry.shapes라는 패키지의 모든 내용을 shapes.kt라는 파일에 넣고, 이 파일을 별도의 디렉터리를 만들지 않고 geometry라는 폴더 안에 넣어도 된다.

그림 2.4 패키지 구조와 디렉터리 구조가 맞아 떨어질 필요가 없다.

하지만 대부분의 경우 자바와 같이 패키지별로 디렉터리를 구성하는 편이 낫다. 특히 자바와 코틀린을 함께 사용하는 프로젝트에서는 자바의 방식을 따르는 것이 중요하다. 자바의 방식을 따르지 않으면 자바 클래스를 코틀린 클래스로 마이그레이션할 때 문제가 생길 수도 있다. 하지만 여러 클래스를 한 파일에 넣는 것을 주저해서는 안 된다. 특히 각 클래스를 정의하는 소스코드 크기가 아주 작은 경우 더욱 그렇다(코틀린에서는 클래스 소스코드 크기가 작은 경우가 자주 있다).

지금까지 프로그램의 구조를 구성하는 방법을 살펴봤다. 이제 다시 코틀린 기본 개념에 대한 여정으로 돌아가 코틀린에서 if 식을 넘어서는 여러 가지 다른 선택을 어떻게 다루는지 살펴보자.

2.3 선택 표현과 처리: 이넘과 when

이번 절에서는 코틀린에서 이넘^{enum}을 선언하는 방법과 when을 설명한다. when은 자바의 switch를 대신하지만 훨씬 더 강력하며 더 자주 사용되는 프로그래밍 요소라고 생각할 수 있다. 또한 타입 검사와 타입 변환^{cast}을 하나로 묶은 개념인 스마트 캐스트$^{smart\ cast}$도 살펴본다.

2.3.1 이넘 클래스와 이넘 상수 정의

이 책은 심각한 프로그래밍 책이지만 다채로운 색상을 추가했다. 이 책의 색상 제약으로 인해 여러분은 상상력에 의존해 아름다운 색상을 시각화해야 한다. 여기서는 색상을 코틀린 코드, 특히 색상 제약에 대한 이넘으로 실재화해야 한다.

리스트 2.9 간단한 이넘 클래스 정의하기

```
package ch02.colors

enum class Color {
    RED, ORANGE, YELLOW, GREEN, BLUE, INDIGO, VIOLET
}
```

이넘은 자바 선언보다 코틀린 선언에 더 많은 키워드를 써야 하는 흔치 않은 예다.

코틀린에서는 enum class를 사용하지만 자바에서는 enum을 사용한다.

> **enum은 소프트 키워드다**
>
> 코틀린에서 enum은 소프트 키워드(soft keyword)라는 존재다. enum은 class 앞에 있을 때는 특별한 의미를 지니지만 다른 곳에서는 일반적인 이름으로 사용할 수 있다. 반면 class는 하드 키워드(hard keyword)다. 따라서 class라는 이름을 식별자로 사용할 수 없으므로 클래스를 표현하는 변수 등을 정의할 때는 clazz나 aClass와 같은 다른 철차법이나 구문을 사용해야 한다.

색상을 이넘에 저장하는 것만으로도 이미 유용하지만, 더 나은 일을 할 수 있다. 색상 값을 빨강, 녹색, 파랑이라는 컴포넌트로 표현하는 경우가 자주 있다. 이넘 상수도 앞에서 봤던 일반적인 클래스와 마찬가지로 생성자와 프로퍼티 선언 문법을 사용할 수 있다. 여러분의 Color 이넘을 확장하기 위해 이 방법을 사용할 수 있다. 각 이넘 상수에 대해 r, g, b 값을 지정할 수 있다. 또한 이런 컴포넌트를 한데 모은 숫자로 된 색상을 돌려주는 rgb 같은 프로퍼티나 printColor 같은 메서드를 익숙한 문법을 사용해 정의할 수 있다.

리스트 2.10 프로퍼티가 있는 이넘 클래스 선언하기

```
package ch02.colors

enum class Color(
    val r: Int,         ◁── 이넘 상수의
    val g: Int,              프로퍼티를
    val b: Int              정의한다.
) {
    RED(255, 0, 0),         ◁── 각 상수를 생성할 때 그에 대한
    ORANGE(255, 165, 0),        프로퍼티 값을 지정한다.
    YELLOW(255, 255, 0),
    GREEN(0, 255, 0),
    BLUE(0, 0, 255),
    INDIGO(75, 0, 130),
    VIOLET(238, 130, 238);  ◁── 여기에 반드시 세미콜론을
                                사용해야 한다.
```

```
    fun rgb() = (r * 256 + g) * 256 + b         ◀── 이넘 클래스 안에서 프로퍼티를 정의한다.
    fun printColor() = println("$this is $rgb") ◀─┐ 이넘 클래스 안에서
}                                                 └ 메서드를 정의한다.

fun main() {
    println(Color.BLUE.rgb)
    // 255
    Color.GREEN.printColor()
    // GREEN is 65280
}
```

이 예제에서는 코틀린에서 유일하게 세미콜론(;)이 필수인 부분을 볼 수 있다. 이넘 클래스 안에 메서드를 정의하는 경우 반드시 이넘 상수 목록과 메서드 정의 사이에 세미콜론을 넣어야 한다. 이제 완전한 Colors 이넘을 만들었으므로 코틀린에서 쉽게 이런 상수를 사용할 수 있음을 살펴보자.

2.3.2 when으로 이넘 클래스 다루기

무지개의 색을 기억하기 위해 연상법을 적용한 문장을 외우는 아이를 본적이 있을 것이다. 그런 문장의 예로는 "Richard Of York Gave Battle In Vain!"을 들 수 있다(각 단어의 첫 글자는 빨주노초파남보에 해당하는 영어 단어의 첫 글자다). 무지개의 각 색에 대해 그와 상응하는 연상 단어를 짝지어주는 함수가 필요하다고 상상해보자(그리고 그 연상 단어 정보를 이넘 안에 저장하지는 않는다고 하자). 자바라면 switch 문, 자바 13부터는 switch 식으로 그런 함수를 작성할 수 있다. 이에 해당하는 코틀린 구성 요소는 when이다.

if와 마찬가지로 when도 값을 만들어내는 식이다. 따라서 식 본문 함수에 when을 바로 사용해서 when 식을 바로 반환할 수 있다. 이번 장의 앞부분에서 함수에 대해 얘기할 때 여러 줄 식을 본문으로 하는 함수를 나중에 보여준다고 약속했다. 여기 바로 그런 예제가 있다.

리스트 2.11 when을 사용해 올바른 이넘 값 찾기

```kotlin
fun getMnemonic(color: Color) =    // 함수의 반환값으로 when 식을 직접 사용한다.
    when (color) {                  // 색이 특정 이넘 상수와 같을 때
        Color.RED -> "Richard"      // 그 상수에 대응하는 문자열을 돌려준다.
        Color.ORANGE -> "Of"
        Color.YELLOW -> "York"
        Color.GREEN -> "Gave"
        Color.BLUE -> "Battle"
        Color.INDIGO -> "In"
        Color.VIOLET -> "Vain"
    }

fun main() {
    println(getMnemonic(Color.BLUE))
    // Battle
}
```

이 코드는 color로 전달된 값과 같은 분기를 찾는다. 자바와 달리 각 분기의 끝에 break를 넣지 않아도 된다(자바에서는 break를 빼먹어 오류가 생기는 경우가 자주 있다). 성공적으로 일치하는 분기를 찾으면 switch는 그 분기를 실행한다. 한 분기 안에서 값 사이를 콤마(,)로 분리하면 여러 값을 패턴으로 사용할 수도 있다.

따라서 색상의 '따뜻한 정도'에 대한 다른 분기를 사용하면 이넘 상수를 when 식에서 적절히 묶을 수 있다.

리스트 2.12 하나의 when 분기 안에 여러 값 사용하기

```kotlin
fun measureColor() = Color.ORANGE
// 별도의 더 복잡한 측정 로직이라고 가정하자.

fun getWarmthFromSensor(): String {
    val color = measureColor()
    return when(color) {
        Color.RED, Color.ORANGE, Color.YELLOW -> "warm (red = ${color.r})"
```

```
        Color.GREEN -> "neutral (green = ${color.g})"
        Color.BLUE, Color.INDIGO, Color.VIOLET -> "cold (blue = ${color.b})"
    }
}

fun main() {
    println(getWarmthFromSensor())
    // warm (red = 255)
}
```

지금까지 살펴본 두 예제에서는 항상 이넘 상수 앞에 Color라는 이넘 클래스 이름을 붙인 전체 이름을 사용했다. 상수 값들을 임포트하면 이런 반복을 피할 수 있다.

> **리스트 2.13 이넘 상수 값을 임포트해서 이넘 클래스 수식자 없이 이넘 사용하기**

```
import ch02.colors.Color.*      ◀── 이넘 상수를 이름만 갖고 사용하기 위해
                                    명시적으로 이넘 상수들을 임포트한다.
fun measureColor() = ORANGE

fun getWarmthFromSensor(): String {
    val color = measureColor()
    return when (color) {
        RED, ORANGE, YELLOW ->
            "warm (red = ${color.r})"
        GREEN ->                                    ◀── 임포트한 이넘 상수를
            "neutral (green = ${color.g})"              이름만 갖고 사용한다.
        BLUE, INDIGO, VIOLET ->
            "cold (blue = ${color.b})"
    }
}
```

2.3.3 when식의 대상을 변수에 캡처

앞의 예제에서 when 식의 대상은 color라는 변수였고, 이 변수는 measureColor() 함수를 호출해서 얻은 결과였다. when 바깥의 코드를 불필요한 변수(여기서는 color)로

더럽히는 일을 방지하기 위해 when 식의 대상 값을 변수에 넣을 수도 있다. 이런 경우 캡처한 변수의 영역이 when 식의 본문으로 제한되면서 when 식의 각 가지 안에서 변수가 가리키는 값의 프로퍼티에 접근할 수 있다.

리스트 2.14 when의 대상을 when 식의 본문으로 영역이 제한되는 변수에 저장하기

```
import ch02.colors.Color.*      ◀── 상수들(RED, ORANGE 등)을 임포트한다.

fun measureColor() = ORANGE

fun getWarmthFromSensor() =                  when 식의 대상을 color라는 변수로 캡처한다.
    when (val color = measureColor()) { ◀── 이 변수의 영역은 when의 본문으로 제한된다.
        RED, ORANGE, YELLOW -> "warm (red = ${color.r})" ◀──
        GREEN -> "neutral (green = ${color.g})"            (when의 본문 안에서) 캡처한
        BLUE, INDIGO, VIOLET -> "cold (blue = ${color.b}"  변수의 프로퍼티에 접근할 수 있다.
    }
```

앞으로는 예제에서 짧은 이넘 상수 이름을 사용하지만 예제의 단순성을 위해 임포트 문은 생략할 것이다. when을 식으로 사용할 때마다(이는 when의 결과를 대입문에 사용하거나 반환한다는 뜻이다) 컴파일러는 when이 철저한지^exhaustive 살펴본다. 이는 모든 가능한 경로에서 값을 만들어내야 한다는 뜻이다.

앞의 예에서는 모든 이넘 상수를 처리하기 때문에 when이 철저하다. 그렇지 않은 경우에는 else 키워드를 사용해 디폴트 케이스를 제공해야만 한다. 컴파일러가 모든 가능한 경로를 처리한다고 연역할 수 없는 경우 컴파일러는 우리에게 디폴트 케이스를 강제로 추가하게 한다. 이런 예는 다음 절에서 살펴볼 것이다.

2.3.4 when의 분기 조건에 임의의 객체 사용

코틀린 when은 실제로는 다른 언어의 비슷한 구성 요소보다 훨씬 더 유연하다. 코틀린 when의 분기 조건에서는 임의의 객체를 사용할 수 있다. 앞에서 살펴본 팔레트에 있는 두 색상을 혼합한 색상이 다시 팔레트에 속해 있는지를 알려주는 함수를

작성하자. 팔레트에 있는 색상을 조합할 수 있는 방법이 많지 않기 때문에 모든 경우를 쉽게 열거할 수 있다.

리스트 2.15 when의 분기 조건에 다른 여러 객체 사용하기

```
fun mix(c1: Color, c2: Color) =         ← when 식의 인자로 아무 객체나 사용할 수 있다. when은 이렇게 인자로 받은
    when (setOf(c1, c2)) {                 객체가 각 분기 조건에 있는 객체와 같은지 테스트한다.
        setOf(RED, YELLOW) -> ORANGE    ← 두 색상을 혼합해서 다른 색상을
        setOf(YELLOW, BLUE) -> GREEN       만들 수 있는 경우를 열거한다.
        setOf(BLUE, VIOLET) -> INDIGO
        else -> throw Exception("Dirty color")  ← 일치하는 분기 조건이 없으면
    }                                              이 문장을 실행한다.

fun main() {
    println(mix(BLUE, YELLOW))
    // GREEN
}
```

c1과 c2가 RED와 YELLOW라면(또는 YELLOW와 RED라면) 그 둘을 혼합한 결과는 ORANGE다. 이를 구현하기 위해 집합 비교를 사용한다. 코틀린 표준 라이브러리에는 인자로 전달받은 여러 객체를 그 객체들을 포함하는 집합인 Set 객체로 만드는 setOf라는 함수가 있다. 집합^{set}은 원소가 하나씩 모여 있는 컬렉션으로, 각 원소의 순서는 중요하지 않다. 따라서 setOf(c1, c2)와 setOf(RED, YELLOW)가 같다는 것은 c1이 RED이고 c2가 YELLOW거나 c1이 YELLOW이고 c2가 RED라는 의미다. 이는 여러분이 검사하려는 성질과 일치한다.

when 식은 인자 값과 일치하는 조건 값을 찾을 때까지 각 분기를 검사한다. 여기서는 setOf(c1, c2)와 분기 조건에 있는 객체 사이를 비교할 때 동등성^{equility}을 사용한다. 그러므로 앞의 코드는 처음에는 setOf(c1, c2)와 setOf(RED, YELLOW)를 비교하고, 그 둘이 같지 않으면 계속 다음 분기의 조건 객체와 setOf(c1, c2)를 차례로 비교하는 식으로 작동한다. 모든 분기 식에서 만족하는 조건을 찾을 수 없다면 else 분기를 계산한다.

우리가 모든 가능한 색상의 집합을 처리하는지를 코틀린 컴파일러가 연역할 수 없고 when 식의 값을 mix 함수의 반환값으로 사용하기 때문에 디폴트 케이스를 제공해서 when 식이 진짜 철저하게 만들어야 한다.

when의 분기 조건 부분에 식을 넣을 수 있기 때문에 많은 경우 코드를 더 간결하고 아름답게 작성할 수 있다. 이 예제에서는 조건이 동등성 검사였다. 다음 예제에서는 임의의 불리언[Boolean] 식을 조건으로 사용하는 모습을 살펴본다.

2.3.5 인자 없는 when 사용

리스트 2.15가 약간 비효율적임을 눈치 챈 독자가 있을 것이다. 이 함수는 호출될 때마다 함수 인자로 주어진 두 색상이 when의 분기 조건에 있는 다른 두 색상과 같은지 비교하기 위해 여러 Set 인스턴스를 생성한다. 보통은 이런 것이 큰 문제가 되지는 않는다. 하지만 이 함수가 아주 자주 호출된다면 가비지 컬렉터가 수거할 필요가 있는 짧게 살아있는 객체가 늘어나는 것을 방지하고자 함수를 고쳐 쓰는 편이 낫다. 인자가 없는 when 식을 사용하면 불필요한 객체 생성을 막을 수 있다. 코드의 가독성은 조금 떨어지지만 성능을 더 향상시키기 위해 그 정도 비용을 감수해야 하는 경우도 자주 있다.

리스트 2.16 인자가 없는 when

```
fun mixOptimized(c1: Color, c2: Color) =
  when {                              ◀──────── when에 아무 인자도 없다.
    (c1 == RED && c2 == YELLOW) ||
    (c1 == YELLOW && c2 == RED) ->
      ORANGE

    (c1 == YELLOW && c2 == BLUE) ||
    (c1 == BLUE && c2 == YELLOW) ->
      GREEN

    (c1 == BLUE && c2 == VIOLET) ||
```

```
        (c1 == VIOLET && c2 == BLUE) ->
            INDIGO
        else -> throw Exception("Dirty color")
    }
fun main() {
    println(mixOptimized(BLUE, YELLOW))
    // GREEN
}
```

식으로 사용하기 때문에 이 when은 철저해야 한다.

when에 아무 인자도 없으려면 각 분기의 조건이 불리언 결과를 계산하는 식이어야 한다. mixOptimized 함수는 앞에서 살펴본 mix 함수와 같은 일을 한다. 다만 mixOptimized는 추가 객체를 만들지 않는다는 장점이 있지만, 그렇게 하기 위한 비용으로 더 읽기 어려워졌다.

이제 when을 사용하는 과정에서 스마트 캐스트가 쓰이는 예를 살펴보자.

2.3.6 스마트 캐스트: 타입 검사와 타입 캐스트 조합

코틀린으로 일부 색상을 성공적으로 섞을 수 있었다. 이제 더 복잡한 예제로 옮겨 가자. (1 + 2) + 4와 같은 간단한 산술식을 계산하는 함수를 만들 것이다. 이 산술식에서는 오직 한 가지 연산, 즉 두 수의 덧셈만 가능하다. 다른 연산(뺄셈, 곱셈, 나눗셈)도 비슷한 방식으로 구현할 수 있다. 연습문제 삼아 한번 풀어볼 것을 권장한다. 그 과정에서 스마트 캐스트가 얼마나 쉽게 다른 여러 타입의 코틀린 객체를 사용할 수 있게 해주는지 살펴볼 것이다.

먼저 어떻게 식을 인코딩할까? 전통적으로 식을 트리와 같은 구조로 저장한다. 노드는 합계(Sum)나 수(Num) 중 하나다. Num은 항상 잎[leaf] 노드지만 Sum은 자식이 둘 있는 중간[non-terminal] 노드다. Sum 노드의 두 자식은 덧셈 sum 연산의 두 인자다. 리스트 2.17은 식을 인코딩하는 간단한 클래스를 보여준다. 식을 위한 Expr 인터페이스가 있고, Sum과 Num 클래스는 그 Expr 인터페이스를 구현한다. 여기서 Expr은 아무 메서드도 선언하지 않는다. 이렇게 여러 타입의 식 객체를 아우르는 공통 타입 역할만 수행하는 인터페이스를 마커 인터페이스^{marker interface}라고 부른다. 클래스가 구현하는 인터페이스를 지정하기 위해 콜론(:) 뒤에 인터페이스 이름을 사용한다(인터페이스는 4.1.1절에서 더 자세히 살펴본다).

리스트 2.17 식을 표현하는 클래스 계층

```
interface Expr
class Num(val value: Int) : Expr       ◄─── value라는 프로퍼티만 존재하는 단순한 클래스로
                                             Expr 인터페이스를 구현한다.
class Sum(val left: Expr, val right: Expr) : Expr  ◄─── 어떤 Expr이나 Sum 연산의 인자가 될 수 있다.
                                                          따라서 Num이나 다른 Sum이 Sum의 인자로
                                                          올 수 있다.
```

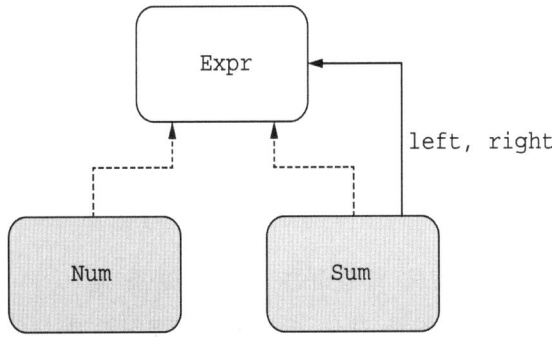

그림 2.5 Expr, Num, Sum의 관계를 보여주는 클래스 다이어그램. Num과 Sum은 마커 인터페이스 Expr을 실재화한다. Sum은 left와 right 피연산자와 연관돼 있다. 이 두 피연산자는 다시 Expr 타입이다.

Sum은 Expr의 왼쪽과 오른쪽 인자에 대한 참조를 left와 right 프로퍼티로 저장한다. 이 예제에서 left와 right는 각각 Num이나 Sum일 수 있다. (1 + 2) + 4라는 식을 저장하면 Sum(Sum(Num(1), Num(2)), Num(4))라는 구조의 객체가 생긴다. 그림 2.6은 이런 트리 표현을 보여준다.

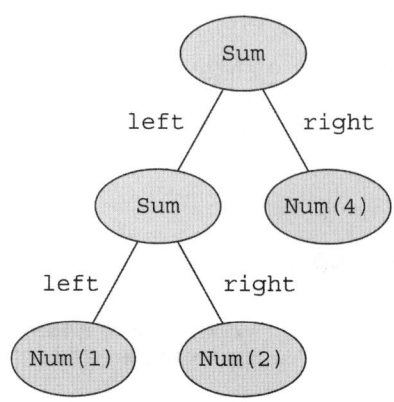

그림 2.6 (1 + 2) + 4라는 수학식을 기술하는 식 Sum(Sum(Num(1), Num(2)), Num(4))의 트리 표현. 이 표현을 식 평가기의 입력으로 사용한다.

여러분의 목표는 Sum과 Num 객체들로 구성되는 이런 유형의 식을 평가해서 결괏값을 계산하는 것이다. 다음으로는 이에 대해 살펴보자.

Expr 인터페이스에는 2가지 구현이 존재한다. 따라서 식을 평가하려면 2가지 경우를 고려해야 한다.

1. 어떤 식이 수라면 그에 해당하는 값을 반환한다.
2. 어떤 식이 합계라면 좌항 값을 재귀적으로 계산하고 우항 값도 재귀적으로 계산한 다음에 그 두 값을 합한 값을 반환한다. 먼저 자바를 사용하는 경우 사용했을 법한 스타일로 작성한 함수의 모양을 먼저 살펴보자. 그 후 그 코드를 코틀린다운 코드로 리팩터링할 것이다.

먼저 다른 언어에서 볼 수 있을 법한 스타일을 떠올리게 하는 함수를 작성할 수 있을 것이다. 이 함수는 일련의 if 식을 사용해 Expr의 여러 하위 타입을 검사하는 코드다. 코틀린에서는 is 검사를 사용해 어떤 변수의 구체적 타입을 검사할 수 있다. 따라서 구현은 다음과 비슷할 것이다.

리스트 2.18 if 연쇄를 사용해 식을 계산하기

```
fun eval(e: Expr): Int {
    if (e is Num) {
        val n = e as Num         ◀── 여기서 Num으로 타입을 변환하는데, 이는 불필요한 중복이다.
        return n.value
    }
    if (e is Sum) {
        return eval(e.right) + eval(e.left)  ◀── 변수 e에 대해 스마트 캐스트를 사용한다.
    }
    throw IllegalArgumentException("Unknown expression")
}

fun main() {
    println(eval(Sum(Sum(Num(1), Num(2)), Num(4))))
    // 7
}
```

C#을 아는 개발자라면 is가 낯익을 것이다. 자바 개발자라면 is 검사가 instanceof와 같다고 식별할 수 있을 것이다.

하지만 코틀린의 is 검사는 약간의 편의를 추가로 제공한다. 이 편의는 여러분이 어떤 변수의 타입을 확인한 다음에 그 타입에 속한 멤버에 접근하기 위해 명시적으로 변수 타입을 변환하지 않아도 된다는 점이다. 여러분은 타입을 검사한 변수를 마치 여러분이 검사한 그 타입의 변수인 것처럼 사용할 수 있다. 실제로는 컴파일러가 타입을 대신 변환해준다. 이런 경우를 스마트 캐스트라고 부른다.

eval 함수에서 e의 타입이 Num인지 검사한 다음 부분에서 컴파일러는 e의 타입을 Num으로 해석한다. 그렇기 때문에 Num의 프로퍼티인 value를 명시적 캐스팅 없이 e.value로 사용할 수 있다. Sum의 프로퍼티인 right와 left도 마찬가지다. Sum 타입인지 검사한 다음부터는 e.right와 e.left를 사용할 수 있다. 인텔리제이 IDEA나 안드로이드 스튜디오에서는 이런 스마트 캐스트 값의 배경색을 달리 표시해 강조해주므로, 이에 대한 검사가 이전에 이뤄졌음을 쉽게 알 수 있다(그림 2.7 참고).

```
if (e is Sum) {
    return eval(e.right) + eval(e.left)
}
```

그림 2.7 IDE는 스마트 캐스트가 된 부분의 배경을 다르게 표시해 강조해준다.

스마트 캐스트는 is로 변수에 든 값의 타입을 검사한 다음에 그 값이 바뀔 수 없는 경우에만 작동한다. 예를 들어 앞에서 본 예제처럼 클래스의 프로퍼티에 대해 스마트 캐스트를 사용한다면 그 프로퍼티는 반드시 val이어야 하며, 커스텀 접근자를 사용한 것이어도 안 된다. val이 아니거나 val이지만 커스텀 접근자를 사용하는 경우에는 해당 프로퍼티에 대한 접근이 항상 같은 값을 내놓는다고 확신할 수 없기 때문이다.

나중에 보겠지만 스마트 캐스트를 다른 코틀린 언어 기능인 널 가능성이나 코틀린의 디폴트로 파이널인 클래스와 함께 사용하기도 한다. 널 가능성은 7장에서 아주 자세히 다루고, 디폴트로 파이널인 클래스는 4.1.2절에서 살펴본다.

원하는 타입으로 명시적으로 타입 캐스팅하려면 as 키워드를 사용한다.

```
val n = e as Num
```

어쩌면 짐작했겠지만 이런 구현은 아직 코틀린다운 코드라 할 수 없다. 이제 eval 함수를 리팩터링해서 더 코틀린다운 코드로 만드는 방법을 살펴보자.

2.3.7 리팩터링: if를 when으로 변경

2.1.2절에서 이미 코틀린에서 if가 식이라는 사실을 알았다. 따라서 코틀린에서는 삼항 연산자가 따로 없다. if가 값을 만들어낼 수 있기 때문이다.

이는 eval 함수를 return과 중괄호를 없애는 대신 if 식을 함수 본문으로 하는 식 본문 구문을 사용해 다시 작성할 수 있다는 뜻이다.

리스트 2.19 값을 만들어내는 if 식

```
fun eval(e: Expr): Int =
  if (e is Num) {
    e.value
  } else if (e is Sum) {
    eval(e.right) + eval(e.left)
  } else {
    throw IllegalArgumentException("Unknown expression")
  }

fun main() {
  println(eval(Sum(Num(1), Num(2))))
  // 3
}
```

이 코드를 더 간단하게 만들 수도 있다. if의 분기에 식이 하나밖에 없다면 중괄호를 생략해도 된다. if 분기에 블록을 사용하는 경우 그 블록의 마지막 식이 그 분기의 결괏값이다. 연속적으로 if를 사용하는 eval의 식 함수 버전은 다음과 같을 것이다.

```
fun eval(e: Expr): Int =
  if (e is Num) e.value
  else if (e is Sum) eval(e.right) + eval(e.left)
  else throw IllegalArgumentException("Unknown expression")
```

하지만 여러분은 여러 가지 선택이 가능할 때 사용할 수 있는 더 나은 언어 구성 요소를 2.3.2절에서 살펴봤다. 이제 when을 사용해 이 코드를 더 다듬어보자.

when 식을 앞에서 살펴본 값 동등성 검사가 아닌 다른 기능에도 쓸 수 있다. 이 예제는 when이 받은 대상 값의 타입을 검사하는 when 분기를 보여준다. 리스트 2.19의 if 예제와 마찬가지로 타입을 검사하고 나면 스마트 캐스트가 이뤄진다. 따라서 Num이나 Sum의 멤버에 접근할 때 변수를 강제로 캐스팅할 필요가 없다.

리스트 2.20 if 연쇄 대신 when 사용하기

```
fun eval(e: Expr): Int =
    when (e) {
        is Num -> e.value                              ┐ 인자 타입을 검사하고
        is Sum -> eval(e.right) + eval(e.left)         ┘ 스마트 캐스트하는 when 분기들
        else -> throw IllegalArgumentException("Unknown expression")
    }
```

when을 사용한 eval과 if 식을 사용한 eval을 서로 비교해보고, 여러분 자신의 코드에서 when으로 if 연쇄를 어떻게 대신할지 생각해보자. if나 when의 각 분기에서 수행해야 하는 로직에 여러 연산이 들어가야 하면 분기 본문에 블록을 사용할 수 있다. 블록의 동작을 살펴보자.

2.3.8 if와 when의 분기에서 블록 사용

if나 when 모두 분기에 블록을 사용할 수 있다. 그런 경우 블록의 마지막 문장이 블록 전체의 결과가 된다. eval 함수가 어떻게 결과를 계산하는지 깊이 이해하고 싶다고 하자. 한 가지 방법은 pritnln 문을 추가해서 함수가 현재 계산하는 내용을 로그로 남기는 것이다. when의 각 분기를 블록으로 만들면 println 문을 추가할 수 있다. 이때 각 블록의 맨 마지막에 있는 식이 그 블록이 반환할 값이 된다.

리스트 2.21 분기에 복잡한 동작이 들어가 있는 when 사용하기

```
fun evalWithLogging(e: Expr): Int =
    when (e) {
        is Num -> {
            println("num: ${e.value}")
            e.value          ◄── 이 식이 블록의 마지막 식이므로 e의
        }                        타입이 Num이면 이 식의 값이 반환된다.
        is Sum -> {
            val left = evalWithLogging(e.left)
```

```
            val right = evalWithLogging(e.right)
            println("sum: $left + $right")
            left + right          ◄──── e의 타입이 Sum이면 이 식의 값이 반환된다.
        }
        else -> throw IllegalArgumentException("Unknown expression")
    }
```

이제 evalWithLogging 함수가 출력하는 로그를 보면 연산이 이뤄진 순서를 알 수 있다.

```
fun main() {
    println(evalWithLogging(Sum(Sum(Num(1), Num(2)), Num(4))))
    // num: 1
    // num: 2
    // sum: 1 + 2
    // num: 4
    // sum: 3 + 4
    // 7
}
```

'블록의 마지막 식이 블록의 결과'라는 규칙은 블록이 값을 만들어내야 하는 경우 항상 성립한다. 2.5.2절에서는 **try** 본문과 **catch** 절에서 같은 규칙이 쓰이는 예가 있으며, 5.1.3절에서는 람다식에 이 규칙을 어떻게 적용하는지 설명한다. 하지만 2.1.3절에서 설명한 대로 이 규칙은 일반적인 함수에 대해서는 성립하지 않는다. 함수는 블록이 아닌 식을 본문으로 하는 함수이거나 그렇지 않은 경우 블록이 본문이되 블록 내부에 명시적인 **return** 문이 반드시 있어야 한다.

지금까지는 코틀린에서 여러 가지 중에 하나를 고르는 올바른 방법을 살펴봤다. 이제는 어떤 대상을 이터레이션iteration하는 방법을 살펴보자.

2.4 대상 이터레이션: while과 for 루프

코틀린의 이터레이션은 자바, C# 등의 다른 언어에서 사용하는 방법과 아주 비슷하다. while 루프는 다른 언어와 마찬가지인 전통적인 형식을 따르므로 간단히 살펴볼 것이다. 또한 for (<원소> in <원소들>)이라고 쓰는 for 루프가 예를 들어 자바의 for-each 루프를 생각나게 한다는 사실을 알게 될 것이다. 이 2가지 형태의 루프로 어떤 종류의 루프 시나리오를 다룰 수 있는지 살펴보자.

2.4.1 조건이 참인 동안 코드 반복: while 루프

코틀린에는 while과 do-while 루프가 있다. 두 루프의 문법은 다른 언어에서 본 것과 비슷해보일 것이다. 짧게 이 두 루프를 살펴보자.

```
while (조건) {              ◀── 조건이 참인 동안 본문을 반복 실행한다.
  /*...*/
  if (shouldExit) break    ◀── break는 자신을 둘러싼 루프를 중단시킨다.
}

do {
  if (shouldSkip) continue  ◀── continue는 루프의 다음 단계를 시작한다.
  /*...*/
} while (조건)  ◀── 처음에는 무조건 본문을 한 번 실행한다. 그다음부터는 조건이 참인 동안 본문을 반복 실행한다.
```

내포된 루프의 경우 코틀린에서는 레이블^{label}을 지정할 수 있다. 그 후 break나 continue를 사용할 때 레이블을 참조할 수 있다. 레이블은 @ 기호 다음에 식별자를 붙인 것이다.

```
outer@ while (outerCondition) {           ◀── 바깥 루프에 outer라는 레이블을 붙인다.
  while (innerCondition) {
    if (shouldExitInner) break           ┐ 레이블을 지정하지 않으면 항상 그 위치를 둘러싼
    if (shouldSkipInner) continue        ┘ 가장 안쪽 루프에 대해 동작이 이뤄진다.
    if (shouldExit) break@outer          ┐
    if (shouldSkip) continue@outer       ┘ 레이블을 지정하면 지정한 루프를 빠져나가거나 할 수 있다.
```

```
    // ...
  }
  // ...
}
```

이제 for 루프의 다양한 사용법을 살펴보자. 그리고 for 루프가 어떻게 컬렉션 원소에 대한 이터레이션뿐 아니라 범위^{range}에 대한 이터레이션도 함께 지원하는지 알아보자.

2.4.2 수에 대해 이터레이션: 범위와 순열

앞에서 설명했지만 코틀린에는 C와 같은 for 루프, 즉 어떤 변수를 초기화하고 루프를 한 번 실행할 때마다 그 변수를 갱신하고, 값이 어떤 경계에 도달하면 중단시켜주는 루프(고전적인 int i = 0; i < 10; i++)에 해당하는 요소가 없다. 이런 루프의 가장 흔한 용례를 대신하기 위해 코틀린에서는 범위를 사용한다.

범위는 기본적으로 두 값으로 이뤄진 구간^{interval}이다. 보통 그 두 값은 숫자 타입인 시작 값과 끝 값이다. 범위를 쓸 때는 .. 연산자를 사용한다.

```
val oneToTen = 1..10
```

코틀린의 범위는 폐구간(닫힌구간), 즉 양끝을 포함하는 구간이다. 이는 두 번째 값(위 예에서는 10)이 항상 범위에 포함된다는 뜻이다.

정수 범위를 갖고 수행할 수 있는 가장 단순한 작업은 범위에 속한 모든 값에 대해 루프를 도는 것이다. 이런 식으로 어떤 범위에 속한 값을 일정한 순서로 이터레이션하는 경우를 순열^{progression}이라고 부른다.

피즈버즈^{Fizz-Buzz} 게임을 위해 정수 범위를 사용해보자. 피즈버즈 게임은 장거리 여행을 하면서 퇴화한 나눗셈 기술을 연마할 때 아주 좋다. 이 게임을 구현하는 것은 프로그래밍 인터뷰에서 자주 다루는 과제이기도 하다.

피즈버즈를 플레이하기 위해 참가자는 순차적으로 수를 세면서 3으로 나눠떨어지는 수에 대해서는 피즈, 5로 나눠떨어지는 수에 대해서는 버즈라고 말해야 한다. 어떤 수가 3과 5로 모두 나눠떨어지면 '피즈버즈'라고 말해야 한다.

리스트 2.22는 1부터 100까지 수에 대해 올바른 피즈버즈 답을 보여준다. 인자가 없는 when을 사용해서 가능한 조건을 검사했다는 점에 유의한다.

리스트 2.22 when을 사용해 피즈버즈 게임 구현하기

```
fun fizzBuzz(i: Int) = when {
    i % 15 == 0 -> "피즈버즈 "    ◀── i가 15로 나눠떨어지면 피즈버즈를 반환한다. %는 나머지 연산자다.
    i % 3 == 0 -> "피즈 "        ◀── i가 3으로 나눠떨어지면 피즈를 반환한다.
    i % 5 == 0 -> "버즈 "        ◀── i가 5로 나눠떨어지면 버즈를 반환한다.
    else -> "$i "                ◀── 다른 경우에는 숫자 자체를 반환한다.
}

fun main() {
    for (i in 1..100) {    ◀── 정수 범위 1..100 사이에서 이터레이션한다.
        print(fizzBuzz(i))
    }
    // 1 2 피즈 4 버즈 피즈 7 ...
}
```

같은 게임을 너무 오래해서 지겨워졌으므로 더 어려운 게임을 하고 싶다. 이제는 100부터 거꾸로 세되 짝수만으로 게임을 진행해보자.

리스트 2.23 증가 값으로 범위 이터레이션하기

```
fun main() {
    for (i in 100 downTo 1 step 2) {
        print(fizzBuzz(i))
    }
    // 버즈 98 피즈 94 92 피즈버즈 88 ...
}
```

여기서는 증가 값(step)을 갖는 순열에 대해 이터레이션한다. 증가 값을 사용하면 수를 건너뛸 수 있다. 증가 값을 음수로 만들면 정방향 순열이 아닌 역방향 순열을 만들 수 있다. 이 예제에서 100 downTo 1은 역방향 순열을 만든다(증가 값은 -1이다). 그 뒤에 step 2를 붙이면 증가 값의 방향은 그대로 유지하면서 절댓값만 2로 바뀐다(따라서 실제로는 -2와 같다).

앞에서 언급한 대로 ..는 항상 범위의 끝 값(..의 우측 항)을 포함한다. 하지만 끝 값을 포함하지 않는 반만 닫힌 범위half-closed range(반폐구간 또는 반개구간)에 대해 이터레이션하면 편할 때가 자주 있다. 그런 범위를 만들고 싶다면 ..< 연산을 사용한다. 예를 들어 for (x in 0 ..< size)라는 루프는 for (x in 0..size-1)과 같지만 좀 더 명확하게 개념을 표현한다. 나중에 3.4.3절에서 downTo, step에 대해 더 자세히 다룬다.

범위나 순열을 갖고 좀 더 복잡한 피즈버즈 게임을 만드는 방법을 살펴봤다. 하지만 코틀린에서 for 루프는 그보다 더 많은 일을 할 수 있다. 다른 예제를 더 살펴보자.

2.4.3 맵에 대해 이터레이션

앞 절에서 컬렉션에 대한 이터레이션을 위해 for (x in y) 루프를 가장 자주 쓴다고 말했다. 여러분 대부분은 이런 동작에 익숙할 것이다. 루프는 입력 컬렉션의 각 원소에 대해 실행된다. 다음 코드는 단순히 색상 컬렉션의 각 원소를 출력하기만 한다. 루프 안에서는 각각의 색상을 for 루프에서 지정한 이름인 color로 가리킨다.

리스트 2.24 컬렉션에 대해 이터레이션하기

```
fun main() {
  val collection = listOf("red", "green", "blue")
  for (color in collection) {
    print("$color ")
  }
  // red green blue
}
```

이 주제에 대해 시간을 소비하는 대신 더 흥미로운 주제를 살펴보자. 바로 맵에 대해 이터레이션하는 방법이다.

예제로 문자에 대한 2진 표현을 출력하는 작은 프로그램을 살펴보자. 이런 코드는 **1000100 1000101 1000011 1000001 1000110** 같은 이진 인코딩된 텍스트를 직접 풀어야 하는 경우 도움이 될 간단한 검색 테이블을 제공할 수 있다. 이런 이진 표현을 맵에 저장할 수 있다(단지 맵을 알려주기 위한 목적일 뿐이다).

다음 코드는 맵을 만들고 어떤 글자들의 이진 표현을 사용해 그 맵을 채운 다음 맵의 내용을 출력한다. 코드를 보면 범위를 생성하는 .. 구문이 수에 대해서만 작동하지 않고 문자에 대해서도 작동함을 알 수 있다. 다음은 이 맵을 사용해 A부터 F(F도 포함)까지 모든 문자에 대해 이터레이션하는 방법을 보여준다.

리스트 2.25 맵을 초기화하고 이터레이션하기

```
fun main() {
    val binaryReps = mutableMapOf<Char, String>()  ◀── 코틀린 가변 맵은 원소 이터레이션 순서를 보존한다.
    for (char in 'A'..'F') {  ◀── A부터 F까지 문자의 범위를 사용해 이터레이션한다.
        val binary = char.code.toString(radix = 2)  ◀── 아스키(ASCII) 코드를 2진 표현으로 바꾼다.
        binaryReps[char] = binary  ◀── c를 키로 c의 2진 표현을 맵에 넣는다.
    }

    for ((letter, binary) in binaryReps) {  ◀── 맵에 대해 이터레이션한다. 맵의 키를 letter에,
        println("$letter = $binary")            키와 연관된 값을 binary에 대입한다.
    }
    // A = 1000001 D = 1000100
    // B = 1000010 E = 1000101
    // C = 1000011 F = 1000110
    // (이해하기 쉽게 출력을 여러 열로 표시했다)
}
```

리스트 2.25는 for 루프를 사용해 이터레이션하려는 컬렉션의 원소를 푸는 방법을 보여준다(여기서는 맵 원소의 키/값 쌍을 푼다). 원소를 푼 결과를 letter와 binary라는 별도

의 변수에 저장한다. letter에는 키가, binary에는 값이 들어간다. 9.4절에서 이런 구조 분해 문법을 자세히 다룬다.

리스트 2.25에서 사용한 멋진 트릭으로는 키를 사용해 맵의 값을 가져오거나 키에 해당하는 값을 설정한 것이 있다. get과 put 같은 함수를 사용하는 대신 map[key]로 값을 가져오고 map[key] = value를 사용해 값을 설정할 수 있다. 이는 반드시 binaryReps.put(c, binary) 같은 자바 스타일의 코드를 사용하지 않고 binaryReps[c] = binary라는 더 우아한 표현을 사용할 수 있다는 의미다.

맵에 사용했던 구조 분해 구문을 맵이 아닌 컬렉션의 현재 인덱스를 유지하면서 컬렉션을 이터레이션할 때도 쓸 수 있다. 이 기능을 사용하면 인덱스를 저장하기 위한 변수를 별도로 선언하고 루프에서 매번 그 변수를 증가시킬 필요가 없다. 다음 코드는 withIndex 함수를 사용해 컬렉션의 원소와 인덱스를 함께 출력한다.

```
fun main() {
  val list = listOf("10", "11", "1001")
  for ((index, element) in list.withIndex()) {   ◀─── 인덱스와 함께 컬렉션을 이터레이션한다.
    println("$index: $element")
  }
  // 0: 10
  // 1: 11
  // 2: 1001
}
```

withIndex의 정체를 3.3절에서 파헤쳐본다.

컬렉션이나 범위에 대해 in 키워드를 사용하는 방법을 봤다. 한편 어떤 값이 범위나 컬렉션에 들어있는지 알고 싶을 때도 in을 사용한다. 이를 자세히 살펴보자.

2.4.4 in으로 컬렉션이나 범위의 원소 검사

in 연산자를 사용해 어떤 값이 범위에 속하는지 검사할 수 있다. 반대로 !in을 사용하면 어떤 값이 범위에 속하지 않는지 검사할 수 있다. 예를 들어 사용자 입력을 검증할 때 종종 입력 문자가 정말로 문자(알파벳)인지 검사하거나 숫자가 아닌지 검사해야 할 수 있다. 다음 코드는 in을 사용해 어떤 문자가 정해진 문자의 범위에 속하는지를 검사하는 isLetter와 isNotDigit라는 작은 도우미 함수를 작성하는 방법을 보여준다.

리스트 2.26 in을 사용해 값이 범위에 속하는지 검사하기

```
fun isLetter(c: Char) = c in 'a'..'z' || c in 'A'..'Z'
fun isNotDigit(c: Char) = c !in '0'..'9'

fun main() {
    println(isLetter('q'))
    // true
    println(isNotDigit('x'))
    // true
}
```

이렇게 어떤 문자가 글자인지 검사하는 방법은 간단해 보인다. 내부적으로도 교묘한 부분은 전혀 없다. 이렇게 코드를 작성해도 여전히 문자의 코드가 범위의 첫 번째 글자의 코드와 마지막 글자의 코드 사이에 있는지를 비교한다. 하지만 그런 비교 로직은 표준 라이브러리의 범위 클래스 구현 안에 깔끔하게 감춰져 있다.

c in 'a'..'z'   ◀── a <= c && c <= z로 변환된다.

in과 !in 연산자를 when 식에서 사용해도 된다. 검사하려는 범위가 다양할 때 도움이 된다.

리스트 2.27 when 가지에서 in 검사 사용하기

```
fun recognize(c: Char) = when (c) {
    in '0'..'9' -> "It's a digit!"     ◀── c 값이 0부터 9 사이에 있는지 검사한다.
    in 'a'..'z', in 'A'..'Z' -> "It's a letter!"   ◀── 여러 범위 조건을 함께 사용해도 된다.
```

```
    else -> "I don't know..."
}

fun main() {
  println(recognize('8'))
  // It's a digit!
}
```

범위는 문자에만 국한되지 않는다. 비교가 가능한 클래스라면(9.2.2절에서 살펴볼 것처럼 java.lang.Comparable 인터페이스를 구현한 클래스라면) 그 클래스의 인스턴스 객체를 사용해 범위를 만들 수 있다. 이렇게 만든 범위의 경우 그 범위 내의 모든 객체를 항상 이터레이션하지는 못한다. 예를 들어 'Java'와 'Kotlin' 사이의 모든 문자열을 이터레이션할 수 있을까? 그럴 수 없다. 하지만 in 연산자를 사용하면 값이 범위 안에 속하는지 항상 결정할 수 있다.

```
fun main() {
  println("Kotlin" in "Java".."Scala")   ◀─── "Java" <= "Kotlin" && "Kotlin" <= "Scala"와 같다.
  // true
}
```

String 클래스에 있는 Comparable 인터페이스가 두 문자열을 알파벳 순서로 비교하기 때문에 여기 있는 in 검사에서도 문자열을 알파벳 순서로 비교한다. 알파벳 문자열에서 "Java"는 "Kotlin"보다 앞에 오며, "Kotlin"은 "Scala"보다 앞에 온다. 따라서 "Kotlin"은 "Java"와 "Scala" 사이에 있다.

컬렉션에도 마찬가지로 in 연산을 사용할 수 있다.

```
fun main() {
  println("Kotlin" in setOf("Java", "Scala"))   ◀─── 이 집합에는 "Kotlin"이 들어있지 않다.
  // false
}
```

나중에 9.3.2절에서 범위나 순열과 여러분이 직접 만든 데이터 타입을 함께 사용하는 방법을 살펴보고 in 검사를 적용할 수 있는 객체에 대한 일반 규칙을 살펴본다.

이번 장에서 살펴보려는 코틀린 프로그램의 기본 빌딩 블록 요소가 하나 더 있다. 바로 예외를 처리하는 문장이다.

2.5 코틀린에서 예외 던지고 잡아내기

코틀린의 예외^{exception} 처리는 자바나 다른 언어의 예외 처리와 비슷하다. 함수는 정상적으로 종료할 수 있지만 오류가 발생하면 예외를 던질^{throw} 수 있다. 함수를 호출하는 쪽에서는 그 예외를 잡아^{catch} 처리할 수 있다. 발생한 예외를 그 함수를 호출한 쪽에서 잡아 처리하지 않으면 함수 호출 스택을 거슬러 올라가면서 예외를 처리하는 부분이 나올 때까지 예외를 다시 던진다^{rethrow}.

throw 키워드를 사용해 예외를 던질 수 있다. 여기서는 함수 호출이 잘못된 퍼센트 값을 제공했다고 표시해준다.

```
if (percentage !in 0..100) {
  throw IllegalArgumentException(
      "A percentage value must be between 0 and 100: $percentage")
}
```

코틀린에 new 키워드가 없음을 다시 한 번 기억할 좋은 기회다. 예외 인스턴스를 만들 때도 아무런 차이가 없다.

자바와 달리 코틀린의 throw는 식이므로 다른 식에 포함될 수 있다.

```
val percentage =
  if (number in 0..100)
    number
  else
    throw IllegalArgumentException(   ◀── "throw"는 식이다.
        "A percentage value must be between 0 and 100: $number")
```

이 예제에서는 if의 조건이 참이므로 프로그램이 정상 동작해서 percentage 변수가 number의 값으로 초기화된다. 하지만 조건이 거짓이면 변수가 초기화되지 않는다. throw를 식에 활용할 때의 기술적 세부 사항은 8.1.7절(다른 내용과 함께 함수의 반환타입에 대해 다룰 것임)에서 자세히 설명한다.

2.5.1 try, catch, finally를 사용한 예외 처리와 오류 복구

다른 쪽(예외를 던지는 쪽이 아니라 예외를 잡아 해결해야 하는 쪽)에서는 자바와 마찬가지로 예외를 처리하려면 try와 catch, finally 절을 함께 사용해 예외를 처리한다. 리스트 2.28은 BufferedReader로부터 각 줄을 읽어 수로 변환하되 그 줄이 올바른 수 형태가 아니면 null을 반환하고 올바른 수 형태면 수를 반환한다.

리스트 2.28 자바와 마찬가지로 try 사용하기

```
import java.io.BufferedReader
import java.io.StringReader

fun readNumber(reader: BufferedReader): Int? {     ◄── 함수가 던질 수 있는 예외를
  try {                                                 명시할 필요가 없다.
    val line = reader.readLine()
    return Integer.parseInt(line)
  }
  catch (e: NumberFormatException) {   ◄── 예외 타입을 : 오른쪽에 쓴다.
    return null
  }
  finally {     ◄── finally는 자바와 똑같이 작동한다.
    reader.close()
  }
}

fun main() {
  val reader = BufferedReader(StringReader("239"))
  println(readNumber(reader))
  // 239
}
```

자바 코드와 가장 큰 차이는 throws(이 경우 s가 붙어있다) 절이 코틀린에 없다는 점이다. 자바에서는 함수를 작성할 때 함수 선언 뒤에 throws IOException을 붙여야 한다.

리스트 2.29 자바에서는 체크 예외가 메서드 시그니처의 일부다

```
Integer readNumber(BufferedReader reader) throws IOException
```

이렇게 해야 하는 이유는 readLine이나 close가 발생할지도 모르는 IOException이 체크 예외checked exception이기 때문이다. 자바 세계에서는 명시적으로 처리해야만 하는 유형의 예외를 체크 예외라고 한다. 여러분의 함수가 던질 수 있는 예외를 모두 선언해야만 하며, 여러분의 함수가 다른 함수를 호출할 경우에는 그 함수에 선언된 체크 예외를 모두 잡아 처리하거나 여러분의 함수에서도 다시 그 예외를 던질 수 있다고 선언해야만 한다.

다른 최신 JVM 언어와 마찬가지로 코틀린도 체크 예외와 언체크 예외unchecked exception를 구별하지 않는다. 함수가 던지는 예외를 지정하지 않고 발생한 예외를 잡아내도 되고 잡아내지 않아도 된다.

실제 자바 프로그래머들이 체크 예외를 사용하는 방식을 고려해 이렇게 코틀린 예외를 설계했다. 자바에서의 경험에 따르면 프로그래머들이 의미 없이 예외를 다시 던지거나, 예외를 잡되 처리하지는 않고 그냥 무시하는 코드를 작성하는 경우가 자주 있어 예외 처리 규칙이 실제로는 오류 발생을 방지하지 못하는 경우가 자주 있다.

예를 들어 리스트 2.28에서 NumberFormatException은 체크 예외가 아니다. 따라서 자바 컴파일러는 NumberFormatException을 잡아내도록 강제하지 않고 실제 실행 시점에 NumberFormatException이 발생하는 모습을 자주 볼 수 있다. 하지만 입력값이 잘못되는 경우는 흔히 있는 일이므로 그런 문제가 발생한 경우 부드럽게 다음 단계로 넘어가도록 프로그램을 설계해야 한다는 점에서 이는 불행한 일이다. 동시에 BufferedReader.close가 IOException을 던질 수 있는데, 이 예외는 체크 예외이므로 자바에서는 반드시 처리해야 한다. 하지만 실제 스트림을 닫다가 실패하는 경우 대부분의 프로그램이 취할 수 있는 의미 있는 동작은 없다. 그러므로 이 IOException을 잡아내는 코드는 그냥 불필요하다.

이런 설계 결정으로 인해 여러분은 잡아내고 싶은 예외와 그렇지 않은 예외를 직접 결정할 수 있다. 예외를 잡아내고 싶은 경우 try-catch를 사용해 readNumber 함수를 작성할 수 있다.

리스트 2.30 코틀린에서는 컴파일러가 예외 처리를 강제하지 않는다

```
fun readNumber(reader: BufferedReader): Int {
    val line = reader.readLine()
    reader.close()
    return Integer.parseInt(line)
}
```

자바의 try-with-resource는 어떨까? 코틀린은 그런 경우를 위한 특별한 문법을 제공하지 않는다. 대신 라이브러리 함수로 같은 기능을 구현한다. 10.2.5절에서 그 방법을 살펴본다.

2.5.2 try를 식으로 사용

지금까지는 try를 문으로만 사용했다. 하지만 try는 (if나 when과 마찬가지로) 식이기도 하다. 예제를 고쳐서 try 식의 장점을 살려 try의 결과를 변수에 대입하자. 단순화를 위해 finally 절을 없애고 (단순히 여러분이 이미 그 동작을 봤기 때문이다. 하지만 이를 스트림을 닫지 않는 핑계거리로 쓰지 말라) 파일에서 읽은 수를 출력하는 코드를 추가하자.

리스트 2.31 try를 식으로 사용하기

```
fun readNumber(reader: BufferedReader) {
    val number = try {
```

```
        Integer.parseInt(reader.readLine())  ← 이 식의 값이 try 식의 값이 된다.
    } catch (e: NumberFormatException) {
        return
    }

    println(number)
}

fun main() {
    val reader = BufferedReader(StringReader("not a number"))
    readNumber(reader)   ← 아무것도 출력되지 않는다.
}
```

if와 달리 try의 본문을 반드시 중괄호 {}로 둘러싸야 한다. 다른 문장과 마찬가지로 try의 본문도 내부에 여러 문장이 있으면 마지막 식의 값이 전체 결괏값이다.

이 예제는 catch 블록 안에서 return 문을 사용한다. 따라서 예외가 발생한 경우 catch 블록 다음의 코드는 실행되지 않는다. 하지만 계속 진행하고 싶다면 catch 블록도 값을 만들어야 한다. 이때도 마지막 식이 블록 전체의 값이 된다. 다음은 그런 동작을 보여준다.

리스트 2.32 catch에서 값 반환하기

```
fun readNumber(reader: BufferedReader) {
    val number = try {
        Integer.parseInt(reader.readLine())   ← 예외가 발생하지 않으면
    } catch (e: NumberFormatException) {      │   이 값을 사용한다.
        null                ← 예외가 발생하면 null 값을 사용한다.
    }

    println(number)
}

fun main() {
    val reader = BufferedReader(StringReader("not a number"))
    readNumber(reader)
}
```

```
    // null                ←    예외가 발생했으므로 함수가 null을 출력한다.
}
```

try 코드 블록의 실행이 정상적으로 끝나면 그 블록의 마지막 식의 값이 결과다. 예외가 발생해서 잡히면 그 예외에 해당하는 catch 블록의 값이 결과다. 리스트 2.32에서는 NumberFormatException이 발생하므로 함수의 결괏값이 null이다.

try를 식으로 사용하면 중간 변수를 도입하는 것을 피함으로써 코드를 좀 더 간결하게 만들고, 더 쉽게 예외에 대비한 값을 대입하거나 try를 둘러싼 함수를 반환시킬 수 있다. 이제 성질이 급한 독자라면 지금까지 살펴본 기본 빌딩 블록을 사용해 코틀린으로 프로그램을 쓰기 시작할 수 있다. 이 책을 계속 읽으면서 여러분은 기존의 사고방식을 바꿔 코틀린의 강력한 기능을 모두 다 활용하는 법을 점차 배우게 될 것이다.

요약

- 함수를 정의할 때 fun 키워드를 사용한다. val과 var는 각각 읽기 전용 변수와 변경 가능한 변수를 선언할 때 쓰인다.
- val 참조는 읽기 전용이지만 val 참조가 가리키는 객체의 내부 상태는 여전히 변경 가능할 수 있다.
- 문자열 템플릿을 사용하면 지저분하게 문자열을 연결하지 않아도 된다. 변수 이름 앞에 $를 붙이거나 식을 ${식}처럼 ${}로 둘러싸면 변수나 식의 값을 문자열 안에 넣을 수 있다.
- 코틀린에서는 클래스를 아주 간결하게 표현할 수 있다.
- 다른 언어에도 있는 if는 코틀린에서는 식이며, 값을 만들어낸다.
- 코틀린 when은 자바의 switch와 비슷하지만 더 강력하다.
- 어떤 변수의 타입을 검사하고 나면 굳이 그 변수를 캐스팅하지 않아도 검사한 타입의 변수처럼 사용할 수 있다. 컴파일러가 스마트 캐스트를 활용해

자동으로 타입을 바꿔준다.

- for, while, do-while 루프는 자바가 제공하는 동일한 키워드의 기능과 비슷하다. 하지만 코틀린의 for는 자바 for보다 더 편리하다. 특히 맵을 이터레이션하거나 인덱스를 사용해 컬렉션을 이터레이션할 때 코틀린 for가 더 편리하다.
- 1..5(그리고 1..<5)와 같은 식은 범위를 만들어낸다. 범위와 순열은 코틀린에서 같은 문법과 추상화를 for 루프에 사용할 수 있게 해주고, 어떤 값이 범위 안에 들어있거나 들어있지 않은지 검사하기 위해 in이나 !in과 함께 사용할 수 있다.
- 코틀린 예외 처리는 자바와 아주 비슷하다. 다만 코틀린에서는 함수가 던질 수 있는 예외를 선언하지 않아도 된다.

3

함수 정의와 호출

3장에서 다루는 내용

- 컬렉션, 문자열, 정규 식을 다루기 위한 함수
- 이름 붙인 인자, 디폴트 파라미터 값, 중위 호출 문법 사용
- 확장 함수와 확장 프로퍼티를 사용해 자바 라이브러리를 코틀린에 맞게 통합
- 최상위 및 로컬 함수와 프로퍼티를 사용해 코드 구조화

지금까지 기본적인 수준에서는 여러분이 사용해 온 자바와 같은 다른 객체지향 언어와 같아서 코틀린이 편하게 느껴졌을 것이다. 지금까지는 자바에서 익숙하게 사용해 온 개념을 코틀린으로 바꾸면 어떤 모습인지 살펴보면서 코틀린이 그런 경우 더 간결하고 읽기 좋은 코드를 만들어낸다는 사실을 알았다.

3장에서는 모든 프로그램에서 핵심이라 할 수 있는 함수 선언과 호출을 코틀린이 어떻게 개선했는지 살펴본다. 추가로 확장 함수와 프로퍼티를 사용해 혼합 언어

프로젝트에서 코틀린의 이점을 모두 살릴 수 있는 방법을 살펴본다.

3장에서 설명하는 내용이 더 유용하고 덜 추상적이었으면 하기 때문에 코틀린 컬렉션, 문자열, 정규식$^{regulear\ expression}$만으로 문제 영역을 한정한다. 우선 코틀린에서 컬렉션을 만드는 방법을 살펴보자.

3.1 코틀린에서 컬렉션 만들기

컬렉션으로 흥미로운 일을 하려면 일단 컬렉션을 만드는 방법을 알아야 한다. 2장에서 setOf 함수를 사용해 집합(원소의 순서는 중요하지 않은 컬렉션. 포함된 원소들이 같으면 순서와 관계없이 두 집합은 같다)을 만드는 방법을 본 적이 있다. 그때는 색의 집합을 만들었지만 이번에는 좀 더 단순하게 수의 집합을 만들어보자.

```
val set = setOf(1, 7, 53)
```

비슷한 방법으로 리스트와 맵도 만들 수 있다.

```
val list = listOf(1, 7, 53)
val map = listOf(1 to "one", 7 to "seven", 53 to "fifty-three")
```

여기서 to는 언어가 제공하는 특별한 키워드가 아니라 일반 함수라는 점에 유의한다. 이 주제는 3.4.3에서 다시 다룬다.

여기서 만들어진 객체들의 클래스를 짐작할 수 있는가? 다음 예제를 실행해 직접 알아내보자.

```
fun main() {
  val set = setOf(1, 7, 53)
  val list = listOf(1, 7, 53)
  val map = mapOf(1 to "one", 7 to "seven", 53 to "fifty-three")

  println(set.javaClass)        ◀── javaClass는 자바 getClass()에 해당하는 코틀린 표현이다.
  // class java.util.LinkedHashSet
```

```
println(list.javaClass)
// class java.util.Arrays$ArrayList

println(map.javaClass)
// class java.util.LinkedHashMap
}
```

결과에서 알 수 있는 것처럼 코틀린은 표준 자바 컬렉션 클래스를 사용한다. 코틀린이 자바 컬렉션 클래스를 다시 구현하지 않아서 자바 컬렉션에 대한 지식을 활용할 수 있다는 뜻이므로, 이는 자바 개발자들에게 좋은 소식이다. 하지만 자바와 달리 코틀린 컬렉션 인터페이스가 디폴트로 읽기 전용이라는 사실을 언급해둘 가치가 있다. 읽기 전용 컬렉션 인터페이스와 각각에 대응하는 가변 인터페이스는 8장에서 다룬다.

표준 자바 컬렉션을 활용하면 자바 코드와 상호작용하기가 훨씬 더 쉽다. 자바에서 코틀린 함수를 호출하거나 코틀린에서 자바 함수를 호출할 때 자바와 코틀린 컬렉션을 서로 변환할 필요가 없다.

코틀린 컬렉션은 자바 컬렉션과 똑같은 클래스이긴 하지만 코틀린에서는 자바보다 더 많은 기능을 쓸 수 있다. 예를 들어 리스트의 마지막 원소를 가져오거나 원소를 뒤섞은 버전을 얻거나, (수 값들로만 이뤄진 경우) 컬렉션의 합계를 계산할 수 있다.

```
fun main() {
    val strings = listOf("first", "second", "fourteenth")

    strings.last()
    // fourteenth

    println(strings.shuffled())
    // [fourteenth, second, first]

    val numbers = setOf(1, 14, 2)
    println(numbers.sum())
    // 17
}
```

3장에서는 이런 기능이 어떻게 동작하는지 보여주고 자바 클래스에 없는 새로운 메서드들이 어디에서 비롯됐는지 살펴본다. 4장 이후에 람다를 얘기할 때 컬렉션을 통해 할 수 있는 일을 더 볼 수 있지만 여전히 똑같은 자바 컬렉션 클래스를 사용한다. 나중에 8장에서 코틀린 타입 시스템 안에서 자바 컬렉션 클래스가 어떻게 표현되는지 살펴본다. last나 sum과 같은 함수를 어떻게 자바 컬렉션에 적용할 수 있는지 살펴보기 전에 함수 선언에 대한 새로운 개념을 살펴보자.

3.2 함수를 호출하기 쉽게 만들기

여러 원소로 이뤄진 컬렉션을 만드는 방법을 살펴봤으므로 뭔가 간단한 일을 하자. 즉, 모든 원소를 찍어보자. 너무 단순하지 않나 걱정할 필요가 없다. 원소를 찍는 과정에서 여러 중요한 개념을 마주치게 된다.

자바 컬렉션에는 디폴트 toString 구현이 들어있다. 하지만 그 디폴트 toString의 출력 형식은 고정돼 있고 여러분에게 필요한 형식이 아닐 수도 있다.

```
fun main() {
    val list = listOf(1, 2, 3)
    println(list)          ◀── toString() 호출
    // [1, 2, 3]
}
```

디폴트 구현과 달리 (1; 2; 3)처럼 원소 사이를 세미콜론으로 구분하고 괄호로 리스트를 둘러싸고 싶다면 어떻게 해야 할까? 이를 위해서는 자바 프로젝트에 구아바^{Guava}나 아파치 커먼즈^{Apache Commons} 같은 서드파티 프로젝트를 추가하거나 직접 관련 로직을 구현해야 한다. 코틀린에서는 이런 요구 사항을 처리할 수 있는 함수가 표준 라이브러리에 이미 들어있다.

이번 절에서는 직접 그런 함수를 구현해보자. 처음에는 함수 선언을 간단하게 만들 수 있도록 코틀린이 지원하는 여러 기능을 사용하지 않고 함수를 직접 구현한다.

그 후 좀 더 코틀린답게 같은 함수를 다시 구현한다.

다음 리스트의 joinToString 함수는 컬렉션의 원소를 StringBuilder(가변 문자 시퀀스)의 뒤에 덧붙인다. 이때 원소 사이에 구분자separator를 추가하고 StringBuilder의 맨 앞과 맨 뒤에는 접두사prefix와 접미사postfix를 추가한다. 이 함수는 제네릭generic하다. 즉, 이 함수는 어떤 타입의 값을 원소로 하는 컬렉션이든 처리할 수 있다. 제네릭 함수의 문법은 자바와 비슷하다(제네릭스는 11장에서 자세히 다룬다).

리스트 3.1 joinToString() 함수의 초기 구현

```kotlin
fun <T> joinToString(
    collection: Collection<T>,
    separator: String,
    prefix: String,
    postfix: String
): String {

    val result = StringBuilder(prefix)

    for ((index, element) in collection.withIndex()) {
        if (index > 0) result.append(separator)   ◀── 첫 원소 앞에는 구분자를 붙이면 안 된다.
        result.append(element)
    }

    result.append(postfix)
    return result.toString()
}
```

이 함수가 의도대로 작동하는지 검증해보자.

```kotlin
fun main() {
    val list = listOf(1, 2, 3)
    println(joinToString(list, "; ", "(", ")"))
    // (1; 2; 3)
}
```

잘 작동하므로 이 함수를 그대로 써도 좋을 것이다. 하지만 선언 부분에 초점을 맞춰 보자. 어떻게 하면 이 함수를 호출하는 구문을 덜 번잡하게 만들 수 있을까? 함수를 호출할 때마다 매번 네 인자를 모두 전달하지 않을 수는 없을까? 이제 그 방법을 알아보자.

3.2.1 이름 붙인 인자

해결하고픈 첫 번째 문제는 함수 호출 부분의 가독성이다. 예를 들어 다음과 같은 joinToString 호출을 보자.

joinToString(collection, " ", " ", ".")

인자로 전달한 각 문자열이 어떤 역할을 하는지 구분할 수 있는가? 각 원소는 공백으로 구분될까, 마침표로 구분될까? 함수의 시그니처를 살펴보지 않고는 이런 질문에 답하기 어렵다. 여러분이 함수 시그니처를 외우거나 IDE가 함수 시그니처를 표시해서 도움을 줄 수는 있겠지만 함수 호출 코드 자체는 여전히 모호하다.

이런 문제는 특히 불리언 플래그^{flag} 값을 전달해야 하는 경우 흔히 발생한다. 이를 해결하기 위해 일부 자바 코딩 스타일에서는 불리언 대신 이넘 타입을 사용하라고 권장한다. 일부 코딩 스타일에서는 다음과 같이 파라미터 이름을 주석에 넣으라고 요구하기도 한다.

```
/* 자바 */
joinToString(collection, /* separator */ " ", /* prefix */ " ",
    /* postfix */ ".");
```

코틀린에서는 다음과 같이 더 잘 할 수 있다.

joinToString(collection, separator = " ", prefix = " ", postfix = ".")

코틀린으로 작성한 함수를 호출할 때는 함수에 전달하는 인자 중 일부(또는 전부)의 이름을 명시할 수 있다. 전달하는 모든 인자의 이름을 지정하는 경우 심지어 인자 순서를 변경할 수도 있다.

```
joinToString(
  postfix = ".",
  separator = " ",
  collection = collection,
  prefix = " "
)
```

이름 붙인 인자는 특히 다음 절에 살펴볼 디폴트 파라미터 값과 함께 사용할 때 잘 작동한다.

> **노트**
>
> 인텔리제이 IDEA는 호출 대상 함수가 파라미터 이름을 바꾼 경우 그 함수를 호출할 때 사용한 이름을 붙인 인자의 이름을 추적할 수 있다. 함수의 파라미터 이름을 바꿀 때 직접 에디터에서 입력해서 바꾸지 말고 Rename이나 Change Signature 액션을 통해 파라미터 이름을 바꿔라. Refactor 메뉴에서 선택하거나 함수 이름을 오른쪽 클릭하면 해당 액션을 찾을 수 있다.

3.2.2 디폴트 파라미터 값

자바에서는 일부 클래스에서 오버로딩^{overloading}한 메서드가 너무 많아진다는 문제가 자주 발생한다. `java.lang.Thread`에 있는 8가지 생성자를 살펴보라(http://mng.bz/4KZC). 이런 식의 오버로딩 메서드들은 하위 호환성을 유지하거나 API 사용자에게 편의를 더하거나 여러 가지 다른 이유로 만들어진다. 하지만 어느 경우든 중복이라는 결과는 같다. 파라미터 이름과 타입이 계속 반복되며 문서화할 때 모든 오버로딩 함수에 대해 대부분의 설명을 반복해서 달아야 할 것이다. 그리고 인자 중 일부가 생략된 오버로드 함수를 호출할 때 어떤 함수가 불릴지 모호한 경우가 생긴다.

코틀린에서는 함수 선언에서 파라미터의 기본값을 지정할 수 있으므로 이런 오버로드 중 상당수를 피할 수 있다. 기본값을 사용해 `joinToString` 함수를 개선해보

자. 대부분의 경우 아무 접두사나 접미사 없이 콤마로 원소를 구분한다. 따라서 그런 값을 디폴트로 지정하자.

리스트 3.2 디폴트 파라미터 값을 사용해 joinToString() 정의하기

```
fun <T> joinToString(
    collection: Collection<T>,
    separator: String = ", ",         ┐
    prefix: String = "",              │ 기본값이 지정된
    postfix: String = ""              ┘ 파라미터들
): String
```

이제 함수를 호출할 때 모든 인자를 쓸 수도 있고, 일부를 생략할 수도 있다.

```
fun main() {
    joinToString(list, ", ", "", "")
    // 1, 2, 3
    joinToString(list)
    // 1, 2, 3
    joinToString(list, "; ")
    // 1; 2; 3
}
```

일반 호출 문법을 사용할 때는 함수를 선언할 때와 같은 순서로 인자를 지정해야만 하며, 이런 경우 일부를 생략하고 싶을 때는 뒤쪽의 인자들을 (연속적으로) 생략할 수 있다. 이름 붙은 인자를 사용하는 경우에는 인자 목록의 중간에 있는 인자를 생략하고, 지정하고 싶은 인자에 이름을 붙여서 순서와 관계없이 지정할 수 있다.

```
fun main() {
    joinToString(list, postfix = ";", prefix = "# ")
    // # 1, 2, 3;
}
```

함수의 디폴트 파라미터 값은 함수를 호출하는 쪽이 아니라 함수 선언 쪽에 인코딩

된다는 사실을 기억하라. 따라서 어떤 클래스 안에 정의된 함수의 기본값을 바꾸고 그 클래스가 포함된 파일을 재컴파일하면 그 함수를 호출하는 코드 중에 값을 지정하지 않은 모든 인자는 자동으로 바뀐 기본값을 적용받는다.

기본값과 자바

자바에는 디폴트 파라미터 값이라는 개념이 없어 기본값을 제공하는 코틀린 함수를 자바에서 호출하는 경우에는 모든 인자를 명시해야 한다. 자바에서 코틀린 함수를 자주 호출해야 해서 자바 측에서 좀 더 편하게 코틀린 함수를 호출하고 싶다면 @JvmOverloads 어노테이션을 함수에 추가할 수 있다. @JvmOverloads를 함수에 추가하면 코틀린 컴파일러가 자동으로 맨 마지막 파라미터로부터 파라미터를 하나씩 생략한 오버로딩한 자바 메서드를 추가해준다.

예를 들어 joinToString에 @JvmOverloads를 붙일 수 있을 것이다.

리스트 3.3 디폴트 인자 값이 지정된 joinToString() 선언

```
@JvmOverloads
fun <T> joinToString(
    collection: Collection<T>,
    separator: String = ", ",
    prefix: String = "",
    postfix: String = ""
): String { /* ... */ }
```

이 코드는 다음과 같은 오버로드 함수를 생성해낸다.

```
/* 자바 */
String joinToString(Collection<T> collection, String separator,
    String prefix, String postfix);

String joinToString(Collection<T> collection, String separator,
    String prefix);

String joinToString(Collection<T> collection, String separator);
String joinToString(Collection<T> collection);
```

각각의 오버로드 함수들은 시그니처에서 생략된 파라미터에 대해 코틀린 함수의 디폴트 파라미터 값을 사용한다.

지금까지는 유틸리티 함수를 만들 때 그 함수가 정의된 주변 환경에 신경 쓰지 않았을 것이다. 분명히 지금까지 예제로 살펴본 함수들을 어떤 클래스 안에 정의해야만 할 것이다. 그렇지 않은가? 사실 코틀린에서는 함수를 클래스 안에 선언할 필요가 전혀 없다.

3.2.3 정적인 유틸리티 클래스 없애기: 최상위 함수와 프로퍼티

객체지향 언어인 자바에서는 모든 코드를 클래스의 메서드로 작성해야만 한다는 사실을 알고 있다. 보통 그런 구조는 잘 작동한다. 하지만 실전에서는 어느 한 클래스에 포함시키기 어려운 코드가 많이 생긴다. 일부 연산에는 비슷하게 중요한 역할을 하는 클래스가 둘 이상 있을 수도 있다. 중요한 객체는 하나뿐이지만 그 연산을 객체의 인스턴스 API에 추가해서 API를 너무 크게 만들고 싶지는 않은 경우도 있다.

그 결과 특별한 상태나 인스턴스 메서드가 없는 클래스가 생겨난다. 이런 클래스는 다양한 정적 메서드를 모아두는 역할만 담당한다. JDK의 Collections 클래스가 전형적인 예다. 여러분이 작성한 코드에서 비슷한 예를 보고 싶다면 Util이 이름에 들어있는 클래스를 찾으면 된다.

코틀린에서는 이런 무의미한 클래스가 필요 없다. 대신 함수를 직접 소스 파일의 최상위 수준, 모든 다른 클래스의 밖에 위치시키면 된다. 그런 함수들은 여전히 그 파일의 맨 앞에 정의된 패키지의 멤버 함수이므로 다른 패키지에서 그 함수를 사용하고 싶을 때는 그 함수가 정의된 패키지를 임포트해야만 한다. 하지만 불필요한 또 다른 내포 단계(클래스 이름)가 더 이상 존재하지 않는다.

joinToString 함수를 strings 패키지에 직접 넣어보자. join.kt라는 파일을 다음과 같이 작성하자(파일 이름은 임의로 정한 것이며 다른 이름을 써도 잘 작동한다).

리스트 3.4 joinToString() 함수를 최상위 함수로 선언하기

```
package strings

fun joinToString( /* ... */ ): String { /* ... */ }
```

이 함수가 어떻게 실행될 수 있는 걸까? JVM은 클래스 안에 들어있는 코드만을 실행할 수 있기 때문에 이 파일을 컴파일하는 과정에 새로운 클래스가 만들어져야 한다. 코틀린만 사용하는 경우에는 그냥 그 사실만 기억하면 된다. 하지만 이 함수를 자바 등의 다른 JVM 언어에서 호출하고 싶다면 코드가 어떻게 컴파일되는지 알아야 한다. 이를 명확히 보기 위해 join.kt를 컴파일한 것과 같은 컴파일 결과를 내는 클래스를 자바로 써보면 다음과 같다.

```
/* 자바 */
package strings;

public class JoinKt {      ◀── 리스트 3.4에서 살펴본 join.kt라는
                                파일 이름에 해당하는 클래스
  public static String joinToString( /* ... */ ) { /* ... */ }
}
```

코틀린 컴파일러가 생성하는 클래스의 이름이 최상위 함수가 들어있던 코틀린 소스 파일의 이름과 대응한다는 사실을 알 수 있다. 코틀린 파일의 모든 최상위 함수는 이 클래스의 정적인 메서드가 된다. 따라서 자바에서는 다른 정적 메서드와 마찬가지로 쉽게 이 함수를 호출할 수 있다.

```
/* 자바 */
import strings.JoinKt;

/* ... */
JoinKt.joinToString(list, ", ", "", "");
```

3장 함수 정의와 호출 | 139

파일에 대응하는 클래스의 이름 변경하기

디폴트로 컴파일러가 만들어주는 클래스의 이름은 파일 이름 뒤에 Kt라는 접두사를 붙인 것이다. 코틀린 최상위 함수가 들어 있는 생성된 클래스의 이름을 바꾸고 싶다면 파일 수준의 @file: JvmName("...") 어노테이션을 추가한다. 이 어노테이션을 파일의 맨 앞, 패키지 이름 선언 이전에 위치시킨다.

```kotlin
@file:JvmName("StringFunctions")   ← 클래스 이름을 지정하는 어노테이션

package strings    ← 파일 어노테이션 뒤에 패키지 문이 와야 한다.

fun joinToString(/* ... */): String { /* ... */ }
```

이제 다음과 같이 함수를 호출할 수 있다.

```java
/* 자바 */
import strings.StringFunctions;
StringFunctions.joinToString(list, ", ", "", "");
```

어노테이션 문법은 12장에서 더 자세히 설명한다.

최상위 프로퍼티

함수와 마찬가지로 프로퍼티도 파일 최상위 수준에 놓을 수 있다. 어떤 데이터를 클래스 밖에 위치시켜야 하는 경우는 흔하지는 않지만, 그래도 가끔 유용할 때가 있다. 예를 들어 어떤 연산을 수행한 횟수를 저장하는 var 프로퍼티를 만들 수 있다.

```kotlin
var opCount = 0   ← 최상위 프로퍼티를 선언한다.

fun performOperation() {
    opCount++   ← 최상위 프로퍼티의 값을 변경한다.
    // ...
}

fun reportOperationCount() {
```

```
    println("Operation performed $opCount times")  ← 최상위 프로퍼티의 값을 읽는다.
}
```

이런 프로퍼티의 값은 정적 필드에 저장된다.

최상위 프로퍼티를 활용해 코드에서 상수를 정의할 수 있다.

```
val UNIX_LINE_SEPARATOR = "\n"
```

디폴트로 최상위 프로퍼티도 다른 모든 프로퍼티처럼 접근자 메서드를 통해 자바 코드에 노출된다(val의 경우 게터, var의 경우 게터와 세터). 이 상수를 자바 코드에게 자연스럽게 public static final 필드로 노출하고 싶다면 const 변경자^{modifier}를 추가하면 된다(기본 타입과 String 타입의 프로퍼티만 const로 지정할 수 있다).

```
const val UNIX_LINE_SEPARATOR = "\n"
```

앞의 코드는 다음 자바 코드와 동등한 바이트코드를 만들어낸다.

```
/* 자바 */
public static final String UNIX_LINE_SEPARATOR = "\n";
```

최초의 joinToString 함수보다 코드가 상당히 많이 개선됐다. 하지만 joinToString을 좀 더 편리하게 만들 방법을 살펴보자.

> **노트**
>
> 코틀린 표준 라이브러리도 몇 가지 유용한 최상위 함수와 프로퍼티를 제공한다. kotlin.math 패키지를 예로 들 수 있다. kotlin.math 패키지는 두 수의 최댓값을 계산하는 max 같이 전형적인 수학 함수들과 삼각 함수 등을 제공한다. kotlin.math 패키지는 자연 대수 상수(E)나 원주율(PI) 같은 몇 가지 수학 상수도 제공한다.

```
fun main() {
    println(max(PI, E))
    // 3.141592653589793
}
```

3.3 메서드를 다른 클래스에 추가: 확장 함수와 확장 프로퍼티

기존 코드와 코틀린 코드를 자연스럽게 통합하는 것은 코틀린의 핵심 목표 중 하나다. 완전히 코틀린으로만 이뤄진 프로젝트조차도 JDK나 안드로이드 프레임워크 또는 다른 서드파티 프레임워크 등의 자바 라이브러리를 기반으로 만들어진다. 또한 코틀린을 기존 자바 프로젝트에 통합하는 경우에는 코틀린으로 직접 변환할 수 없거나 미처 변환하지 못한 기존 자바 코드를 처리할 수 있어야 한다. 이런 기존 자바 API를 재작성하지 않고도 편리한 여러 기능을 사용할 수 있다면 좋은 일 아닐까? 바로 **확장 함수**extension function가 그런 역할을 해줄 수 있다.

개념적으로 확장 함수는 단순하다. 확장 함수는 어떤 클래스의 멤버 메서드인 것처럼 호출할 수 있지만 그 클래스의 밖에 선언된 함수다. 확장 함수를 보여주기 위해 어떤 문자열의 마지막 문자를 돌려주는 메서드를 추가해보자(당장은 문자열이 비어 있는 경우는 무시하자).

```
package strings

fun String.lastChar(): Char = this.get(this.length - 1)
```

해야 할 일은 추가 함수 이름 앞에 그 함수가 확장할 클래스의 이름을 덧붙이는 것뿐이다. 이런 클래스 이름을 **수신 객체 타입**receiver type이라 부르며, 확장 함수 호출 시 여러분이 호출하는 대상 값(객체)을 **수신 객체**receiver object라고 부른다. 그림 3.1은 이런 관계를 보여준다.

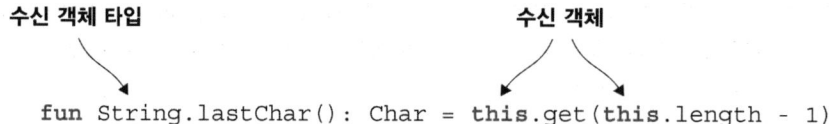

그림 3.1 확장 함수 선언 안에서 수신 객체 타입은 확장이 정의될 클래스의 타입이다. 여러분의 함수가 확장할 타입을 지정하기 위해 수신 객체 타입을 사용한다. 수신 객체는 그 타입의 인스턴스 객체다. 수신 객체를 통해 여러분이 확장 중인 타입의 메서드와 프로퍼티에 접근할 수 있다.

이 함수를 호출하는 구문은 일반적인 클래스 멤버를 호출하는 구문과 똑같다.

```
fun main() {
  println("Kotlin".lastChar())
  // n
}
```

이 예제에서 String이 수신 객체 타입이고 "kotlin"이 수신 객체다.

어떤 면에서 이는 String 클래스에 여러분의 메서드를 추가하는 것과 같다. String 클래스가 여러분의 코드에 속하지 않았고 심지어 String 클래스의 소스코드를 여러분이 소유한 것도 아니지만, 여전히 원하는 메서드를 String 클래스에 추가할 수 있다. 심지어 String이 자바나 코틀린 등의 언어 중 어떤 것으로 쓰였는가는 중요하지 않다. 예를 들어 그루비Groovy와 같은 다른 JVM 언어로 작성된 클래스도 확장할 수 있고, final로 상속을 할 수 없게 선언된 경우에도 문제가 되지 않는다. 자바 클래스로 컴파일된 클래스 파일이 있는 한 그 클래스에 원하는 대로 확장을 추가할 수 있다.

일반 메서드 본문에서 this를 사용할 때와 마찬가지로 확장 함수 본문에도 this를 쓸 수 있다. 일반 메서드와 마찬가지로 확장 함수 본문에서도 this를 생략할 수 있다.

```
package strings

fun String.lastChar(): Char = get(length - 1)     ◀── 수신 객체 멤버를 this 없이 접근할 수 있다.
```

확장 함수 내부에서는 일반적인 인스턴스 메서드의 내부와 마찬가지로 수신 객체의 메서드나 프로퍼티를 바로 사용할 수 있다. 하지만 확장 함수가 캡슐화를 깨지는 않는다는 사실을 기억하라. 클래스 안에서 정의한 메서드와 달리 확장 함수 안에서는 클래스 내부에서만 사용할 수 있는 비공개private 멤버나 보호된protected 멤버를 사용할 수 없다.

이제부터는 클래스의 멤버 메서드와 확장 함수를 모두 메서드라고 부를 것이다.

예를 들어 "확장 함수 내부에서는 수신 객체의 모든 메서드를 호출할 수 있다"라고 말하면 확장 함수 내부에서 수신 객체의 멤버 메서드와 확장 함수를 모두 호출할 수 있다는 뜻이다. 호출하는 쪽에서는 확장 함수와 멤버 메서드를 구분할 수 없다. 그리고 호출하는 메서드가 확장 함수인지 멤버 메서드인지 여부가 중요한 경우도 거의 없다.

3.3.1 임포트와 확장 함수

확장 함수를 정의했다고 해도 자동으로 프로젝트 안의 모든 소스코드에서 그 함수를 쓸 수 있지는 않다. 확장 함수를 쓰려면 다른 클래스나 함수와 마찬가지로 해당 함수를 임포트해야만 한다. 이는 이름 충돌을 막기 위함이다. 코틀린에서는 클래스를 임포트할 때와 같은 구문을 사용해 개별 함수를 임포트할 수 있다.

```
import strings.lastChar

val c = "Kotlin".lastChar()
```

물론 *를 사용한 와일드카드 임포트도 잘 작동한다.

```
import strings.*

val c = "Kotlin".lastChar()
```

as 키워드를 사용하면 임포트한 클래스나 함수를 다른 이름으로 부를 수 있다.

```
import strings.lastChar as last

val c = "Kotlin".last()
```

다른 여러 패키지에 이름이 같은 함수가 많은데, 한 파일 안에서 그런 함수들을 함께 써야 할 때 이름을 바꿔 임포트하면 편리하다. 일반적인 클래스나 함수라면 전체 이름[FQN, Fully Qualified Name]을 써서 해당 이름을 사용할 수도 있다(물론 클래스나 함수를 임포트해 쓸 수 있는지 여부는 대상의 가시성 변경자에 따라서도 달라진다. 이는 4.1.3절에서 다룬다). 하지만 확장 함수는 코틀린 문법상 반드시 짧은 이름을 써야 한다. 따라서 임포트할 때 이름을 바꾸는 것이 확장 함수의 이름 충돌을 해결하는 유일한 방법이다.

3.3.2 자바에서 확장 함수 호출

내부적으로 확장 함수는 수신 객체를 첫 번째 인자로 받는 정적 메서드다. 따라서 확장 함수를 호출해도 다른 어댑터(adapter) 객체나 실행 시점 부가 비용이 들지 않는다.

이런 설계로 인해 자바에서 확장 함수를 사용하기도 편하다. 단지 정적 메서드를 호출하면서 첫 번째 인자로 수신 객체를 넘기면 된다. 다른 최상위 함수와 마찬가지로 확장 함수가 들어있는 자바 클래스 이름도 확장 함수가 들어있는 파일 이름에 따라 결정된다. 따라서 확장 함수를 StringUtil.kt 파일에 정의했다면 다음과 같이 호출할 수 있다.

```
/* 자바 */
char c = StringUtilKt.lastChar("Java");
```

이 확장 함수는 최상위 함수로 선언됐다. 따라서 정적 메서드로 컴파일된다. 자바에서는 `lastChar`를 정적으로 임포트해서 단순히 `lastChar("Java")`라고 호출할 수도 있다. 이런 (자바) 코드는 때로는 코틀린의 호출 방식보다 가독성이 떨어지지만, 자바의 관점에서 볼 때는 전형적인 자바 코드다.

3.3.3 확장 함수로 유틸리티 함수 정의

이제 `joinToString` 함수의 최종 버전을 만들자. 이제 이 함수는 코틀린 라이브러리가 제공하는 함수와 거의 같아졌다.

리스트 3.5 joinToString()을 확장으로 정의하기

```kotlin
fun <T> Collection<T>.joinToString(        // Collection<T>에 대한 확장 함수를 선언한다.
    separator: String = ", ",
    prefix: String = "",                    // 파라미터의 기본값을 지정한다.
    postfix: String = ""
): String {
    val result = StringBuilder(prefix)

    for ((index, element) in this.withIndex()) {   // this 키워드는 수신 객체, 즉 T 타입의
        if (index > 0) result.append(separator)    // 원소로 이뤄진 컬렉션을 가리킨다.
        result.append(element)
    }

    result.append(postfix)
    return result.toString()
}

fun main() {
    val list = listOf(1, 2, 3)
    println(
        list.joinToString(
            separator = "; ",
            prefix = "(",
            postfix = ")"
        )
    )
    // (1; 2; 3)
}
```

원소로 이뤄진 컬렉션에 대한 확장을 만들었다(이는 리스트, 집합 등에 대해 이 함수가 작동한다는 뜻이다). 그리고 모든 인자에 대한 기본값을 지정했다. 이제 **joinToString**을 클래스의 멤버인 것처럼 호출할 수 있다.

```kotlin
fun main() {
    val list = listOf(1, 2, 3)
```

```
    println(list.joinToString(" "))
    // 1 2 3
}
```

확장 함수는 단지 정적 메서드 호출에 대한 문법적인 편의^{syntatic sugar}일 뿐이기 때문에 클래스가 아닌 더 구체적인 타입을 수신 객체 타입으로 지정할 수도 있다. 예를 들어 문자열의 컬렉션에 대해서만 호출할 수 있는 join 함수를 정의하고 싶다면 다음과 같이 하면 된다.

```
fun Collection<String>.join(
    separator: String = ", ",
    prefix: String = "",
    postfix: String = ""
) = joinToString(separator, prefix, postfix)

fun main() {
    println(listOf("one", "two", "eight").join(" "))
    // one two eight
}
```

이 함수를 문자열이 아닌 다른 타입의 객체로 이뤄진 리스트에 대해 호출할 수는 없다.

```
fun main() {
    listOf(1, 2, 8).join()
    // Error: None of the following candidates is applicable because of
    // receiver type mismatch:
    // public fun Collection<String>.join(...): String
    // defined in root package
}
```

확장 함수는 정적 메서드와 같은 특성을 가지므로 확장 함수를 하위 클래스에서 오버라이드할 수는 없다. 관련 예제를 하나 살펴보자.

3.3.4 확장 함수는 오버라이드할 수 없다

코틀린의 메서드 오버라이드도 일반적인 객체지향의 메서드 오버라이드와 마찬가지다. 하지만 확장 함수는 오버라이드할 수 없다. View와 그 하위 클래스인 Button이 있는데, Button이 상위 클래스의 click 함수를 오버라이드하는 경우를 생각해보자. 이를 구현하려면 하위 클래스에서 click의 구현을 제공할 수 있도록 상위 클래스 코드에 open 변경자를 추가해야 한다(이 문법은 4.1.1절에서 더 자세히 다루며, 4.2.1절에서 하위 클래스를 인스턴스화하는 구문을 더 자세히 살펴본다).

리스트 3.6 멤버 함수 오버라이드하기

```
open class View {          ◀── View를 open으로 표시해서 하위 클래스 생성을 허용한다.
    open fun click() = println("View clicked")   ◀── click을 open으로 표시해서 구현을
}                                                     오버라이드할 수 있게 허용한다.

class Button: View() {   ◀── Button은 View를 확장한다
    override fun click() = println("Button clicked") ◀── Button은 click 구현을
}                                                         오버라이드한다.
```

Button이 View의 하위 타입이기 때문에 View 타입 변수를 선언해도 Button 타입 변수를 그 변수에 대입할 수 있다. 이 변수에 대해 일반 메서드인 click을 호출하고, click을 Button 클래스가 오버라이드했기 때문에 실제로는 Button 클래스가 오버라이드한 click 구현이 호출된다.

```
fun main() {
    val view: View = Button()
    view.click()       ◀── view에 저장된 값의 실제 타입에 따라
    // Button clicked       호출할 메서드가 결정된다.
}
```

하지만 확장은 이런 식으로 작동하지 않는다. 그림 3.2에서 볼 수 있는 것처럼 확장 함수는 클래스의 일부가 아니다.

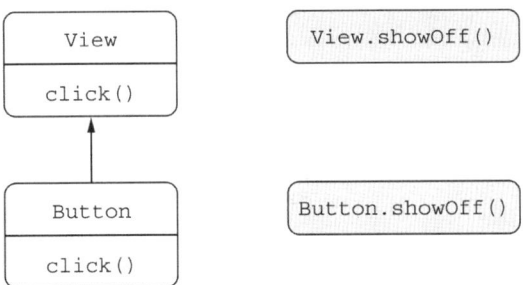

그림 3.2 Views.showOff()와 Button.showOff() 확장 함수는 View와 Button 클래스의 밖에 선언된다.

이름과 파라미터가 완전히 같은 확장 함수를 기반 클래스와 하위 클래스에 대해 정의할 수 있지만, 실제 호출될 함수는 확장 함수를 호출할 때 수신 객체로 지정한 변수의 컴파일 시점의 타입에 의해 결정되지, 실행 시간에 그 변수에 저장된 객체의 타입에 의해 결정되지 않는다.

다음 예제는 View와 Button 클래스에 대해 선언된 두 showOff 확장 함수를 보여준다. View 타입의 변수에 대해 showOff를 호출하면 그 변수 안에 들어있는 값이 실제로는 Butotn 타입이었다 해도 View 타입에 해당하는 showOff 확장 함수가 호출된다.

리스트 3.7 확장 함수는 오버라이드할 수 없다

```
fun View.showOff() = println("I'm a view!")
fun Button.showOff() = println("I'm a button!")

fun main() {
    val view: View = Button()
    view.showOff()    ◄── 확장 함수는 정적으로 결정된다.
    // I'm a view!
}
```

확장 함수를 첫 번째 인자가 수신 객체인 정적 자바 메서드로 컴파일한다는 사실을 기억한다면 동작을 이해할 때 도움이 될 것이다. 자바도 마찬가지 방식으로 호출할 **static** 함수를 결정한다.

```java
/* 자바 */
class Demo {
  public static void main(String[] args) {
    View view = new Button();
    ExtensionsKt.showOff(view);  ← extensions.kt 파일에
                                    정의한 showOff 함수
    // I'm a view!
  }
}
```

예제와 같이 확장 함수에 대해서는 오버라이딩이 적용되지 않는다. 코틀린은 호출될 확장 함수를 정적으로 결정하기 때문이다.

> **노트**
>
> 어떤 클래스를 확장한 함수와 그 클래스의 멤버 함수의 이름과 시그니처가 같다면 확장 함수가 아니라 멤버 함수가 호출된다(멤버 함수의 우선순위가 더 높다). 클래스의 API를 확장할 경우 항상 이를 염두에 둬야 한다. 여러분이 코드 소유권을 가진 클래스에 대해 시그니처가 같은 확장 함수를 정의해서 사용하는 외부 클라이언트 프로젝트가 있을 때 여러분의 클래스 내부에 같은 시그니처의 내부 함수를 추가하면 클라이언트 프로젝트를 재컴파일한 순간부터 그 클라이언트는 확장 함수가 아니라 새로 추가된 멤버 함수를 사용하게 된다.

지금까지 기존 클래스에 새로운 메서드를 추가하는 방법을 살펴봤다. 이제는 프로퍼티에서 같은 일을 어떻게 할 수 있는지 살펴보자.

3.3.5 확장 프로퍼티

2.2.1절에서 코틀린 프로퍼티 문법을 살펴봤다. 그리고 확장 함수와 마찬가지로 확장 프로퍼티를 사용하면 함수가 아니라 프로퍼티 형식의 구문으로 사용할 수 있는 API를 추가할 수 있다. 프로퍼티라는 이름으로 불리기는 하지만 상태를 저장할 적절한 방법이 없기 때문에(기존 자바 객체 인스턴스에 필드를 추가할 방법은 없다) 실제로 확장 프로퍼티는 아무 상태도 가질 수 없다. 따라서 확장 프로퍼티는 항상 2.2.2절에서 다룬 것과 같은 커스텀 접근자를 정의한다. 접근자를 호출할 때 함수 호출 문법

대신 프로퍼티 문법으로 더 짧게 코드를 작성할 수 있어 편한 경우가 있다.

앞 절에서 lastChar()라는 함수를 정의했다. 이제 그 함수를 프로퍼티로 바꿔서 "myText".lastChar() 대신 "myText".lastChar라고 쓸 수 있게 해보자.

리스트 3.8 확장 프로퍼티 선언하기

```
val String.lastChar: Char
  get() = get(length - 1)
```

확장 함수의 경우와 마찬가지로 확장 프로퍼티도 단지 프로퍼티에 수신 객체 클래스가 추가됐을 뿐임을 알 수 있다. 뒷받침하는 필드가 없어 기본 게터 구현을 제공할 수 없으므로 최소한 게터는 꼭 정의를 해야 한다. 마찬가지로 초기화 코드에서 계산한 값을 담을 장소가 전혀 없으므로 초기화 코드도 쓸 수 없다.

StringBuilder의 맨 마지막 문자를 변경할 수 있으므로 StringBuilder에 대해 같은 프로퍼티를 정의한다면 이를 var로 만들 수 있다.

리스트 3.9 변경 가능한 확장 프로퍼티 선언하기

```
var StringBuilder.lastChar: Char
  get() = get(length - 1)        ← 프로퍼티 게터
  set(value: Char) {             ← 프로퍼티 세터
    this.setCharAt(length - 1, value)
  }
```

확장 프로퍼티를 사용하는 방법은 멤버 프로퍼티를 사용하는 방법과 같다.

```
fun main() {
  val sb = StringBuilder("Kotlin?")
  println(sb.lastChar)
  // ?
  sb.lastChar = '!'
  println(sb)
```

```
  // Kotlin!
}
```

자바에서 확장 프로퍼티를 사용하고 싶다면 항상 `StringUtilKt.getLastChar("Java")`나 `StringUtilKt.setLastChar(sb, '!')`처럼 게터나 세터를 명시적으로 호출해야 한다.

지금까지 확장에 대해 전반적으로 다뤘다. 이제는 컬렉션이라는 주제로 돌아가자. 다음 절에서는 컬렉션을 처리할 때 유용한 라이브러리 함수들을 살펴보면서 몇 가지 코틀린 언어의 특징을 함께 살펴볼 것이다.

3.4 컬렉션 처리: 가변 길이 인자, 중위 함수 호출, 라이브러리 지원

이번 절은 컬렉션을 처리할 때 쓸 수 있는 코틀린 표준 라이브러리 함수 몇 가지를 보여준다. 그 과정에서 다음 코틀린 언어 특성을 설명한다.

- vararg 키워드를 사용하면 호출 시 인자 개수가 달라질 수 있는 함수를 정의할 수 있다.
- 중위^{infix} 함수 호출 구문을 사용하면 인자가 하나뿐인 메서드를 간편하게 호출할 수 있다.
- 구조 분해 선언$^{destructuring\ declaration}$을 사용하면 복합적인 값을 분해해서 여러 변수에 나눠 담을 수 있다.

3.4.1 자바 컬렉션 API 확장

이번 장의 맨 앞부분에서 코틀린 컬렉션은 자바와 같은 클래스를 사용하지만 더 확장된 API를 제공한다고 했다. 그리고 리스트의 마지막 원소를 가져오는 예제와 수로 이뤄진 컬렉션의 합계를 찾는 예제를 살펴봤다.

```
fun main() {
```

```
    val strings: List<String> = listOf("first", "second", "fourteenth")
    strings.last()
    // fourteenth
    val numbers: Collection<Int> = setOf(1, 14, 2)
    numbers.sum()
    // 17
}
```

이런 코드가 어떻게 작동할 수 있는지 궁금했을 것이다. 어떻게 자바 라이브러리 클래스의 인스턴스인 컬렉션에 대해 코틀린이 새로운 기능을 추가할 수 있을까? 이제 답이 명확하다. last와 max는 모두 확장 함수로 정의되고 항상 코틀린 파일에서 디폴트로 임포트된다.

last 함수도 앞 절에서 String에 대해 정의했던 lastChar보다 복잡하지 않다. last는 List 클래스의 확장 함수다. sum의 경우에는 더 단순화한 선언을 살펴봤다(실제 코틀린 라이브러리의 max는 Int뿐 아니라 다양한 타입의 컬렉션에 대해 작동한다).

```
fun <T> List<T>.last(): T { /* 마지막 원소를 반환함 */ }
fun Collection<Int>.max(): Int { /* 컬렉션의 최댓값을 찾음 */ }
```

코틀린 표준 라이브러리는 수많은 확장 함수를 포함하므로 여기서 그들을 모두 나열하지는 않을 것이다. 코틀린 표준 라이브러리의 기능을 전부 다 배우는 가장 좋은 방법이 무엇인지 궁금해 하는 독자도 있을 것이다. 하지만 코틀린 표준 라이브러리를 모두 다 알 필요는 없다. 컬렉션이나 다른 객체에 대해 사용할 수 있는 메서드나 함수가 무엇인지 궁금할 때마다 IDE의 코드 완성 기능을 통해 그런 메서드나 함수를 살펴볼 수 있다. IDE가 표시해주는 목록은 일반 함수와 확장 함수를 모두 포함한다. 추가로 표준 라이브러리 참조 매뉴얼(https://kotlinlang.org/api/latest/jvm/stdlib/)은 각 라이브러리 클래스가 제공하는 모든 메서드(멤버 메서드와 확장 함수)를 나열한다.

이번 장을 시작하면서 컬렉션을 만들어내는 함수를 몇 가지 살펴봤다. 그런 함수가 모두 갖고 있는 특징은 바로 인자의 개수가 그때그때 달라질 수 있다는 점이다. 다음 절에서는 파라미터 개수가 달라질 수 있는 함수를 정의하는 방법을 살펴본다.

3.4.2 가변 인자 함수: 인자의 개수가 달라질 수 있는 함수 정의

리스트를 생성하는 함수를 호출할 때 원하는 만큼 많이 원소를 전달할 수 있다.

val list = listOf(2, 3, 5, 7, 11)

표준 라이브러리에서 이 함수가 어떻게 정의됐는지 보면 다음과 같은 시그니처를 볼 수 있다.

fun listOf<T>(vararg values: T): List<T> { /* 구현 */ }

이 함수는 호출할 때 원하는 개수만큼 여러 값을 인자로 넘기면 배열에 그 값들을 넣어주는 언어 기능인 가변 길이 인자 varargs를 사용한다. 코틀린의 가변 길이 인자도 자바와 비슷하지만 문법이 조금 다르다. 타입 뒤에 ...을 붙이는 대신 코틀린에서는 파라미터 앞에 **vararg** 변경자를 붙인다.

이미 배열에 들어있는 원소를 가변 길이 인자로 넘길 때도 코틀린과 자바 구문이 다르다. 자바에서는 배열을 그냥 넘기면 되지만 코틀린에서는 배열을 명시적으로 풀어 배열의 각 원소가 인자로 전달되게 해야 한다. 이런 기능을 스프레드 spread 연산자라고 한다. 스프레드 연산은 배열 앞에 *를 붙이기만 하면 된다. 다음 코드에서 **main** 함수에 전달된 커맨드라인 인자들이 들어있는 **args** 배열을 '펼쳐' **listOf** 함수의 파라미터로 사용한다.

```
fun main(args: Array<String>) {
    val list = listOf("args: ", *args)   ← 스프레드 연산자가 배열의 내용을 펼쳐준다.
    println(list)
}
```

이 예제는 스프레드 연산자를 통해 배열에 들어있는 값과 다른 여러 값을 함께 써서 함수를 호출할 수 있음을 보여준다. 자바는 이런 기능을 지원하지 않는다.

이제 맵으로 대상을 옮기자. 우리는 코틀린 함수 호출의 가독성을 향상시킬 수 있는 다른 방법인 중위 호출을 살펴볼 것이다.

3.4.3 쌍(튜플) 다루기: 중위 호출과 구조 분해 선언

맵을 만들려면 `mapOf` 함수를 사용한다.

```
val map = mapOf(1 to "one", 7 to "seven", 53 to "fifty-three")
```

이제 이번 장을 시작하면서 설명하기로 약속했던 다른 내용을 알려줄 때가 됐다. 여기서 to라는 단어는 코틀린 키워드가 아니다. 이 코드는 중위 호출[infix call]이라는 특별한 방식으로 to라는 일반 메서드를 호출한 것이다.

중위 호출 시에는 수신 객체 뒤에 메서드 이름을 위치시키고 그 뒤에 유일한 메서드 인자를 넣는다(이때 다른 구분자는 필요 없고 각각을 공백으로 분리한다). 다음 두 호출은 동일하다.

```
1.to("one")       ◀──── to 함수를 일반적인 방식으로 호출함
1 to "one"        ◀──── to 함수를 일반적인 방식으로 호출함
```

인자가 하나뿐인 일반 메서드나 인자가 하나뿐인 확장 함수에만 중위 호출을 사용할 수 있다. 함수(메서드)를 중위 호출에 사용하게 허용하고 싶으면 `infix` 변경자를 함수 선언 앞에 추가해야 한다. 다음은 to 함수의 정의를 간략하게 줄인 코드다.

```
infix fun Any.to(other: Any) = Pair(this, other)
```

이 to 함수는 `Pair`의 인스턴스를 반환한다. `Pair`는 코틀린 표준 라이브러리 클래스로, 이름 그대로 두 원소로 이뤄진 순서쌍을 표현한다. 실제로 to는 제네릭 함수지만 여기서는 단순화를 위해 세부 사항을 생략했다.

`Pair`의 내용을 갖고 두 변수를 즉시 초기화할 수 있다.

```
val (number, name) = 1 to "one"
```

이런 기능을 구조 분해 선언[destructuring declaration]이라고 부른다. 그림 3.3은 `Pair`에 대해 구조 분해가 어떻게 작동하는지 보여준다.

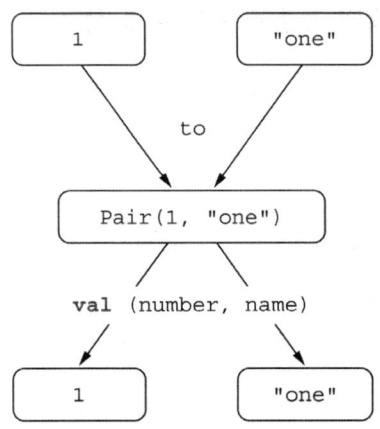

그림 3.3 to 함수를 사용해 순서쌍을 만든 다음 구조 분해를 통해 그 순서쌍을 푼다.

구조 분해는 순서쌍에만 한정되지 않는다. 예를 들어 key와 value라는 두 변수를 map의 항목(2장에서 간단히 살펴봄)을 사용해 초기화할 수 있다.

루프에서도 구조 분해 선언을 활용할 수 있다. joinToString 구현의 withIndex에서 이를 볼 수 있다.

```
for ((index, element) in collection.withIndex()) {
    println("$index: $element")
}
```

9장에서는 식의 구조 분해와 구조 분해를 사용해 여러 변수를 초기화하는 방법에 대한 일반 규칙을 다룬다.

to 함수는 확장 함수다. to를 사용하면 타입과 관계없이 임의의 순서쌍을 만들 수 있다. 이는 to의 수신 객체가 제네릭이라는 뜻이다. 따라서 1 to "one", "one" to 1, list to list.size() 등의 호출이 모두 잘 작동한다. mapOf 함수의 시그니처를 살펴보자.

```
fun <K, V> mapOf(vararg values: Pair<K, V>): Map<K, V>
```

listOf와 마찬가지로 mapOf도 임의의 개수의 인자를 받는다. 하지만 이 경우에는 각 인자가 키와 값으로 이뤄진 순서쌍이어야 한다. 새로운 맵을 만드는 구문은 코틀린이 맵에 대해 제공하는 특별한 문법인 것처럼 느껴지지만 실제로는 일반적인 함수를 더 간결한 구문으로 호출하는 것뿐이다. 이제 확장을 통해 문자열과 정규식을 더 편리하게 다루는 방법을 살펴보자.

3.5 문자열과 정규식 다루기

코틀린 문자열은 자바 문자열과 똑같다. 코틀린 코드가 만들어낸 문자열을 아무 자바 메서드에 넘겨도 되며, 자바 코드에서 받은 문자열을 아무 코틀린 표준 라이브러리 함수에 전달해도 전혀 문제없다. 특별한 변환도 필요 없고 자바 문자열을 감싸는 별도의 래퍼^{wrapper} 객체도 생기지 않는다.

코틀린은 다양한 확장 함수를 제공함으로써 표준 자바 문자열을 더 즐겁게 다루게 해준다. 또한 혼동이 야기될 수 있는 일부 메서드에 대해 더 명확한 코틀린 확장 함수를 제공함으로써 프로그래머의 실수를 줄여준다. 두 API의 차이를 알아보기 위한 첫 번째 예로, 문자열을 구분 문자열에 따라 나누는 작업을 코틀린에서 어떻게 처리하는지 살펴보자.

3.5.1 문자열 나누기

String의 split 메서드를 잘 알고 있을 것이다. 누구나 이 메서드를 사용하지만 스택 오버플로(http://stackoverflow.com)에는 불만을 표현하는 사람도 있다. "자바 split 메서드로는 점(.)을 사용해 문자열을 분리할 수 없기" 때문이다. "12.345-6.A".split(".")라는 호출의 결과가 [12, 345-6, A] 배열이라고 생각하는 실수를 저지르는 개발자가 많다. 하지만 자바의 split 메서드는 빈 배열을 반환한다. 이유는 split이 정규식^{regular expression}을 구분 문자열로 받아 그 정규식에 따라 문자열을 나누기 때문이다. 이 경우 마침표(.)는 모든 문자를 나타내는 정규식으로 해석된다.

코틀린에서는 자바의 split 대신에 여러 가지 다른 조합의 파라미터를 받는 split 확장 함수를 제공함으로써 혼동을 야기하는 메서드를 감춘다. 정규식을 파라미터로 받는 함수는 String이 아닌 Regex 타입의 값을 받는다. 따라서 코틀린에서는 split 함수에 전달하는 값의 타입에 따라 정규식이나 일반 텍스트 중 어느 것으로 문자열을 분리하는지 쉽게 알 수 있다.

다음 코드는 마침표나 대시(-)로 문자열을 분리하는 예를 보여준다.

```
fun main() {
    println("12.345-6.A".split("\\.|-".toRegex()))    ◀── 정규식을 명시적으로 만든다.
    // [12, 345, 6, A]
}
```

코틀린 정규식 문법은 자바와 똑같다. 여기 있는 패턴은 마침표나 대시와 매치된다 (정규식 안에서 마침표가 와일드카드^{wild card} 문자가 아닌 문자 자체^{literal}로 쓰이게 하고자 마침표를 이스케이프^{escape} 시켰다). 정규식을 처리하는 API는 표준 자바 라이브러리 API와 비슷하지만 좀 더 코틀린답게 변경됐다. 예를 들어 코틀린에서는 toRegex 확장 함수를 사용해 문자열을 정규식으로 변환한다.

하지만 이렇게 간단한 경우에는 꼭 정규식을 쓸 필요가 없다. split 확장 함수를 오버로딩한 버전 중에는 구분 문자열을 하나 이상 인자로 받는 함수가 있다.

```
fun main() {
    println("12.345-6.A".split("\\.|-".toRegex()))    ◀── 여러 구분 문자열을 지정한다.
    // [12, 345, 6, A]
}
```

이 경우 "12.345-6.A".split('.', '-')처럼 문자열 대신 문자를 인자로 넘겨도 마찬가지 결과를 얻는다. 이렇게 여러 문자를 받을 수 있는 코틀린 확장 함수는 자바에 있는 단 하나의 문자만 받을 수 있는 메서드를 대신한다.

3.5.2 정규식과 3중 따옴표로 묶은 문자열

2가지의 다른 구현을 만들어보자. 첫 번째 구현은 String을 확장한 함수를 사용하고 두 번째 구현은 정규식을 사용한다. 우리가 할 일은 파일의 전체 경로명을 디렉터리, 파일 이름, 확장자로 구분하는 것이다. 코틀린 표준 라이브러리에는 어떤 문자열에서 구분 문자열이 맨 나중(또는 처음)에 나타난 곳 뒤(또는 앞)의 부분 문자열을 반환하는 함수가 있다. 이런 함수를 사용해 경로 파싱을 구현한 버전은 다음과 같다(또한 그림 3.4 참고).

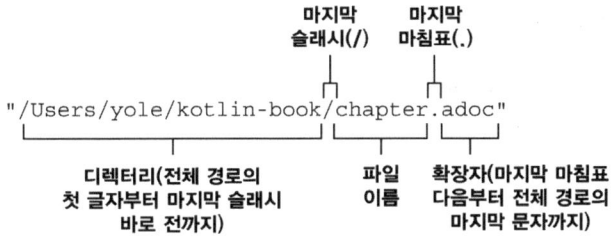

그림 3.4 substringBeforeLast와 substringAfterLast 함수를 활용해 경로를 디렉터리, 파일 이름, 확장자 부분으로 나누기

리스트 3.10 String 확장 함수를 사용해 경로 파싱하기

```
fun parsePath(path: String) {
  val directory = path.substringBeforeLast("/")
  val fullName = path.substringAfterLast("/")
  val fileName = fullName.substringBeforeLast(".")
  val extension = fullName.substringAfterLast(".")

  println("Dir: $directory, name: $fileName, ext: $extension")
}

fun main() {
  parsePath("/Users/yole/kotlin-book/chapter.adoc")
  // Dir: /Users/yole/kotlin-book, name: chapter, ext: adoc
}
```

path에서 처음부터 마지막 슬래시 직전까지의 부분 문자열은 파일이 들어있는 디렉터리 경로다. path에서 마지막 마침표 다음부터 끝까지의 부분 문자열은 파일 확장자다. 파일 이름은 그 두 위치 사이에 있다.

코틀린에서는 정규식을 사용하지 않고도 문자열을 쉽게 파싱할 수 있다. 정규식은 강력하기는 하지만 나중에 알아보기 힘든 경우가 많다. 정규식이 필요할 때는 코틀린 라이브러리를 사용하면 도움이 된다. 다음은 같은 작업을 정규식을 활용해 구현한 프로그램이다.

리스트 3.11 경로 파싱에 정규식 사용하기

```kotlin
fun parsePathRegex(path: String) {
  val regex = """(.+)/(.+)\.(.+)""".toRegex()
  val matchResult = regex.matchEntire(path)
  if (matchResult != null) {
    val (directory, filename, extension) = matchResult.destructured
    println("Dir: $directory, name: $filename, ext: $extension")
  }
}

fun main() {
  parsePathRegex("/Users/yole/kotlin-book/chapter.adoc")
  // Dir: /Users/yole/kotlin-book, name: chapter, ext: adoc
}
```

이 예제에서는 3중 따옴표 문자열을 사용해 정규식을 썼다. 3중 따옴표 문자열에서는 백슬래시(\)를 포함한 어떤 문자도 이스케이프할 필요가 없다. 예를 들어 일반 문자열을 사용해 정규식을 작성하는 경우 마침표 기호를 이스케이프하려면 \\.라고 써야 하지만, 3중 따옴표 문자열에서는 \.라고 쓰면 된다(그림 3.5 참고).

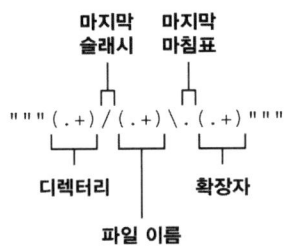

그림 3.5 경로를 디렉터리, 파일 이름, 확장자로 분리하는 정규식

이 예제에서 쓴 정규식은 슬래시와 마침표를 기준으로 경로를 세 그룹으로 분리한다. 패턴 .는 임의의 문자와 매치될 수 있다. 따라서 첫 번째 그룹인 (.+)는 마지막 슬래시까지 모든 문자와 매치된다. 이 부분 문자열에는 마지막 슬래시를 제외한 모든 슬래시도 들어간다. 비슷한 이유로 두 번째 그룹에도 마지막 마침표 전까지 모든 문자가 들어간다. 세 번째 그룹에는 나머지 모든 문자가 들어간다.

이제 예제 parsePath 함수 구현을 설명한다. 우선 정규식을 만들고 그 정규식을 인자로 받은 path에 매치시킨다. 매치에 성공하면(결과가 null이 아님) 그룹별로 분해한 매치 결과를 의미하는 destructured 프로퍼티를 각 변수에 대입한다. 이때 사용한 구조 분해 선언은 Pair를 갖고 두 변수를 초기화할 때 썼던 구문과 같다. 이에 대해 9.4절에서 더 자세히 설명한다.

3.5.3 여러 줄 3중 따옴표 문자열

3중 따옴표 문자열을 문자열 이스케이프를 피하기 위해서만 사용하지는 않는다. 3중 따옴표 문자열에는 줄 바꿈을 포함해 아무 문자열이나 (이스케이프 없이) 그대로 들어간다. 따라서 3중 따옴표를 쓰면 줄 바꿈이 들어있는 텍스트를 쉽게 프로그램에 포함시킬 수 있다. 예를 들어 ASCII 아트(글자만 사용해 그린 그림)를 하나 그려보자.

```
val kotlinLogo =
    """
    | //
```

```
    | //
    |/ \
""".trimIndent()

fun main() {
    println(kotlinLogo)
    // | //
    // | //
    // |/ \
```

이 여러 줄 문자열에는 3중 따옴표 사이의 모든 문자가 들어간다. 이런 문자에는 줄 바꿈과 코드를 보기 좋게 하기 위해 넣은 들여쓰기가 모두 포함된다. 이와 같은 경우에는 실제 문자열의 내용에만 관심이 있을 것이다. trimIndent를 호출하면 문자열의 모든 줄에서 가장 짧은 공통 들여쓰기를 찾아 각 줄의 첫 부분에서 제거하고, 공백만으로 이뤄진 첫 번째 줄과 마지막 줄을 제거해준다.

> **노트**
>
> 파일에서 줄 끝을 표현하기 위해 운영체제마다 서로 다른 문자들을 사용한다. 예를 들어 윈도우는 CRLF(캐리지 리턴과 라인피드)를, 리눅스와 맥OS는 LF(라인피드)를 사용한다. 사용한 운영체제와 관계없이 코틀린은 CRLF, CR, LF를 모두 줄 끝으로 취급한다.

앞의 예제에서 본 것처럼 여러 줄 문자열에는 줄 바꿈이 들어가지만 줄 바꿈을 \n과 같은 특수 문자를 사용해 넣을 수는 없다. 반면에 \를 문자열에 넣고 싶으면 따로 이스케이프할 필요가 없다. 따라서 일반 문자열로 "C:\\Users\\yole\\kotlin-book"이라고 쓴 윈도우 파일 경로를 3중 따옴표 문자열로 쓰면 """C:\Users\yole\kotlin-book"""이다.

3중 따옴표 문자열 안에 문자열 템플릿을 사용할 수도 있다. 그러나 3중 따옴표 문자열 안에서는 이스케이프를 할 수 없기 때문에 문자열 내용에서 $나 유니코드 이스케이프를 사용하고 싶을 때는 내포 식을 사용해야 한다. 따라서 val think = """Hmm \uD83E\uDD14"""처럼 쓰는 대신 이를 제대로 문자열로 인코딩하려면 val think = """Hmm ${"\uD83E\uDD14"}"""처럼 써야만 한다.

프로그래밍 시 (아스키 아트를 제외하고) 여러 줄 문자열이 요긴한 분아로는 테스트를 꼽을 수 있다. 테스트에서는 여러 줄의 텍스트 출력을 만들어내는 연산을 실행하고 그 결과를 예상 결과와 비교해야 하는 경우가 자주 있다. 여러 줄 문자열은 테스트의 예상 출력을 작성할 때 가장 완벽한 해법이다. 복잡하게 이스케이프를 쓰거나 외부 파일에서 텍스트를 불러올 필요가 없다. 단지 3중 따옴표 사이에 HTML, XML, JSON, 기타 출력에서 텍스트를 넣으면 된다. 그리고 소스코드에서 더 보기 좋게 하려면 `trimIndent` 확장 함수를 사용한다. `trimIndent`도 확장 함수의 한 예다.

```
val expectedPage = """
  <html lang="en">
    <head>
      <title>A page</title>
    </head>
    <body>
      <p>Hello, Kotlin!</p>
    </body>
  </html>
""".trimIndent()

val expectedObject = """
  {
    "name": "Sebastian",
    "age": 27,
    "homeTown": "Munich"
  }
""".trimIndent()
```

인텔리제이 IDEA와 안드로이드 스튜디오의 3중 따옴표 문자열 내부에 대한 문법 하이라이팅

HTML, XML, JSON 같은 형식화된 텍스트에 3중 따옴표를 사용할 때는 또 다른 이점이 있다. 인텔리제이 IDEA나 안드로이드 스튜디오가 이런 문자열 리터럴 내부에 대해 문법 하이라이팅을 제공한다는 점이다. 이런 문법 하이라이팅을 활성화하려면 커서를 3중 따옴표 문자열 안에 위치시킨 후 Alt+Enter(맥OS의 경우 Option+Return)을 누르거나 노란색 전구 아이콘을 클릭해 Inject Language or Reference를 선택하고, 문자열 안에서 사용하는 언어의 유형(예: JSON)을 선택한다. 그렇게 하면 여러분의 문자열이 제대로 하이라이팅이 된 JSON 등으로 표시될 것이다. 심지어 텍스트가 잘못된 형식의 JSON일 경우 코틀린 문자열 내부임에도 경고와 함께 이유를 설명하는 메시지가 표시된다. 디폴트로 이런 하이라이팅의 언어 지정은 임시적이다. 항상 어떤 언어로 여러분의 문자열 리터럴을 주입하고 싶은 경우에는 @Language("JSON") 어노테이션을 사용할 수 있다.

```
14  @Language("JSON")
15  val expectedObject : String = """
16      {
17          "name": "Sebastian",
18          "age": 27,
19          "homeTown": "Munich"
20      }
21  """.trimIndent()
```

인텔리제이 IDEA와 안드로이드 스튜디오의 언어 주입은 https://www.jetbrains.com/help/idea/using-language-injections.html을 보라.

이제 확장 함수가 기존 라이브러리의 API를 확장하고 기존 라이브러리를 코틀린 언어에 맞춰 사용할 수 있게 도와주는 강력한 방법임을 알았을 것이다. 실제로 코틀린 표준 라이브러리의 상당 부분은 표준 자바 클래스의 확장 함수로 이뤄져 있다. 또한 서드파티 라이브러리에 대해 코틀린에 친화적인 확장을 제공하는 코틀린 커뮤니티에서 개발된 라이브러리들도 볼 수 있다.

지금까지 코틀린에서 기존 라이브러리에 대한 더 나은 API를 제공하는 방법을 살펴봤다. 이제는 다시 직접 코드를 작성하는 쪽으로 관심을 돌려보자. 확장 함수가 유용한 다른 용례를 살펴보고 로컬local 함수라는 새로운 개념을 살펴보자.

3.6 코드 깔끔하게 다듬기: 로컬 함수와 확장

많은 개발자가 좋은 코드의 중요한 특징 중 하나가 중복이 없는 것이라 믿는다. 심지어 이런 원칙에 대해 반복하지 말라DRY, Don't Repeat Yourself라는 이름도 붙어있다. 하지만 자바 코드를 작성할 때 DRY 원칙을 따르기는 쉽지 않다. 많은 경우 메서드 추출Extract Method 리팩터링을 적용해서 긴 메서드를 부분부분 나눠 각 부분을 재활용할 수 있다. 하지만 그렇게 코드를 리팩터링하면 클래스 안에 작은 메서드가 많아지고 각 메서드 사이의 관계를 파악하기 힘들어서 코드를 이해하기 더 어려워질 수도 있다. 리팩터링을 더 진행해서 추출한 메서드를 별도의 내부 클래스^{inner class} 안에 넣으면 코드를 깔끔하게 조직할 수는 있지만 그에 따른 불필요한 준비 코드가 늘어난다.

코틀린에는 더 깔끔한 해법이 있다. 코틀린에서는 함수에서 추출한 함수를 원래의 함수 내부에 내포시킬 수 있다. 그렇게 하면 문법적인 부가 비용을 들이지 않고도 깔끔하게 코드를 조직할 수 있다.

흔히 발생하는 코드 중복을 로컬 함수를 통해 어떻게 제거할 수 있는지 살펴보자. 다음 리스트의 함수는 사용자를 데이터베이스에 저장한다. 이때 데이터베이스에 사용자 객체를 저장하기 전에 각 필드를 검증해야 한다.

리스트 3.12 코드 중복을 보여주는 예제

```
class User(val id: Int, val name: String, val address: String)

fun saveUser(user: User) {
    if (user.name.isEmpty()) {
        throw IllegalArgumentException(
            "Can't save user ${user.id}: empty Name")
    }
    if (user.address.isEmpty()) {
        throw IllegalArgumentException(
            "Can't save user ${user.id}: empty Address")
    }
    // user를 데이터베이스에 저장한다.
}

fun main() {
    saveUser(User(1, "", ""))
    // java.lang.IllegalArgumentException: Can't save user 1: empty Name
}
```

필드 검증이 중복된다.

여기서는 코드 중복이 그리 많지 않다. 하지만 사용자의 필드를 검증할 때 필요한 여러 경우를 모두 처리하는 큰 메서드를 원하지는 않을 것이다. 이런 경우 검증 코드를 로컬 함수로 분리하면 중복을 없애는 동시에 코드 구조를 깔끔하게 유지할 수 있다. 다음 리스트는 그런 변경을 어떻게 작용하는지 보여준다.

리스트 3.13 로컬 함수를 사용해 코드 중복 줄이기

```
class User(val id: Int, val name: String, val address: String)

fun saveUser(user: User) {

    fun validate(user: User,              ◀── 한 필드를 검증하는
                 value: String,                로컬 함수를 정의한다.
                 fieldName: String) {
        if (value.isEmpty()) {
            throw IllegalArgumentException(
                "Can't save user ${user.id}: empty $fieldName")
        }
    }

    validate(user, user.name, "Name")     ◀── 로컬 함수를 호출해서
    validate(user, user.address, "Address")   각 필드를 검증한다.

    // user를 데이터베이스에 저장한다.
}
```

훨씬 나아 보인다. 검증 로직 중복은 사라졌고 필요하면 User의 다른 필드에 대한 검증도 쉽게 추가할 수 있다. 하지만 User 객체를 로컬 함수에게 일일이 전달해야 한다는 점이 상당히 눈에 거슬린다. 다행이 로컬 함수는 자신이 속한 바깥 함수의 모든 파라미터와 변수를 사용할 수 있다. 이런 성질을 이용해 불필요한 User 파라미터를 없애보자.

3장 함수 정의와 호출 | 167

리스트 3.14 로컬 함수에서 바깥 함수의 파라미터 접근하기

```kotlin
class User(val id: Int, val name: String, val address: String)

fun saveUser(user: User) {
    fun validate(value: String, fieldName: String) {    // 이제 saveUser 함수의 user 파라미터를 중복 사용하지 않는다.
        if (value.isEmpty()) {
            throw IllegalArgumentException(
                "Can't save user ${user.id}: " +    // 바깥 함수의 파라미터에 직접 접근할 수 있다.
                    "empty $fieldName")
        }
    }

    validate(user.name, "Name")
    validate(user.address, "Address")

    // user를 데이터베이스에 저장한다.
}
```

이 예제를 더 개선하고 싶다면 User 클래스를 확장한 함수로 검증 로직을 만들 수도 있다.

리스트 3.15 검증 로직을 확장 함수로 추출하기

```kotlin
class User(val id: Int, val name: String, val address: String)

fun User.validateBeforeSave() {
    fun validate(value: String, fieldName: String) {
        if (value.isEmpty()) {
            throw IllegalArgumentException(
                "Can't save user $id: empty $fieldName")    // User의 프로퍼티를 직접 사용할 수 있다.
        }
    }

    validate(name, "Name")
    validate(address, "Address")
}
```

```
fun saveUser(user: User) {
  user.validateBeforeSave()    ◀── 확장 함수를 호출한다.
  // user를 데이터베이스에 저장한다.
}
```

코드를 확장 함수로 뽑아내는 기법은 놀랄 만큼 유용하다. User는 라이브러리에 있는 클래스가 아니라 여러분 자신의 코드 기반에 있는 클래스지만, 이 경우 검증 로직은 User를 사용하는 다른 곳에서는 쓰이지 않는 기능이기 때문에 User에 포함시키고 싶지는 않다. User를 간결하게 유지하면 생각해야 할 내용이 줄어들어서 더 쉽게 코드를 파악할 수 있다. 반면 한 객체만을 다루면서 객체의 비공개 데이터를 다룰 필요는 없는 함수는 리스트 3.15처럼 확장 함수로 만들면 객체.멤버처럼 수신 객체를 지정하지 않고도 공개된 멤버 프로퍼티나 메서드에 접근할 수 있다.

확장 함수를 로컬 함수로 정의할 수도 있다. 즉, User.validateBeforeSave를 saveUser 내부에 로컬 함수로 넣을 수 있다. 하지만 내포된 함수의 깊이가 깊어지면 코드를 읽기가 상당히 어려워진다. 따라서 일반적으로는 한 단계만 함수를 내포시키라고 권장한다. 함수를 통해 할 수 있는 여러 멋진 기법을 살펴봤다. 다음 장에서는 클래스로 할 수 있는 멋진 기법을 살펴보자.

요약

- 코틀린은 자체 컬렉션 클래스를 정의하지 않지만 자바 클래스를 확장해서 더 풍부한 API를 제공한다.
- 함수 파라미터의 기본값을 정의하면 오버로딩한 함수를 정의할 필요성이 줄어든다. 이름붙인 인자를 사용하면 함수의 인자가 많을 때 함수 호출의 가독성을 더 향상시킬 수 있다.
- 코틀린 파일에서 클래스 멤버가 아닌 최상위 함수와 프로퍼티를 직접 선언할 수 있다. 이를 통해 코드 구조를 더 유연하게 만들 수 있다.
- 확장 함수와 프로퍼티를 사용하면 외부 라이브러리에 정의된 클래스를 포

함해 모든 클래스의 API를 그 클래스의 소스코드를 바꿀 필요 없이 확장할 수 있다.
- 중위 호출을 통해 인자가 하나밖에 없는 메서드나 확장 함수를 더 깔끔한 구문으로 호출할 수 있다.
- 코틀린은 정규식과 일반 문자열을 처리할 때 유용한 다양한 문자열 처리 함수를 제공한다.
- 자바 문자열로 표현하려면 수많은 이스케이프가 필요한 문자열의 경우 3중 따옴표 문자열을 사용하면 더 깔끔하게 표현할 수 있다.
- 로컬 함수를 써서 코드를 더 깔끔하게 유지하면서 중복을 제거할 수 있다.

4
클래스, 객체, 인터페이스

4장에서 다루는 내용

- 클래스와 인터페이스
- 뻔하지 않은 생성자와 프로퍼티
- 데이터 클래스
- 클래스 위임
- object 키워드 사용

4장에서는 코틀린 클래스를 다루는 방법을 더 자세히 살펴본다. 2.2절에서 클래스를 정의하는 기본 문법을 살펴봤다. 또한 메서드와 프로퍼티를 선언하는 방법과 짧은 구문으로 주 생성자를 정의하는 방법(멋지지 않은가?), 이념을 사용하는 방법을 살펴봤다. 하지만 알아야 할 내용이 아직 남았다. 코틀린의 클래스와 인터페이스는 자바 생성자와는 약간 다르다. 예를 들어 인터페이스에 프로퍼티 선언이 들어갈 수 있다. 자바와 달리 코틀린 선언은 기본적으로 `final`이며 `public`이다. 게다가 내포 클래스는 기본적으로는 내부 클래스가 아니다. 즉, 코틀린 내포 클래스에는 외부 클래스에 대한 암시적 참조가 없다.

생성자의 경우 짧은 주 생성자 구문으로도 거의 모든 경우를 잘 처리할 수 있다. 하지만 복잡한 초기화 로직을 수행하는 경우를 대비한 완전한 문법도 있다. 프로퍼티도 마찬가지다. 간결한 프로퍼티 구문으로도 충분히 제 몫을 하지만 필요하면 접근자를 직접 정의할 수 있다.

코틀린 컴파일러는 번잡스러움을 피하기 위해 유용한 메서드를 자동으로 생성할 수 있다. 클래스를 data 클래스로 선언하면 컴파일러가 일부 표준 메서드를 생성해준다. 그리고 코틀린 언어가 제공하는 위임^{delegation}을 사용하면 언어가 위임 기능을 기본 제공하기 때문에 위임을 처리하기 위한 준비 메서드를 직접 작성할 필요가 없다.

또한 4장에서는 클래스를 선언하는 동시에 유일한 인스턴스를 만들 때 쓰는 **object** 키워드를 설명한다. 싱글턴 클래스, 동반 객체$^{companion\ object}$, 객체 식$^{object\ expression}$(자바의 익명 클래스$^{anonymous\ class}$에 해당)을 표현할 때 **object** 키워드를 쓴다. 먼저 클래스와 인터페이스를 얘기하고 코틀린의 클래스 정의를 자세히 살펴보자.

4.1 클래스 계층 정의

이번 절에서는 코틀린에서 클래스 계층을 정의하는 방식을 살펴본다. 그 후 코틀린의 가시성과 접근 변경자를 살펴본다. 코틀린 가시성/접근 변경자는 자바와 비슷하지만 아무것도 지정하지 않은 경우의 기본 가시성은 다르다. 또한 코틀린에 새로 도입한 sealed 변경자를 설명한다. sealed는 클래스 상속이나 인터페이스 구현을 제한한다.

4.1.1 코틀린 인터페이스

인터페이스를 정의하고 구현하는 방법을 살펴보자. 코틀린 인터페이스 안에는 추상 메서드뿐 아니라 구현이 있는 메서드도 정의할 수 있다. 다만 인터페이스에는 아무런 상태도 들어갈 수 없다.

코틀린에서는 인터페이스를 정의할 때 class 대신 interface를 사용한다.

리스트 4.1 간단한 인터페이스 선언하기

```
interface Clickable {
  fun click()
}
```

이 코드는 click이라는 추상 메서드가 있는 인터페이스를 정의한다. 이 인터페이스를 구현하는 모든 비추상 클래스(또는 구체적 클래스)는 click에 대한 구현을 제공해야 한다.

> **노트**
> 기술적으로 이 함수는 Unit이라는 값을 반환한다. Unit은 자바 void에 대응하는 코틀린 요소다. 이는 8.1.6절에서 더 자세히 살펴본다.

버튼을 클릭할 수 있게 만들려면 클래스 선언에서 클래스 이름 뒤에 콜론을 표시하고, 그 뒤에 인터페이스 이름을 넣고 click 함수의 구현을 제공해야 한다.

리스트 4.2 단순한 인터페이스 구현하기

```
class Button : Clickable {
  override fun click() = println("I was clicked")
}

fun main() {
  Button().click()
  // I was clicked
}
```

코틀린에서는 상속^{inheritance}(4.1절에서 살펴볼 서브클래싱^{subclassing})이나 구성^{composition}(인터페이스 구현)에서 모두 클래스 이름 뒤에 콜론(:)을 붙이고 인터페이스나 클래스 이름을 적는 방식을 사용한다. 클래스는 인터페이스를 원하는 만큼 개수 제한 없이 마음대로 구현할 수 있지만 클래스는 오직 하나만 확장할 수 있다.

상위 클래스나 상위 인터페이스에 있는 프로퍼티나 메서드를 오버라이드할 때 override 변경자를 쓴다. 하지만 @Override 어노테이션이 선택인 자바와 달리 코틀린에서는 override 변경자를 꼭 사용해야 한다. override 변경자는 실수로 상위 클래스의 메서드를 오버라이드하는 경우를 방지해준다. 상위 클래스에 있는 메서드와 시그니처가 같은 메서드를 우연히 하위 클래스에서 선언하는 경우 컴파일이 안 되기 때문에 override를 붙이거나 메서드 이름을 바꿔야만 한다. 실수로 상위 클래스에 정의된 메서드와 같은 메서드를 정의한 경우 해당 메서드를 override로 표시하거나 메서드 이름을 변경하지 않으면 컴파일이 되지 않는다.

인터페이스 메서드는 디폴트 구현을 제공할 수 있다. 메서드 본문을 적기만 하면 된다. 여기서는 Clickable에 텍스트를 출력하는 단순한 디폴트 구현이 포함된 showOff 메서드를 하나 추가한다.

리스트 4.3 인터페이스 안에 본문이 있는 메서드 정의하기

```
interface Clickable {
    fun click()                ◀── 일반 메서드 선언
    fun showOff() = println("I'm clickable!")   ◀── 디폴트 구현이 있는 메서드
}
```

이 인터페이스를 구현하는 클래스는 click에 대한 구현을 제공해야 한다. 반면 showOff 메서드의 경우 새로운 동작을 정의할 수도 있고 그냥 정의를 생략해서 디폴트 구현을 사용할 수도 있다.

이제 showOff 메서드를 정의하는 다른 인터페이스가 다음과 같은 구현을 포함한다고 하자.

리스트 4.4 같은 메서드를 구현하는 다른 인터페이스 정의

```
interface Focusable {
  fun setFocus(b: Boolean) =
    println("I ${if (b) "got" else "lost"} focus.")

  fun showOff() = println("I'm focusable!")
}
```

한 클래스에서 이 두 인터페이스를 함께 구현하면 어떻게 될까? 두 인터페이스 모두 디폴트 구현이 들어있는 showOff 메서드가 있다. 그렇다면 어느 쪽 showOff 메서드가 선택될까? 어느 쪽도 선택되지 않는다. 클래스가 구현하는 두 상위 인터페이스에 정의된 showOff 구현을 대체할 오버라이딩 메서드를 직접 제공하지 않으면 다음과 같은 컴파일러 오류가 발생한다.

```
The class 'Button' must override public open fun showOff()
because it inherits many implementations of it.
```

코틀린 컴파일러는 두 메서드를 아우르는 구현을 하위 클래스에 직접 구현하도록 강제한다.

리스트 4.5 상속한 인터페이스의 메서드 구현 호출하기

```
class Button : Clickable, Focusable {
  override fun click() = println("I was clicked")     // 이름과 시그니처가 같은 멤버 메서드에 대해 둘 이상의 디폴트 구현이 있는 경우 인터페이스를 구현하는 하위 클래스에서 명시적으로 새로운 구현을 제공해야 한다.

  override fun showOff() {
    super<Clickable>.showOff()                         // 여기서 상위 타입의 이름을 홑화살괄호(<>) 사이에 넣은 super를
    super<Focusable>.showOff()                         // 사용하면 어떤 상위 타입의 멤버 메서드를 호출할지 지정할 수 있다.
  }
}
```

Button 클래스는 이제 두 인터페이스를 구현한다. Button은 상속한 두 상위 타입의 showOff() 메서드를 호출하는 방식으로 showOff()를 구현한다. 상위 타입의 구현을

호출할 때는 super<Clickable>.showOff()처럼 상위 타입의 이름을 홑화살괄호 사이에 넣은 super를 사용한다(Clickable.super.showOff()처럼 super 앞에 타입을 적는 자바의 방식과는 다르다).

상속한 구현 중 단 하나만 호출할 필요가 있다면 다음과 같이 쓸 수도 있다.

override fun showOff() = super<Clickable>.showOff()

지금까지 읽은 내용을 검증하기 위해 Button 클래스의 인스턴스를 만들고 상속받은 모든 메서드를 호출해 볼 수 있다. 즉, Focusable 엔터페이스에서 상속한 디폴트 구현을 제공하는 setFocus 함수와 오버라이드한 click, showOff()를 모두 호출할 수 있다.

리스트 4.6 상속받은 메서드와 오버라이드한 메서드 호출하기

```
fun main(args: Array<String>) {
    val button = Button()
    button.showOff()
    // I'm clickable!
    // I'm focusible!
    button.setFocus(true)
    // I got focus.
    button.click()
    // I was clicked.
}
```

자바에서 코틀린의 인터페이스가 있는 메서드 구현하기

코틀린은 디폴트 메서드가 있는 인터페이스를 일반 인터페이스와 디폴트 메서드 구현이 정적 메서드로 들어있는 클래스를 조합해 구현한다. 인터페이스에는 메서드 선언만 들어가며 인터페이스와 함께 생성되는 클래스에는 모든 디폴트 메서드 구현이 정적 메서드로 들어간다. 따라서 디폴트 인터페이스가 포함된 코틀린 인터페이스를 자바 클래스에서 상속해 구현하고 싶다면 코틀린에서 메서드 본문을 제공하는 메서드를 포함하는 모든 메서드에 대한 본문을 작성해야 한다. 예를 들어 Clickable을 상속하는 JavaButton은 코틀린 인터페이스가 showOff의 디폴트 구현을 제공함에도 불구하고 click과 showOff의 구현을 모두 제공해야만 한다.

리스트 4.7 상속한 메서드와 오버라이드한 메서드 호출하기

```java
class JavaButton implements Clickable {
  @Override
  public void click() {
    System.out.println("I was clicked");
  }
  @Override
  public void showOff() {
    System.out.println("I'm showing off");
  }
}
```

자바 코드는 코틀린의 디폴트 구현을 사용할 수 없다.

지금까지 코틀린에서 메서드가 정의된 인터페이스를 사용하는 방법을 살펴봤다. 이제는 이 얘기의 나머지 절반, 즉 기반 클래스에 정의된 메서드를 하위 클래스에서 오버라이드하는 방법을 살펴보자.

4.1.2 open, final, abstract 변경자: 기본적으로 final

기본적으로 코틀린 클래스에 대해 하위 클래스를 만들수 없고, 기반 클래스의 메서드를 하위 클래스가 오버라이드할 수도 없다. 즉, 코틀린에서 모든 클래스와 메서드는 기본적으로 `final`이다.

이는 자바와 다르다. 자바에서는 `final`로 명시적으로 지정하지 않는 한 모든 클래스를 다른 클래스가 상속할 수 있고, 모든 메서드를 하위 클래스에서 오버라이드할 수 있다. 왜 코틀린은 이런 접근 방식을 택하지 않았을까? 자바 방식이 편리한 반면 문제가 될 수도 있기 때문이다.

취약한 기반 클래스^{fragile base class}라는 문제는 기반 클래스 구현을 변경함으로써 하위 클래스가 잘못된 동작을 하게 되는 경우를 뜻한다. 어떤 클래스가 자신을 상속하는 방법에 대해 정확한 규칙(어떤 메서드를 어떻게 오버라이드해야 하는지 등)을 제공하지 않는다면

그 클래스의 클라이언트는 기반 클래스를 작성한 사람의 의도와 다른 방식으로 메서드를 오버라이드할 위험이 있다. 모든 하위 클래스를 분석하는 것은 불가능하므로 기반 클래스를 변경하는 경우 하위 클래스의 동작이 예기치 않게 바뀔 수도 있다는 면에서 기반 클래스는 '취약'하다.

이 문제를 해결하기 위해 자바 프로그래밍 기법에 대한 책 중 가장 유명한 책인 조슈아 블로크[Joshua Block]가 쓴 『이펙티브 자바』(인사이트, 2018)에서는 "상속을 위한 설계와 문서를 갖춰라. 그럴 수 없다면 상속을 금지하라"라는 조언을 한다. 이는 특별히 하위 클래스에서 오버라이드하도록 의도된 클래스와 메서드가 아니라면 모두 final로 만들라는 뜻이다.

코틀린도 마찬가지 철학을 따른다. 자바의 클래스와 메서드는 기본적으로 상속에 대해 열려있지만 코틀린의 클래스와 메서드는 기본적으로 파이널[final]이다.

어떤 클래스의 상속을 허용하려면 클래스 앞에 open 변경자를 붙여야 한다. 그와 더불어 오버라이드를 허용하고 싶은 메서드나 프로퍼티의 앞에도 open 변경자를 붙여야 한다.

단순한 버튼만 제공하던 UI를 개선해 클릭 가능한 RichButton을 제공하고 싶다고 하자. RichClass의 하위 클래스는 자신만의 애니메이션을 제공하되 버튼을 비활성화하는 등의 기본 기능을 깰 수는 없어야 한다. 이 클래스를 다음과 같이 정의할 수 있다.

리스트 4.8 열린 메서드를 포함하는 열린 클래스 정의하기

```
open class RichButton : Clickable {        ← 이 클래스는 열려있다. 다른 클래스가
                                              이 클래스를 상속할 수 있다.
    fun disable() { /* ... */ }   ← 이 함수는 파이널이다. 하위 클래스가 이 메서드를 오버라이드할 수 없다.
    open fun animate() { /* ... */ }        ← 이 함수는 열려있다. 하위 클래스에서
                                              이 메서드를 오버라이드해도 된다.
    override fun click() { /* ... */ }  ←
}           이 함수는 (상위 클래스에서 선언된) 열려있는
            메서드를 오버라이드하며, 열려있다.
```

이제 RichButton의 하위 클래스는 다음과 같은 모습일 수 있다.

리스트 4.9 열린 메서드를 오버라이드하는 열린 클래스의 하위 클래스 선언하기

```
class ThemedButton : RichButton() {     ← ─ RichButotn에서 disable이 파이널이기 때문에
                                              여기서 disable을 오버라이드할 수는 없다.
    override fun animate() { /* ... */ }    ← ─ animate는 명시적으로 열려있는
    override fun click() { /* ... */ }            메서드이기 때문에 오버라이드할 수 있다.
    override fun showOff() { /* ... */ }    ← ─ RichButton이 click을 명시적으로 파이널로 지정하지
}                  RichButton이 showOff를 오버라이드하지 않았지만   않기 때문에 click을 오버라이드할 수 있다.
                   여기서 showOff를 오버라이드할 수 있다.
```

기반 클래스나 인터페이스의 멤버를 오버라이드한 경우에는 기본적으로 open으로 간주된다는 점에 유의하라. 이런 동작을 변경해 여러분의 클래스를 상속하는 하위 클래스가 여러분의 구현을 오버라이드하는 것을 금지하려면 오버라이드된 메서드를 명시적으로 final로 표시해야 한다.

리스트 4.10 오버라이드 금지하기

```
open class RichButton : Clickable {        여기 있는 final은 쓸데없이 붙은 중복이 아니다.
    final override fun click() { /* ... */ }  ← ─ final이 없는 override 메서드나 프로퍼티는
}                                              기본적으로 열려있기 때문이다.
```

> **열린 클래스와 스마트 캐스트**
>
> 클래스의 기본적인 상속 가능 상태를 final로 함으로써 얻을 수 있는 큰 이점은 다양한 경우에 스마트 캐스트가 가능하다는 점이다. 2.3.6절에서 말한 것처럼 스마트 캐스트(별도의 타입 변환 없이 멤버에 접근할 수 있게 해주는 자동 타입 캐스트)는 타입 검사 뒤에 변경될 수 없는 변수에만 적용 가능하다.
>
> 클래스 프로퍼티의 경우 이는 val이면서 커스텀 접근자가 없는 경우에만 스마트 캐스트를 쓸 수 있다는 의미다. 또한 이 요구 사항은 프로퍼티가 final이어야만 한다는 뜻이기도 하다. 프로퍼티가 final이 아니라면 그 프로퍼티를 다른 클래스가 상속하면서 커스텀 접근자를 정의함으로써 스마트 캐스트의 요구 사항을 깰 수 있다.
>
> 프로퍼티는 기본적으로 final이기 때문에 따로 고민할 필요 없이 대부분의 프로퍼티를 스마트 캐스트에 활용할 수 있다. 이는 코드를 더 이해하기 쉽게 만든다.

클래스를 abstract로 선언할 수도 있다. abstract로 선언한 추상 클래스는 인스턴

스화할 수 없다. 추상 클래스에는 구현이 없어 하위 클래스에서 오버라이드해야만 하는 추상 멤버가 있는 것이 보통이다. 추상 멤버는 항상 열려있다. 따라서 추상 멤버 앞에 open 변경자를 명시할 필요가 없다(이는 인터페이스의 멤버 앞에 open을 명시할 필요가 없는 것과 마찬가지다).

추상 클래스의 예제로 애니메이션 속도와 프레임 수 등의 애니메이션 속성과 애니메이션을 실행하는 동작을 정의하는 클래스를 살펴보자. 이런 프로퍼티와 메서드는 다른 객체가 구현했을 때만 의미가 있기 때문에 이 Animated 클래스에는 abstract라는 표시를 붙여놓았다.

리스트 4.11 추상 클래스 정의하기

```
abstract class Animated {           ◀── 이 클래스는 추상클래스다. 이 클래스의 인스턴스를 만들 수 없다.
    abstract val animationSpeed: Double   ◀── 이 프로퍼티는 추상 프로퍼티다. 프로퍼티에 값이 없으며 하위
    val keyframes: Int = 20                  클래스는 반드시 값이나 접근자를 제공할 필요가 있다.
    open val frames: Int = 60         ─┐ 추상 클래스의 (추상이 아닌) 프로퍼티는 기본적으로
                                        열려있지 않다. 하지만 open으로 지정할 수도 있다.

    abstract fun animate()            ◀── 이 함수는 추상 함수다. 이 함수에는 구현이 없고, 하위
    open fun stopAnimating() { /* ... */ }   클래스는 이 함수를 반드시 오버라이드해야 한다.
    fun animateTwice() { /* ... */ }  ─┐ 추상 클래스의 (추상이 아닌) 함수는 기본적으로는
                                         열려있지 않다. 하지만 open으로 지정할 수도 있다.
}
```

표 4.1은 코틀린의 접근 변경자를 나열한다. 표에 있는 설명을 클래스 멤버에 대해 적용할 수 있다. 인터페이스 멤버의 경우 final, open, abstract를 사용하지 않는다. 인터페이스 멤버는 항상 open이며 final로 변경할 수 없다. 그리고 인터페이스 멤버에게 본문이 없으면 자동으로 추상 멤버가 되지만 그렇더라도 따로 멤버 선언 앞에 abstract 키워드를 덧붙일 필요가 없다.

표 4.1 클래스 내에서 접근 변경자의 의미

변경자	이 변경자가 붙은 멤버는...	설명
final	오버라이드할 수 없음	클래스 멤버의 기본 변경자
open	오버라이드할 수 있음	반드시 open을 명시해야 오버라이드할 수 있다.
abstract	반드시 오버라이드해야 함	추상 클래스의 멤버에만 이 변경자를 붙일 수 있다. 추상 멤버에는 구현이 있으면 안 된다.
override	상위 클래스나 인스턴스의 멤버를 오버라이드하는 중	오버라이드하는 멤버는 기본적으로 열려있다. 하위 클래스의 오버라이드를 금지하려면 final을 명시해야 한다.

상속을 제어하는 변경자에 대해 설명했다. 이제 다른 유형의 변경자인 가시성 변경자에 대해 알아보자.

4.1.3 가시성 변경자: 기본적으로 공개

가시성 변경자^{visibility modifier}는 코드 기반에 있는 선언에 대한 클래스 외부 접근을 제어한다. 어떤 클래스의 구현에 대한 접근을 제한함으로써 그 클래스에 의존하는 외부 코드를 깨지 않고도 클래스 내부 구현을 변경할 수 있다.

코틀린은 public, protected, private 변경자를 제공한다. 이들은 자바의 경우에 대응한다. public 선언은 누구나 볼 수 있고 protected 선언은 하위 클래스에서만 볼 수 있으며, private 선언은 그 선언이 포함된 클래스 안에서만 볼 수 있고, 파일의 최상위 선언이 private이면 같은 파일 안에서만 해당 선언을 볼 수 있다. 코틀린에서 아무 변경자도 없는 선언은 모두 공개, 즉 public이다.

> **노트**
>
> 기본적으로 공개인 가시성은 자바의 경우와 다르지만 애플리케이션 개발자에게 편리한 관습이다. 반면 라이브러리 개발자들은 자신의 API의 일부분이 실수로 외부에 노출되는 것을 원치 않을 것이다. 무엇보다도 이전에 공개돼 있던 API를 감추면 관련 코드가 깨지게 된다. 이런 경우 코틀린은 명시적 API 모드를 제공한다. 명시적 모드에서는 공개 API로 노출시킬 선언의 가시성을 지정하고 그 공개 API의 일부분인 프로퍼티와 함수의 타입을 꼭 명시해야 한다. -Xexplicit- api={strict| warning} 컴파일러 옵션을 지정하거나 빌드 시스템을 통해 명시적 API 모드를 활성화할 수 있다.

모듈^{module} 안으로만 한정된 가시성을 위해 코틀린은 internal이라는 가시성을 제공한다. 모듈은 함께 컴파일되는 코틀린 파일의 집합이다. 그레이들 소스 집합^{source} ^{set}이나 메이븐^{Maven} 프로젝트나 인텔리제이 IDEA 모듈이 모듈일 수 있다.

> **노트**
>
> 그레이들을 사용할 때 test 소스 집합은 main 소스 집합에 internal로 정의된 선언에 접근할 수 있다.

패키지 전용 가시성이 없음

코틀린에는 자바의 기본 가시성인 패키지 전용(package-private)이라는 가시성 개념이 없다. 코틀린에서는 네임스페이스를 관리하기 위한 용도로만 패키지를 사용하며, 가시성 제어에 사용하지 않는다. internal 가시성의 장점은 모듈 구현에 대해 진정한 캡슐화를 제공한다 점이다. 자바에서는 패키지가 같은 클래스를 선언하기만 하면 어떤 프로젝트의 외부에 있는 코드라도 패키지 내부에 있는 패키지 전용 선언에 쉽게 접근할 수 있어 캡슐화가 쉽게 깨질 수 있다.

코틀린에서는 최상위 선언에 대해 private 가시성을 허용한다. 이 가시성이 허용되는 최상위 선언에는 클래스, 함수, 프로퍼티 등이 포함된다. 이 또한 하위 시스템의 자세한 구현 사항을 외부에 감추고 싶을 때 유용한 방법이다. 표 4.2는 모든 가시성 변경자를 요약해 보여준다.

표 4.2 코틀린의 가시성 변경자

변경자	클래스 멤버	최상위 선언
public(기본 가시성)	모든 곳에서 볼 수 있다.	모든 곳에서 볼 수 있다.
internal	같은 모듈 안에서만 볼 수 있다.	같은 모듈 안에서만 볼 수 있다.
protected	하위 클래스 안에서만 볼 수 있다(최상위 선언에 적용할 수 없음).	–
private	같은 클래스 안에서만 볼 수 있다.	같은 파일 안에서만 볼 수 있다.

예제를 하나 살펴보자. giveSpeech 함수 안의 각 줄은 가시성 규칙을 위반한다. 컴파일하면 오류를 볼 수 있다.

리스트 4.12 여러 가지 가시성 변경자 사용하기

```
internal open class TalkativeButton {
    private fun yell() = println("Hey!")
    protected fun whisper() = println("Let's talk!")
}
fun TalkativeButton.giveSpeech() {
    yell()
    whisper()
}
```

오류: public 멤버가 자신의 internal 수신 타입인 TalkativeButton을 노출한다.

오류: yell에 접근할 수 없음: yell은 TalkativeButton의 private 멤버다.

오류: whisper에 접근할 수 없다. whisper는 TalkativeButton의 protected 멤버다.

코틀린은 public 함수인 giveSpeech 안에서 그보다 가시성이 더 낮은(이 경우 internal) 타입인 TalkativeButton을 참조하지 못하게 한다. 이는 어떤 클래스의 기반 타입 목록에 들어있는 타입이나 제네릭 클래스의 타입 파라미터에 들어있는 타입의 가시성은 그 클래스 자신의 가시성과 같거나 더 높아야 하고, 메서드의 시그니처에 사용된 모든 타입의 가시성은 그 메서드의 가시성과 같거나 더 높아야 한다는 더 일반적인 규칙에 해당한다. 이런 규칙은 어떤 함수를 호출하거나 어떤 클래스를 확장할 때 필요한 모든 타입에 접근할 수 있게 보장해준다. 여기서 컴파일 오류를 없애려면 giveSpeech 확장 함수의 가시성을 internal로 바꾸거나 TalkativeButton 클래스의 가시성을 public으로 바꿔야 한다.

자바에서는 같은 패키지 안에서 protected 멤버에 접근할 수 있지만 코틀린에서는 그렇지 않다는 점에서 자바와 코틀린의 protected가 다르다는 사실에 유의한다. 코틀린의 가시성 규칙은 단순하다.

코틀린에서 protected 멤버는 오직 어떤 클래스나 그 클래스를 상속한 클래스 안에서만 보인다. 클래스를 확장한 함수는 그 클래스의 private이나 protected 멤버에 접근할 수 없다는 사실을 여기서 한 번 더 짚고 넘어가야겠다. 이로 인해 확장 함수 giveSpeech 안에서 protected whisper를 호출할 수 없다.

> **코틀린의 가시성 변경자와 자바**
>
> 코틀린의 public, protected, private 변경자는 컴파일된 자바 바이트코드 안에서도 그대로 유지된다. 그렇게 컴파일된 코틀린 선언의 가시성은 마치 자바에서 똑같은 가시성을 사용해 선언한 경우와 같다. 유일한 예외는 private 클래스다. 자바에서는 클래스를 private으로 만들 수 없으므로 내부적으로 코틀린은 private 클래스를 패키지 전용 클래스로 컴파일한다.
>
> 그렇다면 internal 변경자는 어떻게 처리될지 궁금할 것이다. 자바에는 internal에 딱 맞는 가시성이 없다. 패키지 전용 가시성은 internal과는 전혀 다르다. 모듈은 보통 여러 패키지로 이뤄지며 서로 다른 모듈에 같은 패키지에 속한 선언이 들어 있을 수도 있다. 따라서 internal 변경자는 바이트코드상에서는 public이 된다.
>
> 코틀린 선언과 그에 해당하는 자바 선언(또는 바이트코드 표현)에 이런 차이가 있기 때문에 코틀린에서는 접근할 수 없는 대상을 자바에서 접근할 수 있는 경우가 생긴다. 예를 들어 다른 모듈에 정의된 internal 클래스나 internal 최상위 선언을 모듈 외부의 자바 코드에서 접근할 수 있다. 또한 코틀린에서 protected로 정의한 멤버를 코틀린 클래스와 같은 패키지에 속한 자바 코드에서는 접근할 수 있다.
>
> 하지만 코틀린 컴파일러가 internal 멤버의 이름을 보기 나쁘게 바꾼다는(mangle) 사실을 기억하라. 그로 인해 기술적으로는 internal 멤버를 자바에서 문제없이 사용할 수 있지만 멤버 이름이 보기 불편하고 코드가 못생겨 보인다. 이렇게 이름을 바꿈으로써 모듈에 속한 어떤 클래스를 모듈 밖에서 상속할 때 그 하위 클래스 내부의 메서드 이름이 우연히 상위 클래스의 internal 메서드와 같아져서 내부 메서드를 오버라이드하는 경우를 방지하고, 실수로 internal 클래스를 모듈 외부에서 사용하는 일을 막는다.

코틀린과 자바 가시성 규칙의 또 다른 차이는 코틀린에서는 외부 클래스가 내부 클래스나 내포된 클래스의 private 멤버에 접근할 수 없다는 점이다. 다음 절에서 내부 클래스와 내포된 클래스에 대해 설명하고 가시성과 관련된 예제도 살펴보자.

4.1.4 내부 클래스와 내포된 클래스: 기본적으로 내포 클래스

자바처럼 코틀린에서도 클래스 안에 다른 클래스를 선언할 수 있다. 클래스 안에 다른 클래스를 선언하면 도우미 클래스를 캡슐화하거나 코드 정의를 그 코드를 사용하는 곳 가까이에 두고 싶을 때 유용하다. 하지만 자바와 달리 내포 클래스^{nested}

`class`는 명시적으로 요청하지 않는 한 바깥쪽 클래스 인스턴스에 대한 접근 권한이 없다. 예제를 살펴보면서 이런 특성이 왜 중요한지 알아보자.

View 요소를 하나 만든다고 상상해보자. 그 View의 상태를 직렬화해야 한다. 뷰를 직렬화하는 일은 쉽지 않지만 필요한 모든 데이터를 다른 도우미 클래스로 복사할 수는 있다. 이를 위해 State 인터페이스를 선언하고 Serializable을 구현한다. View 인터페이스 안에는 뷰의 상태를 가져와 저장할 때 사용할 getCurrentState와 restoreState 메서드 선언이 있다.

리스트 4.13 직렬화 할 수 있는 상태가 있는 뷰 선언

```
interface State: Serializable

interface View {
    fun getCurrentState(): State
    fun restoreState(state: State) { /* ... */ }
}
```

Button 클래스의 상태를 저장하는 클래스를 Button 클래스 내부에 선언하면 편하다. 자바에서 그런 선언을 어떻게 하는지 살펴보자(이와 비슷한 코틀린 코드를 잠시 후 소개한다).

리스트 4.14 자바에서 내부 클래스를 사용해 View 구현하기

```java
/* 자바 */
public class Button implements View {
    @Override
    public State getCurrentState() {
        return new ButtonState();
    }

    @Override
    public void restoreState(State state) { /*...*/ }

    public class ButtonState implements State { /*...*/ }
}
```

State 인터페이스를 구현한 ButtonState 클래스를 정의해서 Button에 대한 구체적인 정보를 저장한다. getCurrentState 메서드 안에서는 ButtonState의 새 인스턴스를 만든다. 실제로는 ButtonState 안에 필요한 모든 정보를 추가해야 한다.

이 코드의 어디가 잘못된 걸까? 왜 선언한 버튼의 상태를 직렬화하면 java.io.NotSerializableException: Button이라는 오류가 발생할까? 처음에는 이 상황이 이상해 보일지도 모르겠다. 직렬화하려는 변수는 ButtonState 타입의 state였는데, 왜 Button을 직렬화할 수 없다는 예외가 발생할까?

자바에서 다른 클래스 안에 정외한 클래스는 자동으로 내부 클래스가 된다는 사실을 기억한다면 어디가 잘못된 건지 명확히 알 수 있다. 이 예제의 ButtonState 클래스는 바깥쪽 Button 클래스에 대한 참조를 암시적으로 포함한다. 그 참조로 인해 ButtonState를 직렬화할 수 없다. Button을 직렬화할 수 없으므로 버튼에 대한 참조가 ButtonState의 직렬화를 방해한다.

이 문제를 해결하려면 ButtonState를 static 클래스로 선언해야 한다. 자바에서 내포 클래스를 static으로 선언하면 그 클래스를 둘러싼 바깥쪽 클래스에 대한 암시적인 참조가 사라진다.

코틀린에서 내포된 클래스가 기본적으로 동작하는 방식은 방금 설명한 것과 정반대다. 다음 예제를 보자.

리스트 4.15 내포 클래스를 사용해 코틀린에서 View 구현하기

```
class Button : View {
    override fun getCurrentState(): State = ButtonState()
    override fun restoreState(state: State) { /*...*/ }
    class ButtonState : State { /*...*/ }
}
```
◁— 이 클래스는 자바의 정적 내포 클래스와 대응한다.

코틀린에서 내포된 클래스에 아무런 변경자도 없으면 자바 static 내포 클래스와 같다. 이를 내부 클래스로 변경해서 바깥쪽 클래스에 대한 참조를 포함하게 만들고 싶다면 inner 변경자를 붙여야 한다. 표 4.3은 이와 관련한 자바와 코틀린 사이의 차이를 보여준다. 내포 클래스와 내부 클래스 사이의 차이를 그림 4.1에서 볼 수 있다.

표 4.3 자바와 코틀린의 내포 클래스와 내부 클래스의 관계

클래스 B 안에 정의된 클래스 A	자바에서는	코틀린에서는
내포 클래스(바깥쪽 클래스에 대한 참조를 저장하지 않음)	static class A	class A
내부 클래스(바깥쪽 클래스에 대한 참조를 저장함)	class A	inner class A

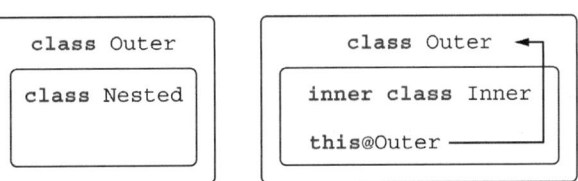

그림 4.1 내포 클래스 안에는 바깥쪽 클래스에 대한 참조가 없지만 내부 클래스에는 있다.

코틀린에서 바깥쪽 클래스의 인스턴스를 가리키는 참조를 표기하는 방법도 자바와 다르다. 내부 클래스 Inner 안에서 바깥쪽 클래스 Outer의 참조에 접근하려면 this@Outer라고 써야 한다.

```
class Outer {
    inner class Inner {
        fun getOuterReference(): Outer = this@Outer
    }
}
```

자바와 코틀린의 내부 클래스와 내포 클래스 간의 차이를 살펴봤다. 이제는 코틀린 내포 클래스를 유용하게 사용하는 용례를 하나 살펴보자. 클래스 계층을 만들되 그 계층에 속한 클래스의 수를 제한하고 싶은 경우 내포 클래스를 쓰면 편리하다.

4.1.5 봉인된 클래스: 확장이 제한된 클래스 계층 정의

이미 앞에서 코틀린의 클래스 계층을 살펴본 적이 있다. 2.3.6절에서 살펴본 (1 + 2) + 4 같은 식을 표현하는 클래스 계층을 다시 생각해보자. 상위 클래스인 Expr에는 수를 표현하는 Num과 덧셈 연산을 표현하는 Sum이라는 두 하위 클래스가 있다. when 식에서 이 모든 하위 클래스를 처리하면 편리하다. 하지만 when 식에서 Num과 Sum이 아닌 경우를 처리하는 else 분기를 반드시 넣어줘야만 한다.

리스트 4.16 인터페이스 구현을 통해 식 표현하기

```
interface Expr
class Num(val value: Int) : Expr
class Sum(val left: Expr, val right: Expr) : Expr

fun eval(e: Expr): Int =
  when (e) {
    is Num -> e.value
    is Sum -> eval(e.right) + eval(e.left)
    else ->                      ◀── else 분기가 꼭 있어야 한다.
      throw IllegalArgumentException("Unknown expression")
  }
```

코틀린 컴파일러는 when을 사용해 Expr 타입의 값을 검사할 때 꼭 디폴트 분기인 else 분기를 덧붙이도록 강제한다. 이 예제의 else 분기에서는 반환할 만한 의미 있는 값이 없으므로 예외를 던진다.

디폴트 분기를 추가하는 것이 항상 편하지는 않다. 그리고 디폴트 분기가 있으면 이런 클래스 계층에 새로운 하위 클래스를 추가하더라도 컴파일러가 when이 모든 경우를 처리하는지 제대로 검사할 수 없다. 혹 실수로 새로운 클래스 처리를 잊어버렸더라도 디폴트 분기가 불리기 때문에 심각한 버그가 발생할 수 있다.

코틀린은 이런 문제에 대한 해법을 제공한다. 봉인된 클래스(sealed 클래스)가 그 답이다. 상위 클래스에 sealed 변경자를 붙이면 그 상위 클래스를 상속한 하위 클래스의 가능성을 제한할 수 있다. sealed 클래스의 직접적인 하위 클래스들은 반드시 컴파일 시점에 알려져야 하며, 봉인된 클래스가 정의된 패키지와 같은 패키지에 속해야 하며, 모든 하위 클래스가 같은 모듈 안에 위치해야 한다.

인터페이스를 쓰는 대신 Expr을 sealed class로 만들고, Sum을 Expr의 하위 클래스로 할 수 있다.

리스트 4.17 sealed 클래스로 식 표현하기

```
sealed class Expr                    ← 기반 클래스를 sealed로 봉인한다.
class Num(val value: Int) : Expr()
class Sum(val left: Expr, val right: Expr) : Expr()   ← 기반 클래스의 모든 하위 클래스를
                                                         내포 클래스로 나열한다.
fun eval(e: Expr): Int =
  when (e) {          ← when 식이 모든 하위 클래스를 검사하므로
    is Expr.Num -> e.value      별도의 else 분기가 없어도 된다.
    is Expr.Sum -> eval(e.right) + eval(e.left)
  }
```

when 식에서 sealed 클래스의 모든 하위 클래스를 처리한다면 디폴트 분기(else 분기)가 필요 없다. 컴파일러가 여러분이 모든 분기를 처리하는지 확인해준다. sealed 변경자는 클래스가 추상 클래스임을 명시한다는 점을 기억하라. 따라서 봉인된 클래스에 abstract를 붙일 필요가 없으며, 추상 멤버를 선언할 수 있다. 봉인된 클래스의 동작을 그림 4.2에서 볼 수 있다.

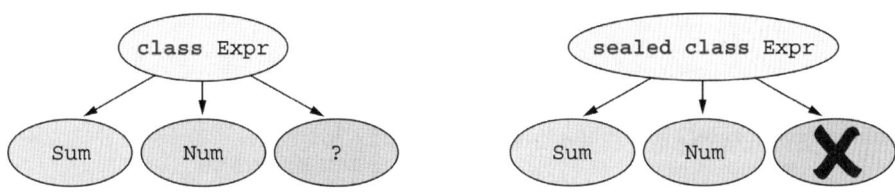

그림 4.2 봉인된 클래스를 직접 상속한 하위 클래스가 모두 컴파일 시점에 알려져야 한다.

sealed 클래스에 속한 값에 대해 디폴트 분기를 사용하지 않고 나중에 sealed 클래스의 상속 계층에 새로운 하위 클래스를 추가하면 when 식이 컴파일되지 않으면서 변경해야만 하는 코드를 알려준다. 예를 들어 곱셈 연산 Mul을 정의하고 eval을 변경하지 않은 경우를 보자.

리스트 4.18 봉인된 계층에 새로운 클래스 추가하기

```
sealed class Expr
class Num(val value: Int) : Expr()
class Sum(val left: Expr, val right: Expr) : Expr()
class Mul(val left: Expr, val right: Expr): Expr()

fun eval(e: Expr): Int =
    when (e) {
        is Num -> e.value
        is Sum -> eval(e.right) + eval(e.left)
        // ERROR: 'when' expression must be exhaustive,
        // add necessary 'is Mul' branch or 'else' branch instead
    }
```

클래스가 아니라 interface 앞에 sealed 변경자를 붙여 sealed interface를 만들 수도 있다. 봉인된 인터페이스도 똑같은 규칙을 따른다. 봉인된 인터페이스가 속한 모듈이 컴파일되고 나면 이 인터페이스에 대한 새로운 구현을 (밖에서) 추가할 수 없다.

```
sealed interface Toggleable {       ◀── 다른 인터페이스와 마찬가지로 봉인된 인터페이스에도
    fun toggle()                         프로퍼티와 함수 정의가 포함될 수 있다.
}

class LightSwitch: Toggleable {     ◀──┐
    override fun toggle() = println("Lights!")
}                                       │ 그리고 클래스로 봉인된
                                        │ 인터페이스를 구현할 수 있다.
class Camera: Toggleable {          ◀──┘
    override fun toggle() = println("Camera!")
}
```

sealed interface의 모든 구현을 when에서 처리하면 else 분기를 작성하지 않아도 된다.

기억하겠지만 다음과 같이 코틀린에서는 클래스를 확장할 때나 인터페이스를 구현할 때 모두 콜론(:)을 사용한다.

class Num(val value: Int) : Expr()　◀── Num은 하위 클래스다.
class LightSwitch: Toggleable　　◀── LightSwitch는 인터페이스를 구현한다.

이 선언 맨 마지막의 Expr()에 쓰인 괄호를 아직 설명하지 않았다. 다음 절에서 코틀린의 클래스 초기화를 다루면서 이를 얘기한다.

4.2 뻔하지 않은 생성자나 프로퍼티를 갖는 클래스 선언

객체지향 언어에서 클래스는 보통 생성자를 하나 이상 선언할 수 있다. 코틀린도 마찬가지지만 한 가지 중요하고 특이한 차이가 있다. 코틀린은 주 생성자primary constructor(보통 주 생성자는 클래스를 초기화할 때 주로 사용하는 간략한 생성자로, 클래스 본문 밖에서 정의한다)와 부 생성자secondary constructor(클래스 본문 안에서 정의한다)를 구분한다. 또한 코틀린에서는 초기화 블록initializer block을 통해 초기화 로직을 추가할 수 있다. 먼저 주 생성자와 초기화 블록을 선언하는 문법을 살펴보고 나중에 생성자를 여럿 선언하는 방법을 설명한다. 그다음에는 프로퍼티를 좀 더 자세히 살펴본다.

4.2.1 클래스 초기화: 주 생성자와 초기화 블록

2.2절에서 간단한 클래스를 선언하는 방법을 봤다.

class User(val nickname: String)

보통 클래스의 모든 선언은 중괄호({}) 사이에 들어간다. 하지만 이 클래스 선언에는 중괄호가 없고 괄호 사이에 val 선언만 존재한다. 그 이유가 궁금할 것이다.

이렇게 클래스 이름 뒤에 오는 괄호로 둘러싸인 코드를 주 생성자라고 부른다. 주 생성자는 생성자 파라미터를 지정하고 그 생성자 파라미터에 의해 초기화되는 프로퍼티를 정의하는 2가지 목적에 쓰인다. 이제 이 선언을 같은 목적을 달성할 수 있는 가장 명시적인 선언으로 풀어서 실제로는 어떤 일이 벌어지는지 살펴보자.

```
class User constructor(_nickname: String) {     ◀── 파라미터가 하나만 있는 주 생성자
    val nickname: String

    init {                      ◀──┐
        nickname = _nickname        │ 초기화 블록
    }
}
```

이 예제에서 constructor와 init이라는 새로운 키워드를 볼 수 있다. constructor 키워드는 주 생성자나 부 생성자 정의를 시작할 때 사용한다. init 키워드는 초기화 블록을 시작한다. 초기화 블록에는 클래스의 객체가 만들어질 때(인스턴스화될 때) 실행될 초기화 코드가 들어간다. 초기화 블록은 주 생성자와 함께 사용된다. 주 생성자는 제한적이기 때문에 별도의 코드를 포함할 수 없으므로 초기화 블록이 필요하다. 필요하다면 클래스 안에 여러 초기화 블록을 선언할 수 있다.

생성자 파라미터 _nickname에서 맨 앞의 밑줄(_)은 프로퍼티와 생성자 파라미터를 구분해준다. 다른 방법으로 자바에서 흔히 쓰는 방식처럼 this.nickname = nickname 같은 식으로 생성자 파라미터와 프로퍼티의 이름을 같게 하고 프로퍼티에 this를 써서 모호성을 없애도 된다.

이 예제에서는 nickname 프로퍼티를 초기화하는 코드를 nickname 프로퍼티 선언에 포함시킬 수 있어 초기화 코드를 초기화 블록에 넣을 필요가 없다. 또 주 생성자 앞에 별다른 어노테이션이나 가시성 변경자가 없다면 constructor를 생략해도 된다. 이런 변경을 적용하고 나면 코드를 다음과 같이 바꿀 수 있다.

```
class User(_nickname: String) {      ◀── 파라미터가 하나뿐인 주 생성자
    val nickname = _nickname         ◀── 프로퍼티를 주 생성자의 파라미터로 초기화한다.
```

}

이 예제는 같은 클래스를 정의하는 여러 방법 중 하나다. 프로퍼티를 초기화하는 식이나 초기화 블록 안에서만 주 생성자의 파라미터를 참조할 수 있다는 점에 유의한다.

방금 살펴본 두 예제는 클래스 본문에서 val 키워드를 통해 프로퍼티를 정의했다. 하지만 주 생성자의 파라미터를 갖고 프로퍼티를 초기화한다면 그 주 생성자 파라미터 이름 앞에 val을 추가하는 방식으로 프로퍼티 정의와 초기화를 간략히 쓸 수 있다.

```kotlin
class User(val nickname: String)  // val은 이 파라미터에 상응하는 프로퍼티가 생성된다는 뜻이다.
```

지금까지 살펴본 3가지 User 선언은 모두 같은 목적을 달성한다. 하지만 마지막 선언이 가장 간결하다.

함수 파라미터와 마찬가지로 생성자 파라미터에도 기본값을 정의할 수 있다.

```kotlin
class User(val nickname: String,
    val isSubscribed: Boolean = true)  // 생성자 파라미터에 대한 기본값을 제공한다.
```

클래스의 인스턴스를 만들려면 new와 같은 추가 키워드 없이 생성자를 직접 호출하면 된다. alice 사용자는 디폴트 설정대로 메일링 리스트를 구독하고, bob과 carol은 주의 깊게 약관을 읽고 디폴트 옵션을 해제했다고 하자. 또한 dave는 마케팅 부서에서 보내줄 내용에 관심이 많다는 사실을 명시적으로 표현했다고 하자.

```kotlin
fun main() {
    val alice = User("Alice")  // isSubscribed 파라미터에는 기본값이 쓰인다.
    println(alice.isSubscribed)
    // true
    val bob = User("Bob", false)  // 모든 인자를 파라미터 선언 순서대로 지정할 수도 있다.
    println(bob.isSubscribed)
    // false
    val carol = User("Carol", isSubscribed = false)  // 생성자 인자 중 일부에 대해 이름을 지정할 수도 있다.
```

```
    println(carol.isSubscribed)
    // false                          ◁── 모든 생성자 인자에 대해 이름을 지정할 수도 있다.
    val dave = User(nickname = "Dave", isSubscribed = true)  ◁──┘
    println(dave.isSubscribed)
    // true
}
```

> **노트**
>
> 모든 생성자 파라미터에 기본값을 지정하면 컴파일러가 자동으로 파라미터가 없는 생성자를 만들어준다. 이렇게 자동으로 만들어진 파라미터가 없는 생성자는 기본값을 사용해 클래스를 초기화한다. 파라미터 없는 생성자는 파라미터가 없는 생성자를 호출해 객체를 생성해야 하는 라이브러리와 코틀린 코드를 쉽게 쓸 수 있게 해준다. 자바 코드가 코틀린 생성자가 제공하는 디폴트 파라미터 중에 몇 가지만 생략해야 하는 경우에는 모든 파라미터에 대해 기본값을 정의한 생성자에 @JvmOverloads constructor를 지정한다. 이렇게 하면 3.2.2절에서 설명하는 것처럼 컴파일러가 자바가 쓰기에 적합한 생성자를 생성해준다.

기반 클래스의 생성자가 인자를 받아야 한다면 클래스의 주 생성자에서 기반 생성자를 호출해야 할 필요가 있다. 기반 클래스를 초기화하려면 기반 클래스 이름 뒤에 괄호를 치고 생성자 인자를 넘긴다.

```
open class User(val nickname: String) { /* ... */ }

class SocialUser(nickname: String) : User(nickname) { /* ... */ }
```

클래스를 정의할 때 별도로 생성자를 정의하지 않으면 컴파일러가 자동으로 아무 일도 하지 않는 인자가 없는 디폴트 생성자를 만들어준다.

```
open class Button          ◁── 인자가 없는 디폴트 생성자가 만들어진다.
```

Button의 생성자는 아무 인자도 받지 않지만 Button 클래스를 상속하는 하위 클래스는 반드시 Button 클래스의 생성자를 호출해야 한다. 따라서 앞에서 살펴본 예제들에서 기반 클래스의 이름 뒤에 빈 괄호가 필요했던 것이다.

```
class RadioButton: Button()
```

인터페이스와의 차이에 유의하라. 인터페이스는 생성자가 없기 때문에 어떤 클래스가 인터페이스를 구현하는 경우 그 클래스의 상위 클래스 목록에 있는 인터페이스 이름 뒤에는 아무 괄호도 없다. 클래스 정의에 있는 상위 클래스 및 인터페이스 목록에서 이름 뒤에 괄호가 붙었는지 살펴보면 쉽게 기반 클래스와 인터페이스를 구별할 수 있다.

어떤 클래스를 클래스 외부에서 인스턴스화하지 못하게 막고 싶다면 생성자를 private으로 만들어야 한다. 다음과 같이 주 생성자에 private 변경자를 붙일 수 있다.

```
                                    이 클래스의 (유일한) 주 생성자는 비공개다.
class Secretive private constructor(private val agentName: String) {}
```

Secretive 클래스 안에는 주 생성자밖에 없고 그 주 생성자가 비공개이므로 외부에서는 Secretive를 인스턴스화할 수 없다. 4.4.2절에서 동반 객체를 설명하면서 동반 객체 안에서 이런 비공개 생성자를 호출하면 좋은 이유를 설명한다.

> **비공개 생성자에 대한 대안**
>
> 자바에서는 유틸리티 클래스나 싱글턴 클래스 등 더 일반적인 요구 사항을 명시할 방법이 없으므로 어쩔 수 없이 private 생성자를 정의해서 클래스를 다른 곳에서 인스턴스화하지 못하게 막는다. 코틀린은 그런 경우 언어에 내장된 기능을 활용한다. 정적 유틸리티 함수 대신 최상위 함수를 사용할 수 있고(3.2.3절), 싱글턴을 사용하고 싶으면 객체를 선언하면 된다(4.4.1절 참고).

실제로 대부분의 경우 클래스의 생성자는 아주 단순하다. 생성자에 아무 파라미터도 없는 클래스도 많고, 생성자 코드 안에서 생성자가 인자로 받은 값을 프로퍼티에 설정하기만 하는 생성자도 많다. 따라서 코틀린은 간단한 주 생성자 문법을 제공한다. 대부분 이런 간단한 주 생성자 구문만으로도 충분하다. 하지만 삶에는 어려움이 있기 마련이다. 코틀린도 그런 경우를 대비해 필요에 따라 다양한 생성자를 정의할 수 있게 해준다. 이제부터는 생성자를 만드는 여러 방법을 살펴보자.

4.2.2 부 생성자: 상위 클래스를 다른 방식으로 초기화

일반적으로 코틀린에서는 생성자가 여럿 있는 경우가 자바보다 훨씬 적다. 자바에서 오버로드한 생성자가 필요한 상황 중 상당수는 코틀린의 디폴트 파라미터 값과 이름 붙은 인자 문법을 사용해 해결할 수 있다.

> **팁**
>
> 인자에 대한 기본값을 제공하기 위해 부 생성자를 여럿 만들지 말라. 대신 파라미터의 기본값을 생성자 시그니처에 직접 명시하라.

그래도 생성자가 여럿 필요한 경우가 가끔 있다. 가장 일반적인 상황은 프레임워크 클래스를 확장해야 하는데, 여러 가지 방법으로 인스턴스를 초기화할 수 있도록 다양한 생성자를 지원해야 하는 경우다. 예를 들어 자바에서 선언된 생성자가 2개인 View 클래스가 있다고 하자.

```java
import java.net.URI;

public class Downloader {
    public Downloader(String url) {
        // 어떤 코드
    }

    public Downloader(URI uri) {
        // 어떤 코드
    }
}
```

코틀린에서 동일한 선언은 다음과 같을 것이다.

```kotlin
open class Downloader {
    constructor(url: String?) {        ◀── 부 생성자들
        // 어떤 코드
    }

    constructor(uri: URI?) {
```

        // 어떤 코드
    }
}

이 클래스는 주 생성자를 선언하지 않고(클래스 헤더에 있는 클래스 이름 뒤에 괄호가 없어서 이를 알 수 있다) 부 생성자만 2가지 선언한다. 부 생성자는 constructor 키워드로 시작한다. 필요에 따라 얼마든지 많이 부 생성자를 선언해도 된다.

이 클래스를 확장하면서 똑같이 부 생성자를 정의할 수 있다.

```
class MyDownloader : Downloader {
    constructor(url: String?) : super(url) {
        // ...
    }
    constructor(uri: URI?) : super(uri) {
        // ...
    }
}
```

상위 클래스의 생성자를 호출한다.

여기서 2개의 부 생성자는 super() 키워드를 통해 자신에 대응하는 상위 클래스 생성자를 호출한다. 이 관계를 그림 4.3에서 볼 수 있다. 그림에서 화살표는 각 생성자가 위임한 상위 클래스 생성자를 보여준다.

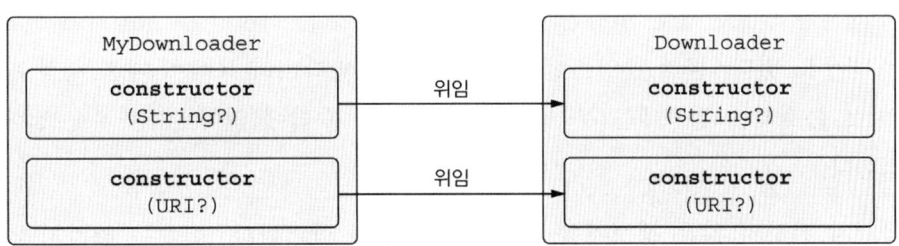

그림 4.3 상위 클래스의 여러 생성자 사용하기

자바와 마찬가지로 생성자에서 this()를 통해 클래스 자신의 다른 생성자를 호출할 수 있다. 다음을 보자.

```
class MyDownloader : Downloader {
    constructor(url: String?) : this(URI(url))  ◀── 같은 클래스의 다른 생성자에게 위임한다.
    constructor(uri: URI?) : super(uri)
}
```

MyDownloader 클래스의 생성자 중 하나는 그림 4.4처럼 문자열로부터 URI 객체를 만들어 같은 클래스의 다른 생성자(this를 사용해 참조함)에게 생성을 위임한다. 두 번째 생성자는 여전히 super()를 호출한다.

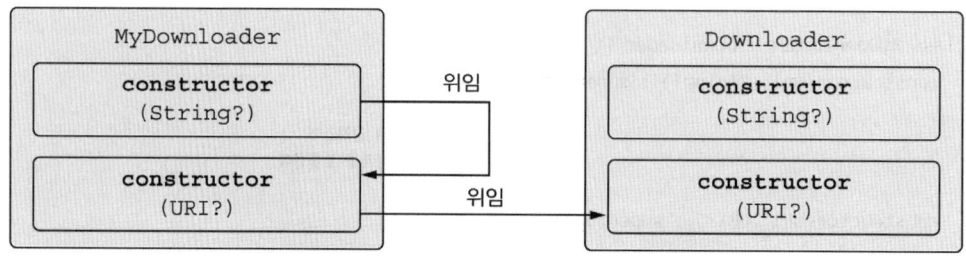

그림 4.4 같은 클래스의 다른 생성자에게 생성 위임하기

클래스에 주 생성자가 없다면 모든 부 생성자는 반드시 상위 클래스를 초기화하거나 다른 생성자에게 생성을 위임해야 한다. 그림 4.4를 바탕으로 생각해보면 각 부 생성자로부터 위임하는 화살표를 따라가면 그 끝에는 자기 클래스 밖 상위 클래스 생성자를 호출하는 화살표가 있어야 한다는 뜻이다.

부 생성자가 필요한 주된 이유는 자바 상호운용성이다. 하지만 부 생성자가 필요한 다른 경우도 있다. 클래스 인스턴스를 생성할 때 파라미터 목록이 다른 생성 방법이 여럿 존재하는 경우에는 부 생성자를 여럿 둘 수밖에 없다. 이는 4.4.2절에서 설명한다.

지금까지 뻔하지 않은 생성자를 정의하는 방법을 살펴봤다. 이제는 뻔하지 않은 프로퍼티를 살펴볼 때다.

4.2.3 인터페이스에 선언된 프로퍼티 구현

코틀린에서는 인터페이스에 추상 프로퍼티 선언을 넣을 수 있다. 다음은 추상 프로퍼티 선언이 들어있는 인터페이스 선언의 예다.

```kotlin
interface User {
    val nickname: String
}
```

이는 User 인터페이스를 구현하는 클래스가 nickname의 값을 얻을 수 있는 방법을 제공해야 한다는 뜻이다. 인터페이스에 있는 프로퍼티 선언에는 뒷받침하는 필드나 게터 등의 정보가 들어있지 않다. 사실 인터페이스는 아무 상태도 포함할 수 없으므로 상태를 저장할 필요가 있다면 인터페이스를 구현한 하위 클래스에서 상태 저장을 위한 프로퍼티 등을 만들어야 한다.

이제 이 인터페이스를 구현하는 방법을 몇 가지 살펴보자. PrivateUser는 별명을 저장하기만 하고 SubscribingUser는 이메일을 함께 저장한다. SocialUser는 SNS 계정의 ID를 저장한다. 이 세 클래스는 각각 다른 방식으로 추상 프로퍼티 nickname을 구현한다.

리스트 4.19 인터페이스의 프로퍼티 구현하기

```kotlin
class PrivateUser(override val nickname: String) : User    ◀── 주 생성자에 있는 프로퍼티

class SubscribingUser(val email: String) : User {
    override val nickname: String
        get() = email.substringBefore('@')    ◀── 커스텀 게터
}

class SocialUser(val accountId: Int) : User {
    override val nickname = getFacebookName(accountId)    ◀── 프로퍼티 초기화 식
}

fun getNameFromSocialNetwork(accountId: Int) = "kodee$accountId"
```

```
fun main() {
    println(PrivateUser("kodee").nickname)
    // kodee
    println(SubscribingUser("test@kotlinlang.org").nickname)
    // test
    println(SocialUser(123).nickname)
    // kodee123
}
```

Privateuser는 주 생성자 안에 프로퍼티를 직접 선언하는 간결한 구문을 사용한다. 이 프로퍼티는 User의 추상 프로퍼티를 구현하고 있으므로 override를 표시해야 한다.

SubscribingUser는 nickname 프로퍼티를 커스텀 게터를 통해 설정한다. 이 프로퍼티는 뒷받침하는 필드에 값을 저장하지 않고 매번 이메일 주소에서 별명을 계산해 반환한다.

SocialUser에서는 초기화 식으로 nickname 값을 초기화한다. 이때 SNS 사용자 ID를 받아 그 사용자의 이름을 반환해주는 getNameFromSocialNetwork 함수(이 함수는 다른 곳에 정의돼 있다고 가정한다)를 호출해 nickname을 초기화한다. getNameFromSocialNetwork는 SNS에 접속해 인증을 거친 후 원하는 데이터를 가져와야 하기 때문에 비용이 많이 들 수도 있다. 따라서 객체를 초기화하는 단계에 한 번만 getNameFromSocialNetwork를 호출하도록 설계했다.

SubscribingUser와 SocialUser의 nickname 구현 차이에 주의하라. 그 둘은 비슷해 보이지만 SubscribingUser의 nickname은 매번 호출될 때마다 substringBefore를 호출해 계산하는 커스텀 게터를 활용하고, SocialUser의 nickname은 객체 초기화 시 계산한 데이터를 뒷받침하는 필드에 저장했다가 불러오는 방식을 활용한다.

인터페이스에 추상 프로퍼티뿐 아니라 게터와 세터가 있는 프로퍼티를 선언할 수도 있다. 물론 그런 게터와 세터는 뒷받침하는 필드를 참조할 수 없다(뒷받침하는 필드가 있다면 인터페이스에 상태를 추가하는 셈인데 인터페이스는 상태를 저장할 수 없다). 예를 하나 보자.

```
interface EmailUser {
    val email: String
    val nickname: String
        get() = email.substringBefore('@')
}
```
→ 프로퍼티에 뒷받침하는 필드가 없다.
대신 매번 결과를 계산해 돌려준다.

이 인터페이스에는 추상 프로퍼티인 email과 커스텀 게터가 있는 nickname 프로퍼티가 함께 들어있다. 하위 클래스는 추상 프로퍼티인 email을 반드시 오버라이드해야 한다. 반면 nickname은 상속할 수 있다.

> **언제 함수 대신 프로퍼티를 사용할까?**
>
> 2.2.2절에서 파라미터 없는 함수와 커스텀 게터를 제공하는 읽기 전용 프로퍼티 선언을 간략히 살펴봤다. 그때 클래스의 특성은 일반적으로 프로퍼티로 선언해야 하며, 클래스의 행동은 메서드로 선언해야 한다고 말했다. 추가로 스타일상 코틀린에서 함수 대신 프로퍼티를 선언해야 하는 몇 가지 상황이 있다. 여러분의 코드가 다음과 같은 특징을 만족하는 경우라면 함수 대신 프로퍼티를 사용하라.
>
> - 예외를 던지지 않는다.
> - 계산 비용이 적게 든다(또는 최초 실행 후 결과를 캐시해 사용할 수 있다).
> - 객체 상태가 바뀌지 않으면 여러 번 호출해도 항상 같은 결과를 돌려준다.
>
> 이런 경우가 아니라면 함수를 사용하라.

인터페이스에 선언된 프로퍼티와 달리 클래스에 구현된 프로퍼티는 뒷받침하는 필드를 원하는 대로 사용할 수 있다. 이제 접근자에서 뒷받침하는 필드를 가리키는 방법을 살펴보자.

4.2.4 게터와 세터에서 뒷받침하는 필드에 접근

지금까지 프로퍼티의 2가지 유형(값을 저장하는 프로퍼티와 커스텀 접근자에서 매번 값을 계산하는 프로퍼티)을 살펴봤다. 이제는 이 두 유형을 조합해서 어떤 값을 저장하되 그 값을 변경하거나 읽을 때마다 정해진 로직을 실행하는 유형의 프로퍼티를 만드는 방법을 살펴보자. 값을 저장하는 동시에 로직을 실행할 수 있게 하려면 접근자 안에서 프로퍼티를 뒷받침하는 필드에 접근할 수 있어야 한다.

프로퍼티에 저장된 값의 변경 이력을 로그에 남기려는 경우를 생각해보자. 그런 경우 변경 가능한 프로퍼티를 정의하되 세터에서 프로퍼티 값을 바꿀 때마다 약간의 코드를 추가로 실행해야 한다.

리스트 4.20 세터에서 뒷받침하는 필드 접근하기

```
class User(val name: String) {
    var address: String = "unspecified"
        set(value: String) {
            println(
                """
                Address was changed for $name:
                "$field" -> "$value".       ← 뒷받침하는 필드 값 읽기
                """.trimIndent())
            field = value                    ← 뒷받침하는 필드 값 변경하기
        }
}

fun main() {
    val user = User("Alice")
    user.address = "Christoph-Rapparini-Bogen 23"
    // Address was changed for Alice:
    // "unspecified" -> "Christoph-Rapparini-Bogen 23".
}
```

코틀린에서 프로퍼티의 값을 바꿀 때는 **user.address = "new value"**처럼 필드 설정 구문을 사용한다. 이 구문은 내부적으로는 **address**의 세터를 호출한다. 이 예제에서는 커스텀 세터를 정의해서 추가 로직을 실행한다(여기서는 단순화를 위해 화면에 값의 변화를 출력하기만 한다).

접근자의 본문에서는 **field**라는 특별한 식별자를 통해 뒷받침하는 필드에 접근할

수 있다. 게터에서는 `field` 값을 읽을 수만 있고, 세터에서는 `field` 값을 읽거나 쓸 수 있다.

변경 가능 프로퍼티의 게터와 세터 중 한쪽만 직접 정의해도 된다는 점을 기억하라. 리스트 4.20에서 `address`의 게터는 필드 값을 그냥 반환해주는 뻔한 게터다. 따라서 게터를 굳이 직접 정의할 필요가 없다.

뒷받침하는 필드가 있는 프로퍼티와 그런 필드가 없는 프로퍼티에 어떤 차이가 있는지 궁금한 독자가 있을 것이다. 클래스의 프로퍼티를 사용하는 쪽에서 프로퍼티를 읽는 방법이나 쓰는 방법은 뒷받침하는 필드의 유무와는 관계가 없다. 컴파일러는 디폴트 접근자 구현을 사용하건 직접 게터나 세터를 정의하건 관계없이 게터나 세터에서 `field`를 사용하는 프로퍼티에 대해 뒷받침하는 필드를 생성해준다. 다만 `field`를 사용하지 않는 커스텀 접근자 구현을 정의한다면(프로퍼티가 val인 경우에는 게터에 field가 없으면 되지만 var인 경우에는 게터나 세터 모두에 field가 없어야 한다) 컴파일러는 프로퍼티가 아무 정보도 저장하지 않는 것으로 이해하고 뒷받침하는 필드를 생성하지 않는다. 리스트 4.21은 순전히 `birthYear`에 의해 정의되는 `ageIn2050`이라는 프로퍼티를 통해 이를 보여준다.

리스트 4.21 그 자신은 아무 정보도 저장하지 않는 프로퍼티

```
class Person(var birthYear: Int) {
  var ageIn2050
    get() = 2050 - birthYear      ← 게터 안에 필드 참조가 전혀 없고,
    set(value) {
      birthYear = 2050 - value    ← 세터 안에도 아무 필드 참조가 없기 때문에
    }                                뒷받침하는 필드가 생성되지 않는다.
}
```

때로 접근자의 기본 구현을 바꿀 필요는 없지만 가시성을 바꿀 필요가 있는 때가 있다. 이제 접근자의 가시성을 어떻게 바꾸는지 살펴보자.

4.2.5 접근자의 가시성 변경

접근자의 가시성은 기본적으로는 프로퍼티의 가시성과 같다. 하지만 원한다면 get 이나 set 앞에 가시성 변경자를 추가해서 접근자의 가시성을 변경할 수 있다. 접근자의 가시성을 변경하는 방법을 다음 예제에서 살펴보자. 예제는 자신에게 추가된 단어들의 길이 합계를 추적하는 작은 클래스다.

리스트 4.22 비공개 세터가 있는 프로퍼티 선언하기

```
class LengthCounter {
    var counter: Int = 0
        private set          ◀── 이 클래스 밖에서 이 프로퍼티의 값을
                                  바꿀 수 없다.

    fun addWord(word: String) {
        counter += word.length
    }
}
```

이 클래스는 자신에게 추가된 모든 단어의 길이를 합산한다. 전체 길이를 저장하는 프로퍼티는 클라이언트에게 제공하는 API의 일부분이므로 public으로 외부에 공개된다. 하지만 외부 코드에서 단어 길이의 합을 마음대로 바꾸지 못하도록 이 클래스 내부에서만 길이를 변경하게 만들고 싶다. 따라서 기본 가시성을 가진 게터를 컴파일러가 생성하게 내버려 두는 대신 세터의 가시성을 private으로 지정한다.

다음은 이 클래스를 사용하는 방법을 보여준다.

```
fun main() {
    val lengthCounter = LengthCounter()
    lengthCounter.addWord("Hi!")
    println(lengthCounter.counter)
    // 3
}
```

LengthCounter의 인스턴스를 만들고 길이가 3인 "Hi!"라는 문자열을 추가한다. 이제 counter 프로퍼티에는 3이 들어있다. 예상대로 클래스 외부에서 이 프로퍼티에 값을 쓰려하면 컴파일 시점 오류가 발생한다.

```
fun main() {
  // ...
  lengthCounter.counter = 0
  // Error: Cannot assign to 'counter': the setter is private in
  ➥ 'LengthCounter'
}
```

> **프로퍼티에 대해 나중에 다룰 내용**
>
> 이 책의 뒷부분에서도 프로퍼티에 대해 계속 다룬다. 몇 가지 참고 사항은 다음과 같다.
>
> - lateinit 변경자를 널이 될 수 없는 프로퍼티에 지정해서 프로퍼티 초기화를 미룰 수 있다. 일부 프레임워크에서는 이런 특성이 흔히 쓰인다. 7.9절에서 다룬다.
> - 요청이 들어오면 비로소 초기화되는 지연 초기화(lazy initizlied) 프로퍼티는 더 일반적인 위임 프로퍼티(delegated property)의 일종이다. 위임 프로퍼티 및 지연 초기화 프로퍼티는 9.5장에서 다룬다.
> - 자바 프레임워크와의 호환성을 위해 자바의 특징을 코틀린에서 에뮬레이션하는 어노테이션을 활용할 수 있다. 예를 들어 @JvmField 어노테이션을 프로퍼티에 붙이면 접근자가 없는 public 필드를 노출시켜준다. 어노테이션은 12장에서 다룬다. const 변경자를 사용하면 어노테이션을 더 편리하게 다룰 수 있고 기본 타입이나 String 타입인 값을 어노테이션의 인자로 활용할 수 있다. 이는 12.1.1절에서 자세히 다룬다.

이것으로 코틀린의 뻔하지 않은 프로퍼티와 생성자에 대한 설명을 마친다. 다음으로는 여러 값으로 이뤄진 정보를 저장하는 것이 주목적인 클래스를 더 편하게 작성하는 방법인 data 클래스를 다룬다.

4.3 컴파일러가 생성한 메서드: 데이터 클래스와 클래스 위임

자바 플랫폼에서는 equals(두 객체가 서로 같은 객체인지 비교), hashCode(해시 맵 등에게 객체의 해시 코드를 제공), toString(객체에 대한 텍스트 표현을 제공) 등 비슷한 방식으로 기계적으로 구현할 수 있는 몇 가지 메서드가 정의돼 있다.

다행히 자바 IDE가 이런 메서드를 자동으로 만들어줄 수 있어 직접 이런 메서드를 작성할 일은 많지 않다. 하지만 자동으로 equals, hashCode, toString 등을 생성한다고 해도 코드베이스가 번잡해진다는 면은 동일하다. 코틀린 컴파일러는 한 걸음 더 나가서 이런 메서드를 기계적으로 생성하는 작업을 보이지 않는 곳에서 해준다. 따라서 필수 메서드로 인한 잡음 없이 소스코드를 깔끔하게 유지할 수 있다.

이런 코틀린의 원칙이 잘 드러나는 경우로, 클래스 생성자나 프로퍼티 접근자를 컴파일러가 자동으로 만들어주는 것을 살펴봤다. 이제 코틀린 컴파일러가 간단한 데이터 클래스에 대해 이런 유용한 메서드를 자동으로 만들어주는 예와 클래스 위임 패턴을 아주 간단하게 쓸 수 있게 해주는 예를 살펴보자.

4.3.1 모든 클래스가 정의해야 하는 메서드

자바와 마찬가지로 모든 코틀린 클래스는 toString, equals, hashCode를 오버라이드해야 한다. 각각이 어떤 메서드인지 살펴보고 코틀린이 어떻게 이런 메서드를 자동으로 생성해줄 수 있는지 알아보자. 먼저 고객 이름과 우편번호를 저장하는 간단한 Customer 클래스를 만들어서 예제에 사용하자.

리스트 4.23 Customer 클래스의 초기 정의

```
class Customer(val name: String, val postalCode: Int)
```

이제 이 클래스의 인스턴스를 어떻게 문자열로 표현할지 생각해보자.

문자열 표현: toString()

자바처럼 코틀린의 모든 클래스도 인스턴스의 문자열 표현을 얻을 방법을 제공한다. 주로 디버깅과 로깅 시 이 메서드를 사용한다. 물론 다른 맥락에서도 이를 사용할 수 있다. 기본 제공되는 객체의 문자열 표현은 Customer@5e9f23b4 같은 방식(클래스 이름과 객체의 주소를 표현)인데, 이는 그다지 유용하지 않다. 이 기본 구현을 바꾸려면 toString 메서드를 오버라이드해야 한다.

리스트 4.24 Customer에 toString() 구현하기

```
class Customer(val name: String, val postalCode: Int) {
    override fun toString() = "Customer(name=$name, postalCode=$postalCode)"
}
```

이제 어떤 고객에 대한 문자열 표현은 다음과 같다.

```
fun main() {
    val customer1 = Customer("Alice", 342562)
    println(customer1)
    // Customer(name=Alice, postalCode=342562)
}
```

이로부터 기본 문자열 표현보다 더 많은 정보를 얻을 수 있다. 그렇지 않은가?

객체의 동등성: equals()

Customer 클래스를 사용하는 모든 계산은 클래스 밖에서 이뤄진다. Customer는 단지 데이터를 저장할 뿐이며 그에 따라 구조도 단순하고 내부 정보를 투명하게 외부에 노출하도록 설계됐다. 그렇지만 클래스는 단순할지라도 동작에 대한 몇 가지 요구 사항이 있을 수 있다. 예를 들어 서로 다른 두 객체가 내부에 동일한 데이터를 포함하는 경우 그 둘을 동등한 객체로 간주해야 할 수도 있다.

```
fun main() {
```

```
    val customer1 = Customer("Alice", 342562)
    val customer2 = Customer("Alice", 342562)
    println(customer1 == customer2)
    // false
}
```
◀ 코틀린에서 == 연산자는 참조 동일성을 검사하지 않고 객체의 동등성을 검사한다. 따라서 == 연산은 equals를 호출하는 식으로 컴파일된다.

이 예제에서는 두 객체가 동등하지 않다. 이는 Customer 클래스의 요구 사항을 만족시키고 싶다면 equals를 오버라이드할 필요가 있다는 뜻이다.

동등성 연산에 ==를 사용

자바에서는 ==를 기본 타입과 참조 타입을 비교할 때 사용한다. 기본 타입의 경우 ==는 두 피연산자의 값이 같은지 비교한다(동등성(equality)). 반면 참조 타입의 경우 ==는 두 피연산자의 주소가 같은지를 비교한다(참조 비교(reference comparison)). 따라서 자바에서 두 객체의 동등성을 알려면 equals를 호출해야 한다. 자바에서는 equals 대신 ==를 호출하면 문제가 될 수 있다는 사실도 아주 잘 알려져 있다.

코틀린에서는 == 연산자가 두 객체를 비교하는 기본적인 방법이다. ==는 내부적으로 equals를 호출해서 객체를 비교한다. 따라서 클래스가 equals를 오버라이드하면 ==를 통해 안전하게 그 클래스의 인스턴스를 비교할 수 있다. 참조 비교를 위해서는 === 연산자를 사용할 수 있다. === 연산자는 자바에서 객체의 참조를 비교할 때 사용하는 == 연산자와 같다. ==와 === 연산자를 논리적으로 반전시킨 연산자는 순서대로 !=와 !==다.

이제 equals를 추가한 Customer 클래스를 살펴보자. 코틀린에서 equals 함수는 Any 타입의 널이 될 수 있는 other 파라미터를 받는다. Any는 모든 코틀린 클래스의 상위 클래스다. 8.1.5절에서 더 자세히 살펴본다.

리스트 4.25 Customer에 equals() 구현하기

```
class Customer(val name: String, val postalCode: Int) {
    override fun equals(other: Any?): Boolean {
        if (other == null || other !is Customer)
            return false
        return name == other.name &&
```

Any는 java.lang.Object에 대응하는 클래스로, 코틀린의 모든 클래스의 최상위 클래스다. Any?는 널이 될 수 있는 타입이므로 other는 null일 수 있다.

other가 Customer인지 검사한다.

◀ 두 객체의 프로퍼티 값이 서로 같은지 검사한다.

```
            postalCode == other.postalCode
    }
    override fun toString() = "Customer(name=$name, postalCode=$postalCode)"
}
```

다시 말하지만 코틀린의 is 연산자는 어떤 값의 타입을 검사한다(자바의 instanceof와 같다). in 연산자의 결과를 부정해 주는 연산자가 !in 연산자인 것과 마찬가지로 !is의 결과는 is 연산자의 결과를 부정한 값이다. 이런 연산자를 사용하면 코드가 읽기 편해진다. 7장에서는 널이 될 수 있는 타입$^{\text{nullable type}}$을 설명하고, 왜 other == null || other !is Customer라는 조건식을 other !is Customer로 간단히 써도 되는지 알려준다.

코틀린에서는 override 변경자가 필수여서 실수로 override fun equals(other: Any?) 대신 override fun equals(other: Customer)를 작성할 수는 없다. 따라서 equals를 오버라이드하고 나면 프로퍼티의 값이 모두 같은 두 고객 객체는 동등하리라 예상할 수 있다. 실제로 customer1 == customer2는 이제 true를 반환한다. 하지만 Customer 클래스로 더 복잡한 작업을 수행해보면 제대로 작동하지 않는 경우가 있다. 이와 관련해 흔히 면접에서 "Customer가 제대로 작동하지 않는 경우를 말하고 문제가 무엇인지 설명하시오"라는 질문을 받는다. 아마 hashCode 정의를 빠뜨려서 그렇다고 답하는 개발자가 많을 것이다. 이 경우에는 실제 hashCode가 없다는 점이 원인이다. 이제 왜 hashCode가 중요한지 살펴보자.

해시 컨테이너: hashCode()

자바에서는 equals를 오버라이드할 때 반드시 hashCode도 함께 오버라이드해야 한다. 이번 절은 그 이유를 설명한다.

원소가 '오현석'이라는 고객 하나뿐인 집합을 만들자. 그 후 새로 원래의 '오현석'과 똑같은 프로퍼티를 포함하는 새로운 Customer 인스턴스를 만들어서 그 인스턴스가 집합 안에 들어있는지 검사해보자. 프로퍼티가 모두 일치하므로 새 인스턴스와 집합에 있는 기존 인스턴스는 동등하다. 따라서 새 인스턴스가 집합에 속했는지 여부를 검사하면 true가 반환되리라 예상할 수 있다. 하지만 실제로는 false가 나온다.

```
fun main() {
    val processed = hashSetOf(Customer("오현석", 4122))
    println(processed.contains(Customer("오현석", 4122)))
    // false
}
```

Customer 클래스가 hashCode 메서드를 정의하지 않았기 때문이다. JVM 언어에서는 hashCode가 지켜야 하는 "equals()가 true를 반환하는 두 객체는 반드시 같은 hashCode()를 반환해야 한다."라는 규정이 있는데 Customer는 이를 어기고 있다. processed 집합은 HashSet이다. HashSet은 원소를 비교할 때 비용을 줄이기 위해 먼저 객체의 해시 코드를 비교하고 해시 코드가 같은 경우에만 실제 값을 비교한다. 방금 살펴본 예제의 두 Customer 인스턴스는 해시 코드가 다르기 때문에 두 번째 인스턴스가 집합 안에 들어있지 않다고 판단한다. 해시 코드가 다를 때 equals가 반환하는 값은 판단 결과에 영향을 미치지 못한다. 즉, 원소 객체들이 해시 코드에 대한 규칙을 지키지 않는 경우 HashSet은 제대로 작동할 수 없다.

이 문제를 고치려면 Customer가 hashCode를 구현해야 한다.

리스트 4.26 Customer에 hashCode 구현하기

```
class Customer(val name: String, val postalCode: Int) {
    /* ... */
    override fun hashCode(): Int = name.hashCode() * 31 + postalCode
}
```

이제 이 클래스는 예상대로 작동한다. 하지만 지금까지 얼마나 많은 코드를 작성해야 했는지 생각해보라. 다행히 코틀린 컴파일러는 이 모든 메서드를 자동으로 생성해줄 수 있다. 어떻게 하면 코틀린이 이런 메서드를 생성하게 만들 수 있는지 살펴보자.

210

4.3.2 데이터 클래스: 모든 클래스가 정의해야 하는 메서드를 자동으로 생성

어떤 클래스가 데이터를 저장하는 역할만을 수행한다면 toString, equals, hashCode를 반드시 오버라이드해야 한다. 다행히 이런 메서드를 정의하기는 그리 어렵지 않으며, 인텔리제이 IDEA 등의 IDE는 자동으로 그런 메서드를 정의해주고, 작성된 메서드의 정확성과 일관성을 검사해준다.

코틀린은 더 편리하다. 이제는 이런 메서드를 IDE로 생성할 필요도 없다. data라는 변경자를 클래스 앞에 붙이면 필요한 메서드를 컴파일러가 자동으로 만들어준다. data 변경자가 붙은 클래스를 데이터 클래스라고 부른다.

> **리스트 4.27 Customer를 데이터 클래스로 선언하기**

```
data class Customer(val name: String, val postalCode: Int)
```

아주 쉽다. 이제 Customer 클래스는 자바에서 요구하는 모든 메서드를 포함한다.

- 인스턴스 간 비교를 위한 equals
- HashMap과 같은 해시 기반 컨테이너에서 키로 사용할 수 있는 hashCode
- 클래스의 각 필드를 선언 순서대로 표시하는 문자열 표현을 만들어주는 toString

equals와 hashCode는 주 생성자에 나열된 모든 프로퍼티를 고려해 만들어진다. 생성된 equals 메서드는 모든 프로퍼티 값의 동등성을 확인한다. hashCode 메서드는 모든 프로퍼티의 해시 값을 바탕으로 계산한 해시 값을 반환한다. 이때 주 생성자 밖에서 정의된 프로퍼티는 equals나 hashCode를 계산할 때 고려의 대상이 아니라는 사실에 유의하자. 다음 리스트는 이 '마술'을 이해할 때 도움이 되는 코드를 보여준다.

> **리스트 4.28 Customer 데이터 클래스에는 모든 표준 메서드 구현이 포함됨**

```
fun main() {
    val c1 = Customer("Sam", 11521)
```

```
    val c2 = Customer("Mart", 15500)
    val c3 = Customer("Sam", 11521)
    println(c1)
    // Customer(name=Sam, postalCode=11521)
    println(c1 == c2)
    // false
    println(c1 == c3)
    // true
    println(c1.hashCode())
    // 2580770
    println(c3.hashCode())
    // 2580770
}
```

코틀린 컴파일러는 data 클래스에게 방금 말한 세 메서드뿐 아니라 몇 가지 유용한 메서드를 더 생성해준다. 다음 절에서 한 가지를 더 설명하고 9.4절에서 나머지 메서드를 살펴본다.

데이터 클래스와 불변성: copy() 메서드

데이터 클래스의 프로퍼티가 꼭 val일 필요는 없다. 원한다면 var 프로퍼티를 써도 된다. 하지만 데이터 클래스의 모든 프로퍼티를 읽기 전용으로 만들어 데이터 클래스를 불변immutable 클래스로 만들라고 권장한다. HashMap 등의 컨테이너에 데이터 클래스 객체를 담는 경우엔 불변성이 필수적이다. 데이터 클래스 객체를 키로 하는 값을 컨테이너에 담은 다음에 키로 쓰인 데이터 객체의 프로퍼티를 변경하면 컨테이너 상태가 잘못될 수 있다. 게다가 불변 객체를 사용하면 프로그램에 대해 훨씬 쉽게 추론할 수 있다. 특히 다중 스레드 프로그램의 경우 이런 성질은 더 중요하다. 불변 객체를 주로 사용하는 프로그램에서는 스레드가 사용 중인 데이터를 다른 스레드가 변경할지 신경 쓸 필요가 없어진다.

데이터 클래스 인스턴스를 불변 객체로 더 쉽게 활용할 수 있도록 코틀린 컴파일러는 한 가지 편의 메서드를 제공한다. 그 메서드는 객체를 복사하면서 일부 프로퍼티를 바꿀 수 있게 해주는 copy 메서드다. 객체를 메모리에서 직접 바꾸는 대신 복사본을 만드는 편이 더 낫다. 복사본은 원본과 다른 생명주기를 가지며 복사를 하면서 일부 프로퍼티 값을 바꾸거나 복사본을 제거해도 프로그램에서 원본을 참조하는 다른 부분에 전혀 영향을 미치지 않는다. Customer의 copy를 직접 구현한다면 다음과 같을 것이다.

```kotlin
class Customer(val name: String, val postalCode: Int) {
    /* ... */
    fun copy(name: String = this.name,
        postalCode: Int = this.postalCode) =
      Customer(name, postalCode)
}
```

다음은 copy 메서드를 사용하는 방법을 보여준다.

```kotlin
fun main() {
    val lee = Customer("이계영", 4122)
    println(lee.copy(postalCode = 4000))
    // Customer(name=이계영, postalCode=4000)
}
```

> **코틀린 데이터 클래스와 자바 레코드 비교**
>
> 자바 14에 레코드(record)가 처음 도입됐다. 개념적으로 레코드는 여러 불변 값으로 이뤄진 그룹을 다룬다는 점에서 코틀린 데이터 클래스와 아주 비슷하다. 레코드도 toString, hashCode, equals 등의 메서드를 자동으로 생성해준다. 다만 레코드에는 copy와 같은 다른 편의 메서드는 없다.
>
> 코틀린 데이터 클래스와 비교해 자바 레코드에는 더 많은 구조적 제약이 있다.
>
> - 모든 프로퍼티가 private이며 final이어야 한다.
> - 레코드는 상위 클래스를 확장할 수 없다.
> - 클래스 본문 안에서 다른 프로퍼티를 정의할 수 없다.
>
> 상호운용성을 위해서는 코틀린 data class에 @JvmRecord 어노테이션을 추가해 레코드를 선언할 수 있다. 이런 경우 데이터 클래스도 레코드와 똑같은 제약 사항을 지켜야 한다.

지금까지 data 변경자를 통해 값 객체를 더 편리하게 사용하는 방법을 살펴봤다. 이제 IDE가 생성해주는 코드를 사용하지 않고도 위임을 쉽게 사용할 수 있게 해주는 코틀린 기능인 클래스 위임^{class delegation}을 살펴보자.

클래스 위임: by 키워드 사용

대규모 객체지향 시스템을 설계할 때 시스템을 취약하게 만드는 문제는 보통 구현 상속^{implementation inheritance}에 의해 발생한다. 하위 클래스가 상위 클래스의 메서드 중 일부를 오버라이드하면 하위 클래스는 상위 클래스의 세부 구현 사항에 의존하게 된다. 시스템이 변함에 따라 상위 클래스의 구현이 바뀌거나 상위 클래스에 새로운 메서드가 추가된다. 그 과정에서 상위 클래스가 여러분의 클래스에 대해 가정하던 내용이 바뀌면서 코드가 정상적으로 작동하지 못하는 경우가 생길 수 있다.

4.1.2절에서 본 것처럼 코틀린을 설계하면서 이런 문제를 인식하고 기본적으로 클래스를 final로 취급하기로 결정했다. 이로 인해 확장을 염두에 두고 설계된 클래스만 상속할 수 있다. 이렇게 설계된 상위 클래스의 소스코드를 변경할 때는 open 변경자를 보고 해당 클래스를 다른 클래스가 상속하리라 예상할 수 있으므로 변경 시 하위 클래스와의 호환성이 깨지지 않게 좀 더 조심할 수 있다.

하지만 종종 상속을 허용하지 않는 클래스에게 새로운 동작을 추가해야 할 때가 있다. 이럴 때 사용하는 일반적인 방법이 데코레이터^{decorator} 패턴이다. 이 패턴의 핵심은 상속을 허용하지 않는 클래스(기존 클래스) 대신 사용할 수 있는 새로운 클래스(데코레이터)를 만들되, 기존 클래스와 같은 인터페이스를 데코레이터가 제공하고 기존 클래스를 데코레이터 내부 필드로 유지하는 것이다. 이때 새로 정의해야 하는 기능은 데코레이터의 메서드로 새로 정의하고(물론 이때 기존 클래스의 메서드나 필드를 활용할 수도 있다) 기존 기능이 그대로 필요한 부분은 데코레이터의 메서드가 기존 클래스의 메서드에게 요청을 전달^{forwarding} 한다.

이런 접근 방법의 단점은 준비 코드가 상당히 많이 필요하다는 점이다(필요한 준비 코드가 너무 많기 때문에 인텔리제이 IDEA 등의 IDE는 데코레이터의 준비 코드를 자동으로 생성해주는 기능을 제공한다).

예를 들어 Collection 같이 비교적 단순한 인터페이스를 구현하는 데코레이터를 만들면서 아무 행동을 변경하지 않더라도 다음과 같이 복잡한 코드를 작성해야 한다.

```
class DelegatingCollection<T> : Collection<T> {
    private val innerList = arrayListOf<T>()

    override val size: Int get() = innerList.size
    override fun isEmpty(): Boolean = innerList.isEmpty()
    override fun contains(element: T): Boolean = innerList.contains(element)
    override fun iterator(): Iterator<T> = innerList.iterator()
    override fun containsAll(elements: Collection<T>): Boolean =
        innerList.containsAll(elements)
}
```

이런 위임을 언어가 제공하는 일급 시민 기능으로 지원한다는 점이 코틀린의 장점이다. 인터페이스를 구현할 때 by 키워드를 통해 그 인터페이스에 대한 구현을 다른 객체에 위임 중이라는 사실을 명시할 수 있다. 다음은 위임을 사용해 앞의 예제를 재작성한 코드다.

```
class DelegatingCollection<T>(
    innerList: Collection<T> = mutableListOf<T>()
) : Collection<T> by innerList
```

클래스 안에 있던 모든 메서드 정의가 없어졌다. 컴파일러가 그런 전달 메서드를 자동으로 생성하며 자동 생성한 코드의 구현은 DelegatingCollection에 있던 구현과 비슷하다. 그런 단순한 코드 중에 관심을 가질 만한 부분은 거의 없기 때문에 컴파일러가 자동으로 해줄 수 있는 작업을 굳이 직접 해야 할 이유가 없다.

이제 메서드 중 일부의 동작을 변경하고 싶은 경우 메서드를 오버라이드하면 컴파일러가 생성한 메서드 대신 오버라이드한 메서드가 쓰인다. 기존 클래스의 메서드에 위임하는 기본 구현으로 충분한 메서드는 따로 오버라이드 할 필요가 없다.

이 기법을 이용해서 원소를 추가하려고 시도한 횟수를 기록하는 컬렉션을 구현해보자. 예를 들어 중복을 제거하는 프로세스를 설계하는 중이라면 원소 추가 횟수를 기록하는 컬렉션을 통해 최종 컬렉션 크기와 원소 추가 시도 횟수 사이의 비율을 살펴봄으로써 중복 제거 프로세스의 효율성을 판단할 수 있다.

리스트 4.29 클래스 위임 사용하기

```
class CountingSet<T>(
    private val innerSet: MutableCollection<T> = hashSetOf<T>()
) : MutableCollection<T> by innerSet {    ◀── MutableCollection의 구현을 innerSet에게 위임한다.

    var objectsAdded = 0

    override fun add(element: T): Boolean {
        objectsAdded++
        return innerSet.add(element)
    }

    override fun addAll(elements: Collection<T>): Boolean {
        objectsAdded += elements.size
        return innerSet.addAll(elements)
    }
}

fun main() {
    val cset = CountingSet<Int>()
    cset.addAll(listOf(1, 1, 2))
    println("Added ${cset.objectsAdded} objects, ${cset.size} uniques.")
    // Added 3 objects, 2 uniques.
}
```

이 두 메서드는 위임하지 않고 새로운 구현을 제공한다.

코드를 보면 알 수 있지만 add와 addAll을 오버라이드해서 카운터를 증가시키고, **MutableCollection** 인터페이스의 나머지 메서드는 내부 컨테이너(innerSet)에 위임한다.

이때 CountingSet에 MutableCollection의 구현 방식에 대한 의존관계가 생기지 않는다는 점이 중요하다. 예를 들어 내부 컨테이너가 addAll을 처리할 때 루프를 돌면서 add를 호출할 수도 있지만 최적화를 위해 다른 방식을 선택할 수도 있다. 클라이언트 코드가 CountingSet의 코드를 호출할 때 발생하는 일은 CountingSet 안에서 마음대로 제어할 수 있지만 CountingSet 코드는 위임 대상 내부 클래스인 MutableCollection에 문서화된 API를 활용해 기능을 구현한다. 그러므로 내부 클래스 MutableCollection이 문서화된 API를 변경하지 않는 한 CountingSet 코드가 계속 잘 작동할 것임을 확신할 수 있다.

방금 코틀린 컴파일러가 클래스에 유용한 메서드를 생성해주는 방식을 설명했다. 이제 코틀린 클래스에 대해 남은 마지막 중요한 요소인 object 키워드와 언제 그 키워드를 활용할 수 있는지 살펴보자.

4.4 object 키워드: 클래스 선언과 인스턴스 생성을 한꺼번에 하기

코틀린에서는 object 키워드가 몇 가지 상황에서 쓰이는데, 모든 경우 클래스를 정의하는 동시에 인스턴스(다른 말로 객체)를 생성한다는 공통점이 있다. object 키워드를 사용하는 여러 상황을 살펴보자.

- **객체 선언**object declaration: 싱글턴을 정의하는 한 가지 방법이다
- **동반 객체**companion object: 어떤 클래스와 관련이 있지만 호출하기 위해 그 클래스의 객체가 필요하지는 않은 메서드와 팩토리 메서드를 담을 때 쓰인다. 동반 객체의 멤버에 접근할 때는 동반 객체가 포함된 클래스의 이름을 사용한다.
- **객체 식**: 자바의 익명 내부 클래스anonymous inner class 대신 쓰인다.

지금부터 이런 코틀린의 특성을 자세히 살펴본다.

4.4.1 객체 선언: 싱글턴을 쉽게 만들기

객체지향 시스템을 설계하다 보면 인스턴스가 하나만 필요한 클래스가 유용한 경우가 많다. 자바에서는 보통 클래스의 생성자를 private으로 제한하고 정적인 필드에 그 클래스의 유일한 객체를 저장하는 **싱글턴 패턴**singleton pattern을 통해 이를 구현한다.

코틀린은 객체 선언 기능을 통해 싱글턴을 언어에서 기본 지원한다. 객체 선언은 클래스 선언과 그 클래스에 속한 단일 인스턴스의 선언을 합친 선언이다.

예를 들어 객체 선언을 사용해 회사 급여 대장을 만들 수 있다. 한 회사에 여러 급여 대장이 필요하지는 않을 테니 (물론 애플리케이션의 복잡도에 따라 다르다) 싱글턴을 쓰는 것이 정당해 보인다.

```
object Payroll {
    val allEmployees = arrayListOf<Person>()

    fun calculateSalary() {
        for (person in allEmployees) {
            /* ... */
        }
    }
}
```

객체 선언은 object 키워드로 시작한다. 객체 선언은 클래스를 정의하고 그 클래스의 인스턴스를 만들어 변수에 저장하는 모든 작업을 한 문장으로 처리한다.

클래스와 마찬가지로 객체 선언 안에도 프로퍼티, 메서드, 초기화 블록 등이 들어갈 수 있다. 하지만 객체 선언에서는 생성자를 (주 생성자와 부 생성자 모두) 쓸 수 없다. 일반 클래스 인스턴스와 달리 싱글턴 객체는 객체 선언문이 있는 위치에서 생성자 호출 없이 즉시 만들어진다. 따라서 객체 선언에는 생성자 정의가 필요 없다. 비슷하게 객체 선언에 제공하고 싶은 초기 상태가 있다면 그 객체의 본문에서 직접 제공할 필요가 있다.

변수와 마찬가지로 객체 선언에 사용한 이름 뒤에 마침표(.)를 붙이면 객체에 속한 메서드나 프로퍼티에 접근할 수 있다.

Payroll.allEmployees.add(Person(/* ... */))

Payroll.calculateSalary()

객체 선언도 클래스나 인스턴스를 상속할 수 있다. 프레임워크를 사용하기 위해 특정 인터페이스를 구현해야 하는데, 그 구현 내부에 다른 상태가 필요하지 않은 경우 이런 기능이 유용하다. 예를 들어 Comparator 인터페이스를 살펴보자. Comparator 구현은 두 객체를 인자로 받아 그중 어느 객체가 더 큰지 알려주는 정수를 반환한다. Comparator 안에는 데이터를 저장할 필요가 없다. 따라서 어떤 클래스에 속한 객체를 비교할 때 사용하는 Comparator는 보통 클래스마다 단 하나씩만 있으면 된다. 따라서 Comparator 인스턴스를 만드는 방법으로는 객체 선언이 가장 좋은 방법이다.

구체적인 예제로 두 파일 경로를 대소문자 관계없이 비교해주는 Comparator를 구현해보자.

리스트 4.30 객체 선언을 사용해 Comparator 구현하기

```kotlin
object CaseInsensitiveFileComparator : Comparator<File> {
    override fun compare(file1: File, file2: File): Int {
        return file1.path.compareTo(file2.path,
            ignoreCase = true)
    }
}

fun main() {
    println(
        CaseInsensitiveFileComparator.compare(
            File("/User"), File("/user")
        )
    )
}
```

    // 0
}
```

일반 객체(클래스 인스턴스)를 사용할 수 있는 곳에서는 항상 싱글턴 객체를 사용할 수 있다. 예를 들어 Comparator를 인자로 받는 함수에게 이 객체를 인자로 넘길 수 있다.

```
fun main() {
    val files = listOf(File("/Z"), File("/a"))
    println(files.sortedWith(CaseInsensitiveFileComparator))
    // [/a, /Z]
}
```

이 예제는 전달 받은 Comparator에 따라 리스트를 정렬하는 sortedWith 함수를 사용한다.

> **싱글턴과 의존관계 주입**
>
> 싱글턴 패턴과 마찬가지 이유로 대규모 소프트웨어 시스템에서는 객체 선언이 항상 적합하지는 않다. 의존관계가 별로 많지 않은 소규모 소프트웨어에서는 싱글턴이나 객체 선언이 유용하지만 시스템을 구현하는 다양한 구성 요소와 상호작용하는 대규모 컴포넌트에는 싱글턴이 적합하지 않다. 객체 생성을 제어할 방법이 없고 생성자 파라미터를 지정할 수 없기 때문이다.
>
> 이는 생성을 제어할 수 없고 생성자 파라미터를 지정할 수 없으므로 단위 테스트를 하거나 소프트웨어 시스템의 설정이 달라질 때 객체를 대체하거나 객체의 의존관계를 바꿀 수 없다는 뜻이다. 따라서 그런 기능이 필요하다면 일반 코틀린 클래스와 의존관계 주입을 함께 사용해야 한다.

클래스 안에서 객체를 선언할 수도 있다. 그런 객체도 인스턴스는 단 하나뿐이다. 바깥 클래스의 인스턴스마다 별도의 인스턴스가 따로 생기는 것이 아니다. 예를 들어 어떤 클래스의 인스턴스를 비교하는 Comparator는 그 클래스 내부에 정의하는 것이 더 바람직하다.
```

리스트 4.31 내포 객체를 사용해 Comparator 구현하기

```kotlin
data class Person(val name: String) {
    object NameComparator : Comparator<Person> {
        override fun compare(p1: Person, p2: Person): Int =
            p1.name.compareTo(p2.name)
    }
}

fun main() {
    val persons = listOf(Person("Bob"), Person("Alice"))
    println(persons.sortedWith(Person.NameComparator))
    // [Person(name=Alice), Person(name=Bob)]
}
```

> **코틀린 객체를 자바에서 사용하기**
>
> 코틀린 객체 선언은 유일한 인스턴스에 대한 정적인 필드가 있는 자바 클래스로 컴파일된다. 이때 이 인스턴스 필드의 이름은 항상 INSTANCE다. 싱글턴 패턴을 자바에서 직접 구현해도 비슷한 필드가 필요하다. 자바 코드에서 코틀린 싱글턴 객체를 사용하려면 정적인 INSTANCE 필드를 통하면 된다.
>
> ```java
> /* 자바 */
> CaseInsensitiveFileComparator.INSTANCE.compare(file1, file2);
> Person.NameComparator.INSTANCE.compare(person1, person2);
> ```
>
> 이 예제에서 INSTANCE 필드의 타입은 각각 CaseInsensitiveFileComparator와 NameComparator다.

이제 클래스 안에 내포된 객체 중에서도 독특한 객체를 살펴보자. 그 객체는 바로 동반 객체^{companion object}다.

4.4.2 동반 객체: 팩토리 메서드와 정적 멤버가 들어갈 장소

코틀린 클래스 안에는 정적인 멤버가 없다. 코틀린 언어는 자바 **static** 키워드를 지원하지 않는다. 그 대신 코틀린에서는 패키지 수준의 최상위 함수(자바의 정적 메서드

역할을 거의 대신 할 수 있다)와 객체 선언(자바의 정적 메서드 역할 중 코틀린 최상위 함수가 대신할 수 없는 역할이나 정적 필드를 대신할 수 있다)을 활용한다. 대부분의 경우 최상위 함수를 활용하는 편을 더 권장한다. 하지만 최상위 함수는 그림 4.5처럼 private으로 표시된 클래스 비공개 멤버에 접근할 수 없다. 비공개 멤버에게 접근해야 하는 함수의 대표적인 예로 팩토리 메서드를 들 수 있다. 팩토리 메서드는 객체 생성을 책임지기 때문에 클래스의 private 멤버에 접근할 수 있어야 한다.

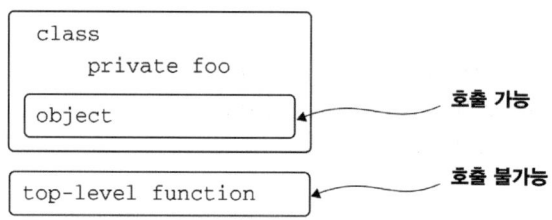

그림 4.5 클래스 밖에 있는 최상위 함수는 비공개 멤버를 사용할 수 없다.

클래스의 인스턴스와 관계없이 호출해야 하지만, 클래스 내부 정보에 접근해야 하는 함수가 필요할 때도 클래스에 내포된 객체 선언의 멤버 함수로 정의할 수 있다. 이렇게 클래스 안에 정의된 객체 중 하나에 companion이라는 특별한 표시를 붙일 수 있다. 그렇게 하면 객체 멤버에 접근할 때 자신을 감싸는 클래스의 이름을 통해 직접 사용할 수 있게 된다. 그 결과 동반 객체의 멤버를 사용하는 구문은 자바의 구문(정적 메서드 호출이나 정적 필드 구문)과 똑같아진다. 이런 구문을 보여주는 다음 예를 살펴보자.

```
class MyClass {
  companion object {
    fun callMe() {
      println("Companion object called")
    }
  }
}

fun main() {
  MyClass.callMe()
```

```
    // Companion object called
}
```

동반 객체가 자신에 대응하는 클래스에 속한다는 점을 염두에 두는 것이 중요하다. 따라서 해당 클래스의 인스턴스는 동반 객체의 멤버에 접근할 수 없다. 이것이 자바의 정적 멤버와 코틀린 동반 객체 멤버가 다른 점이다.

```
fun main() {
  val myObject = MyClass()
  myObject.callMe()
  // Error: Unresolved reference: callMe
}
```

4.2.1절에서 private 생성자를 호출하기 좋은 위치를 알려준다고 했던 사실을 기억하는가? 바로 동반 객체가 private 생성자를 호출하기 좋은 위치다. 동반 객체는 자신을 둘러싼 클래스의 모든 private 멤버에 접근할 수 있다. 따라서 동반 객체는 바깥쪽 클래스의 private 생성자도 호출할 수 있다. 이로 인해 동반 객체는 팩토리 패턴을 구현하기 가장 적합한 위치가 될 수 있다.

예제로 부 생성자가 2개 있는 클래스를 살펴보고, 그 클래스를 동반 객체 안에서 선언된 팩토리 메서드를 사용하는 방식으로 변경해보자. 이 예제는 리스트 4.19의 SocialUser와 SubscribingUser 예제를 바탕으로 한다. 이전에는 두 클래스 모두 User 클래스를 상속했다. 하지만 이제는 두 클래스를 한 클래스로 합치면서 사용자 객체를 생성하는 여러 방법을 제공하기로 결정했다.

리스트 4.32 부 생성자가 여럿 있는 클래스 정의하기

```
class User {
  val nickname: String

  constructor(email: String) {     ← 부 생성자
    nickname = email.substringBefore('@')
  }
```

```
    constructor(socialAccountId: Int) {      ◀── 부 생성자
        nickname = getSocialNetworkName(socialAccountId)
    }
}
```

이 같은 로직을 표현하는 더 유용한 방법으로 클래스의 인스턴스를 생성하는 팩토리 메서드가 있다. 여기서는 여러 가지 생성자를 통해 User 인스턴스를 만들 수 없고 팩토리 메서드를 만들어야만 한다.

리스트 4.33 부 생성자를 팩토리 메서드로 대신하기

```
class User private constructor(val nickname: String) {    ◀── 주 생성자를 private으로 만들어 클래스
    companion object {     ◀── 동반 객체를 선언한다.            본문 밖에서 직접 호출할 수 없게 한다.
        fun newSubscribingUser(email: String) =
            User(email.substringBefore('@'))
        fun newSocialUser(accountId: Int) =          ◀── SNS 계정 ID를 받아 User 인스턴스를
            User(getNameFromSocialNetwork(accountId))    만드는 팩토리 메서드다.
    }
}
```

클래스 이름을 사용해 그 클래스에 속한 동반 객체의 메서드를 호출할 수 있다.

```
fun main() {
    val subscribingUser = User.newSubscribingUser("bob@gmail.com")
    val socialUser = User.newSocialUser(4)
    println(subscribingUser.nickname)
    // bob
}
```

팩토리 메서드는 매우 유용하다. 이 예제처럼 목적에 따라 팩토리메서드 이름을 정할 수 있다. 게다가 팩토리 메서드는 그 팩토리 메서드가 선언된 클래스의 하위 클래스 객체를 반환할 수도 있다. 예를 들어 SubscribingUser와 SocialUser 클래스가 따로 존재한다면 그때그때 필요에 따라 적당한 클래스의 객체를 반환할 수 있다. 또한 팩토리 메서드는 생성할 필요가 없는 객체를 생성하지 않을 수도 있다.

예를 들어 이메일 주소별로 유일한 User 인스턴스를 만드는 경우 팩토리 메서드가 이미 존재하는 인스턴스에 해당하는 이메일 주소를 전달받으면 새 인스턴스를 만들지 않고 캐시에 있는 기존 인스턴스를 반환할 수 있다. 하지만 이런 클래스를 확장해야만 하는 경우에는 동반 객체 멤버를 하위 클래스에서 오버라이드할 수 없으므로 여러 생성자를 사용하는 편이 더 나은 해법이다.

4.4.3 동반 객체를 일반 객체처럼 사용

동반 객체는 클래스 안에 정의된 일반 객체다. 따라서 다른 객체 선언처럼 동반 객체에 이름을 붙이거나, 동반 객체가 인터페이스를 상속하거나, 동반 객체 안에 확장 함수와 프로퍼티를 정의할 수 있다. 예를 하나 살펴보자.

회사의 급여 명부를 제공하는 웹 서비스를 만드는 데 객체를 JSON으로 직렬화하거나 역직렬화해야 한다고 가정하자. 직렬화 로직을 동반 객체 안에 넣을 수 있다.

리스트 4.34 동반 객체에 이름 붙이기

```
class Person(val name: String) {
    companion object Loader {    ← Loader라는 동반 객체를 생성한다.
        fun fromJSON(jsonText: String): Person = /* ... */
    }
}

fun main() {
    val person = Person.Loader.fromJSON("""{"name": "Dmitry"}""")
    println(person.name)
    // Dmitry
    val person2 = Person.fromJSON("""{"name": "Brent"}""")
    println(person2.name)
    // Brent
}
```

fromJSON을 호출하기 위해 2가지 방법을 모두 사용할 수 있다.

대부분의 경우 클래스 이름을 통해 동반 객체에 속한 멤버를 참조할 수 있으므로 객체의 이름을 짓느라 고심할 필요가 없다. 하지만 필요하다면 리스트 4.34처럼 companion object Loader 같은 방식으로 동반 객체에도 이름을 붙일 수 있다.

클래스에는 동반 객체가 하나뿐이므로 이름 지정 여부와 관계없이 항상 클래스 이름을 통해 동반 객체의 멤버에 접근할 수 있다. 특별히 이름을 지정하지 않으면 동반 객체 이름은 자동으로 Companion이 된다. 이 이름을 사용하는 예제를 나중에 '동반 객체 확장'을 다룰 때 볼 수 있다.

이런 싱글턴 동반 객체를 코틀린 표준 라이브러리에서도 볼 수 있다. 예를 들어 코틀린 Random 클래스에는 companion object Default가 있어 기본 난수 생성기를 제공한다.

```
val chance = Random.nextInt(from = 0, until = 100)
val coin = Random.Default.nextBoolean()
```
두 호출 모두 코틀린의 디폴트 난수 생성기를 사용한다.

동반 객체에서 인터페이스 구현

다른 객체 선언과 마찬가지로 동반 객체도 인터페이스를 구현할 수 있다. 잠시 후 보겠지만 인터페이스를 구현하는 동반 객체를 참조할 때도 객체를 둘러싼 클래스 이름을 바로 사용할 수 있다.

시스템에 Person을 포함한 다양한 타입의 객체가 있다고 가정하자. 이 시스템에서는 모든 타입의 객체를 생성하는 일반적인 방법을 제공하고 싶다. JSON 역직렬화를 통해 객체를 만드는 JSONFactory 인터페이스가 존재한다고 하자. Person 클래스 안에서 다음과 같이 companion object로 JSONFactory 인터페이스를 구현할 수 있다(다음 예제는 11장에서 살펴볼 제네릭스를 사용하지만 여전히 이해하기 쉬울 것이다).

리스트 4.35 동반 객체에서 인터페이스 구현하기

```
interface JSONFactory<T> {
```

```
    fun fromJSON(jsonText: String): T
}

class Person(val name: String) {
    companion object : JSONFactory<Person> {
        override fun fromJSON(jsonText: String): Person = /* ... */   ◀──
    }
}
```
                                                              인터페이스를 구현하는 동반 객체

추상 팩토리를 통해 엔티티를 적재하는 함수가 있다면 Person 객체를 그 팩토리에 넘길 수 있다.

```
fun <T> loadFromJSON(factory: JSONFactory<T>): T {
    /* ... */
}

loadFromJSON(Person)            ◀──── 동반 객체의 인스턴스를 함수에 넘긴다.
```

여기서 동반 객체가 구현한 JSONFactory의 인스턴스를 넘길 때 Person 클래스의 이름을 사용했다는 점에 유의하라.

코틀린 동반 객체와 정적 멤버

클래스의 동반 객체는 일반 객체와 비슷한 방식으로, 클래스에 정의된 인스턴스를 가리키는 정적 필드로 컴파일된다. 동반 객체에 이름을 붙이지 않았다면 자바 측에서 Companion이라는 이름으로 그 참조에 접근할 수 있다.

/* 자바 */
Person.Companion.fromJSON("...");

동반 객체에 이름을 붙였다면 Companion 대신 그 이름이 쓰인다.

때로 자바에서 사용하기 위해 코틀린 클래스의 멤버를 정적인 멤버로 만들어야 할 필요가 있다. 그런 경우 @JvmStatic 어노테이션을 코틀린 멤버에 붙이면 된다. 정적 필드가 필요하다면 @JvmField 어노테이션을 최상위 프로퍼티나 object에 선언된 프로퍼티 앞에 붙인다. 이런 기능은 자바와의 상호 운용성을 위해 존재하며 정확히 말하자면 코틀린 핵심 언어가 제공하는 기능은 아니다. 어노테이션은

> 12장에서 자세히 다룬다. 코틀린에서도 자바와 같은 구문을 사용해 자바의 정적 필드나 메서드를 사용할 수 있다는 점에 유의하라.

동반 객체 확장

3.3절에서 본 것처럼 확장 함수를 사용하면 코드 기반의 다른 곳에서 정의된 클래스의 인스턴스에 대해 새로운 메서드를 정의할 수 있다. 따라서 자바의 정적 메서드나 코틀린의 동반 객체 메서드처럼 기존 클래스 자체에 대해 호출할 수 있는 새로운 함수를 정의하고 싶다면 어떻게 해야 할까? 클래스에 동반 객체가 있으면 그 객체 안에 함수를 정의함으로써 클래스에 대해 호출할 수 있는 확장 함수를 만들 수 있다. 더 구체적으로 설명해보자. C라는 클래스 안에 동반 객체가 있고 그 동반 객체(C.Companion) 안에 func를 정의하면 외부에서는 func()를 C.func()로 호출할 수 있다.

예를 들어 앞에서 살펴본 Person의 관심사를 좀 더 명확히 분리하고 싶다고 하자. Person 클래스는 핵심 비즈니스 로직 모듈의 일부다. 하지만 그 비즈니스 모듈이 특정 데이터 타입에 의존하기를 원치는 않는다. 따라서 역직렬화 함수를 비즈니스 모듈이 아니라 클라이언트와 서버 사이의 통신을 담당하는 모듈 안에 포함시키고 싶다. 확장 함수를 사용하면 이렇게 구조를 잡을 수 있다. 다음 예제에서는 이름 없이 정의된 동반 객체를 가리키기 위해 동반 객체의 기본 이름인 Companion을 사용했다.

리스트 4.36 동반 객체에 대한 확장 함수 정의하기

```
// 비즈니스 로직 모듈
class Person(val firstName: String, val lastName: String) {
    companion object {          ◀── 비어있는 동반 객체를 선언한다.
    }
}
```

```
// 클라이언트/서버 통신 모듈
fun Person.Companion.fromJSON(json: String): Person {    ◀── 확장 함수를 선언한다.
  /* ... */
}

val p = Person.fromJSON(json)
```

마치 동반 객체 안에서 fromJSON 함수를 정의한 것처럼 fromJSON을 호출할 수 있다. 하지만 실제로 fromJSON은 클래스 밖에서 정의한 확장 함수다. 다른 보통 확장 함수처럼 fromJSON도 클래스 멤버 함수처럼 보이지만 실제로는 멤버 함수가 아니다. 여기서 동반 객체에 대한 확장 함수를 작성할 수 있으려면 원래 클래스에 동반 객체를 꼭 선언해야 한다는 점에 주의하라. 설령 빈 객체라도 동반 객체가 꼭 있어야 한다.

지금까지 동반 객체가 얼마나 유용한지 살펴봤다. 이제는 코틀린에서 object 키워드를 사용하는 또 다른 기능인 객체 식$^{object\ expression}$을 살펴보자.

4.4.4 객체 식: 익명 내부 클래스를 다른 방식으로 작성

object 키워드를 싱글턴과 같은 객체를 정의하고 그 객체에 이름을 붙일 때만 사용하지는 않는다. 익명 객체$^{anonymous\ object}$를 정의할 때도 object 키워드를 쓴다. 익명 객체는 자바의 익명 내부 클래스를 대신한다.

예를 들어 전형적인 이벤트 리스너$^{event\ listener}$를 코틀린에서 구현해보자. 사용자와 버튼의 상호작용을 지정하기 위해 MouseListener 인스턴스를 취하는 Button 클래스를 다룬다고 가정하자.

```
interface MouseListener {
  fun onEnter()
  fun onClick()
}
```

```
class Button(private val listener: MouseListener) { /* ... */ }
```

객체 식을 사용하면 임의의 MouseListener 구현을 생성해서 Button 생성자에게 넘길 수 있다.

> **리스트 4.37 익명 객체로 이벤트 리스너 구현하기**

```
fun main() {
    Button(object : MouseListener {        ◀── 객체 식을 사용해 익명 객체를 만든다.
        override fun onEnter() { /* ... */ }      ┐
        override fun onClick() { /* ... */ }      ├── MouseListener 인터페이스의 메서드를 구현한다.
    })
}
```

사용한 구문은 객체 선언에서와 같다. 한 가지 유일한 차이는 객체 이름이 빠졌다는 점이다. 객체 식은 클래스를 정의하고 그 클래스에 속한 인스턴스를 생성하지만 그 클래스나 인스턴스에 이름을 붙이지는 않는다. 이런 경우 보통 함수를 호출하면서 인자로 익명 객체를 넘기기 때문에 클래스와 인스턴스 모두 이름이 필요하지 않다. 하지만 객체에 이름을 붙여야 한다면 변수에 익명 객체를 대입하면 된다.

```
val listener = object : MouseListener {
    override fun onEnter() { /* ... */ }
    override fun onClick() { /* ... */ }
}
```

코틀린 익명 객체는 상당히 유연하다. 익명 객체는 인터페이스를 하나 구현할 수도 있고 여럿을 구현할 수도 있으며, 인터페이스를 구현하지 않을 수도 있다.

자바의 익명 클래스처럼 객체 식 안의 코드도 그 식이 포함된 함수의 변수에 접근할 수 있다. 하지만 자바와 달리 `final`이 아닌 변수도 객체 식 안에서 사용할 수 있다. 따라서 객체 식 안에서 이런 변수의 값을 변경할 수도 있다. 예를 들어 어떤 윈도우가 호출된 회수를 리스너에서 누적시킬 수 있다.

리스트 4.38 익명 객체 안에서 로컬 변수 사용하기

```
fun main() {
    var clickCount = 0              ◀── 로컬 변수를 정의한다.
    Button(object : MouseListener {
        override fun onEnter() { /* ... */ }
        override fun onClick() {
            clickCount++    ◀── 로컬 변수의 값을 변경한다.
        }
    })
}
```

> **노트**
>
> 객체 식은 익명 객체 안에서 여러 메서드를 오버라이드해야 하는 경우에 훨씬 더 유용하다. 메서드가 하나뿐인 인터페이스(Runnable 등의 인터페이스가 그렇다)를 구현해야 한다면 코틀린의 SAM 변환(함수 리터럴을 변환해 SAM으로 만듦) 지원을 활용해 여러분의 구현을 함수 리터럴(람다)로 작성하는 편이 더 낫다. SAM 변환을 사용하려면 익명 객체 대신 함수 리터럴(람다)을 사용해야 한다. 람다와 SAM 변환은 5.2절에서 자세히 다룬다.

4.5 부가 비용 없이 타입 안전성 추가: 인라인 클래스

데이터 클래스를 통해 컴파일러가 생성한 코드가 코드의 가독성을 높이고 잡음을 줄여준다는 사실을 알았다. 이제 코틀린 컴파일러의 능력을 보여주는 다른 예제로, 인라인 클래스^{inline class}를 살펴보자.

잠시 동안 여러분의 지출을 추적하는 간단한 시스템을 만들고 있다고 생각해보자.

```
fun addExpense(expense: Int) {
    // 비용을 미국 달러의 센트 단위로 저장
}
```

일본 여행을 하는 도중에 맛있는 니쿠만(일본 고기 호빵)에 대한 지출 내역을 추가하려고 한다. 가격은 200엔이다.

```
addExpense(200) // 일본 엔
```

빠르게 문제가 분명히 드러난다. 함수 시그니처가 단순히 Int 타입을 받기 때문에 이 함수를 호출하는 사람이 서로 다른 의미의 값을 전달하는 것을 막을 방법이 없다. 이 경우 함수를 만든 사람의 의도는 미국 센트를 단위로 사용하는 것이었지만 호출하는 사람이 파라미터를 '엔'으로 해석하는 것을 방지하지 못한다.

이를 방지하는 전형적인 해법은 평범한 Int 대신 클래스를 사용하는 것이다.

```
class UsdCent(val amount: Int)

fun addExpense(expense: UsdCent) {
    // 비용을 미국 달러의 센트 단위로 저장
}

fun main() {
    addExpense(UsdCent(147))
}
```

이 접근 방법을 사용하면 함수에 잘못된 의미의 값을 전달할 위험이 훨씬 더 줄어들지만 몇 가지 성능상 고려할 점이 있다. addExpense 함수를 호출할 때마다 새로 UseCent 객체를 생성한 후 함수 안에서는 이를 벗겨내 사용하고 나머지는 버려야 한다. 함수를 아주 많이 호출하는 경우 생성 후 짧게 사라져서 결국 가비지 컬렉터에 의해 제거돼야 하는 객체를 수없이 많이 만들게 된다.

이럴 때 인라인 클래스가 도움이 된다. 인라인 클래스를 사용하면 성능을 희생하지 않고 타입 안전성을 얻을 수 있다.

UsdCent를 인라인 클래스로 만들려면 앞에 value 키워드를 사용하고 @JvmInline 어노테이션을 붙여야 한다.

```
@JvmInline
value class UsdCent(val amount: Int)
```

이렇게 작은 변경만으로 UsdCent 래퍼 타입이 제공하는 타입 안전성을 포기하지 않으면서 불필요하게 객체를 생성하는 비용을 줄일 수 있게 된다. 실행 시점에 UsdCent의 인스턴스는 감싸진 프로퍼티로 대체된다. 따라서 이런 클래스를 인라인 클래스라고 부른다. 즉, 클래스의 데이터가 사용되는 지점에 인라인된다.

> **노트**
>
> 완전히 정확하게 말하자면 코틀린 컴파일러는 가능한 경우에 최대한 항상 인라인 클래스를 내부 프로퍼티의 타입으로 표현한다. 래퍼 타입을 꼭 유지해야만 하는 경우가 있다. 가장 대표적 예가 인라인 클래스를 타입 파라미터로 사용하는 경우다. 이런 특별한 경우에 대한 설명을 코틀린 문서에서 볼 수 있다(https://kotlinlang.org/docs/inline-classes.html). 타입을 감싸거나 감싼 타입을 다시 벗기는 것은 7장에서 더 자세히 살펴본다.

'인라인'으로 표시하려면 클래스가 프로퍼티를 하나만 가져야 하며, 그 프로퍼티는 주 생성자에서 초기화돼야 한다. 인라인 클래스는 클래스 계층에 참여하지 않는다. 즉, 인라인 클래스는 다른 클래스를 상속할 수도 없고 인라인 클래스를 다른 클래스가 상속할 수도 없다. 하지만 인라인 클래스는 여전히 인터페이스를 상속하거나, 메서드를 정의하거나, 계산된 프로퍼티(2.2.2절에서 다룸)를 제공할 수 있다.

```
interface PrettyPrintable {
    fun prettyPrint()
}

@JvmInline
value class UsdCent(val amount: Int): PrettyPrintable {
    val salesTax get() = amount * 0.06
    override fun prettyPrint() = println("${amount}¢")
}

fun main() {
    val expense = UsdCent(1_99)
    println(expense.salesTax)
    // 11.94
    expense.prettyPrint()
    // 199¢
```

}

대부분 기본 타입 값의 의미를 명확하게 하고 싶을 때 인라인 클래스를 사용할 것이다. 예를 들어 일반적인 숫자 타입의 값으로 측정한 값의 단위를 표현하거나, 다른 여러 문자열의 서로 다른 의미를 구분하고 싶을 때 인라인 클래스를 사용한다. 인라인 클래스를 사용하면 함수를 호출하는 쪽에서 실수로 잘못된 의미로 값을 전달하는 경우를 막을 수 있다. 인라인 클래스에 대한 다른 중요한 예제를 8.1.2절에서 살펴볼 것이다.

이제 클래스, 인터페이스, 객체의 설명을 마친다. 5장에서는 코틀린에서 가장 재미있는 주제인 람다와 함수형 프로그래밍을 설명한다.

> **인라인 클래스와 프로젝트 발할라**
>
> 현재 인라인 클래스는 코틀린 컴파일러의 특징이다. 컴파일러는 대부분의 경우 객체를 생성하는 성능상의 손해를 감수하지 않고 어떻게 코드를 생성할지 알기 때문이다. 프로젝트 발할라(Project Valhalla, https://openjdk.java.net/projects/valhalla/)는 일련의 JDK 개선 제안(JEP)들로, JVM 자체에서 인라인 클래스(예전에는 값 클래스라고 불렀으나, 이제는 원시 클래스라고 부른다)를 지원하는 것이 목표다. 이는 런타임 환경이 인라인 클래스라는 개념을 직접 이해하고 지원하게 될 것이라는 의미다.
>
> 따라서 발할라는 현재 코틀린에서 인라인 클래스에 @JvmInline 어노테이션을 붙여야 하는 이유이기도 하다. @JvmInline은 인라인 클래스가 현재 코틀린 컴파일러에 의해 특별한 취급을 받고 있다는 사실을 명시한다. 나중에 발할라 기반의 구현을 사용할 수 있게 되면 코틀린에서 인라인 클래스를 선언할 때 어노테이션을 붙이지 않고 처음부터 JVM의 지원을 사용하게 될 것이다.

요약

- 코틀린의 인터페이스는 자바 인터페이스와 비슷하지만 디폴트 구현과 프로퍼티도 포함할 수 있다.
- 모든 코틀린 선언은 기본적으로 `final`이며 `public`이다.
- 선언이 `final`이 되지 않게 만들려면(상속과 오버라이딩이 가능하게 하려면) 앞에 `open`

을 붙여야 한다.
- `internal` 선언은 같은 모듈 안에서만 볼 수 있다.
- 내포 클래스는 기본적으로 내부 클래스가 아니다. 바깥쪽 클래스에 대한 참조를 내포 클래스 안에 포함시키려면 `inner` 키워드를 클래스 선언 앞에 붙여야 한다.
- `sealed` 클래스를 직접 상속하는 클래스나 `sealed` 인터페이스에 대한 구현들은 모두 컴파일 시점에 컴파일러에 보여야 한다.
- 초기화 블록과 부 생성자를 활용해 클래스 인스턴스를 더 유연하게 초기화할 수 있다.
- `field` 식별자를 통해 프로퍼티 접근자(게터와 세터) 안에서 프로퍼티의 데이터를 저장하는 데 뒷받침하는 필드를 참조할 수 있다.
- 데이터 클래스를 사용하면 컴파일러가 `equals`, `hashCode`, `toString`, `copy` 등의 메서드를 자동으로 생성해준다.
- 클래스 위임을 사용하면 위임 패턴을 구현할 때 비슷한 위임 코드를 반복하는 것을 피할 수 있다.
- 객체 선언은 싱글턴 클래스를 정의하는 코틀린식 방법이다.
- (패키지 수준 함수와 프로퍼티와 더불어) 동반 객체는 자바의 정적 메서드와 필드 정의를 대신한다.
- 동반 객체도 다른 (싱글턴) 객체와 마찬가지로 인터페이스를 구현할 수 있으며, 동반 객체에 대해서도 확장 함수와 프로퍼티를 정의할 수 있다.
- 코틀린의 객체 식은 자바의 익명 내부 클래스를 대신하며, 여러 인터페이스를 구현하거나 객체가 포함된 영역에 있는 변수의 값을 변경할 수 있는 등 자바 익명 내부 클래스보다 더 많은 기능을 제공한다.
- 인라인 클래스를 사용하면 수명이 짧은 객체를 많이 할당함으로써 발생할 수 있는 성능 저하를 피하면서도 프로그램에 새로운 타입 안전성 계층을 추가할 수 있다.

// 5

람다를 사용한 프로그래밍

5장에서 다루는 내용

- 람다식과 멤버 참조를 사용해 코드 조각과 행동 방식을 함수에게 전달
- 코틀린에서 함수형 인터페이스를 정의하고 자바의 함수형 인터페이스 사용
- 수신 객체 지정 람다 사용

람다식lambda expression 또는 **람다**는 기본적으로 다른 함수에 넘길 수 있는 작은 코드 조각을 의미한다. 람다를 사용하면 쉽게 공통 코드 구조를 라이브러리 함수로 뽑아 낼 수 있다. 코틀린 표준 라이브러리는 람다를 아주 많이 사용한다. 5장에서는 람다가 무엇인지 살펴보고, 람다 함수의 전형적인 사용 패턴을 보고, 코틀린에서 그런 사용 패턴이 어떤 모습일지 논의하고, 멤버 참조와 람다의 관계를 살펴본다.

람다를 자바 API나 라이브러리와 함께 사용하는 방법도 살펴보고(심지어 처음부터 람다를 고려하지 않고 만든 라이브러리라도 람다를 활용하게 만들 수 있다) 코틀린에서 함수 타입의 표현력을

높이기 위해 함수형 인터페이스를 사용하는 방법을 살펴본다. 마지막으로 수신 객체 지정 람다$^{lambda\ with\ receiver}$를 살펴본다. 수신 객체 지정 람다는 특별한 람다로, 람다 선언을 둘러싸고 있는 환경과는 다른 맥락에서 람다 본문을 실행할 수 있다.

5.1 람다식과 멤버 참조

자바 프로그래머들은 람다의 도입을 오랫동안 기다려왔고 자바 8의 람다는 그 기다림의 끝이었다. 람다가 왜 그렇게 중요할까? 이번 절에서는 람다의 유용성을 보여주고 코틀린 람다식 구문이 어떻게 생겼는지 알려준다.

5.1.1 람다 소개: 코드 블록을 값으로 다루기

코드에서 일련의 동작을 변수에 저장하거나 다른 함수에 넘겨야 하는 경우가 자주 있다. 예를 들어 "이벤트가 발생하면 이 핸들러를 실행하자"나 "데이터 구조의 모든 원소에 이 연산을 적용하자"와 같은 생각을 코드로 표현하고 싶을 때가 자주 있다. 예전에 자바에서는 익명 내부 클래스를 통해 이런 목적을 달성했다. 익명 내부 클래스를 사용하면 코드를 함수에 넘기거나 변수에 저장할 수 있기는 하지만 상당히 번거롭다.

이 문제를 해결하는 다른 접근 방법이 있다. 함수를 값처럼 다루기가 바로 그 해답이다. 클래스를 선언하고 그 클래스의 인스턴스를 함수에 넘기는 대신, 함수를 직접 다른 함수에 전달할 수 있다. 람다식을 사용하면 코드가 더욱 더 간결해진다. 람다식을 사용하면 함수를 선언할 필요가 없다. 대신 실질적으로 코드 블록을 직접 함수의 인자로 전달할 수 있다. 함수를 값으로 다루고 행동을 표현하기 위해 함수를 조합하는 이런 접근 방법은 함수형 프로그래밍을 뒷받침하는 기둥이기도 하다.

> **함수형 프로그래밍에 대해**
>
> 1.2.3절에서 코틀린의 다중 패러다임적인 성격을 간략히 설명했다. 그리고 코틀린을 통해 함수형 프로그래밍의 이점인 간결성, 불변성에 대한 강조, 더 강력한 추상화를 프로젝트에 도입할 수 있음을 이야기했다. 기억을 되살리기 위해 함수형 프로그래밍의 몇 가지 특성을 다시 정리하면 다음과 같다.
> - **일급 시민인 함수**: 함수(어떤 행동 방식)를 값으로 다룰 수 있다. 함수를 변수에 저장하고 파라미터로 전달하며, 함수에서 다른 함수를 반환할 수 있다. 이번 장에서 알게 될 것이지만 람다는 함수를 일급 시민으로 편하게 다룰 수 있게 해주는 코틀린의 언어 특성이다.
> - **불변성**: 객체를 만들 때 일단 만들어진 다음에는 내부 상태가 변하지 않음을 보장(즉, 객체가 변화될 수 없음)하는 방법으로 설계할 수 있다.
> - **부수 효과 없음**: 함수가 똑같은 입력에 대해 항상 같은 출력을 내놓고(파라미터 외에는 외부 세계로부터 영향을 받지 않음) 다른 객체나 외부 세계의 상태를 변경하지 않게 구성한다. 이런 함수를 순수하다(pure)라고 한다.

람다식이 정말 도움이 되는 예제를 하나 살펴보자. 버튼 클릭에 따른 동작을 정의하고 싶다. 이를 위해 Button 객체는 클릭을 처리하는 OnClickListener 인터페이스에 상응하는 인스턴스를 전달받기를 원할 수 있다. 이 인터페이스에는 onClick이라는 한 가지 메서드만 들어있다. 코틀린에서는 4.4.1절에서 다룬 object 선언으로 이를 구현할 수 있다.

리스트 5.1 object 선언으로 리스너 구현하기

```
button.setOnClickListener(object: OnClickListener {
  override fun onClick(v: View) {
    println("I was clicked!")
  }
})
```

이와 같은 객체를 선언하느라 생기는 번잡함은 이를 여러 번 반복할 때 훨씬 더 개발자를 괴롭힌다. 동작(클릭 시 어떤 일이 벌어져야 할지)을 간단히 기술할 수 있는 표기법이 있다면 이런 불필요한 코드를 제거할 수 있을 것이다. 코틀린에서는 이 코드를 람다로 고쳐 쓸 수 있다.

리스트 5.2 람다로 리스너 구현하기

```
button.setOnClickListener {
    println("I was clicked!")
}
```

이 코틀린 코드는 앞에서 살펴본 자바 익명 내부 클래스와 같은 역할을 하지만 훨씬 더 간결하고 읽기 쉽다. 이 예제는 이번 절 뒷부분에서 자세히(어떻게 OnClickListener 같은 인터페이스를 람다로 대신할 수 있는지와 함께) 다룬다.

이 예제는 람다를 메서드가 하나뿐인 익명 객체 대신 사용할 수 있다는 사실을 보여준다. 이제 함수형 언어에서 전통적으로 람다를 많이 활용해 온 전통적인 예제, 즉 컬렉션을 살펴보자.

5.1.2 람다와 컬렉션

코드에서 중복을 제거하는 것은 프로그래밍 스타일을 개선하는 중요한 방법 중 하나다. 컬렉션을 다룰 때 수행하는 대부분의 작업은 몇 가지 일반적인 패턴에 속한다. 람다로 인해 코틀린은 컬렉션을 다룰 때 강력한 기능을 제공하는 훌륭하고 편리한 표준 라이브러리를 제공할 수 있었다.

예제를 하나 살펴보자. 사람의 이름과 나이를 저장하는 Person 클래스를 사용하자.

```
data class Person(val name: String, val age: Int)
```

사람들로 이뤄진 리스트가 있고 그중에 가장 나이가 많은 사람을 찾고 싶다. 람다를 사용해 본 경험이 없는 개발자라면 직접 검색을 구현할 것이다.

나이의 최댓값과 그 최댓값에 해당하는 나이를 먹은 첫 번째 사람을 저장하고자 변수를 2개 만들고 리스트에 대해 반복하면서 그 두 변수를 변경할 것이다.

리스트 5.3 컬렉션을 for 루프로 직접 검색하기

```
fun findTheOldest(people: List<Person>) {
    var maxAge = 0                          ←── 가장 큰 나이를 저장한다.
    var theOldest: Person? = null           ←── 가장 나이가 많은 사람을 저장한다.
    for (person in people) {
        if (person.age > maxAge) {          ←── 다음 사람이 지금까지 가장 나이가 많은 사람보다
            maxAge = person.age                  더 나이가 많으면 최댓값을 변경한다.
            theOldest = person
        }
    }
    println(theOldest)
}

fun main() {
    val people = listOf(Person("Alice", 29), Person("Bob", 31))
    findTheOldest(people)
    // Person(name=Bob, age=31)
}
```

경험이 많은 개발자라면 순식간에 이런 루프를 작성할 수 있다. 하지만 이 루프에는 상당히 많은 코드가 들어있기 때문에 작성하다 실수를 저지르기도 쉽다. 예를 들어 비교 연산자를 잘못 사용하면 최댓값 대신 최솟값을 찾게 된다.

코틀린에서는 더 좋은 방법이 있다. 표준 라이브러리 함수를 사용하면 된다. 다음 예를 보자.

리스트 5.4 maxByOrNull 함수를 사용해 컬렉션 검색하기

```
fun main() {
    val people = listOf(Person("Alice", 29), Person("Bob", 31))
    println(people.maxByOrNull { it.age })   ←── age를 비교해서 값이
    // Person(name=Bob, age=31)                    가장 큰 원소 찾기
}
```

모든 컬렉션에 대해 `maxByOrNull` 함수를 호출할 수 있는데, 이 함수는 인자를 하나만 받는다. 바로 가장 큰 원소를 찾기 위해 비교에 사용할 값을 돌려주는 함수다. 중괄호로 둘러싸인 코드 `{ it.age }`는 이 선택자 로직을 구현한다. 선택자는 어떤 원소를 인자로 받아 비교에 사용할 값을 반환한다. 람다가 인자를 하나(컬렉션 원소)만 받고 그 인자에 구체적 이름을 붙이고 싶지 않기 때문에 `it`이라는 암시적 이름을 사용한다. 이 예제에서는 컬렉션의 원소가 `Person` 객체였으므로 반환의 기준이 되는 값은 `Person` 객체의 `age` 프로퍼티에 저장된 나이가 된다.

람다가 단순히 함수나 프로퍼티에 위임할 경우에는 멤버 참조를 사용할 수 있다.

리스트 5.5 멤버 참조를 사용해 컬렉션 검색하기

```
people.maxByOrNull(Person::age)
```

이 코드는 리스트 5.4와 같은 일을 한다. 이는 5.1.5절에서 더 자세히 다룬다.

컬렉션에 대해 수행하는 대부분의 작업은 람다나 멤버 참조를 인자로 취하는 라이브러리 함수를 통해 간결하게 표현될 수 있다. 개선한 코드는 더 짧고 더 이해하기 쉬우며, 루프 기반의 구현보다 여러분의 의도(즉, 여러분의 코드가 무슨 목적을 달성하고 싶은지)를 잘 드러낸다. 그런 함수에 더 빨리 익숙해질 수 있도록 먼저 람다식의 문법을 자세히 살펴보자. 나중에 6장에서 람다를 사용해 컬렉션을 다루는 기능을 더 자세히 살펴본다.

5.1.3 람다식의 문법

이미 말했지만 람다는 값처럼 여기저기 전달할 수 있는 동작의 조각이다. 람다를 따로 선언해서 변수에 저장할 수도 있다. 하지만 함수에 인자로 넘기면서 바로 람다를 정의하는 경우가 대부분이다. 그림 5.1은 람다식을 선언하기 위한 문법을 보여준다.

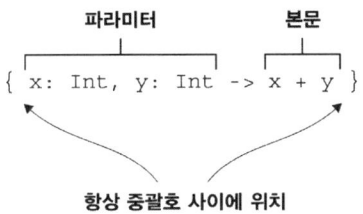

그림 5.1 람다식 문법 – 람다는 항상 중괄호로 싸여 있으며, 파라미터를 지정하고 실제 로직이 담긴 본문을 제공한다.

코틀린 람다식은 항상 중괄호({})로 둘러싸여 있다. 인자 목록 주변에 괄호가 없다는 사실을 꼭 기억하라. 화살표(->)가 인자 목록과 람다 본문을 구분해준다.

람다식을 변수에 저장할 수 있다. 람다가 저장된 변수를 다른 일반 함수와 마찬가지로 다룰 수 있다(괄호 안에 람다의 파라미터와 상응하는 인자를 넣어 람다를 호출할 수 있다).

```
fun main() {
  val sum = { x: Int, y: Int -> x + y }
  println(sum(1, 2))         ◄── 변수에 저장된 람다를 호출한다.
  // 3
}
```

원한다면 람다식을 직접 호출해도 된다.

```
fun main() {
  { println(42) }()
  // 42
}
```

하지만 이와 같은 구문은 읽기 어렵고 그다지 쓸모도 없다. 람다를 만들자마자 바로 호출하느니 람다 본문의 코드를 직접 실행하는 편이 낫다. 코드의 일부분을 블록으로 둘러싸 실행할 필요가 있다면 run을 사용하라. run은 인자로 받은 람다를 실행해 주는 라이브러리 함수다.

```
fun main() {
  run { println(42) }        ◄── 람다 본문에 있는 코드를 실행한다.
```

```
    // 42
}
```

식이 필요한 부분에서 코드 블록을 실행하고 싶을 때 run이 아주 유용하다. 최상위 수준의 변수를 정의하는 데 몇 가지 설정과 다른 추가 작업이 필요할 때를 생각해 보자.

```
val myFavoriteNumber = run {
    println("I'm thinking!")
    println("I'm doing some more work...")
    42
}
```

10.2절에서 왜 {...}()처럼 람다식을 적은 바로 다음에 괄호를 사용해 호출하는 방법과 달리 run을 쓰는 이런 호출에 아무 부가 비용이 들지 않으며 프로그램이 제공하는 기본 구성 요소와 비슷한 성능을 내는지 설명한다. 리스트에서 가장 나이 많은 사람을 찾는 예제인 리스트 5.4로 돌아가자.

```
fun main() {
    val people = listOf(Person("Alice", 29), Person("Bob", 31))
    println(people.maxByOrNull { it.age })
    // Person(name=Bob, age=31)
}
```

이 예제에서 코틀린이 코드를 줄여 쓸 수 있게 제공했던 기능을 제거하고 정식으로 람다를 작성하면 다음과 같다.

```
people.maxByOrNull({ p: Person -> p.age })
```

여기서 어떤 일이 벌어지고 있는지 더 명확히 알 수 있다. 중괄호 안에 있는 코드는 람다식이고 그 람다식을 `maxByOrNull` 함수에게 넘긴다. 람다식은 `Person` 타입의 값을 인자로 받아 인자의 `age`를 반환한다.

하지만 이 코드는 번잡하다. 우선 구분자가 너무 많이 쓰여서 가독성이 떨어진다.

그리고 컴파일러가 문맥으로부터 유추할 수 있는 인자 타입을 굳이 적을 필요는 없다. 마지막으로 인자가 단 하나뿐인 경우 굳이 인자에 이름을 붙이지 않아도 된다.

이런 개선을 적용해보자. 먼저 중괄호부터 시작해보자. 코틀린에는 함수 호출 시 맨 뒤에 있는 인자가 람다식이라면 그 람다를 괄호 밖으로 빼낼 수 있다는 문법적인 관습이 있다. 이 예제에서는 람다가 유일한 인자이므로 마지막 인자이기도 하다. 따라서 괄호 뒤에 람다를 둘 수 있다.

people.maxByOrNull() { p: Person -> p.age }

이 코드처럼 람다가 어떤 함수의 유일한 인자이고 괄호 뒤에 람다를 썼다면 호출 시 빈 괄호를 없애도 된다.

people.maxByOrNull { p: Person -> p.age }

이 3가지 형태는 모두 같은 뜻이지만 마지막 문장이 가장 읽기 쉽다. 람다가 함수의 유일한 인자라면 여러분은 분명 괄호 없이 람다를 바로 쓰기를 원하게 될 것이다. 인자가 여럿 있는데, 마지막 인자만 람다인 경우에는 람다를 밖으로 빼내는 스타일이 코틀린에서 가장 좋은 스타일로 여겨진다. 둘 이상의 람다를 인자로 받는 함수의 경우 둘 이상의 람다를 괄호 밖으로 빼낼 수는 없다. 따라서 그런 경우에는 괄호 안에 모든 람다를 넣는 편이 더 낫다.

이런 방식을 더 복잡한 함수 호출에 적용한 모습을 보기 위해 3장에서 열심히 개선했던 joinToString 예제를 다시 살펴보자. 코틀린 표준 라이브러리에도 joinToString이라는 함수가 있지만, 표준 라이브러리의 joinToString은 맨 마지막 인자로 함수를 더 받는다는 차이가 있다. 리스트의 원소를 toString이 아닌 다른 방식을 통해 문자열로 변환하고 싶은 경우 이 인자를 활용한다. 다음은 각 사람의 이름만 출력하고자 joinToString에 람다를 사용한 모습을 보여준다.

리스트 5.6 이름 붙인 인자를 사용해 람다 넘기기

```
fun main() {
    val people = listOf(Person("Alice", 29), Person("Bob", 31))
    val names = people.joinToString(
        separator = " ",
        transform = { p: Person -> p.name }
    )
    println(names)
    // Alice Bob
}
```

이 함수 호출에서 람다를 괄호 밖으로 뺀 모습은 다음과 같다.

리스트 5.7 람다를 괄호 밖에 전달하기

```
people.joinToString(" ") { p: Person -> p.name }
```

리스트 5.6에서는 이름 붙은 인자를 사용해 람다를 넘김으로써 람다를 어떤 용도로 쓰는지 더 명확히 했다. 리스트 5.7은 더 간결하지만 람다의 용도를 분명히 알아볼 수는 없다. 따라서 joinToString에 익숙하지 않은 개발자에게는 리스트 5.7의 코드가 더 이해하기 어려울 것이다.

> **팁**
>
> 인텔리제이 IDEA와 안드로이드 스튜디오는 마지막 람다의 위치를 자동으로 변경하는 기능을 제공한다. 한 형식을 다른 형식으로 바꾸고 싶다면 람다 위에 커서를 위치시킨 후(그림 5.2 참고), Alt + Enter(맥OS에서는 Option + Return)를 누르거나 노란 전구 아이콘을 클릭한 후 Move lambda expression out of parentheses 메뉴와 Move lambda expression into parentheses 메뉴를 사용하라.

```
10 ▶  fun main() {
11       people.maxByOrNull({ it.age })
12    }
```

> Move lambda argument out of parentheses
> ≯ Introduce local variable
> ≯ Convert lambda to reference
> ≯ Convert to multi-line lambda
> ≯ Convert to run
> ≯ Convert to with
> ≯ Use destructuring declaration
> ≯ Convert to anonymous function
> ≯ Disable a trailing comma by default in the formatter
> ≯ Specify explicit lambda signature
> Press F1 to toggle preview

```
10 ▶  fun main() {
11       people.maxByOrNull { it.age }
12    }
```

그림 5.2 'Move lambda expression out of parentheses' 메뉴를 사용하면 람다를 괄호 밖으로 이동할 수 있다

이제 구문을 더 간단하게 다듬고 파라미터 타입을 없애자.

리스트 5.8 람다 파라미터 타입 제거하기

```
people.maxByOrNull { p: Person -> p.age }    ◀── 파라미터 타입을 명시
people.maxByOrNull { p -> p.age }            ◀── 파라미터 타입을 컴파일러가 추론
```

로컬 변수처럼 컴파일러는 람다 파라미터의 타입도 추론할 수 있다. 따라서 파라미터 타입을 명시할 필요가 없다. maxByOrNull 함수의 경우 파라미터의 타입은 항상 컬렉션 원소 타입과 같다. 컴파일러는 여러분이 Person 타입의 객체가 들어있는 컬렉션에 대해 maxByOrNull을 호출한다는 사실을 알고 있으므로 람다의 파라미터도 Person이라는 사실을 이해할 수 있다.

컴파일러가 람다 파라미터의 타입을 추론하지 못하는 경우도 있지만 언제 그런지는 여기서 다루지는 않겠다. 처음에는 타입을 쓰지 않고 람다를 작성하고 컴파일러가 타입을 모르겠다고 불평하는 경우에만 타입을 명시한다는 간단한 규칙을 지키자.

파라미터 중 일부 타입은 지정하고 나머지 파라미터는 타입을 지정하지 않고 이름

만 남겨둬도 된다. 컴파일러가 파라미터 타입 중 일부를 추론하지 못하거나 타입 정보가 코드를 읽을 때 도움이 된다면 그렇게 일부 타입만 표시하면 편하다.

마지막으로 람다의 파라미터 이름을 디폴트 이름인 it으로 바꾸면 람다식을 더 간단하게 만들 수 있다. 람다의 파라미터가 하나뿐이고 타입을 컴파일러가 추론할 수 있는 경우 it을 쓸 수 있다. 람다식을 단순화한 모든 단계는 그림 5.3에서 보여준다.

리스트 5.9 디폴트 파라미터 이름 it 사용하기

`people.maxByOrNull { it.age }`   ← it은 자동 생성된 파라미터 이름이다.

람다 파라미터 이름을 따로 지정하지 않은 경우에만 it이라는 이름이 자동으로 만들어진다.

노트

it을 사용하는 관습은 코드를 아주 간단하게 만들어준다. 하지만 이를 남용하면 안 된다. 특히 람다 안에 람다가 내포되는 경우 각 람다의 파라미터를 명시하는 편이 낫다. 파라미터를 명시하지 않으면 각각의 it이 가리키는 파라미터가 어떤 람다에 속했는지 파악하기 어려울 수 있다(그리고 "바깥쪽 람다의 암시적 파라미터 it이 가려짐(Implicit parameter it of enclosing lambda is shadowed)"이라는 경고를 보게 된다). 문맥에서 람다 파라미터의 의미나 파라미터의 타입을 쉽게 알 수 없는 경우에도 파라미터를 명시적으로 선언하면 도움이 된다.

---

❶ `people.maxByOrNull({ p: Person -> p.age })`
❷ `people.maxByOrNull() { p: Person -> p.age }`
❸ `people.maxByOrNull { p: Person -> p.age }`
❹ `people.maxByOrNull { p -> p.age }`
❺ `people.maxByOrNull { it.age }`
❻ `people.maxByOrNull(Person::age)`

그림 5.3 people 컬렉션에서 가장 나이가 많은 사람을 찾는 maxByOrNull 호출을 6단계로 단순화한다. ❶ 람다를 괄호 밖으로 옮긴다. ❷ 이제는 비어있게 된 괄호를 제거한다. ❸ p 파라미터의 타입을 명시하는 대신 ❹ 컴파일러의 타입 추론을 활용한다. ❺ 람다의 유일한 파라미터 이름을 암시적 이름 it으로 대신한다. ❻ 이런 람다를 멤버 참조를 통해 더 짧게 쓸 수 있음도 배웠다.

람다를 변수에 저장할 때는 파라미터의 타입을 추론할 문맥이 존재하지 않는다. 따라서 파라미터 타입을 명시해야 한다.

```
val getAge = { p: Person -> p.age }
people.maxByOrNull(getAge)
```

지금까지는 한 문장(식 또는 명령)으로 이뤄진 작은 람다만을 예제로 살펴봤다. 하지만 꼭 한 줄로 이뤄진 작은 람다만 있지는 않다. 본문이 여러 줄로 이뤄진 경우 본문의 맨 마지막에 있는 식이 람다의 결괏값이 된다. 이때 명시적인 return이 필요하지 않다.

```
fun main() {
  val sum = { x: Int, y: Int ->
    println("Computing the sum of $x and $y...")
    x + y
  }
  println(sum(1, 2))
  // Computing the sum of 1 and 2...
  // 3
}
```

다음으로 흔히 람다식과 함께 사용하는 개념인 변수 캡처capturing variables를 살펴보자.

5.1.4 현재 영역에 있는 변수 접근

함수 안에 익명 내부 클래스를 선언하면 그 클래스 안에서 함수의 파라미터와 로컬 변수를 참조할 수 있다. 람다 안에서도 같은 일을 할 수 있다. 람다를 함수 안에서 정의하면 함수의 파라미터뿐 아니라 람다 정의보다 앞에 선언된 로컬 변수까지 람다에서 모두 사용할 수 있다(그림 5.4 참고).

이런 기능을 보여주기 위해 표준 라이브러리 함수 forEach를 사용해보자. forEach는 가장 기본적인 컬렉션 조작 함수 중 하나다. forEach는 컬렉션의 모든 원소에 대해 람다를 호출해준다. forEach는 일반적인 for 루프보다 훨씬 간결하지만 그렇다고 다른 장점이 많지는 않다. 따라서 성급히 기존의 for 루프를 forEach로 모두 바꿀 필요는 없다. 다음 리스트는 메시지의 컬렉션을 받아 모든 메시지에 똑같은 접두사를 붙여 출력해준다.

리스트 5.10 함수 파라미터를 람다 안에서 사용하기

```
fun printMessagesWithPrefix(messages: Collection<String>, prefix: String) {
    messages.forEach {              ◀── 각 원소에 대새 수행할 작업을 람다로 받는다.
        println("$prefix $it")      ◀── 람다 안에서 함수의 prefix 파라미터를 사용한다.
    }
}

fun main() {
    val errors = listOf("403 Forbidden", "404 Not Found")
    printMessagesWithPrefix(errors, "Error:")
    // Error: 403 Forbidden
    // Error: 404 Not Found
}
```

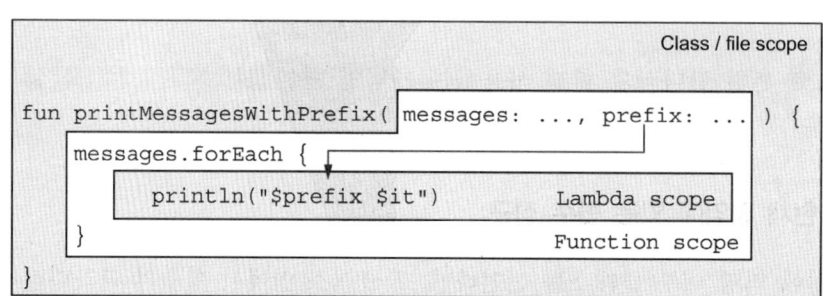

그림 5.4 forEach 람다는 자신을 둘러싼 영역에 정의된 prefix 변수와 다른 변수에 접근할 수 있다. 이때 파일 영역에 이를 때까지 자신을 둘러싼 영역의 변수를 참조할 수 있다.

코틀린과 자바 람다의 다른 점 중 중요한 한 가지는 코틀린 람다 안에서는 파이널 변수가 아닌 변수에 접근할 수 있다는 점이다. 따라서 람다 안에서 바깥의 변수를 변경해도 된다. 다음 리스트는 전달받은 상태 코드 컬렉션에 있는 클라이언트와 서버 오류의 횟수를 센다. printProblemCounts 함수에 정의된 clientErrors와 serverErrors 변수를 forEach 람다 안에서 사용함으로써 이렇게 할 수 있다.

리스트 5.11 람다 안에서 바깥 함수의 로컬 변수 변경하기

```
fun printProblemCounts(responses: Collection<String>) {
    var clientErrors = 0                            ┐ 람다에서 접근할 변수를 선언한다.
    var serverErrors = 0                            ┘
    responses.forEach {
        if (it.startsWith("4")) {
            clientErrors++                          ◄
        } else if (it.startsWith("5")) {              ├ 람다의 변수를 수정한다.
            serverErrors++                          ◄
        }
    }
    println("$clientErrors client errors, $serverErrors server errors")
}

fun main() {
    val responses = listOf("200 OK", "418 I'm a teapot",
                           "500 Internal Server Error")
    printProblemCounts(responses)
    // 1 client errors, 1 server errors
}
```

코드를 보면 알 수 있듯이 코틀린에서는 람다 안에서 람다 밖 함수에 있는 파이널이 아닌 변수에 접근(그리고 변경)할 수 있다. 이 예제의 prefix, clientErrors, serverErrors와 같이 람다 안에서 접근할 수 있는 외부 변수를 '람다가 캡처한 변수'라고 부른다.

기본적으로 함수 안에 정의된 로컬 변수의 생명주기는 함수가 반환되면 끝난다. 하지만 어떤 함수가 자신의 로컬 변수를 캡처한 람다를 반환하거나 다른 변수에 저장한다면 로컬 변수의 생명주기와 함수의 생명주기가 달라질 수 있다. 캡처한 변수가 있는 람다를 저장해서 함수가 끝난 뒤에 실행해도 람다의 본문 코드는 여전히 캡처한 변수를 읽거나 쓸 수 있다. 어떻게 그런 동작이 가능할까? 파이널 변수를 캡처한 경우에는 람다 코드를 변수 값과 함께 저장한다. 파이널이 아닌 변수를 캡처한 경우에는 변수를 특별한 래퍼로 감싸서 나중에 변경하거나 읽을 수 있게 한 다음, 래퍼에 대한 참조를 람다 코드와 함께 저장한다.

> **변경 가능한 변수 캡처하기: 자세한 구현**
>
> 자바에서는 파이널 변수만 캡처할 수 있다. 하지만 교묘한 속임수를 통해 변경 가능한 변수를 캡처할 수 있다. 그 속임수는 변경 가능한 값을 저장할 원소가 단 하나뿐인 배열을 선언하거나, 변경 가능한 변수에 대한 참조를 저장하는 클래스를 선언하는 것이다. 이런 속임수를 코틀린으로 작성하면 다음과 같다.
>
> ```
> class Ref<T>(var value: T)    ◀── 변경 가능한 변수를 캡처하는 방법을 보여주기 위한 클래스
>
> fun main() {
>     val counter = Ref(0)
>     val inc = { counter.value++ }   ◀── 공식적으로는 변경 불가능한 변수를 캡처했지만 그
> }                                       변수가 가리키는 객체의 필드 값을 바꿀 수 있다.
> ```
>
> 실제 코드에서는 이런 래퍼를 만들지 않아도 된다. 대신, 변수를 직접 바꾼다.
>
> ```
> fun main() {
>     var counter = 0
>     val inc = { counter++ }
> }
> ```
>
> 이 코틀린 코드가 어떻게 작동할까? 첫 번째 예제는 두 번째 예제가 작동하는 내부 모습을 보여준다. 람다가 파이널 변수(val)를 캡처하면 자바와 마찬가지로 그 변수의 값이 복사된다. 하지만 람다가 변경 가능한 변수(var)를 캡처하면 변수를 Ref 클래스 인스턴스에 넣는다. 그 Ref 인스턴스에 대한 참조를 파이널로 만들면 쉽게 람다로 캡차할 수 있고, 람다 안에서는 Ref 인스턴스의 필드를 변경할 수 있다.

한 가지 꼭 알아둬야 할 함정이 있다. 람다를 이벤트 핸들러나 다른 비동기적으로 실행되는 코드로 활용하는 경우 로컬 변수 변경은 람다가 실행될 때만 일어난다.

예를 들어 다음 코드는 버튼 클릭 횟수를 제대로 셀 수 없다.

```
fun tryToCountButtonClicks(button: Button): Int {
    var clicks = 0
    button.onClick { clicks++ }
    return clicks
}
```

이 함수는 항상 0을 반환한다. onClick 핸들러는 호출될 때마다 clicks의 값을 증가시키지만 그 값의 변경을 관찰할 수는 없다. 핸들러는 tryToCountButtonClicks가 clicks를 반환한 다음에 호출되기 때문이다. 이 함수를 제대로 구현하려면 클릭 횟수를 세는 카운터 변수를 함수 밖으로 옮겨야 한다. 예를 들어 클래스의 프로퍼티 등의 위치로 빼낼 수 있다.

지금까지 람다를 정의하는 문법과 람다에서 변수를 캡처하는 방법을 다뤘다. 이제는 참조를 함수에 편리하게 전달할 수 있는 방법인 멤버 참조를 살펴보자.

5.1.5 멤버 참조

람다를 사용해 코드 블록을 다른 함수에 인자로 넘기는 방법을 살펴봤다. 하지만 넘기려는 코드가 이미 함수로 선언된 경우는 어떻게 해야 할까? 물론 그 함수를 호출하는 람다를 만들면 된다. 하지만 이는 중복이다. 함수를 직접 넘길 수는 없을까?

코틀린에서는 자바 8과 마찬가지로 함수를 값으로 바꿀 수 있다. 이때 이중 콜론(::)을 사용한다.

```
val getAge = Person::age
```

::을 사용하는 식을 **멤버 참조**(member reference)라고 부른다. 멤버 참조는 정확히 한 메서드를 호출하거나 한 프로퍼티에 접근하는 함수 값을 만들어준다. ::은 클래스 이름과 참조하려는 멤버(프로퍼티나 메서드) 이름 사이에 위치한다. 그림 5.5를 살펴보자.

그림 5.5 멤버 참조 문법

이는 같은 역할을 하는 다음 람다식을 더 간략하게 표현해준다.

```
val getAge = { person: Person -> person.age }
```

참조 대상이 함수인지 프로퍼티인지와는 관계없이 멤버 참조 뒤에는 괄호를 넣으면 안 된다. 결국 해당 대상을 참조할 뿐이지 호출하려는 것이 아니기 때문이다.

멤버 참조는 그 멤버를 호출하는 람다와 같은 타입이다. 따라서 다음 예처럼 그 둘을 자유롭게 바꿔 쓸 수 있다.

```
people.maxByOrNull(Person::age)
people.maxByOrNull { person: Person -> person.age }
```
← 이 둘은 같다.

최상위에 선언된(그리고 다른 클래스의 멤버가 아닌) 함수나 프로퍼티를 참조할 수도 있다.

```
fun salute() = println("Salute!")

fun main {
    run(::salute)    ← 최상위 함수에 대한 참조
    // Salute!
}
```

이런 경우 클래스 이름을 생략하고 ::으로 참조를 바로 시작한다. ::salute라는 멤버 참조를 run 라이브러리 함수에 넘기고, run은 인자로 받은 람다를 호출한다.

람다가 인자가 여럿인 다른 함수에게 작업을 위임하는 경우 멤버 참조를 제공하면 아주 편리하다. 파라미터 이름과 함수를 반복하지 않아도 되기 때문이다.

```
val action = { person: Person, message: String ->    ← 이 람다는 sendEmail 함수에게 작업을 위임한다.
```

```
    sendEmail(person, message)
}
val nextAction = ::sendEmail   ◀──  람다 대신 멤버 참조를 쓸 수 있다.
```

생성자 참조^{constructor reference}를 사용하면 클래스 생성 작업을 연기하거나 저장해둘 수 있다. :: 뒤에 클래스 이름을 넣으면 생성자 참조를 만들 수 있다.

```
data class Person(val name: String, val age: Int)

fun main() {
    val createPerson = ::Person   ◀── Person의 인스턴스를 만드는 동작을 값으로 저장한다.
    val p = createPerson("Alice", 29)
    println(p)
    // Person(name=Alice, age=29)
}
```

확장 함수도 멤버 함수와 똑같은 방식으로 참조할 수 있다는 점을 기억하자.

```
fun Person.isAdult() = age >= 21
val predicate = Person::isAdult
```

isAdult는 Person 클래스의 멤버가 아니고 확장 함수다. 그렇지만 isAdult를 호출할 때 person.isAdult()로 인스턴스 멤버 호출 구문을 쓸 수 있는 것처럼 멤버 참조 구문을 사용할 수 있다.

5.1.6 값과 엮인 호출 가능 참조

지금까지 멤버 참조는 항상 클래스의 멤버를 가리켰다. 값과 엮인 호출 가능 참조^{bounded callable reference}를 사용하면 같은 멤버 참조 구문을 사용해 특정 객체 인스턴스에 대한 메서드 호출에 대한 참조를 만들 수 있다. 다음 예제에서 personsAgeFunction은 일반적인 멤버 참조다. 따라서 Person을 인자로 넘기면서 이 참조를 호출하면 그 사람의 나이를 돌려준다. 반면 sebsAgeFunction을 호출하면 지정된 구체적인 사람의 나이가 반환된다(그리고 호출시 아무 파라미터도 필요하지 않다).

```
fun main() {
    val seb = Person("Sebastian", 26)
    val personsAgeFunction = Person::age    ◀── 사람이 주어지면 나이를 돌려주는 멤버 참조
    println(personsAgeFunction(seb))   ◀── 사람을 인자로 받는다.
    // 26
    val sebsAgeFunction = seb::age    ◀── 특정 사람의 나이를 돌려주는, 값과 엮인 호출 가능 참조
    println(sebsAgeFunction())  ◀── 특정 값과 엮여 있기 때문에 아무 파라미터를 지정하지 않아도 된다.
    // 26
}
```

예제에서 볼 수 있는 것처럼 이 예제의 sebsAgeFunction(즉 seb::age)은 명시적으로 { seb.age }라는 람다를 적은 것과 같지만 더 간결하다(그림 5.6).

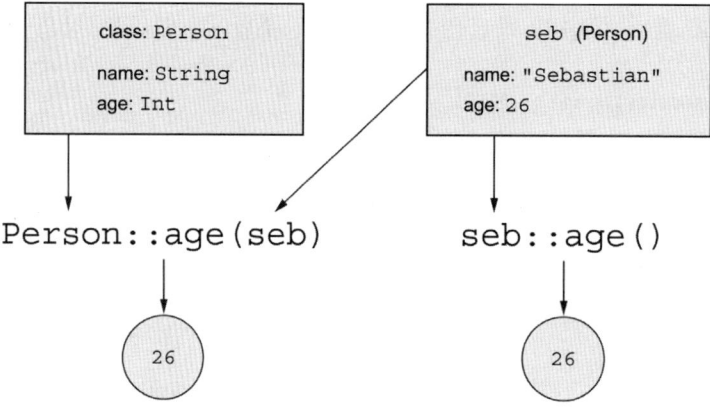

그림 5.6 Person::age와 같은 일반적인 멤버 참조는 객체의 인스턴스를 파라미터로 받고 멤버의 값을 반환한다. seb::age처럼 값과 엮인 호출 가능 참조는 인자를 받지 않고 자신과 엮인 객체의 멤버의 값을 반환한다.

6장에서 람다식이나 멤버 참조를 잘 활용할 수 있는 여러 라이브러리 함수를 살펴 볼 것이다.

지금까지 자주 쓰이는 람다식의 응용 방법으로 컬렉션을 조작하기 위해 람다를 사용하는 것을 설명했다. 이제는 다른 중요한 주제로, 람다를 기존 자바 API와 함께 사용하는 방법을 살펴보자.

5.2 자바의 함수형 인터페이스 사용: 단일 추상 메서드

JVM 생태계에는 이미 코틀린으로 작성된 수많은 라이브러리가 있고, 이런 라이브러리는 코틀린 람다를 직접 사용할 수 있다. 하지만 코틀린 프로젝트에 자바로 작성한 라이브러리를 사용하게 될 가능성이 상당히 크다. 다행인 점은 코틀린 람다가 자바 API와도 완전히 호환된다는 것이다. 이번 절에서는 어떻게 이런 호환이 가능한지 살펴본다.

이번 장의 시작 부분에서 람다를 자바 메서드에 넘기는 예제를 이미 살펴봤다.

```
button.setOnClickListener {
    println("I was clicked!")     ←─── 람다를 인자로 전달함
}
```

Button 클래스는 OnClickListener 타입의 인자를 받는 setOnClickListener 메서드를 통해 새 리스너를 설정한다.

```
/* 자바 */
public class Button {
    public void setOnClickListener(OnClickListener l) { ... }
}
```

OnClickListener에는 메서드가 하나만 들어있다. 바로 onClick이다.

```
/* 자바 */
public interface OnClickListener {
    void onClick(View v);
}
```

자바 버전에 따라 OnClickListener 인터페이스의 구현은 꽤 다르다. 자바 8 이전에는 익명 클래스 인스턴스를 만들어 setOnClickListener에 전달해야 했다.

```
/* 자바 8 이전 */
button.setOnClickListener(new OnClickListener() {
```

```
    @Override
    public void onClick(View v) {
        /* ... */
    }
}

/* 자바 8부터만 이렇게 할 수 있음 */
button.setOnClickListener(view -> { /* ... */ });
```

코틀린에서는 단순히 람다를 전달하면 된다.

```
button.setOnClickListener { view -> /* ... */ }
```

OnClickListener를 구현하기 위해 쓰인 람다는 onClick처럼 유일한 파라미터로 View 타입 값을 받는다. 이런 대응 관계를 그림 5.7에서 볼 수 있다.

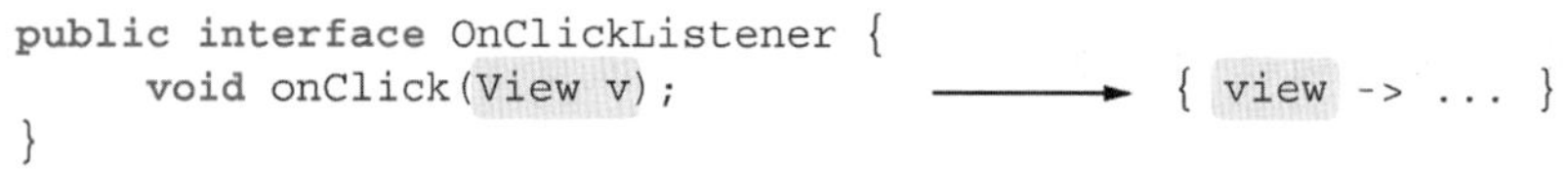

```
public interface OnClickListener {
    void onClick(View v);                    ──────▶    { view -> ... }
}
```

그림 5.7 람다의 파라미터는 인터페이스의 유일한 추상 메서드의 파라미터와 대응한다.

OnClickListener 인터페이스 안에 추상 메서드가 단 하나뿐이어서 이런 코드가 가능하다. 이런 인터페이스를 함수형 인터페이스나 단일 추상 메서드[SAM, Single Abstract Method] 인터페이스라고 부른다. 자바 API에는 Runnable, Callable 등의 함수형 인터페이스로 가득 차 있고 이들을 활용하는 메서드도 많다. 코틀린은 함수형 인터페이스를 파라미터로 받는 자바 메서드를 호출할 때 람다를 사용할 수 있게 해주며, 이로 인해 코틀린 코드가 깔끔하고 전형적인 코틀린 스타일로 남을 수 있다. 여러분이 함수형 인터페이스 타입의 인자를 받는 메서드에 람다를 전달할 때 어떤 일이 벌어지는지 자세히 살펴보자.

5.2.1 람다를 자바 메서드의 파라미터로 전달

함수형 인터페이스를 파라미터로 받는 모든 자바 메서드에 람다를 전달할 수 있다. 예를 들어 다음 메서드는 Runnable을 인자로 받는다.

```
/* 자바 코드 */
void postponeComputation(int delay, Runnable computation);
```

코틀린에서는 이 함수를 호출할 때 람다를 인자로 보낼 수 있다. 컴파일러는 자동으로 람다를 Runnable 인스턴스로 변환해준다.

```
postponeComputation(1000) { println(42) }
```

'Runnable의 인스턴스'라고 말할 때 이는 'Runnable을 구현하는 익명 클래스의 인스턴스'라는 뜻임에 유의하라. 컴파일러는 여러분 대신 익명 클래스 인스턴스를 만들고 람다를 그 인스턴스의 유일한 추상 메서드의 본문으로 만들어준다(여기서는 run 메서드).

Runnable을 명시적으로 구현하는 익명 객체를 만듦으로써 똑같은 효과를 낼 수 있다.

```
postponeComputation(1000, object : Runnable {    ◀── 함수형 인터페이스를 구현하는
    override fun run() {                              객체 식을 전달한다.
        println(42)
    }
})
```

하지만 차이가 있다. 명시적으로 객체를 선언하면 매번 호출할 때마다 새 인스턴스가 생긴다. 람다를 사용하면 약간 상황이 다르다. 람다가 자신이 정의된 함수의 변수에 접근하지 않는다면 (람다 정의가 들어있는) 함수가 호출될 때마다 람다에 해당하는 익명 객체가 재사용된다.

```
postponeComputation(1000) { println(42) }    ◀── 전체 프로그램에 Runnable
                                                  인스턴스가 하나만 만들어진다.
```

5장 람다를 사용한 프로그래밍 | 259

람다가 자신을 둘러싼 환경의 변수를 캡처하면 더 이상 각각의 함수 호출에 같은 인스턴스를 재사용할 수 없다. 이런 경우 컴파일러는 호출마다 새로운 인스턴스를 만들고, 그 객체 안에 캡처한 변수를 저장한다. 예를 들어 다음 함수의 경우 호출마다 id를 필드 값으로 저장하는 새로운 Runnable 인스턴스가 만들어진다.

```
fun handleComputation(id: String) {        handleComputation 호출마다 새
    postponeComputation(1000) {            Runnable 인스턴스가 만들어진다.
        println(id)                        ← id를 캡처한다.
    }
}
```

람다에 대한 익명 클래스와 그 클래스의 인스턴스를 생성하는 것에 대한 논의는 함수형 인터페이스를 받는 자바 메서드에 대해서는 성립하지만 코틀린 확장 함수를 사용하는 컬렉션에 대해서는 성립하지 않는다. 람다를 inline 표시가 돼 있는 코틀린 함수에 전달하면 익명 클래스가 생성되지 않는다. 그리고 대부분의 라이브러리 함수에는 inline이 붙어있다. 이런 함수들이 작동하는 방식은 10.2절에서 자세히 다룬다.

이미 살펴본 것처럼 대부분의 경우 람다를 함수형 인터페이스 인스턴스로 변환하는 과정은 자동으로 일어나며, 여러분이 노력을 기울일 필요가 없다. 하지만 명시적으로 이런 변환을 수행해야 하는 경우가 있는데, 어떻게 그럴 수 있는지 살펴보자.

5.2.2 SAM 변환: 람다를 함수형 인터페이스로 명시적 변환

SAM 생성자는 컴파일러가 생성한 함수로 람다를 단일 추상 메서드 인터페이스의 인스턴스로 명시적으로 변환해준다. 이를 컴파일러가 변환을 자동을 수행하지 못하는 맥락에서 사용할 수 있다. 예를 들어 함수형 인터페이스의 인스턴스를 반환하는 함수가 있다면 람다를 직접 반환할 수 없다. 대신 람다를 SAM 생성자로 감싸야 한다. 다음은 간단한 예제다.

리스트 5.12 값을 반환하기 위해 SAM 생성자 사용하기

```
fun createAllDoneRunnable(): Runnable {
    return Runnable { println("All done!") }
}

fun main() {
    createAllDoneRunnable().run()
    // All done!
}
```

SAM 생성자의 이름은 사용하려는 함수형 인터페이스의 이름과 같다. SAM 생성자는 하나의 인자(함수형 인터페이스의 유일한 추상 메서드의 본문에 사용할 람다)만을 받아 함수형 인터페이스를 구현하는 클래스의 인스턴스를 반환한다.

값을 반환할 때 외에 람다로 생성한 함수형 인터페이스 인스턴스를 변수에 저장해야 하는 경우에도 SAM 생성자를 사용할 수 있다. 여러 버튼에 같은 리스너를 적용하고 싶다면 다음 리스트처럼 람다를 SAM 생성자를 통해 함수형 인터페이스 인스턴스로 만들어 변수에 저장해 활용할 수 있다(안드로이드라면 Activity.onCreate 메서드 안에 이런 코드가 들어갈 수 있다).

리스트 5.13 SAM 생성자를 사용해 listner 인스턴스 재사용하기

```
val listener = OnClickListener { view ->     ◀── 람다를 사용해 SAM 생성자를 호출한다.
    val text = when (view.id) {    ◀── view.id를 사용해 어떤 버튼이 클릭됐는지 판단한다.
        button1.id -> "First button"
        button2.id -> "Second button"
        else -> "Unknown button"
    }
    toast(text)     ◀── text의 값을 사용자에게 보여준다.
}
button1.setOnClickListener(listener)
button2.setOnClickListener(listener)
```

listener는 어떤 버튼이 클릭됐는지에 따라 적절한 동작을 수행한다. OnClickListener를 구현하는 객체 선언을 통해 리스너를 만들 수도 있지만 SAM 생성자를 쓰는 쪽이 더 간결하다.

> **람다와 리스너 등록/해제하기**
>
> 람다에는 익명 객체와 달리 인스턴스 자신을 가리키는 this가 없다는 사실에 유의하라. 따라서 람다를 변환한 익명 클래스의 인스턴스를 참조할 방법이 없다. 컴파일러 입장에서 보면 람다는 코드 블록일 뿐이고 객체가 아니므로 객체처럼 람다를 참조할 수는 없다. 람다 안에서 this는 그 람다를 둘러싼 클래스의 인스턴스를 가리킨다.
>
> 이벤트 리스너가 이벤트를 처리하다가 자기 자신의 리스너 등록을 해제해야 한다면 람다를 사용할 수 없다. 그런 경우 람다 대신 익명 객체를 사용해 리스너를 구현한다. 익명 객체 안에서는 this가 그 익명 객체 인스턴스 자신을 가리키기 때문에 리스너를 해제하는 API 함수에 this를 넘길 수 있다.

또한 함수형 인터페이스를 요구하는 메서드를 호출할 때 대부분의 SAM 변환을 컴파일러가 자동으로 수행할 수 있지만 가끔 오버로드한 메서드 중에서 어떤 타입의 메서드를 선택해 람다를 변환해 넘겨줘야 할지 모호한 때가 있다. 그런 경우 명시적으로 SAM 생성자를 적용하면 컴파일 오류를 피할 수 있다.

5.3 코틀린에서 SAM 인터페이스 정의: fun interface

코틀린에서는 함수형 인터페이스를 사용해야 할 부분에서 함수 타입을 사용해 행동을 표현할 때가 자주 있다. 11.3.7절에서는 타입 별명을 통해 함수 타입에 더 이해하기 좋은 이름을 부여하는 방법을 살펴본다.

하지만 좀 더 명시적으로 함수 타입을 적고 싶은 경우가 가끔 있을 것이다. 코틀린에서 fun interface를 정의하면 여러분 자신의 함수형 인터페이스를 정의할 수 있다.

코틀린의 함수형 인터페이스는 정확히 하나의 추상 메서드만 포함하지만 다른 비추상 메서드를 여럿 가질 수 있다. 이를 통해 함수 타입의 시그니처에 들어맞지 않는 여러 복잡한 구조를 표현할 수 있다.

다음 예제에서는 check라는 추상 메서드가 있는 IntCondition이라는 함수형 인터페이스를 정의한다. 그리고 추가로 checkString이라는 비추상 메서드도 정의한다. 이 메서드는 파라미터를 정수로 변환한 후 검사한다. 자바 SAM과 마찬가지로 check의 구체적 구현을 제공하고자 SAM 변환을 사용해 이 인터페이스를 구현하는 인스턴스를 만들 수 있다.

리스트 5.14 추상 메서드가 단 하나만 들어있는 코틀린 함수형 인터페이스

```
fun interface IntCondition {
    fun check(i: Int): Boolean          ◀── 추상 메서드는 정확히 하나만 존재한다.
    fun checkString(s: String) = check(s.toInt())
    fun checkChar(c: Char) = check(c.digitToInt())   ├── 비추상 메서드가 더 있어도 된다.
}

fun main() {
    val isOdd = IntCondition { it % 2 != 0 }
    println(isOdd.check(1))
    // true
    println(isOdd.checkString("2"))
    // false
    println(isOdd.checkChar('3'))
    // true
}
```

fun interface라고 정의된 타입의 파라미터를 받는 함수가 있을 때 람다 구현이나 람다에 대한 참조를 직접 넘길 수 있다. 두 경우 모두 동적으로 인터페이스 구현을 인스턴스화해준다.

다음 예제는 앞에서 정의한 IntCondition을 파라미터로 받는 checkCondition 함수를 보여준다. 이 함수를 다양한 방법으로 호출할 수 있다. 예를 들어 람다를 직접 전달하거나 올바른 타입((Int) -> Boolean인데 이런 구문과 람다에 대한 더 일반적인 내용은 10.1절에서 다룸)의 함수에 대한 참조를 전달할 수 있다.

> **리스트 5.15 함수형 인터페이스는 동적으로 인스턴스화된다**

```
fun checkCondition(i: Int, condition: IntCondition): Boolean {
  return condition.check(i)
}

fun main() {
  checkCondition(1) { it % 2 != 0 }   ◀──── 람다를 직접 사용하거나…
  // true
  val isOdd: (Int) -> Boolean = { it % 2 != 0 }
  checkCondition(1, isOdd)   ◀──── … 시그니처가 일치하는 람다에 대한 참조를 사용할 수 있다.
  // true
}
```

> **자바 코드에서 함수형 인터페이스를 호출하는 부분 더 깔끔하게 만들기**
>
> 여러분이 자바와 코틀린에서 함께 쓰게 될 코드를 작성할 때 fun interface를 쓰면 자바에서 함수를 호출하는 코드의 간결성도 더 높아진다. 코틀린 함수 타입은 파라미터와 반환 타입을 타입 파라미터로 하는 제네릭 타입인 객체로 번역된다. 아무것도 반환하지 않는 함수의 경우 코틀린은 Unit을 자바 void에 해당하는 역할로 사용한다(Unit의 필요성과 유용성은 8.1.6절에서 더 자세히 다룬다).
>
> 이는 이런 코틀린 함수 타입을 자바에서 호출할 때 호출하는 쪽에서 명시적으로 Unit.INSTANCE를 반환할 필요가 있다는 뜻이다. fun interface를 사용하면 이런 요구 사항을 피할 수 있고, 그에 따라 호출이 더 간결해진다. 예를 들어 consumeHello와 consumeHelloFunctional은 각각 함수형 인터페이스와 코틀린 함수 타입을 사용해 같은 일을 수행한다.
>
> ```
> fun interface StringConsumer {
>   fun consume(s: String)
> }
>
> fun consumeHello(t: StringConsumer) {
>   t.consume("Hello")
> }
> ```

```kotlin
fun consumeHelloFunctional(t: (String) -> Unit) {
   t("Hello")
}
```

자바에서 사용할 때 fun interface를 사용하는 함수는 단순한 람다를 사용해 호출할 수 있지만 코틀린의 함수 타입을 사용하는 함수는 명시적으로 Unit.INSTANCE를 반환해야 한다.

```java
import kotlin.Unit;

public class MyApp {
  public static void main(String[] args) {
    /* 자바 */
    MainKt.consumeHello(s -> System.out.println(s.toUpperCase()));
    MainKt.consumeHelloFunctional(s -> {
       System.out.println(s.toUpperCase());
       return Unit.INSTANCE;   // ← 자바에서 코틀린의 함수 타입을 쓰려면
    });                        //   명시적으로 Unit.INSTANCE를 반환해야 한다.
  }
}
```

일반적인 규칙으로, API가 구체적 타입의 파라미터 집합을 받고 구체적 타입을 반환하는 함수를 파라미터로 받는 한 단순한 함수 타입도 잘 작동한다. 함수형 타입 시그니처로 표현할 수 없는 연산이나 더 복잡한 계약을 표현하려면 함수형 인터페이스가 좋은 선택일 수 있다.

함수 선언에서 함수 타입을 사용하는 방법은 10.1절에서 자세히 다루고 타입 별명은 11.3.7절에서 다룬다.

람다 문법과 사용법에 대한 설명을 마무리하기 위해 수신 객체 지정 람다를 살펴보고 수신 객체 지정 람다가 어떻게 내장 언어 기능처럼 보이는 편리한 라이브러리 함수를 정의하는 데 쓰이는지 살펴보자.

5.4 수신 객체 지정 람다: with, apply, also

이번 절은 코틀린 표준 라이브러리의 with, apply, also를 보여준다. 이런 함수들은 매우 편리하며 많은 사람이 사용 중이다. 심지어 이들이 어떻게 선언됐는지 모르고 사용하는 사람도 많다. 나중에 13.2.1절에서 필요에 따라 비슷한 함수를 직접 작성하는 방법을 살펴본다. 하지만 이번 절에서는 자바의 람다에는 없는 코틀린 람다의 독특한 기능을 이해할 수 있게 설명한다. 그 기능은 바로 수신 객체를 명시하지 않고 람다의 본문 안에서 다른 객체의 메서드를 호출할 수 있게 하는 것이다. 그런 람다를 수신 객체 지정 람다$^{\text{lambda with receiver}}$라고 부른다. 먼저 with 함수를 살펴보자. with는 수신 객체 지정 람다를 활용한다.

5.4.1 with 함수

많은 언어가 어떤 객체의 이름을 반복하지 않고도 그 객체에 대해 다양한 연산을 수행하는 기능을 제공한다. 코틀린도 마찬가지 기능을 제공하지만 언어 구성 요소로 제공하지 않고 with라는 라이브러리 함수를 통해 제공한다. with의 유용성을 맛보기 위해 먼저 다음 예제를 살펴보고, with를 사용해 리팩터링해보자.

리스트 5.16 알파벳 만들기

```
fun alphabet(): String {
    val result = StringBuilder()
    for (letter in 'A'..'Z') {
        result.append(letter)
    }
    result.append("\nNow I know the alphabet!")
    return result.toString()
}

fun main() {
    println(alphabet())
```

```
    // ABCDEFGHIJKLMNOPQRSTUVWXYZ
    // Now I know the alphabet!
}
```

이 예제에서 result에 대해 다른 여러 메서드를 호출하면서 매번 result라는 이름을 반복 사용했다. 이 정도 반복은 그리 나쁘지 않지만 이 코드가 훨씬 더 길거나 result를 더 자주 반복해야 했다면 어땠을까? 다음은 이 예제를 with로 다시 쓴 결과다.

리스트 5.17 with를 사용해 알파벳 만들기

```
fun alphabet(): String {
    val stringBuilder = StringBuilder()
    return with(stringBuilder) {      ◀── 메서드를 호출하려는 수신 객체를 지정한다.
        for (letter in 'A'..'Z') {
            this.append(letter)       ◀── stringBuilder가 여러분의 this가 된다.
        }
        this.append("\nNow I know the alphabet!")   ◀── 따라서 append 같은 메서드를 호출할 수 있다.
        this.toString()               ◀── with의 결과를 반환한다.
    }
}
```

with 문은 언어가 제공하는 특별한 구문처럼 보인다. 하지만 실제로는 파라미터가 2개 있는 함수다. 이 경우 첫 번째 파라미터는 stringBuilder, 두 번째 파라미터는 람다다. 람다를 괄호 밖으로 빼내는 관례를 사용함에 따라 전체 함수 호출이 언어가 제공하는 특별 구문처럼 보인다. 물론 이 방식 대신 with(stringBuilder, { ... })라고 쓸 수도 있지만 읽기가 더 나빠진다.

with 함수는 첫 번째 인자로 받은 객체를 두 번째 인자로 받은 람다의 수신 객체로 만든다. 람다 안에서는 명시적인 this 참조를 사용해 그 수신 객체에 접근할 수 있다. 또는 다른 보통 this와 마찬가지로 this.을 없애고 메서드나 프로퍼티 이름만 사용해 접근할 수도 있다(그림 5.8).

```
        val stringBuilder = StringBuilder()
        with(stringBuilder) { this: StringBuilder
            // ...
        }
```

그림 5.8 with 함수의 람다 안에서 첫 번째 인자는 this 수신 객체의 타입이 된다. 안드로이드 스튜디오나 인텔리제이 IDEA 같은 IDE는 이 수신 객체 타입을 중괄호 직후 인레이 힌트로 표시해주는 기능을 제공한다.

리스트 5.17에서 this는 with의 첫 번째 인자로 전달된 stringBuilder다. 이 stringBuilder의 메서드에 this.append(letter)처럼 this 참조를 통해 접근할 수 있고, this를 생략하고 바로 접근해서 코드를 더 간결하게 만들 수도 있다.

리스트 5.18 with의 람다 안에서 this를 꼭 명시할 필요는 없다

```
fun alphabet(): String {
    val stringBuilder = StringBuilder()
    return with(stringBuilder) {
        for (letter in 'A'..'Z') {
            append(letter)
        }
        append("\nNow I know the alphabet!")
        toString()
    }
}
```

이 람다 안에서 this를 생략할 수 있다.

> **수신 객체 지정 람다와 확장 함수 비교**
>
> this가 함수의 수신 객체를 가리키는 비슷한 개념을 떠올린 독자가 있을지도 모르겠다. 확장 함수 안에서 this는 그 함수가 확장하는 타입의 인스턴스를 가리킨다. 그리고 그 수신 객체 this의 멤버를 호출할 때는 this.을 생략할 수 있다.
>
> 어떤 의미에서는 확장 함수를 수신 객체 지정 함수라 할 수도 있다. 다음과 같은 관계를 유추할 수 있다.

일반 함수	일반 람다
확장 함수	수신 객체 지정 람다

람다는 일반 함수와 비슷한 동작을 정의하는 하나의 방법이다. 수신 객체 지정 람다는 확장 함수와 비슷한 동작을 정의하는 하나의 방법이다.

앞의 alphabet 함수를 리팩터링해서 불필요한 stringBuilder 변수를 없앨 수도 있다.

리스트 5.19 with와 식을 본문으로 하는 함수를 활용해 알파벳 만들기

```
fun alphabet() = with(StringBuilder()) {
  for (letter in 'A'..'Z') {
    append(letter)
  }
  append("\nNow I know the alphabet!")
  toString()
}
```

이 함수는 식을 바로 반환한다. 따라서 식을 본문으로 하는 함수로 표현할 수 있다. StringBuilder의 인스턴스를 만들고 즉시 with에 인자로 넘기고, 람다 안에서 명시적인 this를 사용하지 않고 그 인스턴스를 참조한다.

> **메서드 이름 충돌**
>
> with에 인자로 넘긴 객체의 클래스와 with를 사용하는 코드가 들어있는 클래스 안에 이름이 같은 메서드가 있으면 무슨 일이 생길까? 그런 경우 this 참조 앞에 레이블을 붙이면 호출하고 싶은 메서드를 명확하게 정할 수 있다.
>
> alphabet 함수가 OuterClass의 메서드라고 하자. StringBuilder가 아닌 바깥쪽 클래스(Outer Class)에 정의된 toString을 호출하고 싶다면 다음과 같은 구문을 사용해야 한다.
>
> `this@OuterClass.toString()`

with가 반환하는 값은 람다 코드를 실행한 결과이며, 그 결과는 람다식의 본문에 있는 마지막 식의 값이다. 하지만 때로는 람다의 결과 대신 수신 객체가 필요한 경우도 있다. 그럴 때는 apply 라이브러리 함수를 사용할 수 있다.

5.4.2 apply 함수

apply 함수는 거의 with와 동일하게 작동한다. 유일한 차이는, apply는 항상 자신에 전달된 객체(즉, 수신 객체)를 반환한다는 점뿐이다. apply를 써서 alphabet 함수를 다시 리팩터링해보자.

리스트 5.20 apply를 사용해 알파벳 만들기

```
fun alphabet() = StringBuilder().apply {
    for (letter in 'A'..'Z') {
        append(letter)
    }
    append("\nNow I know the alphabet!")
}.toString()
```

apply를 임의의 타입의 확장 함수로 호출할 수 있다(여기서는 새로 만든 StringBuilder 객체에 대해 호출한다). 여러분이 apply를 호출한 객체는 apply에 전달된 람다의 수신 객체가 된다(그림 5.9 참고). apply를 호출한 결과는 StringBuilder이기 때문에 나중에 toString을 호출해서 String 객체를 얻을 수 있다.

```
val result : StringBuilder = StringBuilder().apply { this: StringBuilder
    // . . .
}
```

그림 5.9 with 함수와 마찬가지로 apply도 자신이 호출된 대상을 람다의 수신 객체로 만든다. 또한 apply는 자신이 호출된 객체를 반환한다. 인텔리제이 IDEA나 안드로이드 스튜디오의 인레이 힌트는 이를 시각화해준다.

인스턴스를 만들면서 즉시 프로퍼티 중 일부를 초기화해야 하는 경우 apply가 유용하다. 자바에서는 보통 별도의 Builder 객체가 이런 역할을 담당한다. 코틀린에서는 어떤 객체가 정의돼 있는 라이브러리의 특별한 지원 없이도 그 인스턴스에 대해 apply를 활용할 수 있다.

apply를 객체 초기화에 활용하는 예로 안드로이드의 TextView 컴포넌트를 만들면서 속성 중 일부를 설정해보자.

리스트 5.21 apply를 TextView 초기화에 사용하기

```
fun createViewWithCustomAttributes(context: Context) =
    TextView(context).apply {
        text = "Sample Text"
        textSize = 20.0
        setPadding(10, 0, 0, 0)
    }
```

apply 함수를 사용하면 함수의 본문에 간결한 식을 사용할 수 있다. 새로운 TextView 인스턴스를 만들고 즉시 그 인스턴스를 apply에 넘긴다. apply에 전달된 람다 안에서는 TetView가 수신 객체가 된다. 따라서 원하는 대로 TextView의 메서드를 호출하거나 프로퍼티를 설정할 수 있다. 람다를 실행하고 나면 apply는 람다에 의해 초기화된 TextView 인스턴스를 반환한다. 그 인스턴스는 createViewWithCustomAttributes 함수의 결과가 된다.

with와 apply는 수신 객체 지정 람다를 사용하는 일반적인 예 중 하나다. 더 구체적인 함수를 비슷한 패턴으로 활용할 수 있다. 예를 들어 표준 라이브러리의 buildString 함수를 사용하면 aplhabet 함수를 더 단순화할 수 있다. buildString은 우리가 살펴본 aplhabet 코드에서 StringBuilder 객체를 만드는 일과 toString을 호출해주는 일을 알아서 해준다. buildString의 인자는 수신 객체 지정 람다이며, 수신 객체는 항상 StringBuidler가 된다.

리스트 5.22 buildString으로 알파벳 만들기

```kotlin
fun alphabet() = buildString {
    for (letter in 'A'..'Z') {
        append(letter)
    }
    append("\nNow I know the alphabet!")
}
```

buildString 함수는 StringBuilder를 활용해 String을 만드는 경우 사용할 수 있는 우아한 해법이다. 코틀린 표준 라이브러리에는 읽기 전용 List, Set, Map을 생성하지만 생성 과정에서는 가변 컬렉션인 것처럼 다루고 싶을 때 도움이 되는 컬렉션 빌더 함수가 들어있다.

리스트 5.23 컬렉션 생성을 위해 buildList, buildSet, buildMap 사용하기

```kotlin
val fibonacci = buildList {
    addAll(listOf(1, 1, 2))
    add(3)
    add(index = 0, element = 3)
}

val shouldAdd = true

val fruits = buildSet {
    add("Apple")
    if (shouldAdd) {
        addAll(listOf("Apple", "Banana", "Cherry"))
    }
}

val medals = buildMap<String, Int> {
    put("Gold", 1)
    putAll(listOf("Silver" to 2, "Bronze" to 3))
}
```

5.4.3 객체에 추가 작업 수행: also

apply와 마찬가지로 also 함수도 수신 객체를 받으며, 그 수신 객체에 대해 어떤 동작을 수행한 후 수신 객체를 돌려준다(그림 5.10). 주된 차이는 also의 람다 안에서는 수신 객체를 인자로 참조한다는 점이다. 따라서 파라미터 이름을 부여하거나 디폴트 이름인 it을 사용해야 한다. 이런 특징으로 인해 (객체 자체의 프로퍼티나 함수를 다루는 동작이 아니라) 원래의 수신 객체를 인자로 받는 동작을 실행할 때 also가 유용하다. also를 코드에서 보면 어떤 효과를 추가로 수행하는 것으로 해석할 수 있다. 즉, "... 그리고(also) 다음을 객체에게 수행한다."로 읽을 수 있다.

```
val x : List<Int>  = listOf(1, 2, 3).also { it: List<Int>
    // . . .
}
```

그림 5.10 also를 쓸 때는 람다 안에서 객체가 수신 객체 타입이 되지 않고 인자로 전달되며, 디폴트로 it이라는 이름이 붙는다. also 함수는 자신이 호출된 수신 객체를 반환한다. 인레이 힌트에서 이를 볼 수 있다.

다음 예제에서는 과일의 컬렉션을 각 이름을 대문자로 바꾼 컬렉션으로 변환하고, 그리고(also) 매핑의 결과를 다른 컬렉션에도 추가한다. 그 후 컬렉션에서 이름이 5 글자보다 더 긴 과일만 선택하고, 그리고(also) 그 결과를 출력한 다음, 마지막으로 리스트의 순서를 뒤집는다.

리스트 5.24 also를 사용해 효과를 추가로 적용하기

```
fun main() {
  val fruits = listOf("Apple", "Banana", "Cherry")
  val uppercaseFruits = mutableListOf<String>()
  val reversedLongFruits = fruits
      .map { it.uppercase() }
      .also { uppercaseFruits.addAll(it) }
      .filter { it.length > 5 }
      .also { println(it) }
      .reversed()
```

```
    // [BANANA, CHERRY]
    println(uppercaseFruits)
    // [APPLE, BANANA, CHERRY]
    println(reversedLongFruits)
    // [CHERRY, BANANA]
}
```

13.2절에서 도메인 특화 언어^{DSL, Domain Specific Language}를 다룰 때 더 흥미진진한 수신 객체 지정 람다 예제를 볼 수 있다. 수신 객체 지정 람다는 DSL을 만들 때 아주 유용한 도구다. 수신 객체 지정 람다를 DSL 정의에 사용하는 방법과 함께 수신 객체 지정 람다를 호출하는 함수를 직접 작성하는 방법을 살펴본다.

요약

- 람다를 사용하면 코드 조각을 다른 함수에게 인자로 넘길 수 있고, 따라서 공통 코드 구조를 쉽게 추출할 수 있다.
- 코틀린에서는 람다가 함수 인자인 경우 괄호 밖으로 람다를 빼내서 코드를 더 깔끔하고 간결하게 만들 수 있다.
- 람다의 인자가 단 하나뿐인 경우 인자 이름을 지정하지 않고 it이라는 디폴트 이름으로 부를 수 있다. 이를 통해 짧고 간단한 람다 내부에서 파라미터 이름을 붙이느라 노력할 필요가 없어진다.
- 람다는 외부 변수를 캡처할 수 있다. 이는 예를 들어 람다 안에 있는 코드가 람다 정의가 들어있는 바깥 함수의 변수를 읽거나 쓸 수 있다는 뜻이다.
- 메서드, 생성자, 프로퍼티의 이름 앞에 ::을 붙이면 각각에 대한 참조를 만들 수 있다. 그런 참조를 람다 대신 다른 함수에 넘길 수 있다.
- `filter`, `map`, `all`, `any` 등의 함수를 활용하면 직접 원소를 이터레이션하지 않고 컬렉션에 대한 대부분의 연산을 수행할 수 있다.
- 추상 메서드가 단 하나뿐인 인터페이스(SAM 인터페이스라고도 알려짐)를 구현하기

위해 그 인터페이스를 구현하는 객체를 생성하는 대신 람다를 직접 넘길 수 있다.
- 수신 객체 지정 람다를 사용하면 람다 안에서 미리 정해둔 수신 객체의 메서드를 직접 호출할 수 있다. 이 람다의 본문은 그 본문을 둘러싼 코드와는 다른 콘텍스트에서 작동하기 때문에 코드를 구조화할 때 도움이 된다.
- 표준 라이브러리의 `with` 함수를 사용하면 어떤 객체에 대한 참조를 반복해서 언급하지 않으면서 그 객체의 메서드를 호출할 수 있다. `apply`를 사용하면 어떤 객체이든 빌더 스타일의 API를 사용해 생성하고 초기화할 수 있다. `also`를 사용하면 객체에 대해 추가 작업을 수행할 수 있다.

6

컬렉션과 시퀀스

6장에서 다루는 내용

- 함수형 스타일로 컬렉션 다루기
- 시퀀스: 컬릭션 연산을 지연시켜 수행하기

5장에서는 작은 코드 블록을 다른 함수에 전달하는 수단인 람다를 살펴봤다. 람다의 가장 일반적인 사용법으로 컬렉션을 다루는 것을 들 수 있다. 6장에서는 데이터를 어떤 술어(조건 함수)에 따라 걸러내거나, 데이터를 그룹으로 나누거나, 컬렉션 아이템을 다른 것으로 변환하는 등 일반적인 컬렉션 접근 패턴을 표준 라이브러리 함수와 여러분의 람다를 조합해 표현함으로써 코드의 표현력을 향상시키고 코드를 더 우아하고 간결하게 만들 수 있음을 보여준다.

또한 여러 가지 컬렉션 연산을 효율적으로 적용하면서 부가 비용을 많이 발생시키지 않는 대안인 시퀀스를 살펴본다. 코틀린에서 컬렉션 연산을 즉시 실행하는 방법과 지연 실행하는 방법을 비교하고, 프로그램에서 그 2가지 방법을 어떻게 활용하는지 살펴본다.

6.1 컬렉션에 대한 함수형 API

함수형 프로그래밍 스타일은 컬렉션을 다룰 때 여러 가지 장점을 제공한다. 대부분의 작업에 대해 표준 라이브러리가 제공하는 함수를 활용하고 람다를 인자로 전달해 그 함수들의 동작을 커스텀화할 수 있다. 컬렉션을 직접 순회하면서 데이터를 하나로 만드는 방법과 비교할 때 함수형 방식을 사용하면 일반적인 연산을 일관성 있게 표현할 수 있고 다른 코틀린 개발자들과 같은 함수들로 이뤄진 어휘를 공유할 수 있다.

6장에서는 코틀린 표준 라이브러리의 함수 중에 컬렉션을 다루다가 사용하게 될 법한 함수들을 살펴본다. 컬렉션 변환을 돕는 `filter`, `map` 같은 주요 함수부터 시작하며 이들을 뒷받침하는 기본 개념을 살펴본다. 그 후 다른 유용한 함수를 살펴보면서 이런 함수들을 과도하게 사용하지 않으면서 명확하고 이해하기 쉬운 코드를 작성하는 팁을 제공한다.

이런 함수들을 코틀린 설계자들이 개발하지 않았다는 사실을 알아두자. 이런 함수나 이와 비슷한 함수들은 모두 C#, 그루비, 스칼라와 같은 람다를 지원하는 언어에도 존재한다. 이미 이런 개념에 익숙하다면 이번 장의 예제를 빠르게 살펴보고 설명을 건너뛰어도 좋다.

6.1.1 원소 제거와 변환: filter와 map

`filter`와 `map` 함수는 컬렉션을 다루는 토대가 된다. 이들을 활용해 많은 컬렉션 연산을 표현할 수 있다. 어떤 술어^{predicate}(Boolean 값이 결과인 함수로 조건을 표현함)를 바탕으로 컬렉션의 원소를 걸러내거나, 컬렉션의 각 원소를 다른 형태로 변환하고 싶다면

이런 함수를 떠올려야 한다.

각 함수에 대해서는 숫자를 사용하는 예제와 Person 클래스를 사용하는 예제를 제공할 것이다.

```
data class Person(val name: String, val age: Int)
```

filter 함수는 컬렉션을 순회하면서 주어진 람다가 true를 반환하는 원소들만 모은다. 예를 들어 어떤 수의 리스트가 있다면 filter를 통해 그중에서 짝수(2로 나눈 나머지가 0임)만 골라낼 수 있다.

```
fun main() {
  val list = listOf(1, 2, 3, 4)
  println(list.filter { it % 2 == 0 })    ◀── 짝수만 남는다.
  // [2, 4]
}
```

결과는 입력 컬렉션에서 주어진 술어를 만족하는 원소들로만 이뤄진 새로운 컬렉션으로, 그림 6.1과 같다.

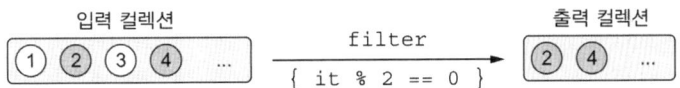

그림 6.1 filter 함수는 주어진 술어를 사용해 원소를 선택한다.

나이가 30살 이상인 사람들의 컬렉션이 필요할 때도 filter를 사용할 수 있다.

```
fun main() {
  val people = listOf(Person("Alice", 29), Person("Bob", 31))
  println(people.filter { it.age >= 30 })
  // [Person(name=Bob, age=31)]
}
```

filter 함수는 주어진 술어와 일치하는 원소들로 이뤄진 새 컬렉션을 만들 수 있지만 그 과정에서 원소를 변환하지는 않는다. 이 예제의 경우 출력 컬렉션의 원소들은 여전히 Person 객체다. 이를 컬렉션에서 원소 중 일부를 타입이나 상태를 바꾸지 않고 '추출'하는 것으로 생각할 수 있다.

이를 map 함수와 비교해보자. map은 입력 컬렉션의 원소를 변환할 수 있게 해준다. map은 주어진 함수를 컬렉션의 각 원소에 적용하고 그 결괏값들을 새 컬렉션에 모아준다. 다음 예제처럼 map을 사용해 숫자 리스트를 그 제곱들로 이뤄진 리스트로 바꿀 수 있다.

```
fun main() {
  val list = listOf(1, 2, 3, 4)
  println(list.map { it * it })
  // [1, 4, 9, 16]
}
```

결과는 같은 개수의 원소가 들어있는 새 컬렉션이다. 길이는 같지만 각 원소는 주어진 함수에 따라 변환된다(그림 6.2 참고).

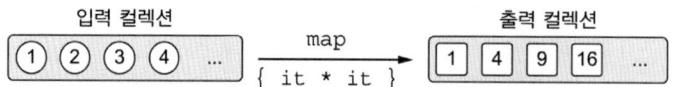

그림 6.2 map 함수는 람다를 컬렉션의 모든 원소에 적용한 결과를 수집한다.

사람의 리스트가 아니라 이름의 리스트를 출력하고 싶다면 map으로 사람의 리스트를 이름의 리스트로 변환하면 된다. 이렇게 하면 Person 객체로 이뤄진 리스트를 이름을 표현하는 String으로 이뤄진 리스트로 변환한다. 이를 쉽게 출력할 수 있다.

```
fun main() {
  val people = listOf(Person("Alice", 29), Person("Bob", 31))
  println(people.map { it.name })
  // [Alice, Bob]
}
```

이 예제를 멤버 참조를 사용해 더 멋지게 작성할 수도 있다.

```
people.map(Person::name)
```

이런 호출을 쉽게 연결할 수 있다. 예를 들어 30살 이상인 사람의 이름을 출력해 보자.

```
println(people.filter { it.age > 30 }.map(Person::name))
// [Bob]
```

이제 이 리스트에서 가장 나이 많은 사람의 이름을 알고 싶다고 하자. 먼저 리스트의 사람 중에서 나이가 가장 많은 사람을 한 명 찾고(나이가 가장 많은 사람이 없으면 null이다. 널 가능성은 7장에서 다룬다) 그 사람과 나이가 같은 모든 사람을 반환하면 된다. 람다를 사용하면 쉽게 그런 코드를 작성할 수 있다.

```
people.filter {
    val oldestPerson = people.maxByOrNull(Person::age)
    it.age == oldestPerson?.age
}
```

하지만 이 코드는 리스트에서 나이가 가장 많은 사람을 찾는 작업을 계속 반복한다는 단점이 있다. 100명의 사람이 있다면 100번 최댓값 연산을 수행한다.

다음은 이를 좀 더 개선해 최댓값을 한 번만 계산하게 만든 코드다.

```
val maxAge = people.maxByOrNull(Person::age)?.age
people.filter { it.age == maxAge }
```

꼭 필요하지 않은 경우 굳이 계산을 반복하지 말라. 람다를 인자로 받는 함수에 람다를 넘기면 겉으로 볼 때는 단순해 보이는 식이 내부 로직의 복잡도로 인해 실제로는 엄청나게 불합리한 계산식이 될 때가 있다. 항상 작성하는 코드로 인해 어떤 일이 벌어질지 명확히 이해해야 한다.

걸러내거나 변환하는 연산이 원소의 값 뿐 아니라 인덱스에 따라서도 달라진다면 형제 함수인 `filterIndexed`와 `mapIndexed`를 사용하면 된다. 이 함수들은 여러분에게 원소의 (첫 번째가 0인) 인덱스와 원소 자체를 함께 제공한다. 다음 예제는 인덱스가 짝수면서 3보다 큰 원소만 선택한다. 그리고 두 번째 리스트는 인덱스 숫자와 각 원소의 숫자 값의 합계를 계산한다.

```kotlin
fun main() {
    val numbers = listOf(1, 2, 3, 4, 5, 6, 7)
    val filtered = numbers.filterIndexed { index, element ->
        index % 2 == 0 && element > 3
    }
    println(filtered)
    // [5, 7]
    val mapped = numbers.mapIndexed { index, element ->
        index + element
    }
    println(mapped)
    // [1, 3, 5, 7, 9, 11, 13]
}
```

걸러내기 함수와 변환 함수를 맵에 적용할 수도 있다.

```kotlin
fun main() {
    val numbers = mapOf(0 to "zero", 1 to "one")
    println(numbers.mapValues { it.value.uppercase() })
    // {0=ZERO, 1=ONE}
}
```

맵의 경우 키와 값을 처리하는 함수가 따로 존재한다. `filterKeys`와 `mapKeys`는 키를 걸러내거나 변환하고, `fitlerValues`와 `mapValues`는 값을 걸러내거나 변환한다.

6.1.2 컬렉션 값 누적: reduce와 fold

`filter` 및 `map`과 더불어 `reduce`와 `fold`는 함수형 스타일로 컬렉션을 다룰 때 추가로 필수적인 함수다. 이 함수들은 컬렉션의 정보를 종합하는 데 사용한다.

즉, 원소로 이뤄진 컬렉션을 받아서 한 값을 반환한다. 이 값은 누적기^{accumulator}를 통해 점진적으로 만들어진다. 여러분의 람다는 각 원소에 대해 호출되며 새로운 누적 값을 반환해야 한다.

reduce를 사용하면 컬렉션의 첫 번째 값을 누적기에 넣는다(따라서 빈 컬렉션에 이 함수를 호출해서는 안 된다). 그 후 람다가 호출되면서 누적 값과 2번째 원소가 인자로 전달된다. 다음 예제에서는 reduce를 사용해 입력 컬렉션의 합계와 전체 곱을 계산한다(그림 6.3 참고).

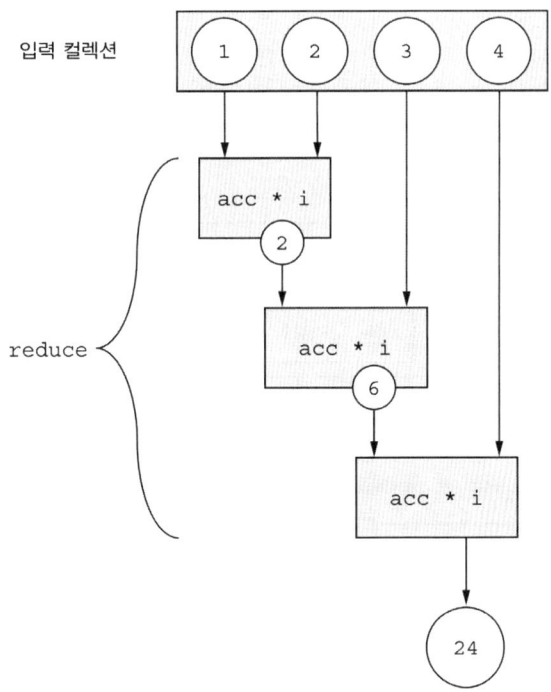

그림 6.3 reduce 함수는 여러분의 람다에 컬렉션의 각 값과 이전 누적기를 적용하면서 누적기로 점차 결과를 만들어나간다.

```
fun main() {
    val list = listOf(1, 2, 3, 4)
    println(list.reduce { acc, element ->
        acc + element
```

```
    })
    // 10
    println(list.reduce { acc, element ->
        acc * element
    })
    // 24
}
```

fold 함수는 개념적으로 reduce와 비슷하지만 컬렉션 첫 번째 원소를 누적 값으로 시작하는 대신, 임의의 시작 값을 선택할 수 있다. 다음 예제에서는 두 Person의 name 프로퍼티를 fold로 연결한다(이런 작업은 보통 앞에서 살펴봤던 joinToString에 의해 이뤄지지만 여기서는 설명을 위해 fold를 쓴다). 빈 문자열로 누적기를 초기화하고 람다 안에서 점차 최종 결과 텍스트를 만들어 나간다(그림 6.4에서 이 동작을 보여준다).

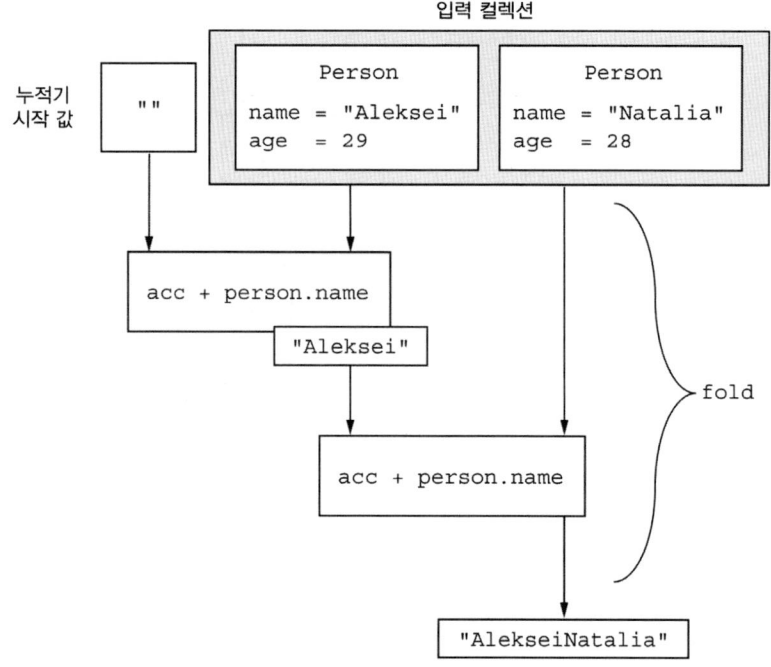

그림 6.4 fold에서는 누적기의 초깃값과 타입을 지정할 수 있다. 람다에 컬렉션의 각 값과 이전 누적기를 적용하면서 점차 결과를 만들어나간다.

```
fun main() {
    val people = listOf(
        Person("Alex", 29),
        Person("Natalia", 28)
    )
    val folded = people.fold("") { acc, person ->
        acc + person.name
    }
    println(folded)
}
// AlexNatalia
```

fold와 reduce를 사용해 간결하게 표현할 수 있는 알고리듬이 많다. reduce나 fold 에서 중간 단계의 모든 누적 값을 뽑아내고 싶다면 runningReduce와 runningFold 가 도움이 된다. 유일한 차이는 앞에서 설명한 fold와 reduce는 결괏값을 하나만 반환하지만 runningReduce와 runningFold는 리스트를 반환한다는 점뿐이다. 이 리스트에는 최종 결과(리스트의 마지막 원소)와 함께 모든 중간 누적 값이 들어있다. 다음 예제는 running이 붙은 함수들을 사용해 앞에서 살펴본 예제들을 수행한다.

```
fun main() {
    val list = listOf(1, 2, 3, 4)
    val summed = list.runningReduce { acc, element ->
        acc + element
    }
    println(summed)
    // [1, 3, 6, 10]
    val multiplied = list.runningReduce { acc, element ->
        acc * element
    }
    println(multiplied)
    // [1, 2, 6, 24]
    val people = listOf(
        Person("Alex", 29),
        Person("Natalia", 28)
    )
```

마지막 결과는 같지만 running 함수들은 모든 중간값도 함께 반환한다.

```
    println(people.runningFold("") { acc, person ->
        acc + person.name
    })
    // [, Alex, AlexNatalia]
}
```
◀ 마지막 결과는 같지만 running 함수들은
모든 중간값도 함께 반환한다.

6.1.3 컬렉션에 술어 적용: all, any, none, count, find

컬렉션에 대해 자주 수행하는 연산으로, 컬렉션의 모든 원소가 어떤 조건을 만족하는지 판단하는(또는 원소가 하나라도 있는지 판단하거나 조건을 만족하는 원소가 전혀 없는지 판단하는) 연산이 있다. 코틀린에서는 all, any, none이 이런 연산이다. count 함수는 조건을 만족하는 원소의 개수를 반환하며, find 함수는 조건을 만족하는 첫 번째 원소를 반환한다.

이런 함수를 살펴보기 위해 어떤 사람의 나이가 27살 이하인지 판단하는 술어 함수 canBeInClub27를 만들어보자.

```
val canBeInClub27 = { p: Person -> p.age <= 27 }
```

모든 원소가 이 술어를 만족하는지 궁금하다면 all 함수를 쓴다.

```
fun main() {
    val people = listOf(Person("Alice", 27), Person("Bob", 31))
    println(people.all(canBeInClub27))
    // false
}
```

술어를 만족하는 원소가 하나라도 있는지 궁금하면 any를 쓴다.

```
fun main() {
    println(people.any(canBeInClub27))
    // true
}
```

어떤 조건에 대해 !all을 수행한 결과와 그 조건의 부정에 대해 any를 수행한 결과는 같다(드 모르강의 법칙De Morgan's Theorem). 가독성을 높이려면 함수 호출 앞에 !를 붙이지 않는 편이 더 낫다.

```
fun main() {
    val list = listOf(1, 2, 3)
    println(!list.all { it == 3 })
    // true
    println(list.any { it != 3 })
    // true
}
```

!를 눈치 채지 못하는 경우가 자주 있다. 따라서 이런 경우 any를 사용하는 식이 더 낫다.

any를 사용하려면 술어를 부정해야 한다.

첫 번째 식은 list의 모든 원소가 3은 아니라는 뜻이다. 이는 list의 원소 중 적어도 하나는 3이 아니라는 말과 같다. 두 번째 식은 any를 사용해 이를 검사한다.

비슷하게 !any를 none으로 바꿀 수 있다.

```
fun main() {
    val list = listOf(1, 2, 3)
    println(!list.any { it == 4 })
    // true
    println(list.none { it == 4 })
    // true
}
```

any를 호출하고 그 결과를 부정하기보다는…

… 같은 조건을 사용하면서 none을 쓰는 편이 더 낫다.

첫 번째 호출은 컬렉션의 모든 원소가 4와 같은지 검사한 후 결과를 부정한다. 코드든 말이든, 이를 더 자연스럽게 표현하는 방법은 원소 중에 4와 같은 것이 하나도 없다는 것이다.

> **술어와 빈 컬렉션의 관계**
>
> 여러 유형의 술어 함수(any, none, all)에 대한 설명을 읽다보면 빈 컬렉션에 대해 이런 함수들이 어떻게 동작하는지 궁금할 것이다. 이 미스터리를 살펴보자.

any의 경우 컬렉션에 원소가 없으면 술어 람다를 만족하는 원소도 없다. 따라서 any는 false를 반환한다.

```
fun main() {
    println(emptyList<Int>().any { it > 42 })
    // false
}
```

한편 이 예제는 빈 리스트를 만드는 더 표현력이 좋은 방법인 emptyList 함수를 드러내준다. 앞에서 살펴본 것처럼 none은 any 함수를 반전시킨 것이다. 따라서 빈 컬렉션의 경우도 마찬가지다. 빈 컬렉션에는 주어진 술어 람다를 만족할 수 있는 원소가 없으므로 none은 true를 반환한다.

```
fun main() {
    println(emptyList<Int>().none { it > 42 })
    // true
}
```

여러분이 놀랄 가능성이 가장 큰 함수는 all이다. 술어 람다가 무엇이든 관계없이 all은 빈 컬렉션에 대해 항상 true를 돌려준다.

```
fun main() {
    println(emptyList<Int>().all { it > 42 })
    // true
}
```

처음에는 이상해 보일 수도 있다. 하지만 좀 더 생각해보면 이 반환값이 아주 합리적임을 알 수 있다. 술어 람다를 만족하지 못하는 원소가 무엇인지 댈 수 없으므로 술어 람다는 분명 컬렉션의 모든 원소에 대해 참이어야 한다. 아무 원소가 없더라도 그렇다. 이런 개념을 공허한 참(vacuous truth)이라고 부른다. 대부분의 경우 공허한 참이 빈 컬렉션에 대해서도 술어 함수들이 잘 작동하게 하는 적당한 선택이 된다.

술어를 만족하는 원소의 개수를 알고 싶다면 count를 사용한다.

```
fun main() {
    val people = listOf(Person("Alice", 27), Person("Bob", 31))
    println(people.count(canBeInClub27))
    // 1
}
```

> **함수를 적재적소에 사용하라: count와 size**
>
> count가 있다는 사실을 잊어버리고 컬렉션을 필터링한 결과의 size를 가져오는 경우가 있다.
>
> ```
> println(people.filter(canBeInClub27).size)
> 1
> ```
>
> 하지만 이렇게 처리하면 조건을 만족하는 모든 원소가 들어가는 중간 컬렉션이 생긴다. 반면 count는 조건을 만족하는 원소의 개수만을 추적할 뿐 조건을 만족하는 원소를 따로 저장하지 않는다. 따라서 (걸러낸 후 크기를 구하는 것보다) count가 훨씬 더 효율적이다. 일반적인 규칙으로 필요에 따라 가장 적합한 연산을 선택하기 위해 최대한 노력하자.

술어를 만족하는 원소를 하나 찾고 싶으면 find 함수를 사용한다.

```kotlin
fun main() {
    val people = listOf(Person("Alice", 27), Person("Bob", 31))
    println(people.find(canBeInClub27))
    // Person(name=Alice, age=27)
}
```

이 식은 조건을 만족하는 원소가 있는 경우 조건을 만족하는 첫 번째 원소를 반환하며, 원소가 전혀 없는 경우 null을 반환한다. find는 firstOrNull과 같다. 이 이름을 쓰면 조건을 만족하는 원소가 없을 때 null이 반환된다는 사실을 명확히 할 수 있다.

6.1.4 리스트를 분할해 리스트의 쌍으로 만들기: partition

컬렉션을 어떤 술어를 만족하는 그룹과 그렇지 않은 그룹으로 나눌 필요가 있을 때가 있다. 두 그룹이 모두 다 필요하다면 2가지 리스트를 얻기 위해 filter와 그 형제 함수 filterNot(filter에서 술어 람다를 반전했다고 생각하면 된다)을 사용해야 할 것이다. 다음 예제는 27살 이하인 사람과 아닌 사람을 찾는다.

```kotlin
fun main() {
    val people = listOf(
        Person("Alice", 26),
        Person("Bob", 29),
        Person("Carol", 31)
    )
    val comeIn = people.filter(canBeInClub27)
    val stayOut = people.filterNot(canBeInClub27)
    println(comeIn)
    // [Person(name=Alice, age=26)]
    println(stayOut)
    // [Person(name=Bob, age=29), Person(name=Carol, age=31)]
}
```

하지만 이를 더 간결하게 처리할 수 있는 방법이 있다. 바로 **partition** 함수다. 이 함수는 앞에서 살펴본 것 같은 두 리스트의 쌍을 내놓기 때문에 전체 컬렉션을 2번 순회하지 않아도 된다. 이는 앞의 예제와 같은 로직을 다음과 같은 코드로 표현할 수 있다는 뜻이다(그림 6.5에서 이 상황을 보여준다).

```kotlin
val (comeIn, stayOut) = people.partition(canBeInClub27)
println(comeIn)
// [Person(name=Alice, age=26)]
println(stayOut)
// [Person(name=Bob, age=29), Person(name=Carol, age=31)]
```

여기서 구조 분해 선언을 통해, 술어를 기준으로 반환된 리스트의 쌍을 2가지 변수에 저장한다.

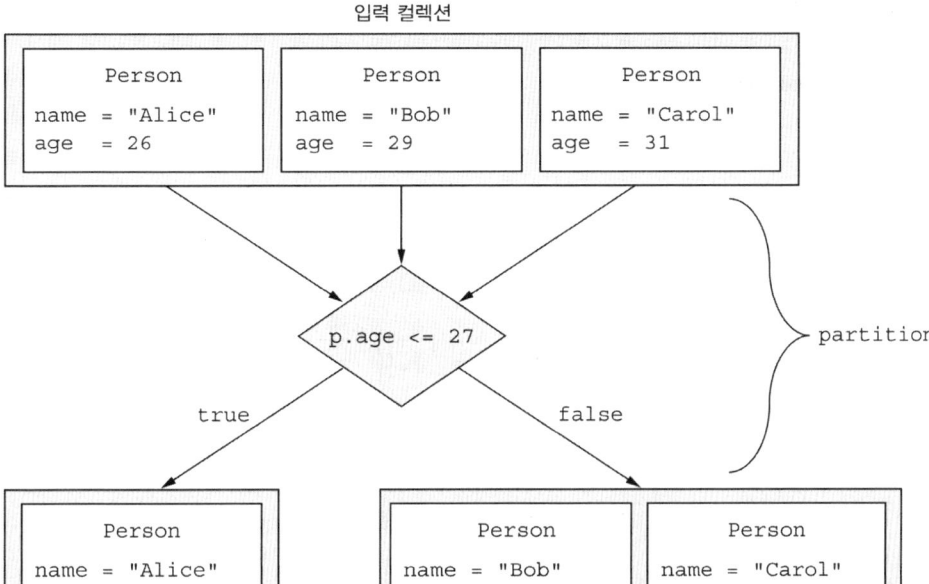

그림 6.5 partition 함수는 컬렉션을 두 그룹으로 나눈다. 한 그룹은 술어를 만족하는 그룹이고 다른 그룹은 술어를 만족하지 않는 그룹이다.

6.1.5 리스트를 여러 그룹으로 이뤄진 맵으로 바꾸기: groupBy

때에 따라서는 컬렉션의 원소들을 partition이 반환하는 '참'과 '거짓' 그룹으로만 분리할 수 없는 경우가 있다. 대신, 컬렉션의 원소를 어떤 특성에 따라 여러 그룹으로 나누고 싶을 수 있다. 예를 들어 사람을 나이에 따라 분류하고 싶다고 하자. 특성을 함수에 파라미터로 전달할 수 있으면 편리할 것이다. groupBy 함수가 이런 일을 할 수 있다.

```
fun main() {
    val people = listOf(
        Person("Alice", 31),
        Person("Bob", 29),
```

```
    Person("Carol", 31)
  )
  println(people.groupBy { it.age })
}
```

이 연산의 결과는 컬렉션의 원소를 구분하는 특성(이 예제에서는 age)이 키이고, 키 값에 따른 각 그룹(이 예제에서는 Person 객체들)이 값인 맵이다. 그림 6.6을 참고하라.

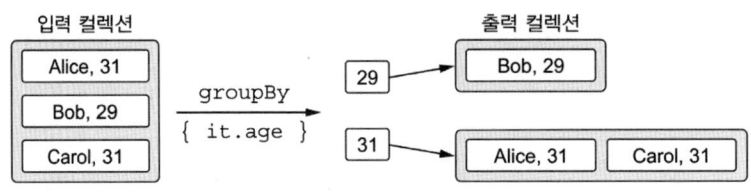

그림 6.6 groupBy 함수를 적용한 결과

이 예제의 경우 출력은 다음과 같다.

{31=[Person(name=Alice, age=31), Person(name=Carol, age=31)],
29=[Person(name=Bob, age=29)]}

각 그룹은 리스트에 저장된다. 따라서 결과의 타입은 Map<Int, List<Person>>이다. 필요하면 이 맵을 mapKeys나 mapValues 등을 사용해 변경할 수 있다.

다른 예로 멤버 참조를 활용해 문자열을 첫 번째 글자에 따라 분류하는 코드를 살펴보자.

```
fun main() {
  val list = listOf("apple", "apricot", "banana", "cantaloupe")
  println(list.groupBy(String::first))
  // {a=[apple, apricot], b=[banana], c=[cantaloupe]}
}
```

first는 String의 멤버가 아니라 확장 함수지만 여전히 멤버 참조를 사용해 first에 접근할 수 있다는 점에 유의하라.

6.1.6 컬렉션을 맵으로 변환: associate, associateWith, associateBy

groupBy 함수를 통해 리스트로부터 (공통의 특성에 따라 원소를 그룹화함으로써) 어떤 연관된 데이터를 생성해내는 방법을 알게 됐다. 원소를 그룹화하지 않으면서 컬렉션으로부터 맵을 만들어내고 싶다면 associate 함수를 사용한다. associate에게 입력 컬렉션의 원소로부터 키/값 쌍을 만들어내는 람다를 제공한다. 다음 예제는 associate 함수를 사용해 Person의 리스트를 이름과 나이를 연관시켜주는 맵으로 변환한 다음, 다른 모든 Map<String, Int> 타입의 맵과 마찬가지로 예제 값을 맵에서 찾아본다. 3.4.3절에서 소개한 중위 함수 to를 사용해 각각의 키-맵 쌍을 표현한다(그림 6.7 참고).

```
fun main() {
    val people = listOf(Person("Joe", 22), Person("Mary", 31))
    val nameToAge = people.associate { it.name to it.age }   ◀── 자신의 좌항과 우항으로 쌍을
    println(nameToAge)                                            만들어내는 중위 함수
    // {Joe=22, Mary=31}
    println(nameToAge["Joe"])
    // 22
}
```

키와 커스텀 값의 쌍을 만들어내는 대신, 컬렉션의 원소와 다른 어떤 값 사이의 연관을 만들어내고 싶을 때도 있다. associateWith와 associateBy 함수로 이런 일을 할 수 있다.

associateWith는 컬렉션의 원래 원소를 키로 사용한다. 여러분이 제공하는 람다는 그 원소에 대응하는 값을 만든다. 반대로 associateBy는 컬렉션의 원래 원소를 맵의 값으로 하고, 여러분의 람다가 만들어내는 값을 맵의 키로 사용한다.

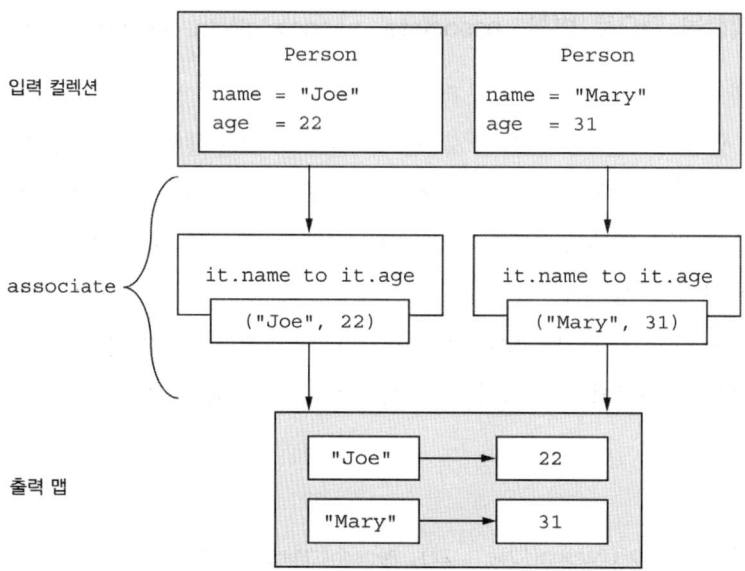

그림 6.7 associate 함수는 리스트를 여러분의 람다가 반환하는 키/값 쌍을 바탕으로 맵으로 변환한다.

다음 예제에는 먼저 associateWith를 사용해 사람과 그 사람의 나이를 연관시킨다. 그리고 associateBy 함수를 사용해 그 반대의 맵인 나이와 사람을 연관시키는 맵을 만든다.

```
fun main() {
  val people = listOf(
    Person("Joe", 22),
    Person("Mary", 31),
    Person("Jamie", 22)
  )
  val personToAge = people.associateWith { it.age }
  println(personToAge)
  // {Person(name=Joe, age=22)=22, Person(name=Mary, age=31)=31,   ◁── Joe와 Jamie는
  // Person(name=Jamie, age=22)=22}                                       나이가 같은데…
  val ageToPerson = people.associateBy { it.age }   ◁── … 여기서는 나이를 키로 사용하기 때문에…
  println(ageToPerson)    ◁── … 맵에는 Jamie만 들어간다.
  // {22=Person(name=Jamie, age=22), 31=Person(name=Mary, age=31)}
}
```

맵에서 키는 유일해야 한다. associate, associateWith, associateBy 함수도 예외가 아니다. 변환 함수가 키가 같은 값을 여러 번 추가하게 되면 마지막 결과가 그 이전에 들어간 결과를 덮어쓰게 된다.

6.1.7 가변 컬렉션의 원소 변경: replaceAll, fill

일반적으로 함수형 프로그래밍 스타일은 불변 컬렉션을 사용하라고 권장하지만 가변 컬렉션으로 작업하면 더 편리한 경우가 있다. 이런 경우에 대비해 코틀린 표준 라이브러리는 컬렉션 내용을 변경하는 데 도움이 되는 메서드를 제공한다.

replaceAll 함수를 MutableList에 적용하면 여러분이 지정한 람다로 얻은 결과로 컬렉션의 모든 원소를 변경한다. 가변 리스트의 모든 원소를 똑같은 값으로 바꾸는 특별한 경우에는 fill 함수를 쓸 수 있다. 다음 예제는 먼저 입력 컬렉션을 대문자로 바꾼 후 모든 이름을 플레이스홀더 텍스트로 변경한다.

```
fun main() {
    val names = mutableListOf("Martin", "Samuel")
    println(names)
    // [Martin, Samuel]
    names.replaceAll { it.uppercase() }
    println(names)
    // [MARTIN, SAMUEL]
    names.fill("(redacted)")
    println(names)
    // [(redacted), (redacted)]
}
```

6.1.8 컬렉션의 특별한 경우 처리: ifEmpty

컬렉션 입력에 비어있지 않은 경우, 즉 처리 대상이 될 원소가 있는 경우에만 처리를 계속하는 것이 타당한 경우가 자주 있다. ifEmpty 함수를 사용하면 컬렉션에 아무 원소도 없을 때 기본값을 생성하는 람다를 제공할 수 있다.

```
fun main() {
    val empty = emptyList<String>()
    val full = listOf("apple", "orange", "banana")
    println(empty.ifEmpty { listOf("no", "values", "here") })
    // [no, values, here]
    println(full.ifEmpty { listOf("no", "values", "here") })
    // [apple, orange, banana]
}
```

> **ifBlank: 문자열에서 ifEmpty의 형제**
>
> 텍스트(이를 단순히 문자열의 컬렉션으로 간주하고는 한다)를 다룰 때 "비어있다"라는 요구 조건을 "공백만 있다"로 바꾸고 싶을 때가 있다. 공백만 들어있는 문자열이 완전히 빈 문자열과 다른 것을 표현하는 경우는 드물다. 두 경우 문자열의 기본값을 지정하기 위해 ifBlank 함수를 사용할 수 있다.
>
> ```
> fun main() {
>     val blankName = " "
>     val name = "J. Doe"
>     println(blankName.ifEmpty { "(unnamed)" })
>     //
>     println(blankName.ifBlank { "(unnamed)" })
>     // (unnamed)
>     println(name.ifBlank { "(unnamed)" })
>     // J. Doe
> }
> ```

6.1.9 컬렉션 나누기: chunked와 windowed

컬렉션의 데이터가 어떤 계열 정보를 표현할 때 데이터를 연속적인 시간의 값들로 처리하고 싶을 경우가 있다. 예를 들어 매일 온도 센서 측정값으로 이뤄진 데이터가 있다고 하자.

```
val temperatures = listOf(27.7, 29.8, 22.0, 35.5, 19.1)
```

이 리스트의 값으로부터 3일간의 온도 평균을 구하고 싶다면 크기가 3인 슬라이딩 윈도우^{sliding window}를 쓸 수 있다. 즉, 첫 3개의 값인 27.7, 29.8, 22.0으로 평균을 구한다. 그 후 윈도우의 인덱스를 1만큼 '밀어서^{slide}' 다음 3개의 값 29.8, 22.0, 35.5로 평균을 구한다. 이 과정을 마지막 3개의 값인 22.0, 35.5, 19.1까지 반복한다.

이런 슬라이딩 윈도우를 생성하고자 windowed 함수를 사용할 수 있다. windowed에 선택적으로 출력을 변환할 수 있는 람다를 전달할 수도 있다. 온도 측정의 경우 각 윈도우의 평균을 계산하는 람다가 될 수도 있다(그림 6.8에 이를 보여준다).

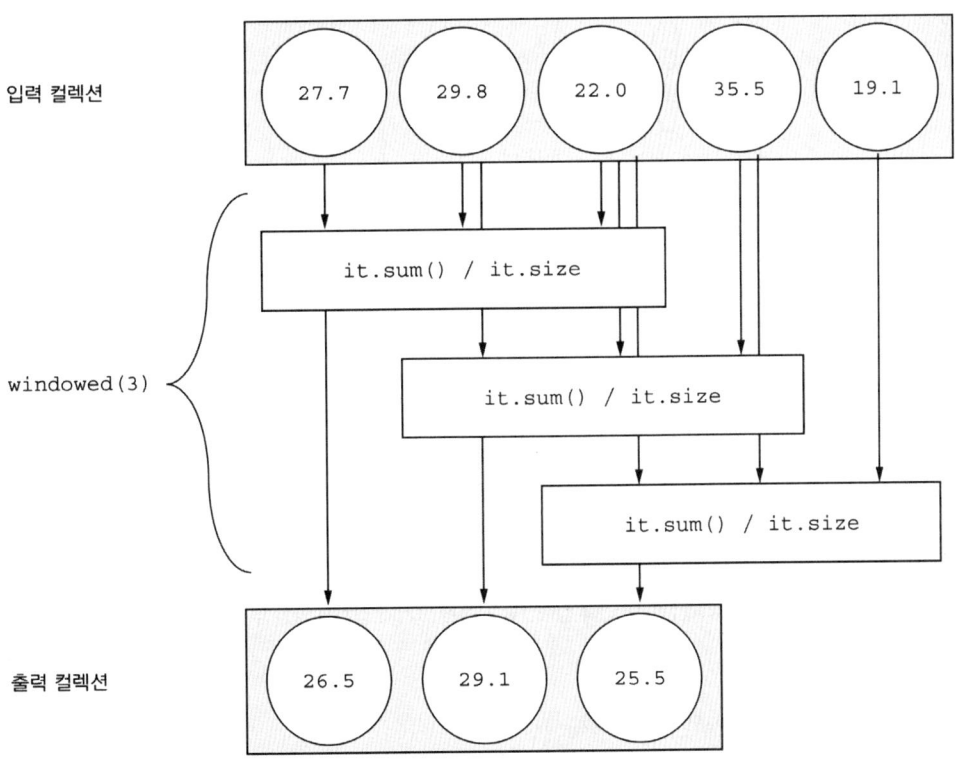

그림 6.8 windowed 함수는 입력 컬렉션을 슬라이딩 윈도우로 처리한다.

```
fun main() {
```

```
    println(temperatures.windowed(3))
    // [[27.7, 29.8, 22.0], [29.8, 22.0, 35.5], [22.0, 35.5, 19.1]]
    println(temperatures.windowed(3) { it.sum() / it.size })
    // [26.5, 29.099999999999998, 25.53333333333333]
}
```

입력 컬렉션에 대해 슬라이딩 윈도우를 실행하는 대신, 컬렉션을 어떤 주어진 크기의 서로 겹치지 않는(서로소) 부분으로 나누고 싶을 때도 있다. chunked 함수가 이런 일을 한다. 여기서도 람다를 전달하며, 람다는 출력을 변환시킨다(그림 6.9).

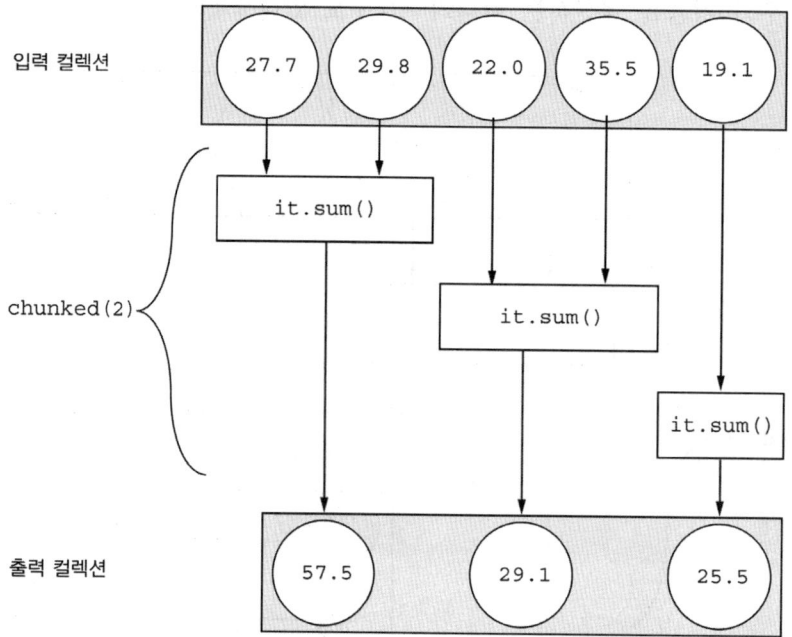

그림 6.9 chunked 함수는 입력 컬렉션을 지정한 크기의 겹치지 않는 부분들로 나눈다.

```
fun main() {
    println(temperatures.chunked(2))
    // [[27.7, 29.8], [22.0, 35.5], [19.1]]
    println(temperatures.chunked(2) { it.sum() })
    // [57.5, 57.5, 19.1]
}
```

앞의 예제에서 청크 크기를 2로 지정했지만 마지막으로 만들어진 청크의 크기는 더 작다는 점에 유의하자. 입력 컬렉션의 크기가 홀수이기 때문에 chunked 함수는 크기가 2인 청크를 2개 만들고 남은 1개의 원소를 마지막 청크에 넣는다.

6.1.10 컬렉션 합치기: zip

때로 연관이 있는 데이터가 들어있는 별도의 두 리스트를 한꺼번에 종합해야 할 때가 있다. 예를 들어 Person 객체의 리스트 대신에 사람들의 이름과 나이를 따로 저장한 두 리스트가 있다고 하자.

```
val names = listOf("Joe", "Mary", "Jamie")
val ages = listOf(22, 31, 31, 44, 0)
```

각 리스트의 값들이 서로의 인덱스에 따라 대응된다고 알고 있다면(이는 0번 인덱스의 Joe의 나이는 0번 인덱스의 22와 대응한다는 뜻이다) zip 함수를 사용해 두 컬렉션에서 같은 인덱스에 있는 원소들의 쌍으로 이뤄진 리스트를 만들 수 있다. 이 함수에 람다를 전달하면 출력을 변환할 수 있다. 다음 예제에서는 name과 age의 쌍으로부터 Person 객체를 만든다(그림 6.10).

```
fun main() {
  val names = listOf("Joe", "Mary", "Jamie")
  val ages = listOf(22, 31, 31, 44, 0)
  println(names.zip(ages))
  // [(Joe, 22), (Mary, 31), (Jamie, 31)]
  println(names.zip(ages) { name, age -> Person(name, age) })
  // [Person(name=Joe, age=22), Person(name=Mary, age=31),
  // Person(name=Jamie, age=31)]
}
```

zip은 반대편 컬렉션에 대응하는 원소가 없는 원소를 무시한다.

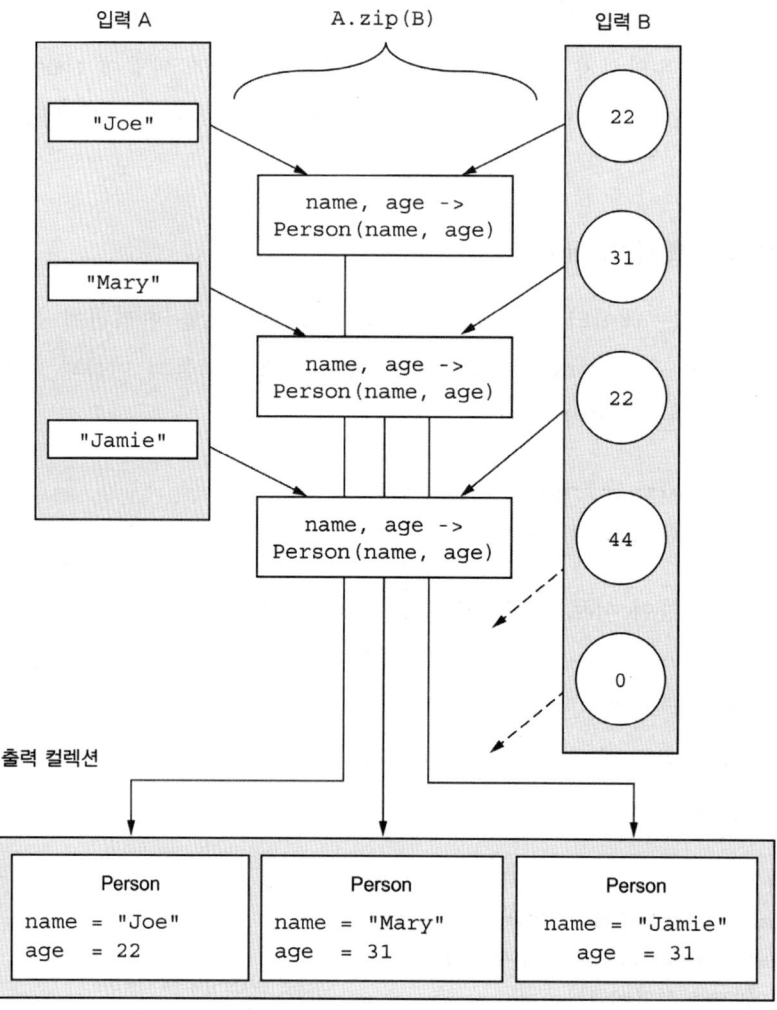

그림 6.10 zip 함수는 두 입력에서 같은 인덱스에 있는 원소들을 서로 연관 지어서 원소들의 쌍을 만든다. 다른 컬렉션에 대응하는 원소가 없는 원소는 무시된다.

결과 컬렉션의 길이는 두 입력 컬렉션 중 더 짧은 쪽의 길이와 같다는 점에 유의하자. zip은 두 입력 컬렉션 모두에 원소가 들어있는 인덱스에 해당하는 원소들만 처리한다.

Pair 객체를 생성하는 to 함수와 마찬가지로 zip 함수도 중위 표기법으로 호출할 수 있다(3.4.3절). 하지만 중위 표기법을 쓸 때는 람다를 전달할 수 없다.

```
println(names zip ages)
// [(Joe, 22), (Mary, 31), (Jamie, 31)]
```

다른 함수들과 마찬가지로 zip을 연쇄시켜 호출하면 2개의 리스트보다 더 많은 리스트를 합칠 수 있다. 하지만 zip이 항상 2개의 리스트에 대해 작동하기 때문에 이렇게 호출한 결과는 내포된 쌍의 리스트가 될 뿐 단순한 리스트의 리스트가 되지는 않는다.

```
val countries = listOf("DE", "NL", "US")
println(names zip ages zip countries)
// [((Joe, 22), DE), ((Mary, 31), NL), ((Jamie, 31), US)]
```

◀ zip을 여러 번 호출해 조합하면 내포된 쌍의 리스트가 생긴다. 이름과 나이 주변에 괄호가 더 붙어있음에 유의하라.

6.1.11 내포된 컬렉션의 원소 처리: flatMap과 flatten

이제 사람에 대한 관심을 책으로 돌려보자. Book으로 표현하는 책을 모아둔 컬렉션이 있다고 하자.

```
class Book(val title: String, val authors: List<String>)
```

책마다 저자가 한 명 또는 여러 명 있다. 그리고 도서관에는 책이 여러 권 있다.

```
val library = listOf(
    Book("Kotlin in Action", listOf("Isakova", "Elizarov", "Aigner", "Jemerov")),
    Book("Atomic Kotlin", listOf("Eckel", "Isakova")),
    Book("The Three-Body Problem", listOf("Liu"))
)
```

라이브러리의 모든 저자를 계산하고 싶다면 6.1.1절에서 살펴본 map 함수를 사용할 수 있을 것이다.

```
fun main() {
```

```
    val authors = library.map { it.authors }
    println(authors)
    // [[Isakova, Elizarov, Aigner, Jemerov], [Eckel, Isakova], [Liu]]
}
```

하지만 이 결과는 여러분의 생각과 다를 것이다. authors가 List<String>이기 때문에 결과 컬렉션은 List<List<String>>이라는 내포된 컬렉션이 된다.

flatMap 함수를 사용하면 라이브러리의 모든 저자의 집합을 계산하되 추가적인 내포가 없이 계산할 수 있다. flatMap이 하는 일은 2가지다. 우선 컬렉션의 각 원소를 파라미터로 주어진 함수를 사용해 변환(또는 매핑)한다(map 함수가 하는 일과 같음). 그 후 변환한 결과를 하나의 리스트로 합친다(또는 펼친다flatten).

리스트 6.1 flatMap 함수는 컬렉션의 컬렉션을 평평한 리스트로 변환한다

```
fun main() {
    val authors = library.flatMap { it.authors }
    println(authors)                    ◀── 라이브러리의 모든 저자의 리스트
    // [Isakova, Elizarov, Aigner, Jemerov, Eckel, Isakova, Liu]
    println(authors.toSet())            ◀── 라이브러리의 모든 저자의 집합. 중복이 없다.
    // [Isakova, Elizarov, Aigner, Jemerov, Eckel, Liu]
}
```

각 책은 여러 저자에 의해 쓰였을 수 있고, book.authors 프로퍼티는 저자의 리스트를 담는다. 리스트 6.1에서는 flatMap을 사용해 모든 책의 저자 리스트를 모아 하나의 평평한 리스트로 합쳤다. toSet 호출은 결과 컬렉션에서 중복을 제거한다. 따라서 이 예제에서 Isakova(스베트라나 이사코바)가 한 번만 나온다.

여러분이 작성한 코드의 결과가 원소들의 컬렉션의 컬렉션(예: List<List<Int>>)인데, 하나의 리스트(예: List<Int>)로 합쳐야 한다는 생각이 들 때 flatMap을 생각해야 할 것이다. 변환할 것이 없고 단지 컬렉션의 컬렉션을 평평한 컬렉션으로 만들면 된다면 listOfLists.flatten()처럼 flatten 함수를 사용할 수 있다.

지금까지 코틀린 표준 라이브러리가 제공하는 몇 가지 컬렉션 연산 함수를 살펴봤지만 더 많은 함수가 있다. 모든 함수를 다루면 책이 지루해지고 지면에도 한계가 있으므로 그 모든 함수를 다루지는 않을 것이다. 다만 컬렉션을 다루는 코드를 작성할 경우에는 원하는 것을 어떻게 일반적인 변환을 사용해 표현할 수 있는지 생각해 보고, 그런 변환을 제공하는 라이브러리 함수가 있는지 살펴보자. IDE가 제공하는 자동 완성을 사용하거나 표준 라이브러리 참조 문서(https://kotlinlang.org/api/latest/jvm/stdlib/)를 살펴보면 된다. 대부분의 경우 원하는 함수를 찾을 수 있을 것이고, 직접 모든 로직을 구현하는 것보다 더 빨리 문제를 해결할 수 있을 것이다.

이제 컬렉션 연산을 연쇄시키는 경우의 코드 성능을 좀 더 자세히 살펴보자. 다음 절은 그런 연쇄 연산을 실행하는 다른 여러 방법을 다룬다.

6.2 지연 계산 컬렉션 연산: 시퀀스

앞 절에서는 `map`이나 `filter` 컬렉션 함수들을 연쇄적으로 호출하는 경우도 살펴봤다. 그런 함수는 결과 컬렉션을 즉시^{eagerly} 생성한다. 이는 컬렉션 함수를 연쇄하면 매 단계마다 계산 중간 결과를 새로운 컬렉션에 임시로 담는다는 의미다. **시퀀스**^{sequence}는 자바 8의 스트림과 비슷하게 중간 임시 컬렉션을 사용하지 않고 컬렉션 연산을 연쇄하는 방법을 제공한다. 다음 예제를 보자.

```
people.map(Person::name).filter { it.startsWith("A") }
```

코틀린 표준 라이브러리 참조 문서에는 `filter`와 `map`이 리스트를 반환한다고 설명한다. 이는 이 연쇄 호출이 리스트를 2개 만든다는 의미다. 한 리스트는 `filter`의 결과를 담고, 다른 하나는 `map`의 결과를 담는다. 원본 리스트에 원소가 2개밖에 없다면 리스트가 더 생기는 것이 문제가 되지 않겠지만 원소가 수백만 개가 되면 훨씬 더 효율이 떨어진다.

이를 더 효율적으로 만들려면 각 연산이 컬렉션을 직접 사용하는 대신 시퀀스를 사용하게 만들어야 한다.

```
people
    .asSequence()            ◄─── 원본 컬렉션을 시퀀스로 변환한다.
    .map(Person::name)       ┐
    .filter { it.startsWith("A") }  ├─ 시퀀스도 컬렉션과 똑같은 API를 제공한다.
    .toList()                ◄─── 결과 시퀀스를 다시 리스트로 변환한다.
```

전체 연산을 수행한 결과는 이름이 A로 시작하는 사람의 리스트로 이전의 (단순 리스트를 사용한) 예제와 같다. 하지만 방금 살펴본 예제에서는 중간 결과를 저장하는 컬렉션이 생기지 않기 때문에 원소가 많은 경우 성능이 눈에 띄게 좋아진다.

코틀린 지연 계산 시퀀스는 Sequence 인터페이스에서 시작한다. 이 인터페이스는 단지 한 번에 하나씩 열거될 수 있는 원소의 시퀀스를 표현할 뿐이다. Sequence 안에는 iterator라는 단 하나의 메서드가 들어있다. 그 메서드를 통해 시퀀스에서 원소 값들을 얻을 수 있다.

Sequence 인터페이스의 강점은 그 인터페이스 위에 구현된 연산이 계산을 수행하는 방법 때문에 생긴다. 시퀀스의 원소는 필요할 때 게으르게^{lazy} 계산(지연 계산)된다. 따라서 중간 처리 결과를 저장할 컬렉션을 만들지 않고도 연산을 연쇄적으로 적용해서 연쇄적인 연산을 효율적으로 수행할 수 있다. 게다가 시퀀스에 대해 일반 리스트를 처리할 때 사용하던 map, filter 등의 연산을 똑같이 적용할 수 있다는 점도 앞의 코드에서 눈치 챘을 것이다.

asSequence 확장 함수를 호출하면 어떤 컬렉션이든 시퀀스로 바꿀 수 있다. 시퀀스를 리스트로 만들 때는 toList를 사용한다.

시퀀스를 다시 컬렉션으로 왜 되돌려야 할까? 컬렉션보다 시퀀스가 훨씬 더 낫다면 그냥 시퀀스를 쓰는 편이 낫지 않을까? 하지만 답은 "때때로 그렇다"이다. 시퀀스의 원소를 차례로 이터레이션해야 한다면 시퀀스를 직접 써도 된다. 하지만 시퀀스 원소를 인덱스를 사용해 접근하는 등 다른 API 메서드를 호출해야 한다면 시퀀스를 리스트로 변환해야 한다.

> **노트**
>
> 큰 컬렉션에 대해 연산을 연쇄시킬 때는 시퀀스를 사용하는 것을 규칙으로 삼아라. 10.2절에서는 중간 컬렉션을 생성함에도 코틀린에서 즉시 계산 컬렉션에 대한 연산이 더 효율적인 이유를 설명한다. 하지만 컬렉션에 들어있는 원소가 많으면 중간 원소를 재배열하는 비용이 커지기 때문에 지연 계산이 더 낫다.

시퀀스에 대한 연산을 지연 계산하기 때문에 정말 계산을 실행하게 만들려면 결과 시퀀스의 원소를 하나씩 이터레이션하거나 결과 시퀀스를 리스트로 변환해야 한다. 다음 절에서 이를 설명한다.

6.2.1 시퀀스 연산 실행: 중간 연산과 최종 연산

시퀀스에 대한 연산은 중간intermediate 연산과 최종terminal 연산으로 나뉜다. 중간 연산은 다른 시퀀스를 반환한다. 이 시퀀스는 최초 시퀀스의 원소를 변환하는 방법을 안다. 최종 연산은 결과를 반환한다. 결과는 최초 컬렉션에 대해 변환을 적용한 시퀀스에서 일련의 계산을 수행해 얻을 수 있는 컬렉션이나 원소, 수, 또는 다른 객체다(그림 6.11 참고).

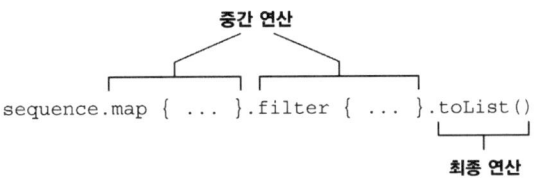

그림 6.11 시퀀스에 대한 중간 연산과 최종 연산

중간 연산은 항상 지연 계산된다. 최종 연산이 없는 예제를 살펴보자.

```
fun main() {
  println(
    listOf(1, 2, 3, 4)
      .asSequence()
      .map {
```

```
            print("map($it) ")
            it * it
        }.filter {
            print("filter($it) ")
            it % 2 == 0
        }
    )
    // kotlin.sequences.FilteringSequence@506e1b77
}
```

이 코드를 실행하면 아무 내용도 출력되지 않는다. 시퀀스의 원소들이 출력되는 대신 Sequence 객체(여기서는 FilteringSequence라는 구현체) 자체에 대한 출력을 볼 수 있다. 이는 map과 filter 변환이 지연돼 결과를 얻을 필요가 있을 때(즉 최종 연산이 호출될 때) 적용된다는 의미다.

```
fun main() {
    listOf(1, 2, 3, 4)
        .asSequence()
        .map {
            print("map($it) ")
            it * it
        }.filter {
            print("filter($it) ")
            it % 2 == 0
        }.toList()
}
```

최종 연산(toList)을 호출하면 연기됐던 모든 계산이 수행된다.

이 예제에서 연산 수행 순서를 잘 알아두는 것이 중요하다. 단순하게 생각하면 map 함수를 각 원소에 대해 먼저 수행해서 새 시퀀스를 얻고, 그 시퀀스에 대해 다시 filter를 수행한다고 생각할 것이다. 컬렉션에 대한 map과 filter는 그런 방식으로 작동한다. 하지만 시퀀스에 대한 map과 filter는 그렇지 않다. 시퀀스의 경우 모든 연산은 각 원소에 대해 순차적으로 적용된다. 즉, 첫 번째 원소가 (변환된 다음에 걸러지면서)

처리되고, 다시 두 번째 원소가 처리되며, 이런 처리가 모든 원소에 대해 적용된다.

이 방식의 의미는 원소에 연산을 차례대로 적용하다가 결과가 얻어지면 그 이후의 원소에 대해서는 변환이 이뤄지지 않을 수도 있다는 것이다. 이런 예를 map과 find 연산으로 살펴보자. 먼저 map으로 리스트의 각 수를 제곱하고, 다음으로 제곱한 수 중에서 find로 3보다 큰 첫 번째 원소를 찾자.

```
fun main() {
  println(
    listOf(1, 2, 3, 4)
      .asSequence()
      .map { it * it }
      .find { it > 3 }
  )
  // 4
}
```

같은 연산을 시퀀스가 아니라 컬렉션에 수행하면 map의 결과가 먼저 평가돼 초기 컬렉션의 모든 원소가 변환된다. 두 번째 단계에서는 map을 적용해서 얻은 중간 컬렉션에서 술어를 만족하는 원소를 찾는다. 시퀀스를 사용하면 지연 계산으로 인해 원소 중 일부의 계산은 이뤄지지 않는다. 그림 6.12는 이 코드를 즉시 계산(컬렉션 사용)과 지연 계산(시퀀스 사용)으로 평가하는 경우의 차이를 보여준다.

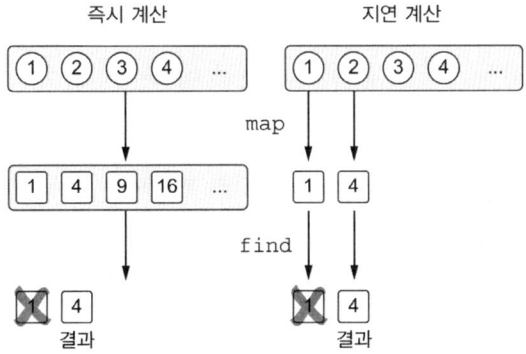

그림 6.12 즉시 계산은 전체 컬렉션에 연산을 적용하지만 지연 계산은 원소를 한번에 하나씩 처리한다.

그림에서 컬렉션을 사용하는 첫 번째 경우 리스트가 다른 리스트로 변환된다. 따라서 map 연산은 3과 4를 포함해 모든 원소를 변환한다. 그 후 find가 술어를 만족하는 첫 번째 원소인 4(2의 제곱)를 찾는다.

시퀀스를 사용하는 두 번째 경우 find 호출이 원소를 하나씩 처리하기 시작한다. 최초 시퀀스에서 수를 하나 가져와 map에 지정된 변환을 수행한 다음에 find에 지정된 술어를 만족하는지 검사한다. 최초 시퀀스에서 2를 가져오면 제곱 값(4)이 3보다 커지기 때문에 그 제곱 값을 결과로 반환한다. 이때 이미 답을 찾았으므로 3과 4를 처리할 필요가 없다.

컬렉션에 대해 수행하는 연산의 순서도 성능에 영향을 끼친다. 사람의 컬렉션이 있는데, 이름이 정해진 한계보다 짧은 사람의 명단을 얻고 싶다고 하자. 이를 처리하려면 각 사람을 이름으로 매핑한 다음에 이름 중에서 길이가 긴 사람을 제외시켜야 한다. 이 경우 map과 filter를 어떤 순서로 수행해도 결과가 같다. 그러나 map 다음 filter를 하는 경우와 filter 다음 map을 하는 경우 수행해야 하는 변환의 전체 횟수는 다르다(그림 6.13 참고).

```kotlin
fun main() {
  val people = listOf(
    Person("Alice", 29),
    Person("Bob", 31),
    Person("Charles", 31),
    Person("Dan", 21)
  )
  println(
    people
      .asSequence()
      .map(Person::name)
      .filter { it.length < 4 }
      .toList()                       ← map 먼저 수행한 후 filter 수행
  )
  // [Bob, Dan]
  println(
```

```
    people
        .asSequence()
        .filter { it.name.length < 4 }
        .map(Person::name)
        .toList()                    ← filter 다음 map 수행
  )
  // [Bob, Dan]
}
```

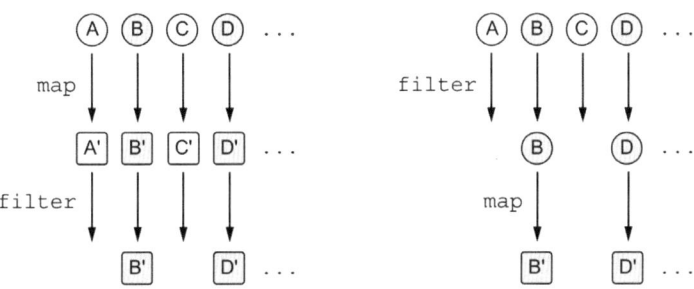

그림 6.13 filter를 먼저 적용하면 전체 변환 회수가 줄어든다.

map을 먼저 하면 모든 원소를 변환한다. 하지만 filter를 먼저 하면 부적절한 원소를 먼저 제외하기 때문에 그런 원소는 변환되지 않는다. 대략적인 규칙으로, 연쇄적인 연산에서 더 빨리 원소들을 제거하면 할수록(물론 코드의 로직이 달라져서는 안 된다) 코드의 성능이 더 좋아진다.

6.2.2 시퀀스 만들기

지금까지 살펴본 시퀀스 예제는 모두 컬렉션에 대해 asSequence()를 호출해 시퀀스를 만들었다. 시퀀스를 만드는 다른 방법으로 generateSequence 함수를 사용할 수 있다. 이 함수는 이전의 원소를 인자로 받아 다음 원소를 계산한다. 다음은 generateSequence로 0부터 100까지 자연수의 합을 구하는 프로그램이다. 먼저 모든 자연수의 시퀀스를 만든다. 그 후 takeWhile로 100보다 작거나 같은 원소들만 남긴다. 마지막으로 sum을 사용해 수의 합계를 계산한다.

리스트 6.2 자연수의 시퀀스를 생성하고 사용하기

```
fun main() {
    val naturalNumbers = generateSequence(0) { it + 1 }
    val numbersTo100 = naturalNumbers.takeWhile { it <= 100 }
    println(numbersTo100.sum())    ◀── sum의 결과를 계산할 때 모든
    // 5050                              지연 계산이 수행된다.
}
```

이 예제에서 naturalNumbers(무한 시퀀스)와 numbersTo100(유한 시퀀스)는 모두 시퀀스이며 연산을 지연 계산한다. 최종 연산(여기서는 sum)을 수행하기 전까지는 시퀀스의 각 수는 계산되지 않는다.

시퀀스를 사용하는 일반적인 용례 중 하나는 객체의 조상들로 이뤄진 시퀀스를 만들어내는 것이다. 어떤 객체의 조상이 자신과 같은 타입이고 모든 조상의 시퀀스에서 어떤 특성을 알고 싶을 때가 있다. 사람이나 파일 디렉터리의 계층 구조가 그런 예다(JVM에서는 보통 File이 파일과 폴더를 모두 표현한다). 다음 예제는 어떤 파일의 상위 디렉터리를 뒤지면서 숨김^{hidden} 속성을 가진 디렉터리가 있는지 검사함으로써 파일이 감춰진 디렉터리 안에 들어있는지 알아본다.

리스트 6.3 조상 디렉터리의 시퀀스를 생성하고 사용하기

```
import java.io.File
fun File.isInsideHiddenDirectory() =
    generateSequence(this) { it.parentFile }.any { it.isHidden }
fun main() {
    val file = File("/Users/svtk/.HiddenDir/a.txt")
    println(file.isInsideHiddenDirectory())
    // true
}
```

여기서도 첫 번째 원소를 지정하고 시퀀스의 한 원소에서 다음 원소를 계산하는 방법을 제공함으로써 시퀀스를 만든다. any를 find로 바꾸면 원하는 디렉터리를

찾을 수도 있다. 이렇게 시퀀스를 사용하면 조건을 만족하는 디렉터리를 찾은 뒤에는 더 이상 상위 디렉터리를 뒤지지 않는다.

요약

- 컬렉션 원소들을 직접 순회하면서 처리하는 대신, 대부분의 일반적인 연산을 표준 라이브러리 함수와 여러분이 작성한 람다를 조합해 처리할 수 있다. 코틀린은 이런 함수를 다양하게 제공한다.
- filter, map 함수는 컬렉션을 다루는 기본이며, 어떤 술어에 따라 컬렉션 원소를 걸러내거나 원소를 새로운 형태로 변환할 수 있다.
- reduce와 fold 연산을 사용하면 컬렉션으로부터 정보를 종합할 수 있다. 이를 통해 컬렉션 원소들에서 한 가지 값을 계산해낼 수 있다.
- associate와 groupBy 함수를 사용하면 평평한 리스트를 맵으로 바꿀 수 있어서 여러분 자신의 기준에 따라 데이터를 구조화할 수 있다.
- 데이터의 컬렉션이 인덱스와 연관이 있는 경우에는 chunked, windowed, zip 함수를 사용해 컬렉션 원소의 하위 그룹을 만들거나 여러 컬렉션을 하나로 합칠 수 있다.
- Boolean을 반환하는 람다 함수인 술어를 사용하면 all, any, none과 그 형제 함수들을 활용해 어떤 불변 조건이 컬렉션에 대해 성립하는지 여부를 검사할 수 있다.
- 내포된 컬렉션을 처리해야 할 경우 flatten 함수를 써서 내포된 원소를 꺼낼 수 있으며, flatMap을 통해 변환(map)과 펼쳐내기(flatten)를 한꺼번에 수행할 수 있다.
- 시퀀스를 사용하면 중간 결과를 담는 컬렉션을 생성하지 않고도 컬렉션에 대한 여러 연산을 지연 계산해서 조합할 수 있어 코드를 더 효율적으로 작성할 수 있다. 컬렉션을 조작하기 위해 사용한 함수와 똑같은 함수를 시퀀스에도 적용할 수 있다.

7

널이 될 수 있는 값

7장에서 다루는 내용

- 널이 될 수 있는 타입
- 널이 될 가능성이 있는 값을 다루는 구문의 문법
- 널이 될 수 있는 타입과 널이 될 수 없는 타입의 변환
- 코틀린의 널 가능성 개념과 자바 코드 사이의 상호운용성

여러분은 코틀린 문법 중 많은 부분을 배웠다. 이제는 자바와 같은 일을 하는 코틀린 코드를 작성하는 단계를 넘어서서 코드를 더 간결하고 읽기 쉽게 해주며 생산성을 높여주는 코틀린 특성을 즐길 준비가 됐다. 코드 가독성을 살려주는 코틀린 기능 중에 핵심적인 부분으로 널이 될 수 있는 타입^{nullable type} 지원이 있다. 이제 이를 자세히 살펴보자.

7.1 NullPointerException을 피하고 값이 없는 경우 처리: 널 가능성

널 가능성^{nullability}은 NullPointerException 오류(짧게 NPE라고도 쓴다)를 피할 수 있게 돕는 코틀린 타입 시스템의 특성이다. 프로그램 사용자로서 여러분은 아마도 자세한 추가 정보가 없는 'An error has occurred: java.lang.NullPointerException'(오류 발생: java.lang.NullPointerException) 메시지를 본 적이 있을 것이다. 다른 버전으로는 "Unfortunately, the application X has stopped"(X 애플리케이션이 중단됐습니다)와 같은 메시지도 있다. 그 메시지 또한 NullPointerException이라는 원인에서 비롯된 것일 수 있다. 이런 오류는 사용자와 개발자를 모두 당황하게 한다.

코틀린을 포함한 최신 언어에서 null에 대한 접근 방법은 가능한 이 문제를 실행 시점에서 컴파일 시점으로 옮기는 것이다. 널이 될 수 있는지 여부를 타입 시스템에 추가함으로써 컴파일러가 여러 가지 오류를 컴파일 시 미리 감지해서 실행 시점에 발생할 수 있는 예외의 가능성을 줄일 수 있다.

이번 절에서는 널이 될 수 있는 타입을 살펴본다. 코틀린에서 null이 될 수 있는 값을 어떻게 표기하고 코틀린이 제공하는 도구가 그런 널이 될 수 있는 값을 어떻게 처리하는지 살펴본다. 그 후 널이 될 수 있는 타입 측면에서 코틀린과 자바 코드를 어떻게 함께 사용할 수 있는지 살펴본다.

7.2 널이 될 수 있는 타입으로 널이 될 수 있는 변수 명시

코틀린과 자바의 첫 번째이자 가장 중요한 차이는 코틀린 타입 시스템이 널이 될 수 있는 타입을 명시적으로 지원한다는 점이다. 이 말이 무슨 뜻일까? 널이 될 수 있는 타입은 프로그램 안의 프로퍼티나 변수에 null을 허용하게 만드는 방법이다. 어떤 변수가 null이 될 수 있다면 그 변수에 대해 (그 변수를 수신 객체로) 메서드를 호출하면 NullPointerException이 발생할 수 있으므로 안전하지 않다. 코틀린은 그런 메서드 호출을 금지함으로써 많은 예외를 방지한다. 널이 될 수 있는 타입의 동작을 배우기 위해 다음 자바 함수를 살펴보자.

```
/* 자바 */
int strLen(String s) {
  return s.length();
}
```

이 함수는 안전한가? 경험 많은 개발자라면 이 함수에 null을 넘기면 NullPointerException이 발생한다는 점을 빠르게 알아챘을 것이다. 그렇다면 이 함수에서 s가 null인지 꼭 검사해야 할까? 검사가 필요할지 여부는 이 함수를 사용하는 의도에 따라 달라진다.

이 함수를 코틀린으로 다시 써보자. 코틀린에서 이런 함수를 작성할 때 가장 먼저 답을 알아야 할 질문은 "이 함수가 null을 인자로 받을 수 있는가?"이다. 여기서 null을 인자로 받을 수 있다는 말은 strLen(null)처럼 직접 null 리터럴을 사용하는 경우뿐 아니라 변수나 식의 값이 실행 시점에 null이 될 수 있는 경우를 모두 포함한다.

null이 인자로 들어올 수 없다면 코틀린에서는 다음과 같이 함수를 정의할 수 있다.

```
fun strLen(s: String) = s.length
```

strLen에 null이거나 null이 될 수 있는 인자를 넘기는 것은 금지되며, 혹시 그런 값을 넘기면 컴파일 시 오류가 발생한다.

```
fun main() {
  strLen(null)
  // ERROR: Null can not be a value of a non-null type String
}
```

strLen 함수의 파라미터 s의 타입은 String인데, 코틀린에서 이는 s가 항상 String의 인스턴스여야 한다는 뜻이다. 이때 컴파일러는 null이 될 수 있는 값을 strLen에 인자로 넘기지 못하게 막는다. 따라서 strLen 함수가 결코 실행 시점에 Null

PointerException을 발생시키지 않으리라 장담할 수 있다.

이 함수가 null을 포함하는 모든 문자열을 인자로 받을 수 있게 하려면 타입 이름 뒤에 물음표(?)를 명시해야 한다.

fun strLenSafe(s: String?) = ...

String?, Int?, MyCustomType? 등 어떤 타입이든 타입 이름 뒤에 물음표를 붙이면 그 타입의 변수나 프로퍼티에 null 참조를 저장할 수 있다(그림 7.1 참고).

```
Type?  =  Type  또는  null
```

그림 7.1 타입 이름 뒤에 물음표는 그 타입이 널이 될 수 있는 타입임을 나타낸다.
널이 될 수 있는 타입의 변수에는 null 참조를 저장할 수 있다.

다시 말하지만 물음표가 없는 타입은 어떤 변수가 null 참조를 저장할 수 없다는 의미다. 따라서 모든 타입은 기본적으로 null이 아닌 타입이다. 뒤에 명시적으로 ?가 붙어야 null이 될 수 있다.

어떤 널이 될 수 있는 타입의 값이 있다면 그 값에 대해 수행할 수 있는 연산의 종류가 제한된다. 예를 들어 널이 될 수 있는 타입 값의 메서드를 직접 호출할 수는 없다.

```
fun strLenSafe(s: String?) = s.length()
// ERROR: only safe (?.) or non-null asserted (!!.) calls are allowed
// on a nullable receiver of type kotlin.String?
```

널이 될 수 있는 값을 널이 될 수 없는 타입의 변수에 대입할 수 없다.

```
fun main() {
    val x: String? = null
    var y: String = x
    // ERROR: Type mismatch:
    // inferred type is String? but String was expected
}
```

널이 될 수 있는 타입의 값을 null이 아닌 타입의 파라미터를 받는 함수에 전달할 수 없다.

```
fun main() {
    val x: String? = null
    strLen(x)
    // ERROR: Type mismatch:
    // inferred type is String? but String was expected
}
```

이렇게 제약이 많다면 널이 될 수 있는 타입의 값으로 대체 뭘 할 수 있을까? 가장 중요한 일은 바로 null과 비교하는 것이다. 일단 null과 비교하고 나면 컴파일러는 그 사실을 기억하고 null이 아님이 확실한 영역에서는 해당 값을 null이 아닌 타입의 값처럼 사용할 수 있다. 예를 들어 다음은 완전히 올바른 코드다.

리스트 7.1 if 검사를 통해 null 값 다루기

```
fun strLenSafe(s: String?): Int =
    if (s != null) s.length else 0     ◄── null 검사를 추가하면 코드가 컴파일된다.

fun main() {
    val x: String? = null
    println(strLenSafe(x))
    // 0
    println(strLenSafe("abc"))
    // 3
}
```

널 가능성을 다루기 위해 사용할 수 있는 도구가 if 검사뿐이라면 코드가 금방 번잡해질 것이다. 다행히 코틀린은 널이 될 수 있는 값을 다룰 때 도움이 되는 여러 도구를 제공한다. 하지만 그런 도구를 살펴보기 전에 널 가능성과 변수 타입의 의미를 살펴보자.

7.3 타입의 의미 자세히 살펴보기

타입이란 무엇이고 왜 변수에 타입을 지정해야 하는 것인지 생각해보자. 1976년 데이빗 파나스[David Parnas]는 타입을 가능한 값의 집합과 그런 값들에 대해 수행할 수 있는 연산의 집합으로 정의했다(변수의 클래스로 정의된 추상 타입들[Abstract types defined as classes of variables], https://dl.acm.org/doi/10.1145/800237.807133).

이런 정의를 자바 타입 중 몇 가지에 대해 적용해보자. 먼저 Double 타입을 살펴보자. Double은 여러분도 아는 대로 64비트 부동소수점 수다. Double 타입의 값에 대해 일반 수학 연산을 수행할 수 있다. Double 타입에 속한 값이라면 어떤 값이든 관계없이 모든 일반 수학 연산 함수를 적용할 수 있다. 따라서 Double 타입의 변수가 있다면 그 변수에 대한 연산을 컴파일러가 통과시키기만 하면 그 연산이 성공적으로 실행되리란 사실을 확신할 수 있다.

이제 이를 String 타입의 변수와 비교해보자. 자바에서 String 타입의 변수에는 String이나 null이라는 2가지 종류의 값이 들어갈 수 있다. 이 두 종류의 값은 서로 완전히 다르다. 심지어 자바 자체의 instanceof 연산자도 null이 String이 아니라고 답한다. 두 종류의 값에 대해 실행할 수 있는 연산도 완전히 다르다. 실제 String이 들어있는 변수에 대해서는 String 클래스에 정의된 모든 메서드를 호출할 수 있다. 하지만 null이 들어있는 경우에는 사용할 수 있는 연산이 많지 않다.

이는 자바의 타입 시스템이 null을 제대로 다루지 못한다는 뜻이다. 변수에 선언된 타입이 있지만(여기서는 String) null 여부를 추가로 검사하기 전에는 그 변수에 대해 어떤 연산을 수행할 수 있을지 알 수 없다. 프로그램을 작성하면서 프로그램의 데이터 흐름 속에서 특정 위치에 특정 변수가 절대로 null일 수 없다는 사실을 확신하고 이런 검사를 생략하는 경우가 자주 있다. 하지만 그 생각이 틀리면 실행 시점에 프로그램이 NullPointerException 예외를 발생시키며 오류로 중단된다.

NullPointerException 오류를 다루는 다른 방법

자바에도 NullPointerException 문제를 해결하는 데 도움을 주는 도구가 있다. 예를 들어 어노테이션을 사용해 값이 널이 될 수 있는지 여부를 표시(@Nullable이나 @NotNull)하기도 한다. 이런 어노테이션을 활용해 NullPointerException이 발생할 수 있는 위치를 찾아주는 도구가 있다(예를 들어 인텔리제이 IDEA의 코드 검사기도 이런 기능을 제공한다). 하지만 그런 도구는 표준 자바 컴파일 절차의 일부가 아니기 때문에 일관성 있게 적용된다는 보장을 할 수 없다. 또한 모든 오류 위치를 감지하기 위해 라이브러리까지 포함하는 코드 기반에 어노테이션을 추가하는 일도 어렵다. 젯브레인즈에서 우리가 경험한 바로는 자바에서 가장 널리 쓰이는 널 가능성 관련 어노테이션으로도 모든 NPE 문제를 해결할 수는 없었다.

이 문제를 해결하는 다른 방법은 null 값을 코드에서 절대로 쓰지 않는 것이다. null 대신 자바 8에 새로 도입된 Optional 타입 등 null을 감싸는 특별한 래퍼 타입을 활용할 수 있다. Optional은 어떤 값이 정의되거나 정의되지 않을 수 있음을 표현하는 타입이다. 이런 해법에는 몇 가지 단점이 있다. 코드가 더 지저분해지고 래퍼가 추가됨에 따라 실행 시점에 성능이 저하되며 전체 생태계에서 일관성 있게 활용하기 어렵다. 여러분이 작성한 코드에서는 Optional을 사용하더라도 여전히 JDK 메서드나 안드로이드 프레임워크, 다른 서드파티 라이브러리 등에서 반환되는 null을 처리해야 한다.

코틀린의 널이 될 수 있는 타입은 이런 문제에 대해 종합적인 해법을 제공한다. 널이 될 수 있는 타입과 널이 아닌 타입을 구분하면 각 타입의 값에 대해 어떤 연산이 가능할지 명확히 이해할 수 있고, 실행 시점에 예외를 발생시킬 수 있는 연산을 판단할 수 있다. 따라서 그런 연산을 아예 금지시킬 수 있다.

> **노트**
>
> 실행 시점에 널이 될 수 있는 타입이나 널이 아닌 타입의 객체는 같다. 널이 될 수 있는 타입은 널이 아닌 타입을 감싼 래퍼 타입이 아니다. 실행 시점 성능에 영향을 끼치는 몇 가지 근본적인 검사 (https://kotlinlang.org/docs/java-to-kotlinnullability-guide.html#support-for-nullable-types)를 제외하면 널이 될 수 있는 타입을 처리하는 데 근본적으로 아무런 실행 시점 부가 비용이 들지 않는다.

이제 코틀린에서 널이 될 수 있는 타입을 어떻게 다루는지와 널이 될 수 있는 타입을 다루더라도 전혀 불편하지 않은 이유를 살펴보자. 먼저 널이 될 수 있는 값을 안전하게 다루도록 도와주는 특별한 연산자를 살펴본다.

7.4 안전한 호출 연산자로 null 검사와 메서드 호출 합치기: ?.

코틀린이 제공하는 가장 유용한 도구로 안전한 호출 연산자 ?.가 있다. ?.는 null 검사와 메서드 호출을 한 연산으로 수행한다. 예를 들어 str?.uppercase()는 훨씬 더 복잡한 if (str != null) str.uppercase() else null과 같다.

다시 말하지만 호출하려는 값이 null이 아니라면 ?.는 일반 메서드 호출처럼 작동한다. 호출하려는 값이 null이면 이 호출은 무시되고 결괏값은 null이 된다(그림 7.2 참고).

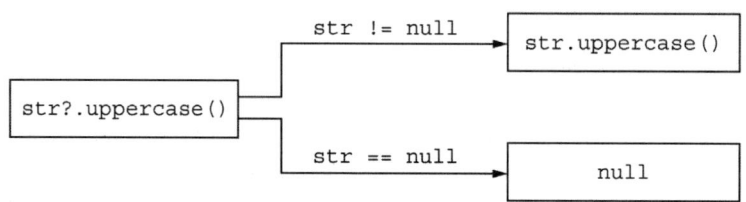

그림 7.2 안전한 호출 연산자는 널이 아닌 값에 대해서만 메서드를 호출한다. 연산자 앞의 값이 null이면 null이 바로 반환된다. 이 연산자를 사용하면 null 검사를 직접 수행하지 않고도 안전하게 메서드를 호출할 수 있다.

안전한 호출의 결과 타입도 널이 될 수 있는 타입이라는 사실에 유의하라. String.uppercase는 String 타입의 값을 반환하지만 s가 널이 될 수 있는 타입인 경우 str?.uppercase() 식의 결과 타입은 String?이다.

```
fun printAllCaps(str: String?) {
    val allCaps: String? = str?.uppercase()   ◀── allCaps는 null일 수도 있다.
    println(allCaps)
}

fun main() {
    printAllCaps("abc")
    // ABC
    printAllCaps(null)
    // null
}
```

메서드 호출뿐 아니라 프로퍼티를 읽거나 쓸 때도 안전한 호출을 사용할 수 있다.

다음 예제는 널이 될 수 있는 manager라는 프로퍼티가 있는 간단한 코틀린 클래스 Employee로 프로퍼티 접근 시 안전한 호출을 사용하는 방법을 보여준다.

> **리스트 7.2 널이 될 수 있는 프로퍼티를 다루기 위해 안전한 호출 사용하기**

```
class Employee(val name: String, val manager: Employee?)

fun managerName(employee: Employee): String? = employee.manager?.name

fun main() {
    val ceo = Employee("Da Boss", null)
    val developer = Employee("Bob Smith", ceo)
    println(managerName(developer))
    // Da Boss
    println(managerName(ceo))
    // null
}
```

객체 그래프에서 널이 될 수 있는 중간 객체가 여럿 있다면 한 식 안에서 안전한 호출을 연쇄해서 함께 사용하면 편할 때가 자주 있다. 예를 들어 어떤 사람에 대한 정보와 그 사람이 다니는 회사에 대한 정보 그리고 그 회사의 주소에 대한 정보를 각각 다른 클래스로 표현한다고 가정하자. 회사나 주소는 모두 생략 가능하다. ?. 연산자를 사용하면 다른 추가 검사 없이 Person의 회사 주소에서 country 프로퍼티를 단 한 줄로 가져올 수 있다.

> **리스트 7.3 안전한 호출 연쇄시키기**

```
class Address(val streetAddress: String, val zipCode: Int,
              val city: String, val country: String)

class Company(val name: String, val address: Address?)

class Person(val name: String, val company: Company?)

fun Person.countryName(): String {
```

```
    val country = this.company?.address?.country
    return if (country != null) country else "Unknown"
}

fun main() {
  val person = Person("Dmitry", null)
  println(person.countryName())
  // Unknown
}
```
◀── 안전한 호출 연산자를 여러 개 연쇄해 사용한다.

null 검사가 들어간 호출이 연달아 있는 경우를 자바 코드에서 자주 볼 수 있다. 하지만 코틀린에서는 훨씬 간결하게 null 검사를 할 수 있다. 하지만 리스트 7.3에는 불필요한 반복이 들어있다. 맨 마지막을 보면 country가 null인지 검사해서 null이 아니면 정상 값을 반환하고 null인 경우 다른 값을 반환한다. 코틀린을 사용하면 이런 반복을 없앨 수 있다.

7.5 엘비스 연산자로 null에 대한 기본값 제공: ?:

코틀린은 null 대신 사용할 기본값을 지정할 때 편리하게 사용할 수 있는 연산자를 제공한다. 그 연산자는 엘비스elvis 연산자라고 한다(더 심각한 이름을 좋아하는 사람을 위해 널 복합null coalescing 연산자라는 이름도 있다). 엘비스 연산자는 ?:처럼 생겼다(시계방향으로 90도 돌리면 엘비스 프레슬리Elvis Presley 특유의 헤어스타일과 눈이 보인다). 다음은 엘비스 연산자를 사용하는 방법이다.

```
fun greet(name: String?) {
  val recipient: String = name ?: "unnamed"     ◀── s가 null이면 결과는 빈 문자열("")이다.
  println("Hello, $recipient!")
}
```

이 연산자는 2가지 값을 받는데, 첫 번째 값이 null이 아니면 그 값이 전체의 결과고 첫 번째 값이 null이면 두 번째 값이 결과다. 그림 7.3은 이런 동작을 보여준다.

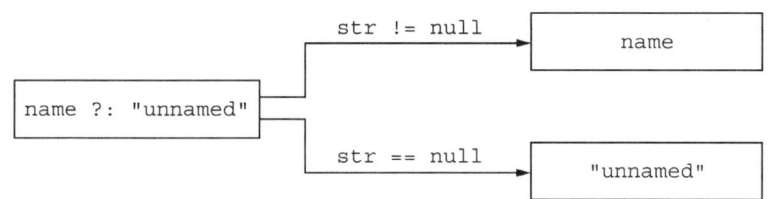

그림 7.3 엘비스 연산자는 null을 특정 값으로 바꿔준다. 이를 통해 좌항 식이 null이 된 경우에 대비한 기본값을 지정할 수 있다

객체가 null인 경우 null을 반환하는 안전한 호출 연산자와 함께 엘비스 연산자를 사용해서 객체가 null인 경우에 대비한 값을 지정하는 경우도 많다. 리스트 7.1을 이런 패턴을 활용해 줄여 쓰면 다음과 같다.

리스트 7.4 엘비스 연산자를 활용해 null 값 다루기

```
fun strLenSafe(s: String?): Int = s?.length ?: 0

fun main() {
  println(strLenSafe("abc"))
  // 3
  println(strLenSafe(null))
  // 0
}
```

리스트 7.3의 countryName 함수도 이제 한 줄로 우아하게 표현할 수 있다.

```
fun Person.countryName() = company?.address?.country ?: "Unknown"
```

코틀린에서는 return이나 throw 등도 식이기 때문에 엘비스 연산자의 오른쪽에 return, throw 등을 넣을 수 있어 더욱 편하게 사용할 수 있다. 그런 경우 엘비스 연산자의 왼쪽 값이 null이 되면 함수가 즉시 어떤 값을 반환하거나 예외를 던진다. 이런 패턴은 함수의 전제조건^{precondition}을 검사하는 경우 특히 유용하다.

이제 엘비스 연산자를 활용해서 지정한 사람의 회사 주소를 라벨에 인쇄하는 함수를 만들어보자. 다음 리스트는 모든 클래스를 정의를 다시 한 번 반복했다. 코틀린에서는 클래스 정의가 아주 단순하고 짧아서 이렇게 반복해 표시해도 전혀 문제가 없다.

리스트 7.5 throw와 엘비스 연산자 함께 사용하기

```kotlin
class Address(val streetAddress: String, val zipCode: Int,
              val city: String, val country: String)

class Company(val name: String, val address: Address?)

class Person(val name: String, val company: Company?)

fun printShippingLabel(person: Person) {
  val address = person.company?.address
      ?: throw IllegalArgumentException("No address")   ◀── 주소가 없으면 예외를 발생시킨다.
  with (address) {    ◀── address는 널이 아니다.
    println(streetAddress)
    println("$zipCode $city, $country")
  }
}

fun main() {
  val address = Address("Elsestr. 47", 80687, "Munich", "Germany")
  val jetbrains = Company("JetBrains", address)
  val person = Person("Dmitry", jetbrains)

  printShippingLabel(person)
  // Elsestr. 47
  // 80687 Munich, Germany

  printShippingLabel(Person("Alexey", null))
  // java.lang.IllegalArgumentException: No address
}
```

printShippingLabel 함수는 모든 정보가 제대로 있으면 주소를 출력한다. 주소가 없으면 그냥 NullPointerException을 던지는 대신에 의미 있는 오류를 발생시킨다. 주소가 있다면 라벨은 거리 주소, 우편번호, 도시, 나라 순으로 구성된다. 5.4.1절에서 살펴본 with 함수를 사용했기 때문에 address를 한 줄에 4번이나 반복하지 않아도 됐다.

7장에서는 코틀린에서 "null이 아닌지" 검사를 수행하는 방법을 살펴봤다. 이제는 자바 instanceof 검사 대신 코틀린이 제공하는 안전한 캐스트 연산자safe-cast operator를 살펴보자. 안전한 캐스트 연산자를 엘비스 연산자나 안전한 호출 연산자와 함께 사용하는 경우가 자주 있다.

7.6 예외를 발생시키지 않고 안전하게 타입을 캐스트하기: as?

2장에서 코틀린 타입 캐스트 연산자인 as를 살펴봤다. 자바 타입 캐스트와 마찬가지로 대상 값을 as로 지정한 타입으로 바꿀 수 없으면 ClassCastException이 발생한다. 물론 as를 사용할 때마다 is를 통해 미리 as로 변환 가능한 타입인지 검사해볼 수도 있다. 하지만 안전하면서 간결한 언어를 지향하는 코틀린이라면 더 나은 해법을 제공하지 않을까? 정말로 코틀린은 더 좋은 해법을 제공한다.

as? 연산자는 어떤 값을 지정한 타입으로 변환한다. as?는 값을 대상 타입으로 변환할 수 없으면 null을 반환한다. 그림 7.4는 이를 보여준다.

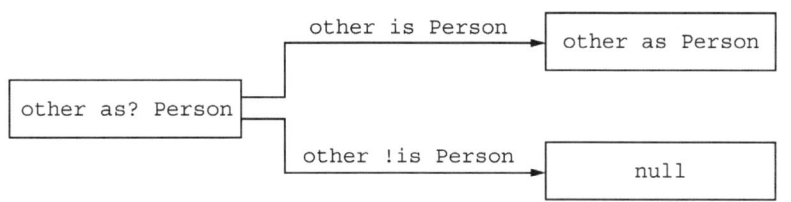

그림 7.4 안전한 캐스트 연산자 as?는 캐스트에 성공하지 않는 경우를 안전하게 다룰 수 있는 수단을 제공한다. 연산자는 어떤 값을 주어진 타입으로 변환하려 시도하고 타입이 맞지 않으면 null을 반환한다.

안전한 캐스트를 사용할 때 일반적인 패턴은 캐스트를 수행한 뒤에 엘비스 연산자를 사용하는 것이다. 예를 들어 equals를 구현할 때 이런 패턴이 유용하다.

리스트 7.6 안전한 연산자를 사용해 equals 구현하기

```
class Person(val firstName: String, val lastName: String) {
    override fun equals(o: Any?): Boolean {
        val otherPerson = o as? Person ?: return false     ◁── 타입이 서로 일치하지 않으면
                                                              false를 반환한다.

        return otherPerson.firstName == firstName &&       ◁── 안전한 캐스트를 하고 나면
            otherPerson.lastName == lastName                  otherPerson이 Person
    }                                                         타입으로 스마트 캐스트된다.

    override fun hashCode(): Int =
        firstName.hashCode() * 37 + lastName.hashCode()
}

fun main() {
    val p1 = Person("Dmitry", "Jemerov")
    val p2 = Person("Dmitry", "Jemerov")
    println(p1 == null)     ◁──┐
    // false                    │ == 연산자는 equals
    println(p1 == p2)       ◁──┘ 메서드를 호출한다.
    // true
    println(p1.equals(42))
    // false
```

이 패턴을 사용하면 파라미터로 받은 값이 원하는 타입인지 쉽게 검사하고 캐스트할 수 있고, 타입이 맞지 않으면 쉽게 false를 반환할 수 있다. 이 모든 동작을 하나의 식으로 해결할 수 있다. 물론 이런 경우에도 스마트 캐스트가 쓰인다. 타입을 검사하고 null 값을 거부하고 나면 컴파일러가 otherPerson 변수의 값이 Person이라는 사실을 알고 적절히 처리해줄 수 있다.

안전한 호출, 안전한 캐스트, 엘비스 연산자는 유용하기 때문에 코틀린 코드에 자주 나타난다. 하지만 때로는 코틀린의 null 처리 지원을 쓰는 대신, 직접 컴파일러에게 어떤 값이 실제로는 null이 아니라는 사실을 알려주고 싶은 경우가 있다. 이제

어떻게 그런 정보를 컴파일러에게 넘길 수 있는지 살펴보자.

7.7 널 아님 단언: !!

널 아님 단언^{not-null assertion}은 코틀린에서 널이 될 수 있는 타입의 값을 다룰 때 사용할 수 있는 도구 중에서 가장 단순하면서도 무딘 도구다. 느낌표를 이중(!!)으로 사용하면 어떤 값이든 널이 아닌 타입으로 (강제로) 바꿀 수 있다. 실제 null에 대해 !!를 적용하면 NPE가 발생한다. 널 아님 단언의 로직을 그림 7.5에서 볼 수 있다.

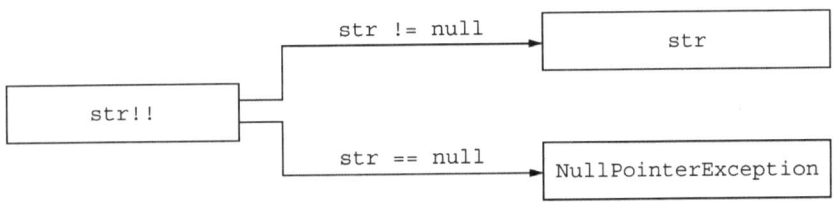

그림 7.5 널 아님 단언을 사용하면 값이 null인 경우를 처리하지 않아도 된다. 대신 값이 실제 null이면 NPE가 던져진다.

다음은 널 아님 단언을 사용해 널이 될 수 있는 인자를 널이 아닌 타입으로 변환하는 간단한 예제다.

리스트 7.7 널 아님 단언 사용

```
fun ignoreNulls(str: String?) {
    val strNotNull: String = str!!      ◀── 예외는 이 지점을 가리킨다.
    println(strNotNull.length)
}

fun main() {
    ignoreNulls(null)
    // Exception in thread "main" kotlin.KotlinNullPointerException
    //.  at <...>.ignoreNulls(07_NotnullAssertions.kt:2)
}
```

s가 null이면 함수 안에서 어떤 일이 벌어질까? 예외를 던지는 일 외에 코틀린이 택할 수 있는 대안이 별로 없다. 하지만 발생한 예외는 null 값을 사용하는 코드(sNotNull.length가 있는 줄)가 아니라 단언문이 위치한 곳을 가리킨다는 점에 유의하라. 근본적으로 !!는 컴파일러에게 "나는 이 값이 null이 아님을 잘 알고 있다. 내가 잘못 생각했다면 예외가 발생해도 감수하겠다."라고 말하는 것이다.

> **노트**
>
> 아마도 !!가 약간 무례해 보인다는 사실을 눈치 챘을 것이다. !! 기호는 마치 컴파일러에게 소리를 지르는 것 같은 느낌이 든다. 사실 이는 의도한 것이다. 코틀린 설계자들은 컴파일러가 검증할 수 없는 단언을 사용하지 말고 더 나은 방법을 찾아보라는 의도를 넌지시 표현하려고 !!라는 못생긴 기호를 택했다.

하지만 널 아님 단언문이 더 나은 해법인 경우도 있다. 어떤 함수가 값이 null인지 검사한 다음에 다른 함수를 호출한다고 해도 컴파일러는 호출된 함수 안에서 안전하게 그 값을 사용할 수 있음을 인식할 수 없다. 하지만 이런 경우 호출된 함수가 언제나 다른 함수에서 null이 아닌 값을 전달받는다는 사실이 분명하다면 굳이 null 검사를 다시 수행하고 싶지는 않을 것이다. 이럴 때 널 아님 단언문을 쓸 수 있다.

실무에서는 스윙과 같은 다양한 UI 프레임워크에 있는 액션 클래스에서 이런 일이 자주 발생한다. 액션 클래스 안에는 그 액션의 상태를 변경(활성화 또는 비활성화)하는 메서드와 실제 액션을 실행하는 메서드가 있다. update 메서드 안에서 검사하는 조건을 만족하지 않는 경우 execute 메서드는 호출될 수 없다. 하지만 컴파일러는 그런 연관관계를 알 방법이 없다.

이런 상황에서 널 아님 단언문을 사용하는 가상의 예제를 살펴보자. CopyRowAction 액션은 SelectableTextList에 대해 작용하며 리스트 컨트롤에서 선택된 줄을 클립보드에 복사한다고 가정하자. 설명에 불필요한 자세한 부분은 생략하고 어떤 줄이 선택됐는지 여부를 검사(줄이 선택되면 액션을 실행할 수 있다)하고 선택된 줄의 정보를 가져오는 부분만을 남겼다. 여기서 isEnabled가 true인 경우에만 executeCopyRow를 호출해준다고 가정하자. 이는 executeCopyRow가 실행될 때 list.selectedIndex가 결코 null이 아니라는 사실을 알고 있다는 의미다.

리스트 7.8 액션 클래스에서 널 아님 단언문 사용하기

```
class SelectableTextList(
    val contents: List<String>,
    var selectedIndex: Int? = null,
)

class CopyRowAction(val list: SelectableTextList) {
    fun isActionEnabled(): Boolean =
        list.selectedIndex != null
    fun executeCopyRow() {                    ◀── executeCopyRow는 isActionEnabled가
        val index = list.selectedIndex!!          true인 경우에만 호출된다.
        val value = list.contents[index]
        // value를 클립보드에 복사한다.
    }
}
```

이 경우 !!를 사용하지 않으려면 `val value = list.selectedValue ?: return`처럼 널이 아닌 타입의 값을 얻어야 한다. 이런 패턴을 사용하면 `list.selectedValue`에 의해 함수가 조기 종료되므로 함수의 나머지 본문에서는 value가 항상 널이 아니게 된다. 이 식에서 엘비스 연산자는 중복이라 할 수 있지만 나중에 `isActionEnabled`가 더 복잡해질 가능성에 대비해 미리 보호 장치를 마련해 둔다고 생각할 수도 있다.

기억해야만 하는 함정이 한 가지 더 있다. !!를 null에 대해 사용해서 발생하는 예외의 스택 트레이스(stack trace)에는 어떤 파일의 몇 번째 줄인지에 대한 정보는 들어있지만 어떤 식에서 예외가 발생했는지에 대한 정보는 들어있지 않다. 어떤 값이 null이었는지 확실히 하기 위해 여러 !! 단언문을 한 줄에 함께 쓰는 일을 피하면 가장 좋다.

`person.company!!.address!!.country`   ◀── 이런 식으로 코드를 작성하지 말라.

지금까지는 널이 될 수 있는 타입의 값에 어떻게 접근하는지를 주로 살펴봤다. 하지만 널이 될 수 있는 값을 널이 아닌 값만 인자로 받는 함수에 넘기려면 어떻게 해야 할까? 그런 호출은 안전하지 않기 때문에 컴파일러는 그 호출을 허용하지 않는다. 코틀린 언어는 이런 경우 특별한 지원을 제공하지 않지만 표준 라이브러리에 도움이 될 수 있는 함수가 있다. 그 함수의 이름은 let이다.

7.8 let 함수

let 함수를 사용하면 널이 될 수 있는 식을 더 쉽게 다룰 수 있다. let 함수를 안전한 호출 연산자와 함께 사용하면 원하는 식을 평가해서 결과가 null인지 검사한 다음에 그 결과를 변수에 넣는 작업을 간단한 식을 사용해 한꺼번에 처리할 수 있다.

let을 사용하는 가장 흔한 용례는 널이 될 수 있는 값을 널이 아닌 값만 인자로 받는 함수에 넘기는 경우다. 이메일을 보내는 sendEmailTo 함수가 이메일 주소를 String 타입의 파라미터로 받는다고 하자. 이 함수는 코틀린으로 쓰였으며 null이 아닌 파라미터를 받는다.

```
fun sendEmailTo(email: String) { /*...*/ }
```

이 함수에 널이 될 수 있는 타입의 값을 넘길 수는 없다.

```
fun main() {
  val email: String? = "foo@bar.com"
  sendEmailTo(email)
  //ERROR: Type mismatch: inferred type is String? but String was expected
}
```

인자를 넘기기 전에 주어진 값이 null이 아닌지 검사해야 한다.

```
if (email != null) sendEmailTo(email)
```

하지만 let 함수를 통해 인자를 전달할 수도 있다. let 함수는 자신의 수신 객체를 인자로 전달받은 람다에 넘긴다. 널이 될 수 있는 값에 대해 안전한 호출 구문을 사용해 let을 호출하되 널이 아닌 타입을 인자로 받는 람다를 let에 전달한다. 이렇게 하면 널이 될 수 있는 타입의 값을 널이 될 수 없는 타입의 값으로 바꿔 람다에 전달하게 된다(그림 7.6 참고).

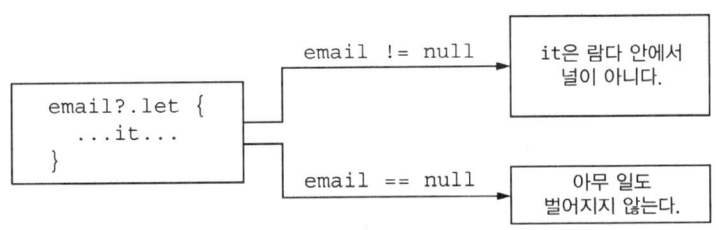

그림 7.6 안전한 호출 연산자와 함께 사용하면 식이 null이 아닐 때 실행될 람다를 전달할 수 있다. 식의 연쇄가 널이 될 수 있는 경우를 다룰 때 이런 방식이 도움이 된다.

let 함수는 이메일 주소 값이 널이 아닌 경우에만 호출된다. 따라서 다음 예제의 람다 안에서는 널이 아닌 타입으로 email을 사용할 수 있다.

```
email?.let { email -> sendEmailTo(email) }
```

it을 사용하는 단축 구문을 쓰면 email?.let { sendEmailTo(it) }처럼 더 짧은 코드도 가능하다. 다음은 이런 패턴을 보여주는 더 복잡한 예제다.

리스트 7.9 let을 사용해 널이 아닌 인자로 함수 호출하기

```
fun sendEmailTo(email: String) {
    println("Sending email to $email")
}

fun main() {
    var email: String? = "yole@example.com"
    email?.let { sendEmailTo(it) }
    // Sending email to yole@example.com
    email = null
```

```
    email?.let { sendEmailTo(it) }
}
```

아주 긴 식이 있고 그 값이 null이 아닐 때 수행해야 하는 로직이 있을 때 let을 쓰면 훨씬 더 편하다. let을 쓰면 긴 식의 결과를 저장하는 변수를 따로 만들 필요가 없다. 다음의 명시적인 if 검사와

```
val person: Person? = getTheBestPersonInTheWorld()
if (person != null) sendEmailTo(person.email)
```

별도의 변수를 사용하지 않는 다음 식을 비교해보자.

```
getTheBestPersonInTheWorld()?.let { sendEmailTo(it.email) }
```

다음 getTheBestPersonInTheWorld() 함수는 null을 반환한다. 따라서 위의 람다식은 결코 실행되지 않는다.

```
fun getTheBestPersonInTheWorld(): Person? = null
```

여러 값이 null인지 검사해야 한다면 let 호출을 내포시켜 처리할 수 있다. 그렇게 let을 내포시켜 처리하면 코드가 복잡해져서 알아보기 어려워진다. 그런 경우 일반적인 if를 사용해 모든 값을 한꺼번에 검사하는 편이 낫다.

> **코틀린의 영역 함수 비교: with, apply, let, run, also를 언제 사용할까?**
>
> 앞의 몇 개 장에서 시그니처가 비슷한 여러 함수 with, apply, let, run, also를 자세히 살펴봤다. 이 모든 영역 함수는 코드 블록을 어떤 객체의 맥락에서 실행해준다. 이들은 람다 안에서 대상 객체를 어떻게 접근하는지와 반환값이 무엇인지에 따라 달라진다.

함수	x를 어떤 방식으로 참조하는가	반환값
x.let {...}	it	람다의 결과
x.also { ... }	it	x
x.apply { ... }	this	x
x.run { ... }	this	람다의 결과
with(x) { ... }	this	람다 결과

이들의 차이는 미묘하다. 따라서 각각을 나란히 비교할 수 있게 각각이 해결하기에 가장 적합한 작업을 다시 설명할 가치가 있다.

- 여러분이 다루는 객체가 null이 아닌 경우에만 코드 블록을 실행하고 싶으면 let을 안전한 호출 연산자 ?.와 함께 사용하라. 어떤 식의 결과를 변수에 담되 그 영역을 한정시키고 싶을 때는 let을 독립적으로 사용하라.
- 빌더 스타일의 API(예: 인스턴스 생성)를 사용해 객체 프로퍼티를 설정할 때는 apply를 사용하라.
- 여러분의 객체에 어떤 동작을 실행한 후 원래의 객체를 다른 연산에 사용하고 싶을 때 also를 사용하라.
- 하나의 객체에 대해 이름을 반복하지 않으면서 여러 함수 호출을 그룹으로 묶고 싶을 때 with를 사용하라.
- 객체를 설정한 다음에 별도의 결과를 돌려주고 싶을 때 run을 사용하라.

여러 영역 함수의 용법은 세부 사항에 따라 달라진다. 따라서 둘 이상의 영역 함수가 비슷하게 잘 들어맞는 것으로 생각되는 경우도 생길 것이다. 이런 경우에는 여러분의 팀이나 프로젝트에서 관례를 정해두면 좋다.

자주 발생하는 다른 상황으로, 실제로는 널이 아닌 프로퍼티인데 생성자 안에서 널이 아닌 값으로 초기화할 방법이 없는 경우가 있다. 이런 상황을 코틀린에서 어떻게 처리할 수 있는지 살펴보자.

7.9 직접 초기화하지 않는 널이 아닌 타입: 지연 초기화 프로퍼티

객체를 일단 생성한 다음에 나중에 전용 메서드를 통해 초기화하는 프레임워크가 많다. 예를 들어 안드로이드에서는 onCreate에서 액티비티^{activity}를 초기화한다. JUnit에서는 @BeforeAll이나 @BeforeEach로 어노테이션된 메서드 안에서 초기화 로직을 수행해야만 한다.

하지만 코틀린에서 클래스 안의 널이 아닌 프로퍼티를 생성자 안에서 초기화하지 않고 특별한 메서드 안에서 초기화할 수는 없다. 코틀린에서는 일반적으로 생성자에서 모든 프로퍼티를 초기화해야 한다. 게다가 프로퍼티 타입이 널이 될 수 없는 타입이라면 반드시 널이 아닌 값으로 그 프로퍼티를 초기화해야 한다. 그런 초기화 값을 제공할 수 없으면 널이 될 수 있는 타입을 사용할 수밖에 없다. 하지만 널이 될 수 있는 타입을 사용하면 모든 프로퍼티 접근에 null 검사를 넣거나 !! 연산자를 써야 한다.

리스트 7.10 널 아님 단언을 사용해 널이 될 수 있는 프로퍼티 접근하기

```
class MyService {
    fun performAction(): String = "Action Done!"
}

@TestInstance(TestInstance.Lifecycle.PER_CLASS)
class MyTest {
    private var myService: MyService? = null    ◁── null로 초기화하기 위해 널이 될 수 있는
                                                    타입인 프로퍼티를 선언한다.
    @BeforeAll fun setUp() {
        myService = MyService()    ◁── setUp 메서드 안에서 진짜 초깃값을 지정한다.
    }

    @Test fun testAction() {
        assertEquals("Action Done!", myService!!.performAction())  ◁──┐
    }                                         반드시 널 가능성에 신경 써야
}                                             한다. !!나 ?를 꼭 써야 한다.
```

이 코드는 보기 나쁘다. 특히 프로퍼티를 여러 번 사용해야 하면 코드가 더 못생겨

진다. 이를 해결하기 위해 `myService` 프로퍼티를 지연 초기화$^{late-initialize}$할 수 있다. `lateinit` 변경자를 붙이면 프로퍼티를 나중에 초기화할 수 있다.

리스트 7.11 지연 초기화하는 프로퍼티 사용하기

```
class MyService {
    fun performAction(): String = "Action Done!"
}

@TestInstance(TestInstance.Lifecycle.PER_CLASS)
class MyTest {
    private lateinit var myService: MyService       ◀── 초기화하지 않고 널이 아닌
                                                        프로퍼티를 선언한다.
    @BeforeAll fun setUp() {
        myService = MyService()    ◀── 앞의 예제와 마찬가지로 setUp
    }                                  메서드에서 프로퍼티를 초기화한다.

    @Test fun testAction() {
        assertEquals("Action Done!", myService.performAction())   ◀──
    }                                            null 검사를 수행하지 않고
}                                                프로퍼티를 사용한다.
```

생성자 밖에서 값을 바꿔야 하는데, `val` 프로퍼티는 파이널 필드로 컴파일되며 생성자 안에서 반드시 초기화돼야 하기 때문에 지연 초기화 프로퍼티는 항상 `var`여야 한다는 점에 유의하자. 한편 지연 초기화 프로퍼티는 널이 될 수 없는 타입이라 해도 더 이상 생성자 안에서 초기화할 필요가 없다. 그 프로퍼티를 초기화하기 전에 프로퍼티에 접근하면 다음과 같은 오류를 볼 수 있다(myService라는 lateinit 프로퍼티를 아직 초기화하지 않았음이라는 의미).

```
kotlin.UninitializedPropertyAccessException:
    lateinit property myService has not been initialized
```

예외를 보면 어디가 잘못됐는지 확실히 알 수 있다. 따라서 단순한 `NullPointerException`이 발생하는 것보다 훨씬 좋다(그림 7.7).

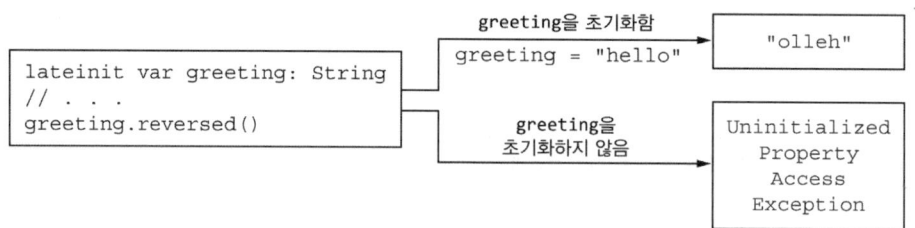

그림 7.7 lateinit 프로퍼티는 널이 될 수 없는 타입이지만 값을 즉시 초기화할 필요가 없다. 프로퍼티를 초기화하기 전에 값을 읽지 않는 것은 여러분의 책임이다.

lateinit 프로퍼티를 구글 주스^{Guice} 등의 자바 의존관계 주입$^{DI, Dependency Injection}$ 프레임워크와 함께 사용하는 경우가 많다. 그런 시나리오에서는 lateinit 프로퍼티의 값을 DI 프레임워크가 외부에서 설정해준다. 다양한 자바 프레임워크와의 호환성을 위해 코틀린은 lateinit가 지정된 프로퍼티와 가시성이 똑같은 필드를 생성해준다. 지연 초기화 프로퍼티가 public이라면 코틀린이 생성한 필드도 public이다.

> **노트**
>
> lateinit 프로퍼티가 반드시 클래스의 멤버일 필요는 없다. 함수 본문 안의 지역 변수나 최상위 프로퍼티도 지연 초기화할 수 있다.

이제 null 값을 다루는 새로운 도구를 코틀린에서 추가하는 방법을 살펴보자. 널이 될 수 있는 타입에 대한 확장 함수를 정의함으로써 이를 배울 수 있다.

7.10 안전한 호출 연산자 없이 타입 확장: 널이 될 수 있는 타입에 대한 확장

널이 될 수 있는 타입에 대한 확장 함수를 정의하면 null 값을 다루는 강력한 도구로 활용할 수 있다. 어떤 메서드를 호출하기 전에 수신 객체 역할을 하는 변수가 null이 될 수 없다고 보장하는 대신, 메서드 호출이 null을 수신 객체로 받고 내부에서 null을 처리하게 할 수 있다. 이런 처리는 확장 함수에서만 가능하다. 일반 멤버 호출은 객체 인스턴스를 통해 디스패치^{dispatch}되므로 그 인스턴스가 null인지 여부를 검사하지 않는다.

예를 들어 코틀린 라이브러리에서 String을 확장해 정의된 isEmpty와 isBlank라는 함수를 생각해보자. isEmpty는 문자열이 빈 문자열("")인지 검사하고 isBlank는 문자열이 모두 공백 문자로 이뤄졌는지 검사한다. 문자열을 갖고 무언가 의미 있는 작업을 수행하고 싶은 경우 보통 이런 함수들로 문자열을 검사할 것이다. isEmpty나 isBlank를 사용하는 것처럼 손쉽게 null을 검사할 수 있다면 편하지 않을까? 실제로 String? 타입의 수신 객체에 대해 호출할 수 있는 isEmptyOrNull이나 isBlankOrNull 메서드가 있다.

리스트 7.12 널이 될 수 있는 수신 객체에 대해 확장 함수 호출하기

```
fun verifyUserInput(input: String?) {
  if (input.isNullOrBlank()) {       ◀─── 안전한 호출이 필요 없다.
    println("Please fill in the required fields")
  }
}

fun main() {
  verifyUserInput(" ")
  // Please fill in the required fields
  verifyUserInput(null)                      isNullOrBlank의 수신 객체로 null을
  // Please fill in the required fields  ◀── 지정해도 예외가 발생하지 않는다.
}
```

안전한 호출 없이도 널이 될 수 있는 수신 객체 타입에 대해 선언된 확장 함수를 호출 가능하다(그림 7.8 참고). 함수는 null 값이 들어오는 경우 이를 적절히 처리한다.

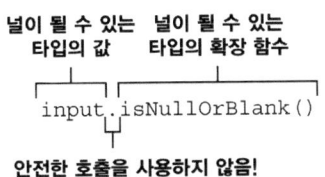

그림 7.8 널이 될 수 있는 타입의 확장 함수는 자신의 수신 객체가 null일 때 어떻게 해야 하는지를 스스로 안다. 따라서 안전한 호출 없이도 호출 가능하다.

isNullOrBlank는 널을 명시적으로 검사해서 null인 경우 true를 반환하고, null이 아닌 경우 isBlank를 호출한다. 이때 isBlank는 널이 아닌 문자열 타입의 값에 대해서만 호출될 수 있다.

```
fun String?.isNullOrBlank(): Boolean =     ◀── 널이 될 수 있는 String의 확장
    this == null || this.isBlank()    ◀── 두 번째 this에는 스마트 캐스트가 적용된다.
```

널이 될 수 있는 타입(그런 타입은 ?로 끝난다)에 대한 확장을 정의하면 널이 될 수 있는 값에 대해 그 확장 함수를 호출할 수 있다. 그 함수의 내부에서 this는 null이 될 수 있다. 따라서 명시적으로 null 여부를 검사해야 한다. 자바에서는 메서드 안의 this는 그 메서드가 호출된 수신 객체를 가리키므로 항상 null이 아니다. 코틀린에서는 널이 될 수 있는 타입의 확장 함수 안에서는 this가 null이 될 수 있다는 점이 자바와 다르다.

앞에서 살펴본 let 함수도 널이 될 수 있는 타입의 값에 대해 호출할 수 있지만 let은 this가 null인지 검사하지 않는다. 널이 될 수 있는 타입의 값에 대해 안전한 호출을 사용하지 않고 let을 호출하면 람다의 인자는 널이 될 수 있는 타입으로 추론된다. 이는 값이 null인지 여부와 관계없이 람다가 호출된다는 의미이기도 하다.

```
fun sendEmailTo(email: String) {
    println("Sending email to $email")
}

fun main() {
    val recipient: String? = null
    recipient.let { sendEmailTo(it) }    ◀── 안전한 호출을 하지 않는다. 따라서 it은
    // ERROR: Type mismatch:                  널이 될 수 있는 타입으로 취급된다.
    // inferred type is String? but String was expected
}
```

따라서 let을 사용할 때 수신 객체가 null이 아닌지 검사하고 싶다면 recipient?.let { sendEmailTo(it) }처럼 반드시 안전한 호출 연산인 ?.를 사용해야 한다.

> **노트**
>
> 직접 확장 함수를 작성한다면 그 확장 함수를 널이 될 수 있는 타입에 대해 정의할지 여부를 고민할 필요가 있다. 처음에는 널이 될 수 없는 타입에 대한 확장 함수를 정의하라. 나중에 대부분 널이 될 수 있는 타입에 대해 그 함수를 호출했다는 사실을 깨닫게 되면 확장 함수 안에서 null을 제대로 처리하게 하면(그 확장 함수를 사용하는 코드가 깨지지 않으므로) 안전하게 그 확장 함수를 널이 될 수 있는 타입에 대한 확장 함수로 바꿀 수 있다.

이번 절에서는 예상 못했던 내용을 배웠을 것이다. 코틀린에서 s.isNullOrBlank() 처럼 추가 검사 없이 변수를 참조한다고 해서 s가 널이 될 수 없는 타입이 되는 건 아니다. isNullOrBlank()가 널이 될 수 있는 타입의 확장 함수라면 s가 널이 될 수 있는 타입일 수도 있다. 다음 절의 내용도 여러분을 놀라게 할 수 있다. 다음 절은 물음표가 붙어있지 않은 타입 파라미터가 널이 될 수 있는 타입일 수도 있다는 점을 보여준다.

7.11 타입 파라미터의 널 가능성

코틀린에서 함수나 클래스의 모든 타입 파라미터는 기본적으로 null이 될 수 있다. 널이 될 수 있는 타입을 포함하는 어떤 타입이라도 타입 파라미터를 대신할 수 있다. 따라서 타입 파라미터 T를 클래스나 함수 안에서 타입 이름으로 사용하면 이름 끝에 물음표가 없더라도 T가 널이 될 수 있는 타입이다. 다음 예제를 살펴보자.

리스트 7.13 널이 될 수 있는 타입 파라미터 다루기

```
fun <T> printHashCode(t: T) {
    println(t?.hashCode())     ◀─ t가 널이 될 수 있으므로
}                                  안전한 호출을 써야만 한다.

fun main() {
    printHashCode(null)        ◀─ T의 타입은 Any?로
    // null                         추론된다.
}
```

printHashCode 호출에서 타입 파라미터 T에 대해 추론한 타입은 널이 될 수 있는 Any? 타입이다. t 파라미터의 타입 이름 T에는 물음표가 붙어있지 않지만 t는 null 을 받을 수 있다.

타입 파라미터가 널이 아님을 확실히 하려면 널이 될 수 없는 타입 상계$^{upper\ bound}$를 지정해야 한다. 이렇게 널이 될 수 없는 타입 상계를 지정하면 널이 될 수 있는 값을 거부하게 된다.

> 리스트 7.14 타입 파라미터에 대해 널이 될 수 없는 상계를 사용하기

```
fun <T: Any> printHashCode(t: T) {      ← 이제 T는 널이 될 수 없는 타입이다.
    println(t.hashCode())
}

fun main() {
    printHashCode(null)    ← 이 코드는 컴파일되지 않는다. 널이 될 수
                              없는 타입의 파라미터에 널을 넘길 수 없다.
    // Error: Type parameter bound for `T` is not satisfied
    printHashCode(42)
    // 42
}
```

11.1.4절에서 코틀린 제네릭스를 자세히 다룬다. 타입 파라미터는 널이 될 수 있는 타입을 표시하려면 반드시 물음표를 타입 이름 뒤에 붙여야 한다는 규칙의 유일한 예외라는 점을 기억하자. 다음 절에서는 널 가능성의 특별한 경우로 자바에서 가져온 타입의 널 가능성을 살펴본다.

7.12 널 가능성과 자바

지금까지 코틀린에서 널을 다룰 때 활용할 수 있는 도구를 살펴봤다. 그러나 코틀린은 자바 상호운용성을 자랑스럽게 강조하는 언어다. 여러분도 알다시피 자바 타입 시스템은 널 가능성을 지원하지 않는다. 그렇다면 자바와 코틀린을 조합하면

어떤 일이 생길까? 그 둘을 조합한 프로그램은 전혀 안전하지 않게 될까, 아니면 모든 값을 쓸 때마다 null인지 검사해야 할까? 또는 더 나은 해법이 있을까? 이제 그 질문에 대한 답을 찾아보자.

첫째로 앞에서 언급했지만 자바 코드에도 어노테이션으로 표시된 널 가능성 정보가 있다. 이런 정보가 코드에 있으면 코틀린도 그 정보를 활용한다. 따라서 자바의 @Nullable String은 코틀린 쪽에서 볼 때 String?와 같고, 자바의 @NotNull String은 코틀린 쪽에서 볼 때 String과 같다(그림 7.9).

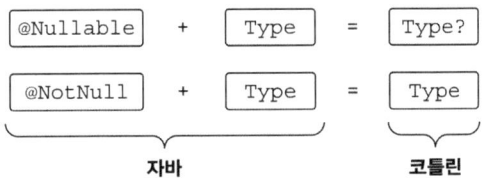

그림 7.9 코틀린은 어노테이션이 붙은 자바 타입을 어노테이션에 따라 널이 될 수 있는 타입이나 널이 될 수 없는 타입으로 취급한다. 이런 타입은 명시적으로 널을 저장할 수 있게 되거나 명시적으로 널이 될 수 없는 값이 된다.

코틀린은 여러 널 가능성 어노테이션을 알아본다. JSR-305 표준(javax.annotation 패키지), 안드로이드(android.support.annotation 패키지), 젯브레인즈 도구들이 지원하는 어노테이션(org.jetbrains.annotations) 등이 코틀린이 이해할 수 있는 널 가능성 어노테이션들이다. 이런 널 가능성 어노테이션이 없는 경우는 더 흥미롭다. 그런 경우 자바의 타입은 코틀린의 **플랫폼 타입**platform type이 된다.

7.12.1 플랫폼 타입

플랫폼 타입은 코틀린이 널 관련 정보를 알 수 없는 타입을 말한다. 그 타입을 널이 될 수 있는 타입으로 처리해도 되고 널이 될 수 없는 타입으로 처리해도 된다(그림 7.10 참고). 이는 자바와 마찬가지로 플랫폼 타입에 대해 수행하는 모든 연산에 대한 책임이 온전히 여러분에게 있다는 의미다. 컴파일러는 모든 연산을 허용한다. 코틀린은 보통 널이 될 수 없는 타입의 값에 대해 널 안전성을 검사하는 연산을 수행하면 경고를 표시하지만 플랫폼 타입의 값에 대해 널 안전성 검사를 중복 수행해도 아무 경고도 표시하지 않는다. 어떤 플랫폼 타입의 값이 널이 될 수도 있음을 알고 있다면 그 값을 사용하기 전에 null인지 검사할 수 있다. 어떤 플랫폼 타입의 값이 널이 아님을 알고 있다면 아무 null 검사 없이 그 값을 직접 사용해도 된다. 자바와 마찬가지로 여러분이 틀렸다면 NullPointerException이 발생한다.

자바로 선언된 Person 클래스가 있다고 가정하자.

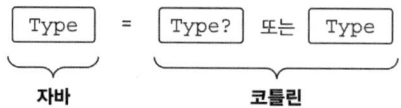

그림 7.10 특별한 어노테이션이 없는 자바 타입은 코틀린에서 플랫폼 타입으로 표현된다. 여러분은 플랫폼 타입은 널이 될 수 있는 타입으로 간주하고 쓰거나 널이 될 수 없는 타입으로 간주하고 쓸 수 있다.

리스트 7.15 널 가능성 어노테이션이 없는 자바 클래스

```
/* 자바 */
public class Person {
  private final String name;

  public Person(String name) {
    this.name = name;
  }

  public String getName() {
    return name;
  }
}
```

getName은 null을 반환할까 아닐까? 코틀린 컴파일러는 이 경우 String 타입의 널 가능성에 대해 전혀 알지 못한다. 따라서 널 가능성을 여러분이 직접 처리해야만 한다. 이 변수가 널이 아님을 확신할 수 있다면 자바와 마찬가지로 추가 검사 없이 이를 참조할 수 있다. 하지만 추가 검사를 하지 않으면 예외가 발생할 수도 있음을 염두에 둬야 한다.

리스트 7.16 null 검사 없이 자바 클래스 접근하기

```
fun yellAt(person: Person) {
    println(person.name.uppercase() + "!!!")    ◀── toUpperCase()의 수신 객체 person.name이
}                                                    null이어서 예외가 발생한다.

fun main() {
    yellAt(Person(null))
    // java.lang.NullPointerException: person.name must not be null
}
```

다른 방법으로 getName()의 반환 타입을 널이 될 수 있는 타입으로 해석해서 널 안전성 연산을 활용할 수도 있다.

리스트 7.17 null 검사를 통해 자바 클래스 접근하기

```
fun yellAtSafe(person: Person) {
    println((person.name ?: "Anyone").uppercase() + "!!!")
}

fun main() {
    yellAtSafe(Person(null))
    // ANYONE!!!
}
```

이 예제에서는 null 값을 제대로 처리하므로 실행 시점에 예외가 발생하지 않는다.

자바 API를 다룰 때는 조심해야 한다. 대부분의 라이브러리는 널 관련 어노테이션을 쓰지 않는다. 따라서 모든 타입을 널이 아닌 것처럼 다루기 쉽지만 그렇게 하면 오류가 발생할 수 있다. 오류를 피하려면 사용하려는 자바 메서드의 문서를(필요하면 구현 코드도) 자세히 살펴봐서 그 메서드가 null을 반환할지 알아내고 null을 반환하는 메서드에 대한 null 검사를 추가해야 한다.

> ### 코틀린은 왜 플랫폼 타입을 도입했는가?
>
> 모든 자바 타입을 널이 될 수 있는 타입으로 다루면 더 안전하지 않을까? 물론 그래도 되지만 모든 타입을 널이 될 수 있는 타입으로 다루면 컴파일러가 널 가능성을 판단하지 못하므로 결코 널이 될 수 없는 값에 대해서도 불필요한 null 검사가 들어간다.
>
> 특히 제네릭을 다룰 때 상황이 더 나빠진다. 예를 들어 모든 자바 ArrayList<String>을 코틀린에서 ArrayList<String?>?처럼 다루면 이 배열의 원소에 접근할 때마다 null 검사를 수행하거나 안전한 캐스트를 수행해야 한다. 하지만 이런 식으로 처리하면 널 안전성으로 얻는 이익보다 검사에 드는 비용이 훨씬 더 커진다. 또 모든 타입의 값에 대해 항상 null 검사를 작성하는 것은 너무 성가신 일이다. 따라서 코틀린 설계자들은 자바의 타입을 가져온 경우 프로그래머에게 그 타입을 제대로 처리할 책임을 부여하는 실용적인 접근 방법을 택했다.

코틀린에서 플랫폼 타입을 선언할 수는 없다. 자바 코드에서 가져온 타입만 플랫폼 타입이 된다. 하지만 IDE나 컴파일러 오류 메시지에서는 플랫폼 타입을 볼 수도 있다.

```
val i: Int = person.name
// ERROR: Type mismatch: inferred type is String! but Int was expected
```

String!라는 타입은 코틀린 컴파일러와 IDE(인텔리제이 IDEA나 안드로이드 스튜디오 등)에서 자바 코드에서 온 플랫폼 타입을 표시하는 방법이다(그림 7.11). 하지만 여러분이 이런 타입 표기를 코틀린 코드에 사용할 수는 없고 느낌표가 이런 오류 메시지의 근원과 관련이 있는 경우가 거의 없기 때문에 보통은 이런 메시지를 그냥 지나칠 것이다. ! 표기는 String! 타입의 널 가능성에 대해 아무 정보도 없다는 사실을 강조할 뿐이다.

```
fun main() {
    val s : String! = p.name
}
```

그림 7.11 인텔리제이 IDEA나 안드로이드 스튜디오에서 코틀린 타입에 대한 인레이 힌트를 활성화했는데, 자바 프로퍼티에 대한 타입 추론을 사용하면 IDE가 여러분이 플랫폼 타입을 다루고 있음을 알려준다. 느낌표는 여러분이 플랫폼 타입을 한눈에 알아볼 수 있게 해준다.

이미 앞에서 이야기했지만 플랫폼 타입을 널이 될 수 있는 타입이나 널이 될 수 없는 타입 어느 쪽으로든 사용할 수 있다. 따라서 다음 두 선언은 모두 올바른 선언이다.

```
val s: String? = person.name      ◀── 자바 프로퍼티를 널이 될 수 있는 타입으로 볼 수 있다.
val s1: String = person.name      ◀── 또는 자바 프로퍼티를 널이 될 수 없는 타입으로도 볼 수 있다.
```

메서드를 호출할 때처럼 이 경우에도 여러분이 프로퍼티의 널 가능성을 제대로 알고 사용해야 한다. 자바에서 가져온 null 값을 널이 될 수 없는 코틀린 변수에 대입하면 실행 시점에 대입이 이뤄질 때 예외가 발생한다.

자바 타입을 코틀린에 가져와 사용할 때 널 가능성을 어떻게 다루는지 살펴봤다. 이제 코틀린과 자바를 혼합한 클래스 계층을 선언할 때 빠지기 쉬운 함정을 살펴보자.

7.12.2 상속

코틀린에서 자바 메서드를 오버라이드할 때 그 메서드의 파라미터와 반환 타입을 널이 될 수 있는 타입으로 선언할지 널이 될 수 없는 타입으로 선언할지 결정해야 한다. 예를 들어 자바의 StringProcessor를 살펴보자.

리스트 7.18 String 파라미터가 있는 자바 인터페이스

```java
/* 자바 */
interface StringProcessor {
    void process(String value);
}
```

코틀린 컴파일러는 다음과 같은 두 구현을 다 받아들인다.

리스트 7.19 자바 인터페이스를 다른 여러 널 가능성의 파라미터로 구현하기

```kotlin
class StringPrinter : StringProcessor {
```

```
    override fun process(value: String) {
        println(value)
    }
}

class NullableStringPrinter : StringProcessor {
    override fun process(value: String?) {
        if (value != null) {
            println(value)
        }
    }
}
```

자바 클래스나 인터페이스를 코틀린에서 구현할 경우 널 가능성을 제대로 처리하는 일이 중요하다. 구현 메서드를 다른 코틀린 코드가 호출할 수 있으므로 코틀린 컴파일러는 널이 될 수 없는 타입으로 선언한 모든 파라미터에 대해 널이 아님을 검사하는 단언문을 만들어준다. 자바 코드가 그 메서드에게 null 값을 넘기면 이 단언문이 발동돼 예외가 발생한다. 파라미터를 메서드 안에서 결코 사용하지 않더라도 이런 예외는 피할 수 없다.

이제 널 가능성에 대한 논의를 정리해보자. 지금까지 널이 될 수 있는 타입 및 널이 될 수 없는 타입과 그 의미를 살펴보면서 안전한 연산을 위한 연산자(안전한 호출 ?., 엘비스 연산자 ?:, 안전한 캐스트 as?)와 안전하지 못한 참조를 위한 연산자인 널 아님 단언(!!)을 다뤘다. 또한 라이브러리 함수인 let을 사용해 널 안전성을 검증한 결과를 널이 될 수 없는 타입의 인자를 받는 함수에 간결한 구문을 사용해 전달할 수 있음과 널 타입에 대한 확장 함수를 통해 null 검사를 함수 안으로 옮길 수 있음을 살펴봤다. 그리고 자바 타입을 코틀린에서 표현할 때 사용하는 플랫폼 타입을 정리했다.

요약

- 코틀린은 널이 될 수 있는 타입을 지원해 NullPointerException 오류를 컴파일 시점에 감지할 수 있다.
- 일반 타입들은 물음표를 붙여 명시적으로 널이 될 수 있는 타입이라고 지정하기 전까지 기본적으로 널이 될 수 없다. 타입 이름 뒤의 물음표는 널이 될 수 있음을 표시한다.
- 코틀린은 널이 될 수 있는 타입을 간결하게 다룰 수 있는 다양한 도구를 제공한다.
- 안전한 호출(?.)을 사용하면 널이 될 수 있는 객체의 메서드를 호출하거나 프로퍼티에 접근할 수 있다.
- 엘비스 연산자(?:)를 사용하면 어떤 식이 null일 때 대신할 값을 지정할 수도 있고, 실행을 반환시키거나 예외를 던질 수도 있다.
- 널 아님 단언(!!)은 컴파일러에게 주어진 값이 null이 아니라고 약속하는 것이다(하지만 이 약속을 깨는 경우 책임은 여러분에게 있다).
- let 영역 함수는 자신이 호출된 수신 객체를 람다에게 전달한다. 안전한 호출 연산자와 let을 함께 사용하면 널이 될 수 있는 타입의 객체를 널이 될 수 없는 타입으로 변환하는 효과가 있다.
- as? 연산자를 사용하면 값을 다른 타입으로 변환하는 것과 변환이 불가능한 경우를 처리하는 것을 한꺼번에 편리하게 처리할 수 있다.

8

기본 타입, 컬렉션, 배열

8장에서 다루는 내용

- 원시 타입과 다른 기본 타입 및 자바 타입과의 관계
- 코틀린 컬렉션과 배열 및 이들의 널 가능성과 상호운용성

널 가능성에 대한 지원 외에도 코틀린 타입 시스템에는 코드를 읽기 쉽게 해주고 자바를 포함한 다른 타입 시스템으로부터 얻은 교훈을 구현한 몇 가지 필수 기능이 들어가 있다. 이런 타입 시스템에 대한 디자인 선택은 원시 타입이나 기본 타입으로부터 코틀린 표준 라이브러리에서 찾을 수 있는 컬렉션 계층 구조에 이르기까지 여러분이 코틀린 코드를 다루는 방식에 깊이 영향을 끼친다. 코틀린은 읽기 전용 컬렉션 개념을 도입하고 배열에 대한 일급 시민 지원 등 문제가 되거나 불필요한 타입 시스템 부분을 노출시키지 않거나 더 다듬었다. 이에 대해 좀 더 자세히 살펴보자. 먼저 기본적인 빌딩 블록부터 시작하자.

8.1 원시 타입과 기본 타입

이번 절에서는 프로그램에서 사용하는 Int, Boolean, Any 등의 기본 타입을 살펴본다. 자바와 달리 코틀린은 원시 타입과 래퍼 타입을 구분하지 않는다. 조금 후에 그 이유와 코틀린 내부에서 어떻게 기본 타입에 대한 래핑이 작동하는지 살펴본다. 또한 Object, Void 등의 자바 타입과 코틀린 타입 간의 대응 관계도 살펴본다.

8.1.1 정수, 부동소수점 수, 문자, 불리언 값을 원시 타입으로 표현

알고 있는 것처럼 자바는 원시 타입과 참조 타입을 구분한다. 원시^{primitive} 타입(int 등)의 변수에는 그 값이 직접 들어가지만, 참조 타입(String 등)의 변수에는 메모리상의 객체 위치가 들어간다.

원시 타입의 값을 더 효율적으로 저장하고 여기저기 전달할 수 있다. 하지만 그런 값에 대해 메서드를 호출하거나 컬렉션에 원시 타입 값을 담을 수는 없다. 자바는 참조 타입이 필요한 경우 특별한 래퍼 타입(java.lang.Integer 등)으로 원시 타입 값을 감싸서 사용한다. 따라서 정수의 컬렉션을 정의하려면 Collection<int>가 아니라 Collection<Integer>를 사용해야 한다.

코틀린은 원시 타입과 래퍼 타입을 구분하지 않는다. 따라서 항상 같은 타입을 사용한다(예: Int).

```
val i: Int = 1
val list: List<Int> = listOf(1, 2, 3)
```

래퍼 타입을 따로 구분하지 않으면 편리하다. 더 나아가 숫자 타입 등 원시 타입의 값에 대해 메서드를 호출할 수 있다. 예를 들어 다음 코드는 표준 라이브러리 함수 coerceIn을 사용해 값을 특정 범위로 제한한다.

```
fun showProgress(progress: Int) {
    val percent = progress.coerceIn(0, 100)
```

```
    println("We're $percent % done!")
}

fun main() {
    showProgress(146)
    // We're 100 % done!
}
```

원시 타입과 참조 타입이 같다면 코틀린이 그들을 항상 객체로 표현하는 걸까? 그렇게 한다면 너무 비효율적이지 않을까? 실제로도 항상 객체로 표현한다면 비효율적이겠지만 코틀린은 그러지 않는다.

실행 시점에 숫자 타입은 가능한 한 가장 효율적인 방식으로 표현된다. 대부분의 경우(변수, 프로퍼티, 파라미터, 반환 타입 등) 코틀린의 Int 타입은 자바 int 타입으로 컴파일된다. 이런 컴파일이 불가능한 경우는 컬렉션과 같은 제네릭 클래스를 사용하는 경우뿐이다. 예를 들어 Int 타입을 컬렉션의 타입 파라미터로 넘기면 그 컬렉션에는 Int의 래퍼 타입에 해당하는 java.lang.Integer 객체가 들어간다.

다음은 자바 원시 타입에 해당하는 코틀린 타입의 전체 목록이다.

- **정수 타입:** Byte, Short, Int, Long
- **부동소수점 숫자 타입:** Float, Double
- **문자 타입:** Char
- **불리언 타입:** Boolean

8.1.2 양수를 표현하기 위해 모든 비트 범위 사용: 부호 없는 숫자 타입

양수를 표현하기 위해 모든 비트 범위를 사용하고 싶은 때가 있다. 예를 들어 비트와 바이트 수준에서 작업을 수행하거나, 비트맵 픽셀을 조작하거나, 파일에 담긴 바이트들이나 다른 2진 데이터를 다룰 때가 그렇다. 이런 경우 코틀린은 JVM의 일반적인 원시 타입을 확장해 부호 없는 타입을 제공한다. 구체적으로, 표 8.1처럼

4가지 부호 없는 타입이 있다.

표 8.1 코틀린의 부호 없는 숫자 타입

타입	크기	값 범위
UByte	8비트	0 ~ 255
UShort	16비트	0 ~ 65535
UInt	32비트	$0 \sim 2^{32} - 1$
ULong	64비트	$0 \sim 2^{64} - 1$

부호 없는 숫자 타입들은 상응하는 부호 있는 타입의 범위를 '시프트'해서 같은 크기의 메모리를 사용해 더 큰 양수 범위를 표현할 수 있게 해준다. 예를 들어 일반 Int는 대략 음수 20억에서 양수 20억 사이의 값을 표현하지만 UInt는 0부터 대략 40억 사이의 값을 표현할 수 있다(그림 8.1 참고).

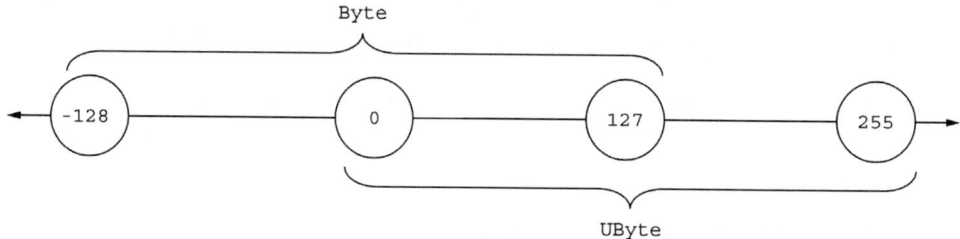

그림 8.1 부호 없는 숫자 타입은 값의 범위를 시프트함으로써 같은 메모리를 사용해서 더 넓은 음이 아닌 범위를 지원한다. 일반적인 부호 있는 Byte는 -128부터 +127 사이의 값을 저장할 수 있지만, UByte는 0부터 255 사이의 값을 저장할 수 있다.

다른 원시 타입과 마찬가지로 코틀린의 부호 없는 수도 필요할 때만 래핑된다. 그렇지 않은 경우에는 부호 없는 수도 원시 타입의 성능 특성을 그대로 지닌다.

> **노트**
>
> 음수가 아닌 정수가 필요할 때 부호 없는 정수를 사용하고 싶은 유혹을 받을 것이다. 하지만 코틀린의 부호 없는 정수의 목표는 그것이 아니다. 명시적으로 전체 비트 범위가 필요한 경우가 아니라면 일반적으로 보통의 정수를 사용하고 음수 범위가 함수에 전달됐는지 검사하는 편이 더 낫다.

> **부호 없는 숫자 타입: 구현 세부 사항**
>
> JVM 명세(http://mng.bz/nJa4)를 살펴본 독자라면 JVM 자체는 부호가 없는 수에 대한 원시 타입을 지정하거나 제공하지 않음을 알 수 있다. 코틀린은 이를 바꿀 수 없다. 따라서 기존의 부호가 있는 원시 타입 위에 자체적인 추상화를 제공한다.
>
> 코틀린은 4.5절에서 살펴본 인라인 클래스를 통해 이런 추상화를 제공한다. 부호 없는 값을 표현하는 각 클래스는 실제로는 인라인 클래스이며, 각 인라인 클래스는 기억 장소로 자신에 상응하는 부호 있는 타입을 사용한다. 그렇다. 내부에서 여러분의 UInt 값은 실제로 Int다. 코틀린 컴파일러가 가능할 때마다 인라인 클래스를 기저의 프로퍼티로 대신하거나 래핑하는 등의 처리를 해주기 때문에 여러분은 부호 없는 숫자 타입이 부호 있는 숫자 타입과 같은 성능으로 작동하리라 예상할 수 있다.

코틀린 컴파일러는 쉽게 Int 같은 타입을 그에 상응하는 JVM 원시 타입으로 쉽게 변환할 수 있다. 두 타입이 서로 같은 값들을 표현할 수 있기 때문이다(그리고 두 타입 모두 null이 될 수 없기 때문이다). 마찬가지로 반대로 자바 원시 타입의 값은 결코 null이 될 수 없으므로 자바 원시 타입을 코틀린에서 사용할 때도 (플랫폼 타입이 아니라) 널이 될 수 없는 타입으로 취급할 수 있다. 이제 이들의 널이 될 수 있는 타입을 살펴보자.

8.1.3 널이 될 수 있는 기본 타입: Int?, Boolean? 등

null 참조를 자바의 참조 타입의 변수에만 대입할 수 있기 때문에 널이 될 수 있는 코틀린 타입은 자바 원시 타입으로 표현할 수 없다. 따라서 코틀린에서 널이 될 수 있는 원시 타입을 사용하면 그 타입은 자바의 래퍼 타입으로 컴파일된다.

널이 될 수 있는 타입을 사용하는 예를 살펴보자. 이 책의 맨 앞에서 살펴본 Person 클래스를 다시 기억해보자. 그 클래스에는 age와 name 프로퍼티가 있는데, 두 프로퍼티 모두 널이 될 수 있는 타입이다. 이제 어떤 사람이 다른 사람보다 나이가 많은지 검사하는 함수를 추가하자.

리스트 8.1 널이 될 수 있는 원시 타입

```
data class Person(val name: String,
                  val age: Int? = null) {
  fun isOlderThan(other: Person): Boolean? {
    if (age == null || other.age == null)
        return null
    return age > other.age
  }
}

fun main() {
  println(Person("Sam", 35).isOlderThan(Person("Amy", 42)))
  // false
  println(Person("Sam", 35).isOlderThan(Person("Jane")))
  // null
}
```

여기서 널 가능성 관련 규칙을 어떻게 적용하는지 살펴보자. 널이 될 가능성이 있으므로 Int? 타입의 두 값을 직접 비교할 수는 없다. 대신, 먼저 두 값이 모두 널이 아닌지 검사해야 한다. 컴파일러는 null 검사를 마친 다음에야 두 값을 일반적인 값처럼 다루도록 허용한다.

Person 클래스에 선언된 age 프로퍼티의 값은 java.lang.Integer로 저장된다. 하지만 그런 자세한 사항은 자바에서 가져온 클래스를 다룰 때만 문제가 된다. 코틀린에서 적절한 타입을 찾으려면 그 변수나 프로퍼티에 널이 들어갈 수 있는지만 고민하면 된다.

앞에서 이야기한 대로 제네릭 클래스의 경우 래퍼 타입을 사용한다. 어떤 클래스의 타입 인자로 원시 타입을 넘기면 코틀린은 그 타입에 대한 박스 타입을 사용한다. 예를 들어 다음 문장에서는 null 값이나 널이 될 수 있는 타입을 전혀 사용하지 않았지만 만들어지는 리스트는 래퍼인 Integer 타입으로 이뤄진 리스트다.

```
val listOfInts = listOf(1, 2, 3)
```

이렇게 컴파일하는 이유는 JVM에서 제네릭을 구현하는 방법 때문이다. JVM은 타입 인자로 원시 타입을 허용하지 않는다. 따라서 자바나 코틀린 모두에서 제네릭 클래스는 항상 박스 타입을 사용해야 한다. 원시 타입으로 이뤄진 대규모 컬렉션을 효율적으로 저장해야 한다면 원시 타입으로 이뤄진 효율적인 컬렉션을 제공하는 이클립스 컬렉션즈^{Eclipse Collections}(https://github.com/eclipse/eclipse-collections) 등의 서드 파티 라이브러리를 사용하거나 배열을 사용해야 한다. 이번 장의 끝부분에서 배열을 다룬다. 이제 여러 원시 타입의 값을 서로 어떻게 변환하는지 살펴보자.

8.1.4 수 변환

코틀린과 자바의 가장 큰 차이점 중 하나는 수를 변환하는 방식이다. 코틀린은 한 타입의 수를 다른 타입의 수로 자동 변환하지 않는다. 결과 타입이 허용하는 수의 범위가 원래 타입의 범위보다 넓은 경우조차도 자동 변환은 불가능하다. 예를 들어 코틀린 컴파일러는 다음 코드를 거부한다.

```
val i = 1
val l: Long = i         ← Error: type mismatch 컴파일 오류 발생
```

대신, 직접 변환 메서드를 호출해야 한다.

```
val i = 1
val l: Long = i.toLong()
```

코틀린은 모든 원시 타입(단, Boolean은 제외)에 대해 **toByte()**, **toShort()**, **toChar()** 등등의 변환 함수를 제공한다. 양방향 변환 함수가 모두 제공된다. 즉, 어떤 타입을 더 표현 범위가 넓은 타입으로 변환하는 함수도 있고(Int.toLong()), 타입을 범위가 더 표현 범위가 좁은 타입으로 변환하면서 값을 벗어나는 경우에는 일부를 잘라내는 함수(Long.toInt())도 있다.

코틀린은 개발자의 혼란을 피하고자 타입 변환을 명시하기로 결정했다. 특히 박스

타입을 비교하는 경우 문제가 많다. 두 박스 타입 간의 equals 메서드는 그 안에 들어있는 값이 아니라 박스 타입 객체를 비교한다. 따라서 자바에서 new Integer (42).equals(new Long(42))는 false다. 코틀린에서 암시적 변환을 허용한다면 다음과 같이 쓸 수 있을 것이다.

```
val x = 1                           ◀── Int 타입인 변수
val list = listOf(1L, 2L, 3L)       ◀── Long 값으로 이뤄진 리스트
x in list                           ◀── 암시적 타입 변환으로 인해 false다.
```

대부분의 사람들이 생각하는 것과 달리 이 식은 false다. 따라서 x in list는 컴파일되면 안 된다. 코틀린에서는 타입을 명시적으로 변환해서 같은 타입의 값으로 만든 후 비교해야 한다.

```
fun main() {
  val x = 1
  println(x.toLong() in listOf(1L, 2L, 3L))
  // true
}
```

코드에서 동시에 여러 숫자 타입을 사용하려면 예상치 못한 동작을 피하기 위해 각 변수를 명시적으로 변환해야 한다.

원시 타입 리터럴

코틀린은 소스코드에서 단순한 10진수(정수) 외에 다음과 같은 수 리터럴을 허용한다.

- L 접미사가 붙은 Long 타입 리터럴: 123L
- 표준 부동소수점 표기법을 사용한 Double 타입 리터럴: 0.12, 2.0, 1.2e10, 1.2e-10
- f나 F 접미사가 붙은 Float 타입 리터럴: 123.4f, .456F, 1e3f
- 0x나 0X 접두사가 붙은 16진 리터럴: 0xCAFEBABE, 0xbcdL
- 0b나 0B 접두사가 붙은 2진 리터럴: 0b000000101
- U 접미사가 붙은 부호 없는 정수 리터럴: 123U, 123UL, 0x10cU

문자 리터럴의 경우 자바와 마찬가지 구문을 사용한다. 작은따옴표 안에 문자를 넣으면 되고, 이스케

> 이스 시퀀스를 사용할 수도 있다. '1', '\t'(이스케이프 시퀀스로 정의한 탭 문자), '\u009'(유니코드 이스케이프 시퀀스로 정의한 탭 문자) 등은 모두 코틀린 문자 리터럴이다.

숫자 리터럴을 사용할 때는 보통 변환 함수를 호출할 필요가 없다. `42L`나 `42.0f`처럼 상수 뒤에 타입을 표현하는 문자를 붙이면 변환이 필요 없다. 또한 여러분이 직접 변환하지 않더라도 숫자 리터럴을 타입이 알려진 변수에 대입하거나 함수에게 인자로 넘기면 컴파일러가 필요한 변환을 자동으로 넣어준다. 추가로 산술 연산자는 적당한 타입의 값을 받아들일 수 있도록 이미 오버로드돼 있다. 예를 들어 별도의 변환이 없어도 다음 코드가 잘 작동한다.

```kotlin
fun printALong(l: Long) = println(l)
fun main() {
    val b: Byte = 1            ◀── 상수 값은 적절한 타입으로 해석된다.
    val l = b + 1L             ◀── +는 Byte와 Long을 인자로 받을 수 있다.
    printALong(42)             ◀── 컴파일러는 42를 Long 값으로 해석한다.
    // 42
}
```

코틀린 산술 연산자에서도 자바와 똑같이 숫자 연산 시 오버플로overflow나 언더플로 underflow가 발생할 수 있다. 코틀린은 이들을 검사하느라 추가 비용을 들이지 않는다.

```kotlin
fun main() {
    println(Int.MAX_VALUE + 1)
    // -2147483648              ◀── 오버플로로 인해 값이 양수 최댓값에서 음수 최솟값으로 넘어갔다.
    println(Int.MIN_VALUE - 1)
    // 2147483647               ◀── 언더플로로 인해 값이 음수 최솟값에서 양수 최댓값으로 넘어갔다.
}
```

문자열을 수로 변환하기

코틀린 표준 라이브러리는 문자열을 원시 타입으로 변환하는 여러 함수를 제공한다(toInt, toByte, toBoolean 등). 이런 함수들은 문자열의 내용을 각 타입으로 파싱하려 시도한다. 파싱에 실패하면 NumberFormatException이 발생한다.

```
fun main() {
    println("42".toInt())
    // 42
}
```

하지만 문자열을 수로 변환할 때 실패하리라 예상이 되는 경우에 매번 NumberFormatException을 명시적으로 처리하기는 귀찮다. 이를 위해 각 확장 함수에는 변환에 실패하면 null을 돌려주는 toIntOrNull, toByteOrNull 등의 함수가 존재한다.

```
fun main() {
    println("seven".toIntOrNull())
    // null
}
```

특별한 경우로 문자열을 불리언 값으로 변환할 때가 있다. 7장에서 배운 널이 될 수 있는 수신 객체 타입으로 이런 변환 함수가 정의된다.

toBoolean 함수는 인자로 받은 문자열이 null이 아니고 문자열의 내용이 단어 true와 같으면(대소문자 구분 않음) true를 반환한다. 그 외의 경우에는 false를 반환한다.

```
fun main() {
    println("trUE".toBoolean())
    // true
    println("7".toBoolean())
    // false
    println(null.toBoolean())
    // false
}
```

변환 시 정확히 true나 false와 일치키시고 싶다면 toBooleanStrict 함수를 사용하라. 이 함수는 두 값만 정확히 받아들이고 그렇지 않은 경우에는 예외를 던진다.

다른 타입을 다루기 전에 3가지 특별한 타입 Any, Unit, Nothing을 살펴봐야 한다.

8.1.5 Any와 Any?: 코틀린 타입 계층의 뿌리

자바에서 `Object`가 클래스 계층의 최상위 타입이듯 코틀린에서는 `Any` 타입이 모든 널이 될 수 없는 타입의 조상 타입이다. 하지만 자바에서는 참조 타입만 `Object`를 정점으로 하는 타입 계층에 포함되며, 원시 타입은 그런 계층에 들어있지 않다. 이는 자바에서 `Object` 타입의 객체가 필요할 경우 `int`와 같은 원시 타입을 `java.lang.Integer` 같은 래퍼 타입으로 감싸야만 한다는 의미다. 하지만 코틀린에서는 `Any`가 `Int` 등의 원시 타입을 포함한 모든 타입의 조상 타입이다.

자바와 마찬가지로 코틀린에서도 원시 타입 값을 `Any` 타입의 변수에 대입하면 자동으로 값을 객체로 감싼다(박싱boxing).

```
val answer: Any = 42          ◀── Any가 참조 타입이기 때문에 42가 박싱된다.
```

`Any`가 널이 될 수 없는 타입임에 유의하라. 따라서 `Any` 타입의 변수에는 `null`이 들어갈 수 없다. 코틀린에서 널을 포함하는 모든 값을 대입할 변수를 선언하려면 `Any?` 타입을 사용해야 한다.

내부에서 `Any` 타입은 `java.lang.Object`에 대응한다. 자바 메서드에서 `Object`를 인자로 받거나 반환하면 코틀린에서는 `Any`로 그 타입을 취급한다(물론 더 정확히 말하면 널이 될 수 있는지 여부를 알 수 없으므로 플랫폼 타입인 `Any!`로 취급한다). 코틀린 함수가 `Any`를 사용하면 자바 바이트코드의 `Object`로 컴파일된다.

4장에서 살펴본 것처럼 모든 코틀린 클래스에는 `toString`, `equals`, `hashCode`라는 세 메서드가 들어있다. 이 세 메서드는 `Any`에 정의된 메서드를 상속한 것이다. 하지만 `java.lang.Object`에 있는 다른 메서드(`wait`이나 `notify` 등)는 `Any`에서 사용할 수 없다. 따라서 그런 메서드를 호출하고 싶다면 `java.lang.Object` 타입으로 값을 캐스트해야 한다.

8.1.6 Unit 타입: 코틀린의 void

코틀린 Unit 타입은 자바 void와 같은 기능을 한다. 관심을 가질 만한 내용을 전혀 반환하지 않는 함수의 반환 타입으로 Unit을 쓸 수 있다.

```
fun f(): Unit { /* ... */ }
```

문법적으로 이는 반환 타입 선언 없이 정의한 블록이 본문인 함수와 같다.

```
fun f() { /* ... */ }          ◀── 반환 타입을 명시하지 않았다.
```

대부분의 경우 void와 Unit의 차이를 눈치 채기는 어렵다. 코틀린 함수의 반환 타입이 Unit이고 그 함수가 제네릭 함수를 오버라이드하지 않는다면 그 함수는 내부에서 자바 void 함수로 컴파일된다. 그런 코틀린 함수를 자바에서 오버라이드하는 경우 void를 반환 타입으로 해야 한다.

그렇다면 코틀린의 Unit이 자바 void와 다른 점은 무엇일까? Unit은 모든 기능을 갖는 일반적인 타입이며 void와 달리 Unit을 타입 인자로 쓸 수 있다. Unit 타입에 속한 값은 단 하나뿐이며 그 이름도 Unit이다. Unit 타입의 함수는 Unit 값을 암시적으로 반환한다. 이 두 특성은 제네릭 파라미터를 반환하는 함수를 오버라이드하면서 반환 타입으로 Unit을 쓸 때 쓸모가 있다.

```
interface Processor<T> {
    fun process(): T
}

class NoResultProcessor : Processor<Unit> {
    override fun process() {          ◀── Unit을 반환하지만 타입을 지정할 필요는 없다.
        // 업무 처리 코드
    }                                 ◀── 여기서 명시적으로 return할 필요가 없다.
}
```

인터페이스의 시그니처는 process 함수가 어떤 값을 반환하라고 요구한다. Unit 타입도 Unit 값을 제공하기 때문에 메서드에서 Unit 값을 반환하는 데는 아무 문제가 없다. 하지만 NoResultProcessor에서 명시적으로 Unit을 반환할 필요는 없다. 컴파일러가 암시적으로 return Unit을 넣어준다.

자바에서는 타입 인자로 '값 없음'을 표현하는 문제를 코틀린과 같이 깔끔하게 해결할 수 없다. 한 가지 방법은 별도의 인터페이스(Callable과 Runnable 등과 비슷하게)를 사용해 값을 반환하는 경우와 값을 반환하지 않는 경우를 분리하는 방법이 있다. 다른 방법으로는 타입 파라미터로 특별히 java.lang.Void 타입을 사용하는 방법도 있다. 이 방법을 택한다 하더라도 여전히 Void 타입에 대응할 수 있는 유일한 값인 null을 반환하기 위해 return null을 명시해야 한다. 이런 경우 반환 타입이 void가 아니므로 항상 명시적으로 return 문을 사용하기 때문이다.

왜 코틀린에서 Void가 아니라 Unit이라는 다른 이름을 골랐는지 궁금한 독자가 있을 것이다. 함수형 프로그래밍에서 전통적으로 Unit은 '단 하나의 인스턴스만 갖는 타입'을 의미해 왔고 바로 그 유일한 인스턴스의 유무가 자바 void와 코틀린 Unit을 구분하는 가장 큰 차이다. 어쩌면 자바 등의 명령형 프로그래밍 언어에서 관례적으로 사용해 온 Void라는 이름을 사용할 수도 있겠지만 코틀린에는 Nothing이라는 전혀 다른 기능을 하는 타입이 하나 존재한다. Void와 Nothing이라는 두 이름은 의미가 아주 비슷하기 때문에 혼란을 야기하기 쉽다. 그렇다면 Nothing은 대체 어떤 타입일까? 이제 그에 대해 알아보자.

8.1.7 Nothing 타입: 이 함수는 결코 반환되지 않는다

코틀린에는 결코 성공적으로 값을 돌려주는 일이 없으므로 '반환값'이라는 개념 자체가 의미가 없는 함수가 일부 존재한다. 예를 들어 테스트 라이브러리들은 fail이라는 함수를 제공하는 경우가 많다. fail은 특별한 메시지가 들어있는 예외를 던져서 현재 테스트를 실패시킨다. 다른 예로 무한 루프를 도는 함수도 절대로 값을 반환하며 정상적으로 끝나지 않는다.

그런 함수를 호출하는 코드를 분석하는 경우 함수가 정상적으로 끝나지 않는다는 사실을 알면 유용하다. 그런 경우를 표현하고자 코틀린에는 Nothing이라는 특별한 반환 타입이 있다.

```
fun fail(message: String): Nothing {
  throw IllegalStateException(message)
}

fun main() {
  fail("Error occurred")
  // java.lang.IllegalStateException: Error occurred
}
```

Nothing 타입은 아무 값도 포함하지 않는다. 따라서 Nothing은 함수의 반환 타입이나 반환 타입으로 쓰일 타입 파라미터로만 쓸 수 있다. 그 외의 다른 용도로 사용하는 경우 Nothing 타입의 변수를 선언하더라도 그 변수에 아무 값도 저장할 수 없으므로 아무 의미도 없다.

Nothing을 반환하는 함수를 엘비스 연산자의 오른쪽에 사용해서 전제조건을 검사할 수 있다.

```
val address = company.address ?: fail("No address")
println(address.city)
```

이 예제는 타입 시스템에서 Nothing이 얼마나 유용한지 보여준다. 컴파일러는 Nothing이 반환 타입인 함수가 결코 정상 종료되지 않음을 알고 그 함수를 호출하는 코드를 분석할 때 사용한다. 앞의 예제에서 컴파일러는 company.address가 null인 경우 엘비스 연산자의 오른쪽에서 예외가 발생한다는 사실을 파악하고 address의 값이 null이 아님을 추론할 수 있다.

이것으로 코틀린 기본 타입에 대한 설명을 마친다. 이제 컬렉션 타입을 살펴보고 코틀린 컬렉션과 자바 컬렉션의 차이를 알아보자.

8.2 컬렉션과 배열

이미 컬렉션 API를 사용하는 다양한 예제를 살펴봤다. 또한 3.1절에서 코틀린 컬렉션이 자바 라이브러리를 바탕으로 만들어졌고 확장 함수를 통해 기능을 추가한다는 사실을 배웠다. 하지만 코틀린의 컬렉션 지원과 자바와 코틀린 컬렉션 간의 관계에 대해 얘기할 내용이 아직도 남아있다. 이제 그에 대해 자세히 이야기할 때다.

8.2.1 널이 될 수 있는 값의 컬렉션과 널이 될 수 있는 컬렉션

8장의 앞에서 널이 될 수 있는 타입을 설명했다. 그때 타입 인자의 널 가능성에 대해서는 아주 간략히 다뤘지만 사실 이는 타입 시스템 일관성을 지키기 위해 필수적으로 고려해야 할 사항이다. 컬렉션에 null을 넣을 수 있는지 여부는 어떤 변수의 값이 null이 될 수 있는지 여부와 마찬가지로 중요하다. 변수 타입 뒤에 ?를 붙이면 그 변수에 null을 저장할 수 있다는 뜻인 것처럼 타입 인자로 쓰인 타입에도 같은 표시를 사용할 수 있다. 타입 인자 안에서 ?가 하는 일을 이해하기 위해 파일의 각 줄을 읽어 숫자로 변환하기 위해 파싱하는 다음 예제를 보자.

리스트 8.2 널이 될 수 있는 값으로 이뤄진 컬렉션 만들기

```
fun readNumbers(text: String): List<Int?> {
  val result = mutableListOf<Int?>()         ◀— 널이 될 수 있는 Int 값으로 이뤄진 가변 리스트를 만든다.
  for (line in text.lineSequence()) {        ◀— 입력 문자열을 한 줄씩 순회한다.
    val numberOrNull = line.toIntOrNull()
    result.add(numberOrNull)                 ◀— 파싱한 정수를 리스트에 넣되 현재 줄을
  }                                              파싱할 수 없으면 널을 추가한다.
  return result
}
```

List<Int?>는 Int? 타입의 값을 저장할 수 있다. 다른 말로 하면 이 타입의 리스트에는 Int나 null을 저장할 수 있다. 현재 줄을 파싱할 수 있으면 result에 정수를 넣고 그렇지 않으면 null을 넣는다.

어떤 변수 타입의 널 가능성과 타입 파라미터로 쓰이는 타입의 널 가능성 사이의 차이를 알아두라. 널이 될 수 있는 Int로 이뤄진 리스트와 Int로 이뤄진 널이 될 수 있는 리스트 사이의 차이를 그림 8.2에서 볼 수 있다.

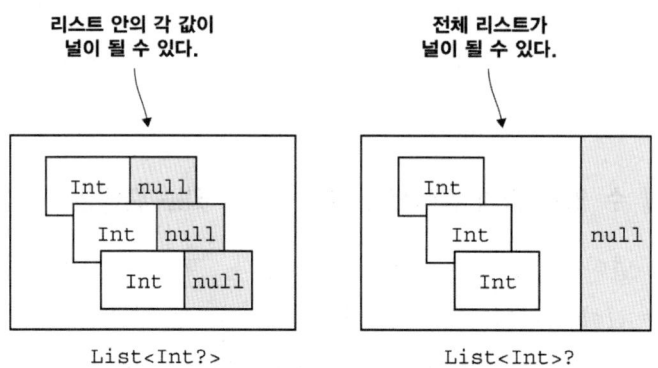

그림 8.2 컬렉션의 널 가능성에 대해 생각할 때는 조심하라. 전체 컬렉션이 null이 될 수 있어야 할까, 컬렉션 안의 원소들이 null이 될 수 있어야 할까?

첫 번째 경우 리스트 자체는 항상 null이 아니다. 하지만 리스트에 들어있는 각 원소는 null이 될 수도 있다. 두 번째 경우 리스트를 가리키는 변수에는 null이 들어갈 수 있지만 리스트 안에는 null이 아닌 값만 들어간다.

한편 함수형 프로그래밍과 람다에 대한 지식을 사용하면 이 예제를 실제로는 6장에서 처음 봤던 map 함수를 사용해 더 단축시킬 수 있다. map 함수는 컬렉션의 각 원소에 대해 주어진 함수(여기서는 toIntOrNull)를 적용한 결과를 모은 리스트를 반환한다.

리스트 8.3 map 함수를 사용해 널이 될 수 있는 값으로 이뤄진 컬렉션 만들기

```
fun readNumbers2(text: String): List<Int?> =
    text.lineSequence().map { it.toIntOrNull() }.toList()
```

경우에 따라 널이 될 수 있는 값으로 이뤄진 널이 될 수 있는 리스트를 정의해야 할 수도 있다. 이렇게 하면 리스트의 각 원소도 없음을 표현할 수 있고, 전체 리스트 자체도 없음을 표시할 수 있다.

코틀린에서는 물음표를 2개 사용해 List<Int?>?로 이를 표현한다(그림 8.3). 안쪽의 물음표는 리스트의 원소가 널이 될 수 있음을 표현한다. 바깥의 물음표는 리스트 자체가 널이 될 수 있음을 표현한다. 이런 리스트를 처리할 때는 변수에 대해 null 검사를 수행한 다음에 그 리스트에 속한 모든 원소에 대해 다시 null 검사를 수행해야 한다.

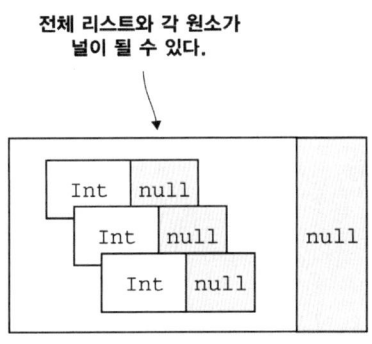

그림 8.3 널이 될 수 있는 정수로 이뤄진 널이 될 수 있는 컬렉션은 컬렉션 자체가 null일 수도 있고, 각 원소가 null일 수도 있다.

널이 될 수 있는 값으로 이뤄진 리스트를 다루는 예를 살펴보자. 정상적인 수를 따로 모으고 비정상적인 수의 개수를 세는 함수를 작성해보자.

리스트 8.4 널이 될 수 있는 값으로 이뤄진 컬렉션 다루기

```
fun addValidNumbers(numbers: List<Int?>) {
    var sumOfValidNumbers = 0
    var invalidNumbers = 0
    for (number in numbers) {      ◀── 리스트에서 널이 될 수 있는 값을 읽는다.
        if (number != null) {      ◀── 값이 null인지 검사한다.
            sumOfValidNumbers += number
        } else {
            invalidNumbers++
        }
    }
```

```kotlin
    println("Sum of valid numbers: $sumOfValidNumbers")
    println("Invalid numbers: $invalidNumbers")
}

fun main() {
    val input = """
        1
        abc
        42
    """.trimIndent()              ◀── 여러 줄 입력 문자열을 정의한다.
    val numbers = readNumbers(input)
    addValidNumbers(numbers)
    // Sum of valid numbers: 43
    // Invalid numbers: 1
}
```

특별한 내용은 없다. 리스트의 원소에 접근하면 Int? 타입의 값을 얻는다. 따라서 그 값을 산술식에 사용하기 전에 null 여부를 검사해야 한다.

널이 될 수 있는 값으로 이뤄진 컬렉션으로 null 값을 걸러내는 경우가 자주 있어서 코틀린 표준 라이브러리는 그런 일을 하는 filterNotNull이라는 함수를 제공한다. 다음은 filterNotNull을 사용해 앞의 예제를 훨씬 단순하게 만든 코드다.

> **리스트 8.5 filterNotNull를 널이 될 수 있는 값으로 이뤄진 컬렉션에 대해 사용하기**

```kotlin
fun addValidNumbers(numbers: List<Int?>) {
    val validNumbers = numbers.filterNotNull()
    println("Sum of valid numbers: ${validNumbers.sum()}")
    println("Invalid numbers: ${numbers.size - validNumbers.size}")
}
```

물론 걸러내는 연산도 컬렉션의 타입에 영향을 미친다. filterNotNull이 컬렉션 안에 null이 들어있지 않음을 보장해주므로 validNumbers는 List<Int> 타입이다 (그림 8.4).

그림 8.4 filterNotNull 함수는 입력 컬렉션에서 모든 null 원소를 제외한 새로운 컬렉션을 반환한다. 게다가 새 컬렉션의 원소 타입은 널이 될 수 없는 타입이 된다. 이는 그 다음부터는 null 처리를 할 필요가 없다는 뜻이다.

이제 코틀린에서 널이 될 수 있는 원소를 담는 컬렉션과 널이 아닌 원소를 담는 컬렉션의 구분을 이해했다. 다음으로는 코틀린에서 컬렉션을 구분하는 다른 중요한 기준인 읽기 전용 컬렉션과 변경 가능한 컬렉션(가변 컬렉션)을 살펴보자.

8.2.2 읽기 전용과 변경 가능한 컬렉션

코틀린 컬렉션과 자바 컬렉션을 나누는 가장 중요한 특성 중 하나는 코틀린에서는 컬렉션 안의 데이터에 접근하는 인터페이스와 컬렉션 안의 데이터를 변경하는 인터페이스를 분리했다는 점이다. 이런 구분은 코틀린 컬렉션을 다룰 때 사용하는 가장 기초적인 인터페이스인 kotlin.collections.Collection부터 존재한다. 이 Collection 인터페이스를 사용하면 컬렉션 안의 원소에 대해 이터레이션하고, 컬렉션의 크기를 얻고, 어떤 값이 컬렉션 안에 들어있는지 검사하고, 컬렉션에서 데이터를 읽는 다른 여러 연산을 수행할 수 있다. 하지만 Collection에는 원소를 추가하거나 제거하는 메서드가 없다.

컬렉션의 데이터를 수정하려면 kotlin.collections.MutableCollection 인터페이스를 사용한다. MutableCollection은 일반 인터페이스인 kotlin.collections.Collection을 확장하면서 원소를 추가하거나, 삭제하거나, 컬렉션 안의 원소를 모두 지우는 등의 메서드를 좀 더 제공한다. 그림 8.5는 두 인터페이스에 들어있는 핵심 메서드를 보여준다.

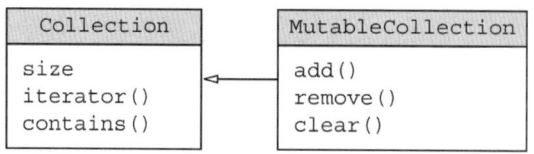

그림 8.5 Collection 인터페이스는 읽기 전용이다. MutableCollection은 Collection을 확장하면서 컬렉션 내용을 변경하는 메서드를 더 제공한다.

가능하면 코드에서 항상 읽기 전용 인터페이스를 사용하는 것을 일반적인 규칙으로 삼자. 코드가 컬렉션을 변경할 필요가 있을 때만 변경 가능한 버전을 사용하자.

val과 var의 구별과 마찬가지로, 컬렉션의 읽기 전용 인터페이스와 변경 가능 인터페이스를 구별한 이유는 프로그램에서 데이터에 어떤 일이 벌어지는지를 더 쉽게 이해하기 위함이다. 어떤 함수가 MutableCollection이 아닌 Collection 타입의 인자를 받는다면 그 함수는 컬렉션을 변경하지 않고 읽기만 한다. 반면 어떤 함수가 MutableCollection을 인자로 받는다면 그 함수가 컬렉션의 데이터를 바꾸리라 가정할 수 있다. 어떤 컴포넌트의 내부 상태에 컬렉션이 포함된다면 그 컬렉션을 MutableCollection을 인자로 받는 함수에 전달할 때는 어쩌면 원본의 변경을 막고자 컬렉션을 복사해야 할 수도 있다(이런 패턴을 방어적 복사$^{defensive\ copy}$라고 부른다). 예를 들어 다음 copyElements 함수가 source 컬렉션은 변경하지 않지만 target 컬렉션을 변경하리라는 사실을 분명히 알 수 있다.

리스트 8.6 읽기 전용과 변경 가능한 컬렉션 인터페이스

```
fun <T> copyElements(source: Collection<T>,
                    target: MutableCollection<T>) {
  for (item in source) {            ← source 컬렉션의 모든 원소에 대해 루프를 돈다.
    target.add(item)                ← 변경 가능한 target 컬렉션에게 원소를 추가한다.
  }
}

fun main() {
  val source: Collection<Int> = arrayListOf(3, 5, 7)
  val target: MutableCollection<Int> = arrayListOf(1)
```

```
    copyElements(source, target)
    println(target)
    // [1, 3, 5, 7]
}
```

객체가 실제로는 변경 가능한 컬렉션이라 하더라도 target에 해당하는 인자로 읽기 전용 컬렉션 타입의 값을 넘길 수는 없다.

```
fun main() {
    val source: Collection<Int> = arrayListOf(3, 5, 7)
    val target: Collection<Int> = arrayListOf(1)
    copyElements(source, target)        ← target 인자에서 컴파일 오류가 발생한다.
    // Error: Type mismatch: inferred type is Collection<Int>
    // but MutableCollection<Int> was expected
}
```

컬렉션 인터페이스를 사용할 때 항상 염두에 둬야 할 핵심은 읽기 전용 컬렉션이더라도 꼭 변경 불가능한 컬렉션일 필요는 없다는 점이다. 읽기 전용 인터페이스 타입인 변수를 사용할 때 그 인터페이스는 실제로는 어떤 컬렉션 인스턴스를 가리키는 수많은 참조 중 하나일 수 있다. 그림 8.6처럼 같은 인스턴스를 가리키는 변경 가능한 인터페이스 타입의 참조도 있을 수 있다.

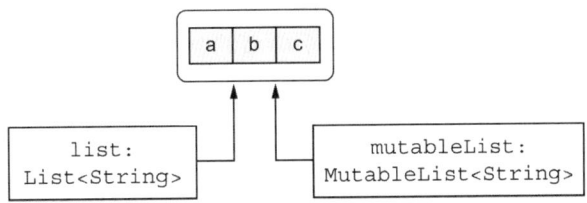

그림 8.6 같은 컬렉션 객체를 가리키는 다른 타입(읽기 전용과 변경 가능 리스트)의 참조들이다. list에 접근하는 코드는 대상 컬렉션을 변경할 수 없지만 mutableList를 통해 접근하는 코드를 통해 대상 컬렉션을 변경할 수는 있다.

코드의 일부분이 가변 컬렉션에 대한 참조를 갖고 있고 다른 부분에서 같은 컬렉션에 대한 '뷰'를 갖고 있다면 후자의 코드는 전자가 컬렉션을 동시에 변경할 수 없다는 가정에 의존할 수 없다.

이런 경우 코드가 컬렉션을 사용하는 도중에 (다른 스레드 등에 의해) 컬렉션이 변경되는 상황이 생길 수 있고, 이로 인해 ConcurrentModificationException이나 다른 오류가 발생할 수 있다.

따라서 읽기 전용 컬렉션이 항상 스레드 안전$^{thread\ safe}$하지는 않다는 점을 명심해야 한다. 여러분의 함수가 얻은 컬렉션의 '뷰'가 실제로는 내부에서 변경 가능한 컬렉션을 가리킬 수 있다. 따라서 다중 스레드 환경에서 데이터를 다루는 경우 그 데이터를 적절히 동기화하거나 동시 접근을 허용하는 데이터 구조를 활용해야 한다.

> **노트**
>
> 표준 라이브러리에는 불변 컬렉션이 없지만 kotlinx.collections.immutable 라이브러리(https://github.com/Kotlin/kotlinx.collections.immutable)는 코틀린 불변 컬렉션 인터페이스와 구현 프로토타입을 제공한다.

그렇다면 코틀린은 읽기 전용 컬렉션과 변경 가능 컬렉션을 어떻게 구분하는 걸까? 앞에서 코틀린의 컬렉션은 자바 컬렉션과 같다고 하지 않았는가? 그렇다면 이는 모순이 아닐까? 이제 정말 어떤 일이 벌어지고 있는지 자세히 살펴보자.

8.2.3 코틀린 컬렉션과 자바 컬렉션은 밀접히 연관됨

모든 코틀린 컬렉션은 그에 상응하는 자바 컬렉션 인터페이스의 인스턴스라는 점은 사실이다. 따라서 코틀린과 자바 사이를 오갈 때 아무 변환도 필요 없다. 즉, 래퍼 클래스를 만들거나 데이터를 복사할 필요도 없다. 하지만 그림 8.7에서 보듯 코틀린은 모든 자바 컬렉션 인터페이스마다 읽기 전용 인터페이스와 변경 가능한 인터페이스라는 2가지 표현^{representation}을 제공한다.

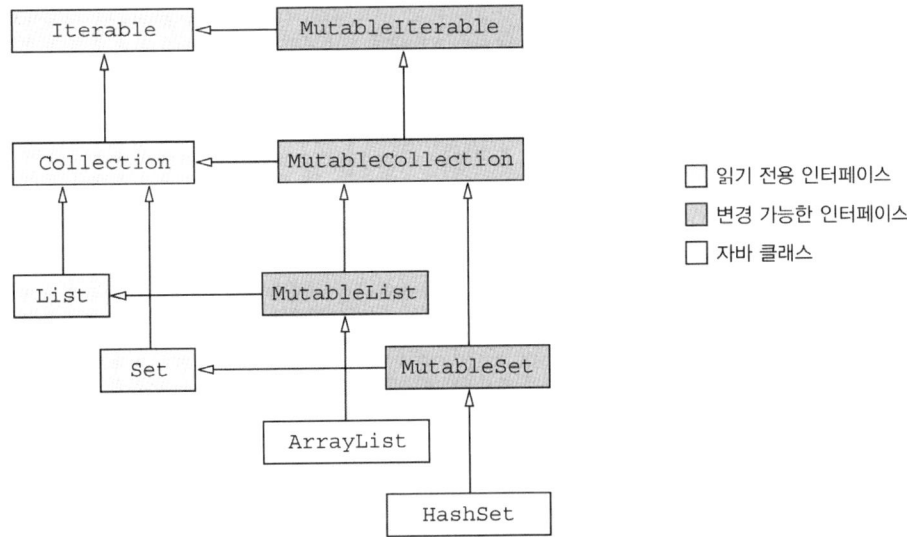

그림 8.7 코틀린 컬렉션 인터페이스의 계층 구조. 자바 클래스 ArrayList와 HashSet은 코틀린의 변경 가능 인터페이스를 확장한다.

그림 8.7에 표시된 모든 컬렉션 인터페이스는 코틀린에서 정의한 것이다. 코틀린의 읽기 전용과 변경 가능 인터페이스의 기본 구조는 `java.util` 패키지에 있는 자바 컬렉션 인터페이스의 구조와 같다. 추가로 각 변경 가능 인터페이스는 자신과 대응하는 읽기 전용 인터페이스를 확장(상속)한다. 변경 가능한 인터페이스는 `java.util` 패키지에 있는 인터페이스와 직접적으로 연관되지만 읽기 전용 인터페이스에는 컬렉션을 변경할 수 있는 모든 요소가 빠져있다.

그림 8.7에는 자바 표준 클래스를 코틀린에서 어떻게 취급하는지 보여주기 위해 `java.util.ArrayList`와 `java.util.HashSet` 클래스가 들어있다. 코틀린은 이들이 마치 각각 코틀린의 `MutableList`와 `MutableSet` 인터페이스를 상속한 것처럼 취급한다. 자바 컬렉션 라이브러리에 있는 다른 구현(LinkedList, SortedSet 등)은 따로 표시하지 않았지만 코틀린은 그들도 마찬가지로 코틀린 상위 타입을 갖는 것처럼 취급한다. 이런 방식을 통해 코틀린은 자바 호환성을 제공하는 한편 읽기 전용 인터페이스와 변경 가능 인터페이스를 분리한다.

컬렉션과 마찬가지로 Map 클래스(맵은 Collection이나 Iterable을 확장하지 않는다)도 코틀린에서 Map과 MutableMap이라는 2가지 버전으로 나타난다. 표 8.2는 여러 유형의 컬렉션을 만들 때 사용하는 함수를 보여준다.

표 8.2 컬렉션 생성 함수

컬렉션 타입	읽기 전용 타입	변경 가능 타입
List	listOf, List	mutableListOf, MutableList, arrayListOf, buildList
Set	setOf	mutableSetOf, hashSetOf, linkedSetOf, sortedSetOf, buildSet
Map	mapOf	mutableMapOf, hashMapOf, linkedMapOf, sortedMapOf, buildMap

setOf()와 mapOf()는 Set과 Map 읽기 전용 인터페이스의 인스턴스를 반환하지만, 내부적으로는 변경 가능한 클래스다(JVM에서 Collections.unmodifiable을 호출하면 컬렉션 변경을 금지할 수 있다. 하지만 그럴 경우 간접적인 부가 비용이 늘어나기 때문에 코틀린이 자동으로 이를 수행하지는 않는다). 하지만 그 둘이 변경 가능한 클래스라는 사실에 의존하면 안 된다. 미래에는 setOf나 mapOf가 진정한 불변 컬렉션 인스턴스를 반환하게 바뀔 수도 있다.

자바 메서드를 호출하되 컬렉션을 인자로 넘겨야 한다면 따로 변환하거나 복사하는 등의 추가 작업 없이 직접 컬렉션을 넘기면 된다. 예를 들어 java.util.Collection을 파라미터로 받는 자바 메서드가 있다면 아무 Collection이나 MutableCollection 값을 인자로 넘길 수 있다.

이런 성질로 인해 컬렉션의 변경 가능성과 관련해 중요한 문제가 생긴다. 자바는 읽기 전용 컬렉션과 변경 가능 컬렉션을 구분하지 않으므로 코틀린에서 읽기 전용 Collection으로 선언된 객체라도 자바 코드에서는 그 컬렉션 객체의 내용을 변경할 수 있다. 코틀린 컴파일러는 자바 코드가 컬렉션에 대해 어떤 일을 하는지 완전히 분석할 수 없다. 따라서 컬렉션을 변경하는 자바 메서드에게 읽기 전용 Collection을 넘겨도 코틀린 컴파일러가 이를 막을 수 없다. 예를 들어 다음 두 코드를 함께 사용하면 호환 가능한 코틀린/자바 혼용 프로그램이 된다.

```
/* 자바 코드 */
// CollectionUtils.java
public class CollectionUtils {
  public static List<String> uppercaseAll(List<String> items) {
    for (int i = 0; i < items.size(); i++) {
      items.set(i, items.get(i).toUpperCase());
    }
    return items;
  }
}

// 코틀린 코드
// collections.kt
fun printInUppercase(list: List<String>) {    ← 읽기 전용 파라미터를 선언한다.
  println(CollectionUtils.uppercaseAll(list))  ← 컬렉션을 변경하는 자바 함수를 호출한다.
  println(list.first())                        ← 컬렉션이 변경됐는지 본다.
}

fun main() {
  val list = listOf("a", "b", "c")
  printInUppercase(list)
  // [A, B, C]
  // A
}
```

따라서 컬렉션을 자바로 넘기는 코틀린 프로그램을 작성한다면 호출하려는 자바 코드가 컬렉션을 변경할지 여부에 따라 올바른 파라미터 타입을 사용할 책임은 여러분에게 있다.

이런 함정은 널이 아닌 원소로 이뤄진 컬렉션 타입에서도 발생한다. 널이 아닌 원소로 이뤄진 컬렉션을 자바 메서드로 넘겼는데, 자바 메서드가 `null`을 컬렉션에 넣을 수도 있다. 코틀린에서는 성능을 포기하지 않고는 이를 막거나 감지할 방법이 없다. 따라서 컬렉션을 자바 코드에게 넘길 때는 특별히 주의를 기울여야 하며, 코틀린 쪽 타입이 적절히 자바 쪽에서 컬렉션에 가할 수 있는 변경의 내용을 반영하게 해야 한다. 이제 자바 코드에 선언된 컬렉션을 코틀린에서 어떻게 다루는지 자세히 살펴보자.

8.2.4 자바에서 선언한 컬렉션은 코틀린에서 플랫폼 타입으로 보임

8장의 앞에서 설명한 널 가능성을 기억한다면 자바 코드에서 정의한 타입을 코틀린에서는 플랫폼 타입으로 본다는 사실을 알 것이다. 플랫폼 타입의 경우 코틀린 쪽에는 널 관련 정보가 없다. 따라서 컴파일러는 코틀린 코드가 그 타입을 널이 될 수 있는 타입이나 널이 될 수 없는 타입 어느 쪽으로든 사용할 수 있도록 허용한다. 마찬가지로 자바 쪽에서 선언한 컬렉션 타입의 변수를 코틀린에서는 플랫폼 타입으로 본다. 플랫폼 타입인 컬렉션은 기본적으로 변경 가능성에 대해 알 수 없다. 따라서 코틀린 코드는 그 타입을 읽기 전용 컬렉션이나 변경 가능한 컬렉션 어느 쪽으로든 다룰 수 있다. 보통은 원하는 동작이 그냥 잘 수행될 가능성이 높으므로 이는 실제 문제가 되지는 않는다.

하지만 컬렉션 타입이 시그니처에 들어간 자바 메서드 구현을 오버라이드하려는 경우 읽기 전용 컬렉션과 변경 가능 컬렉션의 차이가 문제가 된다. 플랫폼 타입에서 널 가능성을 다룰 때처럼 이런 경우에도 오버라이드하려는 메서드의 자바 컬렉션 타입을 어떤 코틀린 컬렉션 타입으로 표현할지 결정해야 한다.

이런 상황에서는 여러 가지를 선택해야 한다. 그리고 이렇게 선택한 내용을 코틀린에서 사용할 컬렉션 타입에 반영해야 한다.

- 컬렉션이 null이 될 수 있는가?
- 컬렉션의 원소가 null이 될 수 있는가?
- 여러분이 작성할 메서드가 컬렉션을 변경할 수 있는가?

선택에 따라 차이가 생기는 몇 가지 경우를 살펴보자. 첫 번째 예제에서는 자바 인터페이스가 파일에 들어있는 텍스트를 처리하는 객체를 표현한다.

리스트 8.7 컬렉션 파라미터를 받는 자바 인터페이스

```java
/* 자바 */
interface FileContentProcessor {
  void processContents(
    File path,
    byte[] binaryContents,
    List<String> textContents
  );
}
```

이 인터페이스를 코틀린으로 구현하려면 다음을 선택해야 한다.

- 일부 파일이 이진 파일이고 이진 파일 내용은 텍스트로 표현할 수 없는 경우가 있으므로 리스트는 null이 될 수 있다.
- 파일의 각 줄은 null일 수 없으므로 이 리스트의 원소는 null이 될 수 없다.
- 이 리스트는 파일의 내용을 표현하며 그 내용을 바꿀 필요가 없으므로 읽기 전용이다.

다음은 이를 코틀린으로 구현한 모습을 보여준다.

리스트 8.8 FileContentProcessor에 대한 코틀린 구현

```kotlin
class FileIndexer : FileContentProcessor {
  override fun processContents(
    path: File,
    binaryContents: ByteArray?,
    textContents: List<String>?
  ) {
    // ...
  }
}
```

이를 다른 인터페이스와 비교해보자. 여기서 인터페이스 구현은 텍스트 폼에서 읽은 데이터를 파싱해서 객체 리스트를 만들고, 그 리스트의 객체들을 출력 리스트 뒤에 추가하고, 데이터를 파싱하는 과정에서 발생한 오류 메시지를 별도의 리스트에 넣어 오류를 보고한다.

리스트 8.9 컬렉션 파라미터를 받는 다른 자바 인터페이스

```
/* 자바 */
interface DataParser<T> {
  void parseData(
    String input,
    List<T> output,
    List<String> errors
  );
}
```

이 예제에서 선택한 내용은 다음과 같다.

- 호출하는 쪽에서 항상 오류 메시지를 받아야 하므로 List<String>은 null이 되면 안 된다.
- 출력 리스트의 모든 원소마다 오류가 발생하는 것은 아니므로 errors의 원소는 null이 될 수도 있다.
- 구현 코드에서 원소를 추가할 수 있어야 하므로 List<String>은 변경 가능해야 한다.

이를 코틀린으로 구현하면 다음과 같다.

리스트 8.10 DataParser의 코틀린 구현

```
class PersonParser : DataParser<Person> {
  override fun parseData(
    input: String,
    output: MutableList<Person>,
    errors: MutableList<String?>
```

```
    ) {
        // ...
    }
}
```

자바에서는 같았던 타입(List<String>)이 코틀린에서 어떻게 달라졌는지 살펴보라. 하나의 구현은 List<String>?(문자열로 이뤄진 널이 될 수 있는 읽기 전용 리스트)를 다른 구현은 MutableList<String?>(널이 될 수 있는 문자열로 이뤄진 변경 가능한 리스트)를 사용한다. 이런 선택을 제대로 하려면 자바 인터페이스나 클래스가 어떤 맥락에서 사용되는지 정확히 알아야 한다. 자바에서 가져온 컬렉션에 대해 코틀린 구현에서 어떤 작업을 수행해야 할지 검토하면 되기 때문에 이 결정은 보통 쉬운 편이다.

지금까지 컬렉션을 살펴봤다. 이제는 배열을 살펴볼 차례다. 앞에서 말한 것처럼 기본적으로는 배열보다는 컬렉션을 더 먼저 사용해야 한다. 하지만 여러 자바 API가 여전히 배열을 사용하므로 배열을 써야 하는 경우가 생긴다. 이제 코틀린에서 배열을 다루는 방법을 살펴보자.

8.2.5 성능과 상호운용을 위해 객체의 배열이나 원시 타입의 배열을 만들기

자바 main 함수의 표준 시그니처에는 배열 파라미터가 들어있기 때문에 코틀린을 시작하자마자 코틀린 배열 타입과 마주치게 된다. 다음 예제는 코틀린 배열이 어떻게 생겼는지 다시 한 번 보여준다.

리스트 8.11 배열 사용하기

```
fun main(args: Array<String>) {
    for (i in args.indices) {             ◁── 배열의 인덱스 값의 범위에 대해 이터레이션하기
        println("Argument $i is: ${args[i]}")     위해 array.indices 확장 함수를 사용한다.
    }                                     ◁── array[index]로 인덱스를 사용해
}                                              배열 원소에 접근한다.
```

코틀린 배열은 타입 파라미터를 받는 클래스다. 배열의 원소 타입은 바로 그 타입 파라미터에 의해 정해진다.

코틀린에서 배열을 만드는 방법은 다양하다.

- arrayOf 함수는 인자로 받은 원소들을 포함하는 배열을 만든다.
- arrayOfNulls 함수는 모든 원소가 null인 정해진 크기의 배열을 만들 수 있다. 물론 원소 타입이 널이 될 수 있는 타입인 경우에만 이 함수를 쓸 수 있다.
- Array 생성자는 배열 크기와 람다를 인자로 받아 람다를 호출해서 각 배열 원소를 초기화해준다. 원소를 하나하나 전달하지 않으면서 원소가 널이 아닌 배열을 만들어야 하는 경우 이 생성자를 사용한다.

간단한 예제로 다음은 Array 생성자를 사용해 "a" 부터 "z"까지 26개의 알파벳 소문자에 해당하는 문자열이 원소인 배열을 만든다.

리스트 8.12 문자로 이뤄진 배열 만들기

```
fun main() {
    val letters = Array<String>(26) { i -> ('a' + i).toString() }
    println(letters.joinToString(""))
    // abcdefghijklmnopqrstuvwxyz
}
```

람다는 배열 원소의 인덱스를 인자로 받아 배열의 해당 위치에 들어갈 원소를 반환한다. 여기서는 인덱스 값에 a 문자 값을 더한 결과를 문자열로 변환한다. 타입을 좀 더 분명히 보여주기 위해 Array<String>(26)...처럼 타입 인자를 굳이 지정했지만 생략해도 컴파일러가 알아서 원소 타입을 추론해준다.

```
fun main() {
    val letters = Array(26) { i -> ('a' + i).toString() }
    println(letters.joinToString(""))
```

```
    // abcdefghijklmnopqrstuvwxyz
}
```

> **노트**
>
> 이런 식의 초기화를 문자열에만 적용할 수 있는 것은 아니다. 코틀린은 크기와 초기화 람다를 받아 원소를 초기화해주는 List와 MutableList 함수도 제공한다.

이미 말한 대로 코틀린에서는 배열을 인자로 받는 자바 함수를 호출하거나 vararg 파라미터를 받는 코틀린 함수를 호출하기 위해 가장 자주 배열을 만든다. 하지만 이때 데이터가 이미 컬렉션에 들어 있다면 컬렉션을 배열로 변환해야 한다. toTypedArray 메서드를 사용하면 쉽게 컬렉션을 배열로 바꿀 수 있다.

리스트 8.13 컬렉션을 vararg 메서드에게 넘기기

```
fun main() {
    val strings = listOf("a", "b", "c")
    println("%s/%s/%s".format(*strings.toTypedArray()))   ◀── vararg 인자를 넘기기 위해
    // a/b/c                                                   스프레드 연산자(*)를 써야 한다.
}
```

다른 제네릭 타입에서처럼 배열 타입의 타입 인자도 항상 객체 타입이 된다. 따라서 Array<Int> 같은 타입을 선언하면 그 배열은 박싱된 정수의 배열(자바 타입은 java.lang.Integer[])이다. 박싱하지 않은 원시 타입의 배열이 필요하다면 그런 타입을 위한 특별한 배열 클래스를 사용해야 한다.

코틀린은 원시 타입의 배열을 표현하는 별도 클래스를 각 원시 타입마다 하나씩 제공한다. 예를 들어 Int 타입의 값들로 이뤄진 배열의 타입은 IntArray다. 코틀린은 ByteArray, CharArray, BooleanArray 등의 원시 타입 배열을 제공한다. 이 모든 타입은 자바 원시 타입 배열인 int[], byte[], char[] 등으로 컴파일된다. 따라서 그런 배열의 값은 박싱하지 않고 가장 효율적인 방식으로 저장된다.

> **노트**
>
> 박싱을 방지하기 위해 사용하는 다른 숫자 타입 배열과 마찬가지로, 코틀린은 부호 없는 수에 대한 배열인 UByteArray, UShortArray, UIntArray, ULongArray를 제공한다. 이 책을 쓰는 현재, 부호 없는 정수 배열과 그에 대한 연산은 아직 안정화되지 않았다.

원시 타입의 배열을 만드는 방법은 다음과 같다.

- 각 배열 타입의 생성자는 size 인자를 받아 해당 원시 타입의 기본값(보통은 0)으로 초기화된 size 크기의 배열을 반환한다.
- 팩토리 함수(IntArray를 생성하는 intArrayOf 등)는 여러 값을 가변 인자로 받아 그런 값이 들어간 배열을 반환한다.
- 크기와 람다를 인자로 받는 다른 생성자를 사용한다.

다음은 첫 번째와 두 번째 방법으로 5개의 0이 들어있는 배열을 만드는 코드를 보여준다.

```
val fiveZeros = IntArray(5)
val fiveZerosToo = intArrayOf(0, 0, 0, 0, 0)
```

다음은 람다를 인자로 받는 생성자를 사용하는 방법이다.

```
fun main() {
  val squares = IntArray(5) { i -> (i + 1) * (i + 1) }
  println(squares.joinToString())
  // 1, 4, 9, 16, 25
}
```

이 밖에 박싱된 값이 들어있는 컬렉션이나 배열이 있다면 **toIntArray** 등의 변환 함수를 사용해 박싱하지 않은 원시 타입 값이 들어있는 배열로 변환할 수 있다.

이제 배열로 할 수 있는 일을 예제를 통해 살펴보자. 코틀린 표준 라이브러리는 배열 기본 연산(배열 길이 구하기, 원소 설정하기, 원소 읽기)에 더해 컬렉션에 사용할 수 있는 모든 확장 함수를 배열에도 제공한다. 6장에서 살펴본 함수(filter, map 등)를 배열에 써도 잘 작동한다. 원시 타입인 원소로 이뤄진 배열에도 그런 확장 함수를 똑같이 사용할 수 있다(다만 이런 함수가 반환하는 값은 배열이 아니라 리스트라는 점에 유의하라).

리스트 8.11을 forEachIndexed 함수와 람다를 사용해 다시 작성하자. forEachIndexed는 배열의 모든 원소에 대해 인자로 받은 람다를 호출해준다. 이때 배열의 원소와 그 원소의 인덱스를 람다에게 인자로 전달한다.

리스트 8.14 배열에 forEachIndexed 사용하기

```
fun main(args: Array<String>) {
  args.forEachIndexed { index, element ->
    println("Argument $index is: $element")
  }
}
```

코드에서 배열을 사용하는 방법을 배웠다. 코틀린에서 배열을 다루는 일은 컬렉션을 다루는 일만큼이나 쉽다.

요약

- 기본적인 수를 표현하는 타입(예: Int)은 일반 클래스처럼 보이고 동작하지만 보통 자바의 원시 타입으로 컴파일된다. 코틀린의 부호 없는 수 클래스는, JVM에는 상응하는 타입이 없는데, 인라인 클래스를 통해 변환되며 원시 타입과 마찬가지 성능을 낸다.
- 널이 될 수 있는 원시 타입(예: Int?)은 자바의 박싱된 원시 타입(예: java.lang.Integer)에 대응된다.
- Any 타입은 모든 다른 타입의 상위 타입이며 자바 Object 타입에 대응한다. Unit 타입은 void에 대응한다.
- Nothing 타입은 함수가 정상적으로 끝나지 않는다는 것을 나타내는 타입이다.

- 자바에서 온 타입은 코틀린에서 플랫폼 타입으로 취급된다. 개발자는 이를 널이 될 수 있는 타입으로 취급할 수도, 널이 될 수 없는 타입으로 취급할 수도 있다.
- 코틀린은 컬렉션에 대해 표준 자바 클래스를 사용하지만 읽기 전용과 변경 가능한 컬렉션을 구분함으로써 컬렉션을 더 개선했다.
- 코틀린에서 자바 클래스를 확장하거나 자바 인터페이스를 구현해야 한다면 파라미터의 널 가능성과 변경 가능성을 주의 깊게 생각해야 한다.
- 코틀린에서도 배열을 사용할 수 있다. 하지만 일반적으로는 컬렉션을 사용하는 쪽을 더 권장한다.
- 코틀린 Array는 일반적 제네릭 클래스처럼 보이지만 자바 배열로 컴파일된다.
- 원시 타입의 배열은 IntArray 등의 특별한 클래스에 의해 표현된다.

Part 2

코틀린을 코틀린답게 사용하기

지금까지 이 책을 본 독자라면 자바나 코틀린으로 작성한 라이브러리 API를 코틀린을 통해 쉽게 활용할 수 있을 것이다. 2부에서는 코틀린으로 자신의 API를 만드는 방법을 알아본다. 라이브러리를 개발하는 사람만 API를 만들지는 않는다는 사실을 명심해야 한다. 프로그램 안에서 상호작용하는 클래스가 둘 이상이라면 다른 클래스에 API를 제공하는 클래스가 적어도 하나 이상 있기 마련이다.

9장에서는 관례^{convention}를 살펴본다. 코틀린은 연산자 오버로딩과 다른 추상화 기법에 관례를 사용한다. 10장에서는 람다를 더 자세히 살펴보고, 람다를 인자로 받는 함수를 선언하는 방법을 알아본다. 그 후 코틀린 고급 개념을 살펴본다. 고급 개념으로는 제네릭스(11장)와 어노테이션 및 리플렉션(12장)이 있다. 12장에서는 상당히 큰 실제 코틀린 프로젝트인 JSON 직렬화 및 역직렬화 라이브러리인 제이키드^{JKid}도 살펴본다. 마지막으로 13장에서는 코틀린의 가장 멋진 기능 중 하나인 도메인 특화 언어$^{DSL,\ Domain\text{-}Specific\ Languages}$ 지원을 살펴본다.

9

연산자 오버로딩과 다른 관례

9장에서 다루는 내용

- 연산자 오버로딩
- 관례: 여러 연산을 지원하기 위해 특별한 이름이 붙은 메서드
- 위임 프로퍼티

코틀린에는 여러분이 직접 작성한 함수를 어떤 언어 기능이 호출함으로써 구현되는 경우가 몇 가지 있다. 예를 들어 `for ... in` 루프에 `java.lang.Iterable`을 구현한 객체를 사용할 수 있고, 자원을 사용하는 `try` 문(try-with-resource statement)에 `java.lang.AutoCloseable`을 구현한 객체를 사용할 수 있다.

코틀린에서는 이런 언어 기능이 특정 함수 이름과 연관된다(그리고 자바와 달리 표준 라이브러리의 특정 클래스나 인터페이스에 엮여있지 않다). 예를 들어 어떤 클래스 안에 `plus`라는 이름의 특별한 메서드를 정의하면 관례에 따라 그 클래스의 인스턴스에 대해 `+` 연산자를

사용할 수 있다. 이런 식으로 어떤 언어 기능과 미리 정해진 이름의 함수를 연결해주는 기법을 코틀린에서는 관례라고 부른다. 9장에서는 코틀린이 지원하는 여러 관례와 그 관례의 사용법을 살펴본다.

코틀린은 (언어 기능을 타입에 의존하는 자바와 달리) 관례에 의존한다. 이런 관례를 채택한 이유는 기존 자바 클래스를 코틀린 언어에 적용하기 위함이다. 기존 자바 클래스가 구현하는 인터페이스는 이미 고정돼 있고 코틀린 쪽에서 자바 클래스가 새로운 인터페이스를 구현하게 만들 수는 없다. 반면 확장 함수 메커니즘을 사용하면 기존 클래스에 새로운 메서드를 추가할 수 있다. 따라서 기존 자바 클래스에 대해 확장 함수를 구현하면서 관례에 따라 이름을 붙이면 기존 자바 코드를 바꾸지 않아도 새로운 기능을 쉽게 부여할 수 있다.

9장에서는 화면상의 점을 표현하는 `Point` 클래스를 예제로 사용한다. 대부분의 UI 프레임워크에는 이와 비슷한 클래스가 있다. 따라서 앞으로 살펴볼 예제 코드를 쉽게 자신의 환경에 맞게 변형할 수 있을 것이다.

```
data class Point(val x: Int, val y: Int)
```

일단 `Point` 클래스에 속한 객체에 대한 산술 연산을 몇 가지 정의해보자.

9.1 산술 연산자를 오버로드해서 임의의 클래스에 대한 연산을 더 편리하게 만들기

코틀린에서 관례를 사용하는 가장 단순한 예는 산술 연산자다. 자바에서는 오직 기본 타입에 대해서만 산술 연산자를 사용할 수 있고, 추가로 `String` 값에 대해 + 연산자를 사용할 수 있다. 그러나 다른 클래스에서도 산술 연산자가 유용한 경우가 있다. 예를 들어 `BigInteger` 클래스를 다룬다면 `add` 메서드를 명시적으로 호출하기보다는 + 연산을 사용하는 편이 더 낫다. 컬렉션에 원소를 추가하는 경우에도 += 연산자를 사용할 수 있으면 더 좋다. 코틀린에서는 그런 일이 가능하다. 이번 절에서는 어떻게 그렇게 할 수 있는지 살펴보자.

9.1.1 plus, times, divide 등: 이항 산술 연산 오버로딩

지원하고픈 첫 번째 연산은 두 점을 더하는 연산이다. 이 연산은 두 점의 x 좌표와 y 좌표를 각각 더한다. 다음 코드는 연산자 구현을 보여준다.

리스트 9.1 plus 연산자 구현하기

```
data class Point(val x: Int, val y: Int) {
    operator fun plus(other: Point): Point {   ◀── plus라는 이름의 연산자 함수를 정의한다.
        return Point(x + other.x, y + other.y)  ◀── 좌표를 성분별로 더한 새로운 점을 반환한다.
    }
}

fun main() {
    val p1 = Point(10, 20)
    val p2 = Point(30, 40)
    println(p1 + p2)        ◀── + 기호를 쓰면 plus 함수가 호출된다.
    // Point(x=40, y=60)
}
```

plus 함수 앞에 operator 키워드를 붙여야 한다는 점에 유의하라. 연산자를 오버로딩하는 함수 앞에는 반드시 operator가 있어야 한다. operator 키워드를 붙임으로써 어떤 함수가 관례를 따르는 함수임을 명확히 할 수 있고, 실수로 관례에서 사용하는 함수 이름을 사용하는 경우를 막아준다.

operator 변경자를 추가해 plus 함수를 선언하고 나면 + 기호로 두 Point 객체를 더할 수 있다. 내부에서는 그림 9.1처럼 plus 함수가 호출된다.

그림 9.1 + 연산자는 plus 함수 호출로 변환된다.

연산자를 멤버 함수로 만드는 대신 확장 함수로 정의할 수도 있다.

> **리스트 9.2 연산자를 확장 함수로 정의하기**

```
operator fun Point.plus(other: Point): Point {
    return Point(x + other.x, y + other.y)
}
```

이 구현도 앞의 구현과 똑같다. 외부 함수의 클래스에 대한 연산자를 정의할 때는 관례를 따르는 이름의 확장 함수로 구현하는 것이 일반적인 패턴이다. 프로젝트 안에서 직접 작성한 클래스에 대해 관례를 따르는 확장 함수를 만들어도 역시 잘 작동한다.

다른 언어와 비교할 때 자신만의 연산자를 정의할 수 없기 때문에 코틀린에서는 오버로딩한 연산자를 정의하고 사용하기가 더 쉽다. 두 피연산자 사이에 함수를 호출하고 싶은 경우(예: a myOp b)에 대해 코틀린은 중위 함수를 제공한다. 3.4절에서 이를 살펴봤고, 나중에 13.4.1절에서 다시 한 번 다룰 것이다. 중위 함수는 여러분에게 커스텀 연산자의 장점(함수의 양변에 피연산자를 둘 수 있음)을 제공하면서 기억하기 힘든 임의의 기호의 조합으로 이름을 붙였을 때 커스텀 연산자가 줄 수 있는 고통을 덜어준다.

코틀린에서는 프로그래머가 직접 연산자를 만들어 사용할 수 없고 언어에서 미리 정해둔 연산자만 오버로딩할 수 있으며, 관례에 따르기 위해 클래스에서 정의해야 하는 이름이 연산자별로 정해져 있다. 표 9.1은 코틀린에서 정의할 수 있는 이항 연산자와 그에 상응하는 연산자 함수 이름을 보여준다.

표 9.1 오버로딩 가능한 이항 산술 연산자

식	함수 이름
a * b	times
a / b	div
a % b	mod
a + b	plus
a - b	minus

직접 정의한 함수를 통해 구현하더라도 연산자 우선순위는 언제나 표준 숫자 타입에 대한 연산자 우선순위와 같다. 예를 들어 a + b * c라는 식에서는 언제나 곱셈이 항상 덧셈보다 먼저 수행된다. *, /, %는 모두 우선순위가 같고 이 세 연산자의 우선순위는 +와 - 연산자보다 높다.

> **연산자 함수와 자바**
>
> 코틀린 연산자를 자바에서 호출하기는 쉽다. 모든 오버로딩한 연산자는 함수로 정의되며 긴 이름(FQN)을 사용하면 일반 함수로 호출할 수 있다. 자바를 코틀린에서 호출하는 경우에는 함수 이름이 코틀린의 관례에 맞아 떨어지기만 하면 항상 연산자 식을 사용해 그 함수를 호출할 수 있다. 자바에서는 따로 연산자에 표시를 할 수 없으므로 operator 변경자를 사용해야 한다는 요구 사항을 자바 메서드에 적용할 수는 없다. 따라서 이름과 파라미터의 개수만 문제가 된다. 자바 클래스에 원하는 연산자 기능을 제공하는 메서드가 이미 있지만 이름만 다르다면 관례에 맞는 이름을 가진 확장 함수를 작성하고 연산을 기존 자바 메서드에 위임하면 된다.

연산자를 정의할 때 두 피연산자(연산자 함수의 두 파라미터)가 같은 타입일 필요는 없다. 예를 들어 어떤 점을 비율에 따라 확대/축소하는 연산자를 정의해보자. 이를 사용해 다른 여러 좌표계 사이에 점을 변환할 수 있다.

리스트 9.3 두 피연산자의 타입이 다른 연산자 정의하기

```
operator fun Point.times(scale: Double): Point {
    return Point((x * scale).toInt(), (y * scale).toInt())
}

fun main() {
    val p = Point(10, 20)
    println(p * 1.5)
    // Point(x=15, y=30)
}
```

코틀린 연산자가 자동으로 교환법칙^{commutativity}(a op b == b op a인 성질)을 지원하지는 않음에 유의하라. 사용자가 p * 1.5 외에 1.5 * p라고도 쓸 수 있어야 한다면 p * 1.5와 같은 순서의 식에 대응하는 연산자 함수인 operator fun Double.times(p: Point): Point를 더 정의해야 한다.

연산자 함수의 반환 타입이 꼭 두 피연산자 중 하나와 일치해야만 하는 것도 아니다. 예를 들어 어떤 문자를 여러 번 반복해서 문자열을 만들어내는 연산자를 다음과 같이 정의할 수 있다.

리스트 9.4 결과 타입이 피연산자 타입과 다른 연산자 정의하기

```
operator fun Char.times(count: Int): String {
    return toString().repeat(count)       ◀── 내장 repeat 함수를 사용해 문자열을 반복한다.
}
fun main() {
    println('a' * 3)
    // aaa
}
```

이 연산자는 왼쪽 피연산자로 Char을 받고 오른쪽 피연산자로 Int를 받아 String을 돌려준다. 이런 식의 피연산자와 결과 타입 조합도 완전히 합법적이다.

일반 함수와 마찬가지로 operator 함수도 오버로딩할 수 있다. 따라서 이름은 같지만 파라미터 타입이 서로 다른 연산자 함수를 여럿 만들 수 있다.

비트 연산자에 대해 특별한 연산자 함수를 사용하지 않는다.

코틀린은 표준 숫자 타입에 대해 비트 연산자를 정의하지 않는다. 따라서 커스텀 타입에서 비트 연산자를 정의할 수도 없다. 대신에 중위 연산자 표기법을 지원하는 일반 함수를 사용해 비트 연산을 수행한다. 커스텀 타입에서도 그와 비슷한 함수를 정의해 사용할 수 있다.

다음은 코틀린에서 비트 연산을 수행하는 함수의 목록이다.

- **shl**: 왼쪽 시프트(자바 <<)
- **shr**: 오른쪽 시프트(부호 비트 유지, 자바 >>)

- **ushr:** 오른쪽 시프트(0으로 부호 비트 설정, 자바 >>>)
- **and:** 비트 곱(자바 &)
- **or:** 비트 합(자바 |)
- **xor:** 비트 배타 합(자바 ^)
- **inv:** 비트 반전(자바 ~)

다음 예제는 일부 함수의 사용법을 보여준다.

```
fun main() {
    println(0x0F and 0xF0)
    // 0
    println(0x0F or 0xF0)
    // 255
    println(0x1 shl 4)
    // 16
}
```

이제는 +=처럼 대입과 산술 연산을 하나로 합친 연산자를 설명한다.

9.1.2 연산을 적용한 다음에 그 결과를 바로 대입: 복합 대입 연산자 오버로딩

plus와 같은 연산자를 오버로딩하면 코틀린은 + 연산자뿐 아니라 그와 관련 있는 연산자인 +=도 자동으로 함께 지원한다. +=, -= 등의 연산자는 복합 대입(compound assignment) 연산자라 불린다. 다음 예를 보자.

```
fun main() {
    var point = Point(1, 2)
    point += Point(3, 4)
    println(point)
    // Point(x=4, y=6)
}
```

이 예제의 식은 point = point + Point(3, 4)라고 쓴 식과 같다. 물론 변수가 변경 가능한 경우에만 복합 대입 연산자를 사용할 수 있다.

경우에 따라 += 연산이 객체에 대한 참조를 다른 참조로 바꾸기보다 원래 객체의 내부 상태를 변경하게 만들고 싶을 때가 있다. 변경 가능한 컬렉션에 원소를 추가하는 경우가 대표적인 예다.

```
fun main() {
    val numbers = mutableListOf<Int>()
    numbers += 42
    println(numbers[0])
    // 42
}
```

반환 타입이 Unit인 plusAssign 함수를 정의하면서 operator로 표시하면 코틀린은 += 연산자에 그 함수를 사용한다. 다른 복합 대입 연산자 함수도 비슷하게 minusAssign, timesAssign 등의 이름을 사용한다.

코틀린 표준 라이브러리는 변경 가능한 컬렉션에 대해 plusAssign을 정의하며 앞의 예제는 그것을 사용한다(+=).

```
operator fun <T> MutableCollection<T>.plusAssign(element: T) {
    this.add(element)
}
```

이론적으로는 코드에 있는 +=를 plus와 plusAssign 양쪽으로 컴파일할 수 있다(그림 9.2 참고). 어떤 클래스가 이 두 함수를 모두 정의하고 둘 다 +=에 사용 가능한 경우 컴파일러는 오류를 보고한다. 이를 해결하는 한 가지 방법은 일반 함수 호출을 사용하는 것이다. 다른 방법으로 var를 val로 바꿔 plusAssign 적용이 불가능하게 할 수도 있다. 하지만 일반적으로 새로운 클래스를 일관성 있게 설계하는 것이 가장 좋다. plus와 plusAssign 연산을 동시에 정의하지 말라. 클래스가 앞에서 본 Point처럼 변경 불가능하다면 plus와 같이 새로운 값을 반환하는 연산만을 추가해야 한다. 빌더와 같이 변경 기능한 클래스를 설계한다면 plusAssign이나 그와 비슷한 연산만을 제공하자.

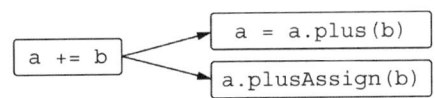

그림 9.2 += 연산자는 plus 또는 plusAssign 함수 호출로 번역할 수 있다.

코틀린 표준 라이브러리는 컬렉션에 대해 2가지 접근 방법을 함께 제공한다. +와 -는 항상 새로운 컬렉션을 반환하며 +=와 -= 연산자는 항상 변경 가능한 컬렉션에 작용해 메모리에 있는 객체 상태를 변화시킨다. 또한 읽기 전용 컬렉션에서 +=와 -=는 변경을 적용한 복사본을 반환한다(따라서 var로 선언한 변수가 가리키는 읽기 전용 컬렉션에만 +=와 -=를 적용할 수 있다). 이런 연산자의 피연산자로는 개별 원소를 사용하거나 원소 타입이 일치하는 다른 컬렉션을 사용할 수 있다.

```
fun main() {
    val list = mutableListOf(1, 2)
    list += 3                           ← +=는 list를 변경한다.
    val newList = list + listOf(4, 5)   ← +는 두 리스트의 모든 원소를 포함하는
    println(list)                         새로운 리스트를 반환한다.
    // [1, 2, 3]
    println(newList)
    // [1, 2, 3, 4, 5]
}
```

지금까지는 a + b와 같이 두 값에 대해 작용하는 연산자인 이항 연산을 설명했다. 하지만 코틀린은 -a와 같이 하나의 값에만 작용하는 단항^{unary} 연산자도 제공한다.

9.1.3 피연산자가 1개뿐인 연산자: 단항 연산자 오버로딩

단항 연산자를 오버로딩하는 절차도 이항 연산자와 마찬가지다. 미리 정해진 이름의 함수를 (멤버나 확장 함수로) 선언하면서 operator로 표시하면 된다. 예제를 살펴보자.

리스트 9.5 단항 산술 연산자 정의하기

```
operator fun Point.unaryMinus(): Point {     ← 단항 minus(부호 반전) 함수는
    return Point(-x, -y)                         파라미터가 없다.
}                           ← 좌표에서 각 성분의 음수를 취한 새 점을 반환한다.

fun main() {
    val p = Point(10, 20)
    println(-p)
    // Point(x=-10, y=-20)
}
```

단항 연산자를 오버로딩하기 위해 사용하는 함수는 인자를 취하지 않는다. 그림 9.3처럼 단항 + 연산자도 단항 -와 마찬가지로 작동한다. 표 9.2는 코틀린에서 오버로딩할 수 있는 모든 단항 연산자를 보여준다.

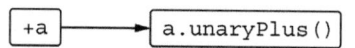

그림 9.3 단항 + 연산자는 unaryPlus 호출로 변환된다.

표 9.2 오버로딩할 수 있는 단항 산술 연산자

식	함수 이름
+a	unaryPlus
-a	unaryMinus
!a	not
++a, a++	inc
--a, a--	dec

inc나 dec 함수를 정의해 증가/감소 연산자를 오버로딩하는 경우 컴파일러는 일반적인 값에 대한 전위와 후위 증가/감소 연산자와 같은 의미를 제공한다. 다음 예제는 자바 표준 라이브러리에 있는 BigDecimal 클래스에 대해 ++를 오버로딩하는 모습을 보여준다.

리스트 9.6 증가 연산자 정의하기

```
import java.math.BigDecimal

operator fun BigDecimal.inc() = this + BigDecimal.ONE

fun main() {
  var bd = BigDecimal.ZERO
  println(bd++)        ◀── 후위 증가 연산자는 println이 실행된 다음에 값을 증가시킨다.
  // 0
  println(bd)
  // 1
  println(++bd)        ◀── 전위 증가 연산자는 println이 실행되기 전에 값을 증가시킨다.
  // 2
}
```

후위(피연산자보다 앞에 오는) ++ 연산은 먼저 현재의 bd 값을 반환한 다음에 bd의 값을 증가시킨다. 반면 전위(피연산자보다 뒤에 오는) ++는 그 반대 순서로 작동한다. 출력된 값은 Int 타입의 변수에서 후위와 전위 증가 연산을 실행한 결과와 같으며 이를 지원하기 위해 별다른 처리를 할 필요는 없다.

9.2 비교 연산자를 오버로딩해서 객체들 사이의 관계를 쉽게 검사

코틀린에서는 산술 연산자와 마찬가지로 기본 타입 값뿐 아니라 모든 객체에 대해 비교 연산(==, !=, >, < 등)을 수행할 수 있다. equals나 compareTo를 호출해야 하는 자바와 달리 코틀린에서는 == 비교 연산자를 직접 사용할 수 있어 비교 코드가 equals나 compareTo를 사용한 코드보다 더 간결하며 이해하기 쉽다. 이번 절에서는 이런 비교 연산자를 지원하는 관례를 살펴본다.

9.2.1 동등성 연산자: equals

4장에서 동등성을 다뤘다. 코틀린이 == 연산자 호출을 equals 메서드 호출로 컴파일한다는 사실을 배웠다. 사실 이는 특별한 경우는 아니고 지금껏 설명한 관례라는 원칙을 적용한 것에 불과하다.

!= 연산자를 사용하는 식도 equals 호출로 컴파일된다. 물론 당연히 비교 결과를 뒤집은 값을 결괏값으로 사용한다. ==와 !=는 내부에서 인자가 null인지 검사하므로 다른 연산과 달리 널이 될 수 있는 값에도 적용할 수 있다. a == b라는 비교를 처리할 때 코틀린은 a가 null인지 판단해서 null이 아닌 경우에만 a.equals(b)를 호출한다(그림 9.4 참고). 양쪽의 인자가 모두 null일 때만 결과가 true다.

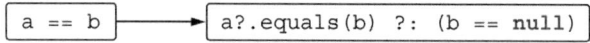

그림 9.4 동등성 검사 ==는 equals 호출과 null 검사로 컴파일된다.

Point 클래스의 경우 data라는 표시가 붙어있으므로 컴파일러가 자동으로 equals를 생성해준다(이는 4.3.2절에서 설명했다). 하지만 직접 equals를 구현한다면 다음과 비슷한 코드가 된다(완전한 구현은 hashCode 구현도 함께 제공하야만 하지만 단순성을 위해 여기서는 생략했다).

리스트 9.7 equals 메서드 구현하기

```
class Point(val x: Int, val y: Int) {
    override fun equals(obj: Any?): Boolean {    ◀── Any에 정의된 메서드를 오버라이드한다.
        if (obj === this) return true    ◀── 최적화: 파라미터가 이 식의 this와 같은 객체인지 살펴본다.
        if (obj !is Point) return false    ◀── 파라미터 타입을 검사한다.
        return obj.x == x && obj.y == y    ◀── Point로 스마트 캐스트해서 x와 y 프로퍼티에 접근한다.
    }
}

fun main() {
    println(Point(10, 20) == Point(10, 20))
    // true
    println(Point(10, 20) != Point(5, 5))
```

```
    // true
    println(null == Point(1, 2))
    // false
}
```

동등성$^{\text{identity equals}}$ 연산자(===)를 사용해 equals의 인자가 수신 객체와 같은지 살펴본다. 동등성 비교 연산자는 자바 == 연산자와 같다. 따라서 ===는 자신의 두 피연산자가 서로 같은 객체를 가리키는지(원시 타입인 경우 두 값이 같은지) 비교한다. equals를 구현할 때는 ===를 사용해 자신과의 비교를 최적화하는 경우가 많다. ===를 오버로딩할 수는 없다는 사실을 기억하라.

equals 함수에는 override가 붙어있다. 다른 연산자 오버로딩 관례와 달리 equals는 Any에 정의된 메서드이므로 override가 필요하다(동등성 비교를 모든 코틀린 객체에 대해 적용할 수 있다). 상위 클래스에서 정의된 메서드를 오버라이드한다는 사실을 알면 equals 앞에 operator를 붙이지 않는 이유를 알 수 있다. Any의 equals에는 operator가 붙어있지만 그 메서드를 오버라이드하는 (하위 클래스) 메서드 앞에는 operator 변경자를 붙이지 않아도 자동으로 상위 클래스의 operator 지정이 적용된다. 또한 Any에서 상속받은 equals가 확장 함수보다 우선순위가 높기 때문에 equals를 확장 함수로 정의할 수는 없다는 사실에 유의하자.

또한 리스트 9.7은 != 호출이 equals 메서드 호출로 바뀐다는 사실을 보여준다. 컴파일러는 equals의 반환값을 반전시켜 돌려준다. 따라서 !=가 제대로 동작하게 하고자 특별히 해야 할 일은 없다.

그렇다면 다른 비교 연산자는 어떻게 구현할 수 있을까?

9.2.2 순서 연산자: compareTo (<, >, <=, >=)

자바에서 정렬이나 최댓값, 최솟값 등 값을 비교해야 하는 알고리듬에 사용할 클래스는 Comparable 인터페이스를 구현해야 한다. Comparable에 들어있는 compareTo

메서드는 한 객체와 다른 객체의 크기를 비교해 정수로 나타내준다. 하지만 자바에는 이 메서드를 짧게 호출할 수 있는 방법이 없다. <나 > 등의 연산자로는 기본 타입의 값만 비교할 수 있다. 다른 모든 타입의 값에는 element1.compareTo(element2)를 명시적으로 사용해야 한다.

코틀린도 똑같은 Comparable 인터페이스를 지원한다. 게다가 코틀린은 Comparable 인터페이스 안에 있는 compareTo 메서드를 호출하는 관례를 제공하고, 비교 연산자(<, >, <=, >=)를 사용하는 코드를 그림 9.5처럼 compareTo 호출로 컴파일한다. compareTo가 반환하는 값은 Int다. p1 < p2는 p1.compareTo(p2) < 0과 같다. 다른 비교 연산자도 똑같은 방식으로 작동한다.

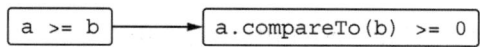

그림 9.5 두 객체를 비교하는 식은 compareTo의 결과를 0과 비교하는 코드로 컴파일된다.

2차원에서 한 점을 다른 점과 비교할 수 있는 정해진 방법은 없다. 따라서 Point 대신 Person 클래스를 통해 compareTo 메서드를 구현하는 방법을 살펴보자. 사람을 비교할 때는 주소록 순서(성을 비교하고 성이 같으면 이름을 비교한다)를 사용한다.

리스트 9.8 compareTo 메서드 구현하기

```
class Person(
    val firstName: String, val lastName: String
) : Comparable<Person> {
    override fun compareTo(other: Person): Int {
        return compareValuesBy(this, other,
            Person::lastName, Person::firstName)
    }
}

fun main() {
    val p1 = Person("Alice", "Smith")
    val p2 = Person("Bob", "Johnson")
    println(p1 < p2)
```

← 인자로 받은 함수나 프로퍼티 참조를 차례로 호출하면서 값을 비교한다.

    // false
}
```

여기서는 Person 객체가 Comparable 인터페이스를 구현했기 때문에, Person 객체를 코틀린 뿐 아니라 자바 쪽의 컬렉션 정렬 메서드 등에도 사용할 수 있다. equals와 마찬가지로 Comparable의 compareTo에도 operator 변경자가 붙어있으므로 하위 클래스에서 오버라이드할 때 함수 앞에 operator를 붙일 필요가 없다.

이 코드는 코틀린 표준 라이브러리의 compareValuesBy 함수를 사용해 compareTo를 쉽고 간결하게 정의할 수 있음을 보여준다. compareValuesBy는 두 객체와 여러 비교 함수를 인자로 받는다. compareValuesBy는 첫 번째 비교 함수에 두 객체를 넘겨 두 객체가 같지 않다는 결과(0이 아닌 값)가 나오면 그 결괏값을 즉시 반환하고, 두 객체가 같다는 결과(0)가 나오면 두 번째 비교 함수를 통해 두 객체를 비교한다. compareValuesBy는 이런 식으로 두 객체의 대소를 알려주는 0이 아닌 값이 처음 나올 때까지 인자로 받은 함수를 차례로 호출해 두 값을 비교하며, 모든 함수가 0을 반환하면 0을 반환한다. 각 비교 함수는 람다나 프로퍼티/메서드 참조일 수 있다.

그렇지만 필드를 직접 비교하면 코드는 좀 더 복잡해지지만 비교 속도는 훨씬 더 빨라진다는 사실을 기억하라. 언제나 그렇듯이 처음에는 성능에 신경 쓰지 말고 이해하기 쉽고 간결하게 코드를 작성하고, 나중에 그 코드가 자주 호출됨에 따라 성능이 문제가 되면 성능을 개선하라.

Comparable 인터페이스를 구현하는 모든 자바 클래스를 코틀린에서는 간결한 연산자 구문으로 비교할 수 있다. 예를 들어 이런 클래스에 String도 속한다.

```
fun main() {
    println("abc" < "bac")
    // true
}
```

비교 연산자를 자바 클래스에 대해 사용하기 위해 특별히 확장 메서드를 만들거나 할 필요는 없다.
```

9.3 컬렉션과 범위에 대해 쓸 수 있는 관례

컬렉션을 다룰 때 가장 많이 쓰는 연산은 인덱스를 사용해 원소를 읽거나 쓰는 연산과 어떤 값이 컬렉션에 속해 있는지 검사하는 연산이다. 이 모든 연산을 연산자 구문으로 사용할 수 있다. 인덱스를 사용해 원소를 설정하거나 가져오고 싶을 때는 a[b]라는 식을 사용한다(이를 인덱스 접근 연산자라고 부른다). in 연산자는 원소가 컬렉션이나 범위에 속하는지 검사하거나 컬렉션에 있는 원소를 이터레이션할 때 사용한다. 컬렉션으로 작동하는 여러분 자신의 클래스에 이런 연산을 추가할 수 있다. 이제 이런 연산을 지원하고자 어떤 관례를 사용하는지 살펴보자.

9.3.1 인덱스로 원소 접근: get과 set

코틀린에서 맵에 접근할 때 자바 배열 원소에 접근할 때처럼 각괄호([])를 사용한다는 사실을 이미 알고 있을 것이다.

```
val value = map[key]
```

같은 연산자를 사용해 변경 가능한 맵에서 어떤 키에 대한 값을 변경할 수 있다.

```
mutableMap[key] = newValue
```

이제 이 코드가 어떻게 동작하는지 살펴볼 때다. 코틀린에서는 인덱스 접근 연산자도 관례를 따른다. 인덱스 접근 연산자를 사용해 원소를 읽는 연산은 get 연산자 메서드로, 원소를 쓰는 연산은 set 연산자 메서드로 변환된다. Map과 MutableMap 인터페이스에는 그 두 메서드가 이미 들어있다. 이제 여러분의 클래스에 이런 메서드를 추가하는 방법을 살펴보자.

점의 좌표를 읽을 때 인덱스 연산을 사용할 수 있다. p[0]은 x 좌표를, p[1]은 y 좌표를 의미한다. 다음은 이런 연산을 구현하고 사용하는 방법을 보여준다.

리스트 9.9 get 관례 구현하기

```
operator fun Point.get(index: Int): Int {     ◄── get 연산자 함수를 정의한다.
    return when(index) {
        0 -> x                ◄── 주어진 인덱스에 해당하는 좌표를 찾는다.
        1 -> y
        else ->
            throw IndexOutOfBoundsException("Invalid coordinate $index")
    }
}
fun main() {
    val p = Point(10, 20)
    println(p[1])
    // 20
}
```

get이라는 메서드를 만들고 operator 변경자를 붙이기만 하면 된다. 그 후 p[1]이라는 식은 p가 Point 타입인 경우 방금 정의한 get 메서드로 변환된다(그림 9.6 참고).

그림 9.6 각괄호를 사용한 접근은 get 함수 호출로 변환된다.

get 메서드의 파라미터로 Int가 아닌 타입도 사용할 수 있다는 점을 기억하라. 예를 들어 맵 인덱스 연산의 경우 get의 파라미터 타입은 맵의 키 타입과 같은 임의의 타입이 될 수 있다. 또한 여러 파라미터를 사용하는 get을 정의할 수도 있다. 예를 들어 2차원 행렬이나 배열을 표현하는 클래스에 operator fun get(rowIndex: Int, colIndex: Int)를 정의하면 그림 9.6처럼 matrix[row, col]로 그 메서드를 호출할 수 있다. 컬렉션 클래스가 다양한 키 타입을 지원해야 한다면 다양한 파라미터 타입에 대해 오버로딩한 get 메서드를 여럿 정의할 수도 있다.

비슷하게 인덱스에 해당하는 컬렉션 원소를 각괄호를 사용해 쓰는 함수를 정의할 수도 있다. Point 클래스는 불변 클래스이므로 이런 메서드를 정의하는 것이 의미가 없다. 대신, 변경 가능한 점을 표현하는 다른 클래스를 만들어 예제로 사용하자.

리스트 9.10 관례를 따르는 set 구현하기

```kotlin
data class MutablePoint(var x: Int, var y: Int)
operator fun MutablePoint.set(index: Int, value: Int) {    ◀── set이라는 연산자 함수를 정의한다.
    when(index) {
        0 -> x = value    ◀── 주어진 인덱스에 해당하는 좌표를 변경한다.
        1 -> y = value
        else ->
            throw IndexOutOfBoundsException("Invalid coordinate $index")
    }
}
fun main() {
    val p = MutablePoint(10, 20)
    p[1] = 42
    println(p)
    // MutablePoint(x=10, y=42)
}
```

이 예제도 단순하다. 대입에 인덱스 연산자를 사용하려면 set이라는 이름의 함수를 정의해야 한다. set이 받는 마지막 파라미터 값은 대입 연산자의 오른쪽, 나머지 파라미터 값은 인덱스 연산자([])에 들어간다. 이에 대한 일반적인 형태를 그림 9.7에서 보여준다.

그림 9.7 각괄호를 사용한 대입문은 set 함수 호출로 컴파일된다.

9.3.2 어떤 객체가 컬렉션에 들어있는지 검사: in 관례

컬렉션이 지원하는 다른 연산자로는 in이 있다. in은 객체가 컬렉션에 들어있는지 검사(멤버십 검사^{membership test})한다. 이때 대응하는 함수는 contains다. 어떤 점이 사각형 영역에 들어가는지 판단할 때 in 연산자를 사용하도록 구현해보자.

리스트 9.11 in 관례 구현하기

```
data class Rectangle(val upperLeft: Point, val lowerRight: Point)
operator fun Rectangle.contains(p: Point): Boolean {
    return p.x in upperLeft.x..<lowerRight.x &&
            p.y in upperLeft.y..<lowerRight.y
}

fun main() {
    val rect = Rectangle(Point(10, 20), Point(50, 50))
    println(Point(20, 30) in rect)
    // true
    println(Point(5, 5) in rect)
    // false
}
```

범위를 만들고 x 좌표가 그 범위 안에 있는지 검사한다.

..< 연산자를 사용해 열린 범위를 만든다.

in 오른쪽에 있는 객체는 contains 메서드의 수신 객체가 되고 in의 왼쪽에 있는 객체는 contains 메서드에 인자로 전달된다(그림 9.8 참고).

그림 9.8 in 연산자는 contains 함수 호출로 변환된다.

Rectangle.contains 구현에서 ..< 연산자를 사용해 열린 범위[open range]를 만들고, in 연산자를 사용해 점이 속하는지 검사한다.

열린 범위는 끝 값을 포함하지 않는 범위를 말한다. 예를 들어 **10..20**이라는 식을 사용해 일반적인 (닫힌) 범위를 만들면 10 이상 20 이하인 범위가 생긴다(20을 포함). **10 until 20**으로 만드는 열린 범위는 10 이상 19 이하인 범위이며, 20은 범위 안에 포함되지 않는다. 사각형을 표현하는 Rectangle 클래스의 경우 오른쪽과 아래쪽 좌표는 사각형 안에 포함시키지 않는 경우가 많다. 따라서 이 경우 열린 범위를 사용하는 편이 더 낫다.

9.3.3 객체로부터 범위 만들기: rangeTo와 rangeUntil 관례

범위를 만들려면 .. 구문을 사용해야 한다. 예를 들어 1..10은 1부터 10까지 모든 수가 들어있는 범위를 가리킨다. 2장에서 범위를 이미 다뤘지만 여기서는 범위를 만들 때 도움이 될 수 있는 관례를 살펴본다. .. 연산자는 rangeTo 함수 호출을 간략하게 표현하는 방법이다(그림 9.9 참고).

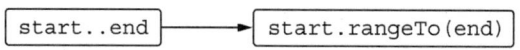

그림 9.9 .. 연산자는 rangeTo 함수 호출로 컴파일된다.

rangeTo 함수는 범위를 반환한다. 여러분의 클래스에 대해서도 이 연산자를 정의할 수 있다. 하지만 어떤 클래스가 Comparable 인터페이스를 구현하면 rangeTo를 정의할 필요가 없다.

코틀린 표준 라이브러리를 통해 비교 가능한 원소로 이뤄진 범위를 쉽게 만들 수 있다. 코틀린 표준 라이브러리에는 모든 Comparable 객체에 대해 적용 가능한 rangeTo 함수가 들어있다.

operator fun <T: Comparable<T>> T.rangeTo(that: T): ClosedRange<T>

이 함수는 범위를 반환하며 어떤 원소가 그 범위 안에 들어있는지 검사할 수 있게 해준다.

예를 들어 LocalDate 클래스(자바 8 표준 라이브러리에 있음)를 사용해 날짜의 범위를 만들어보자.

리스트 9.12 날짜의 범위 다루기

```
import java.time.LocalDate

fun main() {
    val now = LocalDate.now()
    val vacation = now..now.plusDays(10)     ◀── now(오늘)부터 시작해 10일짜리 범위를 만든다.
```

```
    println(now.plusWeeks(1) in vacation)   ◀── 특정 날짜가 날짜 범위 안에 들어가는지 검사한다.
    // true
}
```

now..now.plusDays(10)이라는 식은 컴파일러에 의해 now.rangeTo(now.plusDays(10))으로 변환된다. rangeTo 함수는 LocalDate의 멤버는 아니며 앞에서 살펴본 대로 Comparable에 대한 확장 함수다.

rangeTo 연산자는 다른 산술 연산자보다 우선순위가 낮다. 하지만 혼동을 피하기 위해 괄호로 인자를 감싸주면 더 좋다.

```
fun main() {
    val n = 9
    println(0..(n + 1))    ◀── 0..n + 1라고 써도 되지만 괄호를 치면 더 뜻이 명확해진다.
    // 0..10
}
```

또한 0..n.forEach {}와 같은 식은 컴파일할 수 없음에 유의하라. 범위 연산자는 우선순위가 낮아 범위의 메서드를 호출하려면 범위를 괄호로 둘러싸야 한다 .

```
fun main() {
    val n = 9
    (0..n).forEach { print(it) }    ◀── 범위의 메서드를 호출하려면 범위를 괄호로 둘러싼다.
    // 0123456789
}
```

rangeTo 연산자와 비슷하게 rangeUntil 연산자(..<)는 열린 범위를 만든다. 열린 범위는 상계 값을 포함하지 않는다.

```
fun main() {
    (0..<9).forEach { print(it) }
    // 012345678
}
```

이제 컬렉션이나 범위를 이터레이션할 때 사용하는 관례를 살펴보자.

9장 연산자 오버로딩과 다른 관례 | 405

9.3.4 자신의 타입에 대해 루프 수행: iterator 관례

2장에서 설명했듯이 코틀린의 for 루프는 범위 검사와 똑같이 in 연산자를 사용한다. 하지만 이 경우 in의 의미는 다르다. for (x in list) { ... }와 같은 문장은 list.iterator()를 호출해서 이터레이터를 얻은 다음, 자바와 마찬가지로 그 이터레이터에 대해 hasNext와 next 호출을 반복하는 식으로 변환된다.

하지만 코틀린에서는 이 또한 관례이므로 iterator 메서드를 확장 함수로 정의할 수 있다. 이런 성질로 인해 일반 자바 문자열에 대한 for 루프가 가능하다. 코틀린 표준 라이브러리는 String의 상위 클래스인 CharSequence에 대한 iterator 확장 함수를 제공한다.

```
operator fun CharSequence.iterator(): CharIterator     ◀── 이 라이브러리 함수는 문자열을
fun main() {                                                이터레이션할 수 있게 해준다.
    for (c in "abc") { }
}
```

여러분의 클래스 안에 직접 iterator 메서드를 구현하거나, 여러분이 사용하는 서드파티 클래스에 대해 구현할 수도 있다. 다음 예제에서처럼 LocalDate 객체에 대한 이터레이션을 가능하게 하는 확장 함수를 정의할 수 있다. iterator 함수가 Iterator<LocalDate> 인터페이스를 구현하는 객체를 반환해야만 하므로, 이 인터페이스가 요구하는 대로 hasNext와 next 함수 구현을 지정한 객체 선언(4.4.1절에서 이미 다뤘다)을 사용한다.

리스트 9.13 날짜 범위에 대한 이터레이터 구현하기

```
import java.time.LocalDate

operator fun ClosedRange<LocalDate>.iterator(): Iterator<LocalDate> =
    object : Iterator<LocalDate> {          ◀── 이 객체는 LocalDate 원소에 대한 Iterator를 구현한다.
        var current = start
        override fun hasNext() =
            current <= endInclusive         ◀── compareTo 관례를 사용해 날짜를 비교한다.
```

```
        override fun next(): LocalDate {
            val thisDate = current
            current = current.plusDays(1)        ◀─── 현재 날짜를 1일 뒤로 변경한다.
            return thisDate     ◀─── 미리 저장해둔 날짜를 반환한다.
        }
    }
}
fun main() {
    val newYear = LocalDate.ofYearDay(2042, 1)
    val daysOff = newYear.minusDays(1)..newYear
    for (dayOff in daysOff) { println(dayOff) }   ◀─── daysOff에 대응하는 iterator 함수가 있으면
    // 2041-12-31                                       daysOff에 대해 이터레이션한다.
    // 2042-01-01
}
```

여기서 범위 타입에 대한 `iterator` 메서드를 어떻게 정의하는지 살펴보자. 앞 절에서 살펴본 `rangeTo` 라이브러리 함수는 `ClosedRange`의 인스턴스를 반환한다. 코드에서 `ClosedRange<LocalDate>`에 대한 확장 함수 `iterator`를 정의했기 때문에 `LocalDate`의 범위 객체를 `for` 루프에 사용할 수 있다.

9.4 component 함수를 사용해 구조 분해 선언 제공

4장에서 데이터 클래스를 설명할 때 데이터 클래스의 특성 중 몇 가지를 나중에 설명한다고 말했다. 이제 코틀린의 관례 원리를 이해했으므로 관례를 사용한 마지막 특성인 **구조 분해 선언**destructuring declaration을 살펴보자. 구조 분해를 사용하면 복합적인 값을 분해해서 별도의 여러 지역 변수를 한꺼번에 초기화할 수 있다.

다음은 구조 분해를 사용하는 방법을 보여준다.

```
fun main() {
    val p = Point(10, 20)
    val (x, y) = p      ◀─── x와 y 변수를 선언한 다음에 p의 여러 컴포넌트로 초기화한다.
    println(x)
```

```
    // 10
    println(y)
    // 20
}
```

구조 분해 선언은 일반 변수 선언과 비슷해 보인다. 다만 =의 왼쪽에 여러 변수를 괄호로 묶었다는 점이 다르다.

내부에서 구조 분해 선언은 다시 관례를 사용한다. 구조 분해 선언의 각 변수를 초기화하고자 componentN이라는 함수를 호출한다. 여기서 N은 구조 분해 선언에 있는 변수 위치에 따라 붙는 번호다. 앞에서 살펴본 val (x, y) = p는 그림 9.10과 같이 컴파일된다.

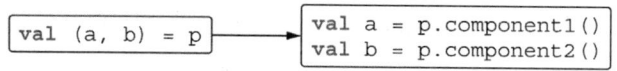

그림 9.10 구조 분해 선언은 componentN 함수 호출로 변환된다.

data 클래스의 주 생성자에 들어있는 프로퍼티에 대해서는 컴파일러가 자동으로 componentN 함수를 만들어준다. 다음 예제는 데이터 타입이 아닌 클래스에서 이런 함수를 어떻게 구현하는지 보여준다.

```
class Point(val x: Int, val y: Int) {
    operator fun component1() = x
    operator fun component2() = y
}
```

구조 분해 선언은 함수에서 여러 값을 반환할 때 유용하다. 여러 값을 한꺼번에 반환해야 하는 함수가 있다면 반환해야 하는 모든 값이 들어갈 데이터 클래스를 정의하고 함수의 반환 타입을 그 데이터 클래스로 바꾼다. 구조 분해 선언 구문을 사용하면 이런 함수가 반환하는 값을 쉽게 풀어 여러 변수에 넣을 수 있다. 이런 동작을 보여주기 위해 파일 이름을 이름과 확장자로 나누는 함수를 작성해보자.

리스트 9.14 구조 분해 선언을 사용해 여러 값 반환하기

```kotlin
data class NameComponents(val name: String,     ◀── 값을 저장하기 위한 데이터
                         val extension: String)       클래스를 선언한다.

fun splitFilename(fullName: String): NameComponents {
    val result = fullName.split('.', limit = 2)
    return NameComponents(result[0], result[1])   ◀── 함수에서 데이터 클래스의
}                                                      인스턴스를 반환한다.

fun main() {
    val (name, ext) = splitFilename("example.kt")   ◀── 구조 분해 선언 구문을 사용해
    println(name)                                        데이터 클래스를 푼다.
    // example
    println(ext)
    // kt
}
```

배열이나 컬렉션에도 componentN 함수가 있음을 안다면 이 예제를 더 개선할 수 있다. 크기가 정해진 컬렉션을 다루는 경우 구조 분해가 특히 더 유용하다. 예를 들어 다음 코드에서 split은 2개의 원소로 이뤄진 리스트를 반환한다.

리스트 9.15 컬렉션에 대해 구조 분해 선언 사용하기

```kotlin
data class NameComponents(
    val name: String,
    val extension: String)

fun splitFilename(fullName: String): NameComponents {
    val (name, extension) = fullName.split('.', limit = 2)
    return NameComponents(name, extension)
}
```

물론 무한히 componentN을 선언할 수는 없으므로 이런 구문을 무한정 사용할 수는 없다. 하지만 그럼에도 여전히 컬렉션에 대한 구조 분해는 유용하다. 코틀린 표준 라이브러리에서는 맨 앞의 다섯 원소에 대한 componentN을 제공한다.

함수에서 여러 값을 반환하는 더 단순한 방법은 표준 라이브러리의 Pair나 Triple 클래스를 사용하는 것이다. 이들을 사용하면 여러분이 클래스를 정의하지 않아도 되므로 코드를 적게 작성해도 되지만 Pair나 Triple은 그 안에 담겨있는 원소의 의미를 말해주지 않으므로 코드에서 귀중한 표현력을 잃게 된다.

9.4.1 구조 분해 선언과 루프

함수 본문 내의 선언문뿐 아니라 변수 선언이 들어갈 수 있는 장소라면 어디든 구조 분해 선언을 사용할 수 있다. 예를 들어 루프 안에서도 구조 분해 선언을 사용할 수 있다. 특히 맵의 원소에 대해 이터레이션할 때 구조 분해 선언이 유용하다. 다음 예제는 주어진 맵의 모든 원소를 출력하는 간단한 코드다.

리스트 9.16 구조 분해 선언을 사용해 맵 이터레이션하기

```
fun printEntries(map: Map<String, String>) {
  for ((key, value) in map) {              ← 루프 변수에 구조 분해 선언을 사용한다.
    println("$key -> $value")
  }
}
fun main() {
  val map = mapOf("Oracle" to "Java", "JetBrains" to "Kotlin")
  printEntries(map)
  // Oracle -> Java
  // JetBrains -> Kotlin
}
```

이 간단한 예제는 2가지 코틀린 관례를 활용한다. 하나는 객체를 이터레이션하는 관례고 다른 하나는 구조 분해 선언이다. 코틀린 표준 라이브러리에는 맵에 대한 확장 함수로 iterator가 들어있다. 그 iterator는 맵 항목에 대한 이터레이터를 반환한다. 따라서 자바와 달리 코틀린에서는 맵을 직접 이터레이션할 수 있다. 또한 코틀린 라이브러리는 Map.Entry에 대한 확장 함수로 component1과 component2

를 제공한다. 실제 앞의 루프는 다음과 동등한 코드로 컴파일된다.

```kotlin
for (entry in map.entries) {
  val key = entry.component1()
  val value = entry.component2()
  // ...
}
```

람다가 data class나 맵 같은 복합적인 값을 파라미터로 받을 때도 구조 분해 선언을 쓸 수 있다. 다음 예제에서는 주어진 맵의 모든 멤버를 출력하지만 5장에서 다룬 .forEach 함수를 사용한다.

```kotlin
map.forEach { (key, value) ->
  println("$key -> $value")
}
```

이런 예제들은 코틀린 관례를 적용할 때 확장 함수가 얼마나 중요한 역할을 하는지 잘 보여준다.

9.4.2 _ 문자를 사용해 구조 분해 값 무시

컴포넌트가 여럿 있는 객체에 대해 구조 분해 선언을 사용할 때는 변수 중 일부가 필요 없을 경우가 있다. 다음 예제는 Person 클래스를 구조 분해하지만 firstName과 age 필드만 사용한다.

리스트 9.17 Person 객체 구조 분해하기

```kotlin
data class Person(
  val firstName: String,
  val lastName: String,
  val age: Int,
  val city: String,
)
```

```
fun introducePerson(p: Person) {
    val (firstName, lastName, age, city) = p
    println("This is $firstName, aged $age.")
}
```

이 경우 정의된 `localName`과 `city` 지역 변수는 코드에 아무 값도 제공하지 않는다. 오히려 이들은 쓰이지 않으면서 함수의 본문에서 코드를 지저분하게 하고 있다. 일반적으로는 이런 경우를 피하는 것이 가장 낫다.

전체 객체를 구조 분해해야만 하는 것은 아니기 때문에 구조 분해 선언에서 뒤쪽의 구조 분해 선언을 제거할 수는 있다(이 경우에는 `city`). 대신 처음부터 3가지의 요소만 구조 분해할 수 있다.

```
val (firstName, lastName, age) = p
```

`lastName` 선언을 없앨 때는 약간 다른 방식을 써야 한다. 이 선언을 그냥 없앨 수(즉, `(first, age)`만 남김)는 없다. 이렇게 하면 `Person.lastName`을 `age` 변수에 잘못 넣게 된다(내부에서 이 구조 분해 선언은 변수 이름과 관계없이 단순히 `component1`과 `component2` 함수에 대한 호출로 변환된다는 점을 기억하라). 이런 경우를 처리할 수 있게 코틀린은 여러분이 사용하지 않는 구조 분해 선언에 대해 `_` 문자를 쓸 수 있게 해준다.

이를 알고 있다면 `introducePerson` 함수를 좀 더 간결하게 구현할 수 있다. `lastName`을 `_`로 바꾸고 마지막 `city`를 제거하면 된다.

```
fun introducePerson(p: Person) {
    val (firstName, _, age) = p        ◀── 구조 분해 선언에서 어떤 컴포넌트를
    println("This is $firstName, aged $age.")   무시하기 위해 그것을 _에 대입한다.
}
```

> **코틀린 구조 분해의 한계와 단점**
>
> 코틀린의 구조 분해 선언 구현은 위치에 의한 것이다. 즉, 구조 분해 연산의 결과가 오직 인자의 위치

에 따라 결정된다. 리스트 9.17의 Person 데이터 클래스의 경우 이는 구조 분해 과정에서 변수들이 Person 객체의 생성자에 나타난 필드 순서대로 대입된다는 뜻이다.

val (firstName, lastName, age, city) = p

구조 분해의 결과가 대입될 변수의 이름은 중요하지 않다. 구조 분해가 componentN 함수에 대한 순차적 호출로 변환되기 때문이다. 다음 코드도 앞의 코드와 마찬가지로 잘 작동한다.

val (f, l, a, c) = p

이로 인해 리팩터링을 하면서 데이터 클래스의 프로퍼티 순서를 변경하면 미묘한 문제가 발생할 수 있다.

```
data class Person(
    val lastName: String,       firstName과 lastName이
    val firstName: String,      서로 위치를 바꿨다.
    val age: Int,
    val city: String,
)
```

이제 앞에서 살펴본 코드 조각이 작동하기는 하지만 lastName을 firstName에 대입하고, firstName을 lastName에 대입하게 된다.

val (firstName, lastName, age, city) = p

이런 동작은 구조 분해 선언이 작은 컨테이너 클래스나 장차 변경될 가능성이 아주 적은 클래스에 대해서만 유용하다는 것을 의미한다. 복잡한 엔티티에 대해 구조 분해 사용을 가능한 한 피해야 한다.

이 문제에 대한 잠재적 해법은 이름 기반 구조 분해를 도입하는 것이다. 이 책을 쓰는 현재, 코틀린 값 클래스에 대한 이름 기반 구조 분해가 논의되고 있다(http://mng.bz/v17r). 한편 2개 이상의 필드가 있는 값 클래스는 향후 코틀린 버전에 추가될 계획이 있다.

9.5 프로퍼티 접근자 로직 재활용: 위임 프로퍼티

이번 장에서 마지막으로 다룰 내용은 코틀린이 제공하는 관례에 의존하는 특성 중에 독특하면서 강력한 기능인 위임 프로퍼티^{delegated property}다. 위임 프로퍼티를 사용하면 값을 뒷받침하는 필드에 단순히 저장하는 것보다 더 복잡한 방식으로 작동하는

프로퍼티를 접근자 로직을 매번 재구현할 필요 없이 쉽게 구현할 수 있다. 예를 들어 프로퍼티는 위임을 사용해 자신의 값을 필드가 아니라 데이터베이스 테이블이나 브라우저 세션, 맵 등에 저장할 수 있다.

이런 특성의 기반에는 위임이 있다. 위임은 객체가 직접 작업을 수행하지 않고 다른 도우미 객체가 그 작업을 처리하도록 맡기는 디자인 패턴을 말한다. 이때 작업을 처리하는 도우미 객체를 **위임 객체**^{delegate object}라고 부른다. 4.3.3절에서 클래스 위임에 대해 다룰 때 이 패턴을 이미 살펴봤다. 여기서는 그 패턴을 프로퍼티에 적용해서 접근자 기능을 도우미 객체가 수행하도록 위임한다. 도우미 객체를 직접 작성할 수도 있지만 더 나은 방법으로 코틀린 언어가 제공하는 기능을 활용할 수도 있다. 먼저 일반적인 예제를 살펴본 후 더 구체적인 예를 살펴보자.

9.5.1 위임 프로퍼티의 기본 문법과 내부 동작

위임 프로퍼티의 일반적인 문법은 다음과 같다.

```
var p: Type by Delegate()
```

p 프로퍼티는 접근자 로직을 다른 객체에 위임한다. 여기서는 `Delegate` 클래스의 인스턴스를 위임 객체로 사용한다. `by` 뒤에 있는 식을 계산해 위임에 쓰일 객체를 얻는다. 프로퍼티 위임 객체가 따라야 하는 관례를 따르는 모든 객체를 위임에 사용할 수 있다.

다음과 같이 위임 프로퍼티를 정의한 클래스 내부에서 어떤 일이 벌어지는지 살펴보자.

```
class Foo {
    var p: Type by Delegate()
}
```

컴파일러는 숨겨진 도우미 프로퍼티를 만들고 그 프로퍼티를 위임 객체의 인스턴스로 초기화한다. p 프로퍼티는 바로 그 위임 객체에게 자신의 작업을 위임한다. 설명을 편하게 하기 위해 이 감춰진 프로퍼티 이름을 delegate라고 하자.

```
class Foo {
    private val delegate = Delegate()   ◀── 컴파일러가 생성한 도우미 프로퍼티다.
                                            p 프로퍼티를 위해 컴파일러가 생성한 접근자는
    var p: Type                         ◀── delegate의 getValue와 getValue 메서드를 호출한다.
        set(value: Type) = delegate.setValue(/* ... */, value)
        get() = delegate.getValue(/* ... */)
}
```

프로퍼티 위임 관례에 따라 Delegate 클래스는 getValue와 setValue 메서드를 제공해야 하며, 변경 가능한 프로퍼티(즉 var delegate = ...으로 선언한 경우)만 setValue를 사용한다. 추가로 위임 객체는 (꼭 그래야 할 필요는 없다) 선택적으로 provideDelegate 함수 구현을 제공할 수도 있다. 이 함수는 최초 생성 시 검증 로직을 수행하거나 위임이 인스턴스화되는 방식을 변경할 수 있다. 언제나처럼 이런 함수들을 멤버로 구현할 수도, 확장 함수로 구현할 수도 있다. 설명을 단순화하고자 여기서는 파라미터를 생략한다. 정확한 시그니처는 잠시 후 설명한다. 단순한 형태의 Delegate 클래스는 다음과 같다.

```
class Delegate {                                    ◀── getValue는 게터를 구현하는 로직을 담는다.
    operator fun getValue(/* ... */) { /* ... */ }
                                                    ◀── setValue 메서드는 세터를
    operator fun setValue(/* ... */, value: Type) { /* ... */ }  구현하는 로직을 담는다.

    operator fun provideDelegate(/* ... */): Delegate { /* ... */ }  ◀──
}                                                   provideDelegate는 위임 객체를
                                                    생성하거나 제공하는 로직을 담는다.
class Foo {
    var p: Type by Delegate()   ◀── by 키워드는 프로퍼티와 위임 객체를 연결한다(여기서는
}                                  Delegate의 새 인스턴스를 프로퍼티와 연결).

fun main() {
    val foo = Foo()         ◀── 위임 프로퍼티가 있는 타입의 객체를 생성하는데, 위임 객체에
                               provideDelegate가 있으면 그 함수를 호출해 위임 객체를 생성한다.
    val oldValue = foo.p    ◀── foo.p라는 프로퍼티에 접근하면 내부에서 delegate.getValue(...)을 호출한다.
    foo.p = newValue        ◀── 프로퍼티 값을 변경하는 문장은 내부에서 delegate.setValue(..., newValue)를 호출한다.
}
```

foo.p는 일반 프로퍼티처럼 쓸 수 있고 일반 프로퍼티처럼 보인다. 하지만 내부적으로는 Delegate 타입의 위임 프로퍼티 객체에 있는 메서드를 호출한다. 실제로 이런 구조가 어떻게 작동하는지 살펴보기 위해 위임 프로퍼티의 강력함을 보여주는 한 가지 예로 코틀린 라이브러리에 있는 프로퍼티 초기화 지연 지원을 살펴보자. 그다음에는 직접 위임 프로퍼티를 작성하는 방법을 보여주고 언제 위임 프로퍼티가 유용한지 설명한다.

9.5.2 위임 프로퍼티 사용: by lazy()를 사용한 지연 초기화

지연 초기화^{lazy initialization}는 객체의 일부분을 초기화하지 않고 남겨뒀다가 실제로 그 부분의 값이 필요할 경우 초기화할 때 흔히 쓰이는 패턴이다. 초기화 과정에 자원을 많이 사용하거나 객체를 사용할 때마다 꼭 초기화하지 않아도 되는 프로퍼티에 대해 지연 초기화 패턴을 사용할 수 있다.

예를 들어 person 클래스가 자신이 작성한 이메일의 리스트를 제공한다고 가정하자. 이메일은 데이터베이스에 들어있고 불러오려면 시간이 오래 걸린다. 따라서 이메일 프로퍼티의 값을 최초로 사용할 때 단 한 번만 이메일을 데이터베이스에서 가져오고 싶다. 이제 데이터베이스에서 이메일을 가져오는 loadEmails 함수가 있다고 하자.

```
class Email { /*...*/ }
fun loadEmails(person: Person): List<Email> {
    println("${person.name}의 이메일을 가져옴")
    return listOf(/*...*/)
}
```

다음은 이메일을 불러오기 전에는 null을 저장하고 불러온 다음에는 이메일 리스트를 저장하는 _emails 프로퍼티를 추가해서 지연 초기화를 구현한 클래스를 보여준다. emails 프로퍼티 자체는 2.2.2절에서 살펴본 커스텀 접근자를 사용한다.

리스트 9.18 지연 초기화를 뒷받침하는 프로퍼티를 통해 구현하기

```
class Person(val name: String) {
    private var _emails: List<Email>? = null     ◀── 데이터를 저장하고 emails의 위임
                                                      객체 역할을 하는 _emails 프로퍼티

    val emails: List<Email>
        get() {
            if (_emails == null) {
                _emails = loadEmails(this)       ◀── 최초 접근 시 이메일을 가져온다.
            }
            return _emails!!                      ◀── 저장해 둔 데이터가 있으면 그 데이터를 반환한다.
        }
}
fun main() {
    val p = Person("Alice")
    p.emails              ◀── 최초로 emails를 읽을 때 단 한 번만 이메일을 가져온다.
    // Load emails for Alice
    p.emails
}
```

여기서는 뒷받침하는 프로퍼티backing property라는 기법을 사용한다. _emails라는 프로퍼티는 값을 저장하고 다른 프로퍼티인 emails는 _emails라는 프로퍼티에 대한 읽기 연산을 제공한다. 타입이 달라서(_emails는 널이 될 수 있는 타입, emails는 널이 될 수 없는 타입) 프로퍼티를 2개 모두 사용해야 한다. 이들의 이름은 간단한 관례를 사용한다. 클래스에 같은 개념을 표현하는 프로퍼티가 2개 있을 때 비공개 프로퍼티 앞에 밑줄을 붙이며(_emails), 공개 프로퍼티에는 아무것도 붙이지 않는다(emails).

이런 기법을 자주 사용하므로 익숙해지면 좋다. 하지만 이런 코드를 만드는 일은 약간 성가시다. 지연 초기화해야 하는 프로퍼티가 많아지면 코드가 어떻게 될까? 게다가 언제나 제대로 작동한다고 말할 수도 없다. 구현이 스레드 안전하지 않기 때문이다. 두 스레드가 모두 emails 프로퍼티에 접근할 때 비용이 많이 드는 **loadEmails** 함수가 2번 호출되는 것을 막는 장치가 없다. 최선의 경우 자원을 낭비하게 되지만 최악의 경우에는 애플리케이션 상태의 일관성이 사라질 수 있다. 물론

코틀린은 더 나은 해법을 제공한다.

위임 프로퍼티를 사용하면 이 코드가 훨씬 더 간단해진다. 위임 프로퍼티는 데이터를 저장할 때 쓰이는 뒷받침하는 프로퍼티와 값이 오직 한 번만 초기화됨을 보장하는 게터 로직을 함께 캡슐화해준다. 예제와 같은 경우를 위한 위임 객체를 반환하는 표준 라이브러리 함수가 바로 lazy다.

리스트 9.19 위임 프로퍼티를 통해 지연 초기화 구현하기

```
class Person(val name: String) {
    val emails by lazy { loadEmails(this) }
}
```

lazy 함수는 코틀린 관례에 맞는 시그니처의 getValue 메서드가 들어있는 객체를 반환한다. 따라서 lazy를 by 키워드와 함께 사용해 위임 프로퍼티를 만들 수 있다. lazy 함수의 인자는 값을 초기화할 때 호출할 람다다. lazy 함수는 기본적으로 스레드 안전하다. 게다가 필요하면 동기화에 사용할 락을 lazy 함수에 전달할 수도 있고, 다중 스레드 환경에서 사용하지 않을 프로퍼티를 위해 lazy 함수가 동기화를 생략하게 할 수도 있다.

다음 절에서는 위임 프로퍼티가 어떻게 작동하는지 자세히 살펴보고 그 과정에서 어떤 관례를 사용하는지 설명한다.

9.5.3 위임 프로퍼티 구현

위임 프로퍼티를 구현하는 방법을 살펴보기 위해 다른 예제를 생각해보자. 어떤 객체의 프로퍼티가 바뀔 때마다 리스너에게 변경 통지를 보내고 싶다. 이런 기능이 유용할 때가 많다. 예를 들어 어떤 객체를 UI에 표시하는 경우 객체가 바뀌면 자동으로 UI도 바뀌어야 한다.

이런 경우를 옵저버블observable이라고 부른다. 코틀린에서 이를 어떻게 구현할 수 있는지 살펴보자. 먼저 코틀린에서 위임 프로퍼티 없이 이런 기능을 구현하고 나중에 그 코드를 위임 프로퍼티를 사용하게 리팩터링하자.

Observable 클래스는 Observer들의 리스트를 관리한다. notifyObservers가 호출되면 옵저버는 등록된 모든 Observer의 onChange 함수를 통해 프로퍼티의 이전 값과 새 값을 전달한다. Observer는 onChange 메서드에 대한 구현만 제공하면 되므로 5장에서 배운 함수형 인터페이스가 잘 들어맞는다.

```
fun interface Observer {
    fun onChange(name: String, oldValue: Any?, newValue: Any?)
}

open class Observable {
    val observers = mutableListOf<Observer>()
    fun notifyObservers(propName: String, oldValue: Any?, newValue: Any?) {
        for (obs in observers) {
            obs.onChange(propName, oldValue, newValue)
        }
    }
}
```

이제 Person 클래스를 작성하자. 읽기 전용 프로퍼티(사람의 이름은 보통 변하지 않는다)와 변경 가능한 프로퍼티 2개(나이와 급여)를 정의한다. 이 클래스는 나이나 급여가 바뀌면 그 사실을 리스너에게 통지한다.

리스트 9.20 프로퍼티 변경 통지를 직접 구현하기

```
class Person(val name: String, age: Int, salary: Int): Observable() {
    var age: Int = age
        set(newValue) {
            val oldValue = field
            field = newValue          ◀── 뒷받침하는 필드에 접근할 때 field 식별자를 사용한다.
            notifyObservers(          ◀── 프로퍼티 변경을 옵저버들에게 통지한다.
                "age", oldValue, newValue
            )
```

```kotlin
    }
    var salary: Int = salary
        set(newValue) {
            val oldValue = field
            field = newValue
            notifyObservers(
                "salary", oldValue, newValue
            )
        }
}
fun main() {
    val p = Person("Seb", 28, 1000)
    p.observers += Observer { propName, oldValue, newValue ->   ◀── 함수형 인터페이스에 대한 간편한 구문을 사용해 옵저버를
        println(                                                     생성하고 이를 등록해서 프로퍼티 변경을 기다린다.
            """
            Property $propName changed from $oldValue to $newValue!
            """.trimIndent()
        )
    }
    p.age = 29
    // Property age changed from 28 to 29!
    p.salary = 1500
    // Property salary changed from 1000 to 1500!
}
```

이 코드는 field 키워드를 사용해 age와 salary 프로퍼티를 뒷받침하는 필드에 접근하는 방법을 보여준다. 이는 4장에서 설명했다.

세터 코드를 보면 중복이 많이 보인다. 이제 프로퍼티의 값을 저장하고 필요에 따라 통지를 보내주는 클래스를 추출해보자.

리스트 9.21 도우미 클래스를 통해 프로퍼티 변경 통지 구현하기

```kotlin
class ObservableProperty(
    val propName: String,
```

```kotlin
    var propValue: Int,
    val observable: Observable
) {
    fun getValue(): Int = propValue
    fun setValue(newValue: Int) {
        val oldValue = propValue
        propValue = newValue
        observable.notifyObservers(propName, oldValue, newValue)
    }
}

class Person(val name: String, age: Int, salary: Int): Observable() {
    val _age = ObservableProperty("age", age, this)
    var age: Int
        get() = _age.getValue()
        set(newValue) {
            _age.setValue(newValue)
        }
    val _salary = ObservableProperty("salary", salary, this)
    var salary: Int
        get() = _salary.getValue()
        set(newValue) {
            _salary.setValue(newValue)
        }
}
```

코드가 코틀린의 위임이 실제로 작동하는 방식과 비슷해졌다. 프로퍼티 값을 저장하고 그 값이 바뀌면 자동으로 변경 통지를 전달해주는 클래스를 만들었다. 로직의 중복을 상당부분 제거했지만 아직도 각각의 프로퍼티마다 ObservableProperty를 만들고 게터와 세터에서 ObservableProperty에 작업을 위임하는 준비 코드가 상당부분 필요하다. 코틀린의 위임 프로퍼티 기능을 활용하면 이런 준비 코드를 없앨 수 있다. 하지만 위임 프로퍼티를 사용하기 전에 ObservableProperty에 있는 두 메서드의 시그니처를 코틀린의 관례에 맞게 수정해야 한다.

리스트 9.22 프로퍼티 위임 객체인 ObservableProperty

```
import kotlin.reflect.KProperty
class ObservableProperty(var propValue: Int, val observable: Observable) {
  operator fun getValue(thisRef: Any?, prop: KProperty<*>): Int = propValue
  operator fun setValue(thisRef: Any?, prop: KProperty<*>, newValue: Int) {
    val oldValue = propValue
    propValue = newValue
    observable.notifyObservers(prop.name, oldValue, newValue)
  }
}
```

이전 코드와 비교해 보면 다음과 같은 차이가 있다.

- 코틀린 관례에 사용하는 다른 함수와 마찬가지로 getValue와 setValue 함수에도 operator 변경자가 붙는다.
- 두 함수(getValue와 setValue)는 파라미터를 2개 받는다. 바로 설정하거나 읽을 프로퍼티가 들어있는 인스턴스(thisRef)와 프로퍼티를 표현하는 객체(prop)다. 코틀린은 KProperty 타입의 객체를 사용해 프로퍼티를 표현한다. KProperty 내부에 대해서는 12장에서 더 자세히 다룬다. 지금은 그냥 KProperty.name을 통해 메서드가 처리할 프로퍼티 이름을 알 수 있다는 점만 기억하자.
- KProperty 인자를 통해 프로퍼티 이름을 전달받으므로 주 생성자에서는 name 프로퍼티를 없앤다.

마침내 코틀린이 제공하는 위임 프로퍼티라는 마법을 사용할 수 있다. 코드가 얼마나 짧아졌는지 지금까지 살펴본 여러 예제와 비교해보자.

리스트 9.23 위임 프로퍼티를 통해 프로퍼티 변경 통지 받기

```
class Person(val name: String, age: Int, salary: Int) : Observable() {
  var age by ObservableProperty(age, this)
  var salary by ObservableProperty(salary, this)
```

}

by 키워드를 사용해 위임 객체를 지정하면 이전 예제에서 직접 코드를 작성해야 했던 여러 작업을 코틀린 컴파일러가 자동으로 처리해준다. 이 코드를 Person 코드의 이전 버전과 비교해보자. 코틀린 컴파일러가 만들어주는 코드는 여러분이 직접 작성했던 이전 Person과 비슷하다. by 오른쪽에 오는 객체를 위임 객체라고 부른다. 코틀린은 위임 객체를 감춰진 프로퍼티에 저장하고 주 객체의 프로퍼티를 읽거나 쓸 때마다 위임 객체의 getValue와 setValue를 호출해준다.

관찰 가능한 프로퍼티 로직을 직접 작성하는 대신 코틀린 표준 라이브러리를 사용해도 된다. 표준 라이브러리에는 이미 ObservableProperty와 비슷한 클래스가 있다. 다만 이 표준 라이브러리의 클래스는 앞에서 정의한 Observable와는 연결돼 있지 않다. 따라서 프로퍼티 값의 변경을 통지받을 때 쓰일 람다를 그 표준 라이브러리 클래스에게 넘겨야 한다. 다음 리스트는 그 방법을 보여준다.

리스트 9.24 Delegates.observable을 사용해 프로퍼티 변경 통지 구현하기

```
import kotlin.properties.Delegates

class Person(val name: String, age: Int, salary: Int) : Observable() {
    private val onChange = { property: KProperty<*>, oldValue: Any?,
  ➥ newValue: Any? ->
        notifyObservers(property.name, oldValue, newValue)
    }

    var age by Delegates.observable(age, onChange)
    var salary by Delegates.observable(salary, onChange)
}
```

by의 오른쪽에 있는 식이 꼭 새 인스턴스를 만들 필요는 없다. 함수 호출, 다른 프로퍼티, 다른 식 등이 **by** 오른쪽에 올 수 있다. 다만 오른쪽 식을 계산한 결과인 객체는 컴파일러가 호출할 수 있는 올바른 타입의 getValue와 setValue를 반드시 제공해야 한다. 다른 관례와 마찬가지로 getValue와 setValue 모두 객체 안에 정의된 메서드이거나 확장 함수일 수 있다.

여기서는 예제를 단순화하고자 Int 타입의 프로퍼티 위임만을 살펴봤다. 하지만 프로퍼티 위임은 완전히 제네릭하며, 물론 다른 타입에도 사용할 수 있다.

9.5.4 위임 프로퍼티는 커스텀 접근자가 있는 감춰진 프로퍼티로 변환된다

위임 프로퍼티가 어떤 방식으로 동작하는지 정리해보자. 다음과 같은 위임 프로퍼티가 있는 클래스가 있다고 가정하자.

```
class C {
    var prop: Type by MyDelegate()
}
val c = C()
```

MyDelegate 클래스의 인스턴스는 감춰진 프로퍼티에 저장되며, 그 프로퍼티를 <delegate>라는 이름으로 부를 것이다. 컴파일러는 프로퍼티를 표현하기 위해 KProperty 타입의 객체를 사용한다. 이 객체를 <property>라고 부를 것이다.

컴파일러는 다음 코드를 생성한다.

```
class C {
    private val <delegate> = MyDelegate()

    var prop: Type
        get() = <delegate>.getValue(this, <property>)
        set(value: Type) = <delegate>.setValue(this, <property>, value)
}
```

다시 말해 컴파일러는 모든 프로퍼티 접근자 안에 그림 9.11처럼 getValue와 setValue 호출 코드를 생성해준다.

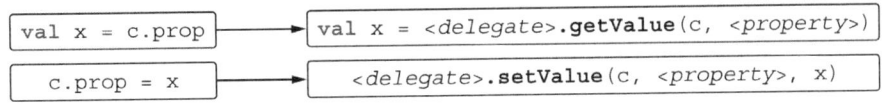

그림 9.11 프로퍼티를 사용하면 <delegate>에 있는 getValue나 setValue 함수가 호출된다.

이 메커니즘은 상당히 단순하지만 상당히 흥미로운 활용법이 많다. 프로퍼티 값이 저장될 장소를 (맵, 데이터베이스 테이블, 사용자 세션의 쿠키 등으로) 바꿀 수도 있고 프로퍼티를 읽거나 쓸 때 벌어질 일을 (값 검증, 변경 통지 등으로) 변경할 수도 있다. 이 모두를 간결한 코드로 달성할 수 있다. 표준 라이브러리가 제공하는 위임 프로퍼티를 사용하는 방법을 하나 더 보고 여러분 자신의 프레임워크에서 위임 프로퍼티를 활용하는 방법을 살펴보자.

9.5.5 맵에 위임해서 동적으로 애트리뷰트 접근

자신의 프로퍼티를 동적으로 정의할 수 있는 객체를 만들 때 위임 프로퍼티를 활용하는 경우가 자주 있다. C#에서는 그런 객체를 확장 가능한 객체[expando object]라고 부르기도 한다. 예를 들어 연락처 관리 시스템에서 각 연락처별로 임의의 정보를 저장할 수 있게 허용하는 경우를 살펴보자. 시스템에 저장된 연락처에는 특별히 처리해야 하는 일부 필수 정보(이름 등)가 있고, 사람마다 달라질 수 있는 추가 정보가 있다 (예: 제일 어린 자식의 생일).

그런 시스템을 구현하는 방법 중에는 속성을 모두 맵에 저장하되 특별한 처리가 필요한 정보에 접근하도록 프로퍼티를 제공하는 방법이 있다. 다음 예를 보자.

리스트 9.25 값을 맵에 저장하는 프로퍼티 정의하기

```
class Person {
    private val _attributes = mutableMapOf<String, String>()

    fun setAttribute(attrName: String, value: String) {
        _attributes[attrName] = value
    }
```

```kotlin
    var name: String
        get() = _attributes["name"]!!        ← 맵에서 속성을 꺼낸다.
        set(value) {
            _attributes["name"] = value      ← 맵에 속성을 제공한다.
        }
}
fun main() {
    val p = Person()
    val data = mapOf("name" to "Seb", "company" to "JetBrains")
    for ((attrName, value) in data)
        p.setAttribute(attrName, value)
    println(p.name)
    // Seb
    p.name = "Sebastian"
    println(p.name)
    // Sebastian
}
```

여기서 추가 데이터를 객체에 읽어 들이기 위해 일반적인 API를 사용하고(실제 프로젝트에서는 JSON 역직렬화 등의 기술을 활용할 수 있다) 한 프로퍼티(name)를 처리하기 위해 구체적인 API를 제공한다. 이를 위임 프로퍼티를 활용하도록 변경하는 것은 아주 쉽다. by 키워드 뒤에 맵을 직접 넣으면 된다.

리스트 9.26 값을 맵에 저장하는 위임 프로퍼티 사용하기

```kotlin
class Person {
    private val _attributes = mutableMapOf<String, String>()

    fun setAttribute(attrName: String, value: String) {
        _attributes[attrName] = value
    }

    var name: String by _attributes       ← 위임 프로퍼티로 맵을 사용한다.
}
```

이런 코드가 작동하는 이유는 표준 라이브러리가 Map과 MutableMap 인터페이스에 대해 getValue와 setValue 확장 함수를 제공하기 때문이다. getValue에서 맵에 프로퍼티 값을 저장할 때는 자동으로 프로퍼티 이름을 키로 활용한다. 리스트 9.25에서 p.name은 _attributes.getValue(p, prop)라는 호출을 대신하고 _attributes.getValue(p, prop)는 다시 _attributes[prop.name]을 통해 구현된다.

9.5.6 실전 프레임워크가 위임 프로퍼티를 활용하는 방법

객체 프로퍼티를 저장하거나 변경하는 방법을 바꿀 수 있으면 프레임워크를 개발할 때 유용하다. 이번 절에서는 위임 프로퍼티가 프레임워크 개발과 사용을 개선하는 방법을 보여주고 그 동작을 자세히 살펴본다.

데이터베이스에 User라는 테이블이 있고 그 테이블에는 name이라는 문자열 타입의 칼럼column과 age라는 정수 타입의 칼럼이 있다고 가정하자. Users와 User라는 클래스를 코틀린에서 정의할 수 있다. 그리고 데이터베이스에 들어있는 모든 사용자 엔티티entity를 User 클래스로 가져오고 저장할 수 있다.

리스트 9.27 위임 프로퍼티를 사용해 데이터베이스 칼럼 접근하기

```
object Users : IdTable() {                            ◀── 객체는 데이터베이스 테이블에 해당한다.
    val name = varchar("name", length = 50).index()   ◀── 프로퍼티는 테이블 칼럼에 해당한다.
    val age = integer("age")
}
class User(id: EntityID) : Entity(id) {   ◀──┐ 각 User 인스턴스는 테이블에
    var name: String by Users.name        ◀── name의 값은 데이터베이스에 저장된 사용자의 이름 값이다.
    var age: Int by Users.age
}
```

Users 객체는 데이터베이스 테이블을 표현한다. 데이터베이스 전체에 단 하나만 존재하는 테이블을 표현하므로 Users를 (싱글턴) 객체로 선언했다. 객체의 프로퍼티

는 테이블 칼럼을 표현한다.

User의 상위 클래스인 Entity 클래스는 데이터베이스 칼럼을 엔티티의 속성[attribute] 값으로 연결해주는 매핑이 있다. 각 User의 프로퍼티 중에는 이 사용자에 대해 데이터베이스에서 가져온 name과 age가 있다.

이 프레임워크를 사용하면 User의 프로퍼티에 접근할 때 자동으로 Entity 클래스에 정의된 데이터베이스 매핑으로부터 필요한 값을 가져오고, 객체를 변경하면 그 객체가 변경됨[dirty] 상태로 변하고, 프레임워크가 나중에 적절히 데이터베이스에 변경 내용을 반영해주기 때문에 편리하다. user.age += 1을 코틀린 코드에서 사용하면 user에 해당하는 데이터베이스 엔티티가 자동으로 갱신된다.

이제 이런 API를 제공하는 프레임워크를 어떻게 구현할 수 있는지 이해하기 위해 필요한 내용을 모두 살펴봤다. 각 엔티티 속성(name, age)은 위임 프로퍼티이며 칼럼 객체(Users.name, Users.age)를 위임 객체로 사용한다.

```kotlin
class User(id: EntityID) : Entity(id) {
    var name: String by Users.name        ◀── Users.name은 name 프로퍼티에 해당하는 위임 객체다.
    var age: Int by Users.age
}
```

칼럼 타입을 명시적으로 지정한 것을 살펴보자.

```kotlin
object Users : IdTable() {
    val name: Column<String> = varchar("name", 50).index()
    val age: Column<Int> = integer("age")
}
```

프레임워크는 Column 클래스 안에 getValue와 setValue 메서드를 정의한다. 이 두 메서드는 코틀린의 위임 객체 관례에 따른 시그니처 요구 사항을 만족한다.

```kotlin
operator fun <T> Column<T>.getValue(o: Entity, desc: KProperty<*>): T {
    // 데이터베이스에서 칼럼 값 가져오기
}
```

```
operator fun <T> Column<T>.setValue(o: Entity, desc: KProperty<*>, value: T) {
    // 데이터베이스의 값 변경하기
}
```

Column 프로퍼티(User.name)를 위임 프로퍼티(name)에 대한 위임 객체로 사용할 수 있다. user.age += 1이라는 식을 코드에서 사용하면 그 식은 user.ageDelegate.setValue(user.ageDelegate.getValue() + 1)과 비슷한 코드로 변환된다(객체 인스턴스와 프로퍼티 파라미터는 생략함). getValue와 setValue 메서드는 데이터베이스에서 데이터를 가져오고 기록하는 작업을 처리한다.

이 예제의 완전한 구현을 Exposed 프레임워크 소스코드에서 볼 수 있다(https://github.com/JetBrains/Exposed). 13장에서는 Exposed 프레임워크에 사용한 DSL 설계 기법을 살펴본다.

요약

- 코틀린은 정해진 이름의 함수를 정의함으로써 표준적인 수학 연산을 오버로드할 수 있게 해준다. 자신만의 연산자를 정의할 수는 없지만 중위 함수를 더 표현력이 좋은 대안으로 사용할 수 있다.
- 비교 연산자(==, !=, >, < 등)를 모든 객체에 사용할 수 있다. 비교 연산자는 equals와 compareTo 메서드 호출로 변환된다.
- get, set, contains라는 함수를 정의하면 코틀린 컬렉션과 비슷하게 여러분 클래스의 인스턴스에 대해 []와 in 연산을 사용할 수 있다.
- 미리 정해진 관례를 따라 범위를 만들거나 컬렉션과 배열의 원소를 이터레이션할 수 있다.
- 구조 분해 선언을 통해 한 객체의 상태를 분해해서 여러 변수에 대입할 수 있다. 함수가 여러 값을 한꺼번에 반환해야 하는 경우 구조 분해가 유용하다. 데이터 클래스에 대해 구조 분해를 거저 사용할 수 있지만, 자신의 클래

스에 componentN 함수를 정의하면 구조 분해를 지원할 수 있다.
- 위임 프로퍼티를 통해 프로퍼티 값을 저장하거나 초기화하거나 읽거나 변경할 때 사용하는 로직을 재활용할 수 있다. 위임 프로퍼티는 프레임워크를 만들 때 아주 강력한 도구로 쓰인다.
- 표준 라이브러리 함수인 lazy를 통해 지연 초기화 프로퍼티를 쉽게 구현할 수 있다.
- Delegates.observable 함수를 사용하면 프로퍼티 변경을 관찰할 수 있는 옵저버를 쉽게 추가할 수 있다.
- 맵을 위임 객체로 사용하는 위임 프로퍼티를 통해 다양한 속성을 제공하는 객체를 유연하게 다룰 수 있다.

10

고차 함수: 람다를 파라미터와 반환값으로 사용

10장에서 다루는 내용

- 함수 타입
- 고차 함수와 코드를 구조화할 때 고차 함수를 사용하는 방법
- 인라인 함수
- 비로컬 return과 레이블
- 익명 함수

5장에서 람다를 소개하고 일반적 개념을 살펴봤다. 그 후 좀 더 깊이 들어가 6장에서 람다를 사용하는 표준 라이브러리 함수를 설명했다. 람다는 추상화를 하기 좋은 도구이며, 그들의 능력은 표준 라이브러리에 있는 클래스나 컬렉션만으로 한정되지 않는다. 10장에서는 람다를 인자로 받거나 반환하는 함수인 **고차 함수**^{high order}

function를 만드는 방법을 다룬다. 고차 함수로 코드를 더 간결하게 다듬고 코드 중복을 없애고 더 나은 추상화를 구축하는 방법을 살펴본다. 또한 람다를 사용함에 따라 발생할 수 있는 성능상 부가 비용을 없애고 람다 안에서 더 유연하게 흐름을 제어할 수 있는 코틀린 특성인 인라인 함수inline function를 설명한다.

10.1 다른 함수를 인자로 받거나 반환하는 함수 정의: 고차 함수

10장의 핵심은 고차 함수라는 개념이다. 고차 함수는 다른 함수를 인자로 받거나 함수를 반환하는 함수다. 코틀린에서는 람다나 함수 참조를 사용해 함수를 값으로 표현할 수 있다. 따라서 고차 함수는 람다나 함수 참조를 인자로 넘길 수 있거나, 람다나 함수 참조를 반환하는 함수다. 물론 함수를 인자로 받는 동시에 함수를 반환하는 함수도 고차 함수다. 예를 들어 표준 라이브러리 함수인 `filter`는 술어 함수를 인자로 받으므로 고차 함수다.

```
list.filter { it > 0 }
```

6장에서 코틀린 표준 라이브러리가 제공하는 `map`, `with` 등의 여러 고차 함수를 살펴 봤다. 이제는 그런 고차 함수를 정의하는 방법을 살펴본다. 고차 함수를 정의하려면 함수 타입을 먼저 알아야 한다.

10.1.1 함수 타입은 람다의 파라미터 타입과 반환 타입을 지정한다

람다를 인자로 받는 함수를 정의하려면 먼저 람다 파라미터의 타입을 어떻게 선언할 수 있는지 알아야 한다. 파라미터 타입을 정의하기 전에 더 단순한 경우로 람다를 로컬 변수에 대입하는 경우를 살펴보자. 코틀린의 타입 추론으로 인해 변수 타입을 지정하지 않아도 람다를 변수에 대입할 수 있음을 이미 알 것이다.

```
val sum = { x: Int, y: Int -> x + y }
```

```
val action = { println(42) }
```

이 경우 컴파일러는 sum과 action이 함수 타입임을 추론한다(그리고 그림 10.1처럼 IDE는 이를 시각화하는 데 도움을 줄 수 있다).

```
val sum : (Int, Int) -> Int  = { x: Int, y: Int -> x + y }
val action : () -> Unit  = { println(42) }
```

그림 10.1 인텔리제이 IDEA와 안드로이드 스튜디오의 선택적인 인레이 힌트는 sum이나 action 같은 람다에 대해 추론된 함수 타입을 시각화해준다.

이제는 각 변수에 구체적인 타입 선언을 추가하면 어떻게 되는지 살펴보자.

```
val sum: (Int, Int) -> Int = { x, y -> x + y }   ← Int 파라미터를 2개 받아서 Int 값을 반환하는 함수
val action: () -> Unit = { println(42) }   ← 아무 인자도 받지 않고 아무 값도 반환하지 않는 함수
```

함수 타입을 정의하려면 함수 파라미터의 타입을 괄호 안에 넣고 그 뒤에 화살표(->)를 추가한 다음, 함수의 반환 타입을 지정하면 된다(그림 10.2 참고).

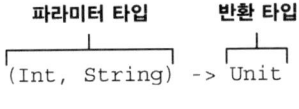

그림 10.2 코틀린 함수 타입 문법

8장의 내용을 기억하겠지만 Unit 타입은 의미 있는 값을 반환하지 않는 함수 반환 타입에 쓰는 특별한 타입이다. 그냥 함수를 정의한다면 함수의 파라미터 목록 뒤에 오는 Unit 반환 타입 지정을 생략해도 되지만 함수 타입을 선언할 때는 반환 타입을 반드시 명시해야 하므로 Unit을 빼먹어서는 안 된다.

여기서 람다식 안에서 { x, y -> x + y }처럼 x와 y의 타입을 생략해도 된다는 사실에 유의한다. 변수 선언의 일부분인 함수 타입 안에 파라미터 타입을 지정했기 때문에 람다 자체에서는 파라미터 타입을 굳이 지정할 필요가 없다.

다른 함수와 마찬가지로 함수 타입에서도 반환 타입을 널이 될 수 있는 타입으로 지정할 수 있다.

```
var canReturnNull: (Int, Int) -> Int? = { x, y -> null }
```

물론 널이 될 수 있는 함수 타입 변수를 정의할 수도 있다. 다만 함수의 반환 타입이 아니라 함수 타입 전체가 널이 될 수 있는 타입임을 선언하기 위해 함수 타입을 괄호로 감싸고 그 뒤에 물음표를 붙여야만 한다.

```
var funOrNull: ((Int, Int) -> Int)? = null
```

이 예제와 그 앞의 예제(funOrNull과 canReturnNull)의 타입 사이에는 큰 차이가 있다는 사실에 유의한다. funOrNull의 타입을 지정하면서 괄호를 빼먹으면 널이 될 수 있는 함수 타입이 아니라 널이 될 수 있는 반환 타입을 갖는 함수 타입을 선언하게 된다. 그림 10.3은 이 상황을 보여준다.

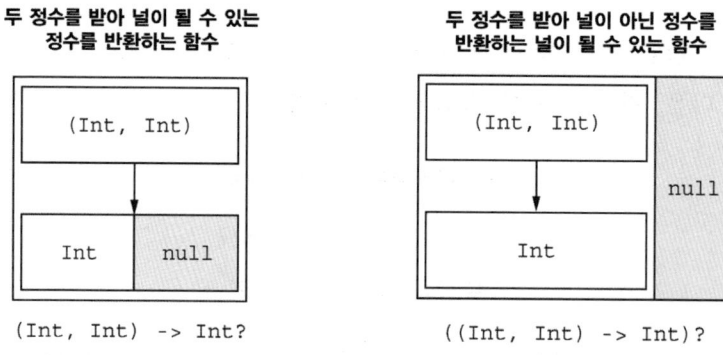

그림 10.3 괄호가 함수의 반환 타입이 널이 될 수 있는 타입인지 함수 타입 전체가 널이 될 수 있는 타입인지를 지정한다.

10.1.2 인자로 전달 받은 함수 호출

앞에서 함수 타입을 선언하는 방법을 살펴봤다. 이제는 고차 함수를 어떻게 구현하는지 살펴보자. 이해하기 쉽게 첫 번째 예제는 앞 절의 sum 람다를 활용한다. 이 함수는 2와 3에 대해 인자로 받은 연산을 수행하고 그 결과를 화면에 출력한다.

리스트 10.1 간단한 고차 함수 정의하기

```kotlin
fun twoAndThree(operation: (Int, Int) -> Int) {    ◄── 함수 타입인 파라미터를 선언한다.
    val result = operation(2, 3)    ◄── 함수 타입인 파라미터를 호출한다.
    println("The result is $result")
}
fun main() {
    twoAndThree { a, b -> a + b }
    // The result is 5
    twoAndThree { a, b -> a * b }
    // The result is 6
}
```

인자로 받은 함수를 호출하는 구문은 일반 함수를 호출하는 구문과 같다. 그 문법은 함수 이름 뒤에 괄호를 붙이고 괄호 안에 원하는 인자를 콤마(,)로 구분해 넣는 것이다.

> **파라미터 이름과 함수 타입**
>
> 함수 타입에서 파라미터 이름을 지정할 수도 있다.
>
> ```kotlin
> fun twoAndThree(
>     operation: (operandA: Int, operandB: Int) -> Int    ◄── 함수 타입의 각 파라미터에는 이름을 붙였다.
> ) {
>     val result = operation(2, 3)
>     println("The result is $result")
> }
> fun main() {
>     twoAndThree { operandA, operandB -> operandA + operandB }    ◄── API에서 지정한 이름을 람다에 사용할 수 있다.
>     // The result is 5
>     twoAndThree { alpha, beta -> alpha + beta }    ◄── 하지만 그냥 원하는 다른 이름을 붙여도 된다.
>     // The result is 5
> }
> ```

> 파라미터 이름은 타입 검사 시 무시된다. 이 함수 타입의 람다를 정의할 때 파라미터 이름이 꼭 함수 타입 선언의 파라미터 이름과 일치하지 않아도 된다. 하지만 함수 타입에 인자 이름을 추가하면 코드 가독성이 좋아지고 IDE는 그 이름을 코드 완성에 사용할 수 있다.

더 흥미로운 예제로 지금까지 가장 자주 사용해 온 표준 라이브러리 함수인 `filter`를 다시 구현해보자. 6장에서부터 `filter`를 써 왔지만 이제 그 내부를 들여다 볼 때다. 예제를 단순하게 유지하기 위해 `String`에 대한 `filter`를 구현한다. 하지만 제네릭을 사용해 모든 타입의 원소를 지원하도록 구현해도 많이 달라지지는 않는다. 그림 10.4는 `filter` 선언을 자세히 보여준다.

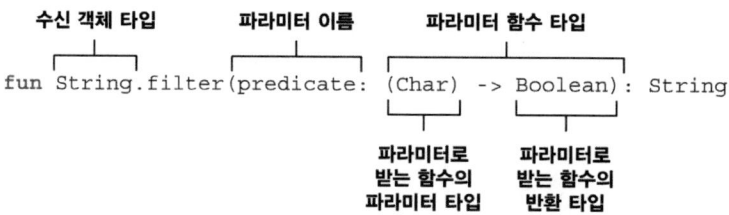

그림 10.4 술어 함수를 파라미터로 받는 `filter` 함수 정의

`filter` 함수는 술어를 파라미터로 받는다. `predicate` 파라미터는 문자(Char 타입)를 파라미터로 받고 불리언(Boolean 타입) 결괏값을 반환한다. 술어는 `filter` 함수가 돌려주는 결과 문자열에 인자로 받은 문자가 남아 있기를 바라면 `true`를 반환하고, 문자열에서 사라지기를 바라면 `false`를 반환하면 된다. 리스트 10.2는 이 함수를 구현하는 방법을 보여준다.

`filter` 함수 구현은 단순하다. `filter`는 문자열의 각 문자가 술어를 만족하는지 검사한다. 술어를 만족하는 함수는 `buildString` 함수(5장에서 다룸)가 제공하는 `StringBuilder`의 `append`를 사용해 결과를 만든 다음, 그 결과를 반환한다. 9장에서 살펴본 이터레이터 관례를 따르면 `String`을 다른 코틀린 컬렉션처럼 이터레이션할 수 있기 때문에 이런 코드를 간결하게 작성할 수 있다.

확장 함수와 buildString 함수 모두 수신 객체를 정의하기 때문에 this 앞에 레이블을 붙여 buildString 람다의 수신 객체(StringBuilder 인스턴스)가 아니라 filter의 바깥쪽 수신 객체(입력 문자열)에 접근해야 한다. 10.6절에서 레이블이 붙은 this를 자세히 살펴볼 것이다.

리스트 10.2 filter 함수를 단순하게 만든 버전 구현하기

```
fun String.filter(predicate: (Char) -> Boolean): String {
    return buildString {
        for (char in this@filter) {          ◀── 입력 문자열을 한 문자씩 이터레이션한다.
            if (predicate(char)) append(char)  ◀── predicate 파라미터로 전달받은 함수를 호출한다.
        }
    }
}

fun main() {
    println("ab1c".filter { it in 'a'..'z' })  ◀── 람다를 predicate 파라미터로 전달한다.
    // abc
}
```

> **인텔리J IDEA 팁**
>
> 인텔리제이 IDEA에서는 디버깅할 때 람다 코드 내부를 한 단계씩 실행해볼 수 있는 스마트 스테핑(smart stepping)을 제공한다. 이 기능을 활용해 앞 예제를 한 단계씩 실행해보면 filter 함수가 문자열의 각 문자를 처리함에 따라 filter 함수와 여러분이 넘긴 람다 사이에서 함수 실행이 오가는 모습을 볼 수 있다.

10.1.3 자바에서 코틀린 함수 타입 사용

5장에서 살펴본 것처럼 자동 SAM 변환을 통해 코틀린 람다를 함수형 인터페이스를 요구하는 자바 메서드에게 넘길 수 있다. 이는 여러분의 코틀린 코드가 자바 라이브러리에 의존할 수 있고, 자바에서 정의된 고차 함수를 아무 문제없이 사용할 수 있다는 의미다. 마찬가지로 함수 타입을 사용하는 코틀린 코드도 자바에서 쉽게 호출할 수 있다. 다음 리스트처럼 자바 람다는 자동으로 코틀린 함수 타입으로 변환된다.

리스트 10.3 ProcessTheAnswer.kt

```
/* 코틀린 선언 */
fun processTheAnswer(f: (Int) -> Int) {
  println(f(42))
}

/* 자바 호출 */
processTheAnswer(number -> number + 1);
// 43
```

자바에서 람다를 인자로 받는 코틀린 표준 라이브러리의 확장 함수를 쉽게 사용할 수 있다. 하지만 코틀린에서 확장 함수를 사용할 때처럼 멋져 보이지는 않는다. 첫 번째 인자로 수신 객체를 명시적으로 전달해야 하기 때문이다.

```
/* 자바 코드 */
import kotlin.collections.CollectionsKt;

// ...
public static void main(String[] args) {
  List<String> strings = new ArrayList();
  strings.add("42");
  CollectionsKt.forEach(strings, s -> {    ◀── 코틀린 표준 라이브러리에서 가져온
    System.out.println(s);                      함수를 자바 코드에서 호출할 수 있다.
    return Unit.INSTANCE;    ◀── Unit 타입의 값을 명시적으로
  });                              반환해야만 한다.
}
```

Unit을 반환하는 함수나 람다를 자바로 작성할 수도 있다. 하지만 코틀린 Unit 타입에는 값이 존재하므로 자바에서는 그 값을 명시적으로 반환해줘야 한다. 앞 예제의 (String) -> Unit처럼 반환 타입이 Unit인 함수 타입의 파라미터 위치에 **void**를 반환하는 자바 람다를 넘길 수는 없다.

함수 타입: 자세한 구현

내부에서 코틀린 함수 타입은 일반 인터페이스다. 함수 타입의 변수는 FunctionN 인터페이스를 구현한다. 여러분이 사용할 수 있는 인터페이스는 함수 파라미터 개수에 따라 Function0<R>(이 함수는 인자를 받지 않기 때문에 반환 타입만 지정하면 된다)부터 Function1<P1, R>(인자를 하나만 받음) 등으로 이어진다. 각 인터페이스에는 invoke라는 유일한 메서드가 정의돼 있다. 이 메서드를 호출하면 함수가 호출된다(13장에서 invoke 연산자를 더 자세히 다룬다). 정리하면 FunctionN 인터페이스는 다음과 같다(아래 예는 n=1인 경우).

```
interface Function1<P1, out R> {
    operator fun invoke(p1: P1): R
}
```

함수 타입의 변수는 함수에 대응하는 FunctionN 인터페이스를 구현하는 클래스의 인스턴스다. invoke 메서드에는 람다 본문이 들어간다. 이는 내부적으로 리스트 10.3이 대략 다음처럼 생겼다는 뜻이다.

```
fun processTheAnswer(f: Function1<Int, Int>) {
    println(f.invoke(42))
}
```

이런 함수 타입이 단순히 코틀린 인터페이스이기 때문에 인터페이스를 사용할 수 있는 곳에 함수 타입을 사용해도 된다. 예를 들어 클래스는 FunctionN 인터페이스나 그와 동등한 함수 타입을 상속할 수 있다(실제 이 기능을 자주 사용하지는 않는다).

```
class Adder : (Int, Int) -> Int {      ← Function2<Int, Int, Int>와 같음
    override operator fun invoke(
        p1: Int,
        p2: Int
    ): Int {
        return p1 + p2
    }
}
```

FunctionN 인터페이스는 컴파일러가 생성한 합성 타입이다. 즉, 코틀린 표준 라이브러리에서 이들의 정의를 찾을 수 없다. 대신 컴파일러는 필요할 때 이런 인터페이스들을 생성해준다. 이는 파라미터의 개수 제한 없이 원하는 만큼 파라미터를 사용하는 함수에 대한 인터페이스를 사용할 수 있다는 뜻이다.

10.1.4 함수 타입의 파라미터에 대해 기본값을 지정할 수 있고, 널이 될 수도 있다

파라미터를 함수 타입으로 선언할 때도 기본값을 지정할 수 있다. 함수 타입 파라미터의 기본값이 유용한 경우를 살펴보기 위해 3장에서 살펴본 joinToString 예제로 다시 돌아가 보자. 다음은 맨 마지막에 살펴본 joinToString 구현이다.

> 리스트 10.4 하드코딩한 toString 사용 관례를 따르는 joinToString

```
fun <T> Collection<T>.joinToString(
    separator: String = ", ",
    prefix: String = "",
    postfix: String = ""
): String {
    val result = StringBuilder(prefix)

    for ((index, element) in this.withIndex())
        if (index > 0) result.append(separator)   ◁── 기본 toString 메서드를 사용해
        result.append(element)                         객체를 문자열로 변환한다.
    }

    result.append(postfix)
    return result.toString()
}
```

이 구현은 유연하지만 핵심 요소인 컬렉션의 각 원소를 문자열로 변환하는 방법을 제어할 수 없다는 단점이 있다. 코드는 StringBuilder.append(o: Any?)를 사용하는데, 이 함수는 항상 객체를 toString 메서드를 통해 문자열로 바꾼다. 물론 toString으로 충분한 경우도 많지만 그렇지 않을 때도 있다. 여러분은 이런 경우 원소를 문자열로 바꾸는 방법을 람다로 전달하면 된다는 사실을 살펴봤다. 하지만 joinToString을 호출할 때마다 매번 람다를 넘기게 만들면 기본 동작으로도 충분한 대부분의 경우 함수 호출을 오히려 더 불편하게 만든다는 문제가 있다. 함수 타입의 파라미터에 대한 기본값으로 람다식을 넣어 이런 문제를 해결할 수 있다.

리스트 10.5 함수 타입의 파라미터에 대한 기본값 지정하기

```kotlin
fun <T> Collection<T>.joinToString(
    separator: String = ", ",
    prefix: String = "",
    postfix: String = "",
    transform: (T) -> String = { it.toString() }   ◀── 함수 타입 파라미터를 선언하면서
):  String {                                            람다를 기본값으로 지정한다.
    val result = StringBuilder(prefix)

    for ((index, element) in this.withIndex())
        if (index > 0) result.append(separator)
        result.append(transform(element))   ◀── tranform 파라미터에 대한
    }                                           인자로 받은 함수를 호출한다.

    result.append(postfix)
    return result.toString()
}

fun main() {
    val letters = listOf("Alpha", "Beta")
    println(letters.joinToString())   ◀── 디폴트 변환 함수를 사용한다.
    // Alpha, Beta
    println(letters.joinToString { it.lowercase() })  ◀── 람다를 인자로 전달한다.
    // alpha, beta
    println(letters.joinToString(separator = "! ", postfix = "! ",
        transform = { it.uppercase() }))   ◀── 이름 붙은 인자 구문을 사용해 람다를
    // ALPHA! BETA!                             포함하는 여러 인자를 전달한다.
}
```

이 함수가 제네릭 함수라는 점에 유의한다. 따라서 컬렉션의 원소 타입을 표현하는 T를 타입 파라미터로 받는다. transform 람다는 그 T 타입의 값을 인자로 받는다.

함수 타입에 대한 기본값을 선언할 때 특별한 구문이 필요하지는 않다. 다른 디폴트 파라미터 값과 마찬가지로 함수 타입에 대한 기본값 선언도 = 뒤에 람다를 넣으면 된다. 리스트 10.5는 joinToString 함수를 호출하는 여러 방법을 보여준다. 람다

를 아예 생략하거나(이 경우 디폴트인 toString() 변환이 쓰인다), 인자 목록 뒤에 람다를 넣거나(람다가 joinToString 함수의 마지막 파라미터다), 이름 붙은 인자로 람다를 전달할 수 있다.

다른 접근 방법으로 널이 될 수 있는 함수 타입을 사용할 수도 있다. 널이 될 수 있는 함수 타입으로 함수를 받으면 그 함수를 직접 호출할 수 없다는 점에 유의한다. 코틀린은 NPE가 발생할 가능성이 있으므로 그런 코드의 컴파일을 거부할 것이다. null 여부를 명시적으로 검사하는 것도 한 가지 해결 방법이다.

```
fun foo(callback: (() -> Unit)?) {
  // ...
  if (callback != null) {
    callback()
  }
}
```

함수 타입이 invoke 메서드를 구현하는 인터페이스라는 사실을 활용하면 이를 더 짧게 만들 수 있다. 일반 메서드처럼 invoke도 안전한 호출 구문으로 callback?.invoke()처럼 호출할 수 있다. 이렇게 안전한 호출을 활용해 joinToString을 다시 쓰면 다음과 같다.

리스트 10.6 널이 될 수 있는 함수 타입 파라미터를 사용하기

```
fun <T> Collection<T>.joinToString(
  separator: String = ", ",
  prefix: String = "",
  postfix: String = "",
  transform: ((T) -> String)? = null      ◀── 널이 될 수 있는 함수 타입의 파라미터를 선언한다.
): String {
  val result = StringBuilder(prefix)

  for ((index, element) in this.withIndex())
    if (index > 0) result.append(separator)
    val str = transform?.invoke(element)      ◀── 안전한 호출을 사용해 함수를 호출한다.
      ?: element.toString()      ◀── 엘비스 연산자를 사용해 람다를 지정하지 않은 경우를 처리한다.
```

```
        result.append(str)
    }
    result.append(postfix)
    return result.toString()
}
```

이 예제는 그림 10.2에서 살펴본 함수 타입 문법을 다시 한 번 떠올리게 해준다. transform은 널이 될 수 있는 함수 타입이지만 그 반환 타입은 널이 될 수 없는 타입이다. transform은 자신이 null이 아니면 String 타입의 널이 아닌 값을 반환한다는 사실을 보장한다.

지금까지 함수를 인자로 받는 함수를 만드는 방법을 살펴봤다. 이제 다른 종류의 고차 함수로, 함수를 반환하는 함수를 살펴보자.

10.1.5 함수를 함수에서 반환

함수가 함수를 반환할 필요가 있는 경우는 함수가 함수를 인자로 받아야 할 필요가 있는 경우보다는 적다. 하지만 함수를 반환하는 함수도 여전히 유용하다. 예를 들어 프로그램의 상태나 다른 조건에 따라 달라질 수 있는 로직이 있다고 생각해보자. 예를 들어 사용자가 선택한 배송 수단에 따라 배송비를 계산하는 방법이 달라질 수 있다. 이럴 때 적절한 로직의 함수를 반환하는 함수를 정의해 사용할 수 있다. 다음 예제는 그런 코드를 보여준다.

리스트 10.7 함수를 반환하는 함수 정의하기

```
enum class Delivery { STANDARD, EXPEDITED }

class Order(val itemCount: Int)
                                                    함수를 반환하는 함수를 선언한다.
fun getShippingCostCalculator(delivery: Delivery): (Order) -> Double {  ◀
    if (delivery == Delivery.EXPEDITED) {
        return { order -> 6 + 2.1 * order.itemCount }   ◀── 함수에서 람다를 반환한다.
```

```kotlin
    }
    return { order -> 1.2 * order.itemCount }    ← 함수에서 람다를 반환한다.
}
fun main() {                                     반환받은 함수를 변수에 저장한다.
    val calculator = getShippingCostCalculator(Delivery.EXPEDITED) ←
    println("Shipping costs ${calculator(Order(3))}")   ← 반환받은 함수를 호출한다.
    // Shipping costs 12.3
}
```

다른 함수를 반환하는 함수를 정의하려면 함수의 반환 타입으로 함수 타입을 지정해야 한다. 리스트 10.7에서 **getShippingCostCalculator** 함수는 **Order**를 받아 **Double**을 반환하는 함수를 반환한다. 함수를 반환하려면 **return** 식에 람다, 멤버 참조, 함수 타입의 값을 계산하는 식(예: 지역 변수) 등을 넣으면 된다.

함수를 반환하는 함수가 유용한 경우를 하나 더 살펴보자. GUI 연락처 관리 앱을 만드는 데 UI의 상태에 따라 어떤 연락처 정보를 표시할지 결정해야 할 필요가 있다고 가정하자. 사용자가 UI의 입력 창에 입력한 문자열로 시작하는 연락처만 화면에 표시한다. 다만 설정에 따라 전화번호 정보가 없는 연락처를 표시하지 말아야 한다. **ContactListFilters** 클래스를 사용해 이런 선택 사항의 상태를 저장한다.

```kotlin
class ContactListFilters {
    var prefix: String = ""
    var onlyWithPhoneNumber: Boolean = false
}
```

이름이나 성이 D로 시작하는 연락처를 보기 위해 사용자가 D를 입력하면 **prefix** 값이 변한다. 인스턴스의 상태를 변화시키는 로직은 생략한다(완전한 UI 애플리케이션 코드는 이 책에서 보여주기에는 너무 길기 때문에 여기서는 단순화한 예제만 제공한다).

연락처 목록 표시 로직과 연락처 필터링 UI를 분리하기 위해 다음 리스트처럼 연락처 목록을 필터링하는 술어 함수를 만드는 함수를 정의할 수 있다. 이 술어 함수는 이름과 성의 접두사를 검사하고 필요하면 전화번호가 연락처에 있는지도 검사한다.

리스트 10.8 함수를 반환하는 함수를 UI 코드에서 사용하기

```kotlin
data class Person(
    val firstName: String,
    val lastName: String,
    val phoneNumber: String?
)

class ContactListFilters {
    var prefix: String = ""
    var onlyWithPhoneNumber: Boolean = false

    fun getPredicate(): (Person) -> Boolean {        // ← 함수를 반환하는 함수를 정의한다.
        val startsWithPrefix = { p: Person ->
            p.firstName.startsWith(prefix) || p.lastName.startsWith(prefix)
        }
        if (!onlyWithPhoneNumber) {
            return startsWithPrefix                  // ← 함수 타입의 변수를 반환한다.
        }
        return { startsWithPrefix(it)
                && it.phoneNumber != null }          // ← 이 함수는 람다를 반환한다.
    }
}

fun main() {
    val contacts = listOf(
        Person("Dmitry", "Jemerov", "123-4567"),
        Person("Svetlana", "Isakova", null)
    )
    val contactListFilters = ContactListFilters()
    with (contactListFilters) {
        prefix = "Dm"
        onlyWithPhoneNumber = true
    }
    println(
        contacts.filter(contactListFilters.getPredicate())   // ← getPredicate가 반환한 함수를 filter에 인자로 넘긴다.
    )
}
```

```
// [Person(firstName=Dmitry, lastName=Jemerov, phoneNumber=123-4567)]
}
```

getPredicate 메서드는 filter 함수에 인자로 넘길 수 있는 함수를 반환한다. 코틀린에서는 문자열과 같은 일반 타입의 값과 마찬가지로 함수에서 함수를 쉽게 반환할 수 있다.

고차 함수는 코드 구조를 개선하고 중복을 없앨 때 쓸 수 있는 아주 강력한 도구다. 이제 람다를 사용해 코드에서 반복되는 코드를 별도로 추출하는 방법을 살펴보자.

10.1.6 람다를 활용해 중복을 줄여 코드 재사용성 높이기

함수 타입과 람다식은 재사용하기 좋은 코드를 만들 때 쓸 수 있는 훌륭한 도구다. 람다를 사용할 수 없는 환경에서는 아주 복잡한 구조를 만들어야만 피할 수 있는 코드 중복도 람다를 활용하면 간결하고 쉽게 제거할 수 있다.

웹 사이트 방문 기록을 분석하는 예를 살펴보자. SiteVisit에는 방문한 사이트의 경로, 사이트에서 머문 시간, 사용자의 운영체제[os]가 들어있다. 여러 OS를 이넘[enum]을 사용해 표현한다.

리스트 10.9 사이트 방문 데이터 정의

```
data class SiteVisit(
    val path: String,
    val duration: Double,
    val os: OS
)
enum class OS { WINDOWS, LINUX, MAC, IOS, ANDROID }

val log = listOf(
    SiteVisit("/", 34.0, OS.WINDOWS),
    SiteVisit("/", 22.0, OS.MAC),
    SiteVisit("/login", 12.0, OS.WINDOWS),
```

```
    SiteVisit("/signup", 8.0, OS.IOS),
    SiteVisit("/", 16.3, OS.ANDROID)
)
```

윈도우 사용자의 평균 방문 시간을 출력할 필요가 있다고 하자. average 함수를 사용하면 쉽게 그런 작업을 수행할 수 있다.

리스트 10.10 사이트 방문 데이터를 하드코딩한 필터를 사용해 분석하기

```
val averageWindowsDuration = log
    .filter { it.os == OS.WINDOWS }
    .map(SiteVisit::duration)
    .average()

fun main() {
    println(averageWindowsDuration)
    // 23.0
}
```

이제 맥 사용자에 대해 같은 통계를 구하고 싶다. 중복을 피하기 위해 OS를 파라미터로 뽑아낼 수 있다.

리스트 10.11 일반 함수를 통해 중복 제거하기

```
fun List<SiteVisit>.averageDurationFor(os: OS) =      ◀── 중복 코드를 별도 함수로 추출한다.
    filter { it.os == os }.map(SiteVisit::duration).average()

fun main() {
    println(log.averageDurationFor(OS.WINDOWS))
    // 23.0
    println(log.averageDurationFor(OS.MAC))
    // 22.0
}
```

이 함수를 확장으로 정의함에 따라 가독성이 얼마나 좋아졌는지 살펴보자. 이 함수가 어떤 함수 내부에서만 쓰인다면 이를 로컬 확장 함수로 정의할 수도 있다.
하지만 이 함수는 충분히 강력하지 않다. 모바일 디바이스 사용자(현재는 iOS와 안드로이드 사용자만 존재한다는 사실을 알 수 있다)의 평균 방문 시간을 구하고 싶다면 어떻게 해야 할까?

리스트 10.12 복잡하게 하드코딩한 필터를 사용해 방문 데이터 분석하기

```
fun main() {
  val averageMobileDuration = log
      .filter { it.os in setOf(OS.IOS, OS.ANDROID) }
      .map(SiteVisit::duration)
      .average()
  println(averageMobileDuration)
  // 12.15
}
```

플랫폼을 표현하는 간단한 파라미터로는 이런 상황을 처리할 수 없다. 게다가 "iOS 사용자의 /signup 페이지 평균 방문 시간은?"과 같이 더 복잡한 질의를 사용해 방문 기록을 분석하고 싶을 때도 있을 수 있다. 이럴 때 람다가 유용하다. 함수 타입을 사용하면 필요한 조건을 파라미터로 뽑아낼 수 있다.

리스트 10.13 고차 함수를 사용해 중복 제거하기

```
fun List<SiteVisit>.averageDurationFor(predicate: (SiteVisit) -> Boolean) =
    filter(predicate).map(SiteVisit::duration).average()
fun main() {
  println(
    log.averageDurationFor {
        it.os in setOf(OS.ANDROID, OS.IOS)
    }
  )
  // 12.15
  println(
    log.averageDurationFor {
```

```
            it.os == OS.IOS && it.path == "/signup"
        }
    )
    // 8.0
}
```

코드 중복을 줄일 때 함수 타입이 상당히 도움이 된다. 코드의 일부분을 복사해 붙여 넣고 싶은 경우가 있다면 그 코드를 람다로 만들면 중복을 제거할 수 있을 것이다. 람다를 사용하면 데이터의 반복을 추출할 수 있을 뿐 아니라 반복적인 행동도 추출할 수 있다.

> **노트**
>
> 일부 잘 알려진 (객체지향) 디자인 패턴을 함수 타입과 람다식을 사용해 단순화할 수 있다. 전략 패턴을 생각해보자. 람다식이 없다면 인터페이스를 선언하고 구현 클래스를 통해 전략을 정의해야 한다. 언어가 함수 타입을 지원하면 일반 함수 타입을 사용해 전략을 표현할 수 있고 경우에 따라 다른 람다식을 넘김으로써 여러 전략을 전달할 수 있다.

지금까지 고차 함수를 만드는 방법을 설명했다. 이제 고차 함수의 성능을 얘기해보자. 고차 함수를 여기저기 활용하면 전통적인 루프와 조건문을 사용할 때보다 더 느려지지 않을까? 다음 절에서는 람다를 활용한다고 코드가 항상 더 느려지지는 않는다는 사실을 설명하고 `inline` 키워드를 통해 어떻게 람다의 성능을 개선하는지 보여준다.

10.2 인라인 함수를 사용해 람다의 부가 비용 없애기

코틀린에서 람다를 함수 인자로 넘기는 구문이 `if`나 `for`와 같은 일반 문장과 비슷하다는 사실을 여러분도 눈치 챘을 것이다. 5장에서 살펴본 `with`와 `apply` 함수가 그런 예다. 하지만 람다를 활용한 코드의 성능은 어떨까? 혹시 겉보기엔 일반 문장과 똑같지만 실행해보면 훨씬 느리게 작동해서 유쾌하지 않은 놀라움을 선사하고 있는 것은 아닐까?

5장에서 코틀린이 보통 람다를 익명 클래스로 컴파일한다고 설명했다. 그렇지만 이는 람다식마다 새로운 클래스가 생기고 람다가 변수를 캡처한 경우 람다 정의가 포함된 코드를 호출하는 시점마다 새로운 객체가 생긴다는 뜻이라는 사실도 설명했다. 이로 인해 부가 비용이 든다. 따라서 람다를 사용하는 구현은 똑같은 코드를 직접 실행하는 함수보다 덜 효율적이다.

그렇다면 반복되는 코드를 별도의 라이브러리 함수로 빼내되 직접 실행될 때만큼 효율적인 코드를 컴파일러가 생성하게 만들 수는 없을까? 사실 코틀린 컴파일러에서는 그런 일이 가능하다. inline 변경자를 어떤 함수에 붙이면 컴파일러는 그 함수가 쓰이는 위치에 함수 호출을 생성하는 대신에 함수를 구현하는 코드로 바꿔치기 해준다. 이 과정을 자세히 탐구해보고 구체적인 예제를 살펴보자.

10.2.1 인라이닝이 작동하는 방식

어떤 함수를 inline으로 선언하면 그 함수의 본문이 인라인된다. 다른 말로 하면 함수를 호출하는 코드를 함수를 호출하는 바이트코드 대신에 함수 본문을 번역한 바이트코드로 컴파일한다는 뜻이다. 그 결과를 이해하기 위해 예제를 살펴보자.

리스트 10.14의 함수는 다중 스레드 환경에서 어떤 공유 자원에 대한 동시 접근을 막기 위한 것이다. 이 함수는 Lock 객체를 잠그고 주어진 코드 블록을 실행한 다음에 Lock 객체에 대한 잠금을 해제한다.

리스트 10.14 인라인 함수 정의하기

```
import java.util.concurrent.locks.Lock
import java.util.concurrent.locks.ReentrantLock

inline fun <T> synchronized(lock: Lock, action: () -> T): T {
    lock.lock()
    try {
        return action()
```

◀ inline으로 표시된 함수를 호출하는 부분은 그 함수의 본문으로 치환된다.

```
    }
    finally {
      lock.unlock()
    }
  }
}
fun main() {
  val l = ReentrantLock()
  synchronized(l) {
    // ...
  }
}
```

이 함수를 호출하는 코드는 자바의 synchronized 문과 똑같아 보인다. 자바에서는 임의의 객체에 대해 synchronized를 사용할 수 있지만 이 함수는 Lock 클래스의 인스턴스를 요구한다는 점이 유일한 차이점이다. 여기서 보여준 정의는 단지 예일 뿐이다. 코틀린 표준 라이브러리는 아무 타입의 객체나 인자로 받을 수 있는 synchronized 함수를 제공한다.

하지만 동기화에 명시적인 락을 사용하면 더 신뢰할 수 있고 관리하기 쉬운 코드를 만들 수 있다. 10.2.5절에서 코틀린 표준 라이브러리가 제공하는 withLock 함수를 소개한다. 락을 건 상태에서 코드를 실행해야 한다면 withLock을 우선 고려해야 한다.

synchronized 함수를 inline으로 선언했으므로 synchronized를 호출하는 코드는 모두 자바의 synchronized 문과 같아진다. synchronized()를 사용하는 다음 예제를 생각해보자.

```
fun foo(l: Lock) {
  println("Before sync")
  synchronized(l) {
    println("Action")
  }
  println("After sync")
}
```

그림 10.5는 이 코틀린 코드와 동등한 코드를 보여준다. 이 코드는 앞의 코드와 같은 바이트코드를 만들어낸다.

synchronized 함수의 본문뿐 아니라 synchronized에 전달된 람다의 본문도 함께 인라이닝된다는 점에 유의하자. 람다의 본문에 의해 만들어지는 바이트코드는 그 람다를 호출하는 코드(synchronized) 정의의 일부분으로 간주되기 때문에 코틀린 컴파일러는 그 람다를 함수 인터페이스를 구현하는 익명 클래스로 감싸지 않는다.

```
fun __foo__(l: Lock) {
    println("Before sync")       ← synchronized 함수를 호출하는
                                    foo 함수의 코드
    l.lock()
    try {                         ← synchronized 함수가 인라이닝된 코드
        println("Action")        ← 람다 코드의 본문이 인라이닝된 코드
    } finally {
        l.unlock()
    }
    println("After sync")
}
```

그림 10.5 foo 함수를 컴파일한 버전

인라인 함수를 호출하면서 람다를 넘기는 대신에 함수 타입의 변수를 넘길 수도 있다.

```
class LockOwner(val lock: Lock) {
    fun runUnderLock(body: () -> Unit) {
        synchronized(lock, body)        ← 람다 대신에 함수 타입인 변수를 인자로 넘긴다.
    }
}
```

이런 경우 인라인 함수를 호출하는 코드 위치에서는 변수에 저장된 람다의 코드를 알 수 없다. 따라서 람다 본문은 인라이닝되지 않는다. 대신 synchronized 함수의 본문만 인라이닝된다. 따라서 람다는 다른 일반적인 경우와 마찬가지로 호출된다. runUnderLock은 다음 함수와 비슷한 바이트코드로 컴파일된다.

```
class LockOwner(val lock: Lock) {
  fun __runUnderLock__(body: () -> Unit) {    ← 이 함수는 실제 runUnderLock을
    lock.lock()                                  컴파일한 바이트코드와 비슷하다.
    try {
      body()                                  ← synchronized를 호출하는 부분에서 람다를 알
    }                                            수 없으므로 람다 본문은 인라이닝되지 않는다.
    finally {
      lock.unlock()
    }
  }
}
```

하나의 인라인 함수를 두 곳에서 각각 다른 람다를 사용해 호출한다면 그 두 호출은 각각 따로 인라이닝된다. 인라인 함수의 본문 코드가 호출 지점에 복사되고 각 람다의 본문이 인라인 함수의 본문 코드에서 람다를 사용하는 위치에 복사된다.

함수에 더해 프로퍼티 접근자(get, set)에도 inline을 붙일 수 있다. 코틀린을 실체화한 제네릭reified generic에서 이런 기능이 유용하다. 이에 대한 예제와 자세한 내용을 11장에서 다룬다.

10.2.2 인라인 함수의 제약

인라이닝을 하는 방식으로 인해 람다를 사용하는 모든 함수를 인라이닝할 수는 없다. 함수가 인라이닝될 때 그 함수에 인자로 전달된 람다식의 본문은 결과 코드에 직접 들어갈 수 있다. 하지만 이렇게 람다가 본문에 직접 펼쳐지기 때문에 함수가 파라미터로 전달받은 람다를 본문에 사용하는 방식이 한정될 수밖에 없다. 함수 본문에서 파라미터로 받은 람다를 호출한다면 그 호출을 쉽게 람다 본문으로 바꿀 수 있다. 하지만 파라미터로 받은 람다를 다른 변수에 저장하고 나중에 그 변수를 사용한다면 람다를 표현하는 객체가 어딘가는 존재해야 하기 때문에 람다를 인라이닝할 수 없다.

```
class FunctionStorage {
    var myStoredFunction: ((Int) -> Unit)? = null
    inline fun storeFunction(f: (Int) -> Unit) {
        myStoredFunction = f
    }
}
```

> 전달된 파라미터를 저장한다. 따라서 컴파일러는 모든 호출 지점에서 이 코드를 대치할 수 없기 때문에 인라인 파라미터 f를 잘못 사용한다는 오류를 보고한다.

일반적으로 인라인 함수의 본문에서 람다식을 바로 호출하거나 다른 인라인 함수의 인자로 전달하는 경우에는 그 람다를 인라이닝할 수 있다. 그런 경우가 아니라면 컴파일러는 "Illegal usage of inline-parameter"라는 메시지와 함께 인라이닝을 금지시킨다.

예를 들어 시퀀스에 대해 동작하는 메서드 중에는 람다를 받아 모든 시퀀스 원소에 그 람다를 적용한 새 시퀀스를 반환하는 함수가 많다. 다음은 Sequence.map 정의를 보여준다.

```
fun <T, R> Sequence<T>.map(transform: (T) -> R): Sequence<R> {
    return TransformingSequence(this, transform)
}
```

이 map 함수는 transform 파라미터로 전달받은 함수 값을 호출하지 않는 대신, TransformingSequence라는 클래스의 생성자에게 그 함수 값을 넘긴다. TransformingSequence 생성자는 전달 받은 람다를 프로퍼티로 저장한다. 이런 기능을 지원하려면 map에 전달되는 transform 인자를 일반적인 함수 표현, 즉 함수 인터페이스를 구현하는 익명 클래스 인스턴스로 만들 수밖에 없다.

둘 이상의 람다를 인자로 받는 함수에서 일부 람다만 인라이닝하고 싶을 때도 있다. 예를 들어 어떤 람다에 너무 많은 코드가 들어가거나 어떤 람다에 인라이닝을 하면 안 되는 코드가 들어갈 가능성이 있는 경우가 그렇다. 이런 식으로 인라이닝하면 안 되는 람다를 파라미터로 받는다면 noinline 변경자를 파라미터 이름 앞에 붙여 인라이닝을 금지할 수 있다.

```
inline fun foo(inlined: () -> Unit, noinline notInlined: () -> Unit) {
  // ...
}
```

컴파일러는 모듈이나 서드파티 라이브러리 안에서 정의된 인라인 함수도 완전히 지원한다. 또한 자바에서도 코틀린에서 정의한 인라인 함수를 호출할 수 있다. 이런 경우 컴파일러는 인라인 함수를 인라이닝하지 않고 일반 함수 호출로 컴파일한다. 11장에서는 **noline**을 사용하는 것이 타당한 상황을 몇 가지 볼 수 있다(하지만 자바 상호운용성에 약간 제약이 있다).

10.2.3 컬렉션 연산 인라이닝

컬렉션에 대해 작용하는 코틀린 표준 라이브러리의 성능을 살펴보자. 코틀린 표준 라이브러리의 컬렉션 함수는 대부분 람다를 인자로 받는다. 표준 라이브러리 함수를 사용하지 않고 직접 이런 연산을 구현한다면 더 효율적이지 않을까? 예를 들어 사람의 리스트를 걸러내는 2가지 방법을 다음 두 리스트에서 비교해보자.

리스트 10.15 람다를 사용해 컬렉션 거르기

```
data class Person(val name: String, val age: Int)

val people = listOf(Person("Alice", 29), Person("Bob", 31))

fun main() {
  println(people.filter { it.age < 30 })
  // [Person(name=Alice, age=29)]
}
```

이 예제를 람다식을 사용하지 않게 다시 쓰면 다음과 같다.

리스트 10.16 컬렉션을 직접 거르기

```
fun main() {
```

```
    val result = mutableListOf<Person>()
    for (person in people) {
        if (person.age < 30) result.add(person)
    }
    println(result)
    // [Person(name=Alice, age=29)]
}
```

코틀린에서 `filter` 함수는 인라인 함수다. 따라서 `filter` 함수의 바이트코드는 그 함수에 전달된 람다 본문의 바이트코드와 함께 `filter`를 호출한 위치에 인라이닝된다. 그 결과 앞 예제에서 `filter`를 써서 생긴 바이트코드와 뒤 예제에서 생긴 바이트코드는 거의 같다. 여러분은 코틀린다운 연산을 컬렉션에 대해 안전하게 사용할 수 있고, 코틀린이 제공하는 함수 인라이닝을 믿고 성능에 신경 쓰지 않아도 된다.

`filter`와 `map`을 연쇄해서 사용하면 어떻게 될까?

```
fun main() {
    println(
        people.filter { it.age > 30 }
            .map(Person::name)
    )
    // [Bob]
}
```

이 예제는 람다식과 멤버 참조를 사용한다. 여기서 사용한 `filter`와 `map`은 인라인 함수다. 따라서 그 두 함수의 본문은 인라이닝되며 추가 객체나 클래스 생성은 없다. 하지만 이 코드는 리스트를 걸러낸 결과를 저장하는 중간 리스트를 만든다. `filter` 함수에서 만들어진 코드는 원소를 중간 리스트에 추가하고 `map` 함수에서 만들어진 코드는 중간 리스트를 읽어 사용한다.

처리할 원소가 많아지면 중간 리스트를 사용하는 부가 비용도 걱정할 만큼 커진다. `asSequence`를 통해 리스트 대신 시퀀스를 사용하면 중간 리스트로 인한 부가 비용은 줄어든다. 시퀀스는 6장에서 다뤘지만 10.2.2절에서 살펴본 것처럼 시퀀스에 사용된 람다는 인라이닝되지 않는다. 각 중간 시퀀스는 람다를 필드에 저장하는 객체로 표현되며, 최종 연산은 중간 시퀀스에 있는 여러 람다를 연쇄 호출하기 때문이다. 따라서 지연 계산을 통해 성능을 향상시키려는 이유로 모든 컬렉션 연산에 asSequence를 붙이려고 해서는 안 된다. 시퀀스 연산에서는 람다가 인라이닝되지 않기 때문에 크기가 작은 컬렉션은 오히려 일반 컬렉션 연산이 더 성능이 나을 수도 있다. 시퀀스를 통해 성능을 향상시킬 수 있는 경우는 컬렉션 크기가 큰 경우뿐이다.

10.2.4 언제 함수를 인라인으로 선언할지 결정

inline 키워드의 이점을 배우고 나면 코드를 더 빠르게 만들기 위해 코드 여기저기에서 inline을 사용하고 싶어질 것이다. 하지만 사실 이는 좋은 생각이 아니다. inline 키워드를 사용해도 람다를 인자로 받는 함수만 성능이 좋아질 가능성이 높다. 다른 경우에는 주의 깊게 애플리케이션의 성능을 프로파일링하고, 측정하고, 조사해봐야 한다.

일반 함수 호출의 경우 JVM은 이미 강력하게 인라이닝을 지원한다. JVM은 코드 실행을 분석해서 가장 이익이 되는 방향으로 호출을 인라이닝한다. 이런 과정은 바이트코드를 실제 기계어 코드로 번역하는 과정(JIT)에서 일어난다. 바이트코드에서는 각 함수 구현이 정확히 한 번만 있으면 되고 그 함수를 호출하는 모든 부분에 따로 코드를 중복할 필요가 없다. 반면 코틀린 인라인 함수는 바이트코드에서 각 함수 호출 지점을 함수 본문으로 대치하기 때문에 코드 중복이 생긴다. 게다가 함수를 직접 호출하면 스택 트레이스가 더 깔끔해진다.

반면 람다를 인자로 받는 함수를 인라이닝하면 이익이 더 많다. 첫째로 인라이닝을 통해 없앨 수 있는 부가 비용이 상당하다. 함수 호출 비용을 줄일 수 있을 뿐 아니라 람다를 표현하는 클래스와 람다 인스턴스에 해당하는 객체를 만들 필요도 없어진다. 둘째로 현재의 JVM은 함수 호출과 람다를 인라이닝해줄 정도로 똑똑하지는 못하다. 마지막으로 인라이닝을 사용하면 일반 람다에서는 사용할 수 없는 몇 가지 기능을 사용할 수 있다. 그런 기능 중에는 이번 장 뒤에서 설명할 비로컬$^{non\text{-}local}$ return이 있다.

하지만 inline 변경자를 함수에 붙일 때는 코드 크기에 주의를 기울여야 한다. 인라이닝하는 함수가 큰 경우 함수의 본문에 해당하는 바이트코드를 모든 호출 지점에 복사해 넣으면 바이트코드가 전체적으로 아주 커질 수 있다. 그런 경우 람다 인자와 무관한 코드를 별도의 비인라인 함수로 빼낼 수도 있다. 코틀린 표준 라이브러리가 제공하는 inline 함수를 보면 모두 크기가 아주 작다는 사실을 알 수 있을 것이다. 다음으로는 고차 함수를 사용해 코드를 더 개선하는 방법을 살펴보자.

10.2.5 withLock, use, useLines로 자원 관리를 위해 인라인된 람다 사용

람다로 중복을 없앨 수 있는 일반적인 패턴 중 한 가지는 어떤 작업을 하기 전에 자원을 획득하고 작업을 마친 후 자원을 해제하는 자원 관리다. 여기서 자원^{resource}은 파일, 락, 데이터베이스 트랜잭션 등 다른 여러 대상을 가리킬 수 있다. 자원 관리 패턴을 만들 때 보통 사용하는 방법은 try/finally 문을 사용하되 try 블록을 시작하기 직전에 자원을 획득하고 finally 블록에서 자원을 해제하는 것이다.

10.2.1절에서 try/finally 문의 로직을 함수로 캡슐화하고 자원을 사용하는 코드를 람다식으로 함수에 전달하는 예제를 본 적이 있다. 예제에는 자바의 synchronized 문과 똑같은 구문을 제공하는 synchronized 함수가 있었다. synchronized 함수는 락 객체를 인자로 취한다. 코틀린 라이브러리에는 좀 더 코틀린다운 API를 통해 같은 기능을 제공하는 withLock이라는 함수도 있다. withLock은 Lock 인터페이스의 확장 함수다. 다음은 withLock 사용법이다.

```
val l: Lock = ReentrantLock()
l.withLock {          ◀── 락을 잠근 다음에 주어진 동작을 수행한다.
```

```
    // 락에 의해 보호되는 자원을 사용한다.
}
```

다음은 코틀린 라이브러리에 있는 withLock 함수 정의다.

```
fun <T> Lock.withLock(action: () -> T): T {    ◀── 락을 획득한 후 작업하는 숙어를
    lock()                                          별도의 함수로 분리한다.
    try {
        return action()
    } finally {
        unlock()
    }
}
```

14.7.4절에서 코틀린 코루틴과 동시성 프로그래밍을 깊이 다룰 때 Mutex를 보게 된다. Mutex도 여러분이 방금 Lock에 대해 배운 것과 비슷한 방식의 withLock 함수를 제공한다.

이런 패턴을 사용할 수 있는 다른 유형의 자원으로 파일이 있다. 리스트 10.17은 파일의 첫 줄을 읽는 코틀린 함수를 보여준다. use 함수는 닫을 수 있는 자원(Closable 인터페이스를 구현한 객체)에 대해 호출하는 확장 함수다. 이 함수는 람다를 호출하고 사용 후 자원이 확실히 닫히게 한다. 이때 람다가 정상적으로 끝났는지 아니면 예외를 던지면서 끝났는지는 관계없다. 이 예제에서 use는 사용한 다음에 BufferedReader와 FileReader(모두 Closeable 인터페이스를 구현)가 닫히도록 보장한다.

리스트 10.17 use 함수를 자원 관리에 활용하기

```
import java.io.BufferedReader
import java.io.FileReader
fun readFirstLineFromFile(fileName: String): String {    BufferedReader 객체를 만들고 use
    BufferedReader(FileReader(fileName)).use { br ->  ◀── 함수를 호출하면서 파일에 대한 연산을
                                                         실행할 람다를 넘긴다.
        return br.readLine()    ◀── 자원(파일)에서 맨 처음 가져온 한 줄을 반환한다.
```

                }
            }

물론 use 함수는 인라인 함수이며, 그렇기 때문에 성능에는 영향이 없다.

다른 많은 경우와 마찬가지로 코틀린 표준 라이브러리에는 더 특화된 확장 함수가 들어있다. use는 Closeable과 함께 쓰이지만 useLines는 File과 Path 객체에 대해 정의돼 있고, 람다가 문자열 시퀀스에 접근하게 해준다(6장에서 이미 살펴봤다). 이를 통해 코드를 더 간결하고 코틀린답게 만들 수 있다.

리스트 10.18 특화된 userLines 확장 함수

```
import kotlin.io.path.Path
import kotlin.io.path.useLines

fun readFirstLineFromFile(fileName: String): String {
    Path(fileName).useLines {
        return it.first()         ◀── it은 입력 파일의 각 줄이
    }                                 들어있는 문자열의 리스트다.
}
```

코틀린에서는 try-with-resources를 사용하지 말라

자바에는 파일 등 닫을 수 있는 자원에 사용할 수 있는 try-with-resources 구문이 있다. 파일의 첫 줄을 읽는 리스트 10.17과 동등한 자바 코드는 다음과 같다.

```
/* 자바 코드 */
static String readFirstLineFromFile(String fileName) throws IOException {
    try (BufferedReader br =
             new BufferedReader(new FileReader(fileName))) {
        return br.readLine();
    }
}
```

코틀린에서는 use 같은 함수를 사용해 같은 일을 매끄럽게 처리할 수 있기 때문에 이와 동등한 특별한

구문을 제공하지 않는다. 이 또한 고차 함수(람다를 인자로 받는 함수)가 얼마나 다재다능한지 잘 보여준다.

람다의 본문 안에서 (리스트 10.17과 리스트 10.18에서) 사용한 return은 비로컬 return이다. 이 return 문은 람다가 아니라 람다 호출이 본문에 포함된 readFirstLineFromFile 함수를 끝내면서 값을 반환한다. 람다 안에서 return을 어떻게 사용하는지 좀 더 자세히 살펴보자.

10.3 람다에서 반환: 고차 함수에서 흐름 제어

루프와 같은 명령형 코드를 람다로 바꾸기 시작한 독자는 곧 return 문제에 부딪칠 것이다. 루프의 중간에 있는 return 문의 의미를 이해하기는 쉽다. 하지만 그 루프를 filter와 같이 람다를 호출하는 함수로 바꾼다면 어떨까? 그런 경우 (람다 안의) return은 어떻게 동작할까? 몇 가지 예제를 살펴보자.

10.3.1 람다 안의 return 문: 람다를 둘러싼 함수에서 반환

컬렉션에 대한 이터레이션을 2가지 살펴본다. 다음 코드의 실행 결과를 보면 이름이 Alice인 경우에 lookForAlice 함수에서 반환된다는 사실을 분명히 알 수 있다.

리스트 10.19 일반 루프 안에서 return 사용하기

```
data class Person(val name: String, val age: Int)
val people = listOf(Person("Alice", 29), Person("Bob", 31))
fun lookForAlice(people: List<Person>) {
    for (person in people) {
        if (person.name == "Alice") {
```

```
        println("Found!")
        return
      }
  }
  println("Alice is not found")    ← people 안에 앨리스가 없으면 이 줄이 출력된다.
}
fun main() {
  lookForAlice(people)
  // Found!
}
```

이 코드를 forEach 이터레이션으로 바꿔 써도 될까? 그 경우에도 return이 앞 예제와 같은 의미일까? 그렇다. forEach 함수를 대신 써도 안전하다. 다음 예를 살펴보자.

리스트 10.20 forEach에 전달된 람다에서 return 사용하기

```
fun lookForAlice(people: List<Person>) {
  people.forEach {
    if (it.name == "Alice") {
      println("Found!")
      return                ← 리스트 10.19와 마찬가지로
    }                          lookForAlice 함수에서 반환된다.
  }
  println("Alice is not found")
}
```

람다 안에서 return을 사용하면 람다에서만 반환되는 것이 아니라 그 람다를 호출하는 함수가 실행을 끝내고 반환된다. 그렇게 자신을 둘러싸고 있는 블록보다 더 바깥에 있는 다른 블록을 반환하게 만드는 return 문을 비로컬 return이라 부른다.

이 규칙 뒤에 숨어있는 로직을 이해하려면 자바 메서드 안에 있는 for 루프나 synchronized 블록 안에서 return 키워드가 어떻게 동작하는지 살펴보면 된다. 그런 경우 return은 for 루프나 synchronized 블록을 끝내지 않고 메서드를 반환시킨

다. 코틀린은 람다를 인자로 받는 함수 안에서 쓰이는 return이 같은 의미를 유지하게 한다.

이렇게 return이 바깥쪽 함수를 반환시킬 수 있는 때는 람다를 인자로 받는 함수가 인라인 함수인 경우뿐이다. 리스트 10.20에서 forEach는 인라인 함수이므로 람다 본문과 함께 인라이닝된다. 따라서 return 식이 바깥쪽 함수(여기서는 lookForAlice)를 반환시키기 쉽게 컴파일할 수 있다. 하지만 인라이닝되지 않는 함수에 전달되는 람다 안에서 return을 사용할 수는 없다. 인라이닝되지 않는 함수는 람다를 변수에 저장할 수 있기 때문이다. 변수에 저장하는 경우 함수가 반환된 다음에 나중에 람다를 실행할 수도 있어서 원래의 함수를 반환시키기에는 너무 늦은 시점일 수도 있다.

10.3.2 람다로부터 반환: 레이블을 사용한 return

람다식에서도 로컬 return을 사용할 수 있다. 람다 안에서 로컬 return은 for 루프의 break와 비슷한 역할을 한다. 로컬 return은 람다의 실행을 끝내고 람다를 호출했던 코드의 실행을 계속 이어간다. 로컬 return과 비로컬 return을 구분하기 위해 2장에서 간단히 살펴본 레이블label을 사용해야 한다. return으로 실행을 끝내고 싶은 람다식 앞에 레이블을 붙이고, return 키워드 뒤에 그 레이블을 추가해야 한다. 다음 예제는 레이블이 붙은 return을 사용해 name 프로퍼티가 "Alice"가 아닌 원소들을 건너뛴다.

리스트 10.21 레이블을 통해 로컬 return 사용하기

```
fun lookForAlice(people: List<Person>) {
    people.forEach label@{          ◀── 람다식 앞에 레이블을 붙인다.
        if (it.name != "Alice") return@label  ◀── return@label은 앞에서 정의한 레이블을 참조한다.
        print("Found Alice!")      ◀── return이 실행되지 않은 경우에만 이 줄이 출력된다.
    }
}
```

```
fun main() {
    lookForAlice(people)
    // Found Alice!
}
```

람다식에 레이블을 붙이려면 레이블 이름 뒤에 @ 문자를 추가한 것을 람다를 여는 { 앞에 넣으면 된다. 람다에서 반환하려면 return 키워드 뒤에 @ 문자와 레이블을 차례로 추가하면 된다. 이를 그림 10.6에 정리했다.

그림 10.6 람다에 레이블을 붙이거나 return 뒤에 레이블을 붙이기 위해 @를 사용하기

또는 람다를 인자로 받는 인라인 함수의 이름을 return 뒤에 레이블로 사용해도 된다.

리스트 10.22 함수 이름을 return 레이블로 사용하기

```
fun lookForAlice(people: List<Person>) {
    people.forEach {
        if (it.name != "Alice") return@forEach    ◀── return@forEach는 람다식에서
        print("Found Alice!")                          반환시킨다.
    }
}
```

람다식의 레이블을 명시하면 함수 이름을 레이블로 사용할 수 없다는 점에 유의하자. 람다식에는 레이블이 2개 이상 붙을 수 없다.

레이블이 붙은 this 식

this 식의 레이블에도 마찬가지 규칙이 적용된다. 5장에서 수신 객체 지정 람다를 설명했다. 수신 객체 지정 람다의 본문에서는 this 참조를 사용해 수신 객체를 가리킬 수 있다(13장에서 수신 객체 지정 람다를 인자로 받는 함수를 어떻게 작성하는지 설명한다). 수신 객체 지정 람다 앞에 레이블을 붙인 경우 this 뒤에 그 레이블을 붙여 암시적인 수신 객체를 지정할 수 있다.

```
fun main() {
    println(StringBuilder().apply sb@{     ◀── this@sb를 통해 이 람다의 암시적
        listOf(1, 2, 3).apply {                수신 객체에 접근할 수 있다.
            this@sb.append(this.toString())  ◀── this는 이 위치를 둘러싼 가장 안쪽 영역의
        }                                        암시적 수신 객체를 가리킨다.
    })
    // [1, 2, 3]                            ◀── 모든 암시적 수신 객체에 접근할 수 있다.
}                                                다만 바깥쪽 암시적 수신 객체에 접근할
                                                 때는 레이블을 명시해야 한다.
```

레이블 붙은 return과 마찬가지로 이 경우에도 람다 앞에 명시한 레이블을 사용하거나 람다를 인자로 받는 함수 이름을 사용할 수 있다.

하지만 비로컬 return은 장황하고, 람다 안에 return 식이 여럿 들어가야 하는 경우 사용하기 불편하다. 코틀린은 코드 블록을 여기저기 전달하기 위한 다른 해법을 제공한다. 익명 함수가 바로 그 해법이다.

10.3.3 익명 함수: 기본적으로 로컬 return

익명 함수는 람다식을 작성하는 다른 문법적 형태다. 따라서 익명 함수는 다른 함수에 전달할 수 있는 코드 블록을 작성하는 다른 방법이다. 하지만 람다와 익명 함수는 return 식을 쓸 수 있다는 점에서 차이가 있다. 먼저 예제를 하나 살펴보자.

리스트 10.23 익명 함수 안에서 return 사용하기

```
fun lookForAlice(people: List<Person>) {
    people.forEach(fun (person) {        ◀── 람다식 대신 익명 함수를 사용한다.
```

```
        if (person.name == "Alice") return
        println("${person.name} is not Alice")
    })
}
fun main() {
    lookForAlice(people)
    // Bob is not Alice.
}
```

← return은 가장 가까운 함수를 가리키는데, 이 위치에서 가장 가까운 함수는 익명 함수다.

익명 함수는 일반 함수와 비슷해 보인다. 차이는 함수 이름을 생략하고 파라미터 타입을 컴파일러가 추론하게 할 수 있다는 점뿐이다. 다음은 또 다른 예다.

리스트 10.24 filter에 익명 함수 넘기기

```
people.filter(fun (person): Boolean {
    return person.age < 30
})
```

익명 함수도 일반 함수와 같은 반환 타입 지정 규칙을 따른다. 리스트 10.24처럼 블록이 본문인 익명 함수는 반환 타입을 명시해야 하지만 식을 본문으로 하는 익명 함수의 반환 타입은 생략할 수 있다.

리스트 10.25 식이 본문인 익명 함수 사용하기

```
people.filter(fun (person) = person.age < 30)
```

익명 함수 안에서 레이블이 붙지 않은 return 식은 익명 함수 자체를 반환시킬 뿐 익명 함수를 둘러싼 다른 함수를 반환시키지 않는다. 사실 return에 적용되는 규칙은 단순히 return은 fun 키워드를 사용해 정의된 가장 안쪽 함수를 반환시킨다는 것이다. 람다식은 fun을 사용해 정의되지 않으므로 람다 본문의 return은 람다 밖의 함수를 반환시킨다. 익명 함수는 fun을 사용해 정의되므로 그 함수 자신이 바로 가장 안쪽에 있는 fun으로 정의된 함수다. 따라서 익명 함수 본문의 return은 그 익명 함수를 반환시키고, 익명 함수 밖의 다른 함수를 반환시키지 못한다. 그림 10.7에 이 차이를 표시했다.

```
fun lookForAlice(people: List<Person>) {
    people.forEach(fun(person) {
        if (person.name == "Alice") return
    })
}

fun lookForAlice(people: List<Person>) {
    people.forEach {
        if (it.name == "Alice") return
    }
}
```

그림 10.7 return 식은 fun 키워드로 정의된 함수를 반환시킨다.

익명 함수는 일반 함수와 비슷해 보이지만 실제로는 람다식에 대한 문법적 편의일 뿐이다. 일반적으로 여러분은 지금까지 이 책에서 살펴본 람다 구문을 사용할 것이다. 익명 함수는 빠른 **return**이 많이 들어있어서 람다 구문으로 쓸 때 레이블을 많이 붙여야 하는 코드를 짧게 쓸 때 도움이 된다.

람다식의 구현 방법이나 람다식을 인라인 함수에 넘길 때 어떻게 본문이 인라이닝 되는지 등의 규칙은 익명 함수에도 모두 적용할 수 있다.

요약

- 함수 타입을 사용해 함수에 대한 참조를 담는 변수나 파라미터나 반환값을 만들 수 있다.
- 고차 함수는 다른 함수를 인자로 받거나 함수를 반환한다. 함수의 파라미터 타입이나 반환 타입으로 함수 타입을 사용하면 고차 함수를 선언할 수 있다.
- 인라인 함수를 컴파일할 때 컴파일러는 그 함수의 본문과 그 함수에게 전달된 람다의 본문을 컴파일한 바이트코드를 모든 함수 호출 지점에 직접 넣어

준다. 이렇게 만들어지는 바이트코드는 람다를 활용한 인라인 함수 코드를 풀어서 직접 쓴 경우와 비교할 때 아무 부가 비용이 들지 않는다.
- 고차 함수를 사용하면 컴포넌트를 이루는 각 부분의 코드를 더 잘 재사용할 수 있다. 또한 고차 함수를 활용해 강력한 제네릭 범용 라이브러리를 만들 수 있다.
- 인라인 함수에서는 람다 안에 있는 return 문이 바깥쪽 함수를 반환시키는 비로컬 return을 사용할 수 있다.
- 익명 함수는 람다식을 대신할 수 있으며 return 식을 처리하는 규칙이 일반 람다식과는 다르다. 반환 지점에 여럿 있는 코드 블록을 만들어야 한다면 람다 대신 익명 함수를 쓸 수 있다.

11

제네릭스

11장에서 다루는 내용

- 제네릭 함수와 클래스를 정의하는 방법
- 타입 소거와 실체화된 타입 파라미터
- 선언 지점과 사용 지점 변성
- 타입 별명

지금까지 일부 예제에서 제네릭스^{generics}를 사용한 적이 있다. 코틀린에서 제네릭 클래스와 함수를 선언하고 사용하는 기본 개념은 자바와 비슷하다. 따라서 따로 설명하지는 않았지만 지금까지 살펴본 예제 중에서 제네릭스가 쓰였던 일부 예제가 어떤 뜻인지 분명히 이해할 수 있어야 한다. 11장에서는 먼저 이미 살펴본 제네릭스 예제를 몇 가지 다시 살펴보고 좀 더 자세히 설명한다.

그 후 제네릭스를 더 깊이 다루면서 실체화된 타입 파라미터나 선언 지점 변성 등의 새로운 내용을 설명한다. 이런 개념이 어려워 보일 수도 있지만 걱정할 필요는 없다. 이번 장에서 이해하기 쉽게 자세히 설명할 예정이다.

실체화된 타입 파라미터를 사용하면 인라인 함수 호출에서 타입 인자로 쓰인 구체적인 타입을 실행 시점에 알 수 있다(일반 클래스나 함수의 경우 타입 인자 정보가 실행 시점에 사라지기 때문에 이런 일이 불가능하다).

선언 지점 변성을 사용하면 기저 타입은 같지만 타입 인자가 다른 두 제네릭 타입이 있을 때 타입 인자의 상하위 타입 관계에 따라 두 제네릭 타입의 상하위 타입 관계가 어떻게 되는지 지정할 수 있다. 예를 들어 List<Any>를 인자로 받는 함수에 List<Int> 타입의 값을 전달할 수 있을지 여부를 선언 지점 변성을 통해 지정할 수 있다.

사용 지점 변성은 제네릭 타입 값을 사용하는 구체적인 위치에서 같은 목표(제네릭 타입 값 사이의 상하위 타입 관계 지정)를 달성한다. 따라서 자바의 와일드카드와 같은 역할을 한다.

이런 주제를 자세히 살펴보자. 먼저 일반적으로 제네릭 타입 파라미터를 살펴보자.

11.1 타입 인자를 받는 타입 만들기: 제네릭 타입 파라미터

제네릭스를 사용하면 타입 파라미터를 받는 타입을 정의할 수 있다. 제네릭 타입의 인스턴스가 만들어질 때는 타입 파라미터를 구체적인 타입 인자로 치환한다. 예를 들어 List라는 타입이 있다면 원소의 타입을 알면 쓸모가 있다. 타입 파라미터를 사용하면 "이 변수는 리스트다."라고 말하는 대신 정확하게 "이 변수는 문자열을 담는 리스트다."라고 말할 수 있다. 코틀린에서 '문자열을 담는 리스트'를 표현하는 구문은 자바와 마찬가지로 List<String>이다. 클래스에 타입 파라미터가 여럿 있을 수도 있다. 예를 들어 Map 클래스는 키 타입과 값 타입을 타입 파라미터로 받으므로 Map<K, V>가 된다. 이런 제네릭 클래스에 Map<String, Person>처럼 구체적인 타입을 타입 인자로 넘기면 타입을 인스턴스화할 수 있다. 지금까지는 모든 내용이 자바와 똑같아 보인다.

코틀린 컴파일러는 보통 타입과 마찬가지로 타입 인자도 추론할 수 있다.

```
val authors = listOf("Dmitry", "Svetlana")
```

listOf에 전달된 두 값이 문자열이기 때문에 컴파일러는 여기서 생기는 리스트가 List<String>임을 추론한다(IDE는 그림 11.1처럼 이를 시각화하도록 도와준다).

```
val authors: List<String> = listOf("Sveta", "Seb", "Dima", "Roman")
```

그림 11.1 인텔리제이 IDEA와 안드로이드 스튜디오에서 옵션인 인레이 힌트는 추론된 제네릭 타입을 시각화해준다.

반면에 빈 리스트를 만들어야 한다면 타입 인자를 추론할 근거가 없기 때문에 직접 타입 인자를 명시해야 한다. 리스트를 만들 때는 변수의 타입을 지정해도 되고 변수를 만드는 함수의 타입 인자를 지정해도 된다. 다음 예제는 두 방법을 모두 보여준다.

```
val readers: MutableList<String> = mutableListOf()

val readers = mutableListOf<String>()
```

이 두 선언은 동등하다. 컬렉션 생성 함수는 8.2절에서 이미 다뤘다.

> **코틀린에는 로(raw) 타입이 없다**
>
> 자바와 달리 코틀린에서는 제네릭 타입의 타입 인자를 프로그래머가 명시하거나 컴파일러가 추론할 수 있어야 한다. 자바는 1.5에 뒤늦게 제네릭을 도입했기 때문에 이전 버전과 호환성을 유지하기 위해 타입 인자가 없는 제네릭 타입(로 타입(raw type))을 허용한다. 예를 들어 자바에서는 리스트 원소 타입을 지정하지 않고 ArrayList 타입의 변수를 선언할 수도 있다.
>
> ```
> ArrayList aList = new ArrayList();
> ```
>
> 코틀린은 처음부터 제네릭을 도입했기 때문에 로 타입을 지원하지 않고 제네릭 타입의 타입 인자를

항상 정의해야 한다. 여러분의 프로그램이 자바에서 로 타입의 변수를 받는 경우에는 Any! 타입을 제네릭 타입 파라미터로 간주한다. 여기서 Any!는 7.2절에서 살펴본 플랫폼 타입이다.

11.1.1 제네릭 타입과 함께 동작하는 함수와 프로퍼티

리스트^{list}를 다루는 함수를 작성한다면 어떤 특정 타입을 저장하는 리스트뿐 아니라 모든 리스트(제네릭 리스트)를 다룰 수 있는 함수를 원할 것이다. 이럴 때 제네릭 함수를 작성해야 한다. 제네릭 함수는 그 자신이 타입 파라미터를 받는다. 제네릭 함수를 호출할 때는 반드시 구체적 타입으로 타입 인자를 넘겨야 한다.

컬렉션을 다루는 라이브러리 함수는 대부분 제네릭 함수다. 예를 들어 그림 11.2의 slice 함수 선언을 살펴보자. slice 함수는 구체적 범위 안에 든 원소만을 포함하는 새 리스트를 반환한다.

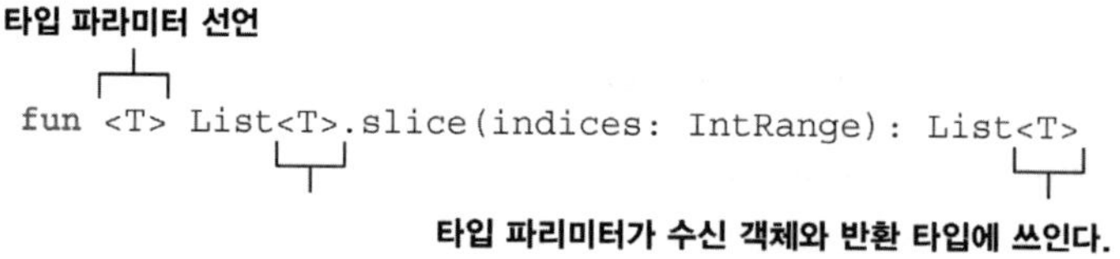

```
        타입 파라미터 선언
          ┌─┐
fun <T> List<T>.slice(indices: IntRange): List<T>
    └─┘  └─┘                              └─┘
        타입 파라미터가 수신 객체와 반환 타입에 쓰인다.
```

그림 11.2 제네릭 함수인 slice는 T를 타입 파라미터로 받기 때문에 임의의 원소 타입인 리스트에 쓰일 수 있다. 타입 파라미터는 확장 함수의 수신 객체 타입과 함수의 반환 타입 양쪽에 쓰였다.

함수의 타입 파라미터 T가 수신 객체와 반환 타입에 쓰인다. 수신 객체와 반환 타입 모두 List<T>다. 이런 함수를 구체적인 리스트에 대해 호출할 때 타입 인자를 명시적으로 지정할 수 있다. 하지만 실제로는 대부분 컴파일러가 타입 인자를 추론할 수 있으므로 그럴 필요가 없다. 다음 예제를 보자.

리스트 11.1 제네릭 함수 호출하기

```
fun main() {
```

```
    val letters = ('a'..'z').toList()
    println(letters.slice<Char>(0..2))      ◀── 타입 인자를 명시적으로 지정한다.
    // [a, b, c]
    println(letters.slice(10..13))          ◀── 컴파일러는 여기서 T가 Char라는 사실을 추론한다.
    // [k, l, m, n]
}
```

이 두 호출의 결과 타입은 모두 List<Char>다. 컴파일러는 반환 타입 List<T>의 T를 자신이 추론한 Char로 치환한다.

10.1.1절에서 filter 함수 정의를 살펴봤다. 그 함수는 (T) -> Boolean 타입의 함수를 파라미터로 받는다. 시그니처는 다음과 같았다.

```
fun <T> List<T>.filter(predicate: (T) -> Boolean): List<T>
```

이 filter 함수를 조금 전 예제에서 살펴본 readers와 authors 변수에 적용하는 부분을 살펴보자.

리스트 11.2 제네릭 고차 함수 호출하기

```
fun main() {
    val authors = listOf("Sveta", "Seb", "Roman", "Dima")
    val readers = mutableListOf<String>("Seb", "Hadi")
    println(readers.filter { it !in authors })
    // [Hadi]
}
```

람다 파라미터에 대해 자동으로 만들어진 변수 it의 타입은 여기서 String이다. 컴파일러는 이를 추론해야만 한다(그리고 추론할 수 있다). 무엇보다 함수 선언에서 람다 파라미터의 타입은 T라는 제네릭 타입이다(여기서 T는 함수 파라미터의 타입 (T) -> Boolean에서 온 타입이다). 컴파일러는 filter가 List<T> 타입의 리스트에 대해 호출될 수 있다는 사실과 filter의 수신 객체인 reader의 실제 타입이 List<String>이라는 사실을 알고 그로부터 T가 String이라는 사실을 추론한다.

클래스나 인터페이스 안에 정의된 메서드, 최상위 함수, 확장 함수에서 타입 파라미터를 선언할 수 있다. 확장 함수에서는 리스트 11.1이나 11.2에서처럼 수신 객체나 파라미터 타입에 타입 파라미터를 사용할 수 있다. 예를 들어 filter는 수신 객체 타입 List<T>와 파라미터 함수 타입 (T) -> Boolean에 타입 파라미터 T를 사용한다.

제네릭 함수를 정의할 때와 마찬가지 구문으로 제네릭 확장 프로퍼티를 선언할 수 있다. 예를 들어 다음은 리스트의 마지막 원소 바로 앞에 있는 원소를 반환하는 확장 프로퍼티다.

```
val <T> List<T>.penultimate: T         ◀── 모든 리스트 타입에 이 제네릭
  get() = this[size - 2]                    확장 프로퍼티를 사용할 수 있다.

fun main() {
  println(listOf(1, 2, 3, 4).penultimate)  ◀── 이 호출에서 타입 파라미터 T는
  // 3                                          Int로 추론된다.
}
```

> **확장 프로퍼티만 제네릭하게 만들 수 있다**
>
> 일반(즉, 확장이 아닌) 프로퍼티는 타입 파라미터를 가질 수 없다. 클래스 프로퍼티에 여러 타입의 값을 저장할 수는 없으므로 제네릭한 일반 프로퍼티는 말이 되지 않는다. 일반 프로퍼티를 제네릭하게 정의하면 컴파일러가 다음과 같은 오류를 표시한다.
>
> ```
> val <T> x: T = TODO()
> // ERROR: type parameter of a property must be used in its receiver type
> ```

이제 제네릭 클래스를 선언하는 방법을 다시 살펴보자.

11.1.2 제네릭 클래스를 홑화살괄호 구문을 사용해 선언한다

자바와 마찬가지로 코틀린에서도 타입 파라미터를 넣은 홑화살괄호(<>)를 클래스나 인터페이스 이름 뒤에 붙이면 해당 클래스나 인터페이스를 제네릭하게 만들 수 있

다. 타입 파라미터를 이름 뒤에 붙이고 나면 클래스 본문 안에서 타입 파라미터를 다른 일반 타입처럼 사용할 수 있다. 표준 자바 인터페이스인 List를 코틀린으로 정의해보자. 단순화를 위해 List의 메서드를 거의 다 생략한다.

```
interface List<T> {                          ◀── List 인터페이스에 T라는 타입 파라미터를 정의한다.
    operator fun get(index: Int): T          ┐ 인터페이스 안에서 T를 일반 타입처럼
    // ...                                   ┘ 사용할 수 있다.
}
```

이번 장의 뒤에서 변성에 대해 설명하면서 이 예제를 더 개선할 것이다. 그때 코틀린 표준 라이브러리의 List를 다시 자세히 설명한다.

제네릭 클래스를 확장하는 클래스(또는 제네릭 인터페이스를 구현하는 클래스)를 정의하려면 기반 타입의 제네릭 파라미터에 대해 타입 인자를 지정해야 한다. 이때 구체적인 타입을 넘길 수도 있고 타입 파라미터로 받은 타입을 넘길 수도 있다.

```
class StringList: List<String> {                          ┐ 이 클래스는 구체적인 타입 인자로
    override fun get(index: Int): String = TODO() ◀──     ┘ String을 지정해 List를 구현한다.
    // ...                                        String을 어떻게 사용하는지 살펴보라.
}
class ArrayList<T> : List<T> {                    ┐ ArrayList의 제네릭 타입 파라미터
    override fun get(index: Int): T = TODO() ◀──  ┘ T를 List의 타입 인자로 넘긴다.
    // ...
}
```

StringList 클래스는 String 타입의 원소만을 포함한다. 따라서 String을 기반 타입 타입 인자로 지정한다. 하위 클래스에서 상위 클래스에 정의된 함수를 오버라이드하거나 사용하려면 타입 인자 T를 구체적 타입 String으로 치환해야 한다. 따라서 StringList에서는 fun get(Int): T가 아니라 fun get(Int): String이라는 시그니처를 사용한다.

ArrayList 클래스는 자신만의 타입 파라미터 T를 정의하면서 그 T를 기반 클래스의 타입 인자로 사용한다. 여기서 ArrayList<T>의 T와 List<T>의 T는 같지 않다. T는

서로 다른 새로운 타입 파라미터이며 이름이 같아야 할 필요는 없다.

심지어 클래스가 자신을 타입 인자로 참조할 수도 있다. Comparable 인터페이스를 구현하는 클래스가 이런 패턴의 예다. 비교 가능한 모든 값은 자신을 같은 타입의 다른 값과 비교하는 방법을 제공해야만 한다.

```
interface Comparable<T> {
    fun compareTo(other: T): Int
}
class String : Comparable<String> {
    override fun compareTo(other: String): Int = TODO()
}
```

String 클래스는 제네릭 Comparable 인터페이스를 구현하면서 그 인터페이스의 타입 파라미터 T로 String 자신을 지정한다.

지금까지 살펴본 코틀린 제네릭스는 자바 제네릭스와 비슷하다. 11.2절과 11.3절에서 코틀린 제네릭스와 자바 제네릭스의 다른 점을 설명한다. 지금은 자바와 비슷한 다른 개념을 살펴보자. 그 개념을 사용하면 비교 가능한 원소를 다룰 때 쓸모 있는 함수를 작성할 수 있다.

11.1.3 제네릭 클래스나 함수가 사용할 수 있는 타입 제한: 타입 파라미터 제약

타입 파라미터 제약^{type parameter constraint}은 클래스나 함수에 사용할 수 있는 타입 인자를 제한하는 기능이다. 예를 들어 리스트에 속한 모든 원소의 합을 구하는 sum 함수를 생각해보자. List<Int>나 List<Double>에 그 함수를 적용할 수 있지만 List<String> 등에는 그 함수를 적용할 수 없다. sum 함수가 타입 파라미터로 숫자 타입만을 허용하도록 정의하면 이런 조건을 표현할 수 있다.

어떤 타입을 제네릭 타입의 타입 파라미터에 대한 상계^{upper bound}로 지정하면 그 제네릭 타입을 인스턴스화할 때 사용하는 타입 인자는 반드시 그 상계 타입이거나 그 상계 타입의 하위 타입이어야 한다(지금은 하위 타입 subtype을 하위 클래스 subclass와 동의어라고 생각하면 된다. 11.3.2절에서 그 둘 사이의 차이를 더 설명한다).

제약을 가하려면 타입 파라미터 이름 뒤에 콜론(:)을 표시하고 그 뒤에 상계 타입을 적으면 된다(그림 11.3 참고). 자바에서는 `<T extends Number> T sum(List<T> list)`처럼 extends를 써서 같은 개념을 표현한다.

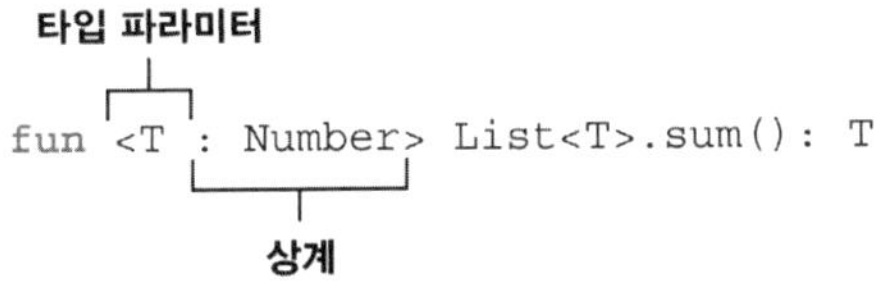

```
          타입 파라미터
           ┌─┐
    fun <T : Number> List<T>.sum(): T
              └────┘
              상계
```

그림 11.3 타입 파라미터 뒤에 상계를 지정함으로써 제약을 정의할 수 있다. 여기서 sum 함수는 상계가 Number인 타입이 원소 타입인 리스트만으로 제한된다.

다음 함수 호출은 실제 타입 인자(Int)가 Number를 확장하므로 합법적이다. Number는 코틀린 표준 라이브러리에서 숫자 타입을 표현하는 모든 클래스의 상위 클래스다.

```
fun main() {
  println(listOf(1, 2, 3).sum())
  // 6
}
```

타입 파라미터 T에 대한 상계를 정하고 나면 T 타입의 값을 그 상계 타입의 값으로 취급할 수 있다. 예를 들면 상계 타입에 정의된 메서드를 T 타입 값에 대해 호출할 수 있다.

```
fun <T : Number> oneHalf(value: T): Double {    ◀── Number를 타입 파라미터 상계로 지정한다.
  return value.toDouble() / 2.0    ◀── Number 클래스에 정의된 메서드를 호출한다.
}
fun main() {
  println(oneHalf(3))
  // 1.5
}
```

이제 두 파라미터 사이에서 더 큰 값을 찾는 제네릭 함수를 작성해보자. 서로를 비교할 수 있어야 최댓값을 찾을 수 있으므로 함수 시그니처에도 두 인자를 서로 비교할 수 있어야 한다는 사실을 지정해야 한다. 다음은 그런 사실을 지정하는 방법을 보여준다. max 함수가 T 타입의 first와 second를 파라미터로 받게 지정하고, T가 Comparable<T>를 구현하게 제약한다. 이를 통해 비교 가능한 T 타입의 객체만 사용할 수 있게 할 수 있다.

리스트 11.3 타입 파라미터를 제약하는 함수 선언하기

```
fun <T: Comparable<T>> max(first: T, second: T): T {      ◀── 이 함수의 인자들은
    return if (first > second) first else second              비교 가능해야 한다.
}

fun main() {
    println(max("kotlin", "java"))
    // kotlin
}
```

max를 비교할 수 없는 값 사이에 호출하면 컴파일 오류가 발생한다.

```
println(max("kotlin", 42))
ERROR: Type parameter bound for T is not satisfied:
    inferred type Any is not a subtype of Comparable<Any>
```

T의 상계 타입은 Comparable<T>다. 앞에서 String이 Comparable<String>을 확장한다는 사실을 봤다. 따라서 String은 max 함수에 적합한 타입 인자다.

first > second라는 식은 9.2.2절에서 살펴본 코틀린 연산자 관례에 따라 first. compareTo(second) > 0이라고 컴파일된다는 점을 기억하라. max 함수에서 first의 타입인 T는 Comparable<T>를 확장하므로 first를 다른 T 타입 값인 second와 비교할 수 있다.

아주 드물지만 타입 파라미터에 대해 둘 이상의 제약을 가해야 하는 경우도 있다.

그런 경우에는 약간 다른 구문을 사용한다. 예를 들어 다음 리스트는 CharSequence의 맨 끝에 마침표(.)가 있는지 검사하는 제네릭 함수다. 이 경우 여러분은 타입 인자가 CharSequence와 Appendable 인터페이스를 모두 구현해야 한다고 지정하고 싶다. 이는 이 데이터의 값에 대해 데이터에 접근하는 연산(endsWith)과 데이터를 변경하는 연산(append)을 모두 사용한다는 뜻이다. CharSequence와 Appendable 인터페이스를 모두 하는 클래스로 StringBuilder가 있다. 이 클래스는 변경 가능한 문자 시퀀스를 표현한다(StringBuilder는 3.2절에서 간략히 다뤘다).

리스트 11.4 타입 파라미터에 여러 제약을 가하기

```
fun <T> ensureTrailingPeriod(seq: T)
    where T : CharSequence, T : Appendable {      ← 타입 파라미터 제약 목록
    if (!seq.endsWith('.')) {                     ← CharSequence 인터페이스에 대해
        seq.append('.')                              정의된 확장 함수를 호출한다.
    }                                             ← Appendable 인터페이스에
}                                                    정의된 메서드를 호출한다.

fun main() {
    val helloWorld = StringBuilder("Hello World")
    ensureTrailingPeriod(helloWorld)
    println(helloWorld)
    //Hello World.
}
```

파라미터 제약을 자주 쓰는 또 다른 경우로 널이 될 수 없는 타입으로 파라미터를 한정하고 싶을 때를 살펴보자.

11.1.4 명시적으로 타입 파라미터를 널이 될 수 없는 타입으로 표시해서 널이 될 수 있는 타입 인자 제외시키기

제네릭 클래스나 함수를 정의하고 그 타입을 인스턴스화할 때는 널이 될 수 있는 타입을 포함하는 어떤 타입으로 타입 인자를 지정해도 타입 파라미터를 치환할 수

있다. 결과적으로 아무런 상계를 정하지 않은 타입 파라미터는 **Any?**를 상계로 정한 파라미터와 같다. 다음 예를 보자.

```
class Processor<T> {
  fun process(value: T) {
    value?.hashCode()    ◀── value는 널이 될 수 있다. 따라서
  }                           안전한 호출을 사용해야만 한다.
}
```

process 함수에서 value 파라미터의 타입 T에는 물음표(?)가 붙어있지 않다. 하지만 T에 해당하는 타입 인자로 널이 될 수 있는 타입을 사용할 수도 있다. T 타입이 널이 될 수 있는 타입이 되지 못하게 막는 아무런 제약이 없기 때문이다.

```
val nullableStringProcessor = Processor<String?>()   ◀── 널이 될 수 있는 타입인
nullableStringProcessor.process(null)  ◀── 이 코드는 잘 컴파일되며   String?이 T를 대신한다.
                                           null을 value 인자로 지정한다.
```

항상 널이 될 수 없는 타입만 타입 인자로 받게 만들려면 타입 파라미터에 제약을 가해야 한다. 널 가능성을 제외한 아무런 제약도 필요 없다면 **Any?** 대신 **Any**를 상계로 사용한다.

```
class Processor<T : Any> {              ◀── 널이 될 수 없는 타입 상계를 지정한다.
  fun process(value: T) {
    value.hashCode()                    ◀── T 타입의 value는 null이 될 수 없다.
  }
}
```

<T : Any>라는 제약은 T 타입이 항상 널이 될 수 없는 타입이 되도록 보장한다. 컴파일러는 타입 인자인 **String?**가 **Any**의 자손 타입이 아니므로 Processor<String?> 같은 코드를 거부한다(String?은 Any?의 자손 타입이며, Any?는 Any보다 덜 구체적인 타입이다).

```
val nullableStringProcessor = Processor<String?>()
// Error: Type argument is not within its bounds: should be subtype of 'Any'
```

Any뿐 아니라 다른 널이 될 수 없는 타입을 사용해 상계를 정해도 타입 파라미터가 널이 아닌 타입으로 제약된다는 점을 기억하라.

> ### 자바와 상호운용할 때 제네릭 타입을 '확실히 널이 될 수 없음'으로 표시하기
>
> 7.12절에서 살펴본 널 가능성 어노테이션이 붙은 자바 제네릭 인터페이스를 구현할 때에 대해 특별히 설명해야 한다. 예를 들어 다음의 제네릭 JBox 인터페이스는 put 메서드의 타입 파라미터로 널이 될 수 없는 T만 사용하도록 제약한다. 여기서 인터페이스 자체에는 전반적으로 T에 대한 제약이 없음에 유의한다. 따라서 putIfNotNull 같은 다른 메서드는 널이 될 수 있는 값을 받아들인다.
>
> ```java
> import org.jetbrains.annotations.NotNull;
>
> public interface JBox<T> {
>     /**
>      * 널이 될 수 없는 값을 박스에 넣는다.
>      */
>     void put(@NotNull T t);
>
>     /**
>      * 널 값이 아닌 경우 값을 박스에 넣고
>      * 널 값인 경우 아무것도 하지 않는다.
>      */
>     void putIfNotNull(T t);
> }
> ```
>
> 지금까지 살펴본 문법으로는 이런 제약을 코틀린 코드로 직접 변환할 수 없다. 코틀린 구현이 제네릭 타입을 T : Any로 제한하면 더 이상 널이 될 수 있는 값을 구현에 사용할 수 없게 되며, 이는 자바의 인터페이스에 주어진 제약과 다른 결과를 가져온다.
>
> ```kotlin
> class KBox<T : Any>: JBox<T> {                    ◄── 제네릭 타입 T를 여기서 널이 될 수 없는
>     override fun put(t: T) { /* ... */ }              타입으로 제약했기 때문에...
>     override fun putIfNotNull(t: T) { /* 문제생김! */ }  ◄──
> }                              ... 여기서 널이 될 수 있는 파라미터를 받도록
>                                그 제약을 완화시킬 수 없다.
> ```
>
> 이런 문제를 해결하기 위해 코틀린은 (제네릭 파라미터를 정의한 최초 위치가 아니라) 타입을 사용하는 지점에서 절대로 널이 될 수 없다고 표시하는 방법을 제공한다. 이런 표시는 문법적으로는 T & Any로 표현된다(다른 언어에서는 교집합 타입으로 보이는 형태다).

```
class KBox<T>: JBox<T> {
    override fun put(t: T & Any) { /* ... */ }
    override fun putIfNotNull(t: T) { /* ... */ }
}
```

절대로 널이 될 수 없는 타입을 사용해 이제는 자바 코드와 똑같은 제약을 코틀린 코드에서도 정의할 수 있다.

지금까지는 코틀린 제네릭스의 기초를 살펴봤다. 대부분의 내용은 자바 제네릭스와 비슷했다. 이제부터 자바 개발자에게 낯익은 다른 주제를 살펴보자. 그 주제는 실행 시점에 제네릭스가 어떻게 동작하는가이다.

11.2 실행 시점 제네릭스 동작: 소거된 타입 파라미터와 실체화된 타입 파라미터

자바 개발자라면 알고 있겠지만 JVM의 제네릭스는 보통 타입 소거(type erasure)를 사용해 구현된다. 이는 실행 시점에 제네릭 클래스의 인스턴스에 타입 인자 정보가 들어있지 않다는 뜻이다. 이번 절에서는 코틀린 타입 소거가 실용적인 면에서 어떤 영향을 미치는지 살펴보고 함수를 inline으로 선언함으로써 이런 제약을 어떻게 우회할 수 있는지 살펴본다. 함수를 inline으로 만들면 타입 인자가 지워지지 않게 할 수 있다(코틀린에서는 이를 실체화됐다(reified)고 한다). 실체화된 타입 파라미터를 자세히 다루고 실체화된 타입 파라미터가 유용한 예제를 살펴본다.

11.2.1 실행 시점에 제네릭 클래스의 타입 정보를 찾을 때 한계: 타입 검사와 캐스팅

자바와 마찬가지로 코틀린 제네릭 타입 인자 정보는 런타임에 지워진다. 이는 제네릭 클래스 인스턴스가 그 인스턴스를 생성할 때 쓰인 타입 인자에 대한 정보를 유지하지 않는다는 뜻이다. 예를 들어 List<String> 객체를 만들고 그 안에 문자열을 여럿 넣더라도 실행 시점에는 그 객체를 오직 List로만 볼 수 있다(자바에서도 똑같은 일이 벌어지는 것을 볼 수 있음). 그 List 객체가 어떤 타입의 원소를 저장하는지 실행 시점에는 알 수 없다(물론 원소를 하나 얻으면 그 타입을 검사할 수는 있지만 여러 원소의 타입이 서로 다를 수 있으므로 아무것도 보장할 수 없다).

다음 코드를 실행할 때 어떤 일이 벌어지는지 생각해보자(그림 11.4 참고).

```
val list1: List<String> = listOf("a", "b")
val list2: List<Int> = listOf(1, 2, 3)
```

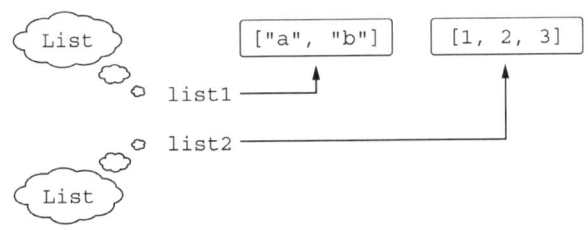

그림 11.4 실행 시점에 list1이나 list2가 문자열이나 정수의 리스트로 선언됐다는 사실을 알 수 없다. 각 객체는 단지 List일 뿐이다. 이로 인해 타입 인자를 다룰 때 한계가 생긴다.

컴파일러는 두 리스트를 서로 다른 타입으로 인식하지만 실행 시점에 그 둘은 완전히 같다(그림 11.4 참고). 그럼에도 보통은 List<String>에는 문자열만 들어있고 List<Int>에는 정수만 들어있다고 가정할 수 있는데, 이는 컴파일러가 타입 인자를 알고 올바른 타입의 값만 각 리스트에 넣도록 보장해주기 때문이다(자바 로 타입을 사용해 리스트에 접근하고 타입 캐스트를 활용하면 컴파일러를 속일 수는 있지만 품이 많이 든다).

다음으로 타입 소거로 인해 생기는 한계를 살펴보자. 타입 인자를 따로 저장하지 않기 때문에 실행 시점에 타입 인자를 검사할 수 없다. 예를 들어 어떤 리스트가 문자열로 이뤄진 리스트인지 다른 객체로 이뤄진 리스트인지를 실행 시점에 검사할 수 없다. 일반적으로 말하자면 is 검사를 통해 타입 인자로 지정한 타입을 검사할 수는 없다. 이런 제약은 코틀린에서 파라미터의 타입 인자에 따라 서로 다른 동작을 해야 하는 함수를 작성하고 싶을 때 문제가 된다.

예를 들어 사용자 입력에 따라 List<String>이나 List<Int>를 반환하는 readNumbersOrWords라는 함수가 있다고 하자. is 검사를 통해 단어 리스트와 숫자 리스트를 구분하려는 시도는 컴파일되지 않는다.

```kotlin
fun readNumbersOrWords(): List<Any> {
    val input = readln()
    val words: List<String> = input.split(",")
    val numbers: List<Int> = words.mapNotNull { it.toIntOrNull() }
    return numbers.ifEmpty { words }
}

fun printList(l: List<Any>) {
    when(l) {
        is List<String> -> println("Strings: $l")   // Error: Cannot check for an instance
        is List<Int> -> println("Integers: $l")     // of erased type이라는 오류 발생
    }
}

fun main() {
    val list = readNumbersOrWords()
    printList(list)
}
```

실행 시점에 어떤 값이 List인지 여부는 확실히 알아낼 수 있지만 그 리스트가 문자열, 사람 등 실제 어떤 타입의 원소가 들어있는 리스트인지는 알 수 없다. 그런 정보는 지워진다. 다만 저장해야 하는 타입 정보의 크기가 줄어들어 애플리케이션의 전체 메모리 사용량이 줄어든다는 제네릭 타입 소거 나름의 장점이 있다.

앞에서 말한 대로 코틀린에서는 타입 인자를 명시하지 않고 제네릭 타입을 사용할 수 없다. 그렇다면 어떤 값이 집합이나 맵이 아니라 리스트라는 사실을 어떻게 확인할 수 있을까? 바로 스타 프로젝션^{star projection} 구문을 사용하면 된다.

```kotlin
if (value is List<*>) { ... }
```

타입 파라미터가 2개 이상이라면 모든 타입 파라미터에 *를 포함시켜야 한다. 스타

프로젝션은 이번 장의 뒤에서 더 자세히 다룬다(그때 스타 프로젝션이라고 부르는 이유도 설명한다). 지금은 인자를 알 수 없는 제네릭 타입을 표현할 때(자바의 List<?>와 비슷함) 스타 프로젝션을 쓴다고만 알아두면 된다. 앞의 예제에서 value가 List임을 알 수는 있지만 그 원소 타입은 알 수 없다.

as나 as? 캐스팅에도 여전히 제네릭 타입을 사용할 수 있다. 하지만 기저 클래스는 같지만 타입 인자가 다른 타입으로 캐스팅해도 여전히 캐스팅에 성공한다는 점을 조심해야 한다. 실행 시점에는 제네릭 타입의 타입 인자를 알 수 없으므로 캐스팅은 항상 성공한다. 그런 타입 캐스팅을 사용하면 컴파일러가 'unchecked cast(검사할 수 없는 캐스팅)'라는 경고를 해준다. 하지만 컴파일러는 단순히 경고만 하고 컴파일을 진행하므로 다음 코드처럼 값을 원하는 제네릭 타입으로 캐스팅해 사용해도 된다.

리스트 11.5 제네릭 타입으로 타입 캐스팅하기

```
fun printSum(c: Collection<*>) {          ── 여기서 Unchecked cast:
    val intList = c as? List<Int>            List(*) to List라는 경고 발생
        ?: throw IllegalArgumentException("List is expected")
    println(intList.sum())
}
```

컴파일러가 캐스팅 관련 경고를 한다는 점을 제외하면 모든 코드가 문제없이 컴파일된다. 정수 리스트나 정수 집합에 대해 printSum을 호출하면 예상처럼 작동한다. 정수 리스트에 대해서는 합계를 출력하고 정수 집합에 대해서는 IllegalArgumentException이 발생한다.

```
fun main() {
    printSum(listOf(1, 2, 3))        ── 예상대로 작동한다.
    // 6
    printSum(setOf(1, 2, 3))         ── 집합은 리스트가 아니므로 예외가 발생한다.
    // IllegalArgumentException: List is expected
}
```

하지만 잘못된 타입의 원소가 들어있는 리스트를 전달하면 실행 시점에 ClassCast Exception이 발생한다.

```
fun main() {
    printSum(listOf("a", "b", "c"))    ◀──  as? 캐스팅은 성공하지만 문자열을 합할 수는
                                             없으므로 나중에 다른 예외가 발생한다.
    // ClassCastException: String cannot be cast to Number
}
```

문자열 리스트를 printSum 함수에 전달하면 발생하는 예외를 좀 더 설명한다. 어떤 값이 List<Int>인지 검사할 수는 없으므로 IllegalArgumentException이 발생하지는 않는다. 따라서 as? 캐스트가 성공하고 문자열 리스트에 대해 sum 함수가 호출된다. sum이 실행되는 도중에 예외가 발생한다. sum은 Number 타입의 값을 리스트에서 가져와 서로 더하려고 시도한다. 하지만 String을 Number로 사용하려고 하면 실행 시점에 ClassCastException이 발생한다.

코틀린 컴파일러는 컴파일 시점에 타입 정보가 주어진 경우에는 is 검사를 수행하게 허용할 수 있을 정도로 똑똑하다.

리스트 11.6 알려진 타입 인자를 사용해 타입 검사하기

```
fun printSum(c: Collection<Int>) {         ◀──  컴파일 시점에 원소 타입이 알려져 있으므로...
    when (c) {
        is List<Int> -> println("List sum: ${c.sum()}")
        is Set<Int> -> println("Set sum: ${c.sum()}")      │  ... 이 타입 검사는 올바르다.
    }
}

fun main() {
    printSum(listOf(1,2,3))
    // List sum: 6
    printSum(setOf(3,4,5))
    // Set sum: 12
}
```

컴파일 시점에 원소의 타입에 대한 정보가 없었던 리스트 11.5와 달리 리스트 11.6에서는 컴파일 시점에 c 컬렉션(리스트나 집합 등 컬렉션 종류는 문제가 안 된다)이 Int 값을 저장한다는 사실이 알려져 있으므로 c가 List<Int>인지 검사할 수 있다.

일반적으로 코틀린 컴파일러는 여러분에게 어떤 검사가 위험하고 어떤 검사가 가능한지 알려주고자 최대한 노력한다(안전하지 못한 is 검사는 금지하고 위험한 as 캐스팅은 경고를 출력한다). 따라서 컴파일러 경고의 의미와 어떤 연산이 안전한지 알아야 한다.

이미 언급한 것처럼 코틀린은 제네릭 함수의 본문에서 그 함수의 타입 인자를 가리킬 수 있는 특별한 기능을 제공하지 않는다. 하지만 inline 함수 안에서만 타입 인자를 사용할 수 있다. 이제 그 기능을 살펴보자.

11.2.2 실체화된 타입 파라미터를 사용하는 함수는 타입 인자를 실행 시점에 언급할 수 있다

앞에서 설명했지만 코틀린 제네릭 타입의 타입 인자 정보는 실행 시점에 지워진다. 따라서 제네릭 클래스의 인스턴스가 있어도 그 인스턴스를 만들 때 사용한 타입 인자를 알아낼 수 없다. 제네릭 함수의 타입 인자도 마찬가지다. 제네릭 함수가 호출돼도 그 함수의 본문에서는 호출 시 쓰인 타입 인자를 알 수 없다.

```
fun <T> isA(value: Any) = value is T
// Error: Cannot check for instance of erased type: T
```

이는 일반적으로는 사실이다. 하지만 이런 제약을 피할 수 있는 경우가 하나 있다. 인라인 함수의 타입 파라미터는 실체화된다. 이는 실행 시점에 인라인 함수의 실제 타입 인자를 알 수 있다는 뜻이다.

10.2절에서 inline 함수를 자세히 설명했다. 기억을 되살리기 위해 간단하게 다시 살펴보자. 어떤 함수에 inline 키워드를 붙이면 컴파일러는 그 함수를 호출한 식을 모두 함수를 구현하는 코드로 바꾼다. 함수가 람다를 인자로 사용하는 경우 그 함

수를 인라인 함수로 만들면 람다 코드도 함께 인라이닝되고 그에 따라 익명 클래스와 객체가 생성되지 않아서 성능이 더 좋아질 수 있다. 이번 절에서는 인라인 함수가 유용한 다른 이유인 타입 인자 실체화를 설명한다.

방금 살펴본 isA 함수를 인라인 함수로 만들고 타입 파라미터를 reified로 지정하면 value의 타입이 T의 인스턴스인지를 실행 시점에 검사할 수 있다.

리스트 11.7 실체화된 타입 파라미터를 사용하는 함수 정의하기

```
inline fun <reified T> isA(value: Any) = value is T    ← 이제는 이 코드가 컴파일된다.
fun main() {
  println(isA<String>("abc"))
  // true
  println(isA<String>(123))
  // false
}
```

실체화된 타입 파라미터를 사용하는 데 있어 조금은 뻔하지 않은 예를 살펴보자. 실체화된 타입 파라미터를 활용하는 가장 간단한 예제 중 하나는 표준 라이브러리 함수인 `filterIsInstance`다. 이 함수는 인자로 받은 컬렉션에서 지정한 클래스의 인스턴스만을 모아 만든 리스트를 반환한다. 다음 예제는 `filterIsInstance` 사용법을 보여준다.

리스트 11.8 filterIsInstance 표준 라이브러리 함수 사용하기

```
fun main() {
  val items = listOf("one", 2, "three")
  println(items.filterIsInstance<String>())
  // [one, three]
}
```

문자열에만 관심이 있다면 이 함수의 타입 인자로 String을 지정한다. 그 경우 이 함수의 반환 타입은 List<String>이 될 것이다. 여기서는 타입 인자를 실행 시점에 알 수 있고 filterIsInstance는 그 타입 인자를 사용해 리스트의 원소 중에 타입이 일치하는 원소만 추려낼 수 있다.

다음은 코틀린 표준 라이브러리에 있는 filterIsInstance 선언을 간단히 정리했다.

리스트 11.9 filterIsInstance를 간단하게 정리한 버전

```
inline fun <reified T>                          ◀── reified 키워드는 이 타입 파라미터가
    Iterable<*>.filterIsInstance(): List<T> {      실행 시점에 지워지지 않음을 표시한다.
  val destination = mutableListOf<T>()
  for (element in this) {
    if (element is T) {                         ◀── 각 원소가 타입 인자로 지정한 클래스의
      destination.add(element)                     인스턴스인지 검사할 수 있다.
    }
  }
  return destination
}
```

인라인 함수에서만 실체화된 타입 인자를 쓸 수 있는 이유

그렇다면 실체화된 타입 인자는 어떻게 작동하는 걸까? 왜 일반 함수에서는 element is T를 쓸 수 없고 인라인 함수에서만 쓸 수 있는 걸까?

10.2절에서 설명했지만 컴파일러는 인라인 함수의 본문을 구현한 바이트코드를 그 함수가 호출되는 모든 지점에 삽입한다. 컴파일러는 실체화된 타입 인자를 사용해 인라인 함수를 호출하는 각 부분의 정확한 타입 인자를 알 수 있다. 따라서 컴파일러는 타입 인자로 쓰인 구체적인 클래스를 참조하는 바이트코드를 생성해 삽입할 수 있다. 결과적으로 리스트 11.8의 filterIsInstance<String> 호출은 다음과 동등한 코드를 만들어낸다.

```
for (element in this) {
  if (element is String) {        ◀── 구체적인 클래스를 참조한다.
    destination.add(element)
  }
}
```

11장 제네릭스 | 489

> 만들어진 바이트코드는 타입 파라미터가 아니라 구체적인 타입을 사용하므로 실행 시점에 벌어지는 타입 소거의 영향을 받지 않는다.
>
> 자바 코드에서는 reified 타입 파라미터를 사용하는 inline 함수를 호출할 수 없다는 점을 기억하자. 자바에서는 코틀린 인라인 함수를 다른 보통 함수처럼 호출한다. 그런 경우 인라인 함수를 호출해도 실제로 인라이닝이 되지는 않는다. 실체화된 타입 파라미터가 있는 함수의 경우 타입 인자 값을 바이트코드에 넣기 위해 더 많은 작업이 필요하다. 따라서 실체화된 타입 파라미터가 있는 인라이닝 함수를 일반 함수처럼 자바에서 호출할 수는 없다.

인라인 함수에는 실체화된 타입 파라미터가 여럿 있거나 실체화된 타입 파라미터와 실체화하지 않은 타입 파라미터가 함께 있을 수도 있다. 람다를 파라미터로 받지 않지만 filterIsInstance를 인라인 함수로 정의했다는 점에 유의하자. 10.2.4절에서 함수의 파라미터 중에 함수 타입인 파라미터가 있고 그 파라미터에 해당하는 인자(람다)를 함께 인라이닝함으로써 얻는 이익이 더 큰 경우에만 함수를 인라인 함수로 만들라고 했다. 하지만 이 경우에는 함수를 inline으로 만드는 이유가 성능 향상이 아니라 실체화된 타입 파라미터를 사용하기 위함이다.

성능을 좋게 하려면 인라인 함수의 크기를 계속 관찰해야 한다. 함수가 커지면 실체화된 타입에 의존하지 않는 부분을 별도의 일반 함수로 뽑아내는 편이 낫다.

11.2.3 클래스 참조를 실체화된 타입 파라미터로 대신함으로써 java.lang.Class 파라미터 피하기

java.lang.Class 타입 인자를 파라미터로 받는 API에 대한 코틀린 어댑터를 구축하는 경우 실체화된 타입 파라미터를 자주 사용한다. 그런 API의 예로는 JDK의 ServiceLoader가 있다. ServiceLoader는 어떤 추상 클래스나 인터페이스를 표현하는 java.lang.Class를 받아 그 클래스나 인스턴스를 구현한 인스턴스를 반환한다. 실체화된 타입 파라미터를 활용해 이런 API를 쉽게 호출할 수 있도록 만드는 방법을 살펴보자.

표준 자바 API인 ServiceLoader를 사용해 서비스를 읽어 들이려면 다음 코드처럼 호출해야 한다.

```
val serviceImpl = ServiceLoader.load(Service::class.java)
```

::class.java 구문은 코틀린 클래스에 대응하는 java.lang.Class 참조를 얻는 방법을 보여준다. Service::class.java라는 코드는 Service.class라는 자바 코드와 완전히 같다. 이는 12.2절에서 리플렉션을 설명할 때 더 자세히 다룬다.

이 예제를 실체화된 타입 파라미터를 사용해 서비스가 읽을 클래스를 loadService의 타입 파라미터로 지정해 다시 작성하자.

```
val serviceImpl = loadService<Service>()
```

훨씬 짧다. 이제는 읽어 들일 서비스 클래스를 loadService 함수의 타입 인자로 지정한다. 클래스를 타입 인자로 지정하면 ::class.java라고 쓰는 경우보다 훨씬 더 읽고 이해하기 쉽다.

이제 loadService 함수를 어떻게 정의할 수 있는지 살펴보자.

```
inline fun <reified T> loadService() {        ◀── 타입 파라미터를 reified로 표시한다.
    return ServiceLoader.load(T::class.java)  ◀── T::class로 타입 파라미터의 클래스를 가져온다.
}
```

일반 클래스에 사용할 수 있는 ::class.java 구문을 이 경우에도 사용할 수 있다. 이를 통해 타입 파라미터로 지정된 클래스에 따른 java.lang.Class를 얻을 수 있고 그렇게 얻은 클래스 참조를 보통 때와 마찬가지로 사용할 수 있다.

> **안드로이드의 startActivity 함수 간단하게 만들기**
>
> 안드로이드 개발자라면 익숙한 다른 예제를 찾을 수 있다. 액티비티를 표시하는 과정이 그런 예다. 액티비티의 클래스를 java.lang.Class로 전달하는 대신 실체화된 타입 파라미터를 사용할 수 있다.

11장 제네릭 | 491

```
inline fun <reified T : Activity>          ◀── 타입 파라미터를 reified로 표시한다.
    Context.startActivity() {
  val intent = Intent(this, T::class.java)  ◀── T::class로 타입 파라미터의 클래스를 가져온다.
  startActivity(intent)
}

startActivity<DetailActivity>()             ◀── 액티비티를 표시하는 메서드를 호출한다.
```

11.2.4 실체화된 타입 파라미터가 있는 접근자 정의

인라인과 실체화된 타입 파라미터를 사용할 수 있는 코틀린 구성 요소가 함수만 있는 것은 아니다. 2.2.2절에서 살펴본 것처럼 프로퍼티 접근자에 대해 게터와 세터의 커스텀 구현을 만들 수 있다. 제네릭 타입에 대해 프로퍼티 접근자를 정의하는 경우 프로퍼티를 `inline`으로 표시하고 타입 파라미터를 `reified`로 하면 타입 인자에 쓰인 구체적인 클래스를 참조할 수 있다.

다음 예제는 `canonical`이라는 확장 프로퍼티를 만든다. 이 프로퍼티는 제네릭 클래스의 표준적인 이름을 반환한다. 11.2.3절과 마찬가지로 이 예제도 `T::class.java` 호출을 감싸서 `canonicalName` 프로퍼티를 더 쉽게 사용할 수 있는 방법을 제공한다.

```
inline val <reified T> T.canonical: String
  get() = T::class.java.canonicalName

fun main() {
  println(listOf(1, 2, 3).canonical)
  // java.util.List
  println(1.canonical)
  // java.lang.Integer
}
```

11.2.5 실체화된 타입 파라미터의 제약

실체화된 타입 파라미터는 유용한 도구지만 몇 가지 제약이 있다. 일부는 실체화의 개념으로 인해 생기는 제약이며, 나머지는 지금 코틀린이 실체화를 구현하는 방식에 의해 생기는 제약으로 향후 완화될 수도 있다.

더 구체적으로 다음과 같은 경우에 실체화된 타입 파라미터를 사용할 수 있다.

- 타입 검사와 캐스팅(is, !is, as, as?)
- 10장에서 설명할 코틀린 리플렉션 API(::class)
- 코틀린 타입에 대응하는 `java.lang.Class`를 얻기(::class.java)
- 다른 함수를 호출할 때 타입 인자로 사용

하지만 다음과 같은 일은 할 수 없다.

- 타입 파라미터 클래스의 인스턴스 생성하기
- 타입 파라미터 클래스의 동반 객체 메서드 호출하기
- 실체화된 타입 파라미터를 요구하는 함수를 호출하면서 실체화하지 않은 타입 파라미터로 받은 타입을 타입 인자로 넘기기
- 클래스, 프로퍼티, 인라인 함수가 아닌 함수의 타입 파라미터를 reified로 지정하기

마지막 제약으로 인해 한 가지 흥미로운 파급 효과가 생긴다. 실체화된 타입 파라미터를 인라인 함수에만 사용할 수 있으므로 실체화된 타입 파라미터를 사용하는 함수는 자신에게 전달되는 모든 람다를 인라이닝한다. 람다 내부에서 타입 파라미터를 사용하는 방식에 따라 람다를 인라이닝할 수 없는 경우가 생기기도 하고 여러분이 성능 문제로 람다를 인라이닝하고 싶지 않을 수도 있다. 그런 경우 10.2.2절에서 소개한 noinline 변경자를 함수 타입 파라미터에 붙여 인라이닝을 금지할 수 있다.

지금까지 언어 특성인 제네릭이 어떻게 작동하는지 살펴봤다. 이제 모든 코틀린 프로그램에서 마주치게 될 가장 일반적인 제네릭 타입인 컬렉션과 그 하위 클래스

를 더 자세히 살펴보면서 하위 타입과 변성 개념을 탐험해보자.

11.3 변성은 제네릭과 타입 인자 사이의 하위 타입 관계를 기술

변성variance 개념은 List<String>과 List<Any> 같이 기저 타입이 같고 타입 인자가 다른 여러 타입이 서로 어떤 관계가 있는지 설명하는 개념이다. 일반적으로 이런 관계가 왜 중요한지 먼저 설명한 다음에 코틀린에서 변성을 어떻게 표시하는지 살펴본다. 직접 제네릭 클래스나 함수를 정의하는 경우 변성을 꼭 이해해야 한다. 변성을 잘 활용하면 사용에 불편하지 않으면서 타입 안전성을 보장하는 API를 만들 수 있다.

11.3.1 변성은 인자를 함수에 넘겨도 안전한지 판단하게 해준다

List<Any> 타입의 파라미터를 받는 함수에 List<String>을 넘기면 안전할까? String 클래스는 Any를 확장하므로 Any 타입 값을 파라미터로 받는 함수에 String 값을 넘겨도 절대 안전하다. 하지만 Any와 String이 List 인터페이스의 타입 인자로 들어가는 경우 자신 있게 안전성을 말할 수 없다.

예를 들어 리스트의 내용을 출력하는 함수를 생각해보자.

```
fun printContents(list: List<Any>) {
    println(list.joinToString())
}
fun main() {
    printContents(listOf("abc", "bac"))
    // abc, bac
}
```

이 경우에는 문자열 리스트도 잘 작동한다. 이 함수는 각 원소를 Any로 취급하며 모든 문자열은 Any 타입이기도 하므로 완전히 안전하다.

이제 리스트를 변경하는 다른 함수를 살펴보자(따라서 MutableList 인스턴스를 파라미터로 받아야 한다).

```
fun addAnswer(list: MutableList<Any>) {
    list.add(42)
}
```

이 함수에 문자열 리스트를 넘기면 나쁜 일이 생길까?

```
fun main() {
    val strings = mutableListOf("abc", "bac")
    addAnswer(strings)                    ◀── 이 줄이 컴파일된다면…
    println(strings.maxBy { it.length })  ◀── … 실행 시점에 예외가 발생할 것이다.
    // ClassCastException: Integer cannot be cast to String
}
```

MutableList<String> 타입의 strings 변수를 선언해서 함수에 넘긴다. 컴파일러가 이 식을 받아들인다면 정수를 문자열 리스트 뒤에 추가할 수 있다. 따라서 이 함수 호출은 컴파일될 수 없다. 이 예제는 MutableList<Any>가 필요한 곳에 MutableList<String>을 넘기면 안 된다는 사실을 보여준다. 코틀린 컴파일러는 실제 이런 함수 호출을 금지한다.

이제 List<Any> 타입의 파라미터를 받는 함수에 List<String>을 넘기면 안전한가라는 질문에 답할 수 있다. 어떤 함수가 리스트의 원소를 추가하거나 변경한다면 타입 불일치가 생길 수 있어 List<Any> 대신 List<String>을 넘길 수 없다. 하지만 원소 추가나 변경이 없는 경우에는 안전하다(왜 그런지는 나중에 자세히 설명한다). 코틀린에서는 리스트의 변경 가능성에 따라 적절한 인터페이스를 선택하면 안전성을 제어할 수 있다. 함수가 읽기 전용 리스트를 받는다면 더 구체적인 타입의 원소를 갖는 리스트를 그 함수에 넘길 수 있다. 하지만 리스트가 변경 가능하다면 그럴 수 없다.

나중에 List뿐 아니라 모든 제네릭 클래스에 대해 같은 질문을 던지고 일반화하겠다. 또한 왜 List와 MutableList의 타입 인자에 대한 변성이 다른지 살펴보겠다.

하지만 그런 내용을 알아보기 전에 먼저 타입과 하위 타입^{subtype}이라는 개념을 살펴볼 필요가 있다.

11.3.2 클래스, 타입, 하위 타입

7.3절에서 변수의 타입이 그 변수에 담을 수 있는 값의 집합을 지정한다고 설명했다. 이 책에서는 타입과 클래스라는 용어를 서로 자주 혼용해 왔다. 하지만 실제로 그 둘은 같지 않다. 이제는 타입과 클래스의 차이를 설명할 것이다.

가장 단순한 경우를 생각해보자. 제네릭 클래스가 아닌 클래스에서는 클래스 이름을 바로 타입으로 쓸 수 있다. 예를 들어 `var x:String`이라고 쓰면 `String` 클래스의 인스턴스를 저장하는 변수를 정의할 수 있다. 하지만 `var x: String?`처럼 같은 클래스 이름을 널이 될 수 있는 타입에도 쓸 수 있다는 점을 기억하라. 이는 모든 코틀린 클래스가 적어도 둘 이상의 타입을 구성할 수 있다는 뜻이다.

제네릭 클래스에서는 상황이 더 복잡하다. 올바른 타입을 얻으려면 제네릭 타입의 타입 파라미터를 구체적인 타입 인자로 바꿔줘야 한다. 예를 들어 `List`는 타입이 아니다(하지만 클래스다). 하지만 타입 인자를 치환한 `List<Int>`, `List<String?>`, `List<List<String>>` 등은 모두 제대로된 타입이다. 각각의 제네릭 클래스는 무수히 많은 타입을 만들어낼 수 있다.

타입 사이의 관계를 논의하려면 하위 타입이라는 개념을 잘 알아야 한다. 어떤 타입 A의 값이 필요한 모든 장소에 어떤 타입 B의 값을 넣어도 아무 문제가 없다면 타입 B는 타입 A의 하위 타입이다. 예를 들어 `Int`는 `Number`의 하위 타입이지만 `String`의 하위 타입은 아니다. 이 정의는, 모든 타입은 자신의 하위 타입이라는 뜻이기도 하다. 그림 11.5는 이런 상황을 보여준다.

상위 타입^{supertype}은 하위 타입의 반대다. A 타입이 B 타입의 하위 타입이라면 B는 A의 상위 타입이다.

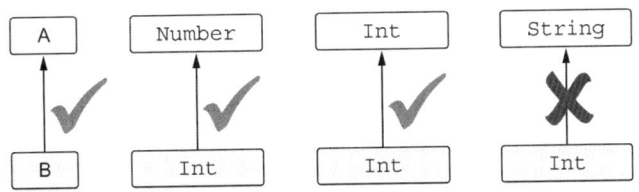

그림 11.5 A가 필요한 모든 곳에 B를 사용할 수 있으면 B는 A의 하위 타입이다. Number를 원하는 곳에 Int를 써도 되므로 Int는 Number의 하위 타입이다. 또 Int는 Int의 하위 타입이기도 하다. 하지만 String을 원하는 곳에 Int를 사용할 수는 없기 때문에 Int는 String의 하위 타입으로 간주될 수 없다.

한 타입이 다른 타입의 하위 타입인지가 왜 중요할까? 컴파일러는 변수 대입이나 함수 인자 전달 시 하위 타입 검사를 매번 수행한다. 다음 예를 보자.

리스트 11.10 어떤 타입이 다른 타입의 하위 타입인지 검사하기

```
fun test(i: Int) {
    val n: Number = i            ← Int가 Number의 하위 타입이어서 컴파일된다.

    fun f(s: String) { /*...*/ }
    f(i)      ← Int가 String의 하위 타입이 아니어서 컴파일되지 않는다.
}
```

어떤 값의 타입이 변수 타입의 하위 타입인 경우에만 값을 변수에 대입하도록 허용한다. 이 예제에서 변수를 초기화한 i의 Int로 변수의 타입인 Number의 하위 타입이다. 따라서 이 대입은 올바르다. 함수에 전달하는 식의 타입이 함수 파라미터 타입의 하위 타입인 경우에만 함수 호출이 허용된다. 이 예제에서 i 인자의 타입인 Int는 파라미터 타입인 String의 하위 타입이 아니다. 따라서 f 함수 호출은 컴파일되지 않는다.

간단한 경우 하위 타입은 하위 클래스^{subclass}와 근본적으로 같다. 예를 들어 Int 클래스는 Number의 하위 클래스이므로 Int는 Number의 하위 타입이다. String은 CharSequence의 하위 타입인 것처럼 어떤 인터페이스를 구현하는 클래스의 타입은 그 인터페이스 타입의 하위 타입이다.

널이 될 수 있는 타입은 하위 타입과 하위 클래스가 같지 않은 경우를 보여주는 예다(그림 11.6 참고).

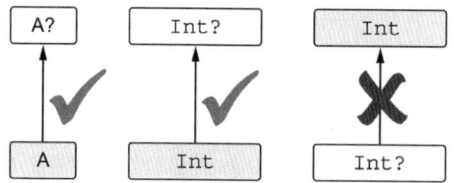

그림 11.6 널이 될 수 없는 타입 A는 널이 될 수 있는 타입 A?의 하위 타입이지만 A?는 A의 하위 타입이 아니다. Int?를 원하는 곳에 Int를 쓸 수는 있지만 Int를 원하는 곳에 Int?를 쓸 수는 없다.

널이 될 수 없는 타입은 널이 될 수 있는 타입의 하위 타입이다. 하지만 두 타입 모두 같은 클래스에 해당한다. 항상 널이 될 수 없는 타입의 값을 널이 될 수 있는 타입의 변수에 저장할 수 있지만 거꾸로 널이 될 수 있는 타입의 값을 널이 될 수 없는 타입의 변수에 저장할 수는 없다(null을 널이 될 수 없는 변수에 대입할 수는 없으므로 이는 당연하다). 이 때문에 널이 될 수 없는 타입은 널이 될 수 있는 타입의 하위 타입이 된다.

```
val s: String = "abc"
val t: String? = s          ◀── String이 String?의 하위 타입이므로 이 대입은 합법적이다.
```

제네릭 타입을 얘기할 때 특히 하위 클래스와 하위 타입의 차이가 중요해진다. 앞 절에서 살펴본 "List<Any>를 파라미터로 받는 함수에 List<String> 타입의 값을 전달해도 괜찮은가?"라는 질문을 하위 타입 관계를 써서 다시 쓰면 "List<String>은 List<Any>의 하위 타입인가?"다. 왜 MutableList<String>을 MutableList<Any>의 하위 타입으로 다루면 안 되는지 살펴봤다. 이 경우에는 분명 그 반대도 참이 아니다. 즉, MutableList<Any>도 MutableList<String>의 하위 타입이 아니다.

어떤 제네릭 타입이 있는데(예: MutableList) 서로 다른 두 타입 A와 B에 대해 MutableList<A>가 항상 MutableList<B>의 하위 타입도 아니고 상위 타입도 아닌 경우에 이 제네릭 타입이 타입 파라미터에 대해 무공변invariant이라고 말한다. 자바에서는 모든 클래스가 (조금 있다 보겠지만 구체적으로 클래스를 사용하는 부분에서 무공변이 아닌 것으로 지정하는 것이 가능하기는 하지만) 무공변이다.

앞 절에서 하위 타입 규칙이 다른 클래스를 이미 봤다. 코틀린의 List 인터페이스는 읽기 전용 컬렉션을 표현한다. A가 B의 하위 타입이면 List<A>는 List<B>의 하위 타입이다. 그런 클래스나 인터페이스를 공변적^{covariant}이라 말한다. 다음 절에서는 공변성 개념을 자세히 논하고 클래스나 인터페이스가 공변적임을 선언할 수 있는 이유가 무엇인지 설명한다.

11.3.3 공변성은 하위 타입 관계를 유지한다

공변적인 클래스는 제네릭 클래스(예: Producer<T>)에 대해 A가 B의 하위 타입일 때 Producer<A>가 Producer<B>의 하위 타입인 경우를 말한다. 이를 "하위 타입 관계를 유지한다."라고 말한다. 예를 들어 Cat이 Animal의 하위 타입이기 때문에 Producer<Cat>은 Producer<Animal>의 하위 타입이다.

코틀린에서 제네릭 클래스가 타입 파라미터에 대해 공변적임을 표시하려면 타입 파라미터 이름 앞에 out을 넣어야 한다.

```
interface Producer<out T> {        ◀──── 클래스가 T에 대해 공변적이라고 선언한다.
    fun produce(): T
}
```

클래스의 타입 파라미터를 공변적으로 만들면 함수 정의에 사용한 파라미터 타입과 타입 인자의 타입이 정확히 일치하지 않더라도 그 클래스의 인스턴스를 함수 인자나 반환값으로 사용할 수 있다. 예를 들어 Herd 클래스로 표현되는 동물 무리의 사육을 담당하는 함수가 있다고 생각해보자. Herd 클래스의 타입 파라미터는 그 무리가 어떤 동물인지 알려준다.

리스트 11.11 무공변 컬렉션 역할을 하는 클래스 정의하기

```
open class Animal {
  fun feed() { /* ... */ }
}
class Herd<T : Animal> {                    ◄─── 이 타입 파라미터를 공변으로 지정하지 않았다.
  val size: Int get() = /* ... */
  operator fun get(i: Int): T { /* ... */ }
}
fun feedAll(animals: Herd<Animal>) {
  for (i in 0..<animals.size) {
    animals[i].feed()
  }
}
```

여러분의 코드가 고양이 무리를 만들어서 관리한다고 하자.

리스트 11.12 컬렉션과 비슷한 무공변인 클래스 사용하기

```
class Cat : Animal() {                      ◄─── Cat은 Animal이다.
  fun cleanLitter() { /* ... */ }
}
fun takeCareOfCats(cats: Herd<Cat>) {
  for (i in 0 ..< cats.size) {
    cats[i].cleanLitter()
  }
  // feedAll(cats)                          ◄─── Error: inferred type is Herd<Cat>, but Herd<Animal>
}                                                was expected 컴파일 오류가 발생한다.
```

불행히도 고양이들은 여전히 배고플 것이다. `feedAll` 함수에 고양이 무리를 넘기면 타입 불일치 오류를 볼 수 있다. Herd 클래스의 T 타입 파라미터에 대해 아무 변성도 지정하지 않았기 때문에 고양이 무리는 동물 무리의 하위 클래스가 아니다. 명시적으로 타입 캐스팅을 사용하면 이 문제를 풀 수 있긴 하지만 그런 식으로 처리하면 코드가 장황해지고 실수를 하기 쉽다. 게다가 타입 불일치를 해결하기 위해 강제 캐스팅을 하는 것은 결코 올바른 방법이 아니다.

Herd 클래스는 List와 비슷한 API를 제공하며 동물을 그 클래스에 추가하거나 무리 안의 동물을 다른 동물로 바꿀 수는 없다. 따라서 Herd를 공변적인 클래스로 만들고 호출 코드를 적절히 바꿀 수 있다.

리스트 11.13 컬렉션 역할을 하는 공변적인 클래스 사용하기

```
class Herd<out T : Animal> {          ← T는 이제 공변적이다.
  /* ... */
}
fun takeCareOfCats(cats: Herd<Cat>) {
  for (i in 0..<cats.size) {
    cats[i].cleanLitter()
  }
  feedAll(cats)              ← 캐스팅을 할 필요가 없다.
}
```

모든 클래스를 공변적으로 만들 수는 없다. 공변적으로 만들면 안전하지 못한 클래스도 있기 때문이다. 타입 파라미터를 공변적으로 지정하면 클래스 내부에서 그 파라미터를 사용하는 방법을 제한한다. 타입 안전성을 보장하기 위해 공변적 파라미터는 항상 아웃^{out} 위치에만 있어야 한다. 이는 클래스가 T 타입의 값을 생산할 수는 있지만 소비할 수는 없다는 뜻이다.

클래스 멤버를 선언할 때 타입 파라미터를 사용할 수 있는 지점은 모두 인^{in}과 아웃 위치로 나뉜다. T라는 타입 파라미터를 선언하고 T를 사용하는 함수가 멤버로 있는 클래스를 생각해보자. T가 함수의 반환 타입에 쓰인다면 T는 아웃 위치에 있다. 그 함수는 T 타입의 값을 생산한다. T가 함수의 파라미터 타입에 쓰인다면 T는 인 위치에 있다. 그런 함수는 T 타입의 값을 소비한다. 그림 11.7은 이 관계를 보여준다.

```
interface Transformer<T> {
    fun transform(t: T): T
}
```
                                   인 위치
                                       아웃 위치

그림 11.7 제네릭 파라미터가 쓰이는 장소에 따라 그 위치를 다르게 참조한다.
함수 파라미터 타입은 인 위치, 함수 반환 타입은 아웃 위치에 있다

클래스 타입 파라미터 T 앞에 out 키워드를 붙이면 클래스 안에서 T를 사용하는 메서드가 아웃 위치에서만 T를 사용하도록 허용하고 인 위치에서는 T를 사용하지 못하게 막는다. out 키워드는 T의 사용법을 제한하며 T로 인해 생기는 하위 타입 관계의 타입 안전성을 보장한다.

예를 들어 Herd 클래스를 생각해보자. Herd에서 타입 파라미터 T를 사용하는 장소는 오직 get 메서드의 반환 타입뿐이다.

```
class Herd<out T : Animal> {
    val size: Int get() = /* ... */
    operator fun get(i: Int): T { /* ... */ }    ← T를 반환 타입으로 사용한다.
}
```

이 위치(함수의 반환 타입)는 아웃 위치다. 따라서 이 클래스를 공변적으로 선언해도 안전하다. Herd<Animal>의 get을 호출하는 모든 코드는 Cat이 Animal의 하위 타입이기 때문에 전혀 문제없이 작동한다.

다시 한 번 반복하자. 타입 파라미터 T에 붙은 out 키워드는 다음 2가지를 함께 의미한다.

- 하위 타입 관계가 유지된다(Producer<Cat>은 Producer<Animal>의 하위 타입이다).
- T를 아웃 위치에서만 사용할 수 있다.

이제 List<T> 인터페이스를 보자. 코틀린 List는 읽기 전용이다. 따라서 그 안에는 T 타입의 원소를 반환하는 get 메서드는 있지만 리스트에 T 타입의 값을 추가하거

나 리스트에 있는 기존 값을 변경하는 메서드는 없다. 따라서 List는 T에 대해 공변적이다.

```
interface List<out T> : Collection<T> {
    operator fun get(index: Int): T    ◀─┐ 읽기 전용 메서드로 T를 반환하는 메서드만
    // ...                                │ 정의한다(따라서 T는 '아웃' 위치에 쓰인다).
}
```

타입 파라미터를 함수의 파라미터 타입이나 반환 타입에만 쓸 수 있는 것은 아니다. 타입 파라미터를 다른 타입의 타입 인자로 사용할 수도 있다. 예를 들어 List 인터페이스에는 List<T>를 반환하는 subList라는 메서드가 있다.

```
interface List<out T> : Collection<T> {
    fun subList(fromIndex: Int, toIndex: Int): List<T>    ◀─┐ 여기서도 T는
    // ...                                                    │ '아웃' 위치에 있다.
}
```

이 경우 subList 함수에 쓰인 T는 아웃 위치에 있다. 다만 여기서 왜 이 위치가 아웃 위치인지는 자세히 설명하지는 않는다. 어떤 위치가 아웃인지 인인지 판정하는 정확한 알고리듬이 궁금한 독자는 코틀린 언어 문서를 참고하라.

MutableList<T>를 타입 파라미터 T에 대해 공변적인 클래스로 선언할 수는 없다는 점에 유의하라. MutableList<T>에는 T를 인자로 받아 그 타입의 값을 반환하는 메서드가 있기 때문이다(T가 인과 아웃 위치에 동시에 쓰인다). 컴파일러는 타입 파라미터가 쓰이는 위치를 제한한다. 클래스가 공변적으로 선언된 경우 Type parameter T is declared as 'out' but occurs in 'in' position(타입 파라미터 T가 'out'으로 선언됐지만 'in' 위치에 나타남)이라는 오류를 보고한다.

```
interface MutableList<T>                    ◀─── MutableList는 T에 대해 공변적일 수 없다.
    : List<T>, MutableCollection<T> {
    override fun add(element: T): Boolean   ◀─┐ 이유는 T가 인 위치에 쓰이기 때문이다
}                                              │ (T가 함수 파라피터의 타입으로 쓰임).
```

11장 제네릭 | 503

생성자 파라미터는 인이나 아웃 위치 어느 쪽도 아니라는 사실에 유의하자. 타입 파라미터가 out이라 하더라도 그 타입을 여전히 생성자 파라미터 선언에 사용할 수 있다.

class Herd<out T: Animal>(vararg animals: T) { /* ... */ }

변성은 코드에서 위험할 여지가 있는 메서드를 호출할 수 없게 만듦으로써 제네릭 타입의 인스턴스 역할을 하는 클래스 인스턴스를 잘못 사용하는 일이 없게 방지하는 역할을 한다. 생성자는 (인스턴스를 생성한 뒤) 나중에 호출할 수 있는 메서드가 아니다. 따라서 생성자는 위험할 여지가 없다.

하지만 val이나 var 키워드를 생성자 파라미터에 적는다면 게터나 (변경 가능한 프로퍼티의 경우) 세터를 정의하는 것과 같다. 따라서 읽기 전용 프로퍼티는 아웃 위치, 변경 가능 프로퍼티는 아웃과 인 위치 모두에 해당한다.

class Herd<T: Animal>(var leadAnimal: T, vararg animals: T) { /* ... */ }

여기서는 T 타입인 leadAnimal 프로퍼티가 인 위치에 있기 때문에 T를 out으로 표시할 수 없다.

또한 이런 위치 규칙은 오직 외부에서 볼 수 있는 (public, protected, internal) 클래스 API에만 적용할 수 있다. 비공개private 메서드의 파라미터는 인도 아니고 아웃도 아닌 위치다. 변성 규칙은 클래스 외부의 사용자가 클래스를 잘못 사용하는 일을 막기 위한 것이므로 클래스 내부 구현에는 적용되지 않는다.

class Herd<out T: Animal>(private var leadAnimal: T,
    vararg animals: T) { /* ... */ }

이 코드의 경우 Herd를 T에 대해 공변적으로 선언해도 안전하다. leadAnimal 프로퍼티가 비공개이기 때문이다.

클래스의 타입 파라미터가 인 위치에서만 쓰이는 경우에는 어떤 일이 생길지 궁금할 것이다. 그런 경우 타입 파라미터의 하위 타입 관계와 제네릭 타입의 하위 타입 관계가 서로 반대가 된다. 다음 절에서는 이를 자세히 설명한다.

11.3.4 반공변성은 하위 타입 관계를 뒤집는다

반공변성^{contravariance}은 공변성을 거울에 비친 상이라 할 수 있다. 반공변 클래스의 하위 타입 관계는 그 클래스의 타입 파라미터의 상하위 타입 관계와 반대다. 예를 들어 Comparator 인터페이스를 살펴보자. 이 인터페이스에는 compare라는 메서드가 있다. 이 메서드는 주어진 두 객체를 비교한다.

```
interface Comparator<in T> {
    fun compare(e1: T, e2: T): Int { /* ... */ }    ◀── T를 in 위치에 사용한다.
}
```

이 인터페이스의 메서드는 T 타입의 값을 소비하기만 한다는 점을 알 수 있다. 이는 T가 in 위치에서만 쓰인다는 뜻이다. 따라서 T 앞에는 in 키워드를 붙여야만 한다.

물론 어떤 타입에 대해 Comparator를 구현하면 그 타입의 하위 타입에 속하는 모든 값을 비교할 수 있다. 예를 들어 단순한 과일의 계층 구조가 있고 공통 프로퍼티로 weight가 있다고 하자.

```
sealed class Fruit {
    abstract val weight: Int
}
data class Apple(
    override val weight: Int,
    val color: String,
): Fruit()
data class Orange(
    override val weight: Int,
    val juicy: Boolean,
): Fruit()
```

Comparator<Fruit>를 만들면 어떤 구체적 과일 타입이라도 서로 비교할 수 있다.

```
fun main() {
    val weightComparator = Comparator<Fruit> { a, b ->
        a.weight - b.weight
    }
    val fruits: List<Fruit> = listOf(
        Orange(180, true),
        Apple(100, "green")
    )
    val apples: List<Apple> = listOf(
        Apple(50, "red"),
        Apple(120, "green"),
        Apple(155, "yellow")
    )
    println(fruits.sortedWith(weightComparator))
    // [Apple(weight=100, color=green), Orange(weight=180, juicy=true)]
    println(apples.sortedWith(weightComparator))
    // [Apple(weight=50, color=red), Apple(weight=120, color=green),
    Apple(weight=155, color=yellow)]
}
```

Fruit의 하위 타입인 객체(사과나 오렌지)들이 모인 컬렉션에 대해 무게를 사용한 Comparator를 쓸 수 있다.

sortedWith 함수는 Comparator<String>(문자열을 비교하는 Comparator)을 요구하므로 String보다 더 일반적인 타입을 비교할 수 있는 Comparator를 넘겨도 안전하다. 어떤 타입의 객체를 Comparator로 비교해야 한다면 그 타입이나 그 타입의 조상 타입을 비교할 수 있는 Comparator를 사용할 수 있다. 이는 Comparator<Any>가 Comparator<String>의 하위 타입이라는 뜻이다. 그런데 여기서 Any는 String의 상위 타입이다. 따라서 서로 다른 타입 인자에 대해 Comparator의 하위 타입 관계는 타입 인자의 하위 타입 관계와는 정반대 방향이다.

이제 반공변성에 대한 정의를 설명할 준비가 됐다. 어떤 클래스에 대해(Comsumer<T>를 예로 들자) 타입 B가 타입 A의 하위 타입일 때 Consumer<A>가 Consumer<B>의 하위 타입인 관계가 성립하면 제네릭 클래스는 타입 인자 T에 대해 반공변이다. 여기서 A와

B의 위치가 서로 뒤바뀐다는 점에 유의하자. 따라서 하위 타입 관계가 뒤집힌다고 말한다. 예를 들어 Consumer<Animal>은 Consumer<Cat>의 하위 타입이다.

그림 11.8은 타입 파라미터에 대해 공변성인 클래스와 반공변성인 클래스의 하위 타입 관계를 보여준다. Producer 클래스는 타입 인자의 하위 타입 관계를 그대로 따르지만 Consumer 클래스에서는 타입 인자의 하위 타입 관계와는 반대라는 점을 확인할 수 있다.

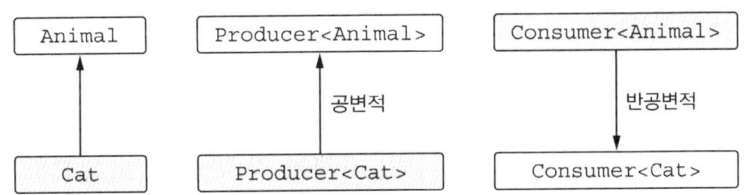

그림 11.8 공변성 타입 Producer<T>에서는 타입 인자의 하위 타입 관계가 제네릭 타입에서도 유지되지만, 반공변성 타입 Consumer<T>에서는 타입 인자의 하위 타입 관계가 제네릭 타입으로 오면서 뒤집힌다.

in이라는 키워드는 그 키워드가 붙은 타입이 이 클래스의 메서드 안으로 전달돼 메서드에 의해 소비된다는 뜻이다. 공변성의 경우와 마찬가지로 타입 파라미터의 사용을 제한함으로써 특정 하위 타입 관계에 도달할 수 있다. in 키워드를 타입 인자에 붙이면 그 타입 인자를 오직 인 위치에서만 사용할 수 있다는 뜻이다. 표 11.1은 여러 가지 선택할 수 있는 변성을 요약해 보여준다.

표 11.1 공변성, 반공변성, 무공변성 클래스

공변성	반공변성	무공변성
Producer<out T>	Consumer<in T>	MutableList<T>
타입 인자의 하위 타입 관계가 제네릭 타입에서도 유지된다.	타입 인자의 하위 타입 관계가 제네릭 타입에서 뒤집힌다.	하위 타입 관계가 성립하지 않는다.
Producer<Cat>은 Producer<Animal>의 하위 타입이다.	Consumer<Animal>은 Consumer<Cat>의 하위 타입이다.	
T를 아웃 위치에서만 사용할 수 있다.	T를 인 위치에서만 사용할 수 있다.	T를 아무 위치에서나 사용할 수 있다.

클래스나 인터페이스가 어떤 타입 파라미터에 대해서는 공변적이면서 다른 타입 파라미터에 대해서는 반공변적일 수도 있다. Function 인터페이스가 고전적인 예다. 다음 선언은 파라미터가 하나뿐인 Function 인터페이스인 Function1이다.

```kotlin
interface Function1<in P, out R> {
    operator fun invoke(p: P): R
}
```

코틀린 표기에서 (P) -> R은 Function1<P, R>을 더 알아보기 쉽게 적은 것일 뿐이다. 여기서 P(함수 파라미터의 타입)는 오직 인 위치, R(함수 반환 타입)은 오직 아웃 위치에 사용된다는 사실과 그에 따라 P와 R에 각각 in과 out 표시가 붙어 있음을 볼 수 있다. 이는 함수 Function1의 하위 타입 관계는 첫 번째 타입 인자의 하위 타입 관계와는 반대지만 두 번째 타입 인자의 하위 타입 관계와는 같음을 뜻한다. 예를 들어 동물을 인자로 받아 정수를 반환하는 람다를 고양이에게 번호를 붙이는 고차 함수에 넘길 수 있다.

```kotlin
fun enumerateCats(f: (Cat) -> Number) { /* ... */ }
fun Animal.getIndex(): Int = /* ... */

fun main() {
    enumerateCats(Animal::getIndex)    ◀──  Animal은 Cat의 상위 타입이며 Int는 Number의
}                                            하위 타입이므로, 이 코드는 올바른 코틀린 코드다.
```

그림 11.9는 이 예제의 하위 타입 관계를 보여준다.

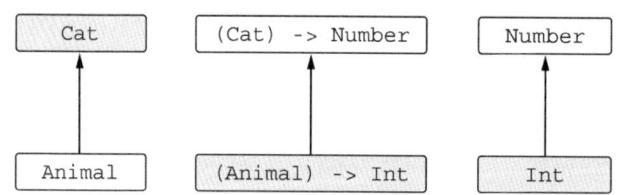

그림 11.9 함수 타입 (T) -> R은 인자의 타입에 대해서는 반공변적(하위 타입 관계가 뒤집힘)이면서 반환 타입에 대해서는 공변적(하위 타입 관계가 유지됨)이다.

지금까지 살펴본 모든 예제에서 클래스 정의에 표시한 변성이 그 클래스를 사용하는 모든 장소에 적용됐다. 자바는 이를 지원하지 않는다. 대신 클래스를 사용하는 위치에서 와일드카드를 사용해 그때그때 변성을 지정해야 한다. 이런 두 접근 방법의 차이를 알아보고 코틀린에서 자바와 같은 변성 지정 방법을 어떻게 사용할 수 있는지 살펴보자.

11.3.5 사용 지점 변성을 사용해 타입이 언급되는 지점에서 변성 지정

클래스를 선언하면서 변성을 지정하면 그 클래스를 사용하는 모든 장소에 변성 지정자가 영향을 끼치므로 편리하다. 이런 방식을 선언 지점 변성^{declaration site variance}이라 부른다. 자바의 와일드카드 타입(? extends나 ? super)에 익숙하다면 자바는 변성을 다른 방식으로 다룬다는 점을 깨달았을 것이다. 자바에서는 타입 파라미터가 있는 타입을 사용할 때마다 그 타입 파라미터를 하위 타입이나 상위 타입 중 어떤 타입으로 대치할 수 있는지 명시해야 한다. 이런 방식을 사용 지점 변성^{use-site variance}이라 부른다.

> **코틀린 선언 지점 변성과 자바 와일드카드 비교**
>
> 선언 지점 변성을 사용하면 변성 변경자를 단 한 번만 표시하고 클래스를 쓰는 쪽에서는 변성에 대해 신경을 쓸 필요가 없으므로 코드가 더 간결해진다. 자바에서 사용자의 예상대로 작동하는 API를 만들기 위해 라이브러리 개발자는 항상 Function<? super T, ? extends R>처럼 와일드카드를 사용해야 한다. 자바 8 표준 라이브러리 소스코드를 살펴보면 Function 인터페이스를 사용하는 모든 위치에서 와일드카드를 볼 수 있다. 예를 들어 Stream.map 메서드는 다음과 같이 정의돼 있다.
>
> ```
> /* 자바 */
> public interface Stream<T> {
>     <R> Stream<R> map(Function<? super T, ? extends R> mapper);
> }
> ```
>
> 클래스 선언 지점에서 변성을 한 번만 지정하면 훨씬 더 간결하고 우아한 코드를 작성할 수 있다.

코틀린도 사용 지점 변성을 지원한다. 따라서 클래스 안에서 어떤 타입 파라미터가 공변적이거나 반공변적인지 선언할 수 없는 경우에도 특정 타입 파라미터가 나타나는 지점에서 변성을 정할 수 있다. 코틀린 사용 지점 변성이 어떻게 작동하는지 살펴보자.

`MutableList`와 같은 상당수의 인터페이스는 타입 파라미터로 지정된 타입을 소비하는 동시에 생산할 수 있기 때문에 일반적으로 공변적이지도 반공변적이지도 않다. 하지만 그런 인터페이스 타입의 변수가 한 함수 안에서 생산자나 소비자 중 단 한 가지 역할만을 담당하는 경우가 자주 있다. 예를 들어 다음 함수를 살펴보자.

리스트 11.14 무공변 파라미터 타입을 사용하는 데이터 복사 함수

```
fun <T> copyData(source: MutableList<T>,
                 destination: MutableList<T>) {
  for (item in source) {
    destination.add(item)
  }
}
```

이 함수는 컬렉션의 원소를 다른 컬렉션으로 복사한다. 두 컬렉션 모두 무공변 타입이지만 원본 컬렉션에서는 읽기만 하고 대상 컬렉션에는 쓰기만 한다. 이 경우 두 컬렉션의 원소 타입이 정확하게 일치할 필요가 없다. 예를 들어 문자열이 원소인 컬렉션에서 객체의 컬렉션으로 원소를 복사해도 아무 문제가 없다.

이 함수가 다른 여러 리스트 타입에 대해 작동하게 만들려면 두 번째 제네릭 타입 파라미터를 도입할 수 있다.

리스트 11.15 타입 파라미터가 둘인 데이터 복사 함수

```
fun <T: R, R> copyData(source: MutableList<T>,
                       destination: MutableList<R>) {
  for (item in source) {
    destination.add(item)
```
◀── 원본의 원소 타입은 대상 원소 타입의 하위 타입이어야만 한다.

```
    }
}
fun main() {
    val ints = mutableListOf(1, 2, 3)
    val anyItems = mutableListOf<Any>()
    copyData(ints, anyItems)          ◀── Int가 Any의 하위 타입이기 때문에
    println(anyItems)                      이 함수를 호출할 수 있다.
    // [1, 2, 3]
}
```

두 타입 파라미터는 원본과 대상 리스트의 원소 타입을 표현한다. 한 리스트에서 다른 리스트로 원소를 복사할 수 있으려면 원본 리스트 원소 타입은 대상 리스트 원소 타입의 하위 타입이어야 한다. 예를 들어 리스트 11.15에서 Int는 Any의 하위 타입이다.

하지만 코틀린에는 이를 더 우아하게 표현할 수 있는 방법이 있다. 함수 구현이 아웃 위치(또는 인 위치)에 있는 타입 파라미터를 사용하는 메서드만 호출한다면 함수를 정의할 때 그 정보를 바탕으로 타입 파라미터에 변성 변경자를 추가할 수 있다.

리스트 11.16 아웃-프로젝션 타입 파라미터를 사용하는 데이터 복사 함수

```
fun <T> copyData(source: MutableList<out T>,    ◀── out 키워드를 타입을 사용하는 위치 앞에
                 destination: MutableList<T>) {      붙이면 T 타입을 in 위치에 사용하는
    for (item in source) {                           메서드를 호출하지 않는다는 뜻이다.
        destination.add(item)
    }
}
```

타입 선언에서 타입 파라미터를 사용하는 위치라면 어디에나 변성 변경자를 붙일 수 있다. 따라서 (리스트 11.16처럼) 파라미터 타입, 로컬 변수 타입, 함수 반환 타입 등에 타입 파라미터가 쓰이는 경우 in이나 out 변경자를 붙일 수 있다. 이때 타입 프로젝션 type projection이 일어난다. 즉, source를 일반적인 MutableList가 아니라 MutableList를

프로젝션한(제약을 가한) 타입으로 만든다. 이 경우 copyData 함수는 MutableList의 메서드 중에서 반환 타입으로 타입 파라미터 T를 사용하는 메서드만 호출할 수 있다(더 정확하게는 타입 파라미터 T를 아웃 위치에만 사용할 수 있다). 컴파일러는 타입 파라미터 T를 함수 인자 타입(더 정확하게는 인 위치)으로 사용하지 못하게 막는다.

```
fun main() {
    val list: MutableList<out Number> = mutableListOf()
    list.add(42)
    // Error: Out-projected type 'MutableList<out Number>' prohibits
    // the use of 'fun add(element: E): Boolean'
}
```

프로젝션 타입의 메서드 중 일부를 호출하지 못하더라도 놀라지 말라. 그런 메서드를 호출하고 싶으면 프로젝션 타입 대신 일반 타입을 사용하면 된다. 일반 타입을 사용하려면 경우에 따라 리스트 11.15처럼 다른 타입과 연관이 있는 새 타입 파라미터를 추가해야 할 수도 있다.

물론 copyData와 같은 함수를 제대로 구현하는 방법은 List<T>를 source 인자의 타입으로 정하는 것이다. 실제 우리는 MutableList가 아니라 List에 있는 메서드만 source에 대해 사용하면 되고, List의 타입 파라미터 공변성은 List 선언에 들어있다. 하지만 이 예제는 여전히 타입 프로젝션의 개념을 설명하기 좋다. 또한 List와 MutableList처럼 공변적인 읽기 전용 인터페이스와 무공변적인 인터페이스가 나뉘어 있지 않은 클래스의 경우 여전히 프로젝션이 유용하다.

List<out T>처럼 out 변경자가 지정된 타입 파라미터를 out 프로젝션하는 것은 의미 없다. List의 정의는 이미 class List<out T>이므로 List<out T>는 그냥 List<T>와 같다. 코틀린 컴파일러는 이런 경우 불필요한 프로젝션이라는 경고를 한다.

비슷한 방식으로 타입 파라미터가 쓰이는 위치 앞에 in을 붙여 그 위치에 있는 값이 소비자 역할을 수행한다고 표시할 수 있다. in을 붙이면 그 파라미터를 더 상위 타입으로 대치할 수 있다. 다음은 리스트 11.16을 인 프로젝션을 사용해 다시 작성한 코드다.

리스트 11.17 인 프로젝션 타입 파라미터를 사용하는 데이터 복사 함수

```
fun <T> copyData(source: MutableList<T>,
                 destination: MutableList<in T>) {  ← 원본 리스트 원소 타입의 상위 타입을
  for (item in source) {                              대상 리스트 원소 타입으로 허용한다.
    destination.add(item)
  }
}
```

> **노트**
>
> 코틀린의 사용 지점 변성 선언은 자바의 한정 와일드카드(bounded wildcard)와 똑같다. 코틀린 MutableList<out T>는 자바 MutableList<? extends T>와 같은 뜻이며, 코틀린 MutableList<in T>는 자바 MutableList<? super T>에 대응한다.

사용 지점 변성을 사용하면 타입 인자로 사용할 수 있는 타입의 범위가 넓어진다. 이제 극단적인 경우로 모든 타입 인자를 받아들일 수 있게 만드는 방법을 살펴보자.

11.3.6 스타 프로젝션: 제네릭 타입 인자에 대한 정보가 없음을 표현하고자 * 사용

이번 장 앞부분에서 타입 검사와 캐스트에 대해 설명할 때 제네릭 타입 인자 정보가 없음을 표현하고자 스타 프로젝션star projection을 사용한다고 말했다. 예를 들어 원소 타입이 알려지지 않은 리스트는 List<*>라는 구문으로 표현할 수 있다. 이제 스타 프로젝션의 의미를 자세히 살펴보자.

첫째로 MutableList<*>는 MutableList<Any?>와 같지 않다(여기서 MutableList<T>가 T에 대해 무공변성이라는 점이 중요하다). MutableList<Any?>는 모든 타입의 원소를 담을 수 있음을 알 수 있는 리스트다. 반면 MutableList<*>는 어떤 정해진 구체적인 타입의 원소만 담는 리스트지만 그 원소의 타입을 정확히 모른다는 사실을 표현한다. 리스트의 타입이 MutableList<*>라는 말은 그 리스트가 String과 같은 구체적인 타입

11장 제네릭스 | 513

의 원소를 저장하기 위해 만들어진 것이라는 뜻이다(타입이 MutableList<*>인 리스트를 만들 수는 없다). 원소 타입을 모른다고 해서 그 안에 아무 원소나 다 담아도 된다는 뜻은 아니다. 아무 타입의 값이나 넣으면 리스트를 만들어서 넘겨준 쪽이 바라는 조건을 깰 수도 있기 때문이다. 하지만 MutableList<*> 타입의 리스트에서 원소를 얻을 수는 있다. 그런 경우 진짜 원소 타입은 알 수 없지만 어쨌든 그 원소 타입이 Any?의 하위 타입이라는 사실은 분명하다. Any?는 코틀린 모든 타입의 상위 타입이기 때문이다.

```
import kotlin.random.Random

fun main() {
    val list: MutableList<Any?> = mutableListOf('a', 1, "qwe")
    val chars = mutableListOf('a', 'b', 'c')
    val unknownElements: MutableList<*> =            ◀── MutableList<*>는 MutableList<Any?>와 같지 않다.
        if (Random.nextBoolean()) list else chars
    println(unknownElements.first())                 ◀── 원소를 가져와도 안전하다.
    // a                                                  first()는 Any? 타입의 원소를 반환한다.
    unknownElements.add(42)   ◀── 컴파일러는 이 메서드 호출을 금지한다.
    // Error: Out-projected type 'MutableList<*>' prohibits
    // the use of 'fun add(element: E): Boolean'
}
```

왜 컴파일러가 MutableList<*>를 아웃 프로젝션 타입으로 인식할까? 이 맥락에서 MutableList<*>는 MutableList<out Any?>처럼 프로젝션된다(동작한다). 어떤 리스트의 원소 타입을 모르더라도 그 리스트에서 안전하게 Any? 타입의 원소를 꺼내올 수는 있지만(Any?는 모든 코틀린 타입의 상위 타입이다), 타입을 모르는 리스트에 원소를 마음대로 넣을 수는 없다. 자바 와일드카드에 대해 얘기하자면 코틀린의 MyType<*>는 자바의 MyType<?>에 대응한다.

> **노트**
>
> Consumer<in T>와 같은 반공변 타입 파라미터에 대한 스타 프로젝션은 <in Nothing>과 동등하다. 결과적으로 그런 스타 프로젝션에서는 T가 시그니처에 들어가 있는 메서드를 호출할 수 없다. 타입 파라미터가 반공변이라면 이미 살펴본 것처럼 제네릭 클래스는 소비자 역할을 하는데, 정확히 어떤

대상을 소비할지 알 수 없다. 따라서 반공변 클래스에 무언가를 소비하도록 넘겨서는 안 된다. 이에 대해 더 자세히 알고 싶은 독자는 코틀린 온라인 문서를 참조하라(http://mng.bz/3Ed7).

타입 인자에 대한 정보가 중요하지 않을 때 스타 프로젝션을 사용한다. 즉, 타입 파라미터를 시그니처에서 전혀 언급하지 않거나 데이터를 읽기는 하지만 구체적인 타입은 신경 쓰지 않을 때 스타 프로젝션을 쓴다. 예를 들어 printFirst 함수가 List<*>를 파라미터로 받을 수도 있다.

```
fun printFirst(list: List<*>) {          ◀── 모든 리스트를 인자로 받을 수 있다.
    if (list.isNotEmpty()) {             ◀── isNotEmpty()에서는 제네릭 타입 파라미터를 사용하지 않는다.
        println(list.first())            ◀── first()는 이제 Any?를 반환하지만
    }                                         여기서는 그 타입만으로 충분하다.
}

fun main() {
    printFirst(listOf("Sveta", "Seb", "Dima", "Roman"))
    // Sveta
}
```

사용 지점 변성과 마찬가지로 이런 스타 프로젝션도 우회하는 방법이 있다. 제네릭 타입 파라미터를 도입하면 된다.

```
fun <T> printFirst(list: List<T>) {      ◀── 이 경우에도 모든 리스트를
    if (list.isNotEmpty()) {                  인자로 받을 수 있다.
        println(list.first())            ◀── 이제 first()는 T 타입의 값을 반환한다.
    }
}
```

스타 프로젝션을 쓰는 쪽에 더 간결하지만 제네릭 타입 파라미터가 어떤 타입인지 굳이 알 필요가 없을 때만 스타 프로젝션을 사용할 수 있다. 스타 프로젝션을 사용할 때는 값을 만들어내는 메서드만 호출할 수 있고 그 값의 타입에는 신경을 쓰지 말아야 한다.

이제 스타 프로젝션을 쓰는 방법과 스타 프로젝션 사용 시 빠지기 쉬운 함정을 보

여주는 예제를 더 살펴보자. 사용자 입력을 검증해야 해서 FieldValidator라는 인터페이스를 정의했다고 가정하자. FieldValidator에는 인 위치에만 쓰이는 타입 파라미터가 있다. 따라서 FieldValidator는 반공변성이다. 실제로 String 타입의 필드를 검증하고자 Any 타입을 검증하는 FieldValidator를 사용할 수 있다(반공변성으로 선언하는 것이 바로 그런 일을 가능하게 만든다). 추가로 String과 Int를 검증하는 FieldValidator도 정의한다.

리스트 11.18 입력 검증을 위한 인터페이스

```
interface FieldValidator<in T> {                    ◄── T에 대해 반공변인 인터페이스를 선언한다.
    fun validate(input: T): Boolean                 ◄── T를 인 위치에만 사용한다(이 메서드는
}                                                        T 타입의 값을 소비한다).

object DefaultStringValidator : FieldValidator<String> {
    override fun validate(input: String) = input.isNotEmpty()
}

object DefaultIntValidator : FieldValidator<Int> {
    override fun validate(input: Int) = input >= 0
}
```

이제 모든 검증기를 한 컨테이너에 넣고 입력 필드의 타입에 따라 적절한 검증기를 꺼내서 사용하는 경우를 생각해보자. 처음에는 맵에 검증기를 담으려 할 것이다. 모든 타입의 검증기를 맵에 넣을 수 있어야 하므로 KClass를 키로 하고(KClass는 코틀린 클래스를 표현한다. 12장에서 자세히 설명한다) FieldValidator<*>를 (모든 타입의 검증기를 표현) 값으로 하는 맵을 선언한다.

```
import kotlin.reflect.KClass

fun main() {
    val validators = mutableMapOf<KClass<*>, FieldValidator<*>>()
    validators[String::class] = DefaultStringValidator
    validators[Int::class] = DefaultIntValidator
}
```

이렇게 정의를 하고 나면 검증기를 쓸 때 문제가 생긴다. String 타입의 필드를 FieldValidator<*> 타입의 검증기로 검증할 수 없기 때문이다. 컴파일러는 FieldValidator<*>가 어떤 타입을 검증하는 검증기인지 모르기 때문에 String을 검증하기 위해 그 검증기를 사용하면 안전하지 않다고 판단한다.

```
validators[String::class]!!.validate("")                    ◀─── 맵에 저장된 값의 타입은
// Error: Out-projected type 'FieldValidator<*>' prohibits        FieldValidator<*>이다.
// the use of 'fun validate(input: T): Boolean'
```

MutableList<*> 타입의 리스트에 원소를 넣으려고 했을 때 이 오류를 본 적이 있다. 여기서 이 오류는 알 수 없는 타입의 검증기에 구체적인 타입의 값을 넘기면 안전하지 못하다는 뜻이다. 검증기를 원하는 타입으로 캐스팅하면 이런 문제를 고칠 수 있다. 하지만 그런 타입 캐스팅은 안전하지 못하고 권장할 수 없다. 어쨌든 타입 캐스팅을 하면 컴파일은 되고 나중에 리팩터링 가능하므로 일단 그렇게 진행하자.

리스트 11.19 검증기를 가져오면서 명시적 타입 캐스팅 사용하기

```
val stringValidator = validators[String::class] as FieldValidator<String>  ◀─┐
println(stringValidator.validate(""))                                         │
                                                    Warning: unchecked cast 경고 발생
// false
```

컴파일러는 타입 캐스팅이 안전하지 못하다고 경고한다. 또한 이 코드를 실행하면 타입 캐스팅 부분에서 실패하지 않고 값을 검증하는 메서드 안에서 실패한다는 사실을 유의해야 한다. 실행 시점에 모든 제네릭 타입 정보가 지워지기 때문이다.

리스트 11.20 검증기를 잘못 가져온 경우

```
val stringValidator = validators[Int::class]          ◀─── 검증기를 (어쩌면 실수로) 잘못
        as FieldValidator<String>   ◀─── 경고만 표시하고 컴파일은 된다.   가져왔지만 컴파일과 타입
stringValidator.validate("")                                              캐스팅 시 아무 문제가 없다.
                            ◀─── 검증기를 사용해야 비로소
// java.lang.ClassCastException:    오류가 발생한다.
```

```
//   java.lang.String cannot be cast to java.lang.Number
//   at DefaultIntValidator.validate
```

이 (잘못된) 코드와 리스트 11.19는 둘 다 컴파일러 경고가 발생한다는 점에서 비슷하다. 올바른 타입의 검증기를 가져와서 정상 작동하는 타입으로 캐스팅하는 것은 이제 프로그래머의 책임이다.

이런 해법은 타입 안전성을 보장할 수도 없고 실수를 하기도 쉽다. 따라서 한 장소에 다른 여러 타입의 검증기를 보관할 좋은 방법이 없는지 살펴보자.

리스트 11.21의 해법은 똑같이 **validators** 맵을 사용하지만 검증기를 등록하거나 가져오는 작업을 수행할 때 타입을 제대로 검사하도록 캡슐화한다. 이 코드도 앞의 예제와 마찬가지로 안전하지 않은 캐스팅 오류를 컴파일 시 발생시키지만 **Validators** 객체가 맵에 대한 접근을 통제하기 때문에 맵에 잘못된 값이 들어가지 못하게 막을 수 있다.

리스트 11.21 검증기 컬렉션에 대한 접근 캡슐화하기

```
object Validators {
    private val validators =                 ◀── 앞 예제와 같은 맵을 사용하지만
        mutableMapOf<KClass<*>, FieldValidator<*>>()      외부에서 이 맵에 접근할 수 없다.

    fun <T: Any> registerValidator(
        kClass: KClass<T>, fieldValidator: FieldValidator<T>) {
        validators[kClass] = fieldValidator    ◀── 어떤 클래스와 검증기가 타입이 맞아 떨어지는 경우에만
    }                                              그 클래스와 검증기 정보를 맵에 키/값 쌍으로 넣는다.

    @Suppress("UNCHECKED_CAST")    ◀── FieldValidator<T> 캐스팅이 안전하지 않다는 경고를 무시하게 만든다.
    operator fun <T: Any> get(kClass: KClass<T>): FieldValidator<T> =
        validators[kClass] as? FieldValidator<T>
            ?: throw IllegalArgumentException(
            "No validator for ${kClass.simpleName}")
}

fun main() {
    Validators.registerValidator(String::class, DefaultStringValidator)
```

```
    Validators.registerValidator(Int::class, DefaultIntValidator)
    println(Validators[String::class].validate("Kotlin"))
    // true
    println(Validators[Int::class].validate(42))
    // true
}
```

이제 타입 안전성을 보장하는 API를 만들었다. 안전하지 못한 모든 로직은 클래스 내부에 감춰졌다. 그리고 안전하지 못한 부분을 감춤으로써 이제는 외부에서 그 부분을 잘못 사용하지 않음을 보장할 수 있다. Validators 객체에 있는 제네릭 메서드가 항상 올바른 검증기를 돌려주기 때문에 컴파일러가 여러분이 잘못된 검증기를 쓰지 못하게 막을 수 있다.

```
println(Validators[String::class].validate(42))    ◀── 이제 get 메서드는 항상 FieldValidator<String> 타입 객체를 반환한다.
// Error: The integer literal does not conform to the expected type String
```

이 패턴을 모든 커스텀 제네릭 클래스를 저장할 때 사용할 수 있게 확장할 수도 있다. 안전하지 못한 코드의 위치를 한곳으로 한정시키면 그 코드를 잘못 사용하지 못하게 방지할 수 있고 안전하게 컨테이너를 사용하도록 만들 수 있다. 방금 살펴본 패턴을 자바에도 적용할 수 있다.

자바 제네릭스와 변성은 자바에서 가장 어려운 부분으로 여겨진다. 코틀린을 설계하면서 우리는 좀 더 이해하고 다루기 쉬우면서 자바와 상호운용할 수 있도록 코틀린 제네릭스를 만들기 위해 노력했다.

11.3.7 타입 별명

여러 제네릭 타입을 조합한 타입을 다룰 때 타입 시그니처의 모든 의미를 추적하기가 귀찮을 수 있다. List<(String, Int) -> String> 타입 컬렉션의 목적이 무엇인지 즉시 떠올리기는 힘들고, 복잡한 제네릭 타입이나 함수형 타입을 여러 곳에서 매번 반복해 사용하는 것을 피하고 싶다.

이런 경우 코틀린은 **타입 별명**type alias을 사용할 수 있게 해준다. 타입 별명은 기존 타입에 대해 다른 이름을 부여한다. typealias 키워드 뒤에 별명을 적어 타입 별명 선언을 시작할 수 있다. 그 후 = 기호 뒤에 원래의 타입을 적으면 된다.

긴 제네릭 타입을 짧게 부를 때 타입 별명이 유용하다는 사실을 알게 될 것이다. 다음 예제에서는 이 책의 네 저자의 이름을 조합하는 함수 combineAuthors를 선언한다. 저자 이름을 조합하는 방법은 4개의 문자열을 받고 새로 조합한 문자열을 반환하는 함수형 타입인 파라미터를 통해 전달된다. (String, String, String, String) -> String이라는 타입 시그니처가 매번 반복적으로 사용하기에 너무 복잡하기 때문에 타입 별명을 써서 이 함수형 타입에 대해 NameCombiner라는 새 이름을 부여할 수 있으면 편리할 것이다. 원래의 타입이 필요한 모든 곳에 이 타입 별명을 사용할 수 있다.

```
typealias NameCombiner = (String, String, String, String) -> String    ◀── typealais 키워드와 원래의 타입을
                                                                            사용해 타입 별명을 정의한다.

val authorsCombiner: NameCombiner = { a, b, c, d -> "$a et al." }
val bandCombiner: NameCombiner = { a, b, c, d -> "$a, $b & The Gang" }

fun combineAuthors(combiner: NameCombiner) {    ◀── 원래의 타입이 필요한 모든 위치에 타입
    println(combiner("Sveta", "Seb", "Dima", "Roman"))    별명을 사용할 수 있다. 여기서는 변수
}                                                         선언에 타입 별명을 쓴다.
                                                또한 함수 파라미터 선언에 타입 별명을 쓴다.
fun main() {
    combineAuthors(bandCombiner)
    // Sveta, Seb & The Gang           ◀── 타입 별명은 원래의 타입으로 해소된다.
    combineAuthors(authorsCombiner)        따라서 NameCombiner를 전달해도 전혀 문제가 없고...
    // Sveta et al.
    combineAuthors { a, b, c, d -> "$d, $c & Co."}    ◀── ... 4개의 문자열을 받아서 한 문자열을
    // Roman, Dima & Co.                                  반환하는 람다를 전달해도 좋다.
}
```

타입 별명을 도입하면 코드를 읽을 때 좀 더 쉽게 이해가 되도록 함수형 타입에 새로운 맥락을 부여할 수 있다. 하지만 여러분의 코드 기반에 익숙하지 않은 개발자가 코드를 읽거나 변경할 때 NameCombiner라는 타입 별명의 정의를 찾아 이해하

는 데 시간을 들여야 한다는 점도 염두에 둬야 한다. 언제 코드에 타입 별명을 도입할지는 여러분 스스로가 결정해야만 하는 득실을 따져봐야 하는 일이다.

컴파일러 관점에서 타입 별명이 새로운 제약이나 변경을 도입하지 않는다는 사실은 기억할 만한 가치가 있다. 컴파일을 하는 동안 타입 별명은 원래의 타입으로 치환된다. 따라서 타입 별명이 유용한 짧은 표기를 제공하기는 하지만 타입 안전성을 전혀 추가해주지 못한다.

> **인라인 클래스와 타입 별명: 언제 무엇을 사용할 것인가**
>
> 타입 별명은 유용한 짧은 이름을 제공하지만 타입 안전성을 더 높여주지는 않는다. 이는 타입 별명을 사용해 두 타입을 실수로 서로 혼용하는 것을 막는 부가적인 안전장치를 만들 수 없다는 뜻이다. 다음 예제는 이를 보여준다. String에 대해 타입 별명 ValidatedInput을 도입해서 save 함수의 시그니처가 검증이 된 입력을 원한다는 사실을 드러내기는 했지만 컴파일러는 여전히 아무 String이나 불만 없이 받아들일 것이다.
>
> ```
> typealias ValidatedInput = String
>
> fun save(v: ValidatedInput): Unit = TODO()
>
> fun main() {
>     val rawInput = "needs validating!"       ◀── 타입 별명은 컴파일 시점에 아무것도
>     save(rawInput)                               추가로 보장해주지 않는다.
> }
> ```
>
> 최소한의 부가 비용으로 타입 안전성을 추가하는 것이 목적이라면 인라인 클래스를 사용하라(4.5절에서 설명했다). 인라인 클래스의 타입은 다른 타입과 마찬가지로 검사되기 때문에 ValidatedInput과 String의 타입 불일치 때문에 앞의 예제는 컴파일이 되지 않는다. 따라서 save 함수 사용자들은 반드시 String을 ValidatedInput으로 명시적으로 변환해야 하며, 이를 통해 잠재적인 버그도 더 빨리 잡을 수 있게 된다.
>
> ```
> @JvmInline
> value class ValidatedInput(val s: String)
>
> fun save(v: ValidatedInput): Unit = TODO()
>
> fun main() {
> ```

```
    val rawInput = "needs validating!"
    save(rawInput)                          ◀── ValidatedInput과 String의 불일치
}                                                때문에 컴파일이 되지 않는다.
```

요약

- 코틀린 제네릭스는 자바와 아주 비슷하다. 제네릭 함수와 클래스를 자바와 비슷하게 선언할 수 있다.
- 자바와 마찬가지로 제네릭 타입의 타입 인자는 컴파일 시점에만 존재한다.
- 타입 인자가 실행 시점에 지워지므로 타입 인자가 있는 타입(제네릭 타입)을 is 연산자로 검사할 수 없다.
- 인라인 함수의 타입 파라미터를 reified로 표시해서 실체화하면 실행 시점에 그 타입을 is로 검사하거나 java.lang.Class 인스턴스를 얻을 수 있다.
- 변성은 기저 클래스가 같고 타입 파라미터가 다른 두 제네릭 타입 사이의 상하위 타입 관계가 타입 인자 사이의 상하위 타입 관계에 의해 어떤 영향을 받는지를 명시하는 방법이다.
- 제네릭 클래스의 타입 파라미터가 아웃 위치에서만 사용되는 경우(생산자) 그 타입 파라미터를 out으로 표시해서 공변적으로 만들 수 있다.
- 공변성의 반대는 반공변성이다. 제네릭 클래스의 타입 파라미터가 인 위치에서만 사용되는 경우(소비자) 그 타입 파라미터를 in으로 표시해서 반공변적으로 만들 수 있다.
- 코틀린의 읽기 전용 List 인터페이스는 공변적이다. 따라서 List<String>은 List<Any>의 하위 타입이다.
- 함수 인터페이스는 첫 번째 타입 파라미터에 대해서는 반공변적이고 두 번째 타입 파라미터에 대해서는 공변적이다(다른 말로 하면 함수 타입은 함수 파라미터 타입에 대해서는 반공변적이며 함수 반환 타입에 대해서는 공변적이다). 따라서 (Animal) -> Int는

(Cat) -> Number의 하위 타입이다.
- 코틀린에서는 제네릭 클래스의 공변성을 전체적으로 지정하거나(선언 지점 변성) 구체적인 사용 위치에서 지정할 수 있다(사용 지점 변성).
- 제네릭 클래스의 타입 인자가 어떤 타입인지 정확히 모르거나 타입 인자가 어떤 타입인지가 중요하지 않을 때 스타 프로젝션 구문을 사용할 수 있다.
- 타입 별명을 사용하면 타입에 대해 더 짧은 이름이나 다른 이름을 부여할 수 있다. 타입 별명은 컴파일 시점에 원래의 타입으로 치환된다.

12

어노테이션과 리플렉션

12장에서 다루는 내용

- 어노테이션 적용과 정의
- 리플렉션을 사용해 실행 시점에 객체 내부 관찰하기
- 코틀린 실전 프로젝트 예제

지금까지 클래스와 함수를 사용하는 여러 코틀린 특성을 살펴봤다. 하지만 이 모두는 함수나 클래스 이름을 소스코드에서 정확하게 알고 있어야만 사용할 수 있는 기능이었다. 어떤 함수를 호출하려면 그 함수가 정의된 클래스의 이름과 함수 이름, 파라미터 이름 등을 알아야만 했다. 어노테이션^{annotation}과 리플렉션^{reflection}을 사용하면 그런 제약을 벗어나서 미리 알지 못하는 임의의 클래스를 다룰 수 있다. 어노테이션을 사용하면 라이브러리가 요구하는 의미를 클래스에 부여할 수 있고, 리플렉션을 사용하면 실행 시점에 컴파일러 내부 구조를 분석할 수 있다.

어노테이션을 적용하기는 쉽다. 하지만 어노테이션을 직접 만들기는 어렵고, 특히 어노테이션을 처리하는 코드를 작성하기는 더 어렵다. 코틀린에서 어노테이션을 사용하는 문법은 자바와 똑같지만 어노테이션을 선언할 때 사용하는 문법은 자바와 약간 다르다. 리플렉션 API의 일반 구조는 자바와 같지만 세부 사항에서 약간 차이가 있다.

어노테이션과 리플렉션 사용법을 보여주는 예제로 12장에서는 실전 프로젝트에 준하는 JSON 직렬화와 역직렬화 라이브러리인 제이키드^{JKid}를 구현한다. 이 라이브러리는 실행 시점에 코틀린 객체의 프로퍼티를 읽거나 JSON 파일에서 읽은 데이터를 코틀린 객체로 만들기 위해 리플렉션을 사용한다. 그리고 어노테이션을 통해 제이키드 라이브러리가 클래스와 프로퍼티를 직렬화하고 역직렬화하는 방식을 변경한다.

12.1 어노테이션 선언과 적용

어노테이션을 사용하면 선언에 추가적인 메타데이터를 연관시킬 수 있다. 그 후 어노테이션이 설정된 방식에 따라 메타데이터를 소스코드, 컴파일된 클래스 파일, 런타임에 대해 작동하는 도구를 통해 접근할 수 있다.

12.1.1 어노테이션을 적용해 선언에 표지 남기기

코틀린에서 어노테이션을 적용하려면 @와 어노테이션 이름을 선언 앞에 넣으면 된다. 함수나 클래스 등 다른 여러 코드 구성 요소에 어노테이션을 붙일 수 있다.

예를 들어 제이유닛 프레임워크(http://junit.org/junit5/)와 kotlin.test를 사용한다면 테스트 메서드 앞에 @Test 어노테이션을 붙일 수 있다.

```
import kotlin.test.*

class MyTest {
```

```
@Test
fun testTrue() {
    assertTrue(1 + 1 == 2)
}
```
← @Test 어노테이션을 사용해 제이유닛 프레임워크에게 이 메서드를 테스트로 호출하라고 지시한다.

더 흥미로운 예제로 @Deprecated 어노테이션을 살펴보자. 이 어노테이션은 사용 금지, 즉 선언이 더 이상 쓰이지 않게 될 것임을 표시한다. 보통은 선언이 다른 선언에 의해 대체되거나 해당 기능을 더 이상 지원하지 않게 됐음을 의미한다.

@Deprecated 어노테이션은 최대 3가지 파라미터를 받는다. 첫 번째 message는 사용 중단 예고의 이유를 설명한다. 선택적인 replaceWith 파라미터는 옛 버전을 대신할 수 있는 패턴을 제시해서 지원이 종료될 API 기능을 더 쉽게 새 버전으로 전환할 수 있게 지원한다. 또한 점진적인 사용 중단을 지원하고자 level을 제공할 수 있다. WARNING은 선언 사용자에게 경고만 하며, ERROR와 HIDDEN은 이 선언을 사용하는 새 코드가 컴파일되지 못하게 막는다. HIDDEN은 예전에 컴파일된 코드와의 이진 호환성을 유지하기만 한다.

다음 예제는 어노테이션의 인자를 어떻게 지정하는지 보여준다(사용 금지를 설명하는 메시지와 대체할 패턴을 지정함). 일반 함수와 마찬가지로 인자를 괄호 안에 전달한다. 여기서 remove 함수는 removeAt(index)로 대체돼야 한다는 사실을 표현하는 어노테이션이 붙어있다.

```
@Deprecated("Use removeAt(index) instead.", ReplaceWith("removeAt(index)"))
fun remove(index: Int) { /* ... */ }
```

이런 선언이 있는데, 누군가 remove 함수를 쓴다면 인텔리제이 IDEA는 다른 함수를 사용해야만 한다는 경고 메시지를 표시해 줄 뿐 아니라 자동으로 그 코드를 고쳐주는 퀵 픽스quick fix도 제시해준다(그림 12.1).

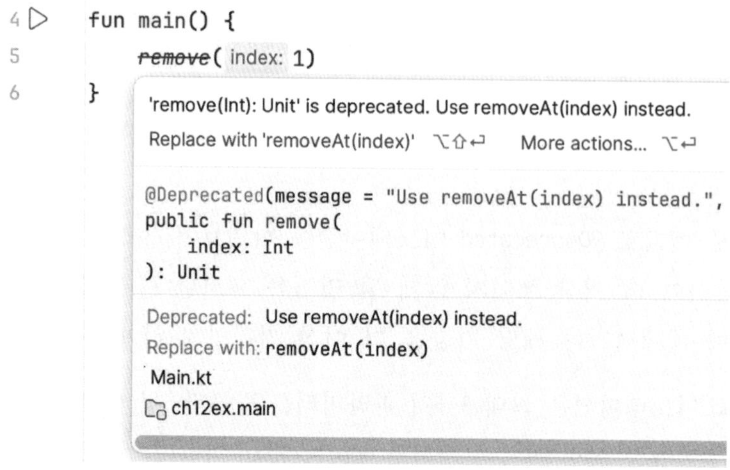

```
4 ▷  fun main() {
5       remove( index: 1)
6    }
```

'remove(Int): Unit' is deprecated. Use removeAt(index) instead.
Replace with 'removeAt(index)'   ⌥⇧↵   More actions...   ⌥↵

@Deprecated(message = "Use removeAt(index) instead.",
public fun remove(
    index: Int
): Unit

Deprecated: Use removeAt(index) instead.
Replace with: removeAt(index)
Main.kt
ch12ex.main

그림 12.1 인텔리제이 IDEA는 @Deprecated 어노테이션을 사용한 코드를 자동으로 변경하는 퀵 픽스를 제공한다.

어노테이션의 인자로는 기본 타입의 값, 문자열, 이넘, 클래스 참조, 다른 어노테이션 클래스 그리고 지금까지 말한 요소들로 이뤄진 배열이 쓰일 수 있다. 어노테이션 인자를 지정하는 문법은 자바와 약간 다르다.

- **클래스를 어노테이션 인자로 지정:** @MyAnnotation(MyClass::class)처럼 ::class를 클래스 이름 뒤에 넣어야 한다. 예를 들어 (나중에 설명할 것이지만) 직렬화 라이브러리는 @DeserializeInterface(CompanyImpl::class)처럼 역직렬화 과정에서 쓰이는 구현과 인터페이스를 연결하기 위해 클래스를 받는 어노테이션을 제공할 수 있다.

- **다른 어노테이션을 인자로 지정:** 인자로 들어가는 어노테이션의 이름 앞에 @를 넣지 말라. 예를 들어 방금 살펴본 예제의 ReplaceWith는 어노테이션이다. 하지만 Deprecated 어노테이션의 인자로 들어가므로 ReplaceWith 앞에 @를 사용하지 않는다.

- **배열을 인자로 지정:** @RequestMapping(path = ["/foo", "/bar"])처럼 각괄호를 사용한다. 대신 배열을 지정하기 위해 arrayOf 함수를 사용할 수도 있다 (자바에서 선언한 어노테이션 클래스를 사용한다면 value 파라미터가 필요에 따라 자동으로 가변 길이 인자로 변환된다).

어노테이션 인자를 컴파일 시점에 알 수 있어야 한다. 따라서 임의의 프로퍼티를 인자로 지정할 수는 없다. 프로퍼티를 어노테이션 인자로 사용하려면 그 앞에 const 변경자를 붙여야 한다. 컴파일러는 const가 붙은 프로퍼티를 컴파일 시점 상수로 취급한다. 다음은 제이유닛의 @Timeout 어노테이션을 사용해 타임아웃을 초 단위로 지정하는 예제다.

```
const val TEST_TIMEOUT = 10L        ←  const 변경자를 빼먹으면...

class MyTest {
  @Test
  @Timeout(TEST_TIMEOUT)            ←  ... "Only const val can be used in constant
  fun testMethod() {                    expressions" 컴파일 오류가 발생한다.
    // ...
  }
}
```

3.2.3절에서 설명한 것처럼 const가 붙은 프로퍼티를 파일의 최상위나 object 안에 선언해야 하며 기본 타입이나 String으로 초기화해야만 한다. 일반 프로퍼티를 어노테이션 인자로 사용하려 시도하면 "Only const val can be used in constant expressions"(const val만 상수 식에 사용할 수 있음)이라는 오류가 발생한다.

12.1.2 어노테이션이 참조할 수 있는 정확한 선언 지정: 어노테이션 타깃

코틀린 소스코드에서 한 선언을 컴파일한 결과가 여러 자바 선언과 대응하는 경우가 자주 있다. 그리고 이때 코틀린 선언과 대응하는 여러 자바 선언에 각각 어노테이션을 붙여야 할 때가 있다. 예를 들어 코틀린 프로퍼티는 기본적으로 자바 필드, 게터 메서드, 어쩌면 세터 메서드 및 그 파라미터 선언과 대응한다. 게다가 주 생성자에서 프로퍼티를 선언하면 이런 접근자 메서드와 파라미터 외에 자바 생성자 파라미터와도 대응이 된다. 따라서 어노테이션을 붙일 때 이런 요소 중 어떤 요소에 어노테이션을 붙일지 표시할 필요가 있다.

사용 지점 타깃use-site target 선언을 통해 어노테이션을 붙일 요소를 정할 수 있다. 사용 지점 타깃은 @ 기호와 어노테이션 이름 사이에 붙으며 어노테이션 이름과는 콜론(:)으로 분리된다. 그림 12.2의 get이라는 단어는 @JvmName 어노테이션을 프로퍼티 게터에 적용하라는 뜻이다.

```
                    사용 지점 타깃
                        ┌──┐
                @get:JvmName("obtainCertificate")
                    └──────┘
                   어노테이션 이름
```

그림 12.2 사용 지점 타깃(get이나 set 같은)은 @ 기호와 어노테이션 이름 사이에 위치하며, 콜론으로 어노테이션 이름과 구분된다.

자바에서 함수나 프로퍼티를 사용하는 방법을 변경하고 싶을 때 @JvmName 어노테이션을 사용할 수 있다. 3.2.3절에서 이를 간략히 다뤘다. 다음 코드는 이를 사용해 calculate 함수를 자바 쪽에서 performCalculation()으로 호출하게 한다.

```
@JvmName("performCalculation")
fun calculate(): Int {
    return (2 + 2) - 1
}
```

코틀린 프로퍼티에 대해서도 마찬가지로 어노테이션을 쓸 수 있다. 2.2.1절에서 코틀린 프로퍼티가 게터와 세터를 자동으로 정의한다는 사실을 배웠다. 명시적으로 프로퍼티 게터와 세터의 @JvmName을 지정하고 싶으면 @get:JvmName()과 @set:JvmName()을 사용하자.

```
class CertificateManager {
    @get:JvmName("obtainCertificate")        ◀── 게터의 JVM 이름을 지정한다.
    @set:JvmName("putCertificate")           ◀── 세터의 JVM 이름을 지정한다.
    var certificate: String = "-----BEGIN PRIVATE KEY-----"
}
```

이런 어노테이션이 붙은 경우 자바 코드는 certificate 프로퍼티를 obtainCertificate

와 putCertificate라는 이름으로 사용할 수 있다.

```
class Foo {
  public static void main(String[] args) {
    var certManager = new CertificateManager();
    var cert = certManager.obtainCertificate();
    certManager.putCertificate("-----BEGIN CERTIFICATE-----");
  }
}
```

자바에 선언된 어노테이션을 사용해 프로퍼티에 어노테이션을 붙이는 경우 기본적으로 프로퍼티의 필드에 그 어노테이션이 붙는다. 하지만 코틀린으로 어노테이션을 선언하면 프로퍼티에 직접 적용할 수 있는 어노테이션을 만들 수 있다.

사용 지점 타깃을 지정할 때 지원하는 타깃 목록은 다음과 같다.

- **property**: 프로퍼티 전체(자바에서 선언된 어노테이션에는 이 사용 지점 타깃을 지정할 수 없음)
- **field**: 프로퍼티에 의해 생성되는 필드
- **get**: 프로퍼티 게터
- **set**: 프로퍼티 세터
- **receiver**: 확장 함수나 프로퍼티의 수신 객체 파라미터
- **param**: 생성자 파라미터
- **setparam**: 세터 파라미터
- **delegate**: 위임 프로퍼티의 위임 인스턴스를 담아둔 필드
- **file**: 파일 안에 선언된 최상위 함수와 프로퍼티를 담아두는 클래스

file 대상을 사용하는 어노테이션은 파일에서 package 선언보다 더 앞에만 넣을 수 있다. 파일에 흔히 적용하는 어노테이션으로는 파일에 있는 최상위 선언을 담는 클래스의 이름을 바꿔주는 @JvmName이 있다. 3.2.3절에서 @file:JvmName("StringFunctions")이라는 예제를 이미 살펴봤다.

클래스 또는 함수 선언이나 타입만 사용할 수 있는 자바와 달리 코틀린에서는 어노

테이션 인자로 클래스 또는 함수 선언이나 타입 외에 임의의 식을 허용한다. 가장 흔히 쓰이는 예로는 어노테이션이 붙은 식의 문맥에서 컴파일러 경고를 무시하기 위한 @Suppress 어노테이션이 있다. 다음은 안전하지 못한 캐스팅 경고를 무시하는 로컬 변수 선언이다.

```
fun test(list: List<*>) {
  @Suppress("UNCHECKED_CAST")
  val strings = list as List<String>
  // ...
}
```

> **팁**
>
> 인텔리제이 IDEA나 안드로이드 스튜디오는 컴파일러 경고에서 Alt + Enter를 누르면 'Suppress'라는 퀵 픽스를 제공한다. 메뉴에서 'Suppress'를 선택하면 @Suppress 어노테이션을 추가해준다.

자바 API를 어노테이션으로 제어하기

코틀린은 코틀린으로 선언한 내용을 자바 바이트코드로 컴파일하는 방법과 코틀린 선언을 자바에 노출하는 방법을 제어하기 위한 어노테이션을 많이 제공한다. 이런 어노테이션 중 일부는 자바 언어의 일부 키워드를 대신한다(예를 들어 @Volatile 어노테이션은 자바의 volatile 키워드를 그대로 대신한다). 다음에 나열한 어노테이션을 사용하면 코틀린 선언을 자바에 노출시키는 방법을 변경할 수 있다.

- @JvmName은 코틀린 선언이 만들어내는 자바 필드나 메서드 이름을 변경한다.
- @JvmStatic을 객체 선언이나 동반 객체의 메서드에 적용하면 메서드가 자바 정적 메서드로 노출된다.
- @JvmOverloads를 사용하면 디폴트 파라미터 값이 있는 함수에 대해 컴파일러가 자동으로 오버로딩한 함수를 생성해준다. 3.2.2절에서 이를 다뤘다.
- @JvmField를 프로퍼티에 사용하면 대상 프로퍼티를 게터나 세터가 없는 공개된(public) 자바 필드로 노출시킨다.
- @JvmRecord를 data class에 사용하면 자바 레코드 클래스를 선언할 수 있다. 4.3.2절에서 이에 대해 다뤘다.

더 자세한 내용을 각 어노테이션의 문서에서 찾아볼 수 있다. 또한 온라인 문서의 자바 상호운용 관련 내용에서도 이에 대한 설명을 볼 수 있다.

12.1.3 어노테이션을 활용해 JSON 직렬화 제어

어노테이션을 사용하는 고전적인 예제로 객체 직렬화 제어를 들 수 있다. 직렬화는 객체를 저장 장치에 저장하거나 네트워크를 통해 전송하기 위해 텍스트나 이진 형식으로 변환하는 것이다. 반대 과정인 역직렬화는 텍스트나 이진 형식으로 저장된 데이터에서 원래의 객체를 만들어낸다. 직렬화에 자주 쓰이는 형식에 JSON이 있다. 코틀린 객체를 JSON으로 변환하는 코틀린 라이브러리로 젯브레인즈의 코틀린 팀에서 개발한 kotlinx.serialization(https://github.com/Kotlin/kotlinx.serialization) 등이 있다. 추가로 잭슨[Jackson](https://github.com/FasterXML/jackson), 지슨[GSON](https://github.com/google/gson) 등 자바 객체를 JSON으로 변환하기 위해 설계된 라이브러리도 코틀린과 완전히 호환된다.

지금부터 이번 장의 논의를 위해 제이키드라는 순수 코틀린 직렬화 라이브러리를 구현하는 과정을 설명한다. 제이키드는 모든 소스코드를 쉽게 파악할 수 있을 정도로 작다. 따라서 이번 장을 읽으면서 제이키드 소스코드를 모두 읽어보길 바란다.

제이키드 라이브러리 소스코드와 연습문제

이 책의 소스코드에 제이키드 전체 구현이 들어있으며, https://github.com/Kotlin/kotlin-in-action-2e-jkid에서도 소스코드를 찾아볼 수 있다. 라이브러리 구현과 예제를 공부하려면 IDE에서 리포지터리를 그레이들 프로젝트로 열자. 예제는 src/test/kotlin/examples 밑에서 볼 수 있다. 라이브러리는 kotlinx.serialization처럼 다양한 기능을 제공하거나 유연하지는 않지만 어노테이션 처리와 리플렉션을 수행하는 방법을 보여주는 훌륭한 이용 사례가 될 수 있다.

전체 라이브러리에서 가장 중요한 부분만 다룰 것이기 때문에 이번 장을 읽을 때는 컴퓨터에서 프로젝트를 계속 열어두는 편이 더 쓸모 있음을 알게 될 것이다. 프로젝트를 열어두면 구조를 살펴보고 여기서 개별적으로 논의한 여러 관점의 코드들이 제이키드에 어떻게 함께 녹아 들어 있는지 볼 수 있다.

제이키드 프로젝트에는 이번 장을 읽고 나서 개념을 제대로 이해했는지 확인하기 위해 풀어 볼 만한 여러 연습문제가 들어있다. 연습문제에 대한 설명은 프로젝트 README.md 파일에 있으며 깃허브 프로젝트 페이지에서도 그 내용을 볼 수 있다.

라이브러리를 테스트할 수 있는 가장 간단한 예제로 사람을 표현하는 `Person` 클래스의 인스턴스를 직렬화하고 역직렬화하는 것부터 시작해보자. `Person`의 인스턴스를 `serialize` 함수에 전달하면 JSON 표현이 담긴 문자열을 돌려받는다.

```
data class Person(val name: String, val age: Int)

fun main() {
    val person = Person("Alice", 29)
    println(serialize(person))
    // {"age": 29, "name": "Alice"}
}
```

예제에서 객체 인스턴스의 JSON 표현은 키/값 쌍으로 이뤄진다. `"age": 29`와 같은 키/값 쌍은 각 인스턴스의 프로퍼티 이름과 값을 표현한다.

JSON 표현을 다시 코틀린 객체로 만들려면 `deserialize` 함수를 호출한다. JSON 데이터에서 인스턴스를 만들 때는 JSON에 객체의 타입 정보가 들어있지 않기 때문에 클래스를 명시적으로 타입 인자로 지정해야만 한다. 이 코드의 경우 `Person` 클래스를 전달한다.

```
fun main() {
    val json = """{"name": "Alice", "age": 29}"""
    println(deserialize<Person>(json))
    // Person(name=Alice, age=29)
}
```

그림 12.3은 객체와 JSON 표현 사이의 동등성 관계를 보여준다. 이 그림에서는 기본 타입이나 문자열 타입의 프로퍼티만 직렬화하려는 클래스 안에 들어있지만 실제로는 다른 값 객체 클래스나 여러 값으로 이뤄진 컬렉션 타입의 프로퍼티도 들어갈 수 있다.

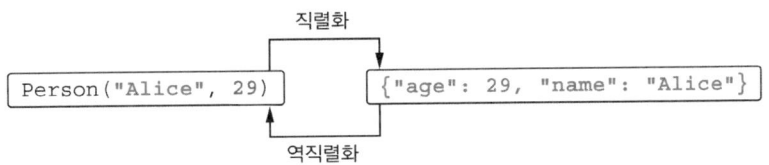

그림 12.3 Person 인스턴스의 직렬화와 역직렬화. 코틀린 객체를 JSON 텍스트 형식으로 변환하거나 JSON 텍스트를 코틀린 객체로 변환할 수 있다.

어노테이션을 활용해 객체를 직렬화하거나 역직렬화하는 방법을 제어할 수 있다. 객체를 JSON으로 직렬화할 때 제이키드 라이브러리는 기본적으로 모든 프로퍼티를 직렬화하며 프로퍼티 이름을 키로 사용한다. 어노테이션을 사용하면 이런 동작을 변경할 수 있다. 이번 절에서는 @JsonExclude와 @JsonName이라는 두 어노테이션을 다룬다. 두 어노테이션의 구현은 나중에 살펴본다.

- @JsonExclude 어노테이션을 사용하면 직렬화나 역직렬화할 때 무시해야 하는 프로퍼티를 표시할 수 있다.
- @JsonName 어노테이션을 사용하면 프로퍼티를 표현하는 키/값 쌍의 키로 프로퍼티 이름 대신 어노테이션이 지정한 문자열을 쓰게 할 수 있다.

다음 예제를 보자. firstName 프로퍼티에 대해 JSON에서 사용할 키를 지정한다. 그리고 age를 직렬화와 역직렬화 대상에서 제외한다.

```
data class Person(
  @JsonName("alias") val firstName: String,
  @JsonExclude val age: Int? = null
)
```

직렬화 대상에서 제외할 age 프로퍼티에는 반드시 기본값을 지정해야만 한다. 기본값을 지정하지 않으면 역직렬화할 때 Person의 인스턴스를 새로 만들 수 없다. 그림 12.4는 Person 클래스 인스턴스와 JSON 표현이 어떻게 달라지는지 보여준다.

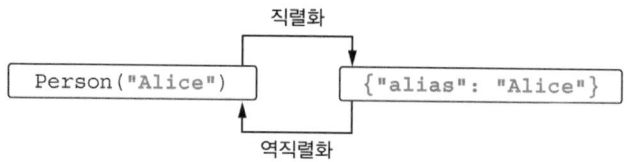

그림 12.4 어노테이션을 적용한 Person 인스턴스의 직렬화와 역직렬화. 어노테이션은 firstName 필드가 alias라는 JSON 필드로 직렬화(그리고 역직렬화)되도록 지정한다.

제이키드 라이브러리가 제공하는 대부분의 기능인 serialize(), deserialize(), @JsonName, @JsonExclude를 살펴봤다. 이제 제이키드 구현을 살펴보자. 우선 어노테이션 선언부터 시작하자.

12.1.4 어노테이션 선언

이번 절에서는 제이키드의 어노테이션을 예제로 어노테이션을 선언하는 방법을 살펴본다. @JsonExclude 어노테이션은 아무 파라미터도 없는 가장 단순한 어노테이션이다. 다음 어노테이션 선언 구문은 일반 클래스 선언처럼 보인다. 단지 class 키워드 앞에 annotation이라는 변경자가 붙어있다는 점만 다르다.

annotation class JsonExclude

하지만 어노테이션 클래스는 선언이나 식과 관련 있는 메타데이터의 구조만 정의하기 때문에 내부에 아무 코드도 들어있을 수 없다. 그런 이유로 컴파일러는 어노테이션 클래스에서 본문을 정의하지 못하게 막는다.

파라미터가 있는 어노테이션을 정의하려면 어노테이션 클래스의 주 생성자에 파라미터를 선언해야 한다. 일반적인 주 생성자 구문을 사용하면서 모든 파라미터를 val로 선언한다(어노테이션 클래스의 경우 반드시 모든 파라미터가 val이어야 한다).

annotation class JsonName(val name: String)

> **자바 어노테이션 선언과의 비교**
>
> 비교를 위해 같은 어노테이션을 자바로 선언한 경우 어떤 모습일지 다음에 적었다.
>
> ```
> /* 자바 */
> public @interface JsonName {
>   String value();
> }
> ```
>
> 자바 어노테이션에는 value라는 메서드가 있다는 점을 기억하라. 반면 코틀린 어노테이션에는 name이라는 프로퍼티가 있다. 자바에서 value 메서드는 특별하다. 어떤 어노테이션을 적용할 때 value를 제외한 모든 애트리뷰트에는 이름을 명시해야 한다.
>
> 반면 코틀린에서 어노테이션 적용 문법은 일반적인 생성자 호출과 같다. 따라서 인자의 이름을 명시하고자 이름 붙은 인자 구문을 사용할 수도 있고 인자 이름을 모두 생략할 수도 있다. 여기서는 name이 JsonName 생성자의 첫 번째 인자이므로 @JsonName(name = "first_name")은 실제로 @JsonName("first_name")과 같다. 자바에서 선언한 어노테이션을 코틀린의 구성 요소에 적용할 때는 value를 제외한 모든 인자에 대해 이름 붙은 인자 구문을 사용해야만 한다. 코틀린도 자바 어노테이션에 정의된 value를 특별하게 취급한다.

다음으로 어노테이션의 사용을 제어하는 방법과 어노테이션을 다른 어노테이션에 적용하는 방법을 설명한다.

12.1.5 메타어노테이션: 어노테이션을 처리하는 방법 제어

자바와 마찬가지로 코틀린 어노테이션 클래스에도 어노테이션을 붙일 수 있다. 어노테이션 클래스에 적용할 수 있는 어노테이션을 메타어노테이션meta-annotation이라 부른다. 표준 라이브러리에는 여러 메타어노테이션이 있으며 그런 메타어노테이션들은 컴파일러가 어노테이션을 처리하는 방법을 제어한다. 프레임워크 중에도 메타어노테이션을 제공하는 것이 있다. 예를 들어 여러 의존관계 주입 라이브러리가 메타어노테이션을 사용해 타입이 동일한 여러 주입 가능한 객체를 식별한다.

표준 라이브러리에 있는 메타어노테이션 중에 가장 흔히 쓰이는 메타어노테이션은

@Target이다. 제이키드의 JsonExclude와 JsonName 어노테이션도 적용 가능한 타깃을 지정하기 위해 @Target을 사용한다. 다음 코드를 보자.

```
@Target(AnnotationTarget.PROPERTY)
annotation class JsonExclude
```

@Target 메타어노테이션은 어노테이션을 적용할 수 있는 요소의 유형을 지정한다. 어노테이션 클래스에 대해 구체적인 @Target을 지정하지 않으면 모든 선언에 적용할 수 있는 어노테이션이 된다. 하지만 제이키드 라이브러리는 프로퍼티 어노테이션만을 사용하므로 어노테이션 클래스에 @Target을 꼭 지정해야 한다.

어노테이션이 붙을 수 있는 타깃이 정의된 이넘은 AnnotationTarget이다. 그 안에는 클래스, 파일, 프로퍼티, 프로퍼티 접근자, 타입, 식 등에 대한 이넘 정의가 들어있다. 필요하다면 @Target(AnnotationTarget.CLASS, AnnotationTarget.METHOD)처럼 둘 이상의 타깃을 한꺼번에 선언할 수도 있다.

메타어노테이션을 직접 만들어야 한다면 ANNOTATION_CLASS를 타깃으로 지정하자.

```
@Target(AnnotationTarget.ANNOTATION_CLASS)
annotation class BindingAnnotation

@BindingAnnotation
annotation class MyBinding
```

대상을 PROPERTY로 지정한 어노테이션을 자바 코드에서 사용할 수는 없다. 자바에서 그런 어노테이션을 사용하려면 AnnotationTarget.FIELD를 두 번째 타깃으로 추가해야 한다. 그렇게 하면 어노테이션을 코틀린 프로퍼티와 자바 필드에 적용할 수 있다.

> **@Retention 어노테이션**
>
> 자바에서 다른 중요한 어노테이션으로 @Retention을 본 적이 있을 것이다. @Retention은 정의 중인

어노테이션 클래스를 소스 수준에서만 유지할지, .class 파일에 저장할지, 실행 시점에 리플렉션을 사용해 접근할 수 있게 할지를 지정하는 메타어노테이션이다. 자바 컴파일러는 기본적으로 어노테이션을 .class 파일에는 저장하지만 런타임에는 사용할 수 없게 한다. 하지만 대부분의 어노테이션은 런타임에도 사용할 수 있어야 하므로 코틀린에서는 자바와 달리 @Retention을 디폴트로 RUNTIME으로 지정한다. 따라서 이 책에서 살펴본 제이키드 어노테이션에 별도로 @Retention 메타어노테이션을 붙이지 않았지만, 여전히 12.2.3절에서 보게 될 것처럼 리플렉션을 통해 제이키드 어노테이션에 접근할 수 있다.

12.1.6 어노테이션 파라미터로 클래스 사용

정적인 데이터를 인자로 유지하는 어노테이션을 정의하는 방법을 조금 전에 살펴봤다. 하지만 어떤 클래스를 선언 메타데이터로 참조할 수 있는 기능이 필요할 때도 있다. 클래스 참조를 파라미터로 하는 어노테이션 클래스를 선언하면 그런 기능을 사용할 수 있다. 제이키드 라이브러리에 있는 @DeserializeInterface는 인터페이스 타입인 프로퍼티에 대한 역직렬화를 제어할 때 쓰는 어노테이션이다. 인터페이스의 인스턴스를 직접 만들 수는 없다. 따라서 역직렬화 시 어떤 클래스를 사용해 인터페이스를 구현할지를 지정할 수 있어야 한다.

다음은 @DeserializeInterface로 어떻게 인터페이스를 구현하는 클래스를 지정하는지 보여주는 간단한 예제다.

```
interface Company {
  val name: String
}
data class CompanyImpl(override val name: String) : Company
data class Person(
  val name: String,
  @DeserializeInterface(CompanyImpl::class) val company: Company
)
```

역직렬화하는 과정에서 company 프로퍼티를 표현하는 JSON을 읽으면 제이키드는 그 프로퍼티 값에 해당하는 JSON을 역직렬화하면서 CompanyImpl의 인스턴스를 만들어 Person 인스턴스의 company 프로퍼티에 설정한다. 이를 지정하기 위해 @DeserializeInterface 어노테이션의 인자로 CompanyImpl::class를 넘긴다. 일반적으로 클래스를 가리키려면 클래스 이름 뒤에 ::class 키워드를 붙여야 한다.

이제 @DeserializeInterface(CompanyImpl::class)처럼 클래스 참조를 인자로 받는 어노테이션을 어떻게 정의하는지 살펴보자.

annotation class DeserializeInterface(val targetClass: KClass<out Any>)

KClass 타입은 코틀린 클래스에 대한 참조를 저장한다. 12.2절에서 이렇게 저장한 클래스 참조로 어떤 일을 할 수 있는지 살펴본다.

KClass의 타입 파라미터는 이 KClass의 인스턴스가 가리키는 코틀린 타입을 지정한다. 예를 들어 CompanyImpl::class의 타입은 KClass<CompanyImpl>이며, 이 타입은 방금 살펴본 DeserializeInterface의 파라미터 타입인 KClass<out Any>의 하위 타입이다(그림 12.5 참고).

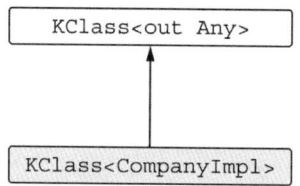

그림 12.5 어노테이션에 인자로 전달한 CompanyImpl::class(즉, KClass<CompanyImpl>)는 어노테이션의 파라미터 타입(KClass<out Any>)의 하위 타입이다.

KClass의 타입 파라미터를 사용할 때 out 변경자 없이 KClass<Any>라고 쓰면 DeserializeInterface에게 CompanyImpl::class를 인자로 넘길 수 없고 Any::class만 넘길 수 있다. out 키워드가 있으면 DeserializeInterface의 인자로 Any뿐 아니라 Any를 확장하는 모든 클래스에 대한 참조를 전달할 수 있다. 다음 절에서는 제네릭 클래스에 대한 참조를 파라미터로 받는 어노테이션을 하나 더 살펴보자.

12.1.7 어노테이션 파라미터로 제네릭 클래스 받기

기본적으로 제이키드는 기본 타입이 아닌 프로퍼티를 내포된 객체로 직렬화한다. 이런 기본 동작을 변경하고 싶으면 값을 직렬화하는 로직을 직접 제공하면 된다.

@CustomSerializer 어노테이션은 커스텀 직렬화 클래스에 대한 참조를 인자로 받는다. 이 직렬화 클래스는 ValueSerializer 인터페이스를 구현해야만 한다. 이 인터페이스는 코틀린 객체에서 JSON 표현으로의 변환을 제공하며, 마찬가지로 JSON 표현에서 코틀린 객체로의 변환도 제공한다.

```
interface ValueSerializer<T> {
  fun toJsonValue(value: T): Any?
  fun fromJsonValue(jsonValue: Any?): T
}
```

날짜를 직렬화하고 싶은데, ValueSerializer<Date>를 구현하는 DateSerializer를 만들었다고 하자. 이 클래스는 제이키드 소스코드의 예제에 들어있다(http://mng.bz/e1vQ 참고). 다음은 이 직렬화 로직을 Person 클래스에 적용하는 방법을 보여준다.

```
data class Person(
  val name: String,
  @CustomSerializer(DateSerializer::class) val birthDate: Date
)
```

이제 @CustomSerializer 어노테이션을 구현하는 방법을 살펴보자. ValueSerializer 클래스는 제네릭 클래스이므로 타입 파라미터가 있다. 따라서 ValueSerializer 타입을 참조하려면 항상 타입 인자를 제공해야 한다. 하지만 이 어노테이션이 어떤 타입에 대해 쓰일지 전혀 알 수 없으므로 여기서는 스타 프로젝션(11.3.6절 참고)을 인자로 사용할 수 있다.

```
annotation class CustomSerializer(
  val serializerClass: KClass<out ValueSerializer<*>>
)
```

그림 12.6은 serializerClass 파라미터의 타입을 여러 부분으로 나눠 설명한다. 여기서 이 어노테이션이 ValueSerializer 인터페이스를 구현하는 클래스만 인자로 받아야 함을 명시할 필요가 있다. 예를 들어 Date가 ValueSerializer를 구현하지 않으므로 @CustomSerializer(Date::class)라는 어노테이션을 금지시켜야 한다.

약간 어려워 보이지만 다행히 클래스를 어노테이션 인자로 받아야 할 때마다 같은 패턴을 사용할 수 있다. KClass<out 자신의 클래스 이름>을 쓰면 되고, 자신의 클래스 이름 자체가 타입 인자를 받아야 한다면 KClass<out 자신의 클래스 이름<*>>처럼 타입 인자를 *로 바꾼다.

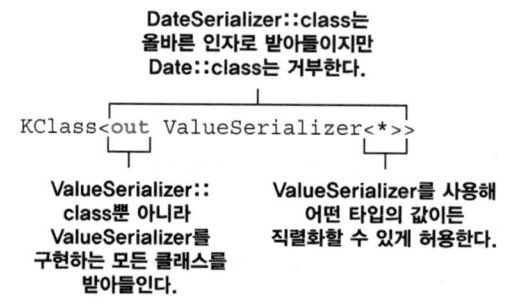

그림 12.6 어노테이션 파라미터 serializerClass의 타입. ValueSerializer를 확장하는 클래스에 대한 참조만 올바른 인자로 인정된다.

이제 코틀린에서 어노테이션을 선언하고 적용할 때 중요한 내용을 모두 살펴봤다. 다음으로 어노테이션에 저장된 데이터에 접근하는 방법을 살펴보자. 리플렉션을 사용해야만 어노테이션에 저장된 데이터에 접근할 수 있다.

12.2 리플렉션: 실행 시점에 코틀린 객체 내부 관찰

간단히 말해 리플렉션은 실행 시점에 (동적으로) 객체의 프로퍼티와 메서드에 접근할 수 있게 해주는 방법이다. 보통 객체의 메서드나 프로퍼티에 접근할 때는 프로그램 소스코드 안에 구체적인 선언이 있는 메서드나 프로퍼티 이름을 사용하며, 컴파일러는 그런 이름이 실제로 가리키는 선언을 정적으로(컴파일 시점에) 찾아내 해당하는 선언이 실제 존재함을 보장한다. 하지만 타입과 관계없이 객체를 다뤄야 하거나 객체가 제공하는 메서드나 프로퍼티 이름을 오직 실행 시점에만 알 수 있는 경우가 있다. 직렬화 라이브러리가 그런 경우의 훌륭한 예다. 직렬화 라이브러리는 어떤 객체든 JSON으로 변환할 수 있어야 하기 때문에 특정 클래스나 프로퍼티만 참조할 수 없다. 이런 경우 리플렉션을 사용해야 한다.

코틀린에서 리플렉션을 사용하려면 보통은 코틀린 리플렉션 API를 다루면 된다. 이 API는 `kotlin.reflect`와 `kotlin.reflect.full` 패키지에 정의돼 있다. 이 API는 데이터 클래스, 프로퍼티, 널이 될 수 있는 타입과 같은 코틀린 고유 개념에 대한 리플렉션을 제공한다. 또한 코틀린 리플렉션 API가 코틀린 클래스만 다룰 수 있는 것은 아니라는 점을 잘 알아둬야 한다. 코틀린 리플렉션 API를 사용해도 다른 JVM 언어에서 생성한 바이트코드를 충분히 다룰 수 있다.

코틀린 리플렉션 API에 대한 차선책으로 `java.lang.reflect` 패키지에 정의된 자바 표준 리플렉션이 있다. 코틀린 클래스는 일반 자바 바이트코드로 컴파일되므로 자바 리플렉션 API도 코틀린 클래스를 컴파일한 바이트코드를 아주 잘 지원한다. 이는 리플렉션을 사용하는 자바 라이브러리와 코틀린 코드가 완전히 호환된다는 뜻이므로 특히 중요하다.

> **노트**
>
> 안드로이드와 같이 런타임 라이브러리 크기가 문제가 되는 플랫폼을 위해 코틀린 리플렉션 API는 kotlin-reflect.jar라는 별도의 .jar 파일에 담겨 제공되며, 새 프로젝트를 생성할 때 리플렉션 패키지 .jar 파일에 대한 의존관계가 자동으로 추가되는 일은 없다. 코틀린 리플렉션 API를 사용한다면 직접 프로젝트 의존관계에 리플렉션 라이브러리를 추가해야 한다. 코틀린 리플렉션 패키지의 메이븐 그룹/아티팩트 ID는 `org.jetbrains.kotlin:kotlin-reflect`다.

이번 절에서는 제이키드에서 리플렉션 API를 사용하는 방법을 살펴본다. 더 단순하며 설명하기 쉬운 직렬화를 먼저 살펴본다. 그 후 JSON 파싱과 역직렬화를 다룬다. 하지만 그런 내용을 다루기 전에 리플렉션 API에 어떤 내용이 들어있는지 먼저 살펴보자.

12.2.1 코틀린 리플렉션 API: KClass, KCallable, KFunction, KProperty

코틀린 리플렉션 API를 사용할 때 처음 접하게 되는 것은 클래스를 표현하는 KClass다. KClass를 사용하면 클래스 안에 있는 모든 선언을 열거하고 각 선언에 접근하거나 클래스의 상위 클래스를 얻는 등의 작업이 가능하다. MyClass::class라는 식을 쓰면 KClass의 인스턴스를 얻을 수 있다. 마찬가지로 myObject라는 객체의 클래스를 실행 시점에 얻으려면 myObject::class를 사용하면 된다.

```
import kotlin.reflect.full.*

class Person(val name: String, val age: Int)

fun main() {
    val person = Person("Alice", 29)
    val kClass = person::class              ← KClass(out Person)의 인스턴스를 반환한다.
    println(kClass.simpleName)
    // Person
    kClass.memberProperties.forEach { println(it.name) }
    // age
    // name
}
```

이 예제에서는 클래스 이름과 그 클래스에 들어있는 프로퍼티 이름을 출력하고 .memberProperties를 통해 클래스와 모든 조상 클래스 내부에 정의된 비확장 프로퍼티를 모두 가져온다.

KClass 선언을 찾아보면 클래스의 내부를 살펴볼 때 사용할 수 있는 다양하고 유용한 메서드를 볼 수 있다.

```
interface KClass<T : Any> {
    val simpleName: String?
    val qualifiedName: String?
    val members: Collection<KCallable<*>>
    val constructors: Collection<KFunction<T>>
    val nestedClasses: Collection<KClass<*>>
```

```
//...
}
```

앞의 예제에서 사용한 memberProperties를 포함해서 KClass에 대해 사용할 수 있는 다양한 기능은 실제로는 확장 함수로 정의된다. KClass에 정의된 전체 메서드 리스트(확장 포함)를 표준 라이브러리 참조 문서(http://mng.bz/em4i)에서 볼 수 있다.

> **노트**
>
> simpleName과 qualifiedName 프로퍼티가 널이 아닌 타입일 것으로 기대했을 수도 있다. 하지만 4.4.4절에서 살펴본 익명 객체를 만들기 위해 object 식을 사용하는 방법을 기억하라. 이런 객체들은 여전히 클래스의 인스턴스지만 익명 클래스다. 이런 경우 simpleName과 qualifiedName이 모두 존재하지 않아서 이런 필드를 KClass 인스턴스로부터 접근하면 null이 반환된다.

클래스의 모든 멤버의 컬렉션인 members가 KCallable 인스턴스의 컬렉션이라는 사실을 눈치 챘을 것이다. KCallable은 함수와 프로퍼티를 아우르는 공통 상위 인터페이스다. 그 안에는 call 메서드가 들어있다. call을 사용하면 함수나 프로퍼티의 게터를 호출할 수 있다.

```
interface KCallable<out R> {
  fun call(vararg args: Any?): R
  //...
}
```

call을 사용할 때는 함수 인자를 vararg 리스트로 전달한다. 다음 코드는 리플렉션이 제공하는 call을 사용해 함수를 호출할 수 있음을 보여준다.

```
fun foo(x: Int) = println(x)

fun main() {
  val kFunction = ::foo          ◁── foo에 대한 KFunction1<Int, Unit> 타입의 참조를 얻는다.
  kFunction.call(42)             ◁── 42를 인자로 함수를 호출한다.
  // 42
}
```

::foo에 대해 5.1.5절에서 설명했다. 이제는 ::foo 식의 값 타입이 리플렉션 API에 있는 KFunction 클래스의 인스턴스임을 알 수 있다. 이 함수 참조가 가리키는 함수를 호출하려면 KCallable.call 메서드를 호출한다. 여기서는 42 하나만 인자로 넘긴다. call에 넘긴 인자 개수와 원래 함수에 정의된 파라미터 개수가 맞아 떨어져야 한다. 예를 들어 파라미터를 1개 받는 kFunction을 kFunction.call()로 호출하면 "IllegalArgumentException: Callable expects 1 arguments, but 0 were provided"(잘못된 인자 예외: Callable은 인자를 1개 받는데, 0개를 제공했음)이라는 런타임 예외가 발생한다.

하지만 여기서는 함수를 호출하기 위해 더 구체적인 메서드를 사용할 수도 있다. ::foo의 타입 KFunction1<Int, Unit>에는 파라미터와 반환값 타입 정보가 들어있다. KFunction1은 이 함수의 파라미터가 1개라는 의미다. KFunction1 인터페이스를 통해 함수를 호출하려면 invoke 메서드를 사용해야 한다. invoke는 정해진 개수의 인자만을 받아들이며(KFunction1은 1개) 타입은 KFunction1의 타입 파라미터 타입과 같다. 여기서는 파라미터 타입이 Int, 반환 타입이 Unit이다. 게다가 kFunction을 직접 호출할 수도 있다(13.3절에서 invoke를 명시적으로 호출하지 않고도 직접 kFunction을 호출할 수 있는 이유를 자세히 설명한다).

```
import kotlin.reflect.KFunction2

fun sum(x: Int, y: Int) = x + y

fun main() {
    val kFunction: KFunction2<Int, Int, Int> = ::sum
    println(kFunction.invoke(1, 2) + kFunction(3, 4))
    // 10
    kFunction(1)
    // ERROR: No value passed for parameter p2
}
```

kFunction에 대해 call이 아니라 invoke 메서드를 호출할 때는 인자 개수나 타입을 실수로 틀릴 수 없다. 컴파일이 안 되기 때문이다. 따라서 KFunction의 인자 타입과 반환 타입을 모두 다 안다면 invoke 메서드를 호출하는 것이 낫다. call 메서드는 모든 타입의 함수에 적용할 수 있는 일반적인 메서드지만 타입 안전성을 보장해주지는 않는다.

> **언제 그리고 어떻게 KFunctionN 인터페이스가 정의되는가?**
>
> KFunction1과 같은 타입은 파라미터 개수가 다른 여러 함수를 표현한다. 각 KFunctionN 타입은 KFunction을 확장하며 N과 파라미터 개수가 같은 invoke를 추가로 포함한다. 예를 들어 KFunction2<P1,P2,R>에는 operator fun invoke(p1: P1, p2: P2): R 선언이 들어있다.
>
> 이런 함수 타입들은 컴파일러가 생성한 합성 타입이다. 따라서 kotlin.reflect 패키지에서 이런 타입의 정의를 찾을 수는 없다. 이는 원하는 수만큼 많은 파라미터를 갖는 함수에 대한 인터페이스를 사용할 수 있으며 함수 파라미터 개수에 대한 인위적인 제약을 피할 수 있다는 뜻이다.

KProperty의 call 메서드를 호출할 수도 있다. call은 프로퍼티의 게터를 호출한다. 하지만 프로퍼티 인터페이스는 프로퍼티 값을 얻는 더 좋은 방법으로 get 메서드를 제공한다.

get 메서드에 접근하려면 프로퍼티가 선언된 방법에 따라 올바른 인터페이스를 사용해야 한다. 최상위 읽기 전용과 가변 프로퍼티는 각각 KProperty0이나 KMutableProperty0 인터페이스의 인스턴스로 표현되며 둘 다 인자가 없는 get 메서드를 제공한다.

```
var counter = 0
fun main() {
    val kProperty = ::counter
    kProperty.setter.call(21)
    println(kProperty.get())
    // 21
}
```

- kProperty는 KMutableProperty0<Int> 타입의 카운터에 대한 참조다.
- 리플렉션 기능을 통해 세터를 호출하면서 21을 인자로 넘긴다.
- get을 호출해 프로퍼티 값을 가져온다.

멤버 프로퍼티는 KProperty1이나 KMutableProperty1 인스턴스로 표현된다. 그 안에는 인자가 1개인 get 메서드가 들어있다. get 메서드를 통해 프로퍼티 값을 얻으려면 값을 얻을 수신 객체 인스턴스를 넘겨야 한다. 다음 예제는 memberProperty 변수에 프로퍼티 참조를 저장한 다음에 memberProperty.get(person)을 호출해서 person 인스턴스의 프로퍼티 값을 가져온다. 따라서 memberProperty가 Person 클래스의 age 프로퍼티를 참조한다면 memberProperty.get(person)은 동적으로 person.age를 가져온다. 이 개념을 5.1.6절에서 이미 살펴봤다.

```
class Person(val name: String, val age: Int)

fun main() {
  val person = Person("Alice", 29)
  val memberProperty = Person::age
  println(memberProperty.get(person))
  // 29
}
```

KProperty1은 제네릭 클래스라는 점에 유의하라. memberProperty 변수는 KProperty1<Person, Int> 타입으로, 첫 번째 타입 파라미터는 수신 객체 타입, 두 번째 타입 파라미터는 프로퍼티 타입을 표현한다. 수신 객체를 넘길 때는 KProperty1의 타입 파라미터와 일치하는 타입의 객체만을 넘길 수 있기 때문이다. 따라서 memberProperty.get("Alice")와 같은 호출은 컴파일되지 않는다.

최상위 수준이나 클래스 안에 정의된 프로퍼티만 리플렉션으로 접근할 수 있고 함수의 로컬 변수에는 접근할 수 없다는 점을 알아둬야 한다. 함수 안에서 로컬 변수 x를 정의하고 ::x로 그 변수에 대한 참조를 얻으려 시도하면 "References to variables aren't supported yet"(변수에 대한 참조는 아직 지원하지 않음)이라는 오류를 볼 수 있다.

그림 12.7은 실행 시점에 소스코드 요소에 접근하기 위해 사용할 수 있는 인터페이스의 계층 구조를 보여준다. 모든 선언에 어노테이션이 붙을 수 있기 때문에 KClass, KFunction, KParameter 등 실행 시점에 선언을 표현하는 인터페이스들은 모두 KAnnotatedElement를 확장한다. KClass는 클래스와 객체를 표현할 때 쓰인다. KProperty는 모든 프로퍼티를 표현할 수 있고, 그 하위 클래스인 KMutableProperty

는 var로 정의한 변경 가능한 프로퍼티를 표현한다. KProperty와 KMutableProperty에 선언된 특별한 Getter와 Setter 인터페이스로 프로퍼티 접근자를 함수처럼 다룰 수 있다(예: 메서드에 붙어있는 어노테이션을 알아내기). Getter와 Setter는 모두 KFunction을 확장한다. 단순화를 위해 KProperty0과 같은 구체적인 프로퍼티를 위한 인터페이스는 그림에서 생략했다.

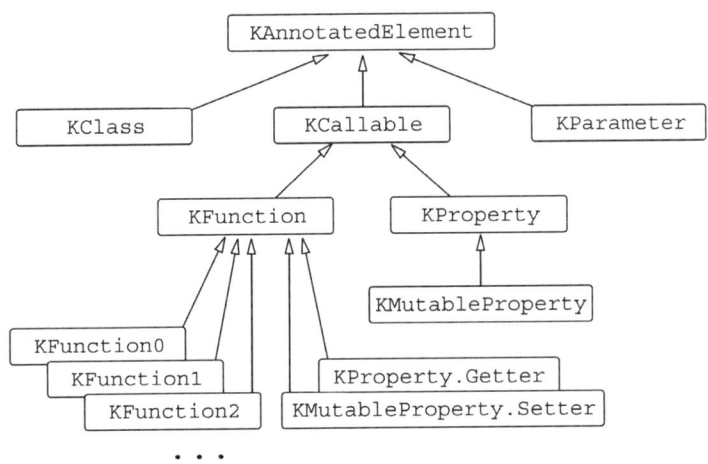

그림 12.7 코틀린 리플렉션 API의 인터페이스 계층 구조

이제 코틀린 리플렉션 API에 대한 기본적인 내용을 배웠으므로 제이키드 라이브러리 구현을 살펴보자.

12.2.2 리플렉션을 사용해 객체 직렬화 구현

우선 제이키드의 직렬화 함수 선언을 살펴보자.

```
fun serialize(obj: Any): String
```

이 함수는 객체를 받아서 그 객체에 대한 JSON 표현을 문자열로 돌려준다. 이 함수는 결과 JSON을 StringBuilder 인스턴스 안에 구축한다. 함수는 직렬화 과정에서 이 StringBuilder 객체에 객체 프로퍼티와 값을 추가한다. 이 append 호출을 더 간결하게 수행하기 위해 직렬화 기능을 StringBuilder의 확장 함수로 구현한다. 이렇게 하면 별도로 수신 객체를 지정하지 않고 append 메서드를 편하게 사용할 수 있다.

```
private fun StringBuilder.serializeObject(x: Any) {
    append(/* ... */)
}
```

함수 파라미터를 확장 함수의 수신 객체로 바꾸는 방식은 코틀린 코드에서 흔히 사용하는 패턴이며, 13.2.1절에서 자세히 설명한다. serializeObject는 StringBuilder API를 확장하지 않는다는 점에 유의하자. serializeObject가 수행하는 연산은 지금 설명하는 이 맥락을 벗어나면 전혀 쓸모가 없기 때문에 private으로 가시성을 지정해서 다른 곳에서는 사용할 수 없게 만든다. serializeObject를 확장 함수로 만든 이유는 이 코드 블록에서 주로 사용하는 객체가 어떤 것인지 명확히 하고 그 객체를 더 쉽게 다루기 위함이다.

이렇게 확장 함수를 정의한 결과 serialize는 대부분의 작업을 serializeObject에 위임한다.

```
fun serialize(obj: Any): String = buildString { serializeObject(obj) }
```

5.4.1절에서 살펴본 것처럼 buildString은 StringBuilder를 생성하고 여러분이 람다 안에서 채워 넣게 해준다. 여기서는 serializeObject(obj) 호출에 의해 내용이 채워진다.

이제 직렬화 함수의 기능을 살펴보자. 기본적으로 직렬화 함수는 객체의 모든 프로퍼티를 직렬화한다. 원시 타입이나 문자열은 적절히 JSON 수, 불리언, 문자열 값 등으로 변환된다. 컬렉션은 JSON 배열로 직렬화된다. 원시 타입이나 문자열, 컬렉션이 아닌 다른 타입인 프로퍼티는 내포된 JSON 객체로 직렬화된다. 앞 절에서 설명한 것처럼 이런 동작을 어노테이션을 통해 변경할 수 있다.

serializeObject 구현을 살펴보자. 이 구현은 실전에서 리플렉션 API를 어떻게 사용하는지 잘 보여준다.

> **노트**
>
> 리포지터리에서 이 함수는 serializeObjectWithoutAnnotation이라고 불린다. 나중에 이 함수를 다시 작성할 것이다.

리스트 12.1 객체 직렬화하기

```
private fun StringBuilder.serializeObject(obj: Any) {
    val kClass = obj::class as KClass<Any>      ◀── 객체의 KClass를 얻는다.
    val properties = kClass.memberProperties    ◀── 클래스의 모든 프로퍼티를 얻는다.

    properties.joinToStringBuilder(
        this, prefix = "{", postfix = "}") { prop ->
            serializeString(prop.name)          ◀── 프로퍼티 이름을 얻는다.
            append(": ")
            serializePropertyValue(prop.get(obj))  ◀── 프로퍼티 값을 얻는다.
        }
}
```

이 함수 구현은 명확하다. 클래스의 각 프로퍼티를 차례로 직렬화한다. 결과 JSON 은 { prop1: value1, prop2: value2 } 같은 형태다. joinToStringBuilder 함수는 프로퍼티를 콤마(,)로 분리해준다. serializeString 함수는 JSON 명세에 따라 특수 문자를 이스케이프해준다. serializePropertyValue 함수는 어떤 값이 원시 타입 값, 문자열, 컬렉션, 내포된 객체 중 어떤 것인지 판단하고 그에 따라 적절히 직렬화한다.

앞 절에서 KProperty 인스턴스의 값을 얻는 방법인 get 메서드를 설명했다. 그 예제에서 KProperty1<Person, Int> 타입인 Person::age 프로퍼티를 처리했기 때문에 컴파일러가 수신 객체와 프로퍼티 값의 타입을 정확히 알 수 있었다. 하지만 리스트 12.1에서는 어떤 객체의 클래스에 정의된 모든 프로퍼티를 열거하기 때문에 정확히 각 프로퍼티가 어떤 타입인지 알 수 없다. 따라서 prop 변수의 타입은

KProperty1<Any, *>이며 prop.get(obj) 메서드 호출은 Any? 타입의 값을 반환한다. 이 경우 수신 객체 타입을 컴파일 시점에 검사할 방법이 없다. 하지만 이 코드에서는 어떤 프로퍼티의 get에 넘기는 객체가 바로 그 프로퍼티를 얻어온 객체(obj)이기 때문에 항상 프로퍼티 값이 제대로 반환된다. 다음으로는 직렬화를 제어하는 어노테이션을 어떻게 구현하는지 살펴보자.

12.2.3 어노테이션을 활용해 직렬화 제어

이번 장의 앞에서 JSON 직렬화 과정을 제어하는 어노테이션 정의를 살펴봤다. 특히 @JsonExclude, @JsonName, @CustomSerializer 어노테이션을 설명했다. 이제 이런 어노테이션을 serializeObject 함수가 어떻게 처리하는지 살펴보자.

먼저 @JsonExclude부터 시작하자. 어떤 프로퍼티를 직렬화에서 제외하고 싶을 때 이 어노테이션을 쓸 수 있다. 이 어노테이션을 지원하기 위해 serializeObject 함수를 어떻게 수정해야 할지 조사해보자.

클래스의 모든 멤버 프로퍼티를 가져오고자 KClass 인스턴스의 memberProperties 프로퍼티를 사용했던 것을 기억하자. 하지만 지금은 문제가 약간 더 복잡해진다. @JsonExclude 어노테이션이 붙은 프로퍼티를 제외해야 하기 때문이다. 어떻게 특정 어노테이션이 붙은 프로퍼티를 제외할 수 있는지 살펴보자.

KAnnotatedElement 인터페이스에는 annotations라는 프로퍼티, 즉 소스코드상에서 해당 요소에 적용된 (@Retention을 RUNTIME으로 지정한) 모든 어노테이션 인스턴스의 컬렉션이 있다. KProperty는 KAnnotatedElement를 확장하므로 property.annotations를 통해 프로퍼티의 모든 어노테이션을 얻을 수 있다.

하지만 프로퍼티를 제외하는 코드는 실제로 어떤 하나의 어노테이션을 찾기만 하면 된다. 이럴 때 KAnnotatedElement에 대해 호출할 수 있는 findAnnotation 함수를 쓸 수 있다. 이 함수는 타입 인자로 지정한 타입과 일치하는 어노테이션들을 (그런 어노테이션이 대상 요소에 붙은 경우) 돌려준다.

findAnnotation과 filter 표준 라이브러리 함수를 조합하면 @JsonExclude 어노테이션이 붙지 않은 프로퍼티만 남길 수 있다.

```
val properties = kClass.memberProperties
    .filter { it.findAnnotation<JsonExclude>() == null }
```

다음 어노테이션은 @JsonName이다. 기억을 되살리기 위해 @JsonName 선언과 사용법을 여기 다시 적는다.

```
annotation class JsonName(val name: String)

data class Person(
  @JsonName("alias") val firstName: String,
  val age: Int
)
```

이 경우에는 어노테이션의 존재 여부뿐 아니라 어노테이션에 전달한 인자도 알아야 한다. @JsonName의 인자는 프로퍼티를 직렬화해서 JSON에 넣을 때 사용할 이름이다. 다행히 findAnnotation이 이 경우에도 도움이 된다.

```
val jsonNameAnn = prop.findAnnotation<JsonName>()    ◀── @JsonName 어노테이션이 있으면 그 인스턴스를 얻는다.
val propName = jsonNameAnn?.name ?: prop.name        ◀── 어노테이션에서 name 인자를 찾고 그런 인자가 없으면 prop.name을 사용한다.
```

프로퍼티에 @JsonName 어노테이션이 없다면 jsonNameAnn이 null이다. 그런 경우 여전히 prop.name을 JSON의 프로퍼티 이름으로 사용할 수 있다. 프로퍼티에 어노테이션이 있다면 어노테이션이 지정하는 이름을 대신 사용한다.

앞에서 살펴본 Person 클래스 인스턴스를 직렬화하는 과정을 살펴보자. firstName 프로퍼티를 직렬화하는 동안 jsonNameAnn에는 JsonName 어노테이션 클래스에 해당하는 인스턴스가 들어있다. 따라서 jsonNameAnn?.name의 값은 null이 아니고 "alias"이며 JSON에서 이 이름을 키로 사용한다. age 프로퍼티를 직렬화할 때는 @JsonName 어노테이션을 찾을 수 없으므로 프로퍼티 이름인 age를 키로 사용한다. 그 결과

Person("Alice", 35) 객체를 직렬화한 출력은 object is{ "alias":"Alice", "age": 35 }다.

지금까지 설명한 내용을 하나로 합쳐 생긴 직렬화 로직을 다음 리스트에서 보여준다.

리스트 12.2 프로퍼티 필터링을 포함하는 객체 직렬화

```
private fun StringBuilder.serializeObject(obj: Any) {
    (obj::class as KClass<Any>)
        .memberProperties
        .filter { it.findAnnotation<JsonExclude>() == null }
        .joinToStringBuilder(this, prefix = "{", postfix = "}") {
            serializeProperty(it, obj)
        }
}
```

이 코드는 @JsonExclude로 어노테이션한 프로퍼티를 제외시킨다. 또한 프로퍼티 직렬화와 관련한 로직을 serializeProperty라는 확장 함수로 추출했다. 다음 리스트를 보라.

리스트 12.3 하나의 프로퍼티 직렬화하기

```
private fun StringBuilder.serializeProperty(
    prop: KProperty1<Any, *>, obj: Any
) {
    val jsonNameAnn = prop.findAnnotation<JsonName>()
    val propName = jsonNameAnn?.name ?: prop.name
    serializeString(propName)
    append(": ")
    serializePropertyValue(prop.get(obj))
}
```

앞에서 설명한 것처럼 @JsonName에 따라 프로퍼티 이름을 처리한다.

나머지 어노테이션인 @CustomSerializer를 구현해보자. 이 구현은 @CustomSerializer를 통해 등록한 ValueSerializer 인스턴스를 반환하는 getSerializer라는 함수에 기초한다. 예를 들어 Person 클래스를 다음과 같이 정의한 경우 제이키드가 birthDate 프로퍼티를 직렬화하면서 getSerializer()를 호출하면 DateSerializer 인스턴스를 반환받는다.

```
import java.util.Date

data class Person(
    val name: String,
    @CustomSerializer(DateSerializer::class) val birthDate: Date
)
```

getSerializer 구현을 더 잘 이해할 수 있게 돕고자 @CustomSerializer 어노테이션 선언을 아래 다시 적었다.

```
annotation class CustomSerializer(
    val serializerClass: KClass<out ValueSerializer<*>>
)
```

getSerializer 구현은 다음과 같다.

리스트 12.4 프로퍼티의 값을 직렬화하는 직렬화기 가져오기

```
fun KProperty<*>.getSerializer(): ValueSerializer<Any?>? {
    val customSerializerAnn = findAnnotation<CustomSerializer>()
        ?: return null
    val serializerClass = customSerializerAnn.serializerClass
    val valueSerializer = serializerClass.objectInstance
        ?: serializerClass.createInstance()
    @Suppress("UNCHECKED_CAST")
    return valueSerializer as ValueSerializer<Any?>
}
```

getSerializer가 주로 프로퍼티를 다루기 때문에 KProperty의 확장 함수로 정의한다. getSerializer는 findAnnotation 함수를 호출해서 @CustomSerializer 어노테이션의 인스턴스가 있는지 찾는다. 그 어노테이션의 serializerClass가 직렬화기 인스턴스를 얻기 위해 사용해야 할 클래스다.

여기서 가장 흥미로운 부분은 @CustomSerializer의 값으로 클래스와 객체(코틀린의 싱글턴 객체)를 처리하는 방식이다. 클래스와 객체는 모두 KClass 클래스로 표현된다. 다만 객체에서는 object 선언에 의해 생성된 싱글턴을 가리키는 objectInstance라는 프로퍼티가 null이 아니라는 점이 클래스와 다른 점이다. 예를 들어 DateSerializer를 object로 선언한 경우에는 objectInstance 프로퍼티에 DateSerializer의 싱글턴 인스턴스가 들어있다. 따라서 그 싱글턴 인스턴스를 사용해 모든 객체를 직렬화하면 되므로 createInstance를 호출할 필요가 없다. 하지만 KClass가 일반 클래스를 표현한다면 createInstance를 호출해서 새 인스턴스를 만들어야 한다.

마지막으로 serializeProperty 구현 안에서 getSerializer를 사용할 수 있다. 다음 리스트는 serializeProperty의 최종 버전이다.

리스트 12.5 커스텀 직렬화기 지원을 통해 프로퍼티 직렬화하기

```
private fun StringBuilder.serializeProperty(
    prop: KProperty1<Any, *>, obj: Any
) {
    val jsonNameAnn = prop.findAnnotation<JsonName>()
    val propName = jsonNameAnn?.name ?: prop.name
    serializeString(propName)
    append(": ")
    val value = prop.get(obj)
    val jsonValue = prop.getSerializer()?.toJsonValue(value)
        ?: value
    serializePropertyValue(jsonValue)
}
```

프로퍼티에 대해 정의된 커스텀 직렬화기가 있으면 그 커스텀 직렬화기를 사용한다.

커스텀 직렬화기가 없으면 일반적인 방법을 따라 프로퍼티를 직렬화한다.

serializeProperty는 커스텀 직렬화기의 toJsonValue 함수를 호출해서 프로퍼티 값을 JSON 호환 형식으로 변환한다. 어떤 프로퍼티에 커스텀 직렬화기가 지정돼 있지 않다면 프로퍼티 값을 그냥 사용한다.

지금까지 제이키드 라이브러리의 직렬화 부분 구현을 모두 살펴봤다. 이제 파싱과 역직렬화 부분을 살펴보자. 역직렬화 부분은 코드가 좀 더 길기 때문에 모든 부분을 살펴보지는 않을 것이다. 대신 역직렬화 부분의 전체 구조를 살펴보고 객체를 역직렬화할 때 리플렉션을 어떻게 사용하는지를 주로 설명하겠다.

12.2.4 JSON 파싱과 객체 역직렬화

이제 이야기의 두 번째 부분인 역직렬화 로직 구현을 얘기해보자. 먼저 API를 다시 살펴보자. API는 직렬화와 마찬가지로 함수 하나로 이뤄져 있다. 이 함수가 역직렬화 시 올바른 결과를 만들어내려면 실행 시점에 타입 파라미터에 접근해야 한다. 11.2절에서 살펴본 것처럼 이는 타입 파라미터에 **reified**를 붙여야 한다는 뜻이고, 그로 인해 결국 함수를 **inline**으로 선언해야만 한다.

```
inline fun <reified T: Any> deserialize(json: String): T
```

이 함수를 사용하는 예제 코드를 보자.

```
data class Author(val name: String)
data class Book(val title: String, val author: Author)
fun main() {
  val json = """{"title": "Catch-22", "author": {"name": "J. Heller"}}"""
  val book = deserialize<Book>(json)
  println(book)
  // Book(title=Catch-22, author=Author(name=J. Heller))
}
```

역직렬화할 객체의 타입을 실체화한 타입 파라미터로 deserialize 함수에 넘겨서 새로운 객체 인스턴스를 얻는다.

JSON 문자열 입력을 파싱하고 리플렉션을 사용해 객체의 내부에 접근해서 새로운 객체와 프로퍼티를 생성하기 때문에 JSON을 역직렬화하는 것은 직렬화보다 더 어렵다. 제이키드의 JSON 역직렬화기는 흔히 쓰는 방법을 따라 3단계로 구현돼 있다. 첫 번째 단계는 어휘 분석기^{lexical analyzer}로, 렉서^{lexer}라고 부른다. 두 번째 단계는 문법 분석기^{syntax analyzer}로, 파서^{parser}라고 부른다. 세 번째 단계는 파싱한 결과로 객체를 생성하는 역직렬화 컴포넌트다.

어휘 분석기는 여러 문자로 이뤄진 입력 문자열을 토큰^{token}의 리스트로 변환한다. 여기서 토큰에는 2가지 종류가 있는데, 문자 토큰은 문자를 표현하며 JSON 문법에서 중요한 의미가 있다(콤마, 콜론, 중괄호, 각괄호). 값 토큰은 문자열, 수, 불리언 값, `null` 상수를 말한다. 왼쪽 중괄호({), 문자열 값("Catch-22"), 정수 값(42)은 모두 서로 다른 토큰이다.

파서는 토큰의 리스트를 구조화된 표현으로 변환한다. 제이키드에서 파서는 JSON의 상위 구조를 이해하고 토큰을 JSON에서 지원하는 의미 단위인 키/값 쌍과 배열로 변환하는 일을 한다.

`JsonObject` 인터페이스는 현재 역직렬화하는 중인 객체나 배열을 추적한다. 파서는 현재 객체의 새로운 프로퍼티를 발견할 때마다 그 프로퍼티(간단한 값, 복합 프로퍼티, 배열)에 해당하는 `JsonObject`의 함수를 호출한다.

리스트 12.6 JSON 파서 콜백 인터페이스

```
interface JsonObject {
    fun setSimpleProperty(propertyName: String, value: Any?)
    fun createObject(propertyName: String): JsonObject
    fun createArray(propertyName: String): JsonObject
}
```

각 메서드의 `propertyName` 파라미터는 JSON 키를 받는다. 따라서 파서가 객체를 값으로 하는 `author` 프로퍼티를 만나면 `createObject("author")` 메서드가 호출된다. 간단한 프로퍼티 값은 setSimpleProperty를 호출하면서 실제 값을 value에 넘기는 방식으로 등록한다. JsonObject를 구현하는 클래스는 새로운 객체를 생성하고 새로 생성한 객체를 외부 객체에 등록하는 과정을 책임져야 한다.

그림 12.8은 예제 문자열을 역직렬화하는 과정에서 어휘 분석과 문법 분석 단계의 입력과 출력을 보여준다. 다시 말하지만 어휘 분석은 문자열을 토큰 리스트로 바꾸고, 문법 분석(파서)은 어휘 분석기가 만든 토큰 리스트를 분석하면서 의미 단위를 만날 때마다 JsonObject의 메서드를 적절히 호출한다.

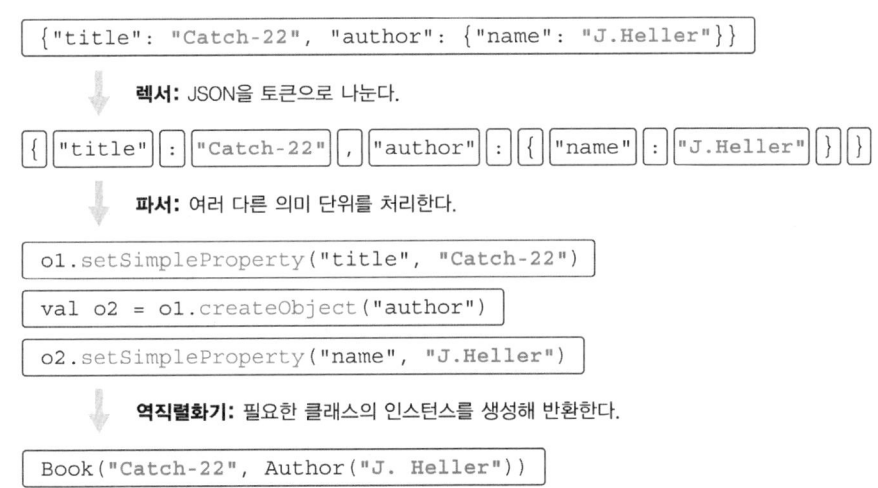

그림 12.8 JSON을 파싱하는 과정: 먼저 렉서가 입력 텍스트를 토큰으로 나눈다. 그 후 파서가 여러 의미 단위를 처리한다. 마지막으로 역직렬화기가 의미 단위들을 최종 코틀린 객체로 변환한다.

그 후 역직렬화기는 JsonObject에 상응하는 코틀린 타입의 인스턴스를 점차 만들어내는 JsonObject 구현을 제공한다. 이런 구현은 클래스 프로퍼티와 JSON 키(그림 12.8에서는 title, author, name) 사이의 대응 관계를 찾아내고 내포된 객체 값(Author의 인스턴스)을 만들어낸다. 그렇게 모든 내포 객체 값을 만들고 난 뒤에는 필요한 클래스(Book)의 인스턴스를 새로 만든다.

제이키드는 데이터 클래스와 함께 사용하려는 의도로 만든 라이브러리다. 따라서 제이키드는 JSON에서 가져온 이름/값 쌍을 역직렬화하는 클래스의 생성자에 넘긴다. 제이키드는 객체를 생성한 다음에 프로퍼티를 설정하는 것을 지원하지 않는다. 따라서 제이키드 역직렬화기는 JSON을 읽으면서 만든 프로퍼티 객체들을 저장해 뒀다가 나중에 생성자를 호출할 때 써야 한다.

객체를 생성하기 전에 그 객체의 하위 요소를 저장해야 한다는 요구 사항을 보면 전통적인 빌더 패턴이 생각난다. 다만 빌더 패턴은 미리 정해진 타입의 객체들을 만들기 위한 도구다. 하지만 역직렬화의 경우 해법이 완전히 제네릭해야 한다. 빌더라는 용어를 쓰면 지겨우므로 여기서는 씨앗을 뜻하는 시드[seed]라는 단어를 사용한다. JSON에서는 객체, 컬렉션, 맵과 같은 복합 구조를 만들 필요가 있다. `ObjectSeed`, `ObjectListSeed`, `ValueListSeed`는 각각 객체, 복합 객체로 이뤄진 리스트, 간단한 값을 만드는 일을 한다. 맵을 만드는 시드를 구현하는 것은 연습문제로 남겨둔다.

기본 `Seed` 인터페이스는 `JsonObject`를 확장하면서 객체 생성 과정이 끝난 후 결과 인스턴스를 얻기 위한 `spawn` 메서드를 추가 제공한다. 또한 `Seed` 안에는 내포된 객체나 내포된 리스트를 만들 때 사용할 `createCompositeProperty` 메서드 선언이 들어있다(이들도 시드를 사용해 인스턴스를 생성하는 로직을 똑같이 활용한다).

리스트 12.7 JSON 데이터로부터 객체를 만들어내기 위한 인터페이스

```
interface Seed : JsonObject {
    fun spawn(): Any?
    fun createCompositeProperty(
        propertyName: String,
        isList: Boolean
    ): JsonObject
    override fun createObject(propertyName: String) =
        createCompositeProperty(propertyName, false)
    override fun createArray(propertyName: String) =
        createCompositeProperty(propertyName, true)
    // ...
}
```

spawn을 build와 비슷하다고 생각할 수도 있다. 둘 다 만들어낸 객체를 돌려주는 메서드이 때문이다. 이 메서드는 ObjectSeed의 경우 생성된 객체를 반환하고, Object ListSeed나 ValueListSeed의 경우 생성된 리스트를 반환한다. 리스트를 역직렬화하는 방법을 자세히 설명하지 않고, 더 복잡하며 시드를 사용하는 방법을 더 잘 보여주는 객체 생성 과정에 초점을 맞춰 설명한다.

그러나 시드를 사용한 객체 생성을 살펴보기 전에 값을 역직렬화하는 모든 과정을 처리하는 deserialize 함수를 살펴보자.

리스트 12.8 최상위 역직렬화 함수

```
fun <T: Any> deserialize(json: Reader, targetClass: KClass<T>): T {
    val seed = ObjectSeed(targetClass, ClassInfoCache())
    Parser(json, seed).parse()
    return seed.spawn()
}
```

파싱을 시작하려면 직렬화 중인 객체의 프로퍼티를 담을 ObjectSeed를 하나 생성해야 한다. 그리고 파서를 호출하면서 입력 스트림 리더인 json과 시드를 인자로 전달해야 한다. 입력 데이터의 끝에 도달하면 spawn 함수를 호출해서 결과 객체를 생성한다.

이제 생성 중인 객체의 상태를 저장하는 ObjectSeed 구현을 살펴보자. ObjectSeed는 결과 클래스에 대한 참조와 결과 클래스 안의 프로퍼티에 대한 정보를 저장하는 캐시인 classInfoCache 객체를 인자로 받는다. 나중에 이 캐시 정보를 사용해서 클래스의 인스턴스를 만든다. ClassInfoCache와 ClassInfo는 도우미 클래스이며 다음 절에서 설명한다.

리스트 12.9 객체 역직렬화하기

```
class ObjectSeed<out T: Any>(
    targetClass: KClass<T>,
```

```kotlin
    override val classInfoCache: ClassInfoCache
) : Seed {
    private val classInfo: ClassInfo<T> =        ◄── targetClass의 인스턴스를 만들 때
        classInfoCache[targetClass]                   필요한 정보를 캐시한다.

    private val valueArguments = mutableMapOf<KParameter, Any?>()
    private val seedArguments = mutableMapOf<KParameter, Seed>()    │ 생성자 파라미터와 그 값을
    private val arguments: Map<KParameter, Any?>                    │ 연결하는 맵을 만든다.
        get() = valueArguments +                     ◄───────────────
            seedArguments.mapValues { it.value.spawn() }

    override fun setSimpleProperty(propertyName: String, value: Any?) {
        val param = classInfo.getConstructorParameter(propertyName)
        valueArguments[param] =                                      │ 생성자 파라미터 값이 간단한
            classInfo.deserializeConstructorArgument(param, value)   │ 값인 경우 그 값을 기록한다.
    }                                                ◄───────────────

    override fun createCompositeProperty(
        propertyName: String, isList: Boolean        │ 프로퍼티에 대한 DeserializeInterface
    ): Seed {                                        │ 어노테이션이 있다면 그 값을 가져온다.
        val param = classInfo.getConstructorParameter(propertyName)
        val deserializeAs =                          ◄───────────────
            classInfo.getDeserializeClass(propertyName)?.starProjectedType
        val seed = createSeedForType(                │ 파라미터 타입에 따라 ObjectSeed나
            deserializeAs ?: param.type, isList      │ CollectionSeed를 만들고...
        )                                            ◄───────────────
        return seed.apply { seedArguments[param] = this }  ◄── ... 만든 시드 객체를 seedArgument
    }                                                          맵에 기록한다.

    override fun spawn(): T =                        │ 인자 맵을 넘겨서 targetClass 타입의
        classInfo.createInstance(arguments)          │ 인스턴스를 만든다.
}                                                    ◄───────────────
```

ObjectSeed는 생성자 파라미터와 값을 연결해주는 맵을 만든다. 이를 위해 2가지 변경 가능한 맵을 사용한다. valueArguments는 간단한 값 프로퍼티를 저장하고 seedArguments는 복합 프로퍼티를 저장한다. 결과를 만들면서 setSimpleProperty를 호출해서 valueArguments 맵에 새 인자를 추가하거나 createCompositeProperty

를 호출해서 seedArguments 맵에 새 인자를 추가한다. 비어있는 상태에서 새로운 복합 시드를 추가한 후 입력 스트림에서 들어오는 데이터를 갖고 그 복합 시드에 데이터를 채워 넣는다. 마지막으로 spawn 메서드는 내부에 내포된 모든 시드에 대해 spawn을 재귀적으로 호출해서 내포된 모든 객체를 만든다.

여기서 spawn 메서드 본문의 arguments가 재귀적으로 복합(시드) 인자를 만드는 과정을 살펴보자. arguments 프로퍼티의 커스텀 게터 안에서는 mapValues 메서드를 사용해 seedArguments의 각 원소에 대해 spawn 메서드를 호출한다. createSeedForType 함수는 파라미터가 어떤 종류의 컬렉션인지에 따라 적절히 ObjectSeed, ObjectListSeed, ValueListSeed 중 하나를 생성해준다. 이 함수의 구현을 살펴보는 것은 여러분의 몫이다. 다음으로는 ClassInfo.createInstance 함수가 targetClass의 인스턴스를 어떻게 만드는지 살펴본다.

12.2.5 최종 역직렬화 단계: callBy()와 리플렉션을 사용해 객체 만들기

마지막으로 이해해야 할 부분은 최종 결과인 객체 인스턴스를 생성하고 생성자 파라미터 정보를 캐시하는 ClassInfo 클래스다. ClassInfo는 ObjectSeed 안에서 쓰인다. 하지만 ClassInfo 구현을 자세히 살펴보기 전에 리플렉션을 통해 객체를 만들 때 사용할 API를 몇 가지 살펴보자.

이미 KCallable.call을 살펴봤다. KCallable.call은 인자 리스트를 받아 함수나 생성자를 호출해준다. 유용한 경우도 많지만 KCallable.call은 디폴트 파라미터 값을 지원하지 않는다는 한계가 있다. 제이키드에서 역직렬화 시 생성할 객체에 디폴트 생성자 파라미터 값이 있는데도 JSON에서 관련 프로퍼티를 꼭 지정하게 하고 싶지는 않을 것이다. 따라서 디폴트 파라미터 값을 지원하는 다른 메서드인 KCallable.callBy를 사용해야 한다.

```
interface KCallable<out R> {
    fun callBy(args: Map<KParameter, Any?>): R
```

```
    ...
}
```

이 메서드는 파라미터와 파라미터에 해당하는 값을 연결해주는 맵을 인자로 받는다. 인자로 받은 맵에서 파라미터를 찾을 수 없는데, 파라미터 기본값이 정의돼 있다면 그 기본값을 사용한다. 게다가 파라미터의 순서를 지킬 필요가 없다는 이점도 제공한다. 따라서 JSON에서 모든 이름/값 쌍을 읽은 후 생성자의 파라미터 이름과 일치하는 항목을 찾아 맵에 값을 넣을 수 있다.

여기서 타입을 제대로 처리하기 위해 신경써야 한다. args 맵에 들어있는 각 값의 타입이 생성자의 파라미터 타입과 일치해야 한다. 그렇지 않으면 IllegalArgumentException이 발생한다. 특히 숫자 타입을 처리할 때 조심해야 한다. 파라미터가 Int, Long, Double 등의 타입 중에 어떤 것인지 확인해서 JSON에 있는 숫자 값을 적절한 타입으로 변환해야만 한다. KParameter.type 프로퍼티를 활용하면 파라미터의 타입을 알 수 있다.

타입 변환에는 커스텀 직렬화에 사용했던 ValueSerializer 인스턴스를 똑같이 사용한다. 프로퍼티에 @CustomSerializer 어노테이션이 없다면 프로퍼티 타입에 따라 표준 구현을 불러와 사용한다.

이를 위해 KType과 그에 해당하는 내장 ValueSerializer 객체 사이의 매핑을 제공하는 작은 serializerForType 함수를 제공할 수 있다. 실행 시점에 제이키드가 아는 타입들(Byte, Int, Boolean 등)에 대한 실행 시점 표현을 얻기 위해 typeOf<>() 함수를 사용해 KType 인스턴스를 얻을 수 있다.

리스트 12.10 값 타입에 따라 직렬화기를 가져오기

```
fun serializerForType(type: Type): ValueSerializer<out Any?>? =
    when(type) {
        typeOf<Byte>() -> ByteSerializer
        typeOf<Int>() -> IntSerializer
        typeOf<Boolean>() -> BooleanSerializer
```

```
            // ...
        else -> null
}
```

타입별 `ValueSerializer` 구현은 필요한 타입 검사나 변환을 수행한다. 다음 예제를 보면 알 수 있는 것처럼 `Boolean` 값에 대한 직렬화기는 역직렬화를 수행할 때 `jsonValue`가 실제로 `Boolean` 타입인지 확인한다.

리스트 12.11 Boolean 값을 위한 직렬화기

```
object BooleanSerializer : ValueSerializer<Boolean> {
    override fun fromJsonValue(jsonValue: Any?): Boolean {
        if (jsonValue !is Boolean) throw JKidException("Boolean expected")
        return jsonValue
    }

    override fun toJsonValue(value: Boolean) = value
}
```

`callBy` 메서드에 생성자 파라미터와 그 값을 연결해주는 맵을 넘기면 객체의 주 생성자를 호출할 수 있다. `ValueSerializer`의 메커니즘은 생성자를 맵의 값들이 생성자 파라미터의 타입과 일치하게 만든다. 이제 이 API를 호출하는 부분을 살펴보자.

`ClassInfoCache`는 리플렉션 연산의 비용을 줄이기 위한 클래스다. 직렬화와 역직렬화에 사용하는 어노테이션들(@JsonName, @CustomSerializer)이 파라미터가 아니라 프로퍼티에 적용된다는 사실을 기억하라. 하지만 객체를 역직렬화할 때는 프로퍼티가 아니라 생성자 파라미터를 다뤄야 한다. 따라서 어노테이션을 꺼내려면 파라미터에 해당하는 프로퍼티를 찾아야 한다. JSON에서 모든 키/값 쌍을 읽을 때마다 이런 검색을 수행하면 코드가 아주 느려질 수 있다. 따라서 클래스별로 한 번만 검색을 수행하고 검색 결과를 캐시에 넣어둔다. 다음 리스트는 `ClassInfoCache`의 전체 구현이다.

리스트 12.12 리플렉션 데이터 캐시 저장소

```
class ClassInfoCache {
    private val cacheData = mutableMapOf<KClass<*>, ClassInfo<*>>()

    @Suppress("UNCHECKED_CAST")
    operator fun <T : Any> get(cls: KClass<T>): ClassInfo<T> =
        cacheData.getOrPut(cls) { ClassInfo(cls) } as ClassInfo<T>
}
```

여기서는 11.3.6절에서 설명한 패턴을 사용한다. 맵에 값을 저장할 때는 타입 정보를 없애지만 맵에서 돌려받은 값의 타입인 ClassInfo<T>의 타입 인자가 항상 올바른 값이 되도록 get 메서드 구현이 보장한다. getOrPut을 살펴보자. cacheData 맵에 cls에 대한 항목이 있다면 그 항목을 반환한다. 그런 항목이 없다면 전달받은 람다를 호출해서 키에 대한 값을 계산하고 그 결괏값을 맵에 저장한 다음에 반환한다.

ClassInfo 클래스는 대상 클래스의 새 인스턴스를 만들고 필요한 정보를 캐시해둔다. 설명에 필요하지 않은 일부 함수와 뻔한 초기화를 표시하지 않았다. 또한 여기서는 !!를 썼지만 실제 리포지터리에 있는 제이키드 코드는 어떤 문제가 발생했는지를 알려주는 메시지가 들어있는 예외를 던진다(여러분의 코드에서도 더 자세한 정보를 담은 예외를 던지는 것이 더 좋은 패턴이다). 여기서는 단순히 코드를 간결하게 하기 위해 예외 던지는 부분을 생략했다.

리스트 12.13 생성자 파라미터와 어노테이션 정보를 저장하는 캐시

```
class ClassInfo<T : Any>(cls: KClass<T>) {
    private val constructor = cls.primaryConstructor!!

    private val jsonNameToParamMap = hashMapOf<String, KParameter>()
    private val paramToSerializerMap =
        hashMapOf<KParameter, ValueSerializer<out Any?>>()
    private val jsonNameToDeserializeClassMap =
        hashMapOf<String, KClass<out Any>?>()
```

```
init {
    constructor.parameters.forEach { cacheDataForParameter(cls, it) }
}
fun getConstructorParameter(propertyName: String): KParameter =
    jsonNameToParam[propertyName]!!
fun deserializeConstructorArgument(
    param: KParameter, value: Any?): Any? {
    val serializer = paramToSerializer[param]
    if (serializer != null) return serializer.fromJsonValue(value)
    validateArgumentType(param, value)
    return value
}
fun createInstance(arguments: Map<KParameter, Any?>): T {
    ensureAllParametersPresent(arguments)
    return constructor.callBy(arguments)
}
// ...
}
```

초기화 시 이 코드는 각 생성자 파라미터에 해당하는 프로퍼티를 찾아서 어노테이션을 가져온다. 코드는 데이터를 3가지 맵에 저장한다. jsonNameToParam은 JSON 파일의 각 키에 해당하는 파라미터를 저장하며, paramToSerializer는 각 파라미터에 대한 직렬화기를 저장하고, jsonNameToDeserializeClass는 @DeserializeInterface 어노테이션 인자로 지정한 클래스를 저장한다. ClassInfo는 프로퍼티 이름을 갖고 생성자 파라미터를 제공할 수 있으며 생성자를 호출하는 코드는 그 파라미터를 파라미터와 생성자 인자를 연결하는 맵의 키로 사용한다.

cacheDataForParameter, validateArgumentType, ensureAllParametersPresent 함수는 이 클래스에 정의된 비공개 함수다. 다음은 ensureAllParametersPresent의 구현을 보여준다. 다른 함수의 코드를 소스에서 직접 찾아보기 바란다.

리스트 12.14 필수 파라미터가 모두 있는지 검증하기

```
private fun ensureAllParametersPresent(arguments: Map<KParameter, Any?>) {
    for (param in constructor.parameters) {
        if (arguments[param] == null &&
            !param.isOptional && !param.type.isMarkedNullable) {
            throw JKidException("Missing value for parameter ${param.name}")
        }
    }
}
```

이 함수는 생성자에 필요한 모든 필수 파라미터가 맵에 들어있는지 검사한다. 여기서 리플렉션 API를 어떻게 활용하는지 살펴보자. 파라미터에 기본값이 있다면 param.isOptional이 true다. 따라서 그런 파라미터에 대한 인자가 인자 맵에 없어도 아무 문제가 없다. 파라미터가 널이 될 수 있는 값이라면(type.isMarkedNullable이 이를 알려준다) 디폴트 파라미터 값으로 null을 사용한다. 그 두 경우가 모두 아니라면 예외를 발생시킨다. 리플렉션 캐시를 사용하면 역직렬화 과정을 제어하는 어노테이션을 찾는 절차를 JSON 데이터에서 발견한 모든 프로퍼티에 대해 반복할 필요 없이 프로퍼티 이름별로 단 한 번만 수행할 수 있다.

이것으로 제이키드 라이브러리 구현에 대한 설명을 마친다. 이번 장에서는 JSON 직렬화와 역직렬화 라이브러리 구현을 살펴봤다. 이 라이브러리는 리플렉션 API 위에서 구현됐고 어노테이션을 사용해 동작을 제어한다. 물론 이번 장에서 보여준 모든 기법을 자신의 프레임워크에 활용할 수도 있다.

요약

- 코틀린에서 어노테이션을 적용할 때는 @MyAnnotation(params) 구문을 사용한다.
- 코틀린에서는 파일과 식 등 넓은 범위의 타깃에 대해 어노테이션을 붙일 수 있다.

- 어노테이션 인자로 기본 타입 값, 문자열, 이넘, 클래스 참조, 다른 어노테이션 클래스의 인스턴스, 배열을 사용할 수 있다.
- `@get:JvmName`에서처럼 어노테이션의 사용 지점 타깃을 명시하면 하나의 코틀린 선언이 여러 가지 바이트코드 요소를 만들어내는 경우 정확히 어떤 부분에 어노테이션을 적용할지 지정할 수 있다.
- 어노테이션 클래스를 정의할 때는 `annotation class`로 시작한다. 이 클래스는 모든 파라미터를 `val` 프로퍼티로 표시한 주 생성자가 있어야 하고, 본문은 없어야 한다.
- 메타어노테이션을 사용해 타깃, 어노테이션 유지 모드 등 여러 어노테이션 특성을 지정할 수 있다.
- 리플렉션 API를 통해 실행 시점에 객체의 메서드와 프로퍼티를 동적으로 열거하고 접근할 수 있다. 리플렉션 API에는 클래스(`KClass`), 함수(`KFunction`) 등 여러 종류의 선언을 표현하는 인터페이스가 들어있다.
- 클래스의 경우 `KClass` 인스턴스를 얻기 위해 `ClassName::class`를 사용한다. 객체로부터 `KClass` 인스턴스를 얻으려면 `objName::class`를 사용한다.
- `KFunction`과 `KProperty` 인터페이스는 모두 `KCallable`을 확장한다. `KCallable`은 제네릭 `call` 메서드를 제공한다.
- `KCallable.callBy` 메서드를 사용하면 메서드를 호출하면서 디폴트 파라미터 값을 사용할 수 있다.
- `KFunction0`, `KFunction1` 등의 인터페이스는 모두 파라미터 개수가 다른 함수를 표현하며 `invoke` 메서드를 사용해 함수를 호출할 수 있다.
- `KProperty0`, `KProperty1`은 수신 객체의 개수가 다른 프로퍼티들을 표현하며 값을 얻기 위한 `get` 메서드를 지원한다. `KMutableProperty0`과 `KMutableProperty1`은 각각 `KProperty0`과 `KProperty1`을 확장하며 `set` 메서드를 통해 프로퍼티 값을 변경할 수 있다.
- `KType`의 실행 시점 표현을 얻기 위해 `typeOf<T>()` 함수를 사용한다.

13

DSL 만들기

13장에서 다루는 내용

- 도메인 특화 언어 만들기
- 수신 객체 지정 람다 사용
- invoke 관례 사용
- 기존 코틀린 DSL 예제

13장에서는 도메인 특화 언어^{DSL, Domain-Specific Language}를 사용해 표현력이 좋고 코틀린다운 API를 설계하는 방법을 설명한다. 전통적인 API와 DSL 형식 API의 차이를 설명하고 DSL 형식의 API를 데이터베이스 접근, HTML 생성, 테스트, 빌드 스크립트 작성, 안드로이드 UI 레이아웃 정의 등의 여러 작업에 사용할 수 있음을 보여준다.

코틀린 DSL 설계는 코틀린 언어의 여러 특성을 활용한다. 그중 2가지 특성을 아직 완전히 살펴보지 않았다. 첫 번째 특성은 5장에서 간략하게 살펴본 수신 객체 지정 람다다. 수신 객체 지정 람다를 사용하면 코드 블록에서 이름(변수)이 가리키는 대상을 결정하는 방식을 변경해서 DSL 구조를 더 쉽게 만들 수 있다. 다른 한 특성은 여기서 처음 얘기하는 invoke 관례다. invoke 관례를 사용하면 DSL 코드 안에서 람다와 프로퍼티 대입을 더 유연하게 조합할 수 있다. 13장에서는 이 2가지 특성을 자세히 살펴본다.

13.1 API에서 DSL로: 표현력이 좋은 커스텀 코드 구조 만들기

DSL에 대해 설명하기 전에 해결하려는 문제를 이해하면 좋을 것이다. 궁극적으로 목표는 코드의 가독성과 유지 보수성을 가장 좋게 유지하는 것이다. 이 목표를 달성하려면 개별 클래스에 집중하는 것만으로는 충분치 않다. 클래스에 있는 코드 중 대부분은 다른 클래스와 상호작용한다. 따라서 그런 상호작용이 일어나는 연결 지점을 살펴봐야 한다. 즉, 클래스의 API를 살펴봐야 한다.

라이브러리를 만드는 사람에게만 API를 훌륭하게 만들 책임이 있는 것이 아니라는 사실이 중요하다. 사실 모든 개발자는 API를 훌륭하게 만들기 위해 노력해야 한다. 라이브러리가 외부 사용자에게 프로그래밍 API를 지원하는 것처럼 애플리케이션 안의 모든 클래스는 다른 클래스에게 자신과 상호작용할 수 있는 가능성을 제공한다. 이런 상호작용을 이해하기 쉽고 명확하게 표현할 수 있도록 만들어야 프로젝트를 계속 유지 보수할 수 있다.

지금까지 이 책에서 클래스를 위한 API를 깔끔하게 작성할 수 있게 돕는 여러 코틀린 특성을 살펴봤다. 그렇다면 API가 깔끔하다는 말은 어떤 뜻일까? 다음과 같은 2가지 의미로 API가 깔끔하다는 단어를 사용한다.

- 코드를 읽는 독자가 어떤 일이 벌어질지 명확하게 이해할 수 있어야 한다. 이름과 개념을 잘 선택하면 이런 목적을 달성할 수 있다. 이는 언어와 관계없이 중요하다.
- 코드에 불필요한 구문이나 번잡한 준비 코드가 가능한 한 적어야 한다. 이

번 장에서 주로 초점을 맞추는 것도 바로 그런 간결함이다. 깔끔한 API는 언어에 내장된 기능과 거의 구분할 수 없다.

깔끔한 API를 작성할 수 있게 돕는 코틀린 기능에는 확장 함수, 중위 함수 호출, 람다에 사용할 수 있는 it 등의 문법적 편의, 연산자 오버로딩 등이 있다. 표 13.1은 이런 특성이 코드에 있는 문법적인 잡음을 얼마나 줄여주는지 보여준다.

표 13.1 코틀린이 간결한 구문을 지원하는 방법

일반 구문	간결한 구문	사용한 언어 특성
StringUtil.capitalize(s)	s.capitalize()	확장 함수
1.to("one")	1 to "one"	중위 호출
set.add(2)	set += 2	연산자 오버로딩
map.get("key")	map["key"]	get 메서드에 대한 관례
file.use({ f -> f.read() })	file.use { it.read() }	람다를 괄호 밖으로 빼내는 관례

sb.append("yes")
sb.append("no")
	with (sb) {
	  append("yes")
	  append("no")
	}
		수신 객체 지정 람다

val m = mutableListOf<Int>()
m.add(1)
m.add(2)
return m.toList()
	return buildList {
	  add(1)
	  add(2)
	}
		람다를 받는 빌더 함수

이번 장에서는 깔끔한 API에서 한걸음 더 나아가 DSL 구축을 도와주는 코틀린 기능을 살펴본다. 코틀린 DSL은 코틀린의 문법적 특성과 여러 메서드 호출에서 구조를 만들어내는 능력 위에 구축된다. 그 결과로 DSL은 메서드 호출만을 제공하는 API에 비해 더 표현력이 풍부해지고 사용하기 편해진다.

코틀린 언어의 다른 특성과 마찬가지로 코틀린 DSL도 온전히 컴파일 시점에 타입이 정해진다. 따라서 컴파일 시점 오류 감지, IDE 지원 등 모든 정적 타입 지정 언어의 장점을 여러분의 API에 코틀린 DSL 패턴을 사용할 때도 누릴 수 있다.

맛보기로 코틀린 DSL이 할 수 있는 일을 몇 가지 살펴보자. 다음 식은 시간을 되돌려서 하루 전 날을 반환한다(실제로 시간 여행을 하지는 못한다. 단지 하루 전 날짜를 제공할 뿐이다).

```
val yesterday = Clock.System.now() - 1.days
```

다음 함수는 HTML 표를 생성한다.

```
fun createSimpleTable() = createHTML().
  table {
    tr {
      td { +"cell" }
    }
  }
```

이번 장에서는 이런 예제를 어떻게 구현하는지 살펴본다. 하지만 구현을 더 자세히 살펴보기 전에 DSL이 무엇인지 먼저 알아보자.

13.1.1 도메인 특화 언어

DSL이라는 개념은 프로그래밍 언어라는 개념과 거의 마찬가지로 오래된 개념이다. 우리는 컴퓨터로 풀 수 있는 모든 문제를 충분히 풀 수 있는 기능을 제공하는 **범용 프로그래밍 언어**general-purpose programming language와 특정 과업 또는 영역(도메인)에 초점을 맞추고 그 영역에 필요하지 않은 기능을 없앤 도메인 특화 언어를 구분해왔다.

가장 익숙한 DSL은 SQL과 정규식일 것이다. 이 두 언어는 데이터베이스와 문자열 조작이라는 특정 작업에 가장 적합하다. 하지만 전체 애플리케이션을 정규식이나 SQL을 사용해 작성하는 경우는 없다(적어도 여러분이 그런 시도조차 하지 않기를 바란다. 정규식으로만 만들어진 애플리케이션이라니 생각만 해도 끔찍하지 않은가).

이런 DSL이 스스로 제공하는 기능을 제한함으로써 오히려 더 효율적으로 자신의 목표를 달성할 수 있다는 점을 생각해보자. SQL 문장을 실행할 필요가 있는 경우 클래스나 함수를 선언하는 것부터 시작할 필요가 없다. 대신에 모든 SQL 문장은 첫 키워드가 수행하려는 연산의 종류(SELECT, INSERT, ...)를 지정하고, 각 연산은 처리해야 할 작업에 맞춰 각각 서로 다른 문법과 키워드를 사용한다. 정규식 언어의 경우 문법은 훨씬 더 단순하다. 정규식 프로그램은 압축적인 기호 문법을 사용해 텍스트가 어떻게 바뀔 수 있는지 기술함으로써 대상 텍스트를 직접 기술한다. 이런 압축적인 문법을 사용함으로써 DSL은 범용 언어를 사용하는 경우보다 특정 영역에 대한 연산을 더 간결하게 기술할 수 있다.

그리고 DSL이 범용 프로그래밍 언어와 달리 더 **선언적**declarative이라는 점이 중요하다. 범용 프로그래밍 언어는 보통 **명령적**imperative이다. 명령적 언어는 어떤 연산을 완수하기 위해 필요한 각 단계를 순서대로 정확히 기술하는 반면 선언적 언어는 원하는 결과를 기술하기만 하고 그 결과를 달성하기 위해 필요한 세부 실행은 언어를 해석하는 엔진에 맡긴다. 실행 엔진이 결과를 얻는 과정을 전체적으로 한꺼번에 최적화하기 때문에 선언적 언어가 더 효율적인 경우가 자주 있다. 반면 명령형 접근법에서는 각 연산에 대한 구현을 독립적으로 최적화해야 한다. SQL을 다시 생각해보자. DELETE 질의를 만들 때 실제로 테이블의 각 레코드를 순회하면서 개별 필드를 추출해서 어떤 동작을 수행할지 결정하는 코드를 작성하지는 않는다. 질의 실행 엔진이 질의를 받아 인덱스, 조인 등을 감안해 최적의 방법을 만들어낸다.

그러나 DSL에는 이 모든 장점을 넘어서는 큰 단점이 있다. 바로 범용 언어로 만든 호스트 애플리케이션과 DSL을 함께 조합하기가 어렵다는 것이다. DSL은 자체 문법이 있기 때문에 다른 언어의 프로그램 안에 직접 포함시킬 수가 없다. 따라서 DSL로 작성한 프로그램을 다른 언어에서 호출하려면 DSL 프로그램을 별도의 파일이나 문자열 리터럴로 저장해야 한다. 하지만 이런 식으로 DSL을 저장하면 호스트 프로그램과 DSL의 상호작용을 컴파일 시점에 제대로 검증하거나, DSL 프로그램을 디버깅하거나, DSL 코드 작성을 돕는 IDE 기능을 제공하기 어려워진다는 문제가 있다. 또한 DSL과 호스트 언어를 함께 배워야 하고 코드를 읽기가 어려워지는 경우도 많다.

이런 문제를 해결하면서 DSL의 다른 이점을 살리는 방법으로 코틀린에서는 내부

internal DSL을 만들 수 있게 해준다. 이를 살펴보자.

13.1.2 내부 DSL은 프로그램의 나머지 부분과 매끄럽게 통합된다

독립적인 문법 구조를 갖는 외부external DSL과는 반대로 내부 DSL은 범용 언어로 작성된 프로그램의 일부며, 범용 언어와 동일한 문법을 사용한다. 따라서 내부 DSL은 완전히 다른 언어가 아니라 DSL의 핵심 장점을 유지하면서 주 언어를 별도의 문법으로 사용하는 것이다.

두 접근 방법을 비교하기 위해 같은 과업을 내부와 외부 DSL로 달성하는 예를 각각 살펴보자. Customer와 Country라는 두 테이블이 있고 각 Customer에는 각자가 사는 나라에 대한 참조(Country 레코드에 대한 외부 키)가 있다고 하자. 목표는 가장 많은 고객이 살고 있는 나라를 알아내는 것이다. 외부 DSL로는 SQL을 사용하며 내부 DSL로는 코틀린으로 작성된 데이터베이스 프레임워크인 익스포즈드Exposed 프레임워크(https://github.com/JetBrains/Exposed)가 제공하는 DSL을 사용한다. 다음은 SQL을 사용한 구현이다.

```
SELECT Country.name, COUNT(Customer.id)
     FROM Country
INNER JOIN Customer
     ON Country.id = Customer.country_id
  GROUP BY Country.name
  ORDER BY COUNT(Customer.id) DESC
     LIMIT 1
```

질의 언어와 주 애플리케이션 언어(이 경우에는 코틀린) 사이에 상호작용할 수 있는 방법을 제공해야 하기 때문에 SQL로 코드를 작성하는 것이 편하지 않을 수도 있다. 보통 최선의 수단은 SQL을 문자열 리터럴에 넣고 SQL 작성과 검증을 IDE가 도와주기를 바라는 것이다.

이와 비교해 코틀린과 익스포즈드를 사용해 같은 질의를 구현한 예는 다음과 같다.

```
(Country innerJoin Customer)
    .slice(Country.name, Count(Customer.id))
    .selectAll()
    .groupBy(Country.name)
    .orderBy(Count(Customer.id), order = SortOrder.DESC)
    .limit(1)
```

이 두 프로그램에서 비슷한 점을 발견했을 것이다. 사실 두 번째 프로그램을 실행하면 직접 작성한 첫 번째 SQL과 동일한 프로그램이 생성되고 실행된다. 하지만 두 번째 버전은 일반 코틀린 코드이며 **selectAll**, **groupBy**, **orderBy** 등은 일반 코틀린 메서드다. 더 나아가 두 번째 버전에서는 SQL 질의가 돌려주는 결과 집합을 코틀린 객체로 변환하기 위해 노력할 필요가 없다. 질의를 실행한 결과가 네이티브 코틀린 객체이기 때문이다. 따라서 두 번째 버전을 내부 DSL이라고 부른다. 코드는 어떤 구체적인 과업을 달성(SQL 질의를 만듦)하기 위한 것이지만 범용 언어(코틀린)의 라이브러리로 구현된다.

13.1.3 DSL의 구조

DSL과 일반 API 사이에 잘 정의된 일반적인 경계는 없다. 종종 그 둘에 대한 평가는 주관적이기 때문에 "보자마자 DSL인걸 알았어."와 같은 말을 쉽게 들을 수 있다. DSL은 중위 호출이나 연산자 오버로딩 같이 다른 문맥에서도 널리 쓰이는 언어 기능에 의존하기도 한다. 하지만 다른 API에는 존재하지 않지만 DSL에만 존재하는 특징이 한 가지 있다. 바로 **구조** 또는 **문법**이다.

전형적인 라이브러리는 여러 메서드로 이뤄지며 클라이언트는 그런 메서드를 한 번에 하나씩 호출함으로써 라이브러리를 사용한다. 함수 호출 시퀀스에는 내포나 그룹 같은 아무런 구조가 없으며 한 호출과 다른 호출 사이에는 맥락이 유지되지 않는다.

그런 API를 때로 **명령-질의**(command-query) API라고 부른다. 반대로 DSL의 메서드 호출은

DSL 문법에 의해 정해지는 더 커다란 구조에 속한다. 코틀린 DSL에서는 보통 람다를 내포시키거나 메서드 호출을 연쇄시키는 방식으로 구조를 만든다. 그런 구조를 방금 살펴본 SQL 예제에서도 확인할 수 있다. 질의를 실행하려면 필요한 결과 집합의 여러 측면을 기술하는 메서드 호출을 조합해야 하며, 그렇게 메서드를 조합해서 만든 질의는 질의에 필요한 인자를 메서드 호출 하나에 모두 다 넘기는 것보다 훨씬 더 읽기 쉽다.

이런 문법이 있기 때문에 내부 DSL을 언어라고 부를 수 있다. 영어와 같은 자연어에서는 단어가 문장을 구성하고 문법 규칙은 단어가 모여 문장을 만드는 방식을 규정한다. 마찬가지로 DSL에서는 여러 함수 호출을 조합해서 연산을 만들며 타입 검사기는 여러 함수 호출이 바르게 조합됐는지를 검사한다. 결과적으로 함수 이름은 보통 동사(groupBy, orderBy) 역할을 하고 함수 인자는 명사(Country.name) 역할을 한다.

DSL 구조의 장점은 같은 맥락을 매 함수 호출 시마다 반복하지 않고도 재사용할 수 있다는 점이다. 그레이들 빌드 스크립트에서 의존관계를 정의할 때 사용하는 코틀린 DSL인 다음 예제는 이 사실을 보여준다.

```
dependencies {                          ◀── 람다 내포를 통해 구조를 만든다.
    testImplementation(kotlin("test"))
    implementation("org.jetbrains.exposed:exposed-core:0.40.1")
    implementation("org.jetbrains.exposed:exposed-dao:0.40.1")
}
```

반대로 다음은 일반 명령-질의 API를 통해 같은 일을 하는 프로그램이다. 코드에서 중복이 더 많다는 사실을 알 수 있다.

```
project.dependencies.add("testImplementation", kotlin("test"))
project.dependencies.add("implementation",
    "org.jetbrains.exposed:exposed-core:0.40.1")
project.dependencies.add("implementation",
    "org.jetbrains.exposed:exposed-dao:0.40.1")
```

메서드 호출 연쇄는 DSL 구조를 만드는 또 다른 방법이다. 예를 들어 테스트 프레임워크에서 단언문을 여러 메서드 호출로 나눠 작성하는 경우가 많다. 그런 단언문은 훨씬 더 읽기 쉽다. 특히 중위 호출 구문을 사용하면 가독성이 더 좋아진다.

코틀린을 위한 서드파티 테스트 프레임워크인 코테스트[kotest](https://github.com/kotest/kotest)에서 가져온 다음 예제를 보자. 코테스트는 13.4.1절에서 더 자세히 설명한다.

```
str should startWith("kot")                ◀── 메서드 호출을 연쇄시켜 구조를 만든다.
```

일반 제이유닛 스타일의 API를 사용해 같은 테스트를 작성하면 잡음이 더 많고 읽기 쉽지 않다.

```
assertTrue(str.startsWith("kot"))
```

이제 내부 DSL 예제를 좀 더 자세히 살펴보자.

13.1.4 내부 DSL로 HTML 만들기

이번 장의 맨 앞에서 보여준 DSL 중에 HTML 페이지를 생성하는 DSL이 있었다. 이번 절에서는 이를 더 자세히 살펴본다. 여기서 사용할 API는 kotlinx.html 라이브러리(여러분의 프로젝트에 라이브러리를 설치하는 방법을 포함하는 더 많은 정보를 https://github.com/Kotlin/kotlinx.html에서 볼 수 있다)에서 가져온 것이다. 다음은 셀이 하나인 표를 만드는 코드다.

```
import kotlinx.html.stream.createHTML
import kotlinx.html.*
fun createSimpleTable() = createHTML().
  table {
    tr {
      td { +"cell" }
    }
```

}
```

이와 같은 구조가 만들어내는 HTML이 어떤 모습일지 상상하기는 어렵지 않다.

```
<table>
  <tr>
    <td>cell</td>
  </tr>
</table>
```

createSimpleTable 함수는 이 HTML 조각이 들어있는 문자열을 반환한다.

그렇다면 직접 HTML 텍스트를 작성하지 않고 코틀린 코드로 HTML을 만들려는 이유가 뭘까? 첫째로 코틀린 버전은 타입 안전성을 보장한다. td를 tr 안에서만 사용할 수 있다. 그렇게 하지 않으면 컴파일이 되지 않는다. 더 중요한 것은 이 코드가 일반 코틀린 코드라서 안에서 코틀린 코드를 원하는 대로 사용할 수 있다는 점이다. 이는 표를 정의하면서 동적으로(예를 들어 맵에 들어있는 원소를 따라) 표의 셀을 생성할 수 있다는 뜻이다.

```
import kotlinx.html.stream.createHTML
import kotlinx.html.*

fun createAnotherTable() = createHTML().table {
  val numbers = mapOf(1 to "one", 2 to "two")
  for ((num, string) in numbers) {
    tr {
      td { +"$num" }
      td { +string }
    }
  }
}
```

이로부터 생성한 데이터에는 필요한 데이터가 들어있다.

```
<table>
```
```

```
    <tr>
        <td>1</td>
        <td>one</td>
    </tr>
    <tr>
        <td>2</td>
        <td>two</td>
    </tr>
</table>
```

HTML은 고전적인 마크업 언어 예제이며 DSL의 개념을 제대로 보여준다. XML과 같이 HTML과 구조가 비슷한 다른 모든 언어에 이와 비슷한 접근 방식을 택할 수 있다. 조금 뒤에 코틀린에서 이런 코드가 어떻게 작동하는지 설명한다.

이제 DSL의 정의와 왜 DSL이 필요한지 알았으므로 DSL을 작성할 때 코틀린이 어떻게 도움이 되는지 살펴보자. 우선 DSL 문법을 만들 때 가장 중요한 역할을 하는 수신 객체 지정 람다를 더 자세히 살펴보자.

13.2 구조화된 API 구축: DSL에서 수신 객체 지정 람다 사용

수신 객체 지정 람다는 구조화된 API를 만들 때 도움이 되는 강력한 코틀린 기능이다. 앞에서 설명한 대로 구조가 있다는 점은 일반 API와 DSL을 구분하는 중요한 특성이다. 이번 절에서는 수신 객체 지정 람다와 그 기능을 활용하는 DSL을 살펴본다.

13.2.1 수신 객체 지정 람다와 확장 함수 타입

5장에서 buildList, buildString, with, apply 표준 라이브러리 함수를 설명하면서 수신 객체 지정 람다를 간략히 소개했다. 이제 buildString 함수를 예제로 이들을 어떻게 구현하는지 살펴보자. buildString을 사용하면 하나의 StringBuilder 객체에 여러 조각의 내용을 추가할 수 있다.

설명을 시작하면서 먼저 일반 람다를 받는 buildString 함수를 정의해보자. 10장에서 람다를 받는 함수를 사용하는 방법을 살펴봤으므로 이 코드도 쉽게 이해할 수 있을 것이다.

리스트 13.1 람다를 인자로 받는 buildString() 정의하기

```
fun buildString(
    builderAction: (StringBuilder) -> Unit     ◀── 함수 타입인 파라미터를 정의한다.
): String {
    val sb = StringBuilder()
    builderAction(sb)                          ◀── 람다 인자로 StringBuilder 인스턴스를 넘긴다.
    return sb.toString()
}

fun main() {
    val s = buildString {
        it.append("Hello, ")
        it.append("World!")                    ◀── it은 StringBuilder 인스턴스를 가리킨다.
    }
    println(s)
    // Hello, World!
}
```

이 코드는 이해하기 쉽다. 하지만 원하는 만큼 편하지는 않다. 람다 본문에서 매번 it을 사용해 StringBuilder 인스턴스를 참조해야 한다(it 대신 원하는 파라미터 이름을 정의할 수도 있지만 여전히 매번 이름을 명시해야 한다). 람다의 목적이 StringBuilder를 텍스트로 채우는 것이므로 it.append처럼 메서드 이름 앞에 it을 접두사로 넣지 않고 append처럼 더 간단하게 호출하기를 바란다.

그렇게 하려면 람다를 수신 객체 지정 람다로 바꿔야 한다. 람다의 인자 중 하나에 수신 객체라는 상태를 부여하면 이름과 마침표를 명시하지 않아도 그 인자의 멤버를 바로 사용할 수 있다. 다음 리스트는 그 방법을 보여준다.

리스트 13.2 수신 객체 지정 람다를 파라미터로 받는 buildString()

```
fun buildString(
    builderAction: StringBuilder.() -> Unit    ◄── 수신 객체가 지정된 함수 타입의
                                                    파라미터를 선언한다.
): String {
    val sb = StringBuilder()
    sb.builderAction()    ◄── StringBuilder 인스턴스를 람다의
                               수신 객체로 넘긴다.
    return sb.toString()
}

fun main() {
    val s = buildString {
                                        this 키워드는 StringBuilder
        this.append("Hello, ")    ◄──   인스턴스를 가리킨다.
        append("World!")    ◄── this를 생략해도 암시적으로 StringBuilder
    }                               인스턴스가 수신 객체로 취급된다.
    println(s)
    // Hello, World!
}
```

리스트 13.1과 리스트 13.2 사이의 차이에 주목하자. 먼저 buildString이 어떻게 향상됐는지 살펴보자. 이제는 buildString에 수신 객체 지정 람다를 인자로 넘기기 때문에 람다 안에서 it을 사용하지 않아도 되며, it.append() 대신 append()를 사용한다. 완전한 문장은 this.append()지만 클래스 멤버 안에서 보통 그렇듯이, this.는 모호성을 해결해야 할 때만 쓴다.

다음으로 buildString 함수의 선언이 어떻게 변했는지 살펴보자. 리스트 13.2에서는 파라미터 타입을 선언할 때 일반 함수 타입 대신 확장 함수 타입을 사용했다. 확장 함수 타입 선언은 람다의 파라미터 목록에 있던 수신 객체 타입을 파라미터 목록을 여는 괄호 앞으로 빼내 중간에 마침표(.)를 붙인 형태다. 리스트 13.2에서는 (StringBuilder) -> Unit을 StringBuilder.() -> Unit으로 바꿨다. 이런 (괄호 밖으로 빼낸) 타입을 수신 객체 타입이라 부르며, 람다에 전달되는 그런 타입의 객체를 수신 객체라고 부른다. 그림 13.1은 더 복잡한 확장 함수 타입 선언을 보여준다.

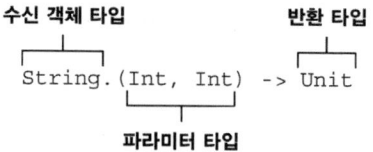

그림 13.1 수신 객체 타입이 String이며 파라미터로 두 Int를 받고 Unit을 반환하는 확장 함수 타입 정의

왜 확장 함수 타입일까? 외부 타입의 멤버를 아무런 수식자 없이 사용한다는 말을 들으면 확장 함수라는 단어가 떠오를 것이다. 확장 함수의 본문에서는 확장 대상 클래스에 정의된 메서드를 마치 그 클래스 내부에서 호출하듯이 사용할 수 있었다. 확장 함수나 수신 객체 지정 람다에서는 모두 함수(람다)를 호출할 때 수신 객체를 지정해야만 하고, 함수(람다) 본문 안에서는 그 수신 객체를 특별한 수식자 없이 사용할 수 있다. 결과적으로 확장 함수 타입은 확장 함수처럼 호출될 수 있는 코드 블록을 표시한다.

일반 함수 타입의 변수를 호출할 때와 확장 함수 타입의 변수를 호출할 때는 호출 방법도 다르다. 객체를 인자로 넘기는 대신, 람다 변수를 마치 확장 함수처럼 호출해야 한다. 일반 람다를 호출할 때는 StringBuilder 인스턴스를 builderAction(sb) 구문을 사용해 전달한다. 하지만 이를 수신 객체 지정 람다로 바꾸면 코드도 sb.builderAction()으로 달라져야 한다. 다시 말해 sb.builderAction()에서 builderAction은 StringBuilder 클래스 안에 정의된 메서드가 아니며, StringBuilder 인스턴스인 sb는 확장 함수를 호출할 때와 동일한 구문으로 호출할 수 있는 함수 타입(따라서 확장 함수 타입)의 인자일 뿐이다.

그림 13.2는 buildString 함수의 인자와 파라미터 사이의 대응 관계를 보여준다. 또한 람다 본문이 호출될 때 어떤 수신 객체가 쓰이는지도 보여준다.

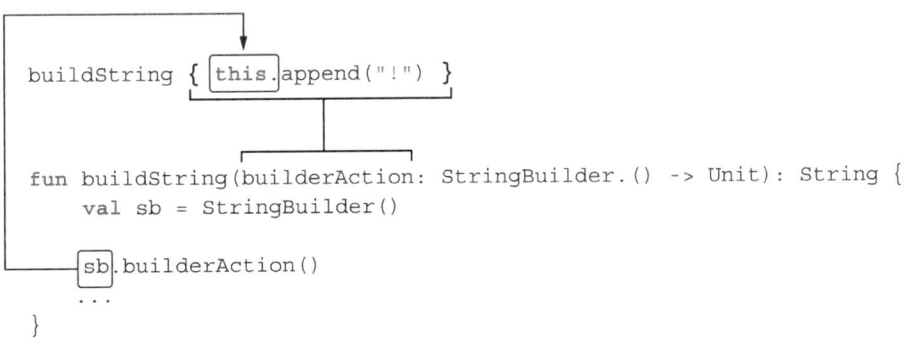

그림 13.2 buildString 함수(수신 객체 지정 람다)의 인자는 확장 함수 타입의 파라미터(builderAction)와 대응한다. 호출된 람다 본문 안에서는 수신 객체(sb)가 암시적 수신 객체(this)가 된다.

다음 코드처럼 확장 함수 타입의 변수를 정의할 수도 있다. 정의한 확장 함수 타입 변수를 마치 확장 함수처럼 호출하거나 수신 객체 지정 람다를 요구하는 함수에 인자로 넘길 수 있다.

리스트 13.3 수신 객체 지정 람다를 변수에 저장하기

```
val appendExcl: StringBuilder.() -> Unit =    ◀── appendExcl은 확장 함수
  { this.append("!") }                              타입의 값이다.

fun main() {
  val stringBuilder = StringBuilder("Hi")
  stringBuilder.appendExcl()                  ◀── appendExcl을 확장
  println(stringBuilder)                          함수처럼 호출할 수 있다.
  // Hi!
  println(buildString(appendExcl))            ◀── appendExcel을 인자로 넘길 수 있다.
  // !
}
```

소스코드에서 수신 객체 지정 람다는 일반 람다와 똑같아 보인다는 점을 유의하자. 람다에 수신 객체가 있는지 알아보려면 그 람다가 전달되는 함수를 살펴봐야 한다. 함수 시그니처를 보면 람다에 수신 객체가 있는지(그림 13.3 참고)와 람다가 어떤 타입의 수신 객체를 요구하는지를 알 수 있다. 예를 들어 buildString의 선언을 보거나

IDE에서 buildString의 문서를 찾아보면 그 함수가 StringBuilder.() -> Unit 타입의 람다를 파라미터로 받는다는 사실을 알 수 있으므로 람다의 본문에서 StringBuilder의 멤버를 특별한 수식자 없이 사용할 수 있다는 결론을 내릴 수 있다.

buildString { this: StringBuilder
        append("Hello!")
}

그림 13.3 인텔리제이 IDEA와 안드로이드 스튜디오의 선택적인 인레이 힌트가 람다의 수신 타입을 시각화하게 도와준다.

표준 라이브러리의 buildString 구현은 리스트 13.2보다 더 짧다. builderAction을 명시적으로 호출하는 대신 apply 함수에게 인자로 넘긴다(5장에서 살펴봤다). 이렇게 하면 함수를 단 한 줄로 줄일 수 있다.

```
fun buildString(builderAction: StringBuilder.() -> Unit): String =
    StringBuilder().apply(builderAction).toString()
```

apply 함수는 인자로 받은 람다나 함수(여기서는 builderAction)를 호출하면서 자신의 수신 객체(여기서는 StringBuilder의 인스턴스)를 람다나 함수의 암시적 수신 객체로 사용한다. 예전에 with라는 다른 유용한 라이브러리 함수를 본 적이 있다. 이 두 함수의 구현을 한 번 살펴보자.

```
inline fun <T> T.apply(block: T.() -> Unit): T {      ◀── this.block()과 같다. apply의 수신 객체를 수신
    block()                                                 객체로 지정해 람다(block)를 호출한다.
    return this          ◀── 수신 객체를 반환한다.
}

inline fun <T, R> with(receiver: T, block: T.() -> R): R =
    receiver.block()     ◀── 람다를 호출해 얻은 결과를 반환한다.
```

기본적으로 apply와 with는 모두 자신이 제공받은 수신 객체를 갖고 확장 함수 타입의 람다를 호출한다. apply는 수신 객체 타입에 대한 확장 함수로 선언됐기 때문에 수신 객체의 메서드처럼 호출되며 수신 객체를 암시적 인자(this)로 받는다. 반면 with는 수신 객체를 첫 번째 파라미터로 받는다. 또한 apply는 수신 객체를 다시

반환하지만 with는 람다를 호출해 얻은 결과를 반환한다.

따라서 결과를 받아서 쓸 필요가 없다면 두 함수를 서로 바꿔 쓸 수 있다.

```
fun main() {
    val map = mutableMapOf(1 to "one")
    map.apply { this[2] = "two"}
    with (map) { this[3] = "three" }
    println(map)
    // {1=one, 2=two, 3=three}
}
```

코틀린에서는 with와 apply 함수를 자주 사용한다. 여러분도 이 두 함수를 사용해 얻을 수 있는 간결함을 만끽했거나 앞으로 만끽하기를 희망한다.

지금까지 수신 객체 지정 람다와 확장 함수 타입을 설명했다. 이제는 이런 개념을 DSL에서 어떻게 사용하는지 살펴보자.

13.2.2 수신 객체 지정 람다를 HTML 빌더 안에서 사용

HTML을 만들기 위한 코틀린 DSL을 보통은 HTML 빌더라고 부른다. HTML 빌더는 더 넓은 범위의 개념인 타입 안전한 빌더의 대표적인 예다. 처음 빌더라는 개념이 유명해진 곳은 그루비^{Groovy} 커뮤니티였다(http://www.groovy-lang.org/dsls.html#_builders). 빌더를 사용하면 객체 계층 구조를 선언적으로 정의할 수 있다. 특히 XML이나 UI 컴포넌트 레이아웃을 정의할 때 빌더가 매우 유용하다.

코틀린도 마찬가지 개념을 채택하지만 코틀린 빌더는 타입 안전성을 보장하기 때문에 더 튼튼하고 사용하기 편리하다. 코틀린 HTML 빌더 구현이 어떻게 작동할지 자세히 살펴보자.

리스트 13.4 코틀린 HTML 빌더를 사용해 간단한 HTML 표 만들기

```
fun createSimpleTable() = createHTML().
  table {
    tr {
      td { +"cell" }
    }
  }
```

다시 말하지만 이 코드는 일반 코틀린 코드지 특별한 템플릿 언어 같은 것이 아니다. table, tr, td 등은 모두 평범한 함수다. 각 함수는 고차 함수로, 수신 객체 지정 람다를 인자로 받는다. +"cell"이라고 쓸 때 이 코드는 단순히 함수 호출이다. HTML DSL은 9장에서 배운 unaryPlus 연산자를 오버로딩해서 자신을 둘러싼 td 셀 안에 문자열의 내용을 추가한다.

여기서 관심을 가질 만한 것은 각 수신 객체 지정 람다가 이름 결정 규칙을 바꾼다는 점이다. 각 람다는 자신의 본문에서 호출될 수 있는 함수들을 새로 (이름을 찾는 영역에) 추가한다. table 함수에 넘겨진 람다에서는 tr 함수를 사용해 <tr> HTML 태그를 만들 수 있다. 하지만 이 람다의 밖에서는 tr이라는 이름의 함수를 찾을 수 없다. 마찬가지로 td 함수는 tr 안에서만 접근 가능하고 단항 덧셈 연산자는 td 태그 안에서만 접근 가능하다(그림 13.4). 이런 API 설계로 인해 HTML 언어의 문법을 따르는 코드만 작성할 수 있게 된다는 점에 유의하자.

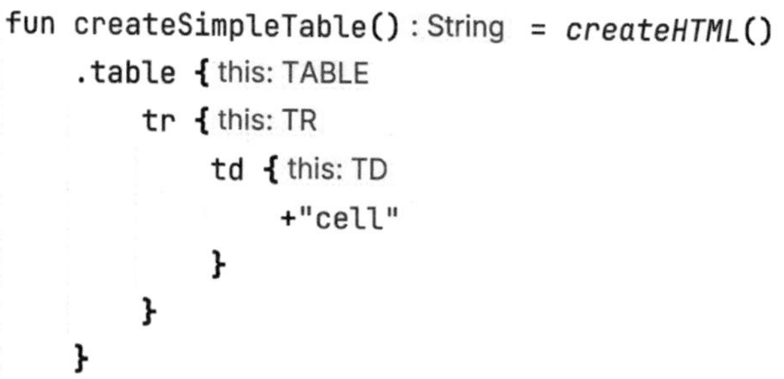

```
fun createSimpleTable(): String = createHTML()
    .table { this: TABLE
        tr { this: TR
            td { this: TD
                +"cell"
            }
        }
    }
```

그림 13.4 인텔리제이 IDEA와 안드로이드 스튜디오의 선택적인 인레이 힌트가 람다의 수신 타입을 시각화하게 도와준다.

각 블록의 이름 결정 규칙은 각 람다의 수신 객체에 의해 결정된다. table에 전달된 수신 객체는 TABLE이라는 특별한 타입이며, 그 안에 tr 메서드 정의가 있다. 마찬가지로 tr 함수는 TR 객체에 대한 확장 함수 타입의 람다를 받는다. 다음 리스트는 방금 설명한 클래스와 메서드 정의를 간단하게 정리한 코드다.

리스트 13.5 HTML 빌더를 위한 태그 클래스 정의

```
open class Tag

class TABLE : Tag {
    fun tr(init : TR.() -> Unit)         ◀── tr 함수는 TR 타입을 수신 객체로
}                                              받는 람다를 인자로 받는다.

class TR : Tag {
    fun td(init : TD.() -> Unit)         ◀── td 함수는 TD 타입을 수신 객체로
}                                              받는 람다를 인자로 받는다.

class TD : Tag
```

TABLE, TR, TD는 모두 HTML 생성 코드에 명시적으로 나타나면 안 되는 유틸리티 클래스다. 따라서 이름을 모두 대문자로 만들어서 일반 클래스와 구분한다. 이들은 모두 Tag를 확장하며, 나중에 이 안에 DSL에 도움이 될 수 있는 제약을 추가할 것이다. 각 클래스에는 자신의 내부에 들어갈 수 있는 태그를 생성하는 메서드가 들어 있다. 예를 들어 TABLE 클래스 안에는 tr 메서드가 있고 TR 클래스 안에는 td 메서드가 있다.

tr과 td 함수의 init 파라미터 타입을 살펴보자. TR.() -> Unit과 TD.() -> Unit은 모두 확장 함수 타입이다. 이런 확장 함수 타입은 각 메서드에 전달할 람다의 수신 객체 타입인 TR과 TD를 지정한다.

여기서 어떤 일이 벌어지는지 더 분명히 보기 위해, 리스트 13.4를 모든 수신 객체를 명시하면서 다시 써보자. foo 함수의 인자인 람다가 사용하는 수신 객체에 접근할 때 this@foo라는 식을 사용한다는 사실을 다시 한 번 기억하자.

리스트 13.6 HTML 빌더 호출의 수신 객체를 명시한 코드

```
fun createSimpleTable() = createHTML().table {
    this@table.tr {                    ← this@table의 타입은 TABLE이다.
        (this@tr).td {                 ← this@tr의 타입은 TR이다.
            +"cell"                    ← 이 본문에서는 암시적 수신 객체로 this@td을
        }                                사용할 수 있고 그 타입은 TD다.
    }
}
```

빌더에 수신 객체 지정 람다가 아닌 일반 람다를 사용하면 HTML 생성 코드 구문이 알아볼 수 없을 정도로 난잡해 질 것이다. 태그 생성 메서드를 호출할 때 `it`을 붙이거나 람다마다 새로운 파라미터 이름을 정의해야만 한다. 수신 객체를 암시적으로 정하고 `this` 참조를 쓰지 않아도 되면 빌더 문법이 간단해지고 전체적인 구문이 원래의 HTML 구문과 비슷해진다.

리스트 13.6처럼 수신 객체 지정 람다가 다른 수신 객체 지정 람다 안에 들어가면 안쪽 람다에서 외부 람다에 정의된 수신 객체를 사용할 수 있다. 예를 들어 `td` 함수의 인자인 람다 안에서는 3가지 수신 객체(this@table, this@tr, this@td)를 사용할 수 있다. 내포 깊이가 깊은 구조에서는 어떤 식의 수신 객체가 무엇인지 분명하지 않아서 혼동이 올 수 있다. 예를 들어 `img` 람다 안에서 바깥쪽 `a` 태그의 `href` 프로퍼티를 참조할 수도 있다.

리스트 13.7 영역 안에 여러 수신 객체가 있으면 혼동이 올 수 있다

```
createHTML().body {
    a {
        img {
            href = "https://..."       ← a에 전달된 람다의 수신 객체의 href를 가리킨다.
        }
    }
}
```

이를 막기 위해 코틀린은 @DslMarker 어노테이션을 사용해 내포된 람다에서 외부 람다의 수신 객체에 접근하지 못하게 제한할 수 있다. @DslMarker 어노테이션은 메타어노테이션으로, 12장에서 설명한 것처럼 어노테이션 클래스에 적용할 수 있는 어노테이션이다. kotlin.html에서는 HtmlTagMarker에 대해 @DslMarker가 적용돼 있다.

리스트 13.8 DSL에 사용할 마커 어노테이션 클래스 정의하기

```
@DslMarker
annotation class HtmlTagMarker
```

@HtmlTagMarker 어노테이션이 붙은 선언에는 암시적 수신 객체에 대한 제약이 추가된다. 구체적으로 말해서 같은 @DslMarker 어노테이션이 붙은 영역 안에서는 암시적 수신 객체가 결코 2개가 될 수 없다. 우리가 작성하는 태그는 모두 Tag 클래스의 하위 클래스이므로 @HtmlTagMarker 어노테이션을 Tag 클래스에 추가할 수 있다.

```
@HtmlTagMarker
open class Tag
```

이제 img 람다(this: IMG)에서는 a 람다의 수신 객체(this: A)를 사용할 수 없다. 두 타입 모두 @HtmlTagMarker가 붙은 타입이기 때문이다(직접 붙이지는 않았지만 Tag에 붙어있으므로 같은 마커가 적용됨). 리스트 13.7과 같은 코드는 이제 컴파일이 되지 않는다. 대신 img 블록 안에서 href에 대입하려 하면 var href: String can't be called in this context by implicit receiver. Use the explicit one if necessary라는 오류가 발생한다("암시적 수신 객체를 사용해 href:String을 호출할 수는 없다. 필요하면 명시적으로 수신 객체를 지정하라"라는 의미).

방금 HTML 빌더의 문법이 수신 객체 지정 람다와 어떤 관계가 있는지 설명했다. 지금부터는 원하는 HTML을 빌더가 어떻게 생성하는지 살펴보자.

리스트 13.9는 kotlinx.html 라이브러리에 정의된 함수를 사용한다. 이제부터 아주 단순화한 HTML 빌더 라이브러리를 구현해서 TABLE, TR, TD 태그 선언을 확장하고 결과 HTML을 생성하는 기능을 추가할 것이다. 간략한 버전의 출발점인 최상위 table 함수는 <table> 태그가 최상위에 있는 HTML 조각을 만든다.

리스트 13.9 HTML을 문자열로 만들기

```
fun createTable() =
  table {
    tr {
      td {
      }
    }
  }

fun main() {
  println(createTable())
  // <table><tr><td></td></tr></table>
}
```

table 함수는 TABLE 태그의 새 인스턴스를 만들고, 초기화(이때 인자로 받은 init 람다를 호출한다)해 반환한다.

```
fun table(init: TABLE.() -> Unit) = TABLE().apply(init)
```

createTable에서 table 함수에 전달된 람다에는 tr 함수 호출이 들어있다. 이 호출에서 모든 부분을 명시하면 table(init = { this.tr { ... } })이다. tr 함수는 마치 TABLE().tr { ... }이라고 쓴 것처럼 TABLE 인스턴스가 수신 객체로 호출된다.

이 간단한 예제에서 <table>은 최상위 태그이며 다른 모든 태그는 <table> 안에 들어간다. 각 태그에는 자식들에 대한 참조를 저장하는 리스트가 들어있다. 따라서 tr 함수는 TR 인스턴스를 새로 만들고 바깥 태그의 자식 리스트에 그 새로 만든 TR 인스턴스를 추가해야만 한다.

리스트 13.10 태그 빌더 함수 정의하기

```
fun tr(init: TR.() -> Unit) {
  val tr = TR()
  tr.init()
  children.add(tr)
}
```

이런 식으로 주어진 태그를 초기화하고 바깥쪽 태그의 자식으로 추가하는 로직을 거의 모든 태그가 공유한다. 따라서 이런 기능을 상위 클래스인 **Tag**로 뽑아내서 **doInit**이라는 멤버로 만들 수 있다. **doInit**은 자식 태그에 대한 참조를 저장하는 일과 인자로 전달받은 람다를 호출하는 일을 책임진다. 여러 태그는 그냥 이를 호출하면 된다. 예를 들어 **tr** 함수는 TR 클래스의 새 인스턴스를 만들고 **doInit(TR(), init)** 같은 방식으로 인스턴스와 초기화 람다를 **doInit** 함수에 넘긴다. 다음 리스트는 전체 HTML을 어떻게 만드는지 보여주는 예제다.

리스트 13.11 간단한 HTML 빌더의 전체 구현

```
@DslMarker
annotation class HtmlTagMarker

@HtmlTagMarker
open class Tag(val name: String) {
  private val children = mutableListOf<Tag>()     ◀── 모든 내포 태그를 저장한다.

  protected fun <T : Tag> doInit(child: T, init: T.() -> Unit) {
    child.init()             ◀── 자식 태그를 초기화한다.
    children.add(child)      ◀── 자식 태그에 대한 참조를 저장한다.
  }

  override fun toString() =
      "<$name>${children.joinToString("")}</$name>"     ◀── 결과 HTML을 문자열로 반환한다.
}
fun table(init: TABLE.() -> Unit) = TABLE().apply(init)
```

```kotlin
class TABLE : Tag("table") {
    fun tr(init: TR.() -> Unit) = doInit(TR(), init)    ◄── TR 태그 인스턴스를 새로 만들고 초기화한
}                                                            다음에 TABLE 태그의 자식으로 등록한다.
class TR : Tag("tr") {
    fun td(init: TD.() -> Unit) = doInit(TD(), init)    ◄── TD 태그의 새 인스턴스를 만들어서
}                                                            TR 태그의 자식으로 등록한다.
class TD : Tag("td")

fun createTable() =
    table {
        tr {
            td {
            }
        }
    }

fun main() {
    println(createTable())
    // <table><tr><td></td></tr></table>
}
```

모든 태그에는 내포 태그를 저장하는 리스트가 있고, 자신을 적절히 문자열로 렌더링한다. 이때 자기 이름을 태그 안에 넣고 모든 자식을 재귀적으로 문자열로 렌더링한 결과를 적절히 넣는다. 코드를 단순화하기 위해 여기서는 태그 내부의 텍스트나 태그별로 다른 애트리뷰트를 지원하지는 않는다. 전체 구현을 보고 싶은 독자는 kotlinx.html 라이브러리 소스코드를 살펴보라.

태그 생성 함수가 자신이 새로 생성한 태그를 부모 태그가 갖고 있는 자식 리스트에 추가하기 때문에 태그를 동적으로 만들 수 있다.

리스트 13.12 HTML 빌더를 사용해 태그를 동적으로 생성하기

```kotlin
fun createAnotherTable() = table {
    for (i in 1..2) {
        tr {                        ◄── tr이 호출될 때마다 매번 새 TR 태그가
            td {                         생기고 TABLE의 자식으로 등록된다.
```

```
      }
    }
  }
}
fun main() {
  println(createAnotherTable())
  // <table><tr><td></td></tr><tr><td></td></tr></table>
}
```

지금까지 수신 객체 지정 람다가 DSL을 만들 때 아주 쓸모 있는 도구임을 살펴봤다. 수신 객체 지정 람다를 사용하면 코드 블록 내부에서 이름 결정 규칙을 바꿀 수 있으므로 이를 이용해 API에 구조를 추가할 수 있다. 구조는 DSL과 평범한 메서드 호출 시퀀스를 구별하는 가장 큰 특징이다. 이제 이 DSL을 정적 타입 지정 언어에 통합함으로써 얻는 이익을 살펴보자.

13.2.3 코틀린 빌더: 추상화와 재사용을 가능하게 해준다

프로그램에서 일반 코드를 작성하는 경우 중복을 피하고 코드를 더 멋지게 만들 수 있는 여러 도구가 있다. 특히 반복되는 코드를 새로운 함수로 묶어서 이해하기 쉬운 이름을 붙일 수 있다. 하지만 SQL이나 HTML을 별도 함수로 분리해 이름을 부여하기는 어렵다. 하지만 코틀린 내부 DSL을 사용하면 일반 코드와 마찬가지로 반복되는 내부 DSL 코드 조각을 새 함수로 묶어 재사용할 수 있다.

HTML로 책에 대한 요약의 리스트를 생성하는 애플리케이션을 생각해보자. 맨 앞에는 전체 목차가 있어야 한다. 이런 HTML을 손으로 작성하기는 그렇게 어렵지 않다. 기본적인 애플리케이션 구현은 다음 리스트처럼 보일 것이다.

리스트 13.13 목차로 시작하는 페이지 만들기

```
<body>
  <ul>
```

```
            <li><a href="#0">The Three-Body Problem</a></li>
            <li><a href="#1">The Dark Forest</a></li>
            <li><a href="#2">Death's End</a></li>
        </ul>
        <h2 id="0">The Three-Body Problem</h2>
        <p>The first book tackles...</p>
        <h2 id="1">The Dark Forest</h2>
        <p>The second book starts with...</p>
        <h2 id="2">Death's End</h2>
        <p>The third book contains...</p>
</body>
```

kotlinx.html과 코틀린을 사용하면 ul, li, h2, p 등을 사용해 같은 구조를 만들어낼 수 있다.

리스트 13.14 목차로 시작하는 페이지를 코틀린 HTML 빌더로 만들기

```
fun buildBookList() = createHTML().body {
    ul {
        li { a("#1") { +"The Three-Body Problem" } }
        li { a("#2") { +"The Dark Forest" } }
        li { a("#3") { +"Death's End" } }
    }
    h2 { id = "1"; +"The Three-Body Problem" }
    p { +"The first book tackles..." }

    h2 { id = "2"; +"The Dark Forest" }
    p { +"The second book starts with..." }

    h2 { id = "3"; +"Death's End" }
    p { +"The third book contains..." }
}
```

하지만 이보다 더 잘 할 수 있다. ul, h2 등은 모두 일반 함수이기 때문에 목차를 만드는 로직과 요약을 만드는 로직을 별도의 함수로 나눌 수 있다. 결과는 다음과 같다.

리스트 13.15 도우미 함수를 사용해 목차가 있는 페이지 만들기

```
fun buildBookList() = createHTML().body {
    listWithToc {
        item("The Three-Body Problem", "The first book tackles...")
        item("The Dark Forest", "The second book starts with...")
        item("Death's End", "The third book contains...")
    }
}
```

이제 불필요한 세부 사항은 감춰지고 여러분이 목차에 직접 항목을 추가할 필요가 없으며 코드도 더 멋져 보인다. 그렇다면 실제로 listWithToc와 item 함수를 어떻게 구현할 수 있을까?

리스트 13.11처럼 직접 LISTWITHTOC 클래스를 만들 수 있다. 이 클래스는 item 함수에 의해 추가되는 모든 제목/본문 쌍을 추적하는 entries 프로퍼티를 제공한다. LISTWITHTOC 클래스에도 @HtmlTagMarker 어노테이션을 붙여 13.2.2절에서 설명한 DSL 영역 규칙을 따르게 할 수 있다.

```
@HtmlTagMarker
class LISTWITHTOC {
    val entries = mutableListOf<Pair<String, String>>()
    fun item(headline: String, body: String) {
        entries += headline to body
    }
}
```

LISTWITHTOC 클래스를 정의하고 나면 리스트 13.5에서 본 것처럼 이를 호출할 수 있는 방법을 제공해야 한다. 단순화를 위해 목차를 직접 HTML body 아래에 넣고 싶다고 하자. 그런 경우 listWithToc 함수를 BODY의 확장 함수로 만들고 싶다. listWithToc의 파라미터인 block은 항목을 추가하는 데 쓸 수 있는 람다다. 이 람다 안에서 item 함수를 호출하고 싶기 때문에 이 람다의 수신 객체 타입으로 LISTWITHTOC을 지정할 필요가 있다. listWithToc 함수는 새 LISTWITHTOC 인스턴스를 만들고 파라미터로 받은 block 람다를 호출하되 이 새 LISTWITHTOC 인스턴스를 수신 객체로 지정해 호출한다. 이 호출은 block의 본문에 있는 코드를 실행하고 그 안에 있는 모든 item() 호출은 entries 리스트에 항목을 추가한다. 이렇게 계산된 entries 리스트를 사용해 목차를 표시하고 각각의 요약을 정리한 문단(<p>)에 제목줄을 표시할 수 있다. 여러분이 만든 listWithToc 함수가 BODY의 확장 함수이기 때문에 이전과 마찬가지로 ul, li, h2, p 등을 사용해 항목을 외부 태그 안에 넣을 수 있다.

```
fun BODY.listWithToc(block: LISTWITHTOC.() -> Unit) {
  val listWithToc = LISTWITHTOC()
  listWithToc.block()
  ul {
    for ((index, entry) in listWithToc.entries.withIndex()) {
      li { a("#$index") { +entry.first } }
    }
  }
  for ((index, entry) in listWithToc.entries.withIndex()) {
    h2 { id = "$index"; +entry.first }
    p { +entry.second }
  }
}
```

> **노트**
>
> 단순화를 위해 여기서는 BODY를 수신 객체 타입으로 사용했다. 하지만 kotlinx.html에서는 body뿐 아니라 다른 태그의 자식을 만들어낼 수도 있도록 제네릭 HtmlBlockTag 클래스를 제공한다. listWithToc 함수의 수신 객체 타입을 BODY에서 HtmlBlockTag로 바꾸면 HTML 블록이 필요한 곳 어디든 이 함수를 사용할 수 있다.

이 예제는 추상화와 재사용을 통해 코드를 개선하고 이해하기 쉽게 만드는 방법을 보여준다. 이제 여러분의 DSL에서 더 유연한 구조를 지원하고 싶을 때 도움이 되는 도구인 invoke 관례를 살펴보자.

13.3 invoke 관례를 사용해 더 유연하게 블록 내포시키기

invoke 관례를 사용하면 어떤 커스텀 타입의 객체를 함수처럼 호출할 수 있다. 함수 타입의 객체를 함수라고 부를 수 있다는 사실을 이미 살펴봤다. invoke 관례를 쓰면 함수와 똑같은 구문을 지원하는 여러분 자신만의 객체를 정의할 수 있다.

이 기능을 잘못 사용하면 이해하기 어려운 1() 같은 코드를 작성할 수도 있기 때문에 매일매일 코딩에 사용할 기능은 아니라는 점에 유의하자. 하지만 DSL에서는 이 관례가 아주 쓸모가 있는데, 여기서 그 이유를 보여줄 것이다. 먼저 invoke 관례를 살펴보자.

13.3.1 invoke 관례를 사용해 더 유연하게 블록 내포시키기

9장에서 코틀린의 관례 개념을 자세히 살펴봤다. 특별한 이름의 함수를 일반 함수처럼 이름으로 호출하지 않고 다른 더 간결한 표기를 사용해 호출할 수 있었다. 기억을 되살리기 위한 예로, 살펴본 관례 중에 get이 있었다. get을 사용하면 인덱스 연산자를 사용해 객체에 접근할 수 있었다. Foo 타입의 변수 foo에 대해 적절한 get 함수 정의가 Foo의 멤버나 확장 함수로 정의돼 있으면 foo[bar] 호출은 foo.get(bar)로 번역된다.

결과적으로 invoke 관례도 마찬가지다. invoke는 각괄호 대신 괄호를 사용한다. operator 변경자가 붙은 invoke 메서드 정의가 들어있는 클래스의 객체를 함수처럼 호출할 수 있다. 다음은 invoke의 동작을 보여주는 예제다.

리스트 13.16 클래스 안에서 invoke 메서드 정의하기

```
class Greeter(val greeting: String) {
  operator fun invoke(name: String) {       ◀── Greeter 안에 invoke 메서드를 정의한다.
    println("$greeting, $name!")
  }
}
```

```
fun main() {
    val bavarianGreeter = Greeter("Servus")
    bavarianGreeter("Dmitry")           ◀── Greeter 인스턴스를 함수처럼 호출한다.
    // Servus, Dmitry!
}
```

이 코드는 Greeter 안에 invoke 메서드를 정의한다. 따라서 Greeter 인스턴스를 함수처럼 호출할 수 있다. bavarianGreeter("Dmitry")는 내부적으로 bavarianGreeter.invoke("Dmitry")로 컴파일된다. 이 코드에는 신비로운 점도 없다. 이 코드도 다른 관례와 마찬가지로 긴 식 대신 더 짧고 간결한 식을 쓸 수 있게 해준다.

invoke 메서드의 시그니처에 대한 요구 사항은 없다. 따라서 원하는 대로 파라미터 개수나 타입을 지정할 수 있다. 심지어 여러 파라미터 타입을 지원하기 위해 invoke를 오버로딩할 수도 있다. 이런 클래스의 인스턴스를 함수처럼 호출할 때는 오버로딩한 여러 시그니처를 모두 다 활용할 수 있다.

이 책의 앞부분에서 invoke를 본 적이 있다는 사실을 기억할지 모르겠다. 10장에서 널이 될 수 있는 함수 타입의 변수를 호출할 때 lambda?.invoke()처럼 안전한 호출 구문을 사용해 invoke를 메서드 이름으로 호출했다.

이제 invoke 관례를 배웠으므로 일반적인 람다 호출(lambda()처럼 람다 뒤에 괄호를 붙이는 방식)이 실제로는 invoke 관례를 적용한 것에 지나지 않음을 분명히 알았을 것이다. 인라인하는 람다를 제외한 모든 람다는 함수형 인터페이스(Function1 등)를 구현하는 클래스로 컴파일된다. 그리고 각 함수형 인터페이스 안에는 그 인터페이스 이름이 가리키는 수만큼의 파라미터를 받는 invoke 메서드가 들어있다.

```
interface Function2<in P1, in P2, out R> {     ◀── 이 인터페이스는 정확히 인자를
    operator fun invoke(p1: P1, p2: P2): R         2개 받는 함수를 표현한다.
}
```

람다를 함수처럼 호출하면 이 관례에 따라 invoke 메서드 호출로 변환된다.

코틀린에서 내부 DSL을 작성하면서 invoke 관례를 사용하는 상황을 살펴보자.

13.3.2 DSL의 invoke 관례: 그레이들 의존관계 선언

모듈 의존관계를 정의하는 그레이들 DSL 예제로 돌아가 보자. 다음은 이전에 본 코드다.

```
dependencies {
  testImplementation(kotlin("test"))
  implementation("org.jetbrains.exposed:exposed-core:0.40.1")
  implementation("org.jetbrains.exposed:exposed-dao:0.40.1")
}
```

이 코드처럼 내포된 블록 구조를 허용하는 한편, 평평한 함수 호출 구조도 함께 제공하는 API를 만들고 싶다. 다른 말로 하면 하나의 API에 대해 다음 두 형식을 모두 지원하고 싶다.

```
dependencies.implementation("org.jetbrains.exposed:exposed-core:0.40.1")
dependencies {
  implementation("org.jetbrains.exposed:exposed-core:0.40.1")
}
```

이렇게 설계할 때 DSL 사용자가 설정해야 할 항목이 많으면 내포된 블록 구조를 사용하고, 설정할 항목이 하나뿐이면 코드를 단순하게 유지하기 위해 간단한 함수 호출 구조를 사용할 수 있다.

첫 번째 경우는 `dependencies` 변수에 대해 `implementation` 메서드를 호출한다. `dependencies` 안에 람다를 받는 `invoke` 메서드를 정의하면 두 번째 방식의 호출을 사용할 수 있다. 이때 호출 구문을 완전히 풀어쓰면 `dependencies.invoke({...})`가 된다.

`dependencies` 객체는 `DependencyHandler` 클래스의 인스턴스다. `DependencyHandler` 안에는 `compile`과 `invoke` 메서드 정의가 들어있다. `invoke` 메서드는 수신 객체 지정 람다를 파라미터로 받는데, 이 람다의 수신 객체는 다시 `DependencyHandler`가

된다. 이 람다 안에서 어떤 일이 벌어질지는 이미 잘 알고 있다. DependencyHandler가 암시적 수신 객체이므로 람다 안에서 compile 같은 DependencyHandler의 메서드를 직접 호출할 수 있다. 다음은 DependencyHandler 구현에서 최소한의 부분만 보여준다.

> **리스트 13.17 유연한 DSL 문법을 제공하기 위해 invoke 사용하기**

```
class DependencyHandler {
    fun implementation(coordinate: String) {     ◄── 일반적인 명령형 API를 정의한다.
        println("Added dependency on $coordinate")
    }

    operator fun invoke(
        body: DependencyHandler.() -> Unit) {    ◄── invoke를 정의해 DSL 스타일 API를 제공한다.
        body()                                   ◄── this가 함수의 수신 객체가 되므로 this.body()와 같다.
    }
}

fun main() {
    val dependencies = DependencyHandler()
    dependencies.implementation("org.jetbrains.kotlinx
    ➥ :kotlinx-coroutines-core:1.8.0")
    // Added dependency on org.jetbrains.kotlinx
        ➥ :kotlinx-coroutines-core:1.8.0
    dependencies {
        implementation("org.jetbrains.kotlinx:kotlinx-datetime:0.5.0")
    }
    // Added dependency on org.jetbrains.kotlinx:kotlinx-datetime:0.5.0
}
```

첫 번째 의존관계를 추가할 때는 compile 메서드를 직접 호출한다. 두 번째 호출은 결과적으로 다음과 같이 변환된다.

```
dependencies.invoke({
    this.implementation("org.jetbrains.kotlinx:kotlinx-datetime:0.5.0")
})
```

다른 말로 하면 dependencies를 함수처럼 호출하면서 람다를 인자로 넘긴다. 이 람다의 타입은 확장 함수 타입(수신 객체를 지정한 함수 타입)이며, 수신 객체 타입은 DependencyHandler다. invoke 메서드는 이 수신 객체 지정 람다를 호출한다. invoke가 DependencyHandler의 메서드이므로 그 안에서 암시적 수신 객체 this는 DependencyHandler 객체다. 따라서 DependencyHandler 타입의 객체를 따로 명시하지 않고 body()를 호출할 수 있다.

꽤 적은 양의 코드지만 이렇게 재정의한 invoke 메서드로 인해 DSL API의 유연성이 훨씬 커진다. 이런 패턴은 일반적으로 적용할 수 있는 패턴이기 때문에 여러분이 개발하는 DSL에서도 기존 코드를 크게 변형하지 않고 사용할 수 있다.

이제는 DSL 구축에 도움이 되는 2가지 코틀린 특징인 수신 객체 지정 람다와 invoke 관례에 익숙해졌을 것이다. 다음으로 지금까지 설명한 코틀린 언어 특성들이 DSL 맥락 안에서 어떤 식으로 쓰이는지 살펴보자.

13.4 실전 코틀린 DSL

이제는 DSL을 만들 때 필요한 코틀린의 모든 특성을 잘 알았을 것이다. 그중에서도 특히 확장이나 중위 호출 같은 기능은 오래된 친구처럼 느껴질 것이다. 수신 객체 지정 람다 등은 이번 장에서 처음 자세히 다뤘다. 이제 이 책에서 배운 모든 내용을 하나로 엮은 몇 가지 실용적인 DSL 구성 예제를 살펴보자. 이번 절에서는 테스팅, 다양한 날짜 리터럴, 데이터베이스 질의 같은 다양한 주제를 다룬다.

13.4.1 중위 호출 연쇄시키기: 테스트 프레임워크의 should 함수

이미 설명했던 대로 깔끔한 구문은 내부 DSL의 핵심 특징 중 하나다. DSL을 깔끔하게 만들려면 코드에 쓰이는 기호의 수를 줄여야 한다. 대부분의 내부 DSL은 메서드 호출을 연쇄시키는 형태로 만들어지기 때문에 메서드 호출 시 발생하는 잡음을 줄여주는 기능이 있다면 큰 도움이 될 수 있다. 코틀린의 경우 이전에 자세히 살펴봤던 람다 호출을 간결하게 해주는 기능이나 중위 함수 호출이 메서드 호출에 따른 잡음을 줄여주는 기능이다. 3장에서 중위 함수 호출을 살펴봤다. 여기서는 DSL에서 중위 호출을 어떻게 활용하는지에 초점을 맞춘다.

이미 이번 장의 맨 앞부분에서 살펴본 코테스트(https://github.com/kotest/kotest) DSL에서 중위 호출을 어떻게 활용하는지 살펴보자. testKPrefix 테스트는 s 변수의 값이 K로 시작하지 않으면 실패한다. 여기서 코드를 거의 일반 영어("The s string should start with this letter", s는 이 문자로 시작해야 한다)처럼 읽을 수 있다는 점에 유의하자.

리스트 13.18 코테스트 DSL로 단언문 표현하기

```
import io.kotest.matchers.should
import io.kotest.matchers.string.startWith
import org.junit.jupiter.api.Test

class PrefixTest {
  @Test
  fun testKPrefix() {
    val s = "kotlin".uppercase()
    s should startWith("K")
  }
}
```

이런 문법을 DSL에서 사용하려면 should 함수 선언 앞에 infix 변경자를 붙여야 한다.

리스트 13.19 should 함수 사용하기

```
infix fun <T> T.should(matcher: Matcher<T>) = matcher.test(this)
```

should 함수는 Matcher의 인스턴스를 요구한다. Matcher는 값에 대한 단언문을 표현하는 제네릭 인터페이스다. startWith는 Matcher를 구현하며 어떤 문자열이 주어진 문자열로 시작하는지 검사한다.

리스트 13.20 코테스트 DSL에 사용하기 위한 Matcher 선언하기

```
interface Matcher<T> {
  fun test(value: T)
}
fun startWith(prefix: String): Matcher<String> {
  return object : Matcher<String> {
    override fun test(value: String) {
      if(!value.startsWith(prefix)) {
        throw AssertionError("$value does not start with $prefix")
      }
    }
  }
}
```

> **노트**
>
> 실제 코테스트 DSL은 Matcher 인터페이스에 몇 가지 기능을 추가해 정의하며, test 함수가 매처 처리에 사용되는 MatcherResult를 반환한다. 여기서는 이런 인터페이스 시그니처를 단순화했다. 하지만 여러분 자신이 MatcherResult를 반환하는 Matcher를 정의해도 이번 절에서 살펴본 코드와 아주 비슷할 것이다. 연습으로 여러분 자신의 코테스트 매처를 만들어보는 것도 좋다.

리스트 13.18은 DSL 문맥에서 중위 연산자를 호출하는 것이 간단하며 코드 잡음을 줄이는데도 도움이 된다는 사실을 보여준다.

이런 방식은 DSL을 구성하는 방법 중 상대적으로 어려운 방법이다. 하지만 이 기법을 사용한 결과는 아주 멋지므로 이런 DSL이 내부에서 어떻게 돌아가는지 한 번쯤 생각해볼 만하다. 중위 호출과 `object`로 정의한 싱글턴 객체 인스턴스를 조합하면 DSL에 상당히 복잡한 문법을 도입할 수 있고, 그런 문법을 사용하면 DSL 구문을 깔끔하게 만들 수 있다. 한편 그런 장점에도 DSL은 여전히 정적 타입 지정 언어로 남는다. 따라서 함수와 객체를 잘못 조합하면 컴파일에 실패한다.

13.4.2 원시 타입에 대해 확장 함수 정의하기: 날짜 처리

이번 장의 맨 앞에서 살펴본 맛보기 예제 중 남은 하나를 살펴보자.

```
val now = Clock.System.now()
val yesterday = now - 1.days
val later = now + 5.hours
```

kotlinx.datetime 라이브러리(https://github.com/Kotlin/kotlinx-datetime)는 날짜와 시간을 다루기 위한 이런 DSL을 제공한다.

DSL 자체는 몇 줄의 코드로 표현할 수 있다. 다음은 구현에서 중요한 부분을 정리해 보여준다.

리스트 13.21 날짜 조작 DSL 정의하기

```
import kotlin.time.DurationUnit

val Int.days: Duration
    get() = this.toDuration(DurationUnit.DAYS)        ◀─── this는 상수의 값을 가리킨다.

val Int.hours: Duration
    get() = this.toDuration(DurationUnit.HOURS)       ◀─── 내장 toDuration 함수에게 변환을 위임한다.
```

여기서 days와 hours는 Int 타입의 확장 프로퍼티다. 코틀린에서는 아무 타입이나 확장 함수의 수신 객체 타입이 될 수 있다. 따라서 편하게 원시 타입에 대한 확장 함수를 정의하고 원시 타입 상수에 대해 그 확장 함수를 호출할 수 있다. 물론 커스텀 단위를 선언할 때도 똑같은 접근을 택할 수 있다. 예를 들어 2주(fortnight)는 14일의 기간을 의미한다.

```
val Int.fortnights: Duration get() =
    (this * 14).toDuration(DurationUnit.DAYS)
```

이런 확장 함수들은 Duration 타입의 값을 반환한다. Duration은 두 시점 사이의 시간 간격을 표현하는 코틀린 타입이다. 이제 이런 간단한 DSL이 어떻게 동작하는지 알았으므로, 좀 더 도전적인 주제를 다뤄볼 차례다. 바로, 데이터베이스 질의 DSL이다.

13.4.3 멤버 확장 함수: SQL을 위한 내부 DSL

지금까지 DSL 설계에서 확장 함수가 중요한 역할을 하는 모습을 살펴봤다. 이번 절에서는 예전에 언급했던 기법을 더 자세히 살펴본다. 바로 클래스 안에서 확장 함수와 확장 프로퍼티를 선언하는 기법이다. 그렇게 정의한 확장 함수나 확장 프로퍼티는 그들이 선언된 클래스의 멤버인 동시에 그들이 확장하는 다른 타입의 멤버이기도 하다. 이런 함수나 프로퍼티를 멤버 확장$^{member\ extensions}$이라 부른다.

멤버 확장을 사용하는 몇 가지 예제를 살펴보자. 이 예제들은 앞에서 언급한 익스포즈드 프레임워크에서 제공하는 SQL 내부 DSL에서 가져온 것이다. 예제를 보기 전에 먼저 익스포즈드에서 데이터베이스 구조를 어떻게 정의할 수 있는지 살펴볼 필요가 있다.

익스포즈드 프레임워크에서 SQL로 테이블을 다루려면 Table 클래스를 확장해 정의해야 한다. 다음은 칼럼이 2개인 간단한 Country 테이블 선언이다.

리스트 13.22 익스포즈드에서 테이블 선언하기

```
object Country : Table() {
  val id = integer("id").autoIncrement()
  val name = varchar("name", 50)
  override val primaryKey = PrimaryKey(id)
}
```

이 선언은 데이터베이스 테이블과 대응한다. 이 테이블을 만들려면 트랜잭션과 함께 SchemaUtils.create(Country) 메서드를 호출한다. H2 인메모리 데이터베이스 (https://h2database.com/)를 사용하는 프로젝트에서는 다음과 같다.

```
fun main() {
    val db = Database.connect("jdbc:h2:mem:test", driver = "org.h2.Driver")
    transaction(db) {
        SchemaUtils.create(Country)
    }
}
```

이 코드는 테이블 구조에 따라 다음과 같은 SQL 문을 만들어낸다.

```
CREATE TABLE IF NOT EXISTS Country (
    id INT AUTO_INCREMENT NOT NULL,
    name VARCHAR(50) NOT NULL,
    CONSTRAINT pk_Country PRIMARY KEY (id)
)
```

HTML을 생성할 때와 마찬가지로 원래의 코틀린 코드에 들어있는 선언이 어떻게 SQL 문의 각 부분으로 변환됐는지 살펴볼 수 있다. Country 객체에 속한 프로퍼티들의 타입을 살펴보면 각 칼럼에 맞는 타입 인자가 지정된 Column 타입을 볼 수 있다. id는 Column<Int>이고 name은 Column<String> 타입이다.

익스포즈드 프레임워크의 Table 클래스는 방금 살펴본 두 타입을 포함해 데이터베이스 테이블에 대해 정의할 수 있는 모든 타입을 정의한다.

```
class Table {
    fun integer(name: String): Column<Int>
    fun varchar(name: String, length: Int): Column<String>
    // ...
}
```

integer와 varchar 메서드는 각각 순서대로 정수와 문자열을 저장하기 위한 칼럼을 새로 만든다.

이제 각 칼럼의 속성을 지정하는 방법을 살펴보자. 이때 멤버 확장이 쓰인다.

```
val id = integer("id").autoIncrement().primaryKey()
```

autoIncrement 같은 메서드를 사용해 각 칼럼의 속성을 지정한다. Column에 대해 이런 메서드를 호출할 수 있다. 각 메서드는 자신의 수신 객체를 다시 반환하기 때문에 메서드를 연쇄 호출할 수 있다. 다음은 이 두 함수의 선언을 단순하게 정리한 것이다.

```
class Table {
    fun Column<Int>.autoIncrement(): Column<Int>    ◀── 숫자 타입의 칼럼만 자동 증가
    // ...                                              칼럼으로 설정할 수 있다.
}
```

autoIncrement 함수는 Table 클래스의 멤버이기는 하지만(이는 Table 클래스 영역의 밖에서 쓸 수 없다는 뜻이다) 여전히 Column의 확장 함수이기도 하다. 이것이 이런 메서드를 멤버 확장으로 정의해야 하는 이유를 보여준다. 메서드가 적용되는 범위를 제한하기 위함이다. 테이블이라는 맥락이 없으면 칼럼의 프로퍼티를 정의해도 아무 의미가 없는데, 필요한 메서드를 찾아낼 수 없기 때문이다.

여기서 활용한 확장 함수의 다른 멋진 속성은 수신 객체 타입을 제한하는 기능이다. 테이블 안의 어떤 칼럼이든 기본 키가 될 수 있지만 자동 증가 칼럼이 될 수 있는 칼럼은 정수 타입인 칼럼뿐이다. Column의 확장 함수로 autoIncrement를 정의하면 이런 관계를 API 코드로 구현할 수 있다. 다른 타입의 칼럼을 자동 증가 칼럼으로 만들려고 시도하면 컴파일에 실패한다.

> **멤버 확장도 여전히 멤버다**
>
> 멤버 확장에는 확장성이 떨어진다는 단점도 있다. 멤버 확장은 어떤 클래스에 속해 있기 때문에 기존 클래스의 소스코드를 손대지 않고 새로운 멤버 확장을 추가할 수는 없다.
>
> 예를 들어 익스포즈드에 새로운 데이터베이스 지원을 추가하고 싶다고 하자. 그런데 새 데이터베이스가 몇 가지 새로운 칼럼 속성을 지원한다. 이런 새 속성을 추가하려면 Table 클래스의 정의를 수정해서 새로운 멤버 확장 함수를 추가해야 한다. 일반 확장은 Table 내부에 접근할 수 없으므로 Table 안에 새로운 멤버 확장을 추가하기 위해 일반 확장을 사용할 수는 없다. 따라서 Table의 원 소스코드를 수정하지 않고는 Table에 필요한 확장 함수나 프로퍼티를 추가할 방법이 없다.

이 책을 쓰는 현재, 코틀린 팀은 이런 문제를 해결할 수 있는 콘텍스트 수신 객체라는 언어 특성을 설계 중이다. 콘텍스트 수신 객체를 사용하면 함수에 하나 이상의 수신 객체 타입을 지정할 수 있다. 예를 들어 autoIncrement 함수는 Table과 Column<Int>에 접근할 수 있어야 하기 때문에 Table을 콘텍스트 수신 객체로 받는 Column<Int>에 대한 확장 함수로 정의할 수 있다.

```
context(Table)
fun Column<Int>.autoIncrement(): Column<Int> {
    //`Table`과 `Column<Int>` 양쪽의 프로퍼티와 메서드에 접근할 수 있음
}
```

콘텍스트 수신 객체에 대한 제안을 여전히 수정하고 있지만, 평가를 위해 프로토타입을 사용해볼 수는 있다. 관련된 정보나 논의를 살펴보고 프로토타입을 써보는 방법에 대한 설명이 필요하다면 이에 대한 코틀린 개선 및 진화 프로세스(Kotlin Evolution and Enhancement Process, KEEP) 문서(http://mng.bz/67Ge)를 참고하자.

간단한 SELECT 질의에서 볼 수 있는 다른 멤버 확장 함수를 살펴보자. Customer와 Country라는 두 테이블을 선언했다고 가정하자. 각 Customer 레코드마다 그 고객이 어떤 나라에서 왔는지 나타내는 Country 레코드에 대한 참조(즉 외래키)가 있다. 다음 코드는 미국에 사는 모든 고객의 이름을 출력한다.

리스트 13.23 익스포즈드에서 두 테이블 조인하기

```
val result = (Country innerJoin Customer)
    .select { Country.name eq "USA" }           ◀── WHERE Country.name = "USA"라는
result.forEach { println(it[Customer.name]) }        SQL 코드에 해당한다.
```

select 메서드는 Table에 대해 호출되거나 두 Table을 조인한 결과에 대해 호출될 수 있다. select의 인자는 데이터를 선택할 때 사용할 조건을 기술하는 람다다.

eq 메서드는 어디서 온 것일까? eq가 "USA"를 인자로 받는 함수인데, 중위 표기법으로 식을 적었다는 사실과 eq도 또 다른 멤버 확장이라는 사실을 추측할 수 있을 것이다. 그 추측이 맞다.

여기서도 Column에 대한 확장 함수인 동시에 다른 클래스에 속한 멤버 확장이라 적절한 맥락에서만 사용할 수 있는 함수와 마주치게 된다. 예를 들어 eq는 select 메서드의 조건을 지정할 때만 사용할 수 있다. select와 eq 정의를 좀 더 단순화한 코드는 다음과 같다.

```
fun Table.select(where: SqlExpressionBuilder.() -> Op<Boolean>) : Query
object SqlExpressionBuilder {
  infix fun<T> Column<T>.eq(t: T) : Op<Boolean>
  // ...
}
```

SqlExpressionBuilder 객체는 조건을 표현할 수 있는 여러 방식을 정의한다. 값을 서로 비교하거나, null인지 검사하거나, 수식을 계산하는 등의 다양한 조건을 표현할 수 있다. 코드 안에서 SqlExpressionBuilder를 명시적으로 참조하지는 않지만 암시적 수신 객체로 쓰이기 때문에 SqlExpressionBuilder의 메서드를 호출하는 경우가 자주 있다. select 함수는 수신 객체 지정 람다를 인자로 전달받고, SqlExpressionBuilder는 그 수신 객체 지정 람다의 암시적 수신 객체다. 따라서 select에 전달되는 람다 본문에서는 SqlExpressionBuilder에 정의가 들어있는 eq를 비롯한 모든 확장 함수를 사용할 수 있다.

지금까지 칼럼에 대한 두 종류의 확장을 살펴봤다. 하나는 Table을 선언할 때 사용해야 하는 확장이며, 다른 하나는 조건에서 값을 비교할 때 쓰는 확장이다. 멤버 확장이 없다면 이 모든 함수를 Column의 멤버나 확장으로 정의해야 하는데, 그렇게 정의하면 맥락과 관계없이 아무데서나 각 함수를 사용할 수 있다. 멤버 확장을 사용하면 각 함수를 사용할 수 있는 맥락을 제어할 수 있다.

> **노트**
>
> 프레임워크에서 위임 프로퍼티를 활용하는 예를 9장에서 보여주면서 익스포즈드를 사용하는 코드를 몇 가지 살펴봤다. 위임 프로퍼티도 DSL에 자주 쓰이며, 익스포즈드 프레임워크는 그런 사실을 잘 보여준다. 이미 위임 프로퍼티에 대해 충분히 다뤘으므로 여기서 다시 그에 대해 설명하지는 않았다. 하지만 독자가 자신의 API에 필요한 DSL을 만들어야 하고 그 DSL을 깔끔하게 개선하고 싶다면 위임 프로퍼티를 염두에 둬야 한다.

요약

- 내부 DSL은 여러 메서드 호출로 구성된 구조를 더 쉽게 표현할 수 있게 해주는 API를 설계할 때 사용할 수 있는 설계 패턴이다.
- 수신 객체 지정 람다는 람다 본문 안에서 메서드를 결정하는 방식을 재정의함으로써 여러 요소를 내포시킬 수 있는 구조를 만들 수 있다.
- 수신 객체 지정 람다를 파라미터로 받은 경우 그 람다의 타입은 확장 함수 타입이다. 람다를 파라미터로 받아 사용하는 함수는 람다를 호출하면서 람다에게 수신 객체를 제공한다.
- 외부 템플릿이나 마크업 언어 대신 코틀린 내부 DSL을 사용하면 코드를 추상화하고 재활용할 수 있다.
- 원시 타입에 대한 확장을 정의하면 기간 등의 여러 종류의 상수를 더 읽기 좋게 만들 수 있다.
- invoke 관례를 사용하면 임의의 객체를 함수처럼 다룰 수 있다.
- kotlinx.html 라이브러리는 HTML 페이지 생성 내부 DSL을 제공한다. 또한 애플리케이션에 맞게 그 내부 DSL을 확장할 수 있다.
- 코테스트 라이브러리는 단위 테스트에서 읽기 쉬운 단언문을 지원하는 내부 DSL을 제공한다.
- 익스포즈드 라이브러리는 데이터베이스를 다루기 위한 내부 DSL을 제공한다.

Part 3

코루틴과 플로우를 활용한 동시성 프로그래밍

지금까지는 언어로서의 코틀린과 그 관례를 깊이 이해했다. 3부에서는 코틀린에서 동시성 프로그래밍을 하는 방법을 살펴본다.

서버, 모바일, 데스크톱 애플리케이션 중 어느 쪽을 코틀린으로 작성하든지 동시성은 영향력이 큰 주제다. 대부분의 현대 애플리케이션은 한 번에 하나 이상의 일을 해야 할 필요가 있다. 그 일이 네트워크 요청을 보내고 처리하는 것이거나, CPU 위주의 작업을 수행하면서 사용자 인터페이스를 계속 반응적으로 유지하는 것이거나, 또는 다른 방식으로 다중 처리를 사용자에게 제공하는 것이든 말이다. 코틀린 개발자로서 여러분은 조만간 동시성 코드를 살펴보거나 작성하게 될 수밖에 없다.

코틀린은 코루틴 개념에 기반을 둔 독특하고 튼튼한 동시성 프로그래밍 접근 방법을 제공한다. 코루틴은 스레드 위에서 동작하는 경량 추상화다. 동시성 프로그래밍에서 핵심 기본 요소는 언어 위에 구축돼 있고, 젯브레인즈^{JetBrains}가 개발하고 있는 kotlinx.coroutines 라이브러리를 통해 그 기능이 확장된다. 코틀린 생태계의 여러 라이브러리는 코틀린의 코루틴 기반 동시성 모델을 완전히 채택하고 여러분이 사용할 수 있도록 숙어적인 넌블로킹 API를 제공한다. 이런 API에 쓰이는 개념을 이해하면 각 라이브러리의 잠재력을 최대한 활용할 수 있다.

14장에서는 코틀린 동시성 모델을 전반적으로 살펴본다. 일시 중단 함수, 코루틴, 코틀린에서 동시성 코드를 작성할 때 적용해야 하는 기본적인 메커니즘을 전체적으로 살펴본다. 15장에서는 구조적 동시성 개념을 탐구한다. 구조적 동시성은 동시성 작업을 구조화하고 계층화하며, 취소 및 오류 처리를 위한 메커니즘을 제공하기 위해 필요한 기능들을 제공한다.

16장과 17장에서는 플로우를 배운다. 플로우는 시간이 흐름에 따라 발생할 수 있는 여러 순차적인 값을 다루는 코틀린으로 구축된 방법이며, 이런 값 스트림을 변환할 때 플로우 라이브러리를 쓸 수 있다. 또한 플로우를 구분하는 가장 큰 2가지 기준인 차가운 플로우와 뜨거운 플로우의 차이를 배우고, 언제 이들을 사용할지 이해한다. 18장에서는 동시성 코드에 대한 오류 처리와 테스트를 다룬다. 3부를 다 읽고 나면 코틀린에서 동시성과 관련된 개념을 잘 이해하고 코틀린 코루틴의 기능을 활용하는 코드를 자신 있게 작성할 수 있게 될 것이다.

14

코루틴

14장에서 다루는 내용

- 동시성과 병렬성의 개념
- 코틀린에서 동시성 연산을 만드는 빌딩 블록인 일시 중단 함수
- 코틀린에서 코루틴을 활용해 동시성 프로그래밍에 접근하는 방법

현대 프로그램들이 한 번에 한 가지 일만 하는 경우는 드물다. 네트워크에 연결된 애플리케이션은 동시에 여러 요청을 처리하거나 만들어야 하는데, 다음 네트워크 요청을 진행하기 위해 이전 네트워크 요청이 끝나기를 기다려서는 안 된다. 모바일과 데스크톱 애플리케이션도 디바이스상의 데이터베이스에 질의를 하거나 센서를 사용하거나 다른 디바이스와 통신을 할 필요가 있는데, 이 모든 작업은 사용자 인터페이스를 1초에 60번 이상 다시 그리는 것과 동시에 수행해야 한다.

이를 처리하기 위해 현대 애플리케이션은 동시에 여러 일을 비동기적으로 할 필요

가 있다. 이는 개발자에게 다른 여러 연산을 서로 블록시키지 않고 독립적으로 실행하면서 여러 동시 작업을 동기화하고 조화시킬 수 있는 도구가 필요하다는 의미다.

14장에서는 코루틴을 사용해 이런 비동기적 계산을 수행하는 코틀린의 접근 방법을 살펴본다. 코루틴을 사용하면 동시성 코드나 병렬성 코드를 모두 작성할 수 있다.

14.1 동시성과 병렬성

코틀린 동시성 프로그래밍을 깊이 들여다보기 전에 먼저 동시성이라는 말을 어떤 의미로 정의하는지 살펴보자. 그리고 동시성과 병렬성 개념 사이의 관계도 살펴보자.

동시성은 여러 작업을 동시에 실행하는 것을 말한다. 하지만 모든 작업을 물리적으로 함께 실행할 필요는 없다. 코드의 여러 부분을 돌아가면서 실행하는 것도 동시성 시스템이다. 이는 CPU 코어가 하나뿐인 시스템에서 실행되는 애플리케이션까지도 동시성을 사용할 수 있다는 뜻이다. 이런 경우 여러 동시성 태스크를 계속 전환해 가면서 동시성을 달성한다. 그림 14.1처럼 코어가 하나뿐이라 하더라도 사용자 인터페이스의 반응성을 유지하면서 복잡한 계산을 수행하기에 충분할 수 있다.

그림 14.1 실행을 번갈아 함으로써 코어가 하나뿐인 경우까지도 애플리케이션이 한 번에 하나 이상의 작업을 수행할 수 있다(마치 사용자 인터페이스를, 그리고 이후 오랜 시간이 걸리는 계산의 일부분을 수행하는 것처럼). 여러 작업을 전환해 오감으로써 동시성의 장점을 살릴 수 있다.

동시성은 코드를 여러 부분으로 나눠서 동시에 수행할 수 있는 능력을 말하는 반면, 병렬성은 여러 작업을 여러 CPU 코어에서 물리적으로 동시에 실행하는 것을 말한다. 병렬 계산은 현대적 멀티코어 하드웨어를 효과적으로 사용할 수 있고, 그 효율을 더 높이는 경우도 많다. 하지만 병렬성에도 어려운 점이 있다. 이는 14.7.4절에서 다룬다. 그림 14.2는 병렬성을 보여준다.

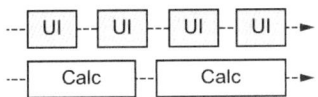

그림 14.2 병렬성은 여러 CPU 코어에서 여러 작업을 물리적으로 동시에 실행하는 것이다. 이 예제에서는 오래 걸리는 계산을 백그라운드에서 진행하면서 UI를 렌더링한다.

물론 이런 식의 병렬성과 동시성의 구분은 아주 많이 간략화한 것이다. 각각은 그 자체로도 커다란 분야다. 키릴 보브포르$^{Kirill\ Bobrov}$가 쓴 『Grokking Concurrency』(매닝 출판사, 2024)는 이 주제에 대해 일반적인 개요를 알려줄 수 있다. 코틀린 코루틴을 사용하면 동시성 계산과 병렬성 계산을 모두 할 수 있다. 이번 장에서는 2가지를 모두 살펴본다.

14.2 코틀린의 동시성 처리 방법: 일시 중단 함수와 코루틴

코루틴은 코틀린의 강력한 특징으로, 비동기적으로 실행되는 넌블로킹 동시성 코드를 우아하게 작성할 수 있게 해준다. 스레드와 같은 전통적 방법과 비교하면 코루틴이 훨씬 더 가볍게 작동한다. 구조화된 동시성을 통해 코루틴은 동시성 작업과 그 생명주기를 관리할 수 있는 기능도 제공한다.

이 장에서는 코틀린 코루틴과 전통적인 스레드를 비교하는 것부터 시작하겠다. 그 후 코틀린에서 코루틴을 사용할 때 기본적인 추상화인 일시 중단^{suspending} 함수를 살펴본다. 일시 중단 함수는 스레드를 블록시키는 단점이 없이 순차적 코드처럼 보이는 동시성 코드를 작성할 수 있게 해준다. 그리고 코루틴과 콜백, 퓨처, 반응형 스트림 등 다른 동시성 모델을 비교하면서 코틀린 코루틴 추상화의 단순함을 살펴볼 것이다.

14.3 스레드와 코루틴 비교

JVM에서 병렬 프로그래밍과 동시성 프로그래밍을 위한 고전적인 추상화는 스레드를 사용하는 것이다. 스레드는 서로 독립적으로 동시에 실행되는 코드 블록을 지정할 수 있게 해준다. 이 책에서 코틀린이 자바와 100% 호환된다는 말을 여러 번 봤을 텐데, 스레드도 예외는 아니다. 자바에서처럼 스레드를 사용하고 싶다면 코틀린 표준 라이브러리가 제공하는 편의 함수를 사용할 수 있다. 구체적으로 thread 함수를 사용하면 새 스레드를 시작할 수 있다. 다음 예제에서는 스레드를 시작하고 그 이름을 출력하는 방식을 보여준다.

```kotlin
import kotlin.concurrent.thread

fun main() {
    println("I'm on ${Thread.currentThread().name}")    // 새 스레드를 시작한다.
    thread {                                             // 그 스레드는 주어진 코드 블록을 실행한다.
        println("And I'm on ${Thread.currentThread().name}")
    }
}
// I'm on main
// And I'm on Thread-0
```

스레드는 애플리케이션을 더 반응성 있게 만들어주고, 멀티코어 CPU의 여러 코어에 작업을 분산시켜 현대적 시스템을 더 효율적으로 사용할 수 있게 해준다. 그러나 애플리케이션에서 스레드를 사용하는 데는 비용이 든다. JVM에서 생성하는 각 스레드는 일반적으로 운영체제가 관리하는 스레드이며, 이러한 시스템 스레드를 생성하고 관리하는 것은 비용이 많이 든다. 최신 시스템이더라도 한 번에 몇 천 개의 스레드만 효과적으로 관리할 수 있다. 각 시스템 스레드는 몇 메가바이트의 메모리를 할당받아야 하고, 스레드 간 전환은 운영체제 커널 수준에서 실행되는 작업이다. 이러한 할당과 전환 비용이 합쳐지면서 서로 배가된다.

게다가 스레드가 어떤 작업(예: 네트워크 요청)이 완료되길 기다리는 동안에는 블록된다. 응답을 기다리는 동안에는 다른 의미 있는 작업을 할 수 없으며, 그냥 자면서

^sleep^ 시스템 자원을 차지하게 된다. 따라서 새 스레드를 생성할 때는 매우 신중해야 하며, 짧은 시간 동안 잠깐 사용하는 것은 피하는 것이 좋다.

스레드는 기본적으로 독립적인 프로세스로 존재하기 때문에 작업을 관리하고 조정하는 데 어려움이 있을 수 있다. 특히 취소나 예외 처리 같은 개념을 다룰 때 그렇다. 이런 제약은 스레드의 사용성을 제한한다. 스레드를 새로 생성하는 데도 한계가 있고(비용이 많이 들고, 결과를 기다리는 동안 스레드가 블록될 수 있기 때문), 스레드를 관리하는 것도 제한적이다(기본적으로 스레드에는 '계층'이라는 개념이 없기 때문).

코틀린은 스레드에 대한 대안으로 코루틴이라는 추상화를 도입했다. 코루틴은 일시 중단 가능한 계산을 나타낸다. 코틀린 코루틴은 일반적으로 스레드를 사용했을 법한 경우에 사용할 수 있지만 몇 가지 장점이 있다.

- 코루틴은 초경량 추상화다. 일반적인 노트북에서도 100,000개 이상의 코루틴을 쉽게 실행할 수 있다. 또한 코루틴은 생성하고 관리하는 비용이 저렴하다. 이는 훨씬 세밀한 작업이나 아주 짧은 시간 동안만 실행하는 작업에도 더 넓게 활용할 수 있다는 의미다.
- 코루틴은 시스템 자원을 블록시키지 않고 실행을 일시 중단할 수 있으며, 나중에 중단된 지점에서 실행을 재개할 수 있다. 이는 코루틴이 네트워크 요청이나 입출력^(I/O) 작업 같은 비동기 작업을 처리할 때 블로킹 스레드보다 훨씬 효율적이라는 의미다.
- 코루틴은 **구조화된 동시성**^structured concurrency이라는 개념을 통해 동시 작업의 구조와 계층을 확립하며, 취소 및 오류 처리를 위한 메커니즘을 제공한다. 동시 계산의 일부가 실패하거나 더 이상 필요하지 않게 됐을 때 구조화된 동시성은 자식으로 시작된 다른 코루틴들도 함께 취소되도록 보장한다.

내부적으로 코루틴은 하나 이상의 JVM 스레드에서 실행된다(그림 14.3 참고. 14.7절에서 더 자세히 다룬다). 이는 코루틴을 사용해 작성한 코드도 여전히 기본 스레드 모델이 제공하는 병렬성을 활용할 수 있지만, 운영체제가 부과하는 스레드의 한계에 얽매이지 않는다는 것을 의미한다.

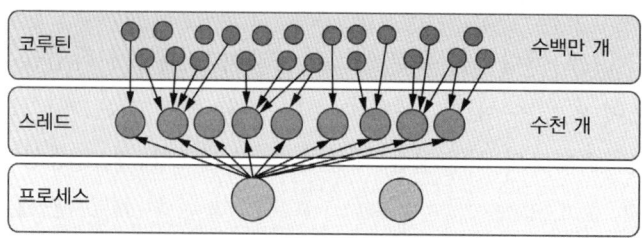

그림 14.3 코루틴은 스레드에 대한 경량 추상화다. 한 프로세스는 기껏해야 수천 개의 스레드를 가질 수 있지만 코루틴을 사용하면 수백만 개의 동시성 작업을 실행할 수 있다.

코루틴과 프로젝트 룸

프로젝트 룸(Project Loom, https://wiki.openjdk.org/display/loom)은 JVM에 가상 스레드 형태의 경량 동시성을 도입해 JVM 스레드와 운영체제 스레드 간의 비용이 많이 드는 일대일 결합을 해소하려는 노력이다. 룸과 코틀린 코루틴은 비슷한 문제를 해결하려고 하기 때문에 그 관계를 탐구할 가치가 있다.

코루틴은 2016년에 출시된 코틀린 1.1에 처음 도입됐다. 그 이후 코루틴은 동시성 코드를 작성하기 위한 성숙한 추상화로 발전했으며, 여러 해 동안 프로덕션 애플리케이션에서 사용돼 왔다. 코루틴은 기본 실행 모델과 독립된 동시성 추상화로 설계됐다. 사실 코루틴의 설계는 JVM과도 분리돼 있어 iOS에서 네이티브로 실행할 수 있는 것처럼 다른 플랫폼에서 코틀린 코드를 실행할 때도 코루틴을 사용할 수 있다.

프로젝트 룸의 주요 목표는 기존의 I/O 중심 레거시 코드를 가상 스레드로 포팅할 수 있게 하는 것이다. 이런 점에서 룸은 뛰어난 장점을 지니지만, 그게 바로 핵심적인 약점이기도 하다. 룸은 기존의 자바 스레드와 I/O API에 맞춰 재구성됐기 때문에 빠른 로컬 계산과 네트워크로부터 예측할 수 없는 시간 동안 정보를 기다려야 하는 함수(코틀린 코루틴의 일시 중단 함수) 사이에 언어 수준에서의 구분이 없다. 이로 인해 지역적 작업(UI, 캐시, 상태 갱신)이 원격 데이터 접근과 혼합된 대규모 코드베이스에서 코드를 이해하는 것이 더 어려워진다.

자바 레거시 스레드 API는 스레드가 비용이 많이 들고 자주 생성되지 않는 상황에 맞춰 설계됐다. 그러나 고도로 동시성을 띠는 코드에서는 코루틴이 계속 생성된다. 코틀린 코루틴 API는 이런 유형의 코드를 편리하게 짤 수 있게 처음부터 설계됐으며, 이런 상황에 효율적이고 메모리를 최소한으로 사용하게 최적화돼 있다. 코틀린 코루틴은 비용이 매우 적기 들기 때문에 카운터를 증가시키는 것처럼 사소한 작업을 위해 새로운 코루틴을 생성해도 문제가 없다. 심지어 코틀린 코루틴을 sequence {}

함수와 함께 사용해서 컬렉션 조작 작업을 구현할 수 있는데, 프로젝트 룸의 가상 스레드로는 이 정도의 효율성을 낼 수 없다.

이 책을 쓰는 현재, 프로젝트 룸도 구조화된 동시성(15장에서 자세히 다룸)을 기존 스레드 API에 적용하는 실험을 진행 중이다. 그 API의 형태가 아직 확정되지 않았지만 룸의 구조화된 동시성이 코틀린의 구조화된 동시성과는 차이가 있다고 말할 수 있다. 이는 코틀린 코루틴 API에서는 구조화된 동시성이 전체 API 설계의 핵심 원칙이기 때문이다. 동시성을 많이 사용하는 코드에서는 동시 작업을 시작한 후 기다리거나 취소하는 것을 잊어버리는 실수를 해서 잠재적인 자원 누수가 발생하기 쉽다. 코틀린 코루틴 API의 설계는 처음부터 이러한 실수를 방지하게 만들어져 있다. 코루틴을 누수시키려면 일부러 코드를 더 작성해야 할 정도다. 코틀린 코루틴으로 작성할 수 있는 가장 짧은 코드는 항상 올바른 코드다.

하지만 코틀린 코루틴도 룸이 제공하는 새로운 기능을 활용할 수 있을 것이다. 한 가지 예를 들자면 블로킹 API를 사용해 작성된 코드와 코루틴을 더 잘 통합할 수 있을 것이다. 이는 코루틴에 룸 기반의 가상 스레드 디스패처를 제공함으로써 가능하다(디스패처는 14.7절에서 더 자세히 다룬다).

코틀린 코루틴을 배우면 로컬 작업과 원격(일시 중단) 작업을 명확히 구분해 동시성 코드의 구조를 잡는 유용한 기술을 익히고, 자원 누수를 방지하기 위해 구조화된 동시성을 유지할 수 있게 된다. 미래에 코틀린 코루틴처럼 언어나 API에서 이런 문제를 명확히 드러내주지 않는 환경에서 프로그래밍을 하게 되더라도 이러한 관행은 깨끗한 동시성 코드를 작성할 때 필수적인 기술이다.

코틀린 동시성 프로그래밍 모델을 처음부터 살펴보자. 가장 기본적인 구성 요소인 일시 중단 함수부터 시작하자.

14.4 잠시 멈출 수 있는 함수: 일시 중단 함수

코틀린 코루틴이 스레드, 반응형 스트림, 콜백과 같은 다른 동시성 접근 방식과 다른 핵심 속성으로는 상당수의 경우 코드 '형태'를 크게 변경할 필요가 없다는 점이 있다. 코드는 여전히 순차적으로 보인다. 일시 중단 함수(즉 실행을 잠시 멈출 수 있는 함수)가 어떻게 이런 방식을 가능하게 하는지 자세히 살펴보자.

14.4.1 일시 중단 함수를 사용한 코드는 순차적으로 보인다

코틀린에서 일시 중단 함수가 어떻게 동작하는지 이해하기 위해 전통적인 애플리케이션 로직의 작은 부분을 살펴보고, 일시 중단 함수가 이를 어떻게 개선할 수 있는지 살펴보자. 예제 14.1에서는 showUserInfo라는 함수를 만든다. 이 함수는 네트워크에서 정보를 요청하고, 정보를 사용자에게 보여준다. login과 loadUserData 함수는 네트워크 요청을 보낸다. 이 코드는 현재 어떤 형태의 동시성도 사용하지 않고 단순히 하나의 함수가 완료된 후 다음 함수를 호출하며, 마지막으로 네트워크 요청에 대한 응답이 오면 값을 반환한다.

> **리스트 14.1 여러 함수를 호출하는 블로킹 코드 작성하기**

```
fun login(credentials: Credentials): UserID          이 함수들은 블록되는 함수들이다.
fun loadUserData(userID: UserID): UserData
fun showData(data: UserData)

fun showUserInfo(credentials: Credentials) {
    val userID = login(credentials)
    val userData = loadUserData(userID)
    showData(userData)
}
```

계산적인 관점에서 보면 이 코드는 실제로 많은 작업을 수행하지는 않는다. 대부분의 시간을 네트워크 작업 결과를 기다리는 데 소모하며, showUserInfo 함수가 실행 중인 스레드를 블록시킨다(그림 14.4). 앞에서 언급한 것처럼 스레드를 블록하는 것은 바람직하지 않다. 블록된 스레드는 자원을 낭비하며, 현대적 시스템이 처리할 수 있는 시스템 스레드의 수는 수천 개에 불과하다. 예를 들어 네트워크 애플리케이션에서 이 코드를 사용해 요청마다 스레드를 블록한다면 블록된 코드로 인해 서비스가 처리할 수 있는 요청의 수에 한계가 생길 수 있다. 애플리케이션에 사용자 인터페이스가 있다면 동시성을 사용하지 않고 이 함수를 호출하면 작업이 완료될 때까지 전체 사용자 인터페이스가 멈추게 될 것이다. 이런 사용자 경험과 시스템 성능의 저하는 코드에 문제가 있다는 사실을 명확하게 보여준다.

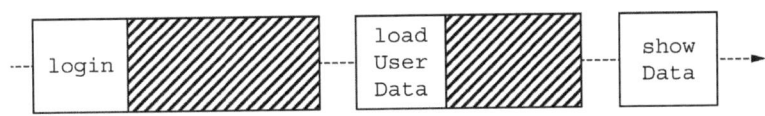

그림 14.4 블로킹 코드를 사용하면 가상 예제 애플리케이션이 대부분의 시간을 작업(여기서는 함수 이름이 들어간 정사각형)보다 대기(여기서는 빗금이 표시된 사각형)에 소비하면서 계산 자원을 낭비하고 있음을 보여준다.

코루틴, 더 정확히 말해 일시 중단 함수는 이 문제를 개선하는 데 도움을 줄 수 있다. 다음은 앞의 코드를 코틀린 코루틴을 사용해 넌블로킹 방식으로 구현한 것이다. 코드가 여전히 순차적으로 보인다는 점에 주목하자. 실제 차이는 `login`, `loadUserData`, `showUserInfo` 함수에 suspend 변경자가 붙어있다는 점뿐이다.

리스트 14.2 일시 중단 함수를 사용해 같은 로직 수행하기

```
suspend fun login(credentials: Credentials): UserID
suspend fun loadUserData(userID: UserID): UserData
fun showData(data: UserData)

suspend fun showUserInfo(credentials: Credentials) {
    val userID = login(credentials)
    val userData = loadUserData(userID)
    showData(userData)
}
```

suspend 변경자에 유의하라.

함수에 suspend 변경자를 붙인 것이 어떤 뜻일까? 이 변경자는 함수가 실행을 잠시 멈출 수도 있다는 뜻이다. 예를 들어 네트워크 응답을 기다리는 경우 실행을 일시 중단할 수 있다. 일시 중단은 기저 스레드를 블록시키지 않는다. 대신 함수 실행이 일시 중단되면 다른 코드가 같은 스레드에서 실행될 수 있다(그림 14.5 참고).

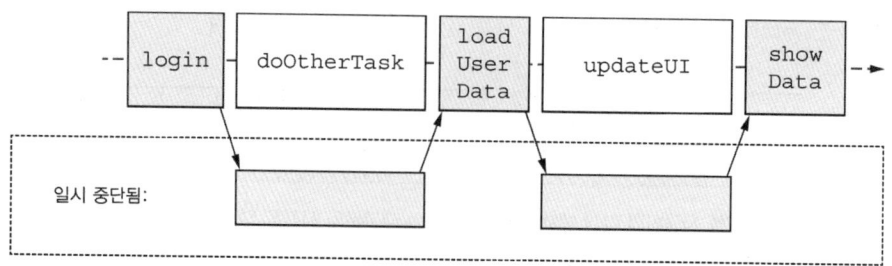

그림 14.5 일시 중단 함수를 쓴다는 것은 대기 중인 함수가 실행을 블로시키지 않는다는 뜻이다. 대신에 함수가 일시 중단되고 이 함수가 실행을 다시 계속할 수 있게 되기 전까지 실행되기를 바라는 다른 코드에게 실행을 양보한다.

이때 코드 구조를 변경하지 않았다는 점에 주목해야 한다. 코드는 여전히 순차적으로 보이고 동작하지만 블로킹 코드의 단점은 사라졌다. `showUserInfo` 함수의 본문은 여전히 위에서 아래로 명령문 하나하나가 순차적으로 실행된다. 그러나 일시 중단된 사이에 기저 스레드는 다른 작업을 진행할 수 있다. 예를 들어 사용자 인터페이스를 그리거나, 사용자 요청을 처리하거나, 다른 데이터를 보여줄 수 있다. 앞에서 설명했던 문제들이 더 이상 발생하지 않는다. 예를 들어 애플리케이션의 UI 스레드에서 이 함수를 호출해도 UI가 멈추지 않는다. 네트워크 응답을 기다리는 동안 기저 스레드는 다른 작업을 자유롭게 수행할 수 있다.

물론 이 모든 것이 순전히 마법처럼 작동하는 것은 아니다. 기저 라이브러리, 즉 `login`과 `loadUserData`의 구현도 코틀린 코루틴을 고려해 작성돼야 한다. 실제로 코틀린 생태계의 많은 라이브러리가 코루틴과 함께 작동하는 API를 제공한다. 네트워크 요청의 경우 케이토 HTTP 클라이언트, 레트로핏[Retrofit], OkHttp와 같은 라이브러리들이 그렇다.

14.5 코루틴을 다른 접근 방법과 비교

자바나 다른 프로그래밍 언어에서 동시성 코드를 작성하는 다른 접근 방식을 사용한 경험이 있다면 이들과 코루틴이 어떻게 다른지, 또 코루틴이 어떻게 더 나은지 확인하고 싶을 것이다. 여기서는 3가지 일반적인 접근 방식(콜백, 반응형 스트림(RxJava),

퓨처^{Future})를 간단히 살펴본다. 각 접근 방식의 세부 설계를 깊이 다루지는 않겠지만 설명을 위해 일부 예제 구현을 간략히 살펴볼 것이다. 이런 접근 방식을 사용해 본 적이 없다면 이 부분을 넘어가도 좋다.

리스트 14.1에서 살펴본 것과 동일한 로직을 콜백을 사용해 구현하려면 `login`과 `loadUserData` 함수의 시그니처를 변경해 콜백 파라미터를 제공해야 한다.

리스트 14.3 콜백을 써서 여러 함수를 연속적으로 호출하기

```
fun loginAsync(credentials: Credentials, callback: (UserID) -> Unit)
fun loadUserDataAsync(userID: UserID, callback: (UserData) -> Unit)
fun showData(data: UserData)

fun showUserInfo(credentials: Credentials) {
  loginAsync(credentials) { userID ->
    loadUserDataAsync(userID) { userData ->
      showData(userData)
    }
  }
}
```

마찬가지로 `showUserInfo` 함수도 콜백을 사용하도록 다시 작성해야 한다. 그 결과 코드에서 콜백 안에 또 다른 콜백이 생긴다. 함수 호출이 2개뿐일 때는 이를 어떻게 관리할 수 있을지 몰라도 로직이 커지면 콜백이 중첩된 복잡한 코드가 돼 가독성이 급격히 떨어진다. 이런 문제는 '콜백 지옥$^{callback\ hell}$'이라는 별명으로 널리 알려져 있다.

시간이 지나면서 콜백 지옥을 해결하기 위한 다른 접근 방식들이 등장했지만 이런 접근 방식도 새로운 복잡성을 동반하며, 배우고 익숙해져야 할 필요가 있다.

예를 들어 `CompletableFuture`를 사용하면 콜백 중첩을 피할 수 있지만, `thenCompose`와 `thenAccept`와 같은 새로운 연산자의 의미를 배워야 한다. 또한 `loginAsync`와 `loadUserDataAsync` 함수의 반환 타입을 변경해야 해서 이제는 반환 타입을

CompletableFuture로 감싸야 한다.

> **리스트 14.4 퓨처를 사용해 여러 함수를 연속적으로 호출하기**

```
fun loginAsync(credentials: Credentials): CompletableFuture<UserID>
fun loadUserDataAsync(userID: UserID): CompletableFuture<UserData>
fun showData(data: UserData)

fun showUserInfo(credentials: Credentials) {
    loginAsync(credentials)
         .thenCompose { loadUserDataAsync(it) }
         .thenAccept { showData(it) }
}
```

마찬가지로 반응형 스트림(예: RxJava)을 통한 구현은 콜백 지옥을 피할 수 있지만 여전히 함수 시그니처를 변경해야 하며, 반환값을 Single로 감싸야 하고 flatMap, doOnSuccess, subscribe 같은 연산자를 사용해야 한다.

> **리스트 14.5 반응형 스트림을 사용해 같은 로직 구현하기**

```
fun login(credentials: Credentials): Single<UserID>
fun loadUserData(userID: UserID): Single<UserData>
fun showData(data: UserData)

fun showUserInfo(credentials: Credentials) {
    login(credentials)
         .flatMap { loadUserData(it) }
         .doOnSuccess { showData(it) }
         .subscribe()
}
```

두 접근 방식 모두 인지적 부가 비용이 있고, 함수를 선언하거나 사용할 때 새로운 연산자를 코드에 도입해야 한다. 이와 비교해보면 코틀린 코루틴을 사용하는 접근 방식에서는 함수에 suspend 변경자만 추가하면 된다. 나머지 코드는 그대로 순차적인 모양을 유지하면서도 여전히 스레드를 블록시키는 단점을 피할 수 있다. 물론 반응형 스트림과 퓨처에도 적절한 활용 사례가 있다. 14.6.3절에서 보겠지만 코틀린에는 deferred 값이라는 자체적인 퓨처 스타일이 있으며, 16장과 17장에서는 코루틴용 반응형 스트림 스타일의 추상화인 플로우^{flow}를 자세히 다룬다. 앞에서 살펴본 것처럼 동시성을 사용하는 기본적인 경우에는 이러한 추상화가 필수는 아니다. 기존 코드가 다른 동시성 모델을 사용하고 있다면 코틀린은 그런 모델의 기본 요소를 코루틴 친화적인 버전으로 변환할 수 있는 확장 함수를 제공한다.

14.5.1 일시 중단 함수 호출

일시 중단 함수는 실행을 일시 중단할 수 있기 때문에 일반 코드 아무 곳에서나 호출할 수는 없다. 일시 중단 함수는 실행을 일시 중단할 수 있는 코드 블록 안에서만 호출할 수 있다. 그런 블록 중 하나가 다른 일시 중단 함수일 수 있다. 이는 "함수가 실행을 일시 중단할 수 있다면 그 함수를 호출하는 함수의 실행도 잠재적으로 일시 중단될 수 있다."라는 직관과도 잘 들어맞는다. 리스트 14.2에서 살펴본 것처럼 일시 중단 함수인 showUserInfo는 일시 중단 함수인 login과 loadUserData를 호출할 수 있다. 물론 일시 중단 함수의 본문에서 showData 같은 일반 함수도 호출할 수 있다(그림 14.6 참고).

```
suspend fun showUserInfo(credentials: Credentials) {
    val userID : UserID = login(credentials)
    val userData : UserData = loadUserData(userID)
    showData(userData)
}
```

그림 14.6 인텔리제이 IDEA와 안드로이드 스튜디오는 suspend로 표시된 함수 호출 옆에 작은 '일시 중단' 거터 아이콘을 표시해서 일시 중단 함수 호출을 시각화해준다. 추가로 IDE는 일시 중단 함수 호출 코드의 색을 바꿀 수도 있게 해준다.

일반적인 일시 중단 코드가 아닌 코드에서 일시 중단 함수를 호출하려고 하면 오류가 발생한다(오류의 뜻은 "일시 중단 함수 mySuspendingFunction를 코루틴이나 다른 일시 중단 함수 안에서 호출해야 한다."는 것이다).

```
suspend fun mySuspendingFunction() {}

fun main() {
    mySuspendingFunction()
}
```

"Error: Suspend function mySuspendingFunction should be called only from a coroutine or another suspend function." 오류 발생

그렇다면 대체 어떻게 맨 처음에 일시 중단 함수를 호출할 수 있을까? 가장 간단한 답은 프로그램의 main 함수를 suspend로 하는 것이다. 그러나 더 큰 코드 기반이나 안드로이드 같은 SDK나 프레임워크에서 코드를 작성할 때는 main 함수의 시그니처를 쉽게 변경할 수 없는 경우가 많다. 따라서 이런 방법은 일반적으로 규모가 작은 유틸리티 프로그램에서 자주 쓰인다.

더 범용적이고 강력한 방법은 코루틴 빌더 함수를 사용하는 것이다. 코루틴 빌더는 새로운 코루틴을 생성하는 역할을 하며, 일시 중단 함수를 호출하기 위한 일반적인 진입점으로 사용된다.

14.6 코루틴의 세계로 들어가기: 코루틴 빌더

지금까지 코틀린에서 동시성의 기본 구성 요소인 일시 중단 함수를 알아봤다. 일시 중단 함수는 실행을 잠깐 멈출 수 있는 함수이며, 다른 일시 중단 함수나 코루틴 안에서만 호출할 수 있다.

왜 하나의 일시 중단 함수가 다른 일시 중단 함수를 호출하는 것이 괜찮은지에 대해 직관적으로 설명했다. 이제는 오류 메시지에서 주어진 또 다른 힌트, 즉 코루틴에서 일시 중단 함수를 호출하는 것을 알아볼 시간이다. 이미 몇 번 이 용어를 사용했지만 아직 정확한 정의를 내리지는 않았다. 이제 명확히 정의해보자.

코루틴은 일시 중단 가능한 계산의 인스턴스다. 이를 다른 코루틴들과 동시에(혹은 심지어 병렬로) 실행될 수 있는 코드 블록으로 생각할 수 있다. 스레드와 비슷하지만 코루틴은 함수 실행을 일시 중단하는 데 필요한 메커니즘을 포함하고 있다. 이러한 코루틴을 생성할 때는 코루틴 빌더 함수 중 하나를 사용한다. 코루틴 빌더 함수는 다음과 같다.

- runBlocking은 블로킹 코드와 일시 중단 함수의 세계를 연결할 때 쓰인다.
- launch는 값을 반환하지 않는 새로운 코루틴을 시작할 때 쓰인다.
- async는 비동기적으로 값을 계산할 때 쓰인다.

이제 각각을 자세히 살펴보자.

> **노트**
>
> 코틀린 컴파일러의 핵심과 표준 라이브러리의 코루틴 관련 기능은 의도적으로 가볍게 유지된다. 여기서부터 살펴보는 대부분의 함수는 코틀린 표준 라이브러리의 일부가 아니라 젯브레인즈가 개발한 퍼스트 파티 라이브러리인 kotlinx.coroutines(https://github.com/Kotlin/kotlinx.coroutines)에 들어있다. 이를 통해 동시성 관련 기능이 언어 릴리스 주기와 독립적으로 발전할 수 있으며, 커뮤니티가 안정적인 핵심 기능을 기반으로 더 높은 수준의 동시성 라이브러리를 제공할 수 있다. 책의 나머지 코드와 함께 하려면 프로젝트에 org.jetbrains.kotlinx:kotlinx-coroutines-core:1.7.3 이상의 버전을 의존관계로 지정해야 한다.

14.6.1 일반 코드에서 코루틴의 세계로: runBlocking 함수

'일반' 블로킹 코드를 일시 중단 함수의 세계로 연결하려면 runBlocking 코루틴 빌더 함수에게 코루틴 본문을 구성하는 코드 블록을 전달할 수 있다. 이렇게 하면 새 코루틴을 생성하고 실행하며, 해당 코루틴이 완료될 때까지 현재 스레드를 블록시킨다. 전달된 코드 블록 내에서는 일시 중단 함수를 호출할 수 있다. 다음 예제는 내장된 delay 함수를 사용해 코루틴을 500밀리초 동안 일시 중단한 후 텍스트를 출력한다.

리스트 14.6 runBlocking을 사용해 일시 중단 함수 실행하기

```
import kotlinx.coroutines.*
import kotlin.time.Duration.Companion.milliseconds

suspend fun doSomethingSlowly() {
    delay(500.milliseconds)       ◀── 함수를 500밀리초 동안 일시 중단시킨다.
    println("I'm done")
```

```
}
fun main() = runBlocking {
    doSomethingSlowly()
}
```

잠깐! 코루틴을 사용하는 이유가 스레드를 블록시키지 않기 위함이 아닌가? 그런데 왜 runBlocking을 사용하는 걸까? 실제로 runBlocking을 사용할 때는 하나의 스레드를 블로킹한다. 그러나 이 코루틴 안에서는 추가적인 자식 코루틴을 얼마든지 시작할 수 있고, 이 자식 코루틴들은 다른 스레드를 더 이상 블록시키지 않는다. 대신, 일시 중단될 때마다 하나의 스레드가 해방돼 다른 코루틴이 코드를 실행할 수 있게 된다. 이런 추가 자식 코루틴을 시작할 때 launch 코루틴 빌더를 사용할 수 있다. 이제 이를 더 자세히 살펴보고 어떻게 동작하는지 확인해보자.

14.6.2 발사 후 망각 코루틴 생성: launch 함수

launch 함수는 새로운 자식 코루틴을 시작하는 데 쓰인다. 이는 일반적으로 '발사 후 망각' 시나리오에 사용되며, 어떤 코드를 실행하되 그 결괏값을 기다리지 않는 경우에 적합하다. runBlocking이 오직 하나의 스레드만 블로킹한다는 주장을 테스트해보자.

코드가 언제 어디서 실행되는지 더 명확히 알기 위해 println 대신에 간단한 로그 함수를 사용해보자. 이 함수는 호출되는 스레드와 타임스탬프를 추가한 더 많은 정보를 제공한다.

```
private var zeroTime = System.currentTimeMillis()
fun log(message: Any?) =
    println("${System.currentTimeMillis() - zeroTime} " +
        "[${Thread.currentThread().name}] $message")
```

이 예제는 runBlocking과 launch 코루틴 빌더를 사용해 여러 새 코루틴을 시작하고

log 함수를 사용해 각 코루틴의 실행 정보를 로그로 남긴다.

```
fun main() = runBlocking {
  log("The first, parent, coroutine starts")
  launch {
    log("The second coroutine starts and is ready to be suspended")
    delay(100.milliseconds)
    log("The second coroutine is resumed")
  }
  launch {
    log("The third coroutine can run in the meantime")
  }
  log("The first coroutine has launched two more coroutines")
}
```

이 예제를 -Dkotlinx.coroutines.debug JVM 옵션과 함께 실행하거나(그림 14.7 참고) 코틀린 플레이그라운드^{Kotlin Playground}에서 실행하면(옵션이 자동으로 추가됨) 스레드 이름 옆에 코루틴 이름에 대한 추가 정보를 얻을 수 있고, 이 정보는 코루틴이 어떻게 동작하는지 이해할 때 큰 도움이 된다. 앞으로는 이 플래그가 활성화된 상태에서 코드의 출력을 보여줄 것이다.

이 코드를 실행하면 다음과 같은 출력을 볼 수 있다(시간은 시스템에 따라 달라지지만, 출력 순서는 같다).

```
36 [main @coroutine#1] The first, parent, coroutine starts
40 [main @coroutine#1] The first coroutine has launched two more coroutines
42 [main @coroutine#2] The second coroutine starts and is ready to be suspended
47 [main @coroutine#3] The third coroutine can run in the meantime
149 [main @coroutine#2] The second coroutine is resumed
```

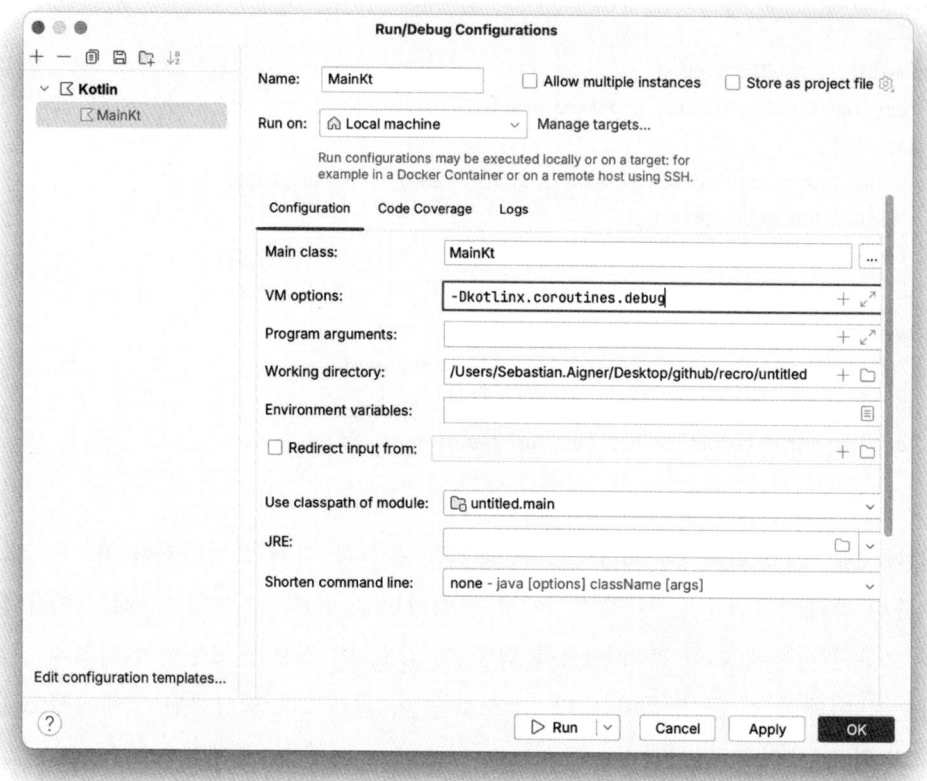

그림 14.7 인텔리제이 IDEA에서 JVM 옵션을 선택하려면 오른쪽 위 구석의 Run Configuration을 클릭하고 Edit Configurations...를 선택한다. 그 후 VM options에서 디버깅 옵션을 추가할 수 있다.

이 예시에서 모든 코루틴은 한 스레드, 즉 `main` 스레드에서 실행된다. 이 코드를 그림 14.8처럼 시각화할 수 있다.

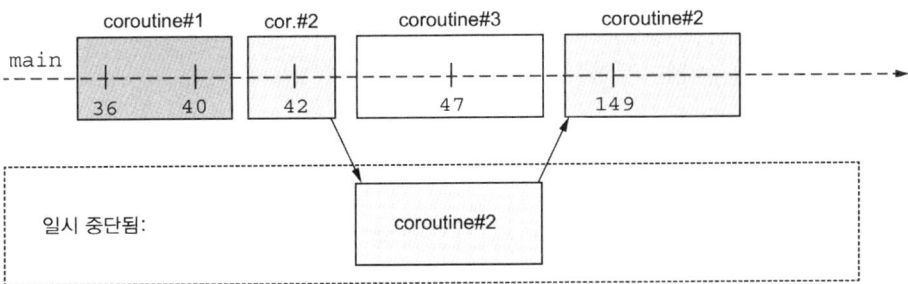

그림 14.8 첫 번째(부모) 코루틴(coroutine#1)은 2가지 코루틴을 더 시작해 launch한다. coroutine#2는 일시 중단 지점에 이를 때까지 실행된다. 그리고 메인 스레드를 블록시키지 않고 일시 중단되면서, 메인 스레드를 coroutine#3의 작업에 사용하게 놓아준다. 나중에 coroutine#2는 다시 실행을 재개한다.

이제 실행 과정을 자세히 살펴보고 그림 14.8을 따라가 보자. 이 선은 메인 스레드의 타임 라인이며, 이 선 위의 사각형은 특정 시간에 해당 스레드에서 실행 중인 코루틴을 나타낸다. 다음 영역은 특정 시점에 일시 중단된 코루틴을 나타낸다.

이 코드에서는 3개의 코루틴이 시작된다. 첫 번째는 runBlocking에 의해 시작된 부모 코루틴(coroutine#1으로 로그에 표시)이고, 두 번째와 세 번째는 2번의 launch 호출에 의한 자식 코루틴이다(각각 coroutine#2, coroutine#3으로 표시). coroutine#2가 delay 함수를 호출하면 코루틴이 일시 중단된다. 이를 일시 중단 지점$^{\text{suspension point}}$이라 한다. 이제 coroutine#2는 지정된 시간 동안 일시 중단되고, 메인 스레드는 다른 코루틴이 실행될 수 있게 해방된다. 그 결과 coroutine#3이 이 작업을 시작할 수 있다. coroutine#3은 로그 호출 하나만 포함하고 있기 때문에 빠르게 끝난다. 지정된 100 밀리초 후 coroutine#2가 작업을 재개하고 프로그램 전체가 완료된다.

일시 중단된 코루틴은 어디로 가는가?

코루틴이 제대로 작동할 수 있게 하는 주요 작업은 컴파일러가 수행한다. 컴파일러는 코루틴을 일시 중단하고 재개하며, 스케줄링하는 데 필요한 지원 코드를 생성한다. 일시 중단 함수의 코드는 컴파일 시점에 변환되고 실행 시점에 코루틴이 일시 중단될 때 해당 시점의 상태 정보가 메모리에 저장된다. 이 정보를 바탕으로 나중에 실행을 복구하고 재개할 수 있다.

14.1절에서 살펴본 동시성과 병렬성의 비교를 떠올려보면 이 상황이 병렬성 없이 교차 실행되는 경우라는 것을 알 수 있다(모든 코루틴이 같은 스레드에서 실행됨). 코루틴을 여러 스레드에서 병렬로 실행하고 싶다면 코드를 거의 변경하지 않고도 다중 스레드 디스패처를 사용할 수 있다. 이는 14.7절에서 다룬다.

launch를 사용해 새로운 기본 코루틴을 시작할 수 있다. 하지만 launch는 동시 계산을 수행할 수는 있지만 코루틴 내부에서 값을 반환하는 것이 간단치 않다. launch는 값을 반환하는 것보다는 파일이나 데이터베이스에 쓰는 작업처럼 부수 효과를 일으키는 '시작 후 신경 쓰지 않아도 되는' 작업에 더 적합하다. launch 함수는 Job 타입의 객체를 반환하는데, 이를 시작된 코루틴에 대한 핸들로 생각할 수 있다. Job 객체를 사용하면 코루틴 실행을 제어할 수 있다. 예를 들어 취소를 촉발시킬 수 있다(코루틴 취소는 15장에서 더 자세히 다룬다). 계산 결과를 반환하는 경우에는 다른 프로그래밍 언어에서 이미 익숙해졌을 이름을 가진 코루틴 빌더 함수를 쓴다. 바로 async다.

14.6.3 대기 가능한 연산: async 빌더

비동기 계산을 수행할 때 async 빌더 함수를 쓸 수 있다. launch와 마찬가지로 async에게도 실행할 코드를 코루틴으로 전달할 수 있다. 그러나 async 함수의 반환 타입은 launch와 달리 Deferred<T> 인스턴스다. Deferred를 사용해 주로 할 일은 await라는 일시 중단 함수로 그 결과를 기다리는 것이다.

다음 리스트는 두 숫자를 비동기적으로 계산하는 예제다. 이 예제에서는 delay 호출을 통해 계산이 오래 걸리는 것처럼 시뮬레이션한다. 2번의 slowlyAddNumbers 호출을 async로 감싸고 async 빌더 함수가 반환하는 Deferred 값에 await를 호출해 결과를 기다린다.

리스트 14.7 새 코루틴을 시작하기 위해 async 코루틴 빌더 사용하기

```
suspend fun slowlyAddNumbers(a: Int, b: Int): Int {
    log("Waiting a bit before calculating $a + $b")
    delay(100.milliseconds * a)
    return a + b
}
fun main() = runBlocking {
    log("Starting the async computation")
    val myFirstDeferred = async { slowlyAddNumbers(2, 2) }       // async 호출마다 새
    val mySecondDeferred = async { slowlyAddNumbers(4, 4) }      // 코루틴이 시작된다.
    log("Waiting for the deferred value to be available")
    log("The first result: ${myFirstDeferred.await()}")          // 결과를 사용할 수 있을
    log("The second result: ${mySecondDeferred.await()}")        // 때까지 기다린다.
}
```

이 코드를 실행하면 다음과 같은 출력이 나타난다.

```
0 [main @coroutine#1] Starting the async computation
4 [main @coroutine#1] Waiting for the deferred value to be available
8 [main @coroutine#2] Waiting a bit before calculating 2 + 2
9 [main @coroutine#3] Waiting a bit before calculating 4 + 4
213 [main @coroutine#1] The first result: 4
415 [main @coroutine#1] The second result: 8
```

타임스탬프를 보면 두 값을 계산하는 데 총 약 400밀리초가 걸렸음을 알 수 있다. 이는 가장 오래 걸린 계산 시간(하나는 200밀리초, 다른 하나는 400밀리초)과 같다. async를 호출할 때마다 새로운 코루틴을 시작함으로써 두 계산이 동시에 일어나게 했다(그림 14.9 참고). launch와 마찬가지로 async를 호출한다고 해서 코루틴이 일시 중단되는 것은 아니다. await을 호출하면 그 Deferred에서 결괏값이 사용 가능해질 때까지 루트 코루틴이 일시 중단된다.

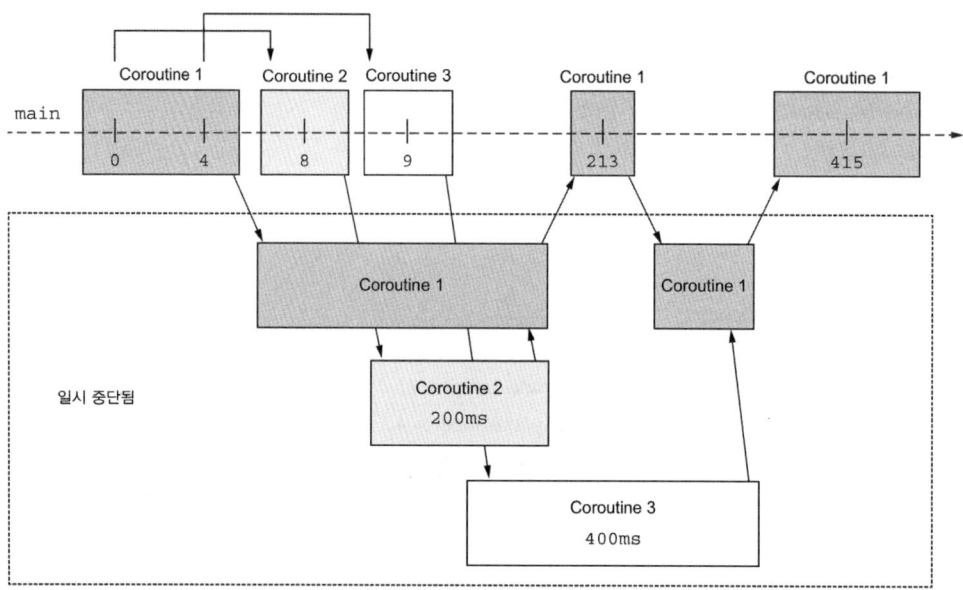

그림 14.9 전체 애플리케이션은 한 스레드에서 실행되지만 async를 사용하면 여러 값을 동시에 계산할 수 있다. coroutine 1은 2가지 비동기 계산을 시작하고 각각의 값이 사용가능해질 때까지 일시 중단된다. 두 코루틴(coroutine 2, coroutine 3)은 결과를 coroutine 1에 돌려주기 전까지 내부적으로 약간 동안 일시 중단된다.

Deferred 타입에서 Future나 Promise 등의 다른 익숙한 이름을 떠올린 독자도 있을 것이다. 그 개념은 동일하다. Deferred 객체는 아직 사용할 수 없는 값을 나타낸다. 따라서 그 값을 (비동기적이거나 병렬적으로) 계산하거나 어디서 읽어와야만 한다. Deferred 는 미래에 언젠가는 값을 알게 될 것이라는 약속, 연기된 계산 결괏값을 나타낸다.

코틀린이 다른 언어와 차별화되는 점 중 하나는 기본적인 코드에서 일시 중단 함수를 순차적으로 호출할 때는 async와 await를 사용할 필요가 없다는 것이다. 코틀린에서는 리스트 14.2처럼 독립적인 작업을 동시에 실행하고 그 결과를 기다릴 때만 async를 사용하면 된다. 여러 작업을 동시에 시작할 필요가 없고 결과를 기다리지 않아도 된다면 async를 사용할 필요가 없다. 일반적인 일시 중단 함수 호출이면 충분하다.

> **노트**
>
> async {} 빌더 함수와 일시 중단 함수인 await는 코틀린 키워드가 아니라는 점을 눈치 챘을 것이다 (다른 많은 언어에서 async/await는 키워드). 이들은 kotlinx.coroutines 라이브러리가 제공하는 함수일 뿐이다. IDE의 'Go To Definition(정의로 이동)' 기능을 사용해 각각의 구현을 살펴볼 수도 있다. 일시 중단 함수는 코틀린 언어 코어에 직접 포함된 몇 안 되는 동시성 기본 요소 중 하나이고 강력한 저수준 추상화를 제공한다. 덕분에 async/await 같은 기능을 독립적인 라이브러리에서 구현할 수 있다. 16장에서 보겠지만 suspend 메커니즘은 반응형 스트림 스타일의 API를 구현할 수 있을 정도로도 유연하다.

표 14.1은 코루틴 빌더와 그 사용법을 개괄적으로 제공한다.

표 14.1 쓰임새에 따라 코루틴 빌더 중 하나를 선택할 수 있다.

빌더	반환값	쓰임새
runBlocking	람다가 계산한 값	블로킹 코드와 넌블로킹 코드 사이를 연결
launch	Job	발사 후 망각 코루틴 시작(부수 효과가 있음)
async	Deferred<T>	값을 비동기로 계산(값을 기다릴 수 있음)

코루틴은 스레드 위에 만들어진 추상화다. 그렇다면 코드가 실제로 어떤 스레드에서 실행될까? 앞에서 살펴본 runBlocking이라는 특별한 경우 코드는 단순히 함수를 호출한 스레드에서 실행된다. 코드가 어떤 스레드에서 실행될지 더 세밀하게 제어하려면 코틀린 코루틴에서 디스패처^{dispatcher}를 사용한다.

14.7 어디서 코드를 실행할지 정하기: 디스패처

코루틴의 디스패처는 코루틴을 실행할 스레드를 결정한다. 디스패처를 선택함으로써 코루틴을 특정 스레드로 제한하거나 스레드 풀에 분산시킬 수 있으며, 코루틴이 한 스레드에서만 실행될지 여러 스레드에서 실행될지 결정할 수 있다. 본질적으로 코루틴은 특정 스레드에 고정되지 않는다. 코루틴은 한 스레드에서 실행을 일시 중단하고 디스패처가 지시하는 대로 다른 스레드에서 실행을 재개할 수 있다.

> **스레드 풀이란 무엇인가?**
>
> 스레드 풀(thread pool)은 스레드 집합을 관리하고, 집합에 속한 스레드들 위에서 작업(우리의 경우 코루틴) 실행을 허용한다. 작업이 실행될 때마다 새 스레드를 할당하는 대신, 스레드 풀은 일정한 수의 스레드를 유지하면서 내부 논리와 구현에 따라 들어오는 작업을 분배한다. 스레드를 새로 생성해 할당하고 시작하는 작업은 비용이 많이 들기 때문이다.

14.7.1 디스패처 선택

14.8절에서 살펴본 것처럼 코루틴은 기본적으로 부모 코루틴에서 디스패처를 상속받으므로 모든 코루틴에 대해 명시적으로 디스패처를 지정할 필요는 없다. 하지만 선택할 수 있는 디스패처들이 있다. 이 디스패처들은 코루틴을 기본 환경에서 실행할 때(예: `Dispatchers.Default`), UI 프레임워크와 함께 작업할 때(예: `Dispatchers.Main`), 스레드를 블로킹하는 API를 사용할 때(예: `Dispatchers.IO`) 명시적 코루틴 실행에 도움을 준다. 각 디스패처를 자세히 살펴보자.

다중 스레드를 사용하는 범용 디스패처: Dispatchers.Default

가장 일반적인 디스패처는 `Dispatchers.Default`로, 일반적인 작업에 사용할 수 있다. 이 디스패처는 CPU 코어 수만큼의 스레드로 구성된 스레드 풀을 기반으로 한다. 즉, 기본 디스패처에서 코루틴을 스케줄링하면 여러 스레드에서 코루틴이 분산돼 실행되며, 멀티코어 시스템에서는 병렬로 실행될 수 있다. 특별히 특정 스레드나 스레드 풀에 제한할 필요가 없는 한 대부분의 코루틴을 시작할 때는 기본 디스패처를 사용하는 것이 적합하다. 코루틴은 스레드를 블로킹하지 않고 일시 중단되기 때문에 단일 스레드에서도 수천 개의 코루틴을 처리할 수 있다는 점을 기억하자.

UI 스레드에서 실행: Dispatchers.Main

UI 프레임워크(예: 자바에프엑스^{JavaFX}, AWT, 스윙^{Swing}, 안드로이드 등)를 사용할 때는 특정 작업을 UI 스레드나 메인 스레드라고 불리는 특정 스레드에서 실행해야 할 때가 있다. 예를 들어 사용자 인터페이스 요소를 다시 그리는 작업이 이런 경우다. 이런 작업을 안전하게 실행하려면 코루틴을 디스패치할 때 Dispatchers.Main을 사용할 수 있다(코루틴 전체를 메인 디스패처에서 실행할 필요는 없다는 점에 유의하자. Dispatchers.Main을 사용하는 전형적인 패턴은 14.7.3절에서 다룬다).

애플리케이션의 'UI'나 '메인' 스레드가 무엇인지에 대한 보편적인 정의가 없기 때문에 Dispatchers.Main의 실제 값은 사용하는 프레임워크에 따라 다르다. 예를 들어 org.jetbrains.kotlinx:kotlinx-coroutines-swing이나 org.jetbrains.kotlinx:kotlinx-coroutines-javafx 같은 추가 아티팩트는 각각 자신의 프레임워크에 따른 메인 디스패처 구현을 제공한다. 안드로이드에서는 Dispatchers.Main 구현이 org.jetbrains.kotlinx:kotlinx-coroutines-android 아티팩트를 통해 제공된다.

블로킹되는 IO 작업 처리: Dispatchers.IO

서드파티 라이브러리를 사용할 때 코루틴을 염두에 두고 설계된 API를 선택할 수 없는 경우가 있다. 예를 들어 데이터베이스 시스템과 상호작용하는 블로킹 API를 사용해야 하는 경우 기본 디스패처에서 이 기능을 호출하면 문제가 발생할 수 있다. 기본 디스패처의 스레드 수는 CPU 코어 수와 동일하기 때문에, 예를 들어 듀얼 코어 기계에서 2개의 스레드를 블로킹하는 작업을 호출하면 기본 스레드 풀이 소진돼 다른 코루틴은 완료될 때까지 실행되지 못한다. Dispatchers.IO는 바로 이러한 상황을 처리하기 위해 설계됐다. 이 디스패처에서 실행된 코루틴은 자동으로 확장되는 스레드 풀에서 실행되며 CPU 집약적이지 않은 작업(예: 블로킹 API의 응답 대기)에 적합하다.

> **특수 디스패처와 커스텀 디스패처**
>
> 대부분의 코루틴 코드에 쓰이는 디스패처는 앞에서 살펴본 디스패처 중 하나일 것이다. 하지만 코틀린 코루틴으로 구축한 동시성 시스템의 성능이나 동작에 대해 별도의 요구 사항이 있을 수 있다. 이러한 경우를 위해 코루틴 라이브러리는 추가 기능을 제공한다. 예를 들어 Unconfined 디스패처는 특정 스레

드에 제약되지 않고 코루틴이 실행되게 한다. 디스패처에 대한 병렬성 제약을 사용자 정의해야 하는 경우 limitedParallelism 함수를 사용할 수 있다. 하지만 이러한 기능은 특수한 경우에 사용하기 위한 것이다. 코루틴과 디스패처에 대한 자세한 내용은 Kotlin 문서(http://mng.bz/oeVZ)를 참고하라.

표 14.2와 그림 14.10에서 사용할 수 있는 디스패처에 대한 비교를 볼 수 있다.

표 14.2 코틀린 코루틴에서 기본 제공되는 디스패처

디스패처	스레드 개수	쓰임새
Dispatchers.Default	CPU 코어 수	일반적인 연산, CPU 집약적인 작업
Dispatchers.Main	1	UI 프레임워크의 맥락에서만 UI 작업("UI 스레드")
Dispatchers.IO	64 + CPU 코어 개수(단, 최대 64개만 병렬 실행됨)	블로킹 IO 작업, 네트워크 작업, 파일 작업
Dispatchers.Unconfined	... ("아무 스레드나")	즉시 스케줄링해야 하는 특별한 경우(일반적인 용도는 아님)
limitedParallelism(n)	커스텀(n)	커스텀 시나리오

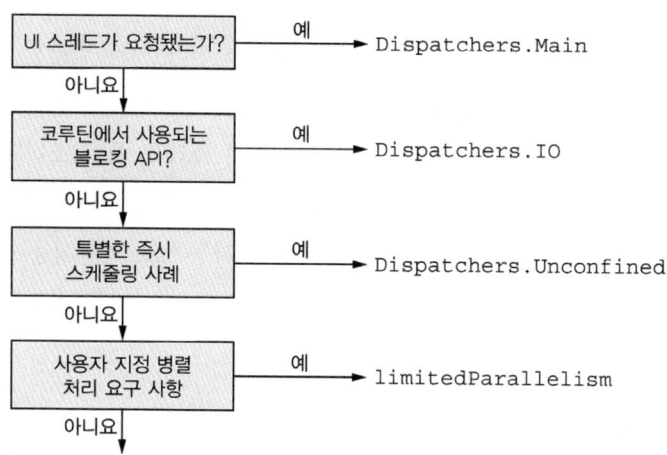

그림 14.10 이 작은 의사 결정 다이어그램은 디스패처를 고를 때 도움이 될 것이다. UI 스레드에서 작업해야 하거나, 블로킹 API에서 코루틴을 써야 하거나, 다른 특별한 경우 등의 이유가 없다면 항상 Dispatchers.Default를 코루틴 디스패처로 사용한다.

앞에서 본 것처럼 새 코루틴을 시작할 때 반드시 디스패처를 지정할 필요는 없다. 그렇다면 코드가 어디에서 실행될까라는 질문이 떠오른다. 그 답은 부모 코루틴의 디스패처에서 실행된다는 것이다. 디스패처와 코루틴의 문맥과 관련된 다른 요소들이 어떻게 상속되는지는 15장에서 더 자세히 다룬다.

14.7.2 코루틴 빌더에 디스패처 전달

코루틴을 특정 디스패처에서 실행하기 위해 코루틴 빌더 함수에게 디스패처를 인자로 전달할 수 있다. `runBlocking`, `launch`, `async` 같은 모든 코루틴 빌더 함수는 코루틴 디스패처를 명시적으로 지정할 수 있게 한다.

다음 리스트는 `launch` 함수에 디스패처를 인자로 전달해 기본 디스패처에서 코루틴을 시작한다.

> **리스트 14.8 코루틴 빌더의 인자로 디스패처 지정하기**

```
fun main() {
  runBlocking {
    log("Doing some work")
    launch(Dispatchers.Default) {       ◀── 코루틴의 디스패처를
      log("Doing some background work")      Dispatchers.Default로 지정한다.
    }
  }
}
```

코드 출력을 살펴보면 첫 번째 `log` 호출은 메인 스레드에서 실행되고, 두 번째 호출(coroutine#2에서 실행됨)은 기본 디스패처 스레드 풀에 속한 스레드에서 실행되는 것을 확인할 수 있다.

```
26 [main @coroutine#1] Doing some work
33 [DefaultDispatcher-worker-1 @coroutine#2] Doing some background work
```

코루틴 전체의 디스패처를 바꾸는 대신, 코루틴의 어떤 부분이 어디서 실행될지를 더 세밀하게 제어할 수도 있다. 이를 위해서는 withContext 함수를 사용한다.

14.7.3 withContext를 사용해 코루틴 안에서 디스패처 바꾸기

UI 프레임워크와 작업할 때 코드가 특정 스레드에서 실행되도록 보장해야 할 때가 있다. UI 애플리케이션을 개발할 때의 고전적인 패턴은 백그라운드에서 시간이 오래 걸리는 연산을 수행하고, 결과가 준비되면 UI 스레드로 전환해 사용자 인터페이스를 갱신하는 것이다. 이미 실행 중인 코루틴에서 디스패처를 바꿀 때는 withContext 함수에 다른 디스패처를 전달한다(그림 14.11 참고). 다음 코드에서는 백그라운드 작업을 수행하는 새 코루틴을 시작하고, 결과가 준비되면 코루틴을 Dispatchers.Main 으로 전환해 (가상의) UI 작업을 수행한다.

```
launch(Dispatchers.Default) {                    ◀── 이 코루틴은 디폴트 디스패처에서 실행된다.
    val result = performBackgroundOperation()
    withContext(Dispatchers.Main) {              ◀── 그리고 디스패처를 메인 디스패처로
        updateUI(result)                              변경해서 UI를 갱신한다.
    }
}
```

> **노트**
>
> 이 예제는 Dispatchers.Main을 사용한다. 14.7.1절에서 설명한 것처럼 Main 디스패처는 자바FX, 스윙, AWT, 안드로이드 프레임워크 같은 UI 프레임워크에서만 제공되므로, 이 코드는 이런 프레임워크가 구성된 프로젝트에서만 작동한다. 다른 디스패처로 전환하는 것(예: withContext(Dispatchers.IO))은 모든 프로젝트에서 작동한다.

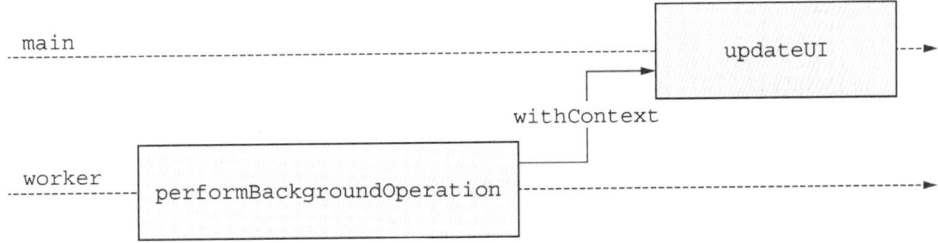

그림 14.11 withContext를 호출하면 원래 디폴트 디스패처에서 시작되고 실행 중이던 코루틴 실행이 지정한 디스패처의 작업자 스레드로 옮겨간다. 이 예에서는 UI를 갱신하고자 메인으로 변경한다.

14.7.4 코루틴과 디스패처는 스레드 안전성 문제에 대한 마법 같은 해결책이 아니다

Dispatchers.Default와 Dispatchers.IO는 다중 스레드를 사용하는 기본 제공 디스패처다. 다중 스레드 디스패처는 코루틴을 여러 스레드에 분산시켜 실행한다. 다중 스레드 프로그래밍을 해본 적이 있는 독자라면 이런 경우에도 전형적인 스레드 안전성 문제가 발생할지 궁금할 것이다. 이는 좋은 본능이며, 코루틴의 의미론을 좀 더 자세히 논의할 수 있는 좋은 출발점이다.

한 코루틴은 항상 순차적으로 실행된다. 즉, 어느 단일 코루틴의 어떤 부분도 병렬로 실행되지 않는다. 이는 단일 코루틴에 연관된 데이터가 전형적인 동기화 문제를 일으키지 않는다는 것을 의미한다. 하지만 여러 코루틴(병렬로 실행될 수 있는 코루틴들)이 동일한 데이터를 읽거나 변경하는 경우에는 그리 단순하지 않다. 이 작은 차이를 2가지 코드로 살펴보자. 리스트 14.9는 코루틴 하나를 시작해 카운터 x를 10,000번 증가시킨다.

리스트 14.9 값을 증가시키기 위해 코투린 하나만 실행하기

```
fun main() {
  runBlocking {
    launch(Dispatchers.Default) {
      var x = 0
      repeat(10_000) {
```

```
            x++
        }
        println(x)
    }
  }
}
// 10,000
```

코루틴이 종료된 후 x 값은 예상대로 정확하다. 이는 한 코루틴이 임의의 스레드에서 실행되더라도 그 로직이 엄격하게 순차적으로 실행되기 때문이다. 이제 10,000개의 코루틴을 시작하고 각각의 코루틴이 카운터를 한 번씩 증가시키는 두 번째 코드와 비교해보자.

리스트 14.10 변수 값을 증가시키기 위해 여러 코루틴 시작하기

```
fun main() {
  runBlocking {
    var x = 0
    repeat(10_000) {
      launch(Dispatchers.Default) {      ◀── 다중 스레드 기본 디스패처에서
        x++                                  코루틴을 시작한다.
      }
    }
    delay(1.seconds)
    println(x)
  }
}
// 9,916
```

이 경우에는 카운터 값이 예상보다 낮다. 여러 코루틴이 같은 데이터를 수정(카운터 증가)하고 있기 때문에 다중 스레드 디스패처에서 실행되면 일부 증가 작업이 서로의 결과를 덮어쓰는 상황이 발생할 수 있기 때문이다.

다른 병렬 데이터 변경 시스템과 마찬가지로 이 상황을 해결하기 위한 몇 가지 접

근 방식이 있다. 다음 예제에서 보듯 코루틴은 **Mutex** 잠금을 제공하며, 이를 통해 코드 임계 영역^{critical section}이 한 번에 하나의 코루틴만 실행되게 보장할 수 있다.

리스트 14.11 임계 영역을 Mutex로 보호하기

```
fun main() = runBlocking {
    val mutex = Mutex()
    var x = 0
    repeat(10_000) {
        launch(Dispatchers.Default) {
            mutex.withLock {
                x++
            }
        }
    }
    delay(1.seconds)
    println(x)
}
// 10000
```

또한 `AtomicInteger`나 `ConcurrentHashMap` 같은 병렬 변경을 위해 설계된 원자적이고 스레드 안전한 데이터 구조를 사용할 수도 있다. 코루틴(또는 withContext를 사용해서 임계 영역만)을 단일 스레드 디스패처에서 실행하도록 제한하는 방법도 있지만, 성능 특성도 고려해야 한다. 더 자세한 내용은 Kotlin 코루틴 문서의 "Mutable Shared State and Concurrency(가변 공유 상태와 동시성)"를 참고하자(http://mng.bz/ngx5).

요약하자면 코루틴을 사용할 때는 스레드를 사용할 때와 같은 동시성 문제가 발생한다. 데이터가 한 코루틴에만 연관돼 있다면 기본적으로 예상한 대로 코드가 동작한다. 하지만 여러 코루틴이 병렬로 동일한 데이터를 변경한다면 스레드와 마찬가지로 동기화나 잠금 처리를 해야 한다.

14.8 코루틴은 코루틴 콘텍스트에 추가적인 정보를 담고 있다

앞 절에서 코루틴 빌더 함수와 withContext 함수에 서로 다른 디스패처를 인자로 전달했다. 하지만 이 파라미터 이름(그리고 타입)을 살펴보면 이 파라미터가 실제로는 CoroutineDispatcher가 아니라는 사실을 알 수 있다. 실제 이 파라미터는 CoroutineContext다. 이것이 무엇인지 탐구해보자.

각 코루틴은 추가적인 문맥 정보를 담고 있는데, 이 문맥은 CoroutineContext(코루틴 콘텍스트)라는 형태로 제공된다. 간단히 말해 CoroutineContext는 여러 요소로 이뤄진 집합이라고 생각할 수 있다. 이 요소 중 하나는 코루틴이 어떤 스레드에서 실행될지를 결정하는 디스패처다. CoroutineContext에는 보통 코루틴의 생명주기와 (예외가 발생할 수 있는 상황에서) 취소를 관리하는 Job 객체도 포함된다. 또한 CoroutineContext에는 CoroutineName이나 CoroutineExceptionHandler 같은 추가적인 메타데이터도 있을 수 있다.

현재 코루틴의 코루틴 콘텍스트를 확인하려면 어떤 일시 중단 함수 안에서든 coroutineContext라는 특별한 속성에 접근하면 된다. 이 속성은 실제로는 코틀린 코드에 정의된 것이 아니라 컴파일러 고유의 기능이다. 즉, 실제 구현은 코틀린 컴파일러에 의해 특별히 처리된다.

```
import kotlin.coroutines.coroutineContext

suspend fun introspect() {
    log(coroutineContext)    ◀── coroutineContext 컴파일러 고유 기능에는
}                                 코루틴에 대한 정보가 들어있다.

fun main() {
    runBlocking {
        introspect()
    }
}
// 25 [main @coroutine#1] [CoroutineId(1),
    "coroutine#1":BlockingCoroutine{Active}@610694f1,
```

BlockingEventLoop@43814d18]

코루틴 빌더나 withContext 함수에 인자를 전달하면 자식 코루틴의 콘텍스트에서 해당 요소를 덮어쓴다. 여러 파라미터를 한 번에 덮어쓰려면 + 연산자를 사용해 CoroutineContext 객체를 결합할 수 있다. 예를 들어 runBlocking 코루틴을 IO 디스패처에서 실행하면서 이름을 "Coolroutine"으로 설정할 수 있다.

```
fun main() {
    runBlocking(Dispatchers.IO + CoroutineName("Coolroutine")) {
        introspect()
    }
}
// 27 [DefaultDispatcher-worker-1 @Coolroutine#1]
   [CoroutineName(Coolroutine), CoroutineId(1),
   "Coolroutine#1":BlockingCoroutine{Active}@d115c9f, Dispatchers.IO]
```

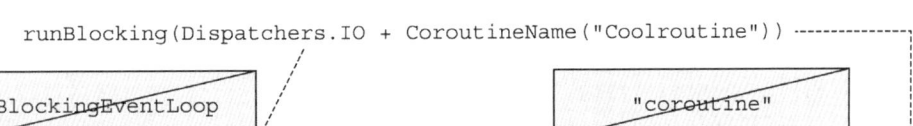

그림 14.12 runBlocking에게 전달한 인자는 자식 코루틴의 콘텍스트의 원소를 덮어쓴다. Dispatchers.IO는 runBlocking의 특별한 디스패처인 BlockingEventLoop 디스패처를 대신하며, 코루틴의 이름은 "Coolroutine"으로 설정된다.

코루틴 콘텍스트의 중요성은 15.1.4절에서 더 자세히 다룬다. 하지만 그 전에 코틀린 코루틴에 내장된 가장 강력한 기능 중 하나인 구조화된 동시성을 얘기할 필요가 있다. 15장의 주제가 바로 이것이다.

요약

- 동시성은 여러 작업을 동시에 처리하는 것을 의미하며, 여러 작업의 여러 부분이 서로 번갈아 실행되는 방식으로 나타난다. 병렬성은 물리적으로 동시에 실행되면서 현대 멀티코어 시스템을 효과적으로 활용하는 것을 말한다.
- 코루틴은 스레드 위에서 동시 실행을 위해 동작하는 경량 추상화다.
- 코틀린의 핵심 동시성 기본 요소는 일시 중단 함수로, 실행을 잠시 멈출 수 있는 함수다. 다른 일시 중단 함수나 코루틴 안에서 일시 중단 함수를 호출할 수 있다.
- 반응형 스트림, 콜백, 퓨처 같은 다른 접근 방식과 달리 일시 중단 함수를 쓸 때는 코드의 모양이 달라지지 않는다. 코드는 여전히 순차적으로 보인다.
- 코루틴은 일시 중단 가능한 계산의 인스턴스다.
- 코루틴은 스레드를 블로킹하는 문제를 피한다. 스레드 블로킹이 문제가 되는 이유는 스레드 생성에 비용이 많이 들고, 시스템 자원이 제한적이기 때문이다.
- 코루틴 빌더인 runBlocking, launch, async를 사용해 새로운 코루틴을 생성할 수 있다.
- 디스패처는 코루틴이 실행될 스레드나 스레드 풀을 결정한다.
- 기본 제공되는 디스패처는 서로 다른 목적을 갖고 있다. Dispatchers.Default는 일반적인 용도에 쓰이며, Dispatchers.Main은 UI 스레드에서 작업을 실행할 때 사용되고, Dispatchers.IO는 블로킹되는 IO 작업을 호출할 때 사용된다.
- Dispatchers.Default나 Dispatchers.IO와 같은 대부분의 디스패처는 다중 스레드 디스패처이기 때문에 여러 코루틴이 병렬로 같은 데이터를 변경할 때 주의가 필요하다.

- 코루틴을 생성할 때 디스패처를 지정하거나 `withContext`를 사용해 디스패처를 변경할 수 있다.
- 코루틴 콘텍스트에는 코루틴과 연관된 추가 정보가 들어있다. 코루틴 디스패처는 코루틴 콘텍스트의 일부다.

15

구조화된 동시성

15장에서 다루는 내용

- 구조화된 동시성을 통해 코루틴 간의 계층을 설정하는 방법
- 구조화된 동시성을 통해 코드 실행과 취소를 세밀하게 제어하고, 코루틴 계층 전반에 걸쳐 자동으로 취소를 전파하는 방법
- 코루틴 콘텍스트와 구조화된 동시성 간의 관계
- 취소 시에도 올바르게 동작하는 코드를 작성하는 방법

실제 애플리케이션에서 코틀린 코루틴을 사용할 때 많은 코루틴을 관리하게 될 가능성이 크다. 여러 동시 작업을 처리할 때 큰 도전은 실행 중인 개별 작업을 추적하고, 더 이상 필요하지 않을 때 이를 취소하며, 오류를 제대로 처리하는 것이다.

코루틴을 추적하지 않으면 리소스 누수와 불필요한 작업을 하게 될 위험이 있다. 예를 들어 사용자가 네트워크 리소스를 요청한 후 즉시 다른 화면으로 이동한다고

가정해보자. 네트워크 요청과 수신된 정보의 후처리를 담당하는 코루틴(잠재적으로 수십 개)을 추적할 방법이 없다면 결과가 결국 버려지더라도 모든 코루틴이 끝날 때까지 실행되게 놔두는 수밖에 없다.

다행히도 구조화된 동시성structured concurrency, 즉 애플리케이션 안에서 코루틴과 그 생애 주기의 계층을 관리하고 추적할 수 있는 기능이 코틀린 코루틴의 핵심에 내장돼 있다. 구조화된 동시성은 수동으로 시작된 각 코루틴을 일일이 추적하지 않아도 기본적으로 작동한다. 애플리케이션 전반에 구조화된 동시성을 사용하면 계획보다 오래 실행되거나 잊혀진 '제멋대로인' 코루틴은 발생하지 않는다.

15장에서는 코틀린의 구조화된 동시성 메커니즘을 자세히 살펴보고, 많은 수의 코루틴을 효과적으로 관리할 수 있는 방법을 살펴본다.

15.1 코루틴 스코프가 코루틴 간의 구조를 확립한다

구조화된 동시성을 통해 각 코루틴은 코루틴 스코프coroutine scope에 속하게 된다. 코루틴 스코프는 코루틴 간의 부모-자식 관계를 확립하는 데 도움을 준다. `launch`와 `async` 코루틴 빌더 함수들은 사실 `CoroutineScope` 인터페이스의 확장 함수다. 즉, 다른 코루틴 빌더의 본문에서 `launch`나 `async`를 사용해 새로운 코루틴을 만들면 이 새로운 코루틴은 자동으로 해당 코루틴의 자식이 된다. 다음 코드는 완료하는 데 시간이 다른 여러 코루틴을 시작한다.

리스트 15.1: 다른 여러 코루틴 시작하기

```
fun main() {
    runBlocking { // this: CoroutineScope        ← 암시적 수신 객체
        launch {  // this: CoroutineScope        ← launch가 시작한 코루틴은 부모
            delay(1.seconds)                       runBlocking 코루틴의 자식이다.
            launch {
                delay(250.milliseconds)
```

```
        log("Grandchild done")
      }
      log("Child 1 done!")
    }
    launch {
      delay(500.milliseconds)
      log("Child 2 done!")
    }
    log("Parent done!")
  }
}
```

출력을 보면 runBlocking 함수 본문이 거의 즉시 실행을 마쳤음에도("Parent done!"으로 알 수 있음) 모든 자식 코루틴이 완료될 때까지 프로그램이 종료되지 않는 것을 알 수 있다.

```
29 [main @coroutine#1] Parent done!
539 [main @coroutine#3] Child 2 done!
1039 [main @coroutine#2] Child 1 done!
1293 [main @coroutine#4] Grandchild done
```

이는 구조화된 동시성 덕분이다. 코루틴 간에는 부모-자식 관계(정확히 말하면 15.1.4절에서 설명할 Job 객체들 간의 관계)가 있으므로 runBlocking은 여전히 어떤 자식 코루틴이 작업 중인지 알고, 모든 작업이 완료될 때까지 기다린다. 이 계층 구조를 그림 15.1에 시각화했다. 실행한 코루틴이나 그 자손을 수동으로 추적할 필요가 없으며, 수동으로 await를 호출할 필요도 없다(구조화된 동시성이 이를 자동으로 처리한다).

15.2절에서 더 자세히 다룰 내용으로 코루틴이 자식 코루틴을 인식하고 추적할 수 있다는 사실은, 부모 코루틴이 취소되면 자식 코루틴도 자동으로 취소되는 기능을 가능하게 한다. 이 기능은 예외 처리에서도 큰 도움이 되는데, 이는 18장에서 다룬다(부모-자식 관계가 기술적으로 어떻게 만들어지는지는 15.1.4절에서 더 자세히 다룬다).

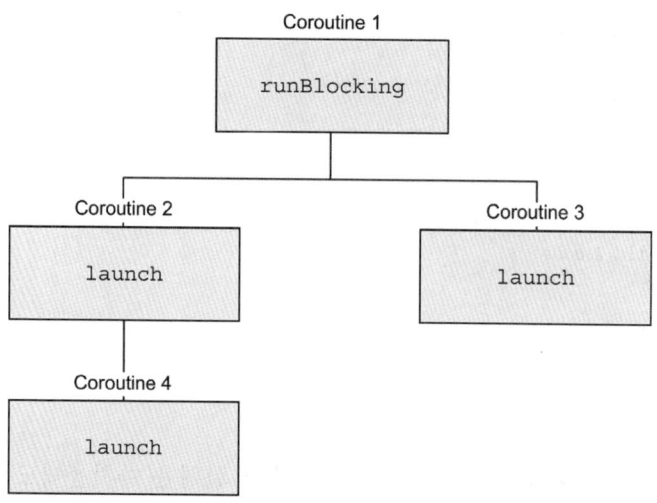

그림 15.1 구조화된 동시성 덕분에 코루틴은 계층 구조 안에 존재한다. 명시적으로 지정하지 않았음에도 각 코루틴은 자식이나 부모를 알고 있다. 예를 들어 runBlocking은 종료되기 전에 모든 자식이 완료되기를 기다릴 수 있다.

15.1.1 코루틴 스코프 생성: coroutineScope 함수

앞에서 본 것처럼 코루틴 빌더를 사용해 새로운 코루틴을 만들면 이 코루틴은 자체적인 CoroutineScope를 생성한다. 하지만 새로운 코루틴을 만들지 않고도 코루틴 스코프를 그룹화할 수 있는데, 이때 coroutineScope 함수를 사용할 수 있다. coroutineScope는 일시 중단 함수로, 새로운 코루틴 스코프를 생성하고 해당 영역 안의 모든 자식 코루틴이 완료될 때까지 기다린다.

coroutineScope 함수의 전형적인 사용 사례는 동시적 작업 분해$^{concurrent\ decomposition\ of\ work}$, 즉 여러 코루틴을 활용해 계산을 수행하는 것이다. 다음 예제에서는 여러 숫자를 병렬로 생성해 합계를 계산한다. 여기서는 coroutineScope가 값을 반환할 수 있다는 사실을 이용해 두 값의 합계를 반환하고, 이를 로그에 남긴다(그림 15.2 참고). coroutineScope가 일시 중단 함수이므로 computeSum 함수도 일시 중단 함수로 표시해야 한다.

```
import kotlinx.coroutines.*
import kotlin.random.Random
import kotlin.time.Duration.Companion.milliseconds

suspend fun generateValue(): Int {
    delay(500.milliseconds)
    return Random.nextInt(0, 10)
}

suspend fun computeSum() {                      ←— computeSum 함수는 일시 중단 함수다.
    log("Computing a sum...")
    val sum = coroutineScope {                  ←— coroutineScope 함수를 사용해
        val a = async { generateValue() }           새로운 코루틴 스코프를 생성한다.
        val b = async { generateValue() }
        a.await() + b.await()                   ←— coroutineScope는 결과를 돌려주기 전에
    }                                               모든 자식 코루틴이 끝나길 기다린다.
    log("Sum is $sum")
}

fun main() = runBlocking {
    computeSum()
}

// 0 [main @coroutine#1] Computing a sum...
// 532 [main @coroutine#1] Sum is 10
```

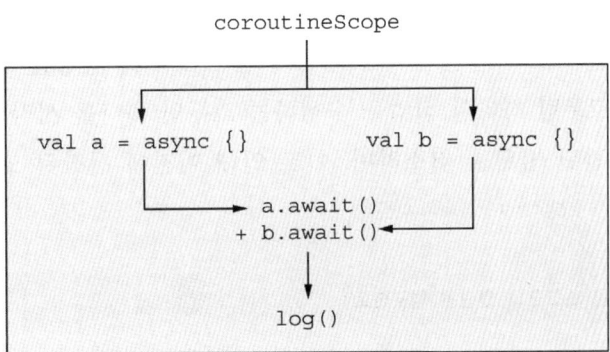

그림 15.2 coroutineScope를 동시적 작업 분해에 사용한다. 두 코루틴(a와 b)이 병렬로 실행되며, 그 결과를 사용해 값을 계산해 로그에 남긴다.

15.1.2 코루틴 스코프를 컴포넌트와 연관시키기: CoroutineScope

coroutineScope 함수가 작업을 분해하는 데 사용되는 반면 구체적 생명주기를 정의하고, 동시 처리나 코루틴의 시작과 종료를 관리하는 클래스를 만들고 싶을 때도 있다. 이런 시나리오에서는 CoroutineScope 생성자 함수를 사용해 새로운 독자적인 코루틴 스코프를 생성할 수 있다. coroutineScope와는 달리 이 함수는 실행을 일시 중단하지 않으며, 단순히 여러분이 새로운 코루틴을 시작할 때 쓸 수 있는 새로운 코루틴 스코프를 생성하기만 한다.

CoroutineScope는 하나의 파라미터를 받는데, 이는 해당 코루틴 스코프와 연관된 코루틴 콘텍스트다(15.1.4절에서 코루틴 콘텍스트를 더 자세히 다룬다). 예를 들어 해당 범위에서 시작된 코루틴이 사용할 디스패처를 지정할 수 있다.

기본적으로 CoroutineScope를 디스패처만으로 호출하면 새로운 Job이 자동으로 생성된다. 하지만 대부분의 실무에서는 CoroutineScope와 함께 SupervisorJob을 사용하는 것이 좋다. SupervisorJob은 동일한 영역과 관련된 다른 코루틴을 취소하지 않고, 처리되지 않은 예외를 전파하지 않게 해주는 특수한 Job이다(오류 처리에 관한 내용은 18장에서 자세히 다룬다).

다음 리스트에서는 자체 생명주기를 따르며 코루틴을 시작하고 관리할 수 있는 클래스를 만든다. 이 클래스는 생성자 인자로 코루틴 디스패처를 받고, CoroutineScope 함수를 사용해 클래스와 연관된 새로운 코루틴 스코프를 생성한다. start 함수는 계속 실행되는 코루틴 하나와 작업을 수행하는 코루틴 하나를 시작한다. stop 함수는 클래스와 연관된 범위를 취소하며, 이로 인해 이전에 시작된 코루틴들도 함께 취소된다(취소는 15.2절에서 더 자세히 다룬다).

리스트 15.2: 코루틴 스코프와 연관된 컴포넌트

```
class ComponentWithScope(dispatcher: CoroutineDispatcher =
                        Dispatchers.Default) {
    private val scope = CoroutineScope(dispatcher + SupervisorJob())
```

```kotlin
  fun start() {
    log("Starting!")
    scope.launch {
      while(true) {
        delay(500.milliseconds)
        log("Component working!")
      }
    }
    scope.launch {
      log("Doing a one-off task...")
      delay(500.milliseconds)
      log("Task done!")
    }
  }
  fun stop() {
    log("Stopping!")
    scope.cancel()
  }
}
```

이 Component 클래스의 인스턴스를 생성하고 start를 호출하면 컴포넌트 내부에서 코루틴이 시작된다. 그 후 stop을 호출하면 컴포넌트의 생명주기가 종료된다.

```kotlin
fun main() {
  val c = ComponentWithScope()
  c.start()
  Thread.sleep(2000)
  c.stop()
}
// 22 [main] Starting!
// 37 [DefaultDispatcher-worker-2 @coroutine#2] Doing a one-off task...
// 544 [DefaultDispatcher-worker-1 @coroutine#2] Task done!
// 544 [DefaultDispatcher-worker-2 @coroutine#1] Component working!
// 1050 [DefaultDispatcher-worker-1 @coroutine#1] Component working!
// 1555 [DefaultDispatcher-worker-1 @coroutine#1] Component working!
```

// 2039 [main] Stopping!

생명주기를 관리해야 하는 컴포넌트를 다루는 프레임워크에서는 내부적으로 CoroutineScope 함수를 많이 사용한다. 15.2.9절에서는 안드로이드의 ViewModel 클래스를 예제로 소개한다.

---

coroutineScope와 CoroutineScope

비슷한 이름이지만 coroutineScope 함수와 CoroutineScope 함수의 목적은 서로 다르다.

- coroutineScope는 작업을 동시성으로 실행하기 위해 분해할 때 사용한다. 여러 코루틴을 시작하고, 그들이 모두 완료될 때까지 기다리며, 결과를 계산할 수도 있다. coroutineScope는 자식들이 모두 완료될 때까지 기다리기 때문에 일시 중단 함수다.
- CoroutineScope는 코루틴을 클래스의 생명주기와 연관시키는 영역을 생성할 때 쓰인다. 이 함수는 영역을 생성하지만 추가 작업을 기다리지 않고 즉시 반환된다. 반환된 코루틴 스코프를 나중에 취소할 수 있다(취소는 15.2절에서 다룬다).

실무에서는 일시 중단 함수인 coroutineScope가 CoroutineScope 생성자 함수보다 더 많이 사용된다. coroutineScope는 일시 중단 함수의 본문에서 자주 호출되며, CoroutineScope 생성자는 클래스 프로퍼티로 코루틴 스코프를 저장할 때 주로 사용된다.

15.1.3 GlobalScope의 위험성

일부 예제나 코드 조각에서는 특수한 코루틴 스코프 인스턴스인 GlobalScope를 볼 수 있다. 이름에서 알 수 있듯이 이는 전역 수준에 존재하는 코루틴 스코프다. 특히 코틀린 코루틴을 처음 접하는 사람에게는 코루틴을 만들 때 사용할 범위를 결정할 때(무엇보다도 전역적으로 사용할 수 있기 때문에) 매력적인 선택으로 보일 수 있다.

그러나 GlobalScope에는 몇 가지 단점이 있다. 요약하면 GlobalScope를 사용하면 구조화된 동시성이 제공하는 모든 이점을 포기해야 한다. 전역 범위에서 시작된 코루틴은 자동으로 취소되지 않으며, 생명주기에 대한 개념도 없다. 따라서 GlobalScope를 사용하면 리소스 누수가 발생하거나 불필요한 작업을 계속 수행하면서 계산 자원을 낭비하게 될 가능성이 크다.

리스트 15.1의 코드를 약간 수정하면 GlobalScope를 사용할 때 발생하는 문제 중 하나를 확인할 수 있다. 이 코드는 시작된 코루틴을 기다리지 않고 즉시 종료된다.

리스트 15.3: GlobalScope는 구조화된 동시성 계층을 깨뜨린다

```
fun main() {
  runBlocking {
    GlobalScope.launch {          ← 일반적으로 GlobalScope를 평범한 애플리케이션
      delay(1000.milliseconds)      코드에 사용하는 것은 나쁜 생각이다.
      launch {
        delay(250.milliseconds)
        log("Grandchild done")
      }
      log("Child 1 done!")
    }
    GlobalScope.launch {
      delay(500.milliseconds)
      log("Child 2 done!")
    }
    log("Parent done!")
  }
}
// 28 [main @coroutine#1] Parent done!
```

이 코드는 GlobalScope를 사용함으로써 구조화된 동시성에서 자동으로 설정되는 계층 구조가 깨져서 즉시 종료된다. coroutine#2부터 coroutine#4는 runBlocking과 연관된 coroutine#1과의 부모 관계에서 벗어나 있다(그림 15.3 참고). 따라서 부모 코루틴이 없으므로 프로그램은 자식들이 완료되기 전에 종료된다.

이러한 이유로 GlobalScope는 특수한 주석(@DelicateCoroutinesApi)과 함께 선언된다. GlobalScope를 사용하면 "이 API는 주의해서 사용해야 하며, 해당 API의 문서를 충분히 읽고 이해해야 한다."는 경고 메시지가 표시된다. 일반 애플리케이션 코드

에서 GlobalScope를 선택해야 하는 경우는 매우 드물다(예: 애플리케이션의 전체 생명주기 동안 활성 상태를 유지해야 하는 최상위 백그라운드 프로세스). 보통은 코루틴 빌더나 coroutineScope 함수를 사용해 더 적합한 영역을 찾아 시작하는 것이 좋다.

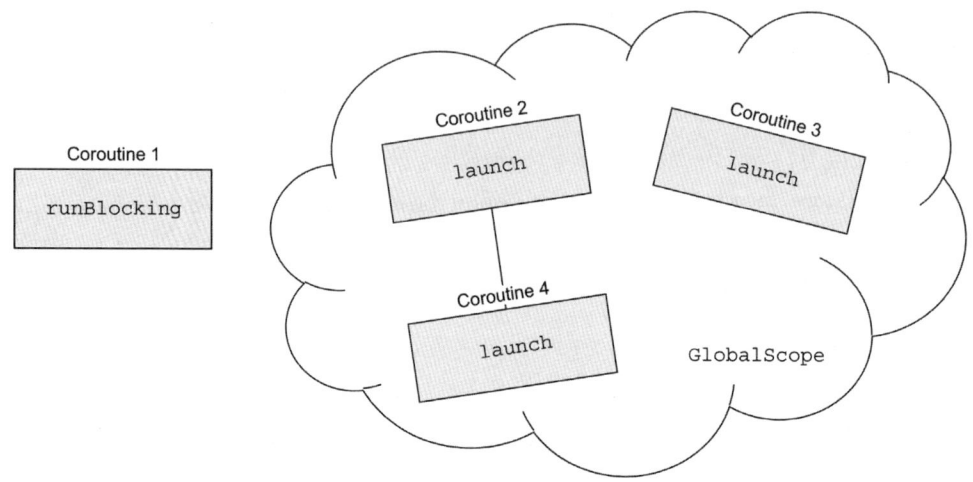

그림 15.3 GlobalScope를 사용하면 코루틴 간의 계층 구조가 깨진다. runBlocking은 더 이상 실행된 코루틴의 부모가 아니므로 그들의 완료를 자동으로 기다릴 방법이 없다.

15.1.4 코루틴 콘텍스트와 구조화된 동시성

이제 구조화된 동시성의 개략적인 내용을 파악했으므로 코루틴 콘텍스트에 대한 설명으로 돌아가 보자. 코루틴 콘텍스트는 구조화된 동시성 개념과 밀접한 관련이 있으며, 이는 코루틴 간의 부모-자식 계층을 따라 상속된다.

새로운 코루틴을 시작할 때 코루틴 콘텍스트에 어떤 일이 일어날까? 먼저 자식 코루틴은 부모의 콘텍스트를 상속받는다. 그런 다음 새로운 코루틴은 부모-자식 관계를 설정하는 역할을 하는 새 Job 객체(14장에서 본 것과 같은 종류)를 생성한다(이 Job 객체는 부모 코루틴의 Job 객체의 자식이 된다). 마지막으로 코루틴 콘텍스트에 전달된 인자가 적용된다. 이 인자들은 상속받은 값을 덮어쓸 수 있다.

다음 코드와 그림 15.4는 이를 시각화한다.

```
fun main() {
  runBlocking(Dispatchers.Default) {
    log(coroutineContext)
    launch {
      log(coroutineContext)
      launch(Dispatchers.IO + CoroutineName("mine")) {
        log(coroutineContext)
      }
    }
  }
}
// 0 [DefaultDispatcher-worker-1 @coroutine#1] [CoroutineId(1),
   "coroutine#1":BlockingCoroutine{Active}@68308697, Dispatchers.Default]
// 1 [DefaultDispatcher-worker-2 @coroutine#2] [CoroutineId(2),
   "coroutine#2":StandaloneCoroutine{Active}@2b3ce773, Dispatchers.Default]
// 2 [DefaultDispatcher-worker-3 @mine#3] [CoroutineName(mine),
   CoroutineId(3), "mine#3":StandaloneCoroutine{Active}@7c42841a,
   Dispatchers.IO]
```

이제 코루틴 콘텍스트가 코루틴 계층 구조에 따라 어떻게 전달되는지 알았기 때문에 "디스패처를 지정하지 않고 새로운 코루틴을 시작하면 어떤 디스패처에서 실행될까?"라는 이 질문에 답하는 것이 더 쉬워진다. 답은 `Dispatchers.Default`가 아니다. 대신 부모 코루틴의 디스패처에서 실행된다.

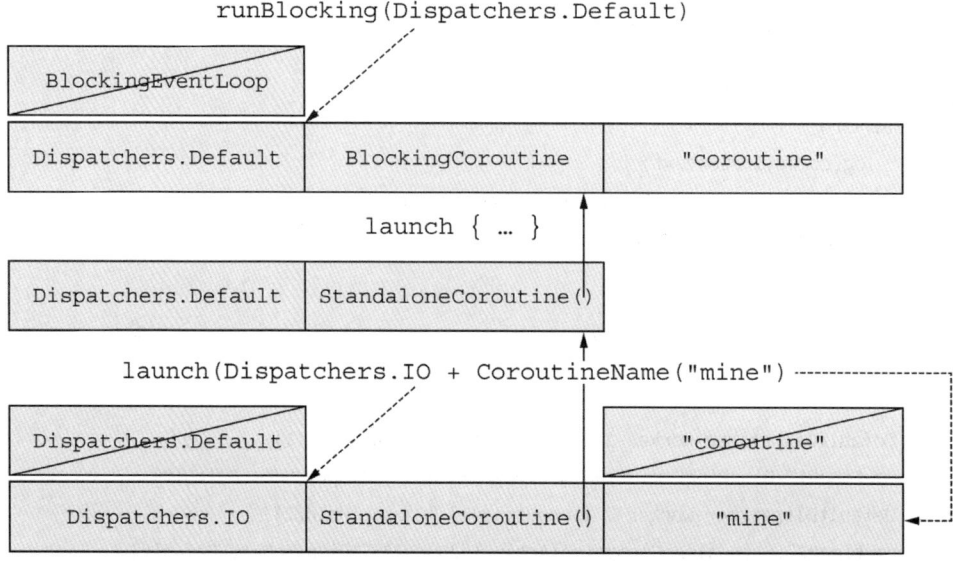

그림 15.4 runBlocking은 특수한 디스패처인 BlockingEventLoop로 시작되며, 인자로 받은 값에 의해 Dispatchers.Default로 덮어 써진다. 코루틴은 BlockingCoroutine이라는 Job 객체를 생성하고, 기본값인 "coroutine"으로 코루틴 이름을 초기화한다. launch는 기본 디스패처를 상속받고 자신의 Job 객체로 Standalone Coroutine을 생성하며 부모 Job과의 관계를 설정한다(코루틴 이름은 변경되지 않는다). 두 번째 launch 호출도 디스패처를 상속받고 새로운 자식 Job을 생성하며, 코루틴 이름도 함께 설정된다. launch에 전달된 파라미터는 디스패처를 Dispatchers.IO로 변경하고 코루틴 이름을 "mine"으로 지정한다.

코드에서 코루틴 간의 부모-자식 관계, 더 정확히 말하면 코루틴과 연관된 Job 간의 관계를 실제로 확인할 수 있다. 각 코루틴의 코루틴 콘텍스트에서 job, job.parent, job.children 속성을 확인하면 이를 볼 수 있다.

```
import kotlinx.coroutines.job

fun main() = runBlocking(CoroutineName("A")) {
    log("A's job: ${coroutineContext.job}")
    launch(CoroutineName("B")) {
        log("B's job: ${coroutineContext.job}")
        log("B's parent: ${coroutineContext.job.parent}")
    }
```

```
    log("A's children: ${coroutineContext.job.children.toList()}")
}

// 0 [main @A#1] A's job: "A#1":BlockingCoroutine{Active}@41
// 10 [main @A#1] A's children: ["B#2":StandaloneCoroutine{Active}@24
// 11 [main @B#2] B's job: "B#2":StandaloneCoroutine{Active}@24
// 11 [main @B#2] B's parent: "A#1":BlockingCoroutine{Completing}@41
```

launch와 async 같은 코루틴 빌더 함수로 시작된 코루틴과 마찬가지로, coroutineScope 함수도 자체 Job 객체를 갖고 부모-자식 계층 구조에 참여한다. coroutineScope의 coroutineContext.job 속성을 통해 이 사실을 직접 확인할 수 있다.

```
fun main() = runBlocking<Unit> { // coroutine#1
    log("A's job: ${coroutineContext.job}")
    coroutineScope {
        log("B's parent: ${coroutineContext.job.parent}") // A
        log("B's job: ${coroutineContext.job}") // C
        launch { //coroutine#2
            log("C's parent: ${coroutineContext.job.parent}") // B
        }
    }
}

// 0 [main @coroutine#1] A's job: "coroutine#1":BlockingCoroutine{Active}@41
// 2 [main @coroutine#1] B's parent:
    "coroutine#1":BlockingCoroutine{Active}@41
// 2 [main @coroutine#1] B's job: "coroutine#1":ScopeCoroutine{Active}@56
// 4 [main @coroutine#2] C's parent:
    "coroutine#1":ScopeCoroutine{Completing}@56
```

구조화된 동시성에 의해 설정된 이 부모-자식 관계는 취소와도 연관이 있다. 다음 절에서 취소를 다룬다.

15.2 취소

취소는 코드가 완료되기 전에 실행을 중단하는 것을 의미한다. 겉으로는 취소가 흔한 일이 아닐 것처럼 보일 수 있지만, 사실 거의 모든 현대 애플리케이션은 계산 작업을 취소할 수 있어야 견고하고 효율적이다. 이유는 여러 가지가 있다.

취소는 불필요한 작업을 막아준다. 예를 들어 사용자 인터페이스가 있는 애플리케이션에서 계산 작업이나 네트워크 요청을 시작했을 때 사용자가 창을 닫거나 다른 화면으로 이동할 수 있다. 취소할 수 없다면 작업이 완료될 때까지 계산을 완료하거나 네트워크를 통해 전체 응답을 다운로드해야 하며, 그런 후에 그 결과를 버려야 한다. 이는 서버 측 애플리케이션의 처리량throughput에 부정적인 영향을 미칠 수 있으며, 리소스가 제한적인 모바일 장치에서는 특히 낭비가 커진다.

취소는 메모리나 리소스 누수를 방지하는 데도 도움을 준다. 더 이상 필요하지 않은 작업을 취소할 수 없다면 제멋대로 실행되는 코루틴이 리소스를 계속 차지하거나 메모리에서 데이터 구조체에 대한 참조를 유지해서 가비지 컬렉터가 메모리를 해제하지 못하게 할 수 있다.

취소는 오류 처리에서도 중요한 역할을 한다. 18장에서 이를 더 자세히 다룬다. 짧게 정리해보자. 여러 코루틴이 함께 결과를 계산하는 경우가 자주 있다. 예를 들어 여러 비동기 네트워크 요청을 시작하고 그 결과를 모두 기다릴 수 있다. 그중 한 네트워크 요청이 실패하면 더 이상 결과를 합리적으로 계산할 수 없는 상황에 처할 수 있다. 이때는 이미 진행 중인 요청이 완료될 때까지 기다릴(또는 새 요청을 진행할) 이유가 없다. 이는 불필요한 작업을 피하는 특수한 경우다.

취소가 동시성 애플리케이션에서 이렇게 중요한 역할을 하기 때문에 코틀린 코루틴은 취소를 처리하는 내장 메커니즘을 제공한다. 이를 자세히 살펴보자.

15.2.1 취소 촉발

여러 코루틴 빌더 함수의 반환값을 취소를 촉발하는 핸들로 사용할 수 있다. `launch` 코루틴 빌더는 `Job`을 반환하고 `async` 코루틴 빌더는 `Deferred`를 반환한다. 둘 다 `cancel`을 호출해 해당 코루틴의 취소를 촉발할 수 있다.

```
fun main() {
  runBlocking {
    val launchedJob = launch {          ← launch는 Job을 반환한다...
      log("I'm launched!")
      delay(1000.milliseconds)
      log("I'm done!")
    }
    val asyncDeferred = async {         ← ... 그리고 async는 Deferred를 반환한다.
      log("I'm async")
      delay(1000.milliseconds)
      log("I'm done!")
    }
    delay(200.milliseconds)
    launchedJob.cancel()                ← 2가지 다 취소할 수 있다.
    asyncDeferred.cancel()
  }
}
// 0 [main @coroutine#2] I'm launched!
// 7 [main @coroutine#3] I'm async
```

15.1.4절에서 살펴본 것처럼 각 코루틴 스코프의 코루틴 콘텍스트에도 `Job`이 포함돼 있으며, 이를 사용해 영역을 취소할 수 있다. 코루틴을 수동으로 취소하는 것 외에도 라이브러리가 특정 조건에서 자동으로 코루틴을 취소하게 할 수 있다.

15.2.2 시간제한이 초과된 후 자동으로 취소 호출

코틀린 코루틴 라이브러리는 코루틴의 취소를 자동으로 촉발할 수 있는 몇 가지 편리한 함수도 제공한다. `withTimeout`과 `withTimeoutOrNull` 함수는 계산에 쓸 최대 시간을 제한하면서 값을 계산할 수 있게 해준다.

이미 익숙한 코틀린 표준 라이브러리 함수들과 마찬가지로 `withTimeout` 함수는 타임아웃이 되면 예외(`TimeoutCancellationException`)를 발생시킨다. 타임아웃을 처리하려면 `withTimeout` 호출을 try 블록으로 감싸고, 발생한 `TimeoutCancellationException`을 잡아내야 한다. 비슷하게 `withTimeoutOrNull` 함수는 타임아웃이 발생하면 `null`을 반환한다.

> **노트**
>
> `withTimeout`이 발생시키는 `TimeoutCancellationException`을 잊지 말고 잡아라. 15.2.4절에서 보겠지만 이 예외의 상위 타입인 `CancellationException`은 코루틴을 취소하기 위한 특별한 표식으로 사용된다. 즉, `TimeoutCancellationException`을 잡지 않으면 호출한 코루틴이 의도와 다르게 취소될 수 있다. 이 문제를 완전히 피하려면 `withTimeoutOrNull` 함수를 사용하는 편이 좋다.

다음 코드 예제는 약 3초가 걸리는 `calculateSomething` 함수를 호출한다. 먼저 500밀리초로 타임아웃을 짧게 설정해 호출하면 타임아웃이 발생한다. 이후 `calculateSomething` 함수는 취소되고 `null`이 반환된다. 두 번째 호출에서는 함수가 완료되기에 충분한 시간을 제공해서 실제로 계산된 값을 반환받는다(그림 15.5 참고).

```
import kotlinx.coroutines.*
import kotlin.time.Duration.Companion.seconds
import kotlin.time.Duration.Companion.milliseconds

suspend fun calculateSomething(): Int {
    delay(3.seconds)
    return 2 + 2
}

fun main() = runBlocking {
    val quickResult = withTimeoutOrNull(500.milliseconds) {
        calculateSomething()
    }
    println(quickResult)
```

```
    // null
    val slowResult = withTimeoutOrNull(5.seconds) {
        calculateSomething()
    }
    println(slowResult)
    // 4
}
```

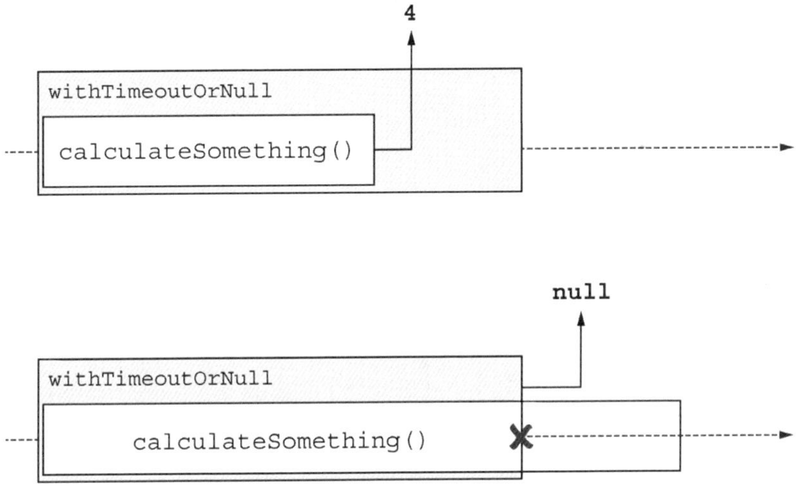

그림 15.5 withTimeoutOrNull을 사용하면 일시 중단 함수의 실행 시간을 제한할 수 있다. 함수가 주어진 시간 내에 값을 반환하면 그 즉시 값을 반환하고, 시간이 초과되면 함수는 취소되고 null이 반환된다.

15.2.3 취소는 모든 자식 코루틴에게 전파된다

코루틴을 취소하면 해당 코루틴의 모든 자식 코루틴도 자동으로 취소된다. 이는 구조화된 동시성의 강력한 기능이다. 각 코루틴은 자신이 시작한 다른 코루틴을 알고 있기 때문에 취소할 때 스스로 자식들을 정리할 수 있으며, 불필요한 작업을 계속하거나 불필요하게 데이터를 메모리에 더 오래 유지하는 '제멋대로인' 코루틴이 남지 않는다.

다음 리스트처럼 여러 계층에 걸쳐 코루틴이 중첩돼 있는 경우에도 가장 바깥쪽 코루틴을 취소하면 고손자(손자의 손자) 코루틴까지도 모두 적절히 취소된다.

리스트 15.4 모든 자식 코루틴을 자동으로 취소하기

```
fun main() = runBlocking {
  val job = launch {
    launch {
      launch {
        launch {                    ◀── 이 코루틴은 취소된 잡의 고손자다.
          log("I'm started")
          delay(500.milliseconds)
          log("I'm done!")
        }
      }
    }
  }
  delay(200.milliseconds)
  job.cancel()
}

// 0 [main @coroutine#5] I'm started
```

그렇다면 코루틴은 어디에서 어떻게 취소될 수 있을까?

15.2.4 취소된 코루틴은 특별한 지점에서 CancellationException을 던진다

취소 메커니즘은 CancellationException이라는 특수한 예외를 특별한 지점에서 던지는 방식으로 작동한다. 우선적으로는 일시 중단 지점이 이런 지점이다.

취소된 코루틴은 일시 중단 지점에서 CancellationException을 던진다. 14장에서 잠깐 본 것처럼 일시 중단 지점은 코루틴의 실행을 일시 중단할 수 있는 지점이다. 일반적으로 코루틴 라이브러리 안의 모든 일시 중단 함수는 CancellationException이 던져질 수 있는 지점을 도입한다. 다음 코드에서는 영역이 취소됐는지 여부에 따라 'A'나 'ABC'가 출력되며, 'AB'는 절대 출력되지 않는다. 이는 'B'와 'C' 사이에 취소 지점이 없기 때문이다.

```
coroutineScope {
    log("A")
    delay(500.milliseconds)          ◀─── 이 지점에서 함수가 취소될 수 있다.
    log("B")
    log("C")
}
```

코루틴은 예외를 사용해 코루틴 계층에서 취소를 전파하기 때문에 이 예외를 실수로 삼켜버리거나 직접 처리하지 않도록 주의해야 한다. 다음 코드를 보자. 이 코드는 UnsupportedOperationException을 던질 수 있는 코드를 반복해서 실행한다.

```
suspend fun doWork() {
    delay(500.milliseconds)                               ◀─── 여기서 CancellationException을 던지지만...
    throw UnsupportedOperationException("Didn't work!")
}

fun main() {
    runBlocking {
        withTimeoutOrNull(2.seconds) {
            while (true) {
                try {
                    doWork()
                } catch (e: Exception) {                  ◀─── ... 여기서 예외를 삼켜버려서 취소를 막는다.
                    println("Oops: ${e.message}")
                }
            }
        }
    }
}

// Oops: Didn't work!
// Oops: Didn't work!
// Oops: Didn't work!
// Oops: Timed out waiting for 2000 ms
// ... (does not terminate)
```

2초 후 withTimeoutOrNull 함수는 자식 코루틴 스코프의 취소를 요청한다. 이로 인해 다음 delay 호출이 CancellationException을 던지게 된다. 하지만 catch 구문에서 모든 종류의 예외를 잡기 때문에 이 코드는 무한히 반복된다. 이 문제를 해결하려면 if (e is CancellationException) throw e와 같이 예외를 다시 던지거나 처음부터 UnsupportedOperationException만 잡아야 한다. 둘 중 어느 쪽으로 변경하든 변경한 코드는 예상한 대로 취소된다.

> **노트**
>
> Exception을 잡는 것만으로도 이러한 원치 않는 동작을 초래할 수 있다. CancellationException의 상위 타입인 IllegalStateException, RuntimeException, Exception, Throwable을 다룰 때도 같은 주의를 기울여야 한다.

15.2.5 취소는 협력적이다

코틀린 코루틴에 기본적으로 포함된 모든 함수는 이미 취소 가능하다. 마찬가지로 케이토와 같은 라이브러리에서 제공하는 일시 중단 API를 사용할 때도 해당 라이브러리의 일시 중단 함수는 내부적으로 취소 가능하다고 가정할 수 있다. 하지만 직접 작성한 코드에서는 직접 코루틴을 취소 가능하게 만들어야 한다. 작성한 코드가 취소 가능하다고 쉽게 생각할 수 있을 것이다. 하지만 다음 코드를 보라.

```
suspend fun doCpuHeavyWork(): Int {
    log("I'm doing work!")
    var counter = 0
    val startTime = System.currentTimeMillis()
    while (System.currentTimeMillis() < startTime + 500) {
        counter++            ◄── 카운터를 500밀리초 동안 증가시킴으로써 CPU 집약적인 연산을 시뮬레이션한다.
    }
    return counter
}
fun main() {
```

```
runBlocking {
    val myJob = launch {
        repeat(5) {
            doCpuHeavyWork()
        }
    }
    delay(600.milliseconds)
    myJob.cancel()
}
```

이 코드가 2번 "I'm doing work" 메시지를 출력한 후 취소되리라 예상할 수도 있지만 실제 출력은 프로그램이 종료되기 전에 doCpuHeavyWork 함수가 5번 모두 완료된다는 사실을 보여준다.

```
30 [main @coroutine#2] I'm doing work!
535 [main @coroutine#2] I'm doing work!
1036 [main @coroutine#2] I'm doing work!
1537 [main @coroutine#2] I'm doing work!
2042 [main @coroutine#2] I'm doing work!
```

왜 그럴까? 취소는 함수 안의 일시 중단 지점에서 CancellationException을 던지는 방식으로 작동한다는 사실을 기억하자. 여기서 doCpuHeavyWork 함수는 suspend 변경자로 표시돼 있음에도 실제로는 일시 중단 지점을 포함하지 않는다. 이 함수는 log를 호출하고 그 후에 500밀리초 동안 카운터를 계속 증가시키는 CPU 집약적인 작업을 수행한다.

이것이 바로 코틀린 코루틴의 취소가 **협력적**cooperative이라고 하는 이유다. 일시 중단 함수는 스스로 취소 가능하게 로직을 제공해야 한다. 코드가 취소 가능한 다른 함수를 호출할 때는 자동으로 취소 가능 지점이 도입된다. 예를 들어 doWork 함수 본문에 delay 호출을 추가하면 해당 함수는 취소 가능한 지점을 갖게 된다.

```
suspend fun doCpuHeavyWork(): Int {
```

```
    log("I'm doing work!")
    var counter = 0
    val startTime = System.currentTimeMillis()
    while (System.currentTimeMillis() < startTime + 500) {
        counter++
        delay(100.milliseconds)
    }
    return counter
}
```

◀── 이 함수 호출은 doCpuHeavyWork 함수를 취소할 수 있는 지점을 추가해준다.

물론 계산을 지원하기 위해 인위적으로 지연시키는 것은 원하지 않을 것이다. 대신 코틀린 코루틴에는 코드를 취소 가능하게 만드는 유틸리티 함수들이 있다. 특히 ensureActive와 yield 함수, isActive 속성이 있다. 이제 이들을 어떻게 사용할 수 있는지 자세히 살펴보자.

15.2.6 코루틴이 취소됐는지 확인

코루틴이 취소됐는지 확인할 때는 CoroutineScope의 isActive 속성을 확인한다. 이 값이 false라면 코루틴은 더 이상 활성 상태가 아니다. 이 경우 현재 작업을 완료하고, 획득한 리소스를 닫은 후 반환할 수 있다. 예를 들어 현재 코루틴 스코프가 취소됐는지 확인하도록 루프를 다시 작성할 수 있다.

```
val myJob = launch {
    repeat(5) {
        doCpuHeavyWork()
        if(!isActive) return@launch
    }
}
```

isActive를 확인해서 false일 때 명시적으로 반환하는 대신, 코틀린 코루틴은 편의 함수로 ensureActive를 제공한다. 이 함수는 코루틴이 더 이상 활성 상태가 아닐 경우 CancellationException을 던진다.

```
val myJob = launch {
    repeat(5) {
        doCpuHeavyWork()
        ensureActive()
    }
}
```

15.2.7 다른 코루틴에게 기회를 주기: yield 함수

이와 관련해 코루틴 라이브러리는 yield라는 함수도 제공한다. 이 함수는 코드 안에서 취소 가능 지점을 제공할 뿐만 아니라 현재 점유된 디스패처에서 다른 코루틴이 작업할 수 있게 해준다. 이를 설명하기 위해 작업을 수행하는 두 코루틴을 실행하는 다음 코드를 살펴보자.

```
import kotlinx.coroutines.*

fun doCpuHeavyWork(): Int {
    var counter = 0
    val startTime = System.currentTimeMillis()
    while (System.currentTimeMillis() < startTime + 500) {
        counter++
    }
    return counter
}

fun main() {
    runBlocking {
        launch {
            repeat(3) {
                doCpuHeavyWork()
            }
        }
        launch {
            repeat(3) {
                doCpuHeavyWork()
```

                }
            }
        }
}

doCpuHeavyWork 함수가 일시 중단 지점을 포함하지 않으면 첫 번째로 실행된 코루틴이 완료될 때까지 두 번째 코루틴은 실행되지 않음을 알 수 있다.

```
29 [main @coroutine#2] I'm doing work!
533 [main @coroutine#2] I'm doing work!
1036 [main @coroutine#2] I'm doing work!
1537 [main @coroutine#3] I'm doing work!
2042 [main @coroutine#3] I'm doing work!
2543 [main @coroutine#3] I'm doing work!
```

이유는 무엇일까? 코루틴 본문에 일시 중단 지점이 없으면 첫 번째 코루틴의 실행이 일시 중단될 기회가 없어서 두 번째 코루틴이 실행되지 못한다. isActive를 확인하거나 ensureActive를 호출해도 상황은 바뀌지 않는다. 이 함수들은 취소 여부만 확인할 뿐 실제로 코루틴을 일시 중단시키지는 않는다.

여기서 yield 함수가 유용하다. 이 함수는 코드에서 CancellationException을 던질 수 있는 지점을 제공할 뿐만 아니라, 대기 중인 다른 코루틴이 있으면 디스패처가 제어를 다른 코루틴에게 넘길 수 있게 해준다(yeild는 양보한다는 뜻이다). doCpuHeavyWork 함수를 다음과 같이 수정할 수 있다.

리스트 15.5: yield를 사용해 다른 코루틴으로 전환하기

```
suspend fun doCpuHeavyWork(): Int {
    var counter = 0
    val startTime = System.currentTimeMillis()
    while (System.currentTimeMillis() < startTime + 500) {
        counter++
        yield()
    }
```

```
    return counter
}
```

yield를 호출하면 서로 다른 코루틴들이 교차 실행되며 coroutine#2와 coroutine#3 이 번갈아가며 작업을 처리할 수 있게 된다.

```
0 [main @coroutine#2] I'm doing work!
559 [main @coroutine#3] I'm doing work!
1062 [main @coroutine#2] I'm doing work!
1634 [main @coroutine#3] I'm doing work!
2208 [main @coroutine#2] I'm doing work!
2734 [main @coroutine#3] I'm doing work!
```

그림 15.6은 일시 중단 지점과 취소 지점이 없는 경우 isActive나 ensureActive를 확인하는 것과 yield를 호출하는 것의 차이를 보여준다. 표 15.1는 세 함수를 각각 언제 사용하는지 다시 한 번 정리한다.

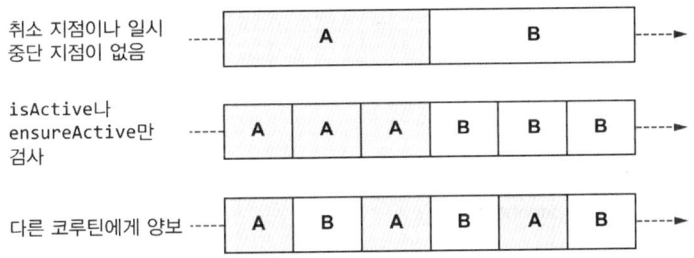

그림 15.6 일시 중단 지점이 없으면 여러 코루틴이 완전히 완료될 때까지 교차 실행되지 않으며(단일 스레드 디스패처의 경우), 취소 지점에서 isActive를 확인하거나 ensureActive를 호출해도 작업이 조기에 취소될 수 있다. yield를 사용해 다른 코루틴이 기저 스레드를 사용하면 코루틴이 교차 실행될 수 있다.

표 15.1 협력적 취소를 가능하게 하는 메커니즘

함수/프로퍼티	용례
isActive	취소가 요청됐는지 확인한다(작업을 중단하기 전에 정리 작업을 수행하기 위함).
ensureActive	'취소 지점'을 도입. 취소 시 CancellationException을 던져 즉시 작업을 중단한다.
yield()	CPU 집약적인 작업이 기저 스레드(또는 스레드 풀)를 소모하는 것을 방지하기 위해 계산 자원을 양도한다.

15.2.8 리소스를 얻을 때 취소를 염두에 두기

실제 코드는 종종 데이터베이스 연결, IO 등과 같은 리소스를 사용해 작업해야 하며, 사용 후 이를 명시적으로 닫아야 적절하게 해제된다. 취소는 다른 예외와 마찬가지로 코드의 조기 반환을 유발할 수 있으므로, 코루틴이 취소된 후에도 리소스를 계속 소유하지 않게 주의해야 한다. 다음 예제는 문자열을 '저장'하기 위해 데이터베이스 커넥션 객체를 사용하는데, 이 요청과 관련된 코루틴을 데이터베이스 연결을 닫기 전에 의도적으로 취소했다. 그 결과 **close** 함수가 호출되지 않고 리소스가 누수됐다.

```
class DatabaseConnection : AutoCloseable {
    fun write(s: String) = println("writing $s!")
    override fun close() {
        println("Closing!")
    }
}
fun main() {
    runBlocking {
        val dbTask = launch {
            val db = DatabaseConnection()
            delay(500.milliseconds)
            db.write("I love coroutines!")
            db.close()
        }
        delay(200.milliseconds)
        dbTask.cancel()
    }
    println("I leaked a resource!")
}
```

코루틴 기반 코드는 항상 취소 시에도 견고하게 작동하도록 설계돼야 한다. 취소가 발생하면 CancellationException이 발생한다는 사실을 이미 살펴봤다. 따라서 코루틴 콘텍스트상에서도 일반 함수에서 예외를 처리하는 것과 동일한 메커니즘, 즉 예외가 발생하든 발생하지 않든 실행을 보장하는 finally 블록을 사용할 수 있다.

> **리스트 15.6 finally 블록을 사용해 리소스 닫기**

```
val dbTask = launch {
  val db = DatabaseConnection()
  try {
    delay(500.milliseconds)
    db.write("I love coroutines!")
  } finally {
    db.close()
  }
}
```

코루틴 안에서 사용하는 리소스가 AutoClosable 인터페이스를 구현하는 경우 10장에서 배운 .use 함수를 사용해 같은 동작을 더 간결하게 처리할 수 있다.

> **리스트 15.7 use를 사용해 리소스를 자동으로 닫기**

```
val dbTask = launch {
  DatabaseConnection().use {
    delay(500.milliseconds)
    it.write("I love coroutines!")
  }
}
```

15.2.9 프레임워크가 여러분 대신 취소를 할 수 있다

지금까지는 여러분이 직접 코루틴 실행을 취소하거나 withTimeoutOrNull의 경우 코루틴 라이브러리가 취소 시점을 결정하게 했다. 많은 실제 애플리케이션에서는 프레임워크(예: 안드로이드 플랫폼이나 케토 네트워크 프레임워크)가 코루틴 스코프를 제공하고, 취소를 자동으로 처리한다. 이런 경우 사용자는 적절한 코루틴 스코프를 선택하고,

작성한 코드가 실제로 취소될 수 있도록 설계할 의무가 있다.

안드로이드 애플리케이션에서는 ViewModel 클래스가 viewModelScope를 제공한다. 사용자가 ViewModel이 표시된 화면에서 벗어날 때 viewModelScope가 취소되며, 이 스코프 안에서 실행된 모든 코루틴도 함께 취소된다.

```
class MyViewModel: ViewModel() {
  init {
    viewModelScope.launch {            ←── 뷰 모델 스코프 안에서 코루틴을 시작한다.
      while (true) {
        println("Tick!")
        delay(1000.milliseconds)
      }
    }
  }
}
```

다른 예제로 캐이토를 사용한 서버 측 애플리케이션이 있다. 여기서 각 요청 핸들러는 암시적 수신자로 PipelineContext 객체를 갖고 있는데, 이 객체는 CoroutineScope를 상속한다. 즉, 핸들러 안에서 여러 코루틴을 시작할 수 있다. 클라이언트가 연결을 끊으면 이 코루틴 스코프가 취소된다. 클라이언트가 이 엔드포인트에 연결한 후 5초 안에 연결을 끊으면 "I'm done"이라는 문장이 출력되지 않는다. 이는 요청의 코루틴 스코프에서 시작된 코루틴이 취소됐기 때문이다.

```
routing {
  get("/") { // this: PipelineContext
    launch {                                   ←── 요청 수준의 코루틴 스코프 안에서 코루틴을 시작한다.
      println("I'm doing some background work!")
      delay(5000.milliseconds)
      println("I'm done")
    }
  }
}
```

이 동작은 요청 수준의 코루틴이 불필요한 작업을 수행하는 것을 방지한다. 클라이언트가 응답을 기다리지 않는 경우 요청 처리기에서 시작된 모든 계산을 완료할 이유가 없다. 클라이언트와 상관없이 비동기적으로 계속 작업을 수행해야 하는 경우에는 다른 스코프를 선택해야 한다. 케이토에서는 Application 클래스도 코루틴 스코프로 작동하며, 이 스코프는 케이토 애플리케이션과 생명주기가 같다(즉, 애플리케이션이 멈출 때만 취소된다). 이 스코프는 요청 스코프와 독립적으로 실행돼야 하는 코루틴에 적합하다. call 변수를 통해 이 범위에 접근할 수 있다.

리스트 15.8 케이토에서 장기 실행 코루틴 시작하기

```
routing {
  get("/") {
    call.application.launch {
      println("I'm doing some background work!")
      delay(5000.milliseconds)
      println("I'm done")
    }
  }
}
```

클라이언트가 HTTP 요청을 취소하더라도 이 예제에서 시작된 코루틴은 취소되지 않는다. 이는 해당 코루틴이 요청 수준의 코루틴 스코프가 아닌 애플리케이션 코루틴 스코프의 자식이기 때문이다.

코루틴, 코루틴 콘텍스트, 코루틴 스코프, 구조화된 동시성 개념을 설명함으로써 이제 코틀린으로 동시성 코드를 작성하는 데 필요한 기본 도구를 갖췄다. 16장에서는 연속적인 값의 스트림을 모델링할 수 있게 도와주는 플로우^{Flow}를 살펴볼 것이다. 플로우는 이제 익숙해진 추상화 위에서 동작한다.

요약

- 구조화된 동시성은 코루틴의 작업을 제어할 수 있게 해주며, '제멋대로인' 코루틴이 취소되지 않고 계속 실행되는 것을 방지한다.
- 일시 중단 함수인 coroutineScope 도우미 함수와 CoroutineScope 생성자 함수를 사용해 새로운 코루틴 스코프를 생성할 수 있다. 이름은 비슷하지만 이들의 목적은 다르다.
    - coroutineScope는 작업을 병렬로 분해하기 위한 함수로, 여러 코루틴을 시작하고 결과를 계산한 후 그 결과를 반환한다.
    - CoroutineScope는 클래스의 생명주기와 코루틴을 연관시키는 스코프를 생성하며, 일반적으로 SupervisorJob과 함께 사용된다.
- GlobalScope는 특별한 코루틴 스코프로, 예제 코드에서 자주 볼 수 있지만 구조화된 동시성을 깨뜨리기 때문에 애플리케이션 코드에서는 사용하지 말아야 한다.
- 코루틴 콘텍스트는 개별 코루틴이 어떻게 실행되는지 관리하며, 코루틴 계층을 따라 상속된다.
- 코루틴과 코루틴 스코프 간의 부모-자식 계층 구조는 코루틴 콘텍스트에 있는 Job 객체를 통해 설정된다.
- 일시 중단 지점은 코루틴이 일시 중단될 수 있고, 다른 코루틴이 작업을 시작할 수 있는 지점이다.
- 취소는 일시 중단 지점에서 CancellationException을 던지는 방식으로 구현된다.
- 취소 예외는 절대 무시(잡아내고 처리하지 않음)돼서는 안 된다. 예외를 다시 던지던지 아니면 아예 잡아내지 않는 것이 좋다.
- 취소는 정상적인 상황이므로 코드는 이를 처리할 수 있게 설계해야 한다.
- cancel이나 withTimeoutOrNull 같은 함수를 사용해 직접 취소를 호출할 수 있다. 기존의 여러 프레임워크도 코루틴을 자동으로 취소할 수 있다.

- 함수에 **suspend** 변경자를 추가하는 것만으로는 취소를 지원할 수 없다. 하지만 코틀린 코루틴은 취소 가능한 일시 중단 함수를 작성하는 데 필요한 메커니즘(예: `ensureActive`나 `yield` 함수나 `isActive` 속성)을 제공한다.
- 프레임워크는 코루틴 스코프를 사용해 코루틴을 애플리케이션의 생명주기와 연결하는 데 도움을 준다(예: 화면에 `ViewModel`이 표시되는 동안이나 요청 핸들러가 실행되는 동안).

16

플로우

16장에서 다루는 내용

- 값의 연속적인 스트림을 모델링하는 플로우를 다루는 방법
- 콜드 플로우와 핫 플로우의 차이점과 사용 사례

15장에서는 코틀린의 동시성 프로그래밍을 위한 기본 추상화로 코루틴과 일시 중단 함수를 알아봤다. 16장에서는 코루틴을 기반으로 한 더 고수준의 추상화인 플로우를 알아본다. 플로우^{Flow}를 사용하면 시간이 지남에 따라 나타나는 여러 값을 다루는 상황에서 코틀린의 동시성 메커니즘을 활용할 수 있다. 플로우의 여러 유형과 이를 생성, 변환, 소비하는 방법을 다룬다.

16.1 플로우는 연속적인 값의 스트림을 모델링한다

14장에서 다룬 것처럼 일시 중단 함수는 한 번 또는 여러 번 실행을 중단할 수 있다. 그러나 일시 중단 함수는 원시 타입, 객체, 객체의 컬렉션과 같은 단일 값만 반환할 수 있다. 리스트 16.1은 이를 보여준다. 이 예제는 createValues라는 일시 중단 함수를 사용해 3개의 값을 생성한다. 각 원소마다 1초의 지연 시간을 도입해서 오래 걸리는 계산을 시뮬레이션할 수 있다. 이 코드를 실행하면 모든 값이 계산된 후 함수가 값을 반환한다는 것을 알 수 있다. 즉, 3초 후에 3개의 값이 모두 출력된다.

리스트 16.1 일시 중단 함수는 중간값을 반환하지 않는다

```
import kotlinx.coroutines.delay
import kotlinx.coroutines.runBlocking
import kotlin.time.Duration.Companion.seconds
suspend fun createValues(): List<Int> {
    return buildList {                        ◄── 전체 리스트가 만들어질 때까지
        add(1)                                    기다렸다가 완성되면 반환한다.
        delay(1.seconds)
        add(2)
        delay(1.seconds)
        add(3)
        delay(1.seconds)
    }
}
fun main() = runBlocking {
    val list = createValues()
    list.forEach {
        log(it)                               ◄── 모든 값이 3초 후 출력된다.
    }
}
// 3099 [main @coroutine#1] 1
// 3107 [main @coroutine#1] 2
```

```
// 3107 [main @coroutine#1] 3
```

그러나 createValues 함수의 실제 구현을 살펴보면 첫 번째 원소는 즉시 사용할 수 있었고, 두 번째 원소도 1초 후에 이미 사용 가능했을 것이다. 이같이 함수가 여러 값을 시간이 지남에 따라 계산하는 상황에서 함수가 실행을 마칠 때까지 기다리지 않고 값을 사용할 수 있도록 비동기적으로 반환하고 싶을 것이다. 이럴 때 플로우가 유용하다.

코틀린에서 플로우는 시간이 지남에 따라 나타나는 값과 작업할 수 있게 해주는 코루틴 기반의 추상화다. 플로우의 일반적인 설계는 반응형 스트림$^{reactive\ stream}$에서 영감을 받았다. 반응형 스트림 구현체로 RxJava(https://reactivex.io/)와 프로젝터 리액터(https://projectreactor.io/)가 있다. 2가지 모두 JVM에서 반응형 스트림을 구현한 대표적인 사례다.

반응형 스트림과 마찬가지로 플로우는 점진적인 로딩, 이벤트 스트림 작업, 구독 스타일 API를 모델링하는 데 사용할 수 있는 범용적인 추상화다.

16.1.1 플로우를 사용하면 배출되자마자 원소를 처리할 수 있다

플로우를 사용해 리스트 16.1에서 살펴본 createValues 함수를 다시 작성해보자. 이를 위해 buildList 대신 flow 빌더 함수를 사용한다. 플로우에 원소를 추가하려면 emit을 호출한다. 빌더 함수 호출 후에는 collect 함수를 사용해 플로우의 원소를 순회할 수 있다(flow 빌더 함수는 16.2.1절에서 다루고 collect 함수는 16.2.2절에서 자세히 다룬다).

리스트 16.2 플로우 생성과 수집

```
import kotlinx.coroutines.delay
import kotlinx.coroutines.runBlocking
import kotlinx.coroutines.flow.*
import kotlin.time.Duration.Companion.milliseconds
```

```kotlin
fun createValues(): Flow<Int> {
    return flow {
        emit(1)
        delay(1000.milliseconds)
        emit(2)
        delay(1000.milliseconds)
        emit(3)
        delay(1000.milliseconds)
    }
}

fun main() = runBlocking {
    val myFlowOfValues = createValues()
    myFlowOfValues.collect { log(it) }
}
// 29 [main @coroutine#1] 1
// 1100 [main @coroutine#1] 2
// 2156 [main @coroutine#1] 3
```

◀ 배출된 원소는 즉시 수집자(collect 실행)에 의해 처리된다.

◀ 값이 배출되자마자 출력된다.

출력된 타임스탬프를 살펴보면 원소가 배출되는 즉시 표시된다는 것을 금방 알 수 있다. 코드가 모든 값을 계산할 때까지 기다릴 필요가 없다. 값이 계산되자마자 이를 사용 가능한 추상화가 플로우의 핵심 개념이다. 이번 장에서 플로우를 자세히 살펴본다.

16.1.2 코틀린 플로우의 여러 유형

코틀린의 모든 플로우는 시간이 지남에 따라 등장하는 값과 작업할 수 있는 일관된 API를 제공하지만 콜드 플로우와 핫 플로우라는 2가지 카테고리로 나뉜다. 간단히 말해 다음과 같다.

- 콜드 플로우(차가운 플로우)는 비동기 데이터 스트림으로, 값이 실제로 소비되기 시작할 때만 값을 배출한다.

- 핫 플로우(뜨거운 플로우)는 값이 실제로 소비되고 있는지와 상관없이 값을 독립적으로 배출하며, 브로드캐스트 방식으로 동작한다.

이 설명은 지금은 다소 추상적으로 들릴 수 있지만, 이 두 플로우의 차이점과 비슷한 점을 이번 장에서 자세히 살펴볼 것이다. 우선 콜드 플로우를 살펴보고, 16.3절에서 핫 플로우를 자세히 살펴본다.

16.2 콜드 플로우

16.1.1절에서 콜드 플로우를 사용해 시간이 지남에 따라 계산되는 비동기 숫자 스트림을 나타냈다. 이제 해당 코드를 더 자세히 살펴보고 생성, 작동 시점과 방식, 취소하는 방법, 동시성을 사용하는 방법 등 콜드 플로우 작업의 다양한 측면을 살펴보자.

16.2.1 flow 빌더 함수를 사용해 콜드 플로우 생성

새로운 콜드 플로우를 생성하는 것은 간단하다. 컬렉션과 마찬가지로 새로운 플로우를 생성할 수 있는 빌더 함수가 있다. 이 함수는 `flow`라 불린다. 빌더 함수의 블록 안에서는 `emit` 함수를 호출해 플로우의 수집자에게 값을 제공하고, 수집자가 해당 값을 처리할 때까지 빌더 함수의 실행을 중단한다. 이를 비동기 `return`과 비슷하게 생각할 수 있다. `flow`가 받는 블록은 `suspend` 변경자가 붙어 있으므로 빌더 내부에서 `delay`와 같은 다른 일시 중단 함수를 호출할 수 있다.

리스트 16.3 flow 빌더에서 일시 중단 함수 호출하기

```
import kotlinx.coroutines.*
import kotlinx.coroutines.flow.*
import kotlin.time.Duration.Companion.milliseconds

fun main() {
    val letters = flow {
```

```
        log("Emitting A!")
        emit("A")                    ← emit 함수를 호출해 플로우의 수집자에게 값을 제공한다.
        delay(200.milliseconds)
        log("Emitting B!")
        emit("B")
    }
}
```

이 코드를 실행하면 실제로 아무런 출력도 나타나지 않는다는 점을 지적할 만하다. 이는 빌더 함수가 연속적인 값의 스트림을 표현하는 Flow<T> 타입의 객체를 반환하기 때문이다. 이 플로우는 처음에 비활성 상태이며, **최종 연산자**$^{\text{terminal operator}}$가 호출돼야만 빌더에서 정의된 계산이 시작된다. 이로부터 플로우가 콜드라고 불리는 이유를 알 수 있다. 기본적으로 수집되기 시작할 때까지 비활성 상태이기 때문이다.

flow 빌더 함수를 호출해도 실제 작업이 시작되지 않기 때문에 일반적인 일시 중단 코드가 아닌 코틀린 코드에서도 플로우를 작성할 수 있다. 실무에서는 일시 중단이 아닌 시그니처의 함수에서 시간이 지나면서 여러 값을 반환하는 콜드 플로우를 자주 사용하게 된다. flow 빌더 안에서 일시 중단 함수를 호출할 수 있다.

```
import kotlinx.coroutines.flow.*

fun getElementsFromNetwork(): Flow<String> {
    return flow {
        // 일시 중단 네트워크 호출이 일어난다.
    }
}
```

빌더 함수 안의 코드는 플로우가 수집될 때만 실행되므로 시퀀스와 마찬가지로 무한 플로우를 정의하고 반환해도 괜찮다. 다음 예제에서는 counterFlow라는 플로우를 생성해서 200밀리초마다 점점 더 큰 숫자를 배출한다.

리스트 16.4 무한 플로우 생성하기

```
val counterFlow = flow {
```

```
    var x = 0
    while (true) {
        emit(x++)
        delay(200.milliseconds)
    }
}
```

이 루프는 실제로 플로우가 수집될 때만 실행된다. 이를 살펴보자.

16.2.2 콜드 플로우는 수집되기 전까지 작업을 수행하지 않는다

Flow에 대해 collect 함수를 호출하면 그 로직이 실행된다. 플로우를 수집하는 코드를 수집자^{collector}라고 부르는데, collect를 호출할 때 플로우에서 배출된 각 원소에 대해 호출될 람다를 제공할 수 있다. 플로우를 수집할 때는 플로우 내부의 일시 중단 코드를 실행하므로 collect는 일시 중단 함수이며, 플로우가 끝날 때까지 일시 중단된다. 여기서 수집자에게 제공된 람다도 일시 중단될 수 있기 때문에 다른 일시 중단 함수를 호출할 수 있다. 예를 들어 플로우의 수집자는 수신한 값에 따라 데이터를 데이터베이스에 쓰거나 HTTP 요청을 수행할 수 있다.

다음 예제는 문자 플로우를 수집한다. collect는 일시 중단 함수이므로 runBlocking으로 호출을 감싼다. collect에 전달된 람다가 일시 중단 함수라는 점을 보여주기 위해 각 원소를 수집한 후에 시간 지연을 추가한다.

```
import kotlinx.coroutines.*
import kotlinx.coroutines.flow.*
import kotlin.time.Duration.Companion.milliseconds

val letters = flow {
    log("Emitting A!")
    emit("A")
    delay(200.milliseconds)
    log("Emitting B!")
    emit("B")
```

```
}
fun main() = runBlocking {
    letters.collect {
        log("Collecting $it")
        delay(500.milliseconds)
    }
}
// 27 [main @coroutine#1] Emitting A!
// 38 [main @coroutine#1] Collecting A
// 757 [main @coroutine#1] Emitting B!
// 757 [main @coroutine#1] Collecting B
```

출력의 타임스탬프를 보면 수집자가 플로우의 로직을 실행하는 책임이 있다는 것을 다시 한 번 알 수 있다. 원소 A와 B 사이의 지연 시간은 약 700밀리초다. 이는 다음과 같은 일련의 이벤트가 발생하기 때문이다.

- 수집자가 플로우 빌더에 정의된 로직의 실행을 촉발해서 첫 번째 배출을 발생시킨다.
- 수집자와 연결된 람다가 호출되면서 메시지를 기록하고 500밀리초 동안 지연된다.
- 그 후 플로우 람다가 계속 실행되며 200밀리초 동안 추가 지연과 배출(그리고 수집)이 발생한다.

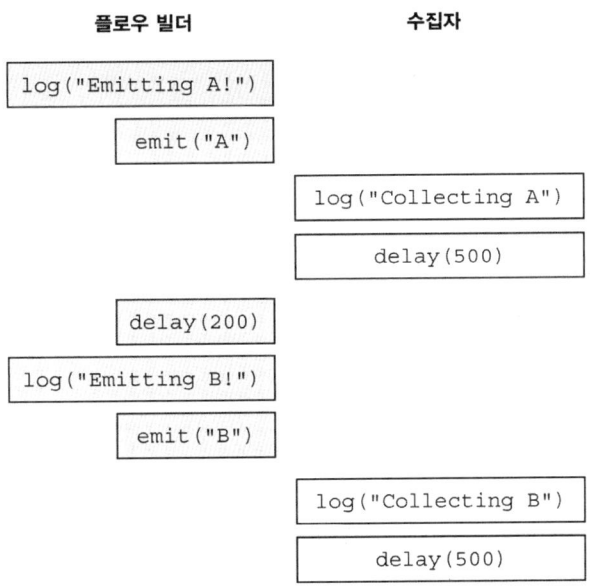

그림 16.1 플로우 빌더의 첫 번째 배출은 수집자와 연결된 람다를 호출한다. 메시지를 기록하고 지연한 후 플로우 빌더 람다가 계속된다. 200밀리초 지연 후 메시지를 기록한 다음에 제어 흐름이 수집자로 돌아가 두 번째 원소를 수집하고 마지막으로 500밀리초 지연된다. 이러한 작업은 서로 얽혀 있지만 모두 같은 코루틴에서 실행된다.

시퀀스가 최종 연산자를 사용할 때마다 다시 평가되는 것처럼 콜드 플로우에서 collect를 여러 번 호출하면 그 코드가 여러 번 실행된다. 이로 인해 플로우에 네트워크 요청과 같은 부수 효과가 있다면 이런 요청이 여러 번 실행된다는 사실을 염두에 둬야 한다(이를 피하는 방법은 16.3절에서 다룬다).

리스트 16.5 같은 플로우를 여러 번 수집하기

```
import kotlinx.coroutines.flow.*
import kotlinx.coroutines.*
import kotlin.time.Duration.Companion.milliseconds

fun main() = runBlocking {
  letters.collect {
    log("(1) Collecting $it")
    delay(500.milliseconds)
```

```
    }
    letters.collect {
        log("(2) Collecting $it")
        delay(500.milliseconds)
    }
}

// 23 [main @coroutine#1] Emitting A!
// 33 [main @coroutine#1] (1) Collecting A
// 761 [main @coroutine#1] Emitting B!
// 762 [main @coroutine#1] (1) Collecting B
// 1335 [main @coroutine#1] Emitting A!
// 1335 [main @coroutine#1] (2) Collecting A
// 2096 [main @coroutine#1] Emitting B!
// 2096 [main @coroutine#1] (2) Collecting B
```

collect 함수는 플로우의 모든 원소가 처리될 때까지 일시 중단된다. 그러나 16.2.1절에서 설명했던 것처럼 플로우에 무한한 원소가 있을 수 있으므로 collect 함수도 무기한 일시 중단될 수 있다. 모든 원소가 처리되기 전에 플로우 수집을 중지하고 싶으면 플로우를 취소할 수 있다.

16.2.3 플로우 수집 취소

15장에서 이미 코루틴을 취소하는 메커니즘을 살펴봤다. 이 메커니즘이 플로우 수집자에게도 적용된다. 수집자의 코루틴을 취소하면 다음 취소 지점에서 플로우 수집이 중단된다.

리스트 16.6 플로우 수집 취소하기

```
import kotlinx.coroutines.flow.*
import kotlinx.coroutines.*
import kotlin.time.Duration.Companion.seconds
```

```
fun main() = runBlocking {
    val collector = launch {
        counterFlow.collect {
            println(it)
        }
    }
    delay(5.seconds)
    collector.cancel()
}

// 1 2 3 ... 24
```

> **노트**
>
> 다른 내장된 일시 중단 함수와 마찬가지로 emit도 코드에서 취소와 일시 중단 지점으로 작동한다.

나중에 중간 연산자와 최종 연산자를 자세히 살펴볼 때 플로우 실행을 취소할 수 있는 방법을 더 설명한다. 그 예로 17장에서 다룰 take 연산자가 있다.

16.2.4 콜드 플로우의 내부 구현

16.1절에서 플로우가 코틀린의 코루틴 메커니즘, 더 구체적으로는 일시 중단 함수 위에 구축된 추상화임을 살펴봤다. 이제 몇 가지 플로우를 봤으니 그 구현 방식을 살펴보자. 플로우를 쓸 때 내부 작동 방식에 대한 지식이 필수적인 것은 아니지만 콜드 플로우와 그 메커니즘을 더 잘 이해하는 데 도움이 될 수 있다. 코틀린의 콜드 플로우는 일시 중단 함수와 수신 객체 지정 람다를 결합한 똑똑한 조합이다. 콜드 플로우의 정의는 매우 간단하며 Flow와 FlowCollector라는 2가지 인터페이스만 필요하다. 이들은 한 함수만 정의하며 순서대로 collect와 emit을 정의한다.

```
interface Flow<T> {
    suspend fun collect(collector: FlowCollector<T>)
}
```

```
interface FlowCollector<T> {
    suspend fun emit(value: T)
}
```

flow 빌더 함수를 사용해 플로우를 정의할 때 제공된 람다의 수신 객체 타입은 FlowCollector다. 이 때문에 빌더 안에서 emit 함수를 호출할 수 있다. emit 함수는 collect 함수에 전달된 람다를 호출하며, 결과적으로 두 람다가 서로 호출하는 구조를 갖는다.

- collect를 호출하면 플로우 빌더 함수의 본문이 실행된다.
- 이 코드가 emit을 호출하면 emit에 전달된 파라미터로 collect에 전달된 람다가 호출된다.
- 람다 표현식이 실행을 완료하면 함수는 빌더 함수의 본문으로 돌아가 계속 실행된다.

그림 16.2는 다음 코드에 대해 이런 개념을 보여준다.

```
val letters = flow {
    delay(300.milliseconds)
    emit("A")
    delay(300.milliseconds)
    emit("B")
}
letters.collect { letter ->
    println(letter)
    delay(200.milliseconds)
}
```

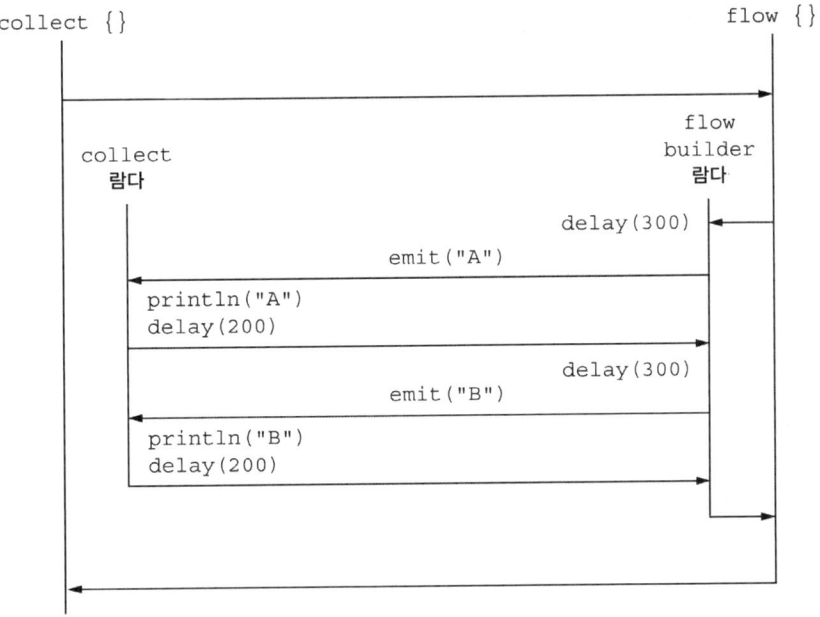

그림 16.2 collect 호출은 플로우 빌더 함수와 연결된 람다를 호출한다. 이 경우 람다는 300밀리초 동안 일시 중단된다. emit 호출은 collect에 전달된 람다를 실행하고, 이 람다는 print 문을 실행한 후 200밀리초 지연된다. 그 후 제어 흐름은 플로우 빌더의 람다로 돌아가 두 번째 실행을 반복한 후 최종적으로 collect 호출이 완료된다. 이 모든 것은 일반적인 함수 호출이며, 모두 하나의 코루틴에서 실행된다.

일반적인 콜드 플로우에는 움직이는 부분이 그리 많지 않다. 하지만 콜드 플로우는 값 스트림을 처리하는 가벼우면서 아주 쓸모 있고 확장성 있는 추상화를 제공한다.

16.2.5 채널 플로우를 사용한 동시성 플로우

지금까지 `flow` 빌더 함수를 사용해 만든 콜드 플로우는 모두 순차적으로 실행됐다. 코드 블록은 일시 중단 함수의 본문처럼 하나의 코루틴으로 실행된다. 따라서 `emit` 호출도 순차적으로 실행된다. 대부분의 경우 이런 기본 추상화로 충분하지만 플로우가 서로 독립적으로 실행될 수 있는 여러 작업을 수행할 때 순차적 특성은 병목이 될 수 있다. 예를 들어 인위적으로 느린 `getRandomNumber` 함수를 사용해 10개의 숫자를 계산하는 `randomNumbers`라는 플로우를 선언한 코드를 보자.

리스트 16.7 일반적인 콜드 플로우는 순차적으로 실행됨

```
import kotlinx.coroutines.flow.*
import kotlinx.coroutines.*
import kotlin.random.Random
import kotlin.time.Duration.Companion.milliseconds

suspend fun getRandomNumber(): Int {
    delay(500.milliseconds)
    return Random.nextInt()
}

val randomNumbers = flow {
    repeat(10) {
        emit(getRandomNumber())
    }
}

fun main() = runBlocking {
    randomNumbers.collect {
        log(it)
    }
}
// 583 [main @coroutine#1] 1514439879
// 1120 [main @coroutine#1] 1785211458
// 1693 [main @coroutine#1] -996479986
// ...
// 5463 [main @coroutine#1] -2047597449
```

이 플로우를 수집하는 데 약 5초가 걸리는데, 각 getRandomNumber 호출이 순차적으로 실행되기 때문이다. 그림 16.3에서 이를 보여준다.

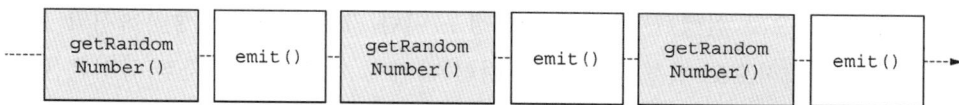

그림 16.3 일반적인 콜드 플로우를 사용할 때 각 난수가 생성되고 배출된다. 각각이 완전히 순차적으로 발생한다.

플로우는 순차적으로 실행되며, 모든 계산은 동일한 코루틴에서 실행된다. 이 코드에서 수행하는 작업(난수 생성)은 서로 독립적이므로, 동시성으로 수행하기 적합하고 병렬로 수행하면 더 좋을 것 같아 보인다. 14장에서 살펴본 async와 같은 동시성을 적용하면 실행이 빨라져서 모든 원소를 계산하는 데 걸리는 시간을 약 500밀리초로 줄일 수 있다.

지금까지 배운 내용을 적용해서 플로우 빌더에서 백그라운드 코루틴을 실행하고 그 코루틴에서 직접 값을 배출하려고 할 수 있다. 하지만 그렇게 하면 "Flow invariant is violated: Emission from another coroutine is detected. FlowCollector is not thread-safe and concurrent emissions are prohibited."라는 오류 메시지가 나타날 것이다. 이는 플로우 수집자가 스레드 안전하지 않기 때문에 원소를 병렬로 배출하는 코드를 사용하면 안 된다는 뜻이다.

```
val randomNumbers = flow {
    coroutineScope {
        repeat(10) {
            launch { emit(getRandomNumber()) }
        }
    }
}
```

이는 기본적인 콜드 플로우 추상화가 같은 코루틴 안에서만 emit 함수를 호출할 수 있게 허용하기 때문이다. 필요한 것은 여러 코루틴에서 배출을 허용하는 동시성 플로우를 작성하게 해주는 빌더다. 이런 플로우를 채널 플로우(channel flow)라고 하며, channelFlow 빌더 함수로 만들 수 있다. 채널 플로우는 콜드 플로우의 특별한 유형이다. 채널 플로우는 순차적으로 배출하는 emit 함수를 제공하지 않는다. 대신 여러 코루틴에서 send를 사용해 값을 제공할 수 있다. 플로우의 수집자는 여전히 값을 순차적으로 수신하며, collect 람다가 그 작업을 수행한다. 다음 리스트는 앞에서 본 구현을 최적화하기 위해 채널 플로우를 사용한다. coroutineScope 함수처럼 channelFlow의 람다는 새로운 백그라운드 코루틴을 시작할 수 있는 코루틴 스코프를 제공한다.

리스트 16.8 채널 플로우에서 원소를 동시적으로 보내기

```
import kotlinx.coroutines.flow.channelFlow
import kotlinx.coroutines.launch
val randomNumbers = channelFlow {        ◀── 새 채널 플로우를 생성한다.
    repeat(10) {
        launch {
            send(getRandomNumber())      ◀── 여러 코루틴에서 send를 호출할 수 있다.
        }
    }
}
```

이제 채널 플로우를 앞의 코드와 마찬가지 방식으로 수집하면 getRandomNumber 함수가 실제로 동시적으로 실행되며 전체 실행 시간이 약 500밀리초로 줄어드는 것을 확인할 수 있다(그림 16.4 참고).

```
553 [main] -1927966915
568 [main] 222582016
...
569 [main] 1827898086
```

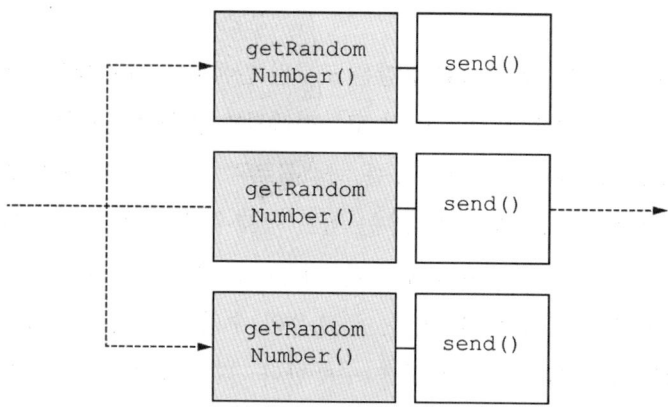

그림 16.4 채널 플로우는 다른 코루틴을 시작해서 동시적으로 원소를 보낼 수 있다.

이제 동시성으로 호출할 수 있는 플로우 빌더인 channelFlow를 알게 됐다. 그렇다면 굳이 채널 플로우가 아닌 다른 플로우를 사용할 이유가 있을까? 채널 플로우는 일반 플로우가 할 수 있는 모든 일을 할 수 있으면서 더 많은 기능을 제공하지 않는가? 그렇다면 어떻게 선택해야 할까?

일반적으로 기본적인 콜드 플로우는 가장 간단하고 성능이 좋은 추상화다. 콜드 플로우는 엄격하게 순차적으로 실행되며 새로운 코루틴을 시작할 수 없지만 아주 쉽게 생성할 수 있고, 인터페이스가 한 가지 함수(emit)로 구성되며, 관리해야 할 추가적인 원소나 오버헤드가 없다. 반면 채널 플로우는 동시 작업이라는 구체적 용례를 위해 설계됐다. 채널 플로우는 내부적으로 또 다른 동시성 기본 요소인 채널을 관리해야 하기 때문에 생성하는 데 약간 비용이 든다. 채널은 코루틴 간 통신을 위한 비교적 저수준의 추상화이며, send 함수는 채널이 노출하는 복잡한 인터페이스의 일부다.

일반적인 콜드 플로우와 채널 플로우 중 어떤 것을 쓸지 결정할 때는 플로우 안에서 새로운 코루틴을 시작해야 하는 경우에만 채널 플로우를 선택하자. 그렇지 않으면 일반적인 콜드 플로우를 선택하는 편이 더 낫다.

콜드 플로우는 시간이 지남에 따라 계산된 값을 처리하는 데 유용한 추상화다. 17장에서 플로우에 더 강력한 변환을 적용하는 방법을 살펴볼 것이다. 하지만 콜드 플로우는 항상 수집자와 직접적으로 연관돼 있다. 각 수집자는 플로우에 지정된 코드를 독립적으로 실행한다. 다음 절에서는 코루틴 간에 값을 브로드캐스트 방식으로 통신하고, 동시성 시스템에서 상태를 관리하는 데 적용할 수 있는 두 번째 유형의 플로우, 즉 핫 플로우를 살펴볼 것이다.

16.3 핫 플로우

배출과 수집이라는 같은 전체적 구조를 따르기는 하지만 핫 플로우는 콜드 플로우와 다른 여러 속성을 갖고 있다. 핫 플로우에서는 각 수집자가 플로우 로직 실행을 독립적으로 촉발하는 대신, 여러 구독자^{subscriber}라고 불리는 수집자들이 배출된 항목을 공유한다. 이는 시스템에서 이벤트나 상태 변경이 발생해서 수집자가 존재하는지 여부에 상관없이 값을 배출해야 하는 경우에 적합하다. 이런 이유로 '핫 플로우'라는 이름이 붙었다. 핫 플로우는 항상 활성 상태이기 때문에 구독자의 유무에 관계없이 배출이 발생할 수 있다.

코틀린 코루틴에는 2가지 핫 플로우 구현이 기본적으로 제공된다.

- **공유 플로우**^{shared flow}: 값을 브로드캐스트하기 위해 사용된다.
- **상태 플로우**^{state flow}: 상태를 전달하는 특별한 경우에 사용된다.

실제로는 상태 플로우를 공유 플로우보다 더 자주 사용하게 될 것이다(16.3.3절에서 볼 수 있듯이 공유 플로우를 사용하는 코드를 상태 플로우로 변환할 수 있다). 하지만 두 유형이 어떻게 작동하는지 이해하는 것은 여전히 유용하다. 먼저 공유 플로우를 살펴보고 다음으로 상태 플로우를 다룬다.

16.3.1 공유 플로우는 값을 구독자에게 브로드캐스트한다

공유 플로우는 구독자(공유 플로우의 수집자)가 존재하는지 여부에 상관없이 배출이 발생하는 브로드캐스트 방식으로 동작한다(그림 16.5에서 시각화한다). 이런 브로드캐스트 동작을 보여주기 위해 실제 라디오 방송국을 모델링할 수 있다(BBC에서 다룬 〈The Spooky World of the 'Numbers Stations'〉를 보라. https://www.bbc.com/news/magazine-24910397). 이런 수상한 라디오 방송국들은 실제로 존재하며, 전 세계 스파이에게 개방 주파수를 통해 암호화된 메시지를 전송한다. 스파이는 이를 청취하고 메시지를 해독하려고 시도할 수 있다(스파이 핸드북이 준비되지 않았기 때문에 실제로는 무작위 숫자를 생성하는 것으로 대신한다).

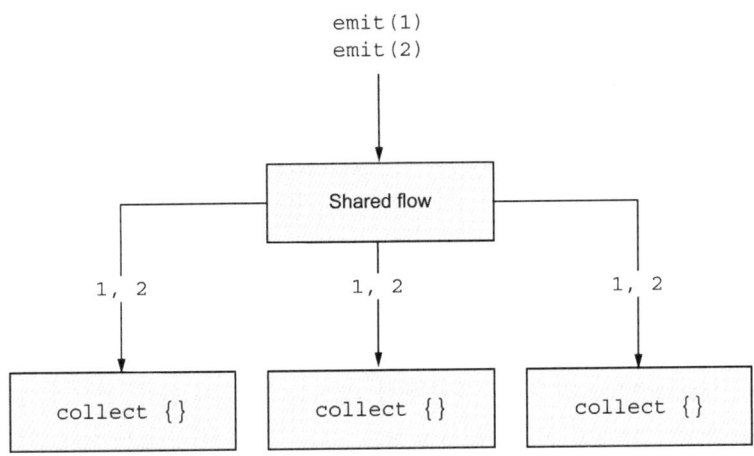

그림 16.5 공유 플로우는 브로드캐스트 방식으로 작동한다. 원소가 공유 플로우에 배출되면 플로우를 수집하고 있는 모든 구독자가 해당 원소를 수신한다.

공유 플로우는 보통 컨테이너 클래스 안에 선언된다. 예를 들어 RadioStation 클래스에서 값을 배출할 수 있는 가변 공유 플로우인 _messageFlow는 클래스의 private 속성으로 캡슐화되며, 배출을 구독할 수 있는 읽기 전용 버전인 messageFlow는 public 속성으로 노출된다. 또한 주어진 스코프에서 새 코루틴을 시작하고 messageFlow에 무작위 숫자를 배출하고 기록하는 beginBroadcasting이라는 함수를 정의한다. 그 내용을 다음 리스트에서 확인할 수 있다.

리스트 16.9 SharedFlow를 사용한 값 브로드캐스팅

```
import kotlinx.coroutines.*
import kotlinx.coroutines.flow.*
import kotlin.random.*
import kotlin.time.Duration.Companion.milliseconds
class RadioStation {
    private val _messageFlow = MutableSharedFlow<Int>()   ◀── 새 가변 공유 플로우를 비공개
                                                              프로퍼티로 정의한다.
    val messageFlow = _messageFlow.asSharedFlow()   ◀── 공유 플로우에 대한
                                                        읽기 전역 뷰를 제공한다.
    fun beginBroadcasting(scope: CoroutineScope) {
        scope.launch {
```

```
        while(true) {
            delay(500.milliseconds)
            val number = Random.nextInt(0..10)
            log("Emitting $number!")
            _messageFlow.emit(number)         ◀── 코루틴에서 가변 공유 플로우에
        }                                         값을 배출한다.
    }
  }
}
```

코드로부터 SharedFlow 같은 핫 플로우를 만드는 방식이 콜드 플로우와 다르다는 것을 알 수 있다. 플로우 빌더를 사용하는 대신 가변적인 플로우에 대한 참조를 얻는다. 배출이 구독자 유무와 관계없이 발생하므로 여러분이 실제 배출을 수행하는 코루틴을 시작할 책임이 있다. 이는 별다른 어려움 없이 여러분이 여러 코루틴에서 가변 공유 플로우에 값을 배출할 수 있다는 뜻이기도 하다.

> **핫 플로우 이름을 붙일 때 밑줄 쓰기**
>
> 공유 플로우(그리고 상태 플로우)에서 비공개 변수 이름에 밑줄을 사용하고 공개 변수에 밑줄을 쓰지 않는 패턴을 따르는 이유는 무엇일까? 이 책을 쓰고 있는 현재, 코틀린에서는 private과 public 프로퍼티에 대해 서로 다른 타입을 부여하는 기능을 지원하지 않는다. 플로우의 가변 버전을 private으로 정의하고, 읽기 전용 타입인 SharedFlow<T> 속성을 public으로 노출하면 공유 플로우의 가변 부분을 플로우를 소비하는 클래스에게 노출하지 않을 수 있다. 이는 캡슐화와 정보 은닉이라는 관심사에 따른 것이다. 무엇보다 클래스의 소비자는 보통 플로우를 구독하기만 할 뿐, 원소를 배출하지 않아야 한다. 어떤 프로퍼티에 클래스 안에서 접근할 때와 클래스 밖에서 접근할 때 다른 타입을 지정하는 기능은 코틀린 2.x에 추가될 예정이다(이사코바, 「동일한 프로퍼티에 대해 'public'과 'private' 타입을 지원하기」, https://youtrack.jetbrains.com/issue/KT-14663).

RadioStation 클래스의 인스턴스를 생성하고 beginBroadcasting 함수를 호출하면 구독자가 없어도 브로드캐스트가 즉시 시작된다.

```
fun main() = runBlocking {                    runBlocking의 코루틴 스코프에서
    RadioStation().beginBroadcasting(this)  ◀── 코루틴을 시작한다.
```

```
}
// 575 [main @coroutine#2] Emitting 2!
// 1088 [main @coroutine#2] Emitting 10!
// 1593 [main @coroutine#2] Emitting 4!
// ...
```

구독자를 추가하는 방법은 콜드 플로우를 수집하는 것과 동일하다. 그냥 collect를 호출하면 된다. 배출이 발생할 때마다 제공한 람다가 실행된다. 그러나 구독자는 구독 시작 이후에 배출된 값만 수신한다는 점에 유의해야 한다. 이를 설명하기 위해 약간의 지연 후에 공유 플로우 구독을 시작해보자.

리스트 16.10 약간의 시간 지연 후 공유 플로우 구독하기

```
fun main() = runBlocking {
    val radioStation = RadioStation()
    radioStation.beginBroadcasting(this)
    delay(600.milliseconds)
    radioStation.messageFlow.collect {
        log("A collecting $it!")
    }
}
```

출력을 살펴보면 첫 번째 값(약 500밀리초 후에 배출된 값)이 구독자에 의해 수집되지 않았다는 것을 알 수 있다.

```
611 [main @coroutine#2] Emitting 8!
1129 [main @coroutine#2] Emitting 9!
1131 [main @coroutine#1] A collecting 9!
1647 [main @coroutine#2] Emitting 1!
1647 [main @coroutine#1] A collecting 1!
```

공유 플로우는 브로드캐스트 방식으로 작동하기 때문에 구독자를 추가해서 이미 존재하는 messageFlow의 배출을 수신할 수 있다. 예를 들어 runBlocking 블록 안에

launch로 같은 플로우를 구독하는 두 번째 코루틴을 추가할 수 있다.

```
launch {
    radioStation.messageFlow.collect {
        log("B collecting $it!")
    }
}
```

이 코루틴은 같은 공유 플로우를 구독하는 모든 구독자와 똑같은 값을 수신할 것이다. 즉, 여러분의 라디오 방송국이 값을 브로드캐스트(방송)한다. 구독자가 값 배출을 촉발하는 콜드 플로우와 다르게 구독자들은 단순히 원소가 새로 배출될 때마다 통지를 받게 된다.

구독자를 위한 값 재생

공유 플로우 구독자는 구독을 시작한 이후에 배출된 값만 수신한다. 구독자가 구독 이전에 배출된 원소도 수신하기를 원한다면 MutableSharedFlow를 생성할 때 replay 파라미터를 사용해 새 구독자를 위해 제공할 값의 캐시를 설정할 수 있다. 다음 예제는 마지막 5개의 값을 재생하도록 messageFlow를 설정한다.

```
private val _messageFlow = MutableSharedFlow<Int>(replay = 5)
```

이렇게 바꾸고 나면 600밀리초가 지난 다음에 수집자를 시작하더라도 구독 직전에 발생한 최대 5개의 값을 수신할 수 있다. 이 경우 구독자는 구독 시작 전인 560밀리초에 배출된 값을 수신하게 된다.

```
560 [main @coroutine#2] Emitting 6!
635 [main @coroutine#1] A collecting 6!
1080 [main @coroutine#2] Emitting 10!
1081 [main @coroutine#1] A collecting 10!
```

이 방법은 구독자가 처음 구독할 때 항상 최신 값 몇 개를 사용할 수 있게 하는 편리한 방법이다.

shareIn으로 콜드 플로우를 공유 플로우로 전환

온도 센서에서 500밀리초 간격으로 수집되는 값의 스트림을 제공하는 함수가 있다고 가정해보자. 여러분에게 제공된 다음 함수는 콜드 플로우를 반환한다.

리스트 16.11 일정한 간격으로 값을 반환하는 간단한 함수

```kotlin
import kotlinx.coroutines.*
import kotlinx.coroutines.flow.*
import kotlin.random.*
import kotlin.time.Duration.Companion.milliseconds

fun querySensor(): Int = Random.nextInt(-10..30)

fun getTemperatures(): Flow<Int> {
  return flow {
    while(true) {
      emit(querySensor())
      delay(500.milliseconds)
    }
  }
}
```

이 함수를 여러 번 호출하려 한다면(예를 들어 한 번은 섭씨, 다른 한 번은 화씨로 온도를 출력) 각 수집자가 센서에 독립적으로 질의를 하게 된다.

```kotlin
fun celsiusToFahrenheit(celsius: Int) =
    celsius * 9.0 / 5.0 + 32.0

fun main() {
  val temps = getTemperatures()
  runBlocking {
    launch {
```

```
        temps.collect {
            log("$it Celsius")
        }
    }
    launch {
        temps.collect {
            log("${celsiusToFahrenheit(it)} Fahrenheit")
        }
    }
  }
}
```

> 플로우를 2번 수집하게 된다.

센서와 상호작용하거나 네트워크 요청을 보내거나 데이터베이스 쿼리를 실행할 때 불필요한 외부 시스템과의 상호작용이나 장시간 연산을 피하는 것이 바람직한 경우가 자주 있다. 이런 경우 반환된 플로우를 두 수집자가 공유해야 한다. 즉, 이들이 모두 같은 원소를 받아야 한다.

shareIn 함수를 사용하면 주어진 콜드 플로우를 한 플로우인 공유 플로우로 변환할 수 있다. 이 변환은 플로우의 코드가 실행되게 하므로 shareIn을 코루틴 안에서 호출해야 한다. 이를 위해 shareIn은 CoroutineScope 타입의 scope 파라미터를 받아서 코루틴을 실행한다.

리스트 16.12 콜드 플로우를 공유 플로우로 변환하기 위해 shareIn 사용하기

```
fun main() {
  val temps = getTemperatures()
  runBlocking {
    val sharedTemps = temps.shareIn(this, SharingStarted.Lazily)
    launch {
      sharedTemps.collect {
        log("$it Celsius")
      }
    }
    launch {
```

```
        sharedTemps.collect {
            log("${celsiusToFahrenheit(it)} Fahrenheit")
        }
      }
    }
}
// 45 [main @coroutine#3] -10 Celsius
// 52 [main @coroutine#4] 14.0 Fahrenheit
// 599 [main @coroutine#3] 11 Celsius
// 599 [main @coroutine#4] 51.8 Fahrenheit
```

두 번째 파라미터 started는 플로우가 실제로 언제 시작돼야 하는지를 정의한다. 여기서 여러 가지 다른 동작을 지정할 수 있다.

- Eagerly는 플로우 수집을 즉시 시작한다.
- Lazily는 첫 번째 구독자가 나타나야만 수집을 시작한다.
- WhileSubscribed는 첫 번째 구독자가 나타나야 수집을 시작하고, 마지막 구독자가 사라지면 플로우 수집을 취소한다.

코틀린에서는 시간이 지남에 따라 여러 값을 계산하는 작업을 단순한 콜드 플로우로 노출하고, 필요할 때 이 콜드 플로우를 핫 플로우로 변환하는 패턴이 자주 사용된다. shareIn은 코루틴 스코프를 통해 구조적 동시성에 참여하므로 애플리케이션이 더 이상 공유 플로우에서 정보를 필요로 하지 않을 때, 공유 플로우를 둘러싼 코루틴 스코프가 취소될 때 공유 플로우 내부 로직도 자동으로 취소된다.

16.3.2 시스템 상태 추적: 상태 플로우

동시 시스템에서 자주 발생하는 특별한 사례는 시간이 지남에 따라 변할 수 있는 값, 즉 상태를 추적하는 것이다. 앞의 예에서 이 값은 시스템 내의 현재 온도를 나타내는 온도 센서에서 읽은 값이다. 코틀린 코루틴은 이런 경우를 처리하도록 특수화된 추상화인 상태 플로우를 제공한다. 상태 플로우는 변수의 상태 변화를 쉽게 추적할 수 있는 공유 플로우의 특별한 버전이다. 상태 플로우와 관련해 알아볼 가치가 있는 주제가 몇 가지 있다.

- 상태 플로우를 생성하고 구독자에게 노출시키는 방법
- 상태 플로우의 값을 (병렬로 접근해도) 안전하게 갱신하는 방법
- 값이 실제로 변경될 때만 상태 플로우가 값을 배출하게 하는 **동등성 기반 통합**(equality-based conflation) 개념
- 콜드 플로우를 상태 플로우로 변환하는 방법

상태 플로우를 생성하는 방법은 공유 플로우를 생성하는 것과 비슷하다. 클래스의 `private` 속성으로 `MutableStateFlow`를 생성하고, 같은 변수의 읽기 전용 `StateFlow` 버전을 노출한다. 다음 예제는 뷰 카운터를 정의한다. 상태 플로우는 시간이 지남에 따라 변경될 수 있는 값을 나타내므로 생성자에게 초깃값을 제공해야 한다(여기서는 0). 값을 배출하는 `emit`을 사용하는 대신, 값을 갱신하는 `update` 함수를 사용한다.

리스트 16.13 상태 플로우를 사용하는 기본적인 뷰 카운터 구현

```
import kotlinx.coroutines.flow.*
import kotlinx.coroutines.*
class ViewCounter {
    private val _counter = MutableStateFlow(0)    ◀── 가변 상태 플로우의 초깃값을
    val counter = _counter.asStateFlow()              0으로 설정해 생성한다.
    fun increment() {
        _counter.update { it + 1 }
    }
}
fun main() {
    val vc = ViewCounter()
    vc.increment()
    println(vc.counter.value)
    // 1
```

}

가변 상태 플로우로 표현한 현재 상태를 value 속성으로 접근할 수 있다. 이 속성은 일시 중단 없이 값을 안전하게 읽을 수 있게 해준다. 값 갱신은 update 함수를 통해 이뤄진다. 이 함수를 더 자세히 살펴볼 가치가 있다.

UPDATE 함수로 안전하게 상태 플로우에 쓰기

자세히 살펴보면 value 속성이 실제로는 가변(읽고 쓸 수 있음) 속성이라는 점을 알 수 있다. 따라서 값을 할당할 수도 있다. 그렇기 때문에 increment 함수를 전통적인 ++ 연산자로 구현하는 것이 유혹적일 수 있다.

```
fun increment() {
    _counter.value++
}
```

그러나 이 코드에는 문제가 있다. 이 증가 연산은 원자적이지 않다. 이 문제를 설명하기 위해 increment를 호출하는 10,000개의 코루틴을 실행하는 짧은 코드를 작성할 수 있다. runBlocking을 기본 디스패처를 사용해 호출해서 코루틴들을 여러 스레드에 분산시킨다.

리스트 16.14 10,000개의 코루틴에서 상태 플로우 값 증가시키기

```
fun main() {
    val vc = ViewCounter()
    runBlocking {
        repeat(10_000) {
            launch { vc.increment() }
        }
    }
    println(vc.counter.value)
    // 4103
}
```

보다시피, 카운터의 최종 값은 10,000보다 훨씬 낮다. 코루틴들이 여러 스레드에서 실행되기 때문이다. 증가 연산은 비원자적으로 여러 단계로 나뉘어 수행된다. 즉, 현재 값을 읽고, 새 값을 계산한 후, 새 값을 쓴다. 두 스레드가 동시에 현재 값을 읽으면 어느 한쪽의 증가 연산이 무효화될 수 있다.

이를 해결하기 위해 상태 플로우는 원자적으로 값을 갱신할 수 있는 **update** 함수를 제공한다. 이 함수는 이전 값을 기반으로 새 값을 어떻게 계산해야 하는지 정하는 람다 표현식을 인자로 받는다(뷰 카운터의 경우 카운터 값을 1씩 증가시켜야 한다). 두 갱신이 병렬로 발생하면 새로 읽은 **previous** 값을 사용해 한 번 더 갱신 함수를 실행해서 어떤 연산도 손실되지 않게 한다. 리스트 16.14의 테스트 코드를 리스트 16.13의 구현으로 다시 실행하면 올바른 결과를 얻을 수 있다.

상태 플로우는 값이 실제로 달라졌을 때만 값을 배출한다: 동등성 기반 통합

공유 플로우처럼 상태 플로우도 collect 함수를 호출해 시간에 따라 값을 구독할 수 있다. 다음 예제는 스위치를 왼쪽^{left}이나 오른쪽^{right}으로 돌리는 함수를 노출하는 '방향 선택자'를 정의한다.

```
import kotlinx.coroutines.flow.*
import kotlinx.coroutines.*

enum class Direction { LEFT, RIGHT }

class DirectionSelector {
  private val _direction = MutableStateFlow(Direction.LEFT)
  val direction = _direction.asStateFlow()

  fun turn(d: Direction) {
    _direction.update { d }
  }
}
```

스위치를 왼쪽과 오른쪽으로 여러 번 전환한다. 이때 collect를 호출해서 이 변환을 로그로 남기는 코루틴은 새로운 값이 설정될 때마다 알림을 받는다.

```
fun main() = runBlocking {
    val switch = DirectionSelector()
    launch {
        switch.direction.collect {
            log("Direction now $it")
        }
    }
    delay(200.milliseconds)
    switch.turn(Direction.RIGHT)
    delay(200.milliseconds)
    switch.turn(Direction.LEFT)
    delay(200.milliseconds)
    switch.turn(Direction.LEFT)
}
// 37 [main @coroutine#2] Direction now LEFT
// 240 [main @coroutine#2] Direction now RIGHT
// 445 [main @coroutine#2] Direction now LEFT
```

코드의 출력을 살펴보면 LEFT라는 인자를 2번 연속으로 전달했음에도 구독자가 한 번만 호출된다는 점을 알 수 있다. 이는 상태 플로우가 동등성 기반 통합을 수행하기 때문이다. 이는 값이 실제로 달라졌을 때만 구독자에게 값을 배출한다는 뜻이다. 이전 값과 새 값이 같으면 배출이 발생하지 않는다(그림 16.6에서 시각화한다). 값을 2번 관찰했는데, 두 경우 모두 값이 동등하다면 개념적으로는 아무것도 바뀌지 않은 것이다.

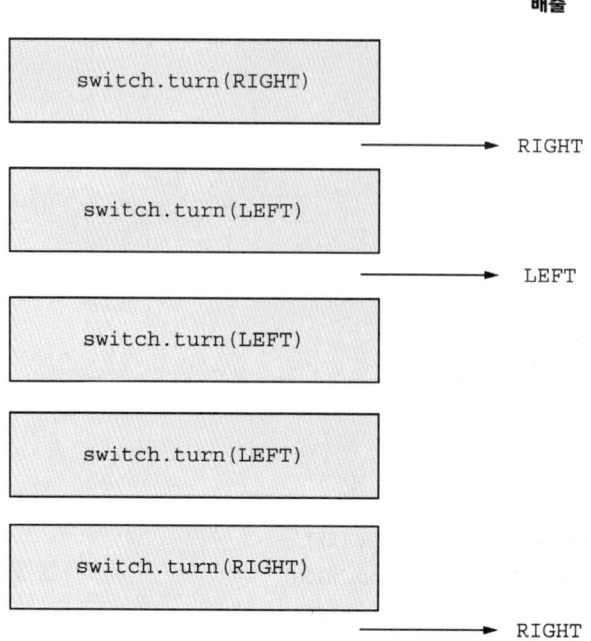

그림 16.6 상태 플로우는 동등성 기반 통합을 수행한다. 이미 설정된 값과 동일한 값이 할당되면 새 원소가 배출되지 않는다.

stateIn으로 콜드 플로우를 상태 플로우로 변환하기

리스트 16.11에서 본 것처럼 콜드 플로우를 제공하는 API와 작업할 때 stateIn 함수를 사용해 콜드 플로우를 상태 플로우로 변환할 수 있다. 이렇게 하면 원래 플로우에서 배출된 최신 값을 항상 읽을 수 있다. 또한 공유 플로우와 마찬가지로 여러 수집자를 추가하거나 value 속성에 접근해도 업스트림 플로우는 실행되지 않는다.

리스트 16.15 stateIn을 사용해 콜드 플로우를 핫 플로우인 상태 플로우로 변환하기

```
import kotlinx.coroutines.flow.*
import kotlinx.coroutines.*
import kotlin.time.Duration.Companion.milliseconds

fun main() {
    val temps = getTemperatures()
```

```
runBlocking {
    val tempState = temps.stateIn(this)
    println(tempState.value)
    delay(800.milliseconds)
    println(tempState.value)
    // 18
    // -1
}
```
}

16.3.1절에서 본 공유 플로우와 다르게 stateIn 함수에게 시작 전략을 전달하지 않는다. 이 함수는 항상 주어진 코루틴 스코프 안에서 플로우를 시작하고, 코루틴 스코프가 취소될 때까지 구독자에게 value 프로퍼티를 통해 최신 값을 제공한다.

16.3.3 상태 플로우와 공유 플로우의 비교

이제 코틀린에서 기본적으로 사용할 수 있는 2가지 핫 플로우를 이해했을 것이다. 두 플로우 모두 구독자의 존재 여부와 상관없이 값을 배출할 수 있지만 사용 방식은 다르다. 공유 플로우는 구독자가 구독하는 동안만 이벤트를 배출하며, 구독자가 들어오고 나갈 수 있다. 반면 상태 플로우는 어떤 상태를 나타내며, 동등성 기반 통합을 사용한다. 즉, 상태 플로우가 나타내는 값이 실제로 변경될 때만 배출이 발생한다.

일반적으로 상태 플로우는 공유 플로우보다 더 간단한 API를 제공한다. 상태 플로우는 한 가지 값만 나타내지만 공유 플로우는 배출이 예상되는 시점에 구독자가 존재한다는 사실을 보장하는 책임이 여러분에게 있기 때문에 다소 복잡할 수 있다. 따라서 공유 플로우를 사용하는 문제를 상태 플로우로 변환해 해결할 수 있는지 생각해 볼 가치가 있다.

예를 들어 여러 구독자에게 메시지를 브로드캐스트하는 시스템을 설계할 때 공유 플로우를 사용할 수 있다고 생각할 수도 있다. 하지만 다음과 같은 구현은 실제로 메시지를 출력하지 않는다는 점을 발견하게 될 것이다.

> **리스트 16.16 첫 번째 구독자가 나타나기 전에 모든 메시지를 배출하는 브로드캐스트**

```
import kotlinx.coroutines.flow.*
import kotlinx.coroutines.*
import kotlin.time.Duration.Companion.milliseconds
class Broadcaster {
    private val _messages = MutableSharedFlow<String>()
    val messages = _messages.asSharedFlow()
    fun beginBroadcasting(scope: CoroutineScope) {
        scope.launch {
            _messages.emit("Hello!")
            _messages.emit("Hi!")
            _messages.emit("Hola!")
        }
    }
}
fun main(): Unit = runBlocking {
    val broadcaster = Broadcaster()
    broadcaster.beginBroadcasting(this)
    delay(200.milliseconds)
    broadcaster.messages.collect {
        println("Message: $it")
    }
}
// No values are collected, nothing is printed
```

메시지가 브로드캐스트된 다음에 구독자가 나타나면 구독자는 이미 브로드캐스트된 메시지를 받을 수 없다. 물론 공유 플로우의 재생 캐시를 조정할 수 있다는 점을 이미 알고 있다. 하지만 더 간단한 추상화인 상태 플로우를 선택할 수도 있다. 개별 메시지를 배출하는 대신, 상태 플로우는 전체 메시지 기록을 리스트로 저장하면서 구독자가 모든 이전 메시지에 쉽게 접근할 수 있게 할 수 있다.

리스트 16.17 상태 플로우를 사용해 전체 메시지 기록 저장하기

```
import kotlinx.coroutines.flow.*
import kotlinx.coroutines.*
import kotlin.time.Duration.Companion.milliseconds

class Broadcaster {
    private val _messages = MutableStateFlow<List<String>>(emptyList())
    val messages = _messages.asStateFlow()
    fun beginBroadcasting(scope: CoroutineScope) {
        scope.launch {
            _messages.update { it + "Hello!" }
            _messages.update { it + "Hi!" }
            _messages.update { it + "Hola!" }
        }
    }
}

fun main() = runBlocking {
    val broadcaster = Broadcaster()
    broadcaster.beginBroadcasting(this)
    delay(200.milliseconds)
    println(broadcaster.messages.value)
}
// [Hello!, Hi!, Hola!]
```

문제를 공유 플로우 대신 상태 플로우로 재구성하면 더 간단한 API를 사용할 수 있으며, 나중에 참여하는 수집자가 모든 갱신 기록을 확인할 수 있다.

16.3.4 핫 플로우, 콜드 플로우, 공유 플로우, 상태 플로우: 언제 어떤 플로우를 사용할까?

이제 코틀린 코루틴에서 사용할 수 있는 다양한 플로우를 자세히 봤다. 표 16.1에 플로우의 주요 속성을 정리했다.

표 16.1 핫 플로우와 콜드 플로우의 속성과 동작은 다르며, 따라서 그 용도도 다르다.

콜드 플로우	핫 플로우
기본적으로 비활성(수집자에 의해 활성화됨)	기본적으로 활성화됨
수집자가 하나 있음	여러 구독자가 있음
수집자는 모든 배출을 받음	구독자는 구독 시작 시점부터 배출을 받음
보통은 완료됨	완료되지 않음
하나의 코루틴에서 배출 발생(channelFlow 사용 시 예외)	여러 코루틴에서 배출할 수 있음

일반적인 규칙으로, 네트워크 요청이나 데이터베이스 읽기와 같은 서비스를 제공하는 함수는 콜드 플로우를 사용해 선언된다. 이를 사용하는 다른 클래스나 함수는 콜드 플로우를 직접 수집하거나 필요한 경우 이 정보를 시스템의 다른 부분에 제공하기 위해 상태 플로우나 공유 플로우로 변환할 수 있다.

> **다양한 반응형 스트림 구현과의 상호운용성**
>
> 프로젝트에서 이미 프로젝트 리액터(https://projectreactor.io/), 알엑스자바(RxJava, https://reactivex.io/), 반응형 스트림즈(https://www.reactive-streams.org/)와 같은 다른 반응형 스트림 추상화를 사용하고 있다면 코틀린 플로우로 변환하거나 그 반대로 변환할 수 있는 내장 변환 함수를 사용할 수 있다. 이를 통해 플로우를 기존 코드와 원활하게 통합할 수 있다. 이에 대한 자세한 정보는 문서(https://kotlinlang.org/api/kotlinx.coroutines/)를 참고하자.

플로우는 그 자체로 시간이 지남에 따라 배출되는 값을 처리하는 유용한 추상화를 제공한다. 그러나 플로우의 진정한 힘은 플로우를 조작할 수 있게 해주는 플로우 연산자에 있으며, 이를 17장에서 다룬다. 연산자는 컬렉션과 시퀀스에서 이미 본 것과 같은 방식으로 플로우를 조작할 수 있게 해준다.

요약

- 코틀린 플로우는 시간이 지남에 따라 발생하는 값을 처리할 수 있는 코루틴 기반의 추상화다.
- 플로우에는 핫 플로우와 콜드 플로우라는 2가지 유형이 있다.
- 콜드 플로우는 기본적으로 비활성 상태이며, 하나의 수집자와 연결된다. flow 빌더 함수로 콜드 플로우를 생성하며, emit 함수로 비동기적으로 값을 제공한다.
- 채널 플로우는 콜드 플로우의 특수 유형으로, 여러 코루틴에서 send 함수를 통해 값을 배출할 수 있다.
- 핫 플로우는 항상 활성 상태이며, 여러 구독자와 연결된다. 공유 플로우와 상태 플로우는 핫 플로우의 예다.
- 코루틴 간에 값을 브로드캐스트 방식으로 전달하는 데 공유 플로우를 사용할 수 있다.
- 공유 플로우의 구독자는 구독을 시작한 시점부터 배출된 값을 받으며, 재생된 값도 수신할 수 있다.
- 동시성 시스템에서 상태를 관리할 때 상태 플로우를 사용할 수 있다.
- 상태 플로우는 동등성 기반 통합을 수행한다. 이는 값이 실제로 변경된 경우에만 배출이 발생하고, 같은 값이 여러 번 대입되면 배출이 발생하지 않는다는 뜻이다.
- shareIn이나 stateIn 함수를 통해 콜트 플로우를 핫 플로우로 전환할 수 있다.

17

플로우 연산자

17장에서 다루는 내용

- 플로우를 변형하고 다루기 위한 연산자
- 중간 연산자와 최종 연산자
- 커스텀 플로우 연산자 만들기

17.1 플로우 연산자로 플로우 조작

16장에서는 플로우가 코틀린의 동시성 메커니즘을 활용해 시간에 따라 나타나는 여러 연속적인 값을 처리할 수 있는 고수준의 추상화라는 점을 알게 됐다. 16장에서는 플로우를 어떻게 조작하고 변환할 수 있는지 살펴본다. 이미 컬렉션을 조작하기 위해 사용할 수 있는 다양한 연산자가 있다는 사실을 살펴봤다(5장과 6장). 플로우를 변환할 때도 비슷한 연산자를 쓸 수 있다.

시퀀스와 마찬가지로 플로우도 중간 연산자와 최종 연산자를 구분한다. 중간 연산자는 코드를 실행하지 않고 변경된 플로우를 반환하며, 최종 연산자는 컬렉션, 개별 원소, 계산된 값을 반환하거나 아무 값도 반환하지 않으면서 플로우를 수집하고 실제 코드를 실행한다(그림 17.1 참고).

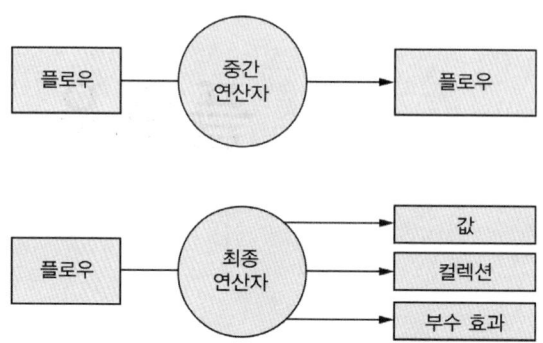

그림 17.1 중간 연산자와 최종 연산자를 구분한다. 중간 연산자는 변경된 플로우를 반환하고, 최종 연산자는 실제 결과를 반환한다. 이들은 플로우 내의 코드를 실행해 결과를 반환한다.

17.2 중간 연산자는 업스트림 플로우에 적용되고 다운스트림 플로우를 반환한다

중간 연산자는 플로우에 적용돼 새로운 플로우를 반환한다. 플로우를 업스트림upstream(상류)과 다운스트림downstream(하류) 플로우로 구분해 설명할 수 있다. 연산자가 적용되는 플로우를 업스트림 플로우라고 하고, 중간 연산자가 반환하는 플로우를 다운스트림 플로우라 부른다. 이 다운스트림 플로우는 또 다른 연산자의 업스트림 플로우로 작용할 수 있다. 시퀀스와 마찬가지로 중간 연산자가 호출되더라도 플로우 코드가 실제로 실행되지는 않는다. 반환된 플로우는 콜드 상태다.

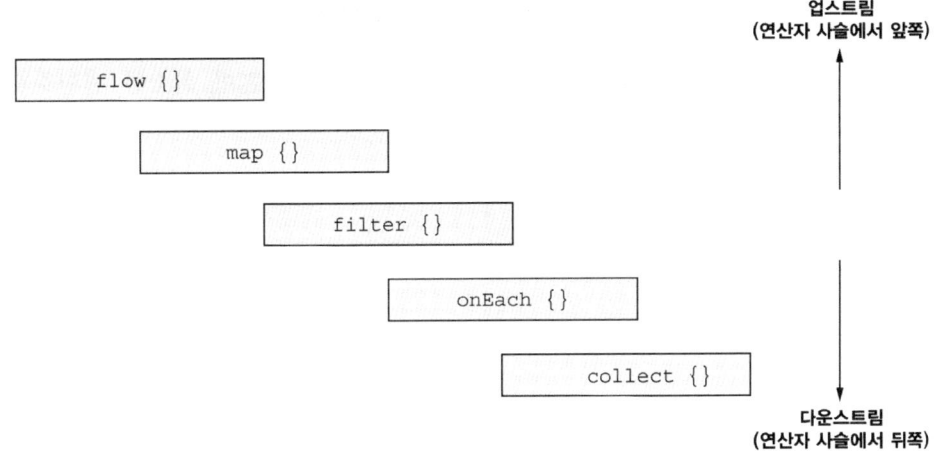

그림 17.2 업스트림과 다운스트림은 연산자 사슬 안에서 연산자와 다른 연산자 사이의 관계를 설명한다. 연산자가 호출되는 플로우는 업스트림 플로우다. 연산자가 반환하는 플로우는 다운스트림 플로우다. 예제에서 map 연산자의 업스트림에 flow가 있고, filter는 map의 다운스트림에 있으며, onEach는 collect의 업스트림에 있다.

> **노트**
>
> 핫 플로우에 중간 연산자를 적용하면 어떻게 될지 궁금할 수 있다. 실제로 핫 플로우에 연산자를 적용해도 collect와 같은 최종 연산자가 호출돼 핫 플로우가 구독될 때까지 연산자가 정의한 동작이 실행되지 않는다.

이미 알고 있듯이 코틀린에서는 여러 가지 중간 연산자를 플로우에 사용할 수 있다. 시퀀스에서 사용할 수 있는 인기 있는 map, filter, onEach 등의 함수는 플로우에서도 제공된다. 이들의 행동 방식도 여러분이 예상하는 방식과 같다. 다만 시퀀스나 컬렉션의 원소가 아니라 플로우의 원소에 대해 작용한다는 점만 다를 뿐이다. 그러나 플로우에는 여러분이 이미 아는 범위를 벗어나는 특별한 동작과 기능을 제공하는 연산자도 있다. 이제부터는 그런 연산자에 대해 알아보자. 먼저 transform 연산자부터 시작한다.

17.2.1 업스트림 원소별로 임의의 값을 배출: transform 함수

여러분이 이미 알고 있을 map 함수는 업스트림 플로우를 받아 원소를 변환한 후 다운스트림 플로우에 그 원소를 배출할 수 있다.

리스트 17.1 플로우에서 map 수행

```
import kotlinx.coroutines.*
import kotlinx.coroutines.flow.*
fun main() {
  val names = flow {
    emit("Jo")
    emit("May")
    emit("Sue")
  }
  val uppercasedNames = names.map {
    it.uppercase()
  }
  runBlocking {
    uppercasedNames.collect { print("$it ")}
  }
  // JO MAY SUE
}
```

하지만 경우에 따라 하나 이상의 원소를 배출하고 싶을 때가 있다. 예를 들어 각 이름을 대문자로 변형 값뿐 아니라 소문자 변형도 함께 배출하고 싶을 수 있다. 코틀린 플로우에서는 transform 함수로 이런 일을 할 수 있다. 이 함수는 업스트림 플로우의 각 원소에 대해 원하는 만큼의 원소를 다운스트림 플로우에 배출할 수 있게 해준다.

리스트 17.2 플로우 변환하기

```
import kotlinx.coroutines.flow.*
```

```
fun main() {
    val names = flow {
        emit("Jo")
        emit("May")
        emit("Sue")
    }
    val upperAndLowercasedNames = names.transform {
        emit(it.uppercase())
        emit(it.lowercase())
    }
    runBlocking {
        upperAndLowercasedNames.collect { print("$it ")}
    }
    // JO jo MAY may SUE sue
}
```

이 예제처럼 플로우에서 단순히 값 목록을 배출하고 나중에 플로우 연산자로 변환하려는 경우 `val names = flowOf("Jo", "May", "Sue")`와 같이 `flowOf`라는 줄임 표현을 사용해 플로우를 만들 수 있다.

17.2.2 take나 관련 연산자는 플로우를 취소할 수 있다

시퀀스에서 배운 `takeWhile` 같은 함수들을 플로우에서도 똑같이 쓸 수 있다. 이런 연산자를 사용하면 연산자가 지정한 조건이 더 이상 유효하지 않을 때 업스트림 플로우가 취소되며, 더 이상 원소가 배출되지 않는다. 예를 들어 16장에서 정의한 `getTemperatures`가 돌려주는 플로우에 대해 `take(5)`를 호출하면 원소가 5번 배출된 다음에 업스트림 플로우가 취소된다.

리스트 17.3 take는 n번 배출된 다음에 업스트림 플로우를 취소한다

```
import kotlinx.coroutines.flow.*

// getTemperatures 함수는 16장에서 다룸
```

```
fun main() {
    val temps = getTemperatures()
    temps
        .take(5)                        ◀── 5번 배출 후 플로우를 취소한다.
        .collect {
            log(it)
        }
}
// 37 [main @coroutine#1] 7
// 568 [main @coroutine#1] 9
// 1123 [main @coroutine#1] 2
// 1640 [main @coroutine#1] -6
// 2148 [main @coroutine#1] 7
```

16.2.3절에서 살펴본 것처럼 take 함수는 수집자와 관련된 코루틴 스코프를 취소하는 방식 외에 플로우 수집을 제어된 방식으로 취소하는 또 다른 방법이다.

17.2.3 플로우의 각 단계 후킹: onStart, onEach, onCompletion, onEmpty

리스트 17.3의 플로우가 다섯 원소를 수집한 후 종료되는 것을 확인하기 위해 onCompletion 연산자를 사용할 수 있다. 이 연산자는 플로우가 정상 종료되거나, 취소되거나, 예외로 종료된 후에 호출되는 람다를 지정할 수 있게 해준다(예외 처리는 18장에서 자세히 다룬다). 리스트 17.3의 코드를 변경해서 정상적 끝나거나 예외로 끝나는 경우를 처리할 수 있다. 이때 람다의 파라미터를 통해 예외를 얻어 더 처리할 수 있다.

```
fun main() = runBlocking {
    val temps = getTemperatures()
    temps
        .take(5)
        .onCompletion { cause ->
            if (cause != null) {
```

```
      println("An error occurred! $cause")
    } else {
      println("Completed!")
    }
  }
  .collect {
    println(it)
  }
}
```

onCompletion은 플로우 생명주기의 특정 단계에서 작업을 수행할 수 있는 중간 연산자에 속한다. onStart는 플로우의 수집이 시작될 때 첫 번째 배출이 일어나기 전에 실행된다. onEach는 업스트림 플로우에서 배출된 각 원소에 대해 작업을 수행한 후 이를 다운스트림 플로우에 전달한다. 원소를 배출하지 않고 종료되는 플로우의 경우 onEmpty로 로직을 추가로 수행하거나 기본값을 제공할 수 있다.

다음 리스트는 플로우 시작, 각 원소 처리, 완료에 대한 동작을 지정하는 process 함수를 작성한다. 빈 플로우를 처리할 때를 위한 기본 동작도 지정한다.

리스트 17.4 플로우 단계별로 로직 실행

```
fun main() {
  // flow 변수 정의는 생략
  flow
    .onEmpty {
      println("Nothing - emitting default value!")
      emit(0)
    }
    .onStart {
      println("Starting!")
    }
    .onEach {
      println("On $it!")
    }
```

```
        .onCompletion {
            println("Done!")
        }
        .collect()
    }
}
```

이 함수에 빈 플로우와 비어 있지 않은 플로우를 각각 전달하면 플로우 생명주기의 순서에 따라 각각의 연산자가 호출되는 것을 확인할 수 있다.

```
fun main() {
    runBlocking {
        process(flowOf(1, 2, 3))
        // Starting!
        // On 1!
        // On 2!
        // On 3!
        // Done!
        process(flowOf())
        // Starting!
        // Nothing - emitting default value!
        // On 0!
        // Done!
    }
}
```

이는 중간 연산자가 다운스트림 플로우에 원소를 배출한다는 점을 다시 한 번 보여주는 좋은 예시다. onEmpty 호출을 더 다운스트림 쪽으로 옮기면(예: collect 호출 바로 앞) On 0! 메시지를 볼 수 없게 될 것이다. 이는 onEach가 onEmpty보다 더 업스트림 쪽에 있는 연산이기 때문이다. 즉, 다운스트림 연산자에 의한 배출을 onEach가 받지는 못한다.

17.2.4 다운스트림 연산자와 수집자를 위한 원소 버퍼링: buffer 연산자

실제 애플리케이션 코드에서는 플로우 내부에서 많은 작업을 수행하게 된다. 플로우의 원소를 수집하거나 onEach와 같은 연산자로 처리할 때 시간이 걸리는 일시 중단 함수를 호출하는 경우가 많다. 다음 예제는 느린 데이터베이스에 접근해 사용자 식별자의 플로우를 얻어오는 과정을 시뮬레이션한다. 각 사용자 식별자는 더 느린 네트워크 리소스를 통해 접근할 수 있는 프로필과 연결돼 있다.

```
fun getAllUserIds(): Flow<Int> {
  return flow {
    repeat(3) {
      delay(200.milliseconds) // 데이터베이스에 의한 지연 시간
      log("Emitting!")
      emit(it)
    }
  }
}
suspend fun getProfileFromNetwork(id: Int): String {
  delay(2.seconds) // 네트워크에 의한 지연 시간
  return "Profile[$id]"
}
```

기본적으로 이전에 살펴본 콜드 플로우처럼 값 생산자는 수집자가 이전 원소를 처리할 때까지 작업을 중단한다. getUserIds 함수를 호출하고 각 원소에 대해 getProfileFromNetwork를 호출하면 이 사실을 관찰할 수 있다.

```
fun main() {
  val ids = getAllUserIds()
  runBlocking {
    ids
      .map { getProfileFromNetwork(it) }
      .collect { log("Got $it") }
  }
}
```

```
// 310 [main @coroutine#1] Emitting!
// 2402 [main @coroutine#1] Got Profile[0]
// 2661 [main @coroutine#1] Emitting!
// 4732 [main @coroutine#1] Got Profile[1]
// 5007 [main @coroutine#1] Emitting!
// 7048 [main @coroutine#1] Got Profile[2]
```

보시다시피 ID의 배출과 프로필 요청이 뒤섞여 있다. 원소가 배출되면 다운스트림 플로우가 해당 원소를 처리할 때까지 생산자 코드는 계속되지 않는다. 이 구현에서는 각 원소를 처리하는 데 약 1.2초가 걸린다(그림 17.3 참고).

그림 17.3 getAllUserIds에서 플로우가 원소를 배출할 때 다운스트림 플로우가 해당 원소를 처리할 때까지 생산자 코드는 계속 진행되지 않는다.

각 원소를 처리하기 위해 새 코루틴을 생성하는 등의 더 복잡한 최적화를 수행하지 않더라도 또 다른 점을 관찰할 수 있다. 바로 수집자가 원소를 처리할 때까지 생산자가 기다리지 않고 원소를 생성할 수 있으면 플로우 실행 속도를 더 빠르게 할 수 있다는 점이다. 이것이 바로 buffer 연산자가 제공하는 기능이다. 이 연산자는 버퍼를 추가해서 다운스트림 플로우가 이미 배출된 원소를 처리하느라 바쁜 동안에도 업스트림 플로우가 원소를 배출할 수 있게 해준다. 이를 통해 플로우에서 연산자 사슬의 연결을 분리하는 효과가 있다. 3개의 원소를 저장할 수 있는 버퍼를 추가하면 생산자는 새 사용자 식별자를 계속 생성해 버퍼에 넣을 수 있고, 수집자는 네트워크 요청을 계속 처리할 수 있다.

```kotlin
fun main() {
    val ids = getAllUserIds()
    runBlocking {
        ids
            .buffer(3)
            .map { getProfileFromNetwork(it) }
            .collect { log("Got $it") }
    }
}
// 304 [main @coroutine#2] Emitting!
// 525 [main @coroutine#2] Emitting!
// 796 [main @coroutine#2] Emitting!
// 2373 [main @coroutine#1] Got Profile[0]
// 4388 [main @coroutine#1] Got Profile[1]
// 6461 [main @coroutine#1] Got Profile[2]
```

두 구현의 실행 시간을 비교해보면 버퍼를 추가했을 때 실행 시간이 줄어들었음을 알 수 있다. getAllUserIds에서 반환된 플로우는 수집자가 작업하는 동안 원소를 버퍼에 배출할 수 있기 때문이다. 그림 17.4는 이를 시각화해준다.

특히 플로우에서 원소를 배출하고 처리하는 데 걸리는 시간이 변동될 때, 연산자 사슬에 버퍼를 도입하면 시스템 처리량을 늘리는 데 도움이 될 수 있다. 예를 들어 크기와 복잡도가 다른 입력 데이터를 읽고 처리할 때 그렇다. buffer 연산자는 설정의 유연성도 크다. 크기 외에도 onBufferOverflow 파라미터를 통해 버퍼 용량이 초과될 때 어떤 일이 발생할지 지정할 수 있다. 생산자를 대기시킬지(SUSPEND), 버퍼에서 가장 오래된 값을 버릴지(DROP_OLDEST), 추가 중인 마지막 값을 버릴지(DROP_LATEST) 선택할 수 있다.

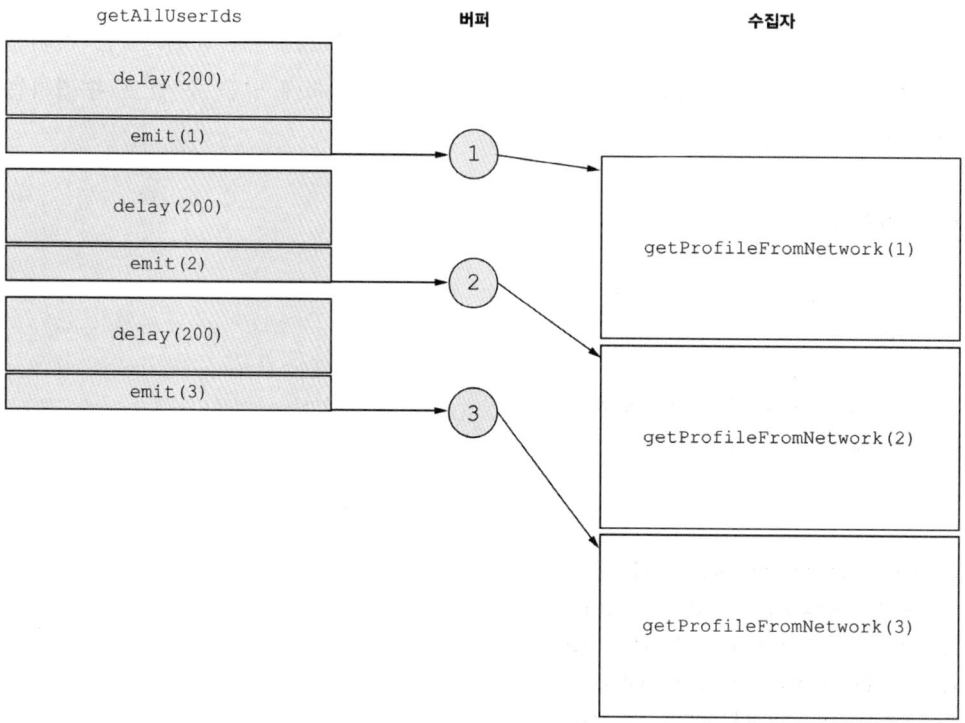

그림 17.4 buffer 연산자는 업스트림 플로우의 실행을 다운스트림 플로우로부터 분리한다. getAllUserIds가 반환한 플로우는 버퍼에 항목을 계속 배출할 수 있다. 수집자는 원소가 사용 가능할 때 자신의 속도로 네트워크 요청을 처리할 수 있다.

17.2.5 중간값을 버리는 연산자: conflate 연산자

값 생산자가 방해받지 않고 작업을 계속할 수 있게 하는 또 다른 방법은 수집자가 바쁜 동안 배출된 항목을 그냥 버리는 것이다. 코틀린 플로우에서는 conflate 연산자를 통해 이렇게 할 수 있다. 여기에서는 16장에서 만든 getTemperatures 함수를

conflate와 함께 써서 500밀리초 간격으로 온도를 읽고, 이를 1초마다 수집한다. 출력에서 볼 수 있듯이 conflate보다 앞의 업스트림 플로우는 getTemperatures에 의해 배출된 모든 원소를 포함하지만, 다운스트림의 수집자에서는 중간 원소가 버려진다.

리스트 17.5 conflate를 사용해 중간값을 무시하기

```
import kotlinx.coroutines.flow.*
// getTemperatures 함수는 16장에서 다룸
fun main() {
  runBlocking {
    val temps = getTemperatures()
    temps
      .onEach {
        log("Read $it from sensor")
      }
      .conflate()
      .collect {
        log("Collected $it")
        delay(1.seconds)
      }
  }
}

// 43 [main @coroutine#2] Read 20 from sensor
// 51 [main @coroutine#1] Collected 20
// 558 [main @coroutine#2] Read -10 from sensor
// 1078 [main @coroutine#2] Read 3 from sensor
// 1294 [main @coroutine#1] Collected 3
// 1579 [main @coroutine#2] Read 13 from sensor
// 2153 [main @coroutine#2] Read 26 from sensor
// 2556 [main @coroutine#1] Collected 26
```

buffer와 마찬가지로 conflate를 쓰면 업스트림 플로우의 실행을 다운스트림 연산자의 실행과 분리할 수 있다. 플로우 값이 빠르게 '구식'이 되고 다른 배출된 원소로

대체되는 경우 느린 수집자가 플로우에서 최신 원소만 처리하게 함으로써 성능을 유지할 수 있다.

17.2.6 일정 시간 동안 값을 필터링하는 연산자: debounce 연산자

어떤 상황에서는 플로우의 값을 처리하기 전에 잠시 기다리는 것이 유용할 수 있다. 다음 코드는 사용자가 검색 질의 문자열을 타이핑하는 것을 시뮬레이션한다. 사용자가 키를 누를 때마다 플로우는 점점 더 긴 문자열을 배출한다. 사용자가 즉각적으로 타이핑하지 않고 키를 누르는 데 시간이 걸리므로 delay를 호출해서 타이핑에 따른 시간 경과를 시뮬레이션한다.

```
val searchQuery = flow {
    emit("K")
    delay(100.milliseconds)
    emit("Ko")
    delay(200.milliseconds)
    emit("Kotl")
    delay(500.milliseconds)
    emit("Kotlin")
}
```

애플리케이션은 검색 버튼을 굳이 누르지 않아도 사용자가 입력한 결과를 즉시 볼 수 있는 '즉시 검색 기능'을 제공하려 한다. 이 플로우를 별도의 처리 없이 수집하면 각 키 입력마다 새로운 검색 요청이 시작된다.

일반적인 전략은 실제로 검색 과정을 시작하기 전에 잠시 기다리는 것이다. 사용자가 질의를 입력하는 동안에는 불필요한 검색 요청이 발생하지 않지만 일정 시간 동안 입력이 없으면 검색 결과가 표시된다. debounce 연산자를 사용하면 이런 동작을 쉽게 구현할 수 있다. 이 연산자는 업스트림에서 원소가 배출되지 않은 상태로 정해진 타임아웃 시간이 지나야만 항목을 다운스트림 플로우로 배출한다. debounce를 250밀리초로 설정하고 searchQuery 플로우를 수집하면 1/4초 동안 정지된 다음에 다운스트림 플로우로 항목이 배출되고 수집된다.

```
fun main() = runBlocking {
  searchQuery
     .debounce(250.milliseconds)
     .collect {
        log("Searching for $it")
     }
}
// 644 [main @coroutine#1] Searching for Kotl
// 876 [main @coroutine#1] Searching for Kotlin
```

17.2.7 플로우가 실행되는 코루틴 콘텍스트를 바꾸기: flowOn 연산자

플로우 연산자가 블로킹 I/O를 사용하거나 UI 스레드에서 작업할 필요가 있을 때, 일반 코루틴과 마찬가지로 고려 사항이 적용된다. 즉, 코루틴 콘텍스트가 플로우 로직이 실행되는 위치를 결정한다. 기본적으로, 수집 프로세스는 collect가 호출된 콘텍스트에서 실행된다. 하지만 앞에서 살펴본 것처럼 플로우를 사용해 상당히 복잡한 데이터 처리 파이프라인을 구축할 수 있다. 이때 처리 파이프라인의 일부를 다른 디스패처나 다른 코루틴 콘텍스트에서 실행하고 싶을 수 있다. flowOn 연산자가 이런 일을 한다. flowOn은 14장에서 설명한 withContext 함수와 비슷하게 코루틴 콘텍스트를 조정한다. 여기에서는 runBlocking의 디스패처인 기본 디스패처와 I/O 디스패처를 전환할 때 flowOn을 쓴다.

리스트 17.6 flowOn을 통한 디스패처 전환

```
import kotlinx.coroutines.*
fun main() {
  runBlocking {
    flowOf(1)
       .onEach { log("A") }
```

```
            .flowOn(Dispatchers.Default)
            .onEach { log("B") }
            .flowOn(Dispatchers.IO)
            .onEach { log("C") }
            .collect()
    }
}
// 36 [DefaultDispatcher-worker-3 @coroutine#3] A
// 44 [DefaultDispatcher-worker-1 @coroutine#2] B
// 44 [main @coroutine#1] C
```

중요한 점은 flowOn 연산자가 업스트림 플로우의 디스패처에만 영향을 미친다는 것이다. 즉, flowOn 호출보다 더 앞에 있는 플로우(그리고 모든 중간 연산자)가 영향을 받는다. 다운스트림 플로우는 영향을 받지 않으므로 이 연산자를 '콘텍스트 보존' 연산자라고도 부른다. Dispatchers.Default로의 전환은 "A"에만 영향을 미치며, Dispatchers.IO로의 전환은 "B"에만 영향을 미친다. "C"는 flowOn의 이전 호출에 의해 전혀 영향을 받지 않는다.

17.3 커스텀 중간 연산자 만들기

코틀린 코루틴 라이브러리는 플로우를 조작할 수 있는 다양한 연산자를 제공한다. 하지만 이런 연산자들이 내부적으로 어떻게 동작하며, 어떻게 우리가 직접 커스텀 중간 연산자를 만들 수 있을까?

일반적으로 중간 연산자는 동시에 수집자와 생산자의 역할을 한다. 즉, 업스트림 플로우에서 원소를 수집한 다음, 이를 변환하거나 부수 효과를 수행하거나 사용자가 정의한 동작을 수행하고 다운스트림 플로우에 새 원소를 배출한다. 각각의 과정에 대해서는 이미 알고 있다. 업스트림 플로우에서 원소를 수집하는 것은 collect를 쓰면 되고, flow 빌더 함수를 사용하면 새로운 다운스트림 플로우를 생성할 수 있다. 플로우 빌더 안에서만 업스트림 플로우에 대해 collect를 호출할 수 있으므로 연산자는 여전히 콜드 상태로 유지된다. 여러분이 만든 커스텀 연산자로부터 반환된 플로우에 대해 다른 함수가 collect를 호출해야 비로소 업스트림 플로우 수집이 시작된다.

예를 들어 Double 원소로 이뤄진 플로우에서 마지막 n개 원소의 평균을 계산하는 연산자를 구현할 수 있다. 이를 위해 내부적으로 발생한 숫자의 리스트를 유지하면서 만난 값들의 평균을 배출할 수 있다.

```
fun Flow<Double>.averageOfLast(n: Int): Flow<Double> =
    flow {
        val numbers = mutableListOf<Double>()
        collect {
            if (numbers.size >= n) {
                numbers.removeFirst()
            }
            numbers.add(it)
            emit(numbers.average())
        }
    }
```

다른 중간 연산자와 마찬가지로 이 연산자를 업스트림 플로우에 대해 호출한 후 다운스트림 플로우를 수집할 수 있다.

```
fun main() = runBlocking {
    flowOf(1.0, 2.0, 30.0, 121.0)
        .averageOfLast(3)
        .collect {
            print("$it ")
        }
}
// 1.0 1.5 11.0 51.0
```

대부분의 코틀린 표준 연산자는 이와 비슷한 패턴을 따른다. 다만 성능 최적화를 위한 코드가 추가되는 경우가 많다. 이런 최적화는 연산자 사슬이 더 효율적으로 작동하게 돕지만, 이는 단지 구현 세부 사항일 뿐이다. 즉, 최적화는 밖에 드러나지 않고 코드의 행동 방식에는 영향을 미치지 않는다.

17.4 최종 연산자는 업스트림 플로우를 실행하고 값을 계산한다

중간 연산자는 주어진 플로우를 다른 플로우로 변환하지만 실제로 코드를 실행하지는 않는다. 실행은 최종 연산자가 담당한다. 최종 연산자는 단일 값이나 값의 컬렉션을 계산하거나, 플로우의 실행을 촉발시켜 지정된 연산과 부수 효과를 수행한다. 앞에서 살펴본 것처럼 가장 일반적인 최종 연산자는 collect다. collect는 플로우의 각 원소에 대해 실행할 람다를 지정할 수 있는 유용한 지름길을 제공한다. 이제는 중간 연산자를 배웠기 때문에 이 지름길 코드가 onEach를 호출한 다음에 파라미터 없는 collect를 호출하는 코드와 같다는 사실을 짐작할 수 있을 것이다.

```
fun main() = runBlocking {
  getTemperatures()
    .onEach {
      log(it)
    }
    .collect()
}
```

최종 연산자는 업스트림 플로우의 실행을 담당하기 때문에 항상 일시 중단 함수다. collect를 호출하면 플로우 전체가 수집될 때까지(또는 collect를 호출한 코루틴 스코프가 취소될 때까지) 일시 중단된다. first나 firstOrNull 같은 다른 최종 연산자는 원소를 받은 다음에 업스트림 플로우를 취소할 수 있다. 예를 들어 온도 센서에서 값을 하나만 얻고 싶다면 first나 그와 비슷한 firstOrNull 함수를 사용하면 된다.

```
fun main() = runBlocking {
  getTemperatures()
    .first()
}
```

17.4.1 프레임워크는 커스텀 연산자를 제공한다

코틀린 생태계의 어떤 프레임워크들은 플로우와 직접적인 통합을 제공하며, 커스텀 연산자와 변환 함수도 노출한다. 예를 들어 구글의 안드로이드 UI 프레임워크인 젯팩 컴포즈^{Jetpack Compose}나 젯브레인즈의 컴포즈 다중 플랫폼 프로젝트는 코틀린 플로우를 State 객체로 변환할 수 있게 해주며, UI 프레임워크가 사용자 인터페이스를 다시 그리게 할 때 이 State 객체가 쓰인다. 다음 예제는 collectAsState 함수를 사용해 정수 플로우를 받아 State 객체로 변환한다. State 객체는 컴포즈의 state 플로우와 마찬가지로 초깃값을 받는데, 값이 없음을 나타내고자 이 초깃값을 null 로 설정할 수 있다. 그런 다음 컴포즈 DSL에서 temperature 변수를 사용해 사용자 인터페이스 구성 요소를 기술할 수 있다. 이 예제에서는 텍스트를 상자 안에 넣는 간단한 코드를 보여준다.

```
@Composable fun TemperatureDisplay(temps: Flow<Int>) {
    val temperature = temps.collectAsState(null)
    Box {
        temperature.value?.let {
            Text("The current temperature is $it!")
        }
    }
}
```

플로우는 여러분의 코루틴 기반 툴킷에 강력한 추가 기능을 제공하며, 시간에 따라 값을 처리하는 우아한 코드를 작성할 때 쓸모가 있다. 18장에서는 코틀린 기반 애플리케이션에서 오류가 어떻게 전파되고 처리되는지 살펴보고, 동시성 코드를 테스트하는 방법도 다룬다.

요약

- 중간 연산자는 플로우를 다른 플로우로 변환한다. 중간 연산자는 업스트림 플로우에 대해 작동하며 다운스트림 플로우를 반환한다. 중간 연산자는 콜드 상태이며 최종 연산자가 호출될 때까지 실행되지 않는다.
- 시퀀스에 사용할 수 있는 중간 연산자 상당수를 플로우에도 직접 사용할 수 있다. 플로우에는 변환을 수행하거나(transform), 플로우가 실행되는 콘텍스트를 관리하거나(flowOn), 특정 단계에서 코드를 실행(onStart, onCompletion 등)하는 다른 중간 연산자도 추가 제공한다.
- collect와 같은 최종 연산자는 플로우의 코드를 실행한다. 핫 플로우의 경우 collect는 플로우에 대한 구독을 처리한다.
- 플로우 빌더 안에서 플로우를 수집하고 변환된 원소를 배출하는 방식으로 자신만의 중간 연산자를 만들 수 있다.
- 젯팩 컴포즈나 컴포즈 다중 플랫폼 같은 일부 외부 프레임워크는 코틀린 플로우와의 직접적인 통합을 제공한다.

18

오류 처리와 테스트

18장에서 다루는 내용

- 오류와 예외 발생 시 코드의 동작 제어
- 오류 처리를 구조적 동시성 개념과 연결하는 방법
- 시스템 일부가 실패해도 정상적으로 작동하는 코드를 작성하는 방법
- 동시성 코드를 위한 단위 테스트 작성법
- 테스트 실행 속도를 높이고 세밀한 동시성 제약 조건을 테스트하는 방법
- 터빈 라이브러리를 사용한 플로우 테스트

지금까지 여러 장에 걸쳐 코틀린 코루틴을 활용한 동시성 코드 작성의 여러 측면을 살펴봤다. 이제 애플리케이션의 강건성을 보장하기 위해 마지막으로 다뤄야 할 한 가지 주제가 남아있다. 바로 문제가 발생할 때 코드가 어떻게 동작하느냐이다.

동시성 애플리케이션 작업은 본질적으로 복잡하다. 시스템 내의 여러 부분이 상호

작용할 가능성이 크기 때문이다. 더 나아가 애플리케이션은 여러분이 제어할 수 없는 외부 시스템과도 상호작용할 가능성이 높다. 이런 시스템은 실패하거나 서비스 연결이 불안정할 수 있다. 하지만 이런 상황에도 애플리케이션은 정상적으로 작동해야 한다. 이를 가능하게 하는 핵심 요소가 적절한 오류 처리이며, 문제를 부드럽게 처리하는 메커니즘을 구현해야 한다.

코틀린 코루틴을 사용할 때 오류 처리는 15장에서 다뤘던 구조적 동시성과 깊게 얽혀 있다. 18장의 앞부분 절반에서는 미처 잡아내지 않은 예외가 구조적 동시성의 계층을 따라 어떻게 처리되고 전파되는지, 플로우에서 오류를 어떻게 처리하는지, 이들의 동작을 제어하기 위해 사용할 수 있는 도구들이 무엇인지 다룬다.

애플리케이션의 강건성을 높이기 위한 또 다른 중요한 측면은 테스트다. 일반적인 애플리케이션 코드에 대한 테스트 전략과 방법을 여러 책이 다루고 있지만 18장의 뒷부분 절반은 코틀린 코루틴을 사용하는 테스트 코드를 작성하는 방법을 살펴보고, 가상 시간을 사용해 테스트를 실행하는 특별한 기능과 터빈^{Turbine}(터바인이라고도 읽음) 라이브러리를 사용해 플로우를 편리하게 테스트하는 방법을 살펴본다. 18장을 마치면 오류가 전파되는 방식, 플로우와 코루틴에서 오류를 처리하는 방법, 동시성 코드에 대한 테스트를 작성하는 기법을 더 잘 이해할 수 있을 것이다.

18.1 코루틴 내부에서 던져진 오류 처리

다른 코틀린 코드와 마찬가지로 일시 중단 함수나 코루틴 빌더 안에 작성한 코드도 예외를 발생시킬 수 있다. 이런 예외를 처리하기 위해 launch나 async 호출을 try-catch로 감싸고 싶을 수 있다. 하지만 그렇게 해도 효과가 없다. 이들이 코루틴 빌더 함수이기 때문이다. 코루틴 빌더는 실행할 새로운 코루틴을 생성하는데, 이 새로운 코루틴에서 발생한 예외는 (코루틴 빌더를 감싸고 있는) catch 블록에 의해 잡히지 않는다(마치 새로 생성된 스레드에서 발생한 예외가 스레드를 만든 코드에서 잡히지 않는 것과 같다). 따라서 다음과 같은 코드의 launch 빌더 안에서 UnsupportedOperationException이 발생하는 경우 예외가 잡히지 않는다.

```
import kotlinx.coroutines.*

fun main(): Unit = runBlocking {
    try {
        launch {
            throw UnsupportedOperationException("Ouch!")
        }
    } catch (u: UnsupportedOperationException) {
        println("Handled $u")                      ← 실행되지 않음
    }
}

// Exception in thread "main" java.lang.UnsupportedOperationException: Ouch!
// at MyExampleKt$main$1$1.invokeSuspend(MyExample.kt:6)
// ...
```

이 예외를 올바르게 처리하는 한 가지 방법은 launch에 전달되는 람다 블록 안에 try-catch 블록을 넣는 것이다. 이 경우 예외가 코루틴 경계를 넘지 않기 때문에 코루틴이 없었을 때처럼 처리될 수 있다(코루틴에서 던져진 예외를 애플리케이션 전체를 중단시키지 않고 자동으로 처리하는 방법은 18.2.3절과 18.3절에서 살펴본다).

```
import kotlinx.coroutines.*
fun main(): Unit = runBlocking {
    launch {
        try {
            throw UnsupportedOperationException("Ouch!")
        } catch (u: UnsupportedOperationException) {
            println("Handled $u")
        }
    }
}

// Handled java.lang.UnsupportedOperationException: Ouch!
```

async로 생성된 코루틴이 예외를 던진다면 그 결과에 대해 await를 호출할 때 이

예외가 다시 발생한다. await가 원하는 타입의 의미 있는 값을 돌려줄 수 없기 때문에 예외를 던져야만 한다. 리스트 18.1은 이를 보여준다. 원래 myDeferredInt.await()는 정수 값을 반환해야 하지만 값을 계산하는 async 코루틴 안쪽에서 예외가 발생하기 때문에 await()가 그 예외를 다시 던진다. await()를 try-catch로 감싸면 이 예외를 처리할 수 있다.

리스트 18.1 예외를 던지는 async 코루틴

```
import kotlinx.coroutines.*

fun main(): Unit = runBlocking {
    val myDeferredInt: Deferred<Int> = async {
        throw UnsupportedOperationException("Ouch!")
    }
    try {
        val i: Int = myDeferredInt.await()
        println(i)
    } catch (u: UnsupportedOperationException) {
        println("Handled: $u")
    }
}
```

이 예제를 실행하면 await()를 감싼 try-catch에서 예외를 잡는 것을 확인할 수 있다. 하지만 동시에 오류 콘솔에도 예외가 출력되는 모습을 볼 수 있다.

```
Handled: java.lang.UnsupportedOperationException: Ouch!
Exception in thread "main" java.lang.UnsupportedOperationException: Ouch!
    at MyExampleKt$main$1$myDeferred$1.invokeSuspend(MyExample.kt:6)
    ...
```

이는 await가 예외를 다시 던지지만 원래의 예외도 여전히 관찰되기 때문이다. 이 예에서 async는 예외를 부모 코루틴인 runBlocking에 전파하고, 프로그램은 종료된다.

자식 코루틴은 잡히지 않은 예외를 항상 부모 코루틴에 전파한다. 이는 부모 코루틴이 이 예외를 처리해야 할 책임을 가진다는 의미다. 현실에서 자식들이 직접 처리할 수 없는(또는 그냥 불편한) 일을 부모에게 넘기는 것과 같다. 다음 절에서는 오류 전파를 더 자세히 살펴보고, 부모 코루틴이 자식으로부터 전달받은 잡히지 않은 오류를 처리할 수 있는 다양한 방법을 살펴본다.

18.2 코틀린 코루틴에서의 오류 전파

15장에서 구조적 동시성을 처음 접할 때 구조적 동시성의 주된 책임이 취소 처리 이외에 오류 처리라는 점을 간단히 언급한 적이 있다. 구조적 동시성 패러다임은 자식 코루틴에서 발생한 잡히지 않은 예외가 부모 코루틴에 의해 어떻게 처리되는지에 영향을 준다. 자식에게 작업을 나누는 방식에 따라 자식의 오류를 처리하는 방식도 달라진다. 자식 중 하나의 실패가 부모의 실패로 이어질 것인지 여부에 따라 2가지 방식으로 나눌 수 있다.

- 코루틴이 작업을 동시적으로 분해해 처리하는 경우 자식 중 하나의 실패는 더 이상 최종 결과를 얻을 수 없다는 점을 의미한다. 이런 경우 부모 코루틴도 예외로 완료돼야 하며, 여전히 작업 중인 다른 자식은 더 이상 필요가 없는 결과를 생성하는 것을 피하기 위해 취소된다. 한 자식의 실패가 부모의 실패로 이어진다.
- 두 번째 경우는 하나의 자식이 실패해도 전체 실패로는 이어지지 않을 때다. 자식들에게 벌어진 실패를 부모가 처리해야 하지만 자식의 실패로 인해 시스템 전체가 실패하면서 멈추지는 말아야 하는 경우를, 자식이 부모의 실행을 감독한다고 말한다. 이러한 감독 코루틴은 일반적으로 코루틴 계층의 최상위에 위치한다. 예를 들어 서버 프로세스는 여러 자식 작업을 시작하고 이들의 실행을 감독할 수 있다. 다른 예로 최신 데이터를 가져오는 작업이 실패하더라도 UI 구성 요소는 계속 살아 있어야만 한다. 이런 경우 어느

한 자식의 실패가 부모의 실패로 이어지지 않는다.

코틀린 코루틴에서 자식 코루틴을 부모가 어떻게 처리할지는 부모 코루틴의 콘텍스트에 Job(자식의 실패가 부모의 실패로 이어짐)과 SupervisorJob(부모가 자식을 감독함) 중 어느 것이 있는지에 따라 달라진다. 다음 절에서는 둘의 차이를 자세히 살펴본다.

18.2.1 자식이 실패하면 모든 자식을 취소하는 코루틴

14.8절에서 코루틴 콘텍스트를 설명할 때 코루틴 간의 부모-자식 계층이 Job 객체를 통해 구축된다는 점을 배웠다. 따라서 코루틴이 SupervisorJob 없이 생성된 경우 자식 코루틴에서 발생한 잡히지 않은 예외는 부모 코루틴을 예외로 완료시키는 방식으로 처리된다.

실패한 자식 코루틴은 자신의 실패를 부모에게 전파한다. 그러면 부모는 다음을 수행한다.

- 불필요한 작업을 막기 위해 다른 모든 자식을 취소한다.
- 같은 예외를 발생시키면서 자신의 실행을 완료시킨다.
- 자신의 상위 계층으로 예외를 전파한다.

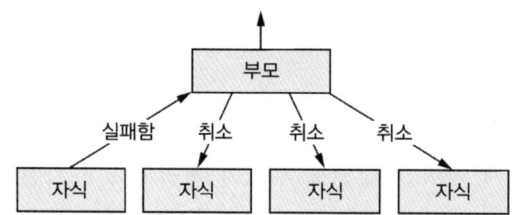

그림 18.1 자식 코루틴이 잡히지 않는 예외로 실패하면 부모에게 통지한다. 다시 부모는 형제 코루틴들을 모두 취소하고 예외를 코루틴 계층의 상위로 전달한다..

이런 동작은 다른 언어에 있는 비슷한 동시성 구현 기본 요소와 다르다(예: 고^{Go} 언어의 고루틴에는 이런 동작이 없다). 보통 이렇게 편리하게 다른 모든 '형제' 작업을 취소하는 기능은 처음부터 제공되기보다는 프로그래머가 직접 구현해야 한다. 따라서 이는 코틀린 코루틴의 큰 장점이다.

이런 동작은 같은 스코프 안에서 동시성 계산을 함께 수행하고 공통의 결과를 반환하는 코루틴 그룹에게 아주 유용하다. 이런 스코프의 코루틴 중 하나가 잡을 수 없는 예외로 인해 실패한다는 말은 그 코루틴이 스스로 해결할 수 없는 문제가 발생했다는 의미이며, 이런 일이 벌어질 때 공통의 결과를 합리적으로 계산할 방법이 더 이상 없다는 가정이 필요하다. 따라서 이런 상황에 다른 형제 코루틴이 이제는 불필요해진 작업을 계속 수행하거나 자원을 계속 잡고 있는 것을 막기 위해 이들을 취소한다. 이렇게 하면 불필요한 작업을 피하고 자원을 해제하게 된다.

리스트 18.2에서는 2가지 코루틴을 만든다. 첫 번째 코루틴은 '하트비트heartbeat(심장박동)' 역할을 하는 코루틴이며, 단순히 루프를 돌면서 일정 시간 간격으로 메시지를 출력한다.

예외가 발생하면 이 코루틴은 예외를 출력한 다음에 예외를 다시 던지면서 끝난다. 두 번째 코루틴은 1초가 지난 후 예외를 던지는데, 이 예외를 잡아내지는 않는다.

> **리스트 18.2 하트비트 코루틴과 예외를 던지는 코루틴 시작하기**

```
import kotlinx.coroutines.*
import kotlin.time.Duration.Companion.milliseconds
import kotlin.time.Duration.Companion.seconds

fun main(): Unit = runBlocking {
  launch {
    try {
      while (true) {
        println("Heartbeat!")
        delay(500.milliseconds)
      }
    } catch (e: Exception) {
      println("Heartbeat terminated: $e")
      throw e
```

```
      }
    }
    launch {
      delay(1.seconds)
      throw UnsupportedOperationException("Ow!")
    }
}
```

출력에서 볼 수 있듯이 형제 코루틴 중 하나가 예외를 던지면 하트비트 코루틴도 취소된다.

```
Heartbeat!
Heartbeat!
Heartbeat terminated: kotlinx.coroutines.JobCancellationException: Parent job
    is Cancelling; job=BlockingCoroutine{Cancelling}@1517365b
Exception in thread "main" java.lang.UnsupportedOperationException: Ow!
```

기본적으로 이 예제와 같이 **runBlocking**을 포함한 모든 코루틴 빌더는 일반적인 감독이 아닌 코루틴을 생성한다. 그렇기 때문에 한 코루틴이 잡히지 않은 예외로 종료되면 다른 자식 코루틴도 취소된다.

이런 오류 전파 동작은 **launch**로 시작된 코루틴뿐만 아니라 모든 코루틴에게도 적용된다. 예를 들어 자식 코루틴을 **async**로 시작해도 같은 동작을 볼 수 있다. 예제에서 **launch**를 **async**로 바꿔도 형제 코루틴이 취소된다.

18.2.2 구조적 동시성은 코루틴 스코프를 넘는 예외에만 영향을 미친다

형제 코루틴을 취소하고 예외를 코루틴 계층 상위로 전파하는 이 동작은 코루틴 스코프를 넘는 처리되지 않은 예외에만 영향을 미친다. 따라서 이 동작을 피하는 가장 쉬운 방법은 처음부터 스코프를 넘는 예외를 던지지 않는 것이다. 한 코루틴 안에만 속해있는 **try-catch** 블록(예: 일시 중단 함수 내부)은 예상대로 동작한다. 리스트 18.2를 수정해 UnsupportedOperationException을 직접 잡을 수 있다.

리스트 18.3 코루틴 내부에서 예외 잡기

```kotlin
import kotlinx.coroutines.*
import kotlin.time.Duration.Companion.milliseconds
import kotlin.time.Duration.Companion.seconds

fun main(): Unit = runBlocking {
    launch {
        try {
            while (true) {
                println("Heartbeat!")
                delay(500.milliseconds)
            }
        } catch (e: Exception) {
            println("Heartbeat terminated: $e")
            throw e
        }
    }
    launch {
        try {
            delay(1.seconds)
            throw UnsupportedOperationException("Ow!")
        } catch(u: UnsupportedOperationException) {
            println("Caught $u")
        }
    }
}
```

이렇게 변경하고 나면 예외가 발생한 다음에도 하트비트 코루틴이 계속 텍스트를 출력하는 것을 볼 수 있다.

```
Heartbeat!
Heartbeat!
Caught java.lang.UnsupportedOperationException: Ow!
Heartbeat!
Heartbeat!
```

> **노트**
>
> 15.2.4절에서 살펴본 것처럼 코루틴에서 예외를 잡을 때는 취소 예외(CancellationException)와 그 모든 하위 타입을 주의해야 한다. 취소는 코루틴 생명주기의 자연스러운 일부분이기 때문에 이런 예외를 코드가 삼켜서는 안 된다. 대신 애초에 예외를 잡지 않거나, 다시 던져야 한다.

처리되지 않은 예외를 코루틴 계층 위쪽으로 전파하고 형제 코루틴을 취소하는 것은 애플리케이션에서 구조적 동시성 패러다임을 강제하는 데 도움이 된다. 하지만 처리되지 않은 예외 하나가 전체 애플리케이션을 무너뜨려서는 안 된다. 대신 이 오류 전파에 대한 경계를 정의할 수 있어야 한다. 코틀린 코루틴에서는 슈퍼바이저supervisor(감독자나 관리자라는 뜻) 코루틴을 사용해 경계를 정의할 수 있다.

18.2.3 슈퍼바이저는 부모와 형제가 취소되지 않게 한다

슈퍼바이저는 자식이 실패하더라도 생존한다. 일반 Job을 사용하는 스코프와 달리 슈퍼바이저는 일부 자식이 실패를 보고하더라도 실패하지 않는다(그림 18.2 참고). 슈퍼바이저는 다른 자식 코루틴을 취소하지 않으며 예외를 구조적 동시성 계층 상위로 전파하지 않는다. 이 때문에 종종 코루틴 계층의 최상위 코루틴으로서 슈퍼바이저가 쓰인다.

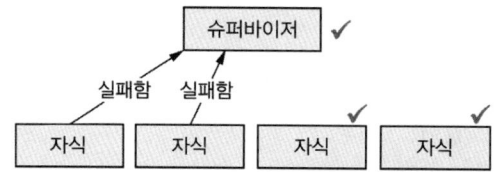

그림 18.2 슈퍼바이저의 하나 이상의 자식 코루틴이 실패해도 형제와 부모 코루틴은 계속 작동하며, 예외는 더 이상 전파되지 않는다.

코루틴이 자식 코루틴의 슈퍼바이저가 되려면 그 코루틴에 연관된 Job이 일반적인 Job이 아니라 SupervisorJob이어야 한다. SupervisorJob은 Job과 마찬가지 역할을 하지만 예외를 부모에게 전파하지 않으며, 다른 자식 작업이 실패해도 취소되지 않게 한다. 물론 SupervisorJob도 구조적 동시성에 참여해 여전히 취소될 수 있고 취소 예외를 올바로 전파한다.

슈퍼바이저의 동작을 직접 확인하려면 supervisorScope 함수를 사용해 스코프를 만들 수 있다. 이 함수는 15.1.1절에서 살펴본 coroutineScope 함수와 비슷하지만 중요한 차이점이 있다. 자식 코루틴 중 하나가 실패해도 형제 코루틴이 종료되지 않고 처리되지 않은 예외는 더 이상 전파되지 않는다. 대신 부모 코루틴과 형제 코루틴은 모두 계속 작동한다. 따라서 하트비트 코루틴이 계속 실행되도록 리스트 18.2를 수정하려면 launch 호출을 supervisorScope로 감싸면 된다.

리스트 18.4 예외가 더 이상 전파되지 않게 슈퍼바이저 스코프 사용하기

```
import kotlinx.coroutines.*
import kotlin.time.Duration.Companion.milliseconds
import kotlin.time.Duration.Companion.seconds

fun main(): Unit = runBlocking {
  supervisorScope {
    launch {
      try {
        while (true) {
          println("Heartbeat!")
          delay(500.milliseconds)
        }
      } catch (e: Exception) {
        println("Heartbeat terminated: $e")
        throw e
      }
    }
    launch {
      delay(1.seconds)
      throw UnsupportedOperationException("Ow!")
    }
```

        }
    }

이 코드를 실행하면 예외가 발생한 후에도 하트비트 코루틴이 계속 작동하는 것을 확인할 수 있다. 자식 코루틴이 부모 코루틴을 취소하지 못하게 슈퍼바이저가 막은 것이다(그림 18.2에서 설명한 것과 마찬가지로 동작).

```
Heartbeat!
Heartbeat!
Exception in thread "main" java.lang.UnsupportedOperationException: Ow!
...
Heartbeat!
Heartbeat!
...
```

그렇다면 왜 예외가 출력됐는데도 애플리케이션이 계속 실행될 수 있었을까? `SupervisorJob`이 `launch` 빌더로 시작된 자식 코루틴에 대해 `CoroutineExceptionHandler`를 호출하기 때문이다(이 주제는 18.3절과 18.3.1절에서 더 자세히 다룰 것이다).

코루틴을 지원하는 프레임워크는 종종 슈퍼바이저 역할을 하는 코루틴 스코프를 기본적으로 제공한다. 예를 들어 케이토의 `Application` 스코프를 개별 요청 핸들러의 수명보다 더 오래 실행되는 코루틴을 시작할 때 쓸 수 있다. 이런 코루틴은 전체 케이토 애플리케이션이 실행되는 동안 계속 살아 있을 수 있다. `Application` 스코프는 슈퍼바이저 역할도 하며, 어느 한 코루틴에서 처리되지 않은 예외가 발생해도 전체 애플리케이션을 중단시키지 않는다. 반면 케이토의 `PipelineContext`는 한 요청 핸들러와 같은 수명을 가진 코루틴을 책임진다. 여기서 가정은 `PipelineContext` 내에서 여러 코루틴이 함께 작업하면서 요청에 대한 응답을 계산한다는 것이다. 따라서 어느 한 코루틴이 처리되지 않은 예외로 실패하면 더 이상 결과를 계산할 합리적인 방법이 없기 때문에 해당 요청과 관련된 다른 코루틴도 함께 취소된다.

슈퍼바이저는 애플리케이션에서 코루틴 계층의 '위쪽'에 위치하는 경우가 많다. 이는 주로 애플리케이션 전체 수명이나 창 또는 뷰가 사용자에게 표시되는 시간과 같이 소프트웨어에서 오랫동안 실행돼야 하는 부분과 코루틴을 연관시키기 위해 사용된다. 미세한 작업 함수들은 일반적으로 슈퍼바이저를 사용하지 않는데, 이는 불필요한 작업이 취소되는 것이 코루틴 오류 전파에서 바람직한 특성이기 때문이다.

18.3 CoroutineExceptionHandler: 예외 처리를 위한 마지막 수단

자식 코루틴은 처리되지 않은 예외를 부모 코루틴에 전파한다. 이때 예외가 슈퍼바이저에 도달하거나 계층의 최상위로 가서 부모가 없는 루트 코루틴에 도달하면 예외는 더 이상 전파되지 않는다. 이 시점에서 처리되지 않은 예외는 `Coroutine ExceptionHandler`라는 특별한 핸들러에게 전달된다. 이 핸들러는 코루틴 콘텍스트의 일부다. 코루틴 콘텍스트에 예외 핸들러가 없다면 처리되지 않은 예외는 시스템 전역 예외 핸들러로 이동한다.

> **노트**
>
> 순수 JVM 프로젝트와 안드로이드 프로젝트의 시스템 전역 예외 핸들러는 서로 다르다. 순수 JVM 프로젝트에서는 핸들러가 예외 스택 트레이스를 오류 콘솔에 출력한다(JVM의 UncaughtException Handler와 마찬가지다). 안드로이드에서는 시스템 전역 예외 핸들러가 앱을 오류와 함께 종료시킨다.

`CoroutineExceptionHandler`를 코루틴 콘텍스트에 제공하면 처리되지 않은 예외를 처리하는 동작을 커스텀화할 수 있다. 코틀린 프레임워크는 자체적으로 코루틴 예외 핸들러를 제공할 수 있다. 예를 들어 서버 측 프레임워크인 케이토는 `Coroutine ExceptionHandler`를 사용해 처리되지 않은 예외의 문자열 표현을 로그 프로바이더에 보낸다. 반면 안드로이드 `ViewModel`은 `viewModelScope`와 연관된 `SupervisorJob`의 콘텍스트에서 `CoroutineExceptionHandler`를 지정하지 않는다. 따라서 `viewModel Scope`에서 시작된 코루틴에서 `launch`를 사용해 처리되지 않은 예외가 발생하면 앱이 종료된다(18.3.1절에서 자세한 내용을 다룬다).

핸들러 정의는 매우 간단하다. 이 핸들러는 코루틴 콘텍스트와 처리되지 않은 예외를 람다의 파라미터로 받는다. 예를 들어 다음 코루틴 예외 핸들러는 콘솔에 [ERROR]라는 커스텀 접두어와 함께 처리되지 않은 예외를 로그로 남긴다.

```
val exceptionHandler = CoroutineExceptionHandler { context, exception ->
  println("[ERROR] $exception")
}
```

CoroutineExceptionHandler를 코루틴 콘텍스트의 원소로 추가할 수 있다. 다음 예제는 ComponentWithScope를 만드는데, 이 컴포넌트의 스코프(코루틴 스코프를 만드는 방법은 15.1.2절에서 다뤘다)에서 SupervisorJob을 정의해 스코프를 슈퍼바이저로 만들고, 사용자 정의 예외 핸들러를 코루틴 콘텍스트의 요소로 지정했다. 이 컴포넌트의 동작을 테스트하기 위해 예외를 던지는 코루틴을 시작한다.

리스트 18.5 커스텀 코루틴 예외 핸들러를 가진 컴포넌트

```
import kotlinx.coroutines.*
import kotlin.time.Duration.Companion.seconds

class ComponentWithScope(dispatcher: CoroutineDispatcher = Dispatchers.Default) {
  private val exceptionHandler = CoroutineExceptionHandler { _, e ->
    println("[ERROR] ${e.message}")
  }
  private val scope = CoroutineScope(
    SupervisorJob() + dispatcher + exceptionHandler
  )
  fun action() = scope.launch {
    throw UnsupportedOperationException("Ouch!")
  }
}

fun main() = runBlocking {
  val supervisor = ComponentWithScope()
  supervisor.action()
  delay(1.seconds)
}
```

출력 결과는 예외가 커스텀 예외 핸들러에 의해 처리됐음을 보여준다.

[ERROR] Ouch!

> **노트**
>
> 내부적으로는 슈퍼바이저의 직접적인 자식들이 콘텍스트의 커스텀 코루틴 예외 핸들러(이런 핸들러가 정의된 경우)에 예외를 전달하거나 디폴트 핸들러에게 예외를 전달하는 방식으로 예외를 직접 처리한다. 단순화를 위해 이런 식으로 처리가 돼도 슈퍼바이저가 자식들의 예외를 처리하는 것으로 생각할 수 있다. 또한 코루틴 예외 핸들러는 코루틴 계층에서 최상위 코루틴이 launch 빌더로 시작된 경우에만 호출된다는 점도 기억할 필요가 있다. 이는 18.3.1절에서 더 자세히 살펴본다.

자식 코루틴, 즉 코루틴 스코프에서 시작된 코루틴이나 다른 코루틴에서 시작된 코루틴은 처리되지 않은 예외의 처리를 부모에게 위임한다는 점을 다시 한 번 언급할 가치가 있다. 부모는 다시 이 처리를 자신의 부모에게 위임하며 계층의 최상위에 이를 때까지 이런 위임이 계속된다. 따라서 '중간에 있는' CoroutineExceptionHandler라는 것은 존재하지 않는다. 루트 코루틴이 아닌 코루틴의 콘텍스트에 설치된 핸들러는 결코 사용되지 않는다.

리스트 18.6은 이를 보여준다. 여기서는 15.1.3절에서 설명한 GlobalScope.launch API를 사용해 루트 코루틴을 생성하고 커스텀 코루틴 예외 핸들러를 그 콘텍스트의 일부로 제공한다. 또한 중간 예외 핸들러를 launch 코루틴에게 제공한다. 이 코드를 실행하면 계층의 최상위에 있는 코루틴 예외 핸들러만 실행되며 중간에 있는 핸들러는 쓰이지 않는다는 사실을 알 수 있다.

리스트 18.6 코루틴 계층의 최상위에 있는 예외 핸들러만 호출된다

```
import kotlinx.coroutines.*
private val topLevelHandler = CoroutineExceptionHandler { _, e ->
    println("[TOP] ${e.message}")
}

private val intermediateHandler = CoroutineExceptionHandler { _, e ->
    println("[INTERMEDIATE] ${e.message}")
```

```kotlin
}
@OptIn(DelicateCoroutinesApi::class)          ◀── 미묘한 API를 명시적으로
fun main() {                                       사용하게 한다.
    GlobalScope.launch(topLevelHandler) {
        launch(intermediateHandler) {
            throw UnsupportedOperationException("Ouch!")
        }
    }
    Thread.sleep(1000)
}
// [TOP] Ouch!
```

이는 예외가 여전히 부모 코루틴에게 전파될 수 있기 때문이다. 그림 18.3에서 설명하는 것처럼 중간의 `launch` 호출에 코루틴 예외 핸들러가 있음에도 루트 코루틴이 아니기 때문에 예외가 계속해서 코루틴 계층을 따라 전파된다. 그 결과 최상위 코루틴인 `GlobalScope.launch`의 예외 핸들러만 호출된다.

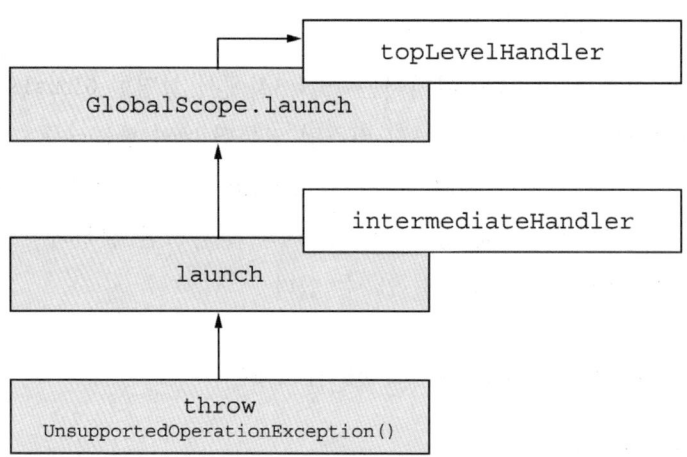

그림 18.3 중간의 `launch` 호출에는 예외 핸들러가 설정돼 있지만 루트 코루틴은 아니다. 따라서 예외가 계속 코루틴 계층을 따라 위로 전파된다. 루트 코루틴(여기서는 `GlobalScope.launch`)에 있는 예외 핸들러만 호출된다.

18.3.1 CoroutineExceptionHandler를 launch와 async에 적용할 때의 차이점

CoroutineExceptionHandler(기본 핸들러든 커스텀 핸들러든)를 살펴볼 때 예외 핸들러는 계층의 최상위 코루틴이 launch로 생성된 경우에만 호출된다는 점에 유의해야 한다. 최상위 코루틴이 async로 생성된 경우에는 CoroutineExceptionHandler가 호출되지 않는다는 뜻이다.

다음 두 예제는 이를 보여준다. 첫 번째 예제는 launch로 코루틴을 시작하고, 내부에서 async를 사용해 코루틴을 추가로 시작한다. 앞에서 설명한 것처럼 슈퍼바이저 밑의 최상위 코루틴이 launch로 시작된 경우에는 CoroutineExceptionHandler가 호출된다.

```
import kotlinx.coroutines.*
import kotlin.time.Duration.Companion.seconds

class ComponentWithScope(dispatcher: CoroutineDispatcher =
➡ Dispatchers.Default) {
  private val exceptionHandler = CoroutineExceptionHandler { _, e ->
    println("[ERROR] ${e.message}")
  }

  private val scope = CoroutineScope(SupervisorJob() + dispatcher +
➡ exceptionHandler)

  fun action() = scope.launch {
    async {
      throw UnsupportedOperationException("Ouch!")
    }
  }
}

fun main() = runBlocking {
  val supervisor = ComponentWithScope()
  supervisor.action()
  delay(1.seconds)
}
```

// [ERROR] Ouch!

이제 바깥의 코루틴(최상위 코루틴)을 async로 시작하도록 구현을 변경하면 코루틴 예외 핸들러가 호출되지 않는 것을 확인할 수 있다.

리스트 18.7 슈퍼바이저의 직접적인 자식이면서 예외를 던지는 async 코루틴

```
import kotlinx.coroutines.*
import kotlin.time.Duration.Companion.seconds

class ComponentWithScope(dispatcher: CoroutineDispatcher =
➥ Dispatchers.Default) {
  private val exceptionHandler = CoroutineExceptionHandler { _, e ->
    println("[ERROR] ${e.message}")
  }

  private val scope = CoroutineScope(SupervisorJob() + dispatcher +
➥ exceptionHandler)

  fun action() = scope.async {
    launch {
      throw UnsupportedOperationException("Ouch!")
    }
  }
}
fun main() = runBlocking {
  val supervisor = ComponentWithScope()
  supervisor.action()
  delay(1.seconds)
}
// 출력에 아무것도 표시되지 않음
```

최상위 코루틴이 async로 시작되면 이 예외를 처리하는 책임은 await()를 호출하는 Deferred의 소비자에게 있다. 따라서 코루틴 예외 핸들러는 이 예외를 무시할 수 있다. 그리고 소비자 코드는 await 호출을 try-catch 블록으로 감싸는 방식으로 예외를 처리할 수 있다. 이 경우에는 try-catch가 코루틴 취소에 영향을 끼치지 못한다. 이 예제의 scope에 SupervisorJob이 없었다면 처리되지 않은 예외가 여전히 스코프의 다른 자식 코루틴들을 모두 취소시켰을 것이다.

지금까지는 코루틴에서의 예외 처리를 설명했다. 그렇다면 플로우를 사용하는 경우의 예외 처리는 어떨까? 이제부터 이 주제를 자세히 살펴보자.

18.4 플로우에서 예외 처리

일반적인 코틀린 함수나 일시 중단 함수와 마찬가지로 다음 예제가 보여주는 것처럼 플로우도 예외를 던질 수 있다. 예제의 플로우를 수집하면 5개의 원소(0부터 4)가 배출된 다음에 UnhappyFlowException이라는 커스텀 예외가 발생한다.

리스트 18.8 5개의 숫자를 방출한 후 예외를 던지는 플로우

```
import kotlinx.coroutines.*
import kotlinx.coroutines.flow.*
class UnhappyFlowException: Exception()
val exceptionalFlow = flow {
    repeat(5) { number ->
        emit(number)
    }
    throw UnhappyFlowException()
}
```

일반적으로 플로우의 일부분(플로우가 생성되거나 변환되거나 수집되는 중에)에서 예외가 발생하면 collect에서 예외가 던져진다. 이는 collect 호출을 try-catch 블록으로 감싸면 예상대로 동작한다는 뜻이다(물론 CancellationException과 관련된 특별한 규칙은 여전히 유효하다). 이때 플로우에 중간 연산자가 적용됐는지 여부와는 관계가 없다. 다음 코드는 map 함수를 통해 exceptionalFlow를 transformedFlow로 변환한 후 collect 호출을

try-catch 블록으로 감싼 모습을 볼 수 있다.

```
fun main() = runBlocking {
    val transformedFlow = exceptionalFlow.map {
        it * 2
    }
    try {
        transformedFlow.collect {
            print("$it ")
        }
    } catch (u: UnhappyFlowException) {
        println("\nHandled: $u")
    }
    // 0 2 4 6 8
    // Handled: UnhappyFlowException
}
```

Handled:라는 접두사가 붙은 예외 이름을 통해 알 수 있듯이 예외가 제대로 처리됐음을 확인할 수 있다. 하지만 더 복잡하고 긴 플로우 파이프라인을 구축할 때는 catch 연산자를 사용하는 쪽이 더 편리하다.

18.4.1 catch 연산자로 업스트림 예외 처리

catch는 플로우에서 발생한 예외를 처리할 수 있는 중간 연산자다. 이 함수에 연결된 람다 안에서 플로우에 발생한 예외에 접근할 수 있다. 이때 예외는 람다의 파라미터로 전달된다(언제나 그렇듯이 암시적인 디폴트 이름은 it이다).

이 연산자는 취소 예외를 자동으로 인식하기 때문에 취소가 발생한 경우에는 catch 블록이 호출되지 않는다. 게다가 catch는 스스로 값을 방출할 수도 있기 때문에 예외를 오류 값으로 변환해 다운스트림 플로우에서 소비할 수도 있다. 다음 예제는 exceptionalFlow에서 발생한 예외를 잡아 로그에 기록하고 수집자에게 오류 값으로 -1을 방출한다.

리스트 18.9 catch 연산자를 써서 예외 발생 시 기본 값 방출하기

```
fun main() = runBlocking {
  exceptionalFlow
    .catch { cause ->
      println("\nHandled: $cause")
      emit(-1)
    }
    .collect {
      print("$it ")
    }
}
// 0 1 2 3 4
// Handled: UnhappyFlowException
// -1
```

여기서 catch 연산자가 오직 업스트림에 대해서만 작동하며, 플로우 처리 파이프라인의 앞쪽에서 발생한 예외들만 잡아낸다는 사실을 한 번 더 상기하는 것이 중요하다. 다음 코드에서 볼 수 있는 것처럼 catch 호출 다음에 위치한 onEach 람다에서 발생한 예외는 잡히지 않는다.

```
fun main() = runBlocking {
  exceptionalFlow
    .map {
      it + 1
    }
    .catch { cause ->
      println("\nHandled $cause")
    }
    .onEach {
      throw UnhappyFlowException()
    }
    .collect()
}
```

// Exception in thread "main" UnhappyFlowException

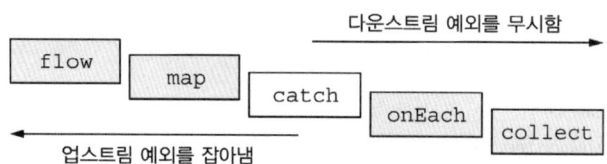

그림 18.4 catch 연산자는 업스트림에서 발생한 예외만 처리한다.
다운스트림에서 발생한 예외는 catch 연산자에 의해 영향을 받지 않는다.

> **노트**
>
> collect 람다 안에서 발생한 예외를 처리하려면 collect 호출을 try-catch 블록으로 감싸면 된다. 그 대신 onEach, catch, collect 사슬을 람다 없이 사용해 논리를 재작성할 수도 있다. 여기서 중요한 점은 예외가 발생할 수 있는 지점 다음에 catch 연산자가 위치해야 한다는 것이다(그림 18.4 참고). catch 연산자는 업스트림에서 발생한 예외만 처리하므로 예외를 catch 블록에서 다시 던져서 다운스트림에 있는 다른 catch 연산자에서 처리하게 하는 것도 완전히 올바른 코드다.

18.4.2 술어가 참일 때 플로우의 수집 재시도: retry 연산자

플로우를 처리하는 도중에 예외가 발생했을 때 단순히 오류 메시지와 함께 종료하는 대신 작업을 재시도하고 싶을 수 있다. 내장된 retry 연산자는 이를 매우 편리하게 만들어준다. catch와 마찬가지로 retry는 업스트림의 예외를 잡는다. 여러분은 예외를 처리하고 Boolean 값을 반환하는 람다를 사용할 수 있다. 람다가 true를 반환하면 (지정한 최대 재시도 횟수만큼) 재시도가 시작되며, 재시도 동안 업스트림의 플로우가 처음부터 다시 수집되면서 모든 중간 연산이 다시 실행된다. 다음 예제는 10개의 원소를 배출하려고 하는 불안정한 플로우를 시뮬레이션한다. 각각의 배출은 10% 확률로 실패할 수 있으며, retry 연산자를 사용해 플로우를 다시 수집한다.

리스트 18.10 불안정한 플로우 수집을 재시도하기

```
import kotlinx.coroutines.flow.*
```

```kotlin
import kotlinx.coroutines.*
import kotlin.random.Random

class CommunicationException : Exception("Communication failed!")

val unreliableFlow = flow {
    println("Starting the flow!")
    repeat(10) { number ->
        if (Random.nextDouble() < 0.1) throw CommunicationException()
        emit(number)
    }
}

fun main() = runBlocking {
    unreliableFlow
        .retry(5) { cause ->
            println("\nHandled: $cause")
            cause is CommunicationException
        }
        .collect { number ->
            print("$number ")
        }
}
```

일부 난수를 사용하므로 여러분이 보는 출력은 다를 수 있지만 코드를 여러 번 실행하면 다음과 비슷한 출력을 볼 수 있다. 출력에는 여러 원소가 수집된 다음에 예외가 발생하고 한두 번 더 재시도한 끝에 플로우의 모든 10개의 원소가 성공적으로 수집되는 모습이 보일 것이다.

```
Starting the flow!
0 1 2 3 4
Handled: CommunicationException: Communication failed!
Starting the flow!
0 1 2 3
Handled: CommunicationException: Communication failed!
Starting the flow!
0 1 2 3 4 5 6 7 8 9
```

재시도할 때는 업스트림 연산자가 모두 다시 실행된다는 점을 기억해야 한다. 업스트림의 플로우가 부수 효과를 일으키는 작업을 수행하는 경우 이런 작업이 여러 번 실행되는 것을 볼 수 있다. 이 경우 작업이 멱등성(여러 번 적용해도 한 번 적용한 것과 같은 결과를 내는 성질)을 갖거나 반복 실행이 다른 방식으로 올바르게 처리되는지 확인해야 한다.

이제 코루틴과 플로우로 작성한 코드에서 오류를 어떻게 처리하는지 알았다. 중요한 주제 중 하나인 테스트로 주의를 돌려보자.

18.5 코루틴과 플로우 테스트

근본적으로 코틀린 코루틴을 사용하는 코드를 위한 테스트도 일반적인 테스트와 마찬가지로 작동한다. 테스트 메서드에서 코루틴을 사용하려면 runTest 코루틴 빌더를 사용하면 된다.

이런 별도의 코루틴 빌더가 필요한 이유와 왜 runBlocking으로는 충분하지 않은지 설명할 것이다. 14.6.1절에서 살펴본 것처럼 runBlocking 빌더 함수는 일반 코틀린 코드와 동시성 코틀린 코드 사이에 다리를 놓는 역할을 하기 때문에 일시 중단 함수나 코루틴, 플로우를 사용하는 코드를 테스트할 때도 이를 쓸 수 있다. 그렇지만 이 접근 방식에는 단점이 있다. runBlocking을 사용하면 테스트가 실시간으로 실행된다. 이는 코드에 delay가 지정된 경우에 결과가 계산되기 전에 시간 지연이 전부 실행된다는 뜻이다.

예를 들어 센서 데이터를 수집하는 시스템을 테스트한다고 가정해보자. 실제 장치의 과부하를 피하기 위해 시스템이 500밀리초마다 한 번씩 센서를 질의한다고 가정할 수 있다. 이 시스템의 일부에 대해 runBlocking을 사용해 단위 테스트를 작성하면 이런 지연이 지나야만 테스트가 계속 진행된다. 마찬가지로 너무 많은 질의가 발생하는 것을 방지하기 위해 사용자 입력을 몇 백 밀리초 기다린 후 (사용자의 추가 입력이 없을 때) 검색을 수행하는 시스템을 개발한다고 가정해보자. 이를 위한 단위 테스트를 작성하면 각각의 요청을 시뮬레이션할 때마다 몇 백 밀리초가 걸리므로 테스트가 느려진다.

테스트 스위트가 커지면 이런 불필요한 긴 실행 시간이 누적되면서 전체 애플리케이션 테스트 속도가 느려질 수 있다. 테스트가 느릴수록 테스트를 실행하는 것이 더 번거로워지므로 테스트를 덜 자주 실행하게 되면서 테스트 가치가 떨어질 수 있다. 코틀린 코루틴은 이에 대한 해결책으로 가상 시간을 사용한 테스트 실행을 제공한다.

18.5.1 코루틴을 사용하는 테스트를 빠르게 만들기: 가상 시간과 테스트 디스패처

모든 테스트를 실시간으로 실행해서 지연을 기다리느라 테스트를 느리게 실행하는 대신, 코틀린 코루틴은 가상 시간을 사용해 테스트 실행을 빠르게 진행할 수 있게 해준다. 가상 시간을 사용할 때는 지연이 자동으로 빠르게 진행되기 때문에 앞에서 언급한 문제를 해결할 수 있다.

다음 예제는 `runTest`를 사용해 가상 시간으로 테스트를 실행한다. 20초의 `delay`를 선언했음에도 이 테스트는 실질적으로 즉시 실행되며, 몇 밀리초 만에 완료된다(System.currentTimeMillis()를 사용해 시간을 측정).

리스트 18.11 가상 시간을 사용해 테스트 실행하기

```
import kotlinx.coroutines.*
import kotlinx.coroutines.test.*
import kotlin.test.*
import kotlin.time.Duration.Companion.seconds

class PlaygroundTest {
  @Test
  fun testDelay() = runTest {
    val startTime = System.currentTimeMillis()
    delay(20.seconds)
```

```
        println(System.currentTimeMillis() - startTime)
        // 11
    }
}
```

runTest는 속도를 높이기 위해 특별한 테스트 디스패처와 스케줄러를 사용한다. 따라서 실제로 코루틴의 지연 시간을 기다리지 않고 빠르게 진행시킨다.

> **노트**
>
> 인위적인 지연 시간이 자동으로 빠르게 진행되기 때문에 runTest는 기본적으로 타임아웃을 (실제 시간으로) 60초로 지정한다. 가상 시간 메커니즘을 적절히 사용할 경우 이 정도로 충분해야 할 것이다. 하지만 때로는 더 많은 시간이 필요할 수도 있다(예: 통합 테스트). 그런 경우 runTest를 호출할 때 timeout 파라미터를 지정할 수 있다.

runBlocking과 마찬가지로 runTest의 디스패처는 단일 스레드다. 따라서 기본적으로 모든 자식 코루틴은 동시에 실행되며 테스트 코드와 병렬로 실행되지 않는다(다중 스레드 디스패처를 명시적으로 지정한 자식 코루틴은 예외임). 15.2.4절에서 취소를 살펴봤을 때처럼 단일 스레드 디스패처를 공유하는 경우 다른 코루틴이 코드를 실행하려면 코드가 일시 중단 지점을 제공해야 하며, runTest도 예외는 아니다. 테스트 단언문을 작성할 때 특히 이를 감안해야 한다. runTest 본문에 일시 중단 지점이 없기 때문에 다음 테스트의 단언문은 실패한다. 이는 launch로 시작한 코루틴이 단언문이 실행되기 전에 실행되게 할 수 있는 방법이 없기 때문이다.

```
@Test
fun testDelay() = runTest {
    var x = 0
    launch {
        x++
    }
    launch {
        x++
    }
    assertEquals(2, x)
```

}

14.6.2절을 통해 코드에 일시 중단 지점을 넣는 다양한 방법에 익숙해졌을 것이다. `delay(50.milliseconds)`, `yield()`, 다른 일시 중단 함수 호출을 추가하면 이 테스트가 통과한다. 또한 테스트 디스패처에서는 TestCoroutineScheduler를 통해 가상 시간을 더 세밀하게 제어할 수 있다. 이 스케줄러는 코루틴 콘텍스트의 일부다(15장에서 코루틴 콘텍스트를 살펴봤다). runTest 빌더 함수의 블록 안에서는 TestScope라는 특수한 스코프에 접근할 수 있으며, 이 스코프는 TestCoroutineScheduler 기능을 사용할 수 있게 해준다(확장 함수를 통해 직접 호출하거나 testScheduler 속성을 통해 호출할 수 있음). 이 스케줄러의 핵심 함수는 다음과 같다.

- **runCurrent**: 현재 실행하게 예약된 모든 코루틴을 실행한다.
- **advanceUntilIdle**: 예약된 모든 코루틴을 실행한다.

가상 디스패처의 시계를 단순히 앞으로 이동시키려면 `delay`를 사용할 수 있다. 가상 시계이므로 이 지연은 즉시 완료되며, 지연이 끝나는 가상 시간보다 이전에 실행하도록 예약된 코드도 실행된다. 가상 디스패처의 현재 시간이 궁금하면 `currentTime` 속성을 사용할 수 있다.

리스트 18.12 delay를 통해 가상 시계 진행하기

```
@OptIn(ExperimentalCoroutinesApi::class)
@Test
fun testDelay() = runTest {
    var x = 0
    launch {
        delay(500.milliseconds)
        x++
    }
    launch {
        delay(1.second)
        x++
```

```
    }
    println(currentTime) // 0

    delay(600.milliseconds)
    assertEquals(1, x)
    println(currentTime) // 600

    delay(500.milliseconds)
    assertEquals(2, x)
    println(currentTime) // 1100
}
```

현재 실행되도록 스케줄이 돼 있는 모든 코루틴을 실행할 때는 runCurrent 함수를 사용할 수 있다. 이 과정에서 즉시 실행할 새 코루틴이 예약되면 그런 코루틴도 직접 실행된다. 미래의 어느 시점에 실행하도록 예약된 코루틴까지 실행하려면 advanceUntilIdle 함수를 사용할 수 있다.

> 리스트 18.13 advanceUntilIdle을 통해 예약된 모든 코루틴 실행하기

```
@OptIn(ExperimentalCoroutinesApi::class)
@Test
fun testDelay() = runTest {
    var x = 0
    launch {
        x++
        launch {
            x++
        }
    }
    launch {
        delay(200.milliseconds)
        x++
    }
    runCurrent()
    assertEquals(2, x)
    advanceUntilIdle()
```

```
    assertEquals(3, x)
}
```

> **노트**
>
> Dispatchers.Default 같은 다른 디스패처는 TestCoroutineScheduler에 대해 아무런 정보를 갖고 있지 않기 때문에 가상 시간 메커니즘의 영향을 받지 않는다. 명시적으로 테스트 디스패처가 아닌 일반 디스패처에서 시작된 코루틴은 항상 지연을 전부 기다려야 한다. 따라서 테스트를 더 빠르게 만들려면 디스패처를 변경할 수 있게 코드를 설계하는 것이 바람직하다(예: 디스패처를 파라미터로 받음). 15.2.2절과 18.3절에서 자신의 생명주기를 가진 컴포넌트를 만들 때 생성자 파라미터로 dispatcher를 받는 예제를 이미 살펴봤다.

18.5.2 터빈으로 플로우 테스트

플로우를 사용하는 코드를 테스트하는 것도 runTest를 사용하는 다른 일시 중단 코드 테스트와 본질적으로 다르지 않다. 예를 들어 toList를 호출해서 유한한 플로우의 모든 원소를 먼저 컬렉션에 수집한 다음, 기대한 모든 원소가 실제로 결과 컬렉션에 있는지 확인할 수 있다.

리스트 18.14 플로우를 리스트로 수집하기

```
val myFlow = flow {
    emit(1)
    emit(2)
    emit(3)
}

@Test
fun doTest() = runTest {
    val results = myFlow.toList()
    assertEquals(3, results.size)
}
```

프로젝트에서 플로우 기반 코드는 종종 더 복잡하며 무한한 플로우나 더 까다로운 불변성을 다뤄야 할 수도 있다. 플로우 테스트 작성에 도움을 주는 터빈^{Turbine} 라이브러리를 통해 이런 경우를 지원할 수 있다. 터빈은 서드파티 라이브러리지만 많은 코틀린 개발자들이 터빈을 플로우 기반 API 테스트에 필수적인 라이브러리로 간주한다. 프로젝트에 라이브러리를 추가하려면 문서(https://github.com/cashapp/turbine)를 참고하자. 라이브러리를 추가하면 테스트 작성에 도움을 주는 새로운 기능과 플로우에 대한 확장 함수가 여러 가지 제공된다.

터빈의 핵심 기능은 플로우의 확장 함수인 test 함수다. test 함수는 새 코루틴을 실행하며 내부적으로 플로우를 수집한다. test의 람다에서 awaitItem, awaitComplete, awaitError 함수를 테스트 프레임워크의 일반 단언문과 함께 사용해서 플로우에 대한 불변 조건을 지정하고 검증할 수 있다. 또한 플로우가 방출한 모든 원소가 테스트에 의해 적절히 소비되도록 보장한다.

리스트 18.15 터빈으로 플로우 테스트하기

```
@Test
fun doTest() = runTest {
    val results = myFlow.test {
        assertEquals(1, awaitItem())
        assertEquals(2, awaitItem())
        assertEquals(3, awaitItem())
        awaitComplete()
    }
}
```

또한 터빈은 여러 플로우를 결합해 테스트하거나 테스트를 위해 시스템 일부를 대체할 수 있는 독립적인 Turbine 객체를 만드는 기능도 제공한다. 이런 고급 주제에 대한 자세한 내용은 터빈 라이브러리 문서를 참고하자.

이로써 코틀린 코루틴을 사용해 작성한 코드의 오류 처리와 테스트에 대한 논의를 마쳤다. 이제 여러분은 코틀린 코루틴의 오류 전파와 처리 방식에 대해 이해했으며, 코드 테스트 속도를 높이기 위한 코루틴의 테스트 기능을 사용하는 방법을 알았고, 터빈 라이브러리가 플로우 테스트 작성을 더 쉽게 해준다는 점도 살펴봤다.

요약

- 한 코루틴에만 국한된 예외는 코루틴이 아닌 일반적인 코드와 마찬가지로 처리할 수 있다. 코루틴 경계를 넘는 예외는 좀 더 주의를 기울여야 한다.
- 기본적으로 코루틴에서 처리되지 않은 예외가 발생하면 부모 코루틴과 모든 형제 코루틴이 취소된다. 이를 통해 구조적 동시성 개념이 강제로 적용된다.
- supervisorScope나 SupervisorJob을 사용하는 다른 코루틴 스코프에서 사용되는 슈퍼바이저는 자식 코루틴 중 하나가 실패해도 다른 자식 코루틴을 취소하지 않는다. 또한 처리하지 않은 예외를 코루틴 계층의 위로 전파하지도 않는다.
- await는 async 코루틴에서 발생한 예외를 다시 던진다.
- 슈퍼바이저는 애플리케이션에서 오랫동안 실행되는 부분에 자주 사용된다. 종종 케이토의 Application처럼 프레임워크에 내장된 부품으로 제공되는 경우도 있다.
- 처리되지 않은 예외는 슈퍼바이저를 만나거나 코루틴 계층의 최상단에 도달할 때까지 전파된다. 이 시점에서 처리되지 않은 예외는 코루틴 콘텍스트의 일부인 CoroutineExceptionHandler에게 전달된다. 콘텍스트에 코루틴 예외 핸들러가 없으면 시스템의 전역 예외 핸들러에 전달된다.
- JVM과 안드로이드에서 기본 시스템 예외 핸들러가 다르다. JVM에서는 스택 트레이스를 오류 콘솔에 기록하고, 안드로이드에서는 오류를 발생시키면서 애플리케이션을 중단시킨다.
- CoroutineExceptionHandler는 예외를 처리하는 마지막 수단으로 예외를 잡을 수는 없지만, 예외가 기록되는 방식을 사용자 정의할 수 있다. CoroutineExceptionHandler는 계층의 최상단에 있는 루트 코루틴의 콘텍스트에 위치한다.

- 최상단 코루틴을 launch 빌더로 시작한 경우에만 CoroutineException Handler가 호출된다. async 빌더로 시작한 경우에는 이 핸들러가 호출되지 않으며, Deferred를 기다리는 코드가 예외를 처리해야 한다.
- 플로우에서 오류 처리는 collect를 try-catch 문으로 감싸거나 전용 catch 연산자를 사용한다.
- catch 연산자는 업스트림에서 발생한 예외만 처리하며, 다운스트림의 예외는 무시한다. 심지어 예외를 다시 던져 다운스트림에서 처리하게 하기 위해 catch를 사용할 수도 있다.
- retry를 사용해 예외가 발생했을 때 플로우 수집을 처음부터 다시 시작할 수 있다. 이를 통해 코드가 오류를 복구할 수 있는 기회를 가질 수 있다.
- runTest의 가상 시간을 활용하면 코루틴 코드 테스트 속도를 높일 수 있다. 모든 지연 시간이 자동으로 빠르게 진행된다.
- TestCoroutineScheduler는 runTest가 노출시키는 TestScope의 일부로, 현재 가상 시간을 추적하며 runCurrent와 advanceUntilIdle 같은 함수로 테스트 실행을 세밀하게 제어할 수 있다.
- 테스트 디스패처는 단일 스레드로 작동한다. 이에 따라 테스트 단언문을 호출하기 전에 새로 시작한 코루틴들이 실행될 수 있는 시간을 수동으로 (yield나 다른 일시 중단 지점을 호출하는 방식으로) 보장해줘야만 한다.
- 터빈 라이브러리는 플로우 기반의 코드를 간편하게 테스트하게 해준다. 이 라이브러리의 핵심 API는 test 확장 함수로, 플로우에서 원소를 수집하고 awaitItem과 같은 함수를 사용해 테스트 중인 플로우의 원소 배출을 확인할 수 있다.

A
코틀린 프로젝트 빌드

부록 A에서는 코틀린 프로젝트에서 가장 많이 사용되는 빌드 시스템인 그레이들과 메이븐을 사용해 코틀린 코드를 빌드하는 방법을 살펴본다.

그레이들을 사용한 코틀린 코드 빌드

코틀린 프로젝트를 빌드할 때 권장하는 시스템은 그레이들이다. 그레이들은 유연한 프로젝트 모델과 증분 빌드, 장기 실행 빌드 프로세스(그레이들 데몬), 그 외의 여러 가지 고급 기술을 지원하며 뛰어난 빌드 성능을 제공하기 때문에 코틀린 프로젝트에서 사실상 표준 빌드 시스템이 됐다.

그레이들에서는 빌드 스크립트를 코틀린이나 그루비Groovy로 작성할 수 있다. 그레이들에서 새로 빌드 스크립트 프로젝트를 시작할 때 디폴트로 코틀린 스크립트를 사용하라고 권장하기 때문에 이 책에서도 코틀린 구문을 사용했다. 그 결과, 빌드 구성과 실제 애플리케이션을 모두 같은 언어로 작성할 수 있다. 코틀린 지원을 포함하는 그레이들 프로젝트를 생성하는 가장 쉬운 방법은 인텔리제이 IDEA에 내장된 프로젝트 마법사를 사용하는 것이다. 인텔리제이 IDEA에서 File ➤ New... ➤ Project를 선택하거나 인텔리제이 시작 화면에서 New Project 버튼을 클릭하면 프로젝트 마법사를 시작할 수 있다.

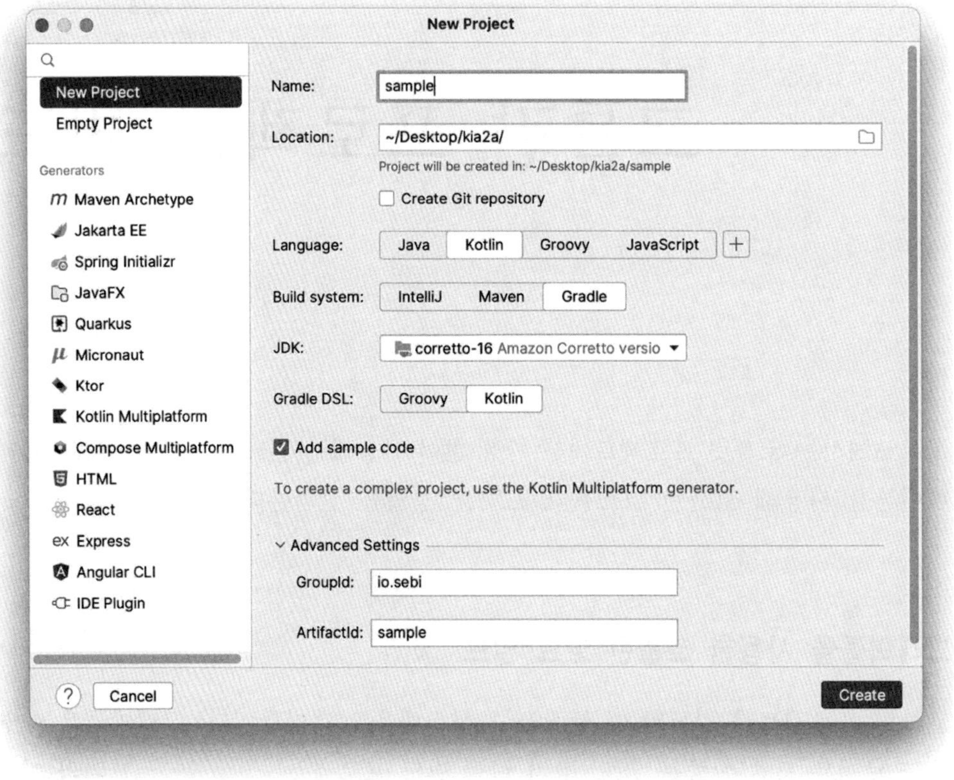

그림 A.1 인텔리제이 IDEA의 새 프로젝트 마법사는 코틀린 프로젝트 설정을 쉽게 도와준다.

코틀린 프로젝트를 빌드하기 위한 표준 그레이들 빌드 스크립트는 다음과 같다.

```
plugins {
    kotlin("jvm") version "원하는_코틀린_버전"    ◀── 코틀린 그레이들 플러그인을 적용하고
    application                                        원하는 코틀린 버전을 지정한다.
}
group = "org.example"
```

```
version = "1.0-SNAPSHOT"
repositories {
  mavenCentral()
}
dependencies {                                    ◀── 코틀린 표준 라이브러리가 암시적으로 추가된다.
  testImplementation(kotlin("test"))   ◀──         여기에 의존관계를 추가할 필요가 없다.
}                                                  코틀린 테스트 라이브러리를
tasks.test {                                       의존관계로 추가한다.
  useJUnitPlatform()
}
kotlin {
  jvmToolchain(20)
}
application {
  mainClass.set("MainKt")
}
```

기본적으로 이 스크립트는 다음 위치에서 코틀린 소스 파일을 찾는다.

- 코틀린 프로덕션 소스 파일은 src/main/kotlin, 자바 프로덕션 소스 파일은 src/main/java다.
- 코틀린 테스트 소스 파일은 src/test/kotlin, 자바 테스트 소스 파일은 src/test/java다. 특히 기존 프로젝트에 코틀린을 도입하는 경우 자바 파일을 코틀린으로 변환할 때 발생하는 마찰을 줄이기 위해 하나의 소스 디렉터리를 사용하는 것이 좋다.

12장에서 배운 코틀린 리플렉션을 사용한다면 코틀린 리플렉션 라이브러리를 추가해야 한다. 그레이들 빌드 스크립트의 **dependencies** 섹션에 다음과 같은 내용을 추가하자.

```
implementation(kotlin("reflect"))
```

3부에서 살펴본 코틀린 코루틴을 사용한다면 그에 대한 의존성도 추가해야 한다.

```
implementation("org.jetbrains.kotlinx:kotlinx-coroutines-core:1.7.3")
// 안드로이드 타깃인 경우 다음을 더 추가한다.
implementation("org.jetbrains.kotlinx:kotlinx-coroutines-android:1.7.3")
```

코루틴 라이브러리 문서(https://github.com/Kotlin/kotlinx.coroutines)에서 코루틴 라이브러리의 최신 버전을 확인할 수 있다.

어노테이션 프로세싱을 사용하는 프로젝트 빌드

일부 코틀린 프레임워크는 컴파일 시점에 프로젝트 코드를 분석하고 생성하기 위해 심볼 프로세싱을 사용한다. koin, kotlin-inject, Ktorfit 같은 프로젝트는 이를 위해 **코틀린 심볼 프로세싱**(KSP, Kotlin Symbol Processing) API를 사용한다. 프로젝트에 KSP 지원을 추가하려면 KSP 프로젝트 페이지의 설치 지침(https://github.com/google/ksp)을 따른다.

프로젝트에서 어노테이션 프로세싱을 통해 컴파일 시점에 코드를 생성하는 자바 프레임워크와 작업하는 경우 코틀린 어노테이션 프로세싱 도구인 kapt를 사용할 수 있다. 이 도구는 자바 라이브러리와의 호환성을 제공하며 빌드 스크립트에 다음을 추가해 활성화할 수 있다.

```
kotlin("kapt") version "원하는_코틀린_버전"
```

기존 자바 프로젝트에 코틀린을 도입하고 어노테이션 프로세싱을 사용하는 경우 기존의 apt 도구 구성을 제거해야 한다. kapt는 자바와 코틀린 클래스를 모두 처리하며 어노테이션 프로세싱 도구를 둘 이상 사용하는 것은 중복이다. 어노테이션 프로세싱에 필요한 의존관계를 구성하려면 다음과 같이 kapt 의존성 구성을 사용한다.

```
dependencies {
    implementation("com.google.dagger:dagger:2.46.1")
    kapt("com.google.dagger:dagger-compiler:2.46.1")
}
```

androidTest 또는 test 소스에 어노테이션 프로세서를 사용하는 경우 이에 해당하는 kapt 구성은 kaptAndroidTest와 kaptTest다.

메이븐을 사용한 코틀린 프로젝트 빌드

메이븐으로 프로젝트를 빌드하는 쪽을 선호한다면 코틀린도 이를 지원한다. 코틀린 메이븐 프로젝트를 생성하는 가장 쉬운 방법은 **org.jetbrains.kotlin:kotlin-archetype-jvm** 아키타입을 사용하는 것이다. 기존 메이븐 프로젝트에 코틀린 지원을 추가하려면 인텔리제이 IDEA에서 Tools ➤ Kotlin ➤ Configure Kotlin in Project를 선택한다.

코틀린 프로젝트에 수동으로 메이븐 지원을 추가하려면 다음 단계를 수행해야 한다.

1. 코틀린 표준 라이브러리(그룹 ID: org.jetbrains.kotlin, 아티팩트 ID: kotlin-stdlib)에 대한 의존관계를 추가한다.
2. 코틀린 메이븐 플러그인(그룹 ID: org.jetbrains.kotlin, 아티팩트 ID: kotlin-maven-plugin)을 추가하고, 컴파일과 테스트 컴파일 단계에서 이를 실행하도록 설정한다.
3. 코틀린 코드를 자바 소스코드와 별도의 소스 루트에 보관하기를 원한다면 소스 디렉터리를 구성한다.

공간적 제약으로 인해 pom.xml을 모두 보여줄 수는 없지만 온라인 문서(https://kotlinlang.org/docs/maven.html)에서 이를 찾을 수 있다.

자바/코틀린 혼합 프로젝트에서는 코틀린 플러그인이 자바 플러그인보다 먼저 실행되게 구성해야 한다. 코틀린 플러그인은 자바 소스 파일을 파싱할 수 있지만 자바 플러그인은 .class 파일만 읽을 수 있기 때문이다. 자바 플러그인이 실행되기 전에 코틀린 파일을 .class로 컴파일해야만 한다. 이런 구성을 보여주는 예제를 http://mng.bz/v8Op에서 확인할 수 있다.

B

코틀린 코드 문서화

부록 B는 코틀린 코드에 대한 문서화 주석을 작성하고 코틀린 모듈에 대한 API 문서를 생성하는 방법을 알아본다.

코틀린 문서화 주석 작성

코틀린 선언을 문서화하는 데 사용하는 주석 형식을 케이독^{KDoc}이라 한다. 케이독 주석은 /**로 시작하며, 선언을 문서화하기 위해 @로 시작하는 태그를 사용한다(자바독^{Javadoc}과 비슷함). 케이독은 마크다운(https://daringfireball.net/projects/markdown)의 변형을 문서화 주석 작성 구문으로 사용한다. 문서화 주석 작성의 편의성을 높이기 위해 케이독은 함수 파라미터 같은 문서 요소를 참조하는 몇 가지 규칙을 추가로 지원한다.

다음 리스트는 함수에 대한 간단한 케이독 주석을 보여준다.

리스트 B.1 케이독 주석 사용하기

```
/**
 * 두 수 [a] 와 [b] 의 합계를 계산한다.
 */
fun sum(a: Int, b: Int) = a + b
```

케이독 주석에서 선언을 참조할 때는 선언의 이름을 대괄호로 감싼다. 앞의 예제에서는 문서화된 함수의 파라미터를 참조할 때 이 구문을 사용했지만 다른 선언을 참조할 때도 마찬가지로 이 구문을 사용할 수 있다. 참조할 선언이 케이독 주석이 포함된 코드에 import돼 있으면 이름을 직접 사용할 수 있고, 임포트를 하지 않았다면 전체 경로를 사용할 수 있다. 링크에 커스텀 레이블을 지정해야 하는 경우에는 두 쌍의 대괄호를 사용해 첫 번째 대괄호에 레이블을, 두 번째 대괄호에 선언 이름을 넣으면 된다.

[예제 레이블][com.mycompany.SomethingTest.simple]

다음 리스트는 태그를 사용하는 더 복잡한 케이독 주석을 보여준다.

리스트 B.2 주석에 태그 사용하기

```
/**
 * 복잡한 연산을 수행한다.
 *
 * @param remote true면 연산을 원격에서 실행한다.      ← 파라미터를 문서화한다.
 * @return 연산을 수행한 결과                        ← 반환값을 문서화한다.
 * @throws IOException 원격 연결에 실패 시            ← 발생할 수 있는 예외를 문서화한다.
 */
fun somethingComplicated(remote: Boolean): ComplicatedResult { /* ... */ }
```

케이독은 다음과 같은 태그를 지원한다.

- @param parameterName과 @param[parameterName]은 함수의 파라미터 값이나

제네릭 구성 요소의 타입 파라미터를 문서화한다.
- `@return`은 함수의 반환값을 문서화한다.
- `@constructor`는 클래스 주 생성자를 문서화한다.
- `@receiver`는 확장 함수나 확장 프로퍼티 수신 객체를 문서화한다.
- `@property propertyName`은 주 생성자에 선언된 클래스 프로퍼티를 문서화한다.
- `@throws ClassName`과 `@exception ClassName`은 함수에서 발생할 수 있는 예외를 문서화한다. 태그의 값은 메서드에 대한 문서에 포함될 예외의 전체 이름이다.
- `@see otherSymbol`은 "See Also" 블록에 다른 클래스나 함수를 참조하는 내용을 포함시킨다.
- `@author`는 작성자를 지정한다.
- `@since`는 문서화된 대상 선언이 도입된 버전을 지정한다.
- `@suppress`는 생성된 문서에서 해당 선언을 제외시킨다.

지원하는 모든 태그 목록을 https://kotlinlang.org/docs/kotlin-doc.html에서 확인할 수 있다.

> **자바독을 케이독으로 전환**
>
> 구문 면에서 볼 때 케이독은 마크다운을 사용하고 자바독은 HTML을 사용한다는 차이 외에도 몇 가지 다른 차이점이 있다. 예를 들면 다음과 같다.
> - `@deprecated`는 `@Deprecated` 어노테이션으로 대체됐다.
> - `@inheritdoc`을 지원하지 않는다. 코틀린에서는 항상 오버라이드한 선언에 의해 자동으로 문서화 주석이 상속되기 때문이다.
> - `@code`, `@literal`, `@link`는 각각에 대응하는 마크다운 형식으로 대체됐다.

코틀린 팀이 권장하는 문서화 스타일은 파라미터와 반환값을 문서화 주석 본문에 직접 기술하는 방식이다(리스트 B.1 참고). 태그를 사용(리스트 B.2 참고)하는 방식은 파라미터나 반환값이 복잡한 의미를 갖고 있고 이를 문서 본문과 명확히 구분할 필요가 있을 때 권장된다.

인텔리제이 IDEA와 안드로이드 스튜디오에서 렌더링된 문서 보기 인텔리제이 IDEA와 안드로이드 스튜디오는 케이독 주석에서 문서 요소에 대한 탐색 기능과 구문 강조를 제공할 뿐만 아니라 렌더링된 문서를 보는 옵션도 제공한다. 이 기능은 주석 옆의 줄 번호에 커서를 올리고 Toggle Rendered View 옵션을 선택해 활성화할 수 있다. 이 옵션을 사용하면 주석이 가변 폭 글꼴로 바뀌고 참조와 하이퍼링크가 그 자리에 렌더링된다. 특히 라이브러리 소스나 읽기 전용 코드에서 문서와 구현을 더 명확히 구분할 수 있어 이 기능이 유용하다.

```
4
5    Toggle Rendered View  ^⌥Q
6       * Calculates the sum of two numbers, [a] and [b]
7       */
8    fun sum(a: Int, b: Int) : Int = a + b
```

```
4
     Calculates the sum of two numbers, a and b
8    fun sum(a: Int, b: Int) : Int = a + b
```

API 문서 생성

코틀린의 문서 생성 도구는 도카^{Dokka}(https://github.com/kotlin/dokka)다. 코틀린과 마찬가지로 도카도 자바/코틀린 혼합 프로젝트를 완전히 지원한다. 도카는 자바 코드에서 자바독 주석을, 코틀린 코드에서 케이독 주석을 읽어 모듈 API 전체를 포괄하는 문서를 생성할 수 있으며, 각 클래스에 쓰인 언어와 상관없이 문서를 생성한다. 도카는 여러 출력 형식을 지원하며, 기본 HTML과 자바독 스타일의 HTML(자바 구문을 사용해 모든 선언을 표시하고 API를 자바에서 어떻게 접근할 수 있는지 보여준다)을 **포함한다.**

도카를 커맨드라인에서 실행하거나, 그레이들이나 메이븐 빌드 스크립트의 일부분으로 실행할 수 있다. 도카를 실행할 때 권장되는 방법은 그레이들 빌드 스크립트에 플러그인을 추가하는 것이다. 도카의 버전 관리는 코틀린의 버전 관리 체계를 따른다. 다음은 그레이들 빌드 스크립트에서 도카를 최대한 간략하게 구성하는 예제다.

```
plugins {
    id("org.jetbrains.dokka") version "원하는_코틀린_버전"
}
```

모듈에 대한 문서를 원하는 형식으로 생성하는 방법과 추가 생성 옵션을 지정하는 방법의 정보를 도카 문서(https://kotlinlang.org/docs/dokka-introduction.html)에서 확인할 수 있다. 이 문서에서 도카를 독립적인 도구로 실행하거나 메이븐 빌드 스크립트에 통합하는 방법도 확인할 수 있다.

C
코틀린 생태계

코틀린은 여러 해에 걸쳐 다양한 라이브러리, 프레임워크, 도구를 갖춘 광범위한 생태계를 발전시켜왔다. 부록 C는 이 생태계를 탐색하는 데 도움이 될 몇 가지 가이드를 제공한다. 물론 코틀린 생태계는 계속 진화하며 확장 중이기 때문에 책이라는 매체는 최신 라이브러리 정보를 항상 제공하는 데는 적합하지 않다. 깃허브의 코틀린 토픽 페이지(https://github.com/topics/kotlin)와 <Kotlin is Awesome>(https://kotlin.link/) 같은 커뮤니티 큐레이션 리스트가 코틀린 생태계에 대한 더 폭넓은 개요를 제공한다.

여기서 코틀린이 자바 라이브러리 생태계와 완전히 호환된다는 점을 다시 한 번 언급할 만하다. 필요에 맞는 코틀린 라이브러리를 찾지 못했다면 자바 라이브러리를 선택해도 전혀 문제되지 않는다. 일부 자바 라이브러리는 코틀린 전용 확장을 통해 더 깨끗하고 코틀린다운 API를 제공하기도 한다.

코틀린은 범용 프로그래밍 언어이기 때문에 코틀린 생태계는 다양한 주제와 사용 영역에 걸쳐있다. 그중에 중요한 범주는 다음과 같다.

- 테스트
- 코드 커버리지
- 벤치마킹
- 문서화
- 의존관계 주입
- 네트워크 애플리케이션
- 직렬화
- 데이터베이스 접근
- 동시성 프로그래밍
- 사용자 인터페이스 개발

테스트

코틀린에서 잘 작동하는 제이유닛^{JUnit}과 테스트엔지^{TestNG} 같은 잘 알려진 프레임워크 외에, 코테스트^{Kotest}(https://github.com/kotest/kotest)는 다양한 레이아웃을 지원하는 유연한 테스트 프레임워크다. 13.4.1절에서 DSL을 설명할 때 코테스트를 이미 언급했다.

목케이^{MockK} 라이브러리(https://github.com/mockk/mockk)는 테스트에 필요한 시스템의 일부를 단순화한 구현을 설명하는 DSL을 제공하며, 이런 단순화 기법을 모킹^{mocking}이라 부른다. 모키토^{Mockito} 모킹 프레임워크에 익숙하다면 모키토-코틀린$^{Mockito-Kotlin}$ (https://github.com/mockito/mockito-kotlin)을 사용할 수 있다. 모키토-코틀린은 코틀린에서 모키토 프레임워크를 자연스럽게 사용할 수 있게 도와주는 도우미 함수들을 제공한다.

코드 커버리지

코드 기반에서 실제로 테스트되는 코드의 양을 이해하기 위해 코드 커버리지를 사용하는 것이 일반적인 접근 방식이다. 코드 커버리지는 자동화된 테스트를 실행할 때 프로그램 전체 줄 수에서 실행된 줄 수가 차지하는 비율을 측정한다. 코버^{Kover}(https://github.com/Kotlin/kotlinx-kover) 라이브러리를 사용하면 자코코^{JaCoCo} 같은 코드 커버리지 도구를 코틀린 프로젝트에서 사용할 수 있다. 이를 통해 자동화된 테스트로 코드 영역을 이해하고, 추가적인 테스트가 필요한 코드 영역과 이미 충분히 다뤄지는 부분을 파악하는 데 도움이 되는 상세한 보고서를 생성한다.

벤치마킹

코드 성능을 자세히 테스트하고 싶을 때 **kotlinx.benchmark**(https://github.com/Kotlin/kotlinx-benchmark) 라이브러리가 같은 코드를 여러 번 실행하는 편리한 방법을 제공한다. 이 라이브러리는 워밍업 시간과 런타임 최적화 등 측정 결과에 영향을 줄 수 있는 요인을 자동으로 처리해준다. 또한 코드 성능에 대한 상세한 보고서를 제공한다.

문서화

도카^{Dokka}(https://github.com/Kotlin/dokka)는 코틀린 프로젝트에서 사실상 표준인 문서화 엔진이다. 부록 B에서 코틀린 코드를 문서화하는 방법을 다룰 때 이미 도카를 살펴봤다. 도카는 코틀린/자바 혼합 프로젝트나 코틀린 다중 플랫폼을 사용하는 프로젝트를 위한 문서를 생성할 수 있으며, 다양한 출력 형식을 지원한다.

의존관계 주입

의존관계 주입과 제어 역전은 객체지향 시스템에서 사용되는 2가지 핵심 프로그래밍 패턴이다. 코인^{Koin}(https://insert-koin.io)과 코데인^{Kodein}(https://github.com/kosi-libs/Kodein)은 의존관계 구성을 위한 코틀린 DSL을 제공하는 의존성 주입 프레임워크다. 스프링^{Spring}, 주스^{Guice}, 대거 힐트$^{Dagger\ Hilt}$ 같은 의존관계 주입 프레임워크도 코틀린과 잘 호환된다.

네트워크 애플리케이션: 서버와 클라이언트

많은 현대 애플리케이션은 네트워크를 통해 다른 시스템과 상호작용한다. 젯브레인즈에서 개발한 케토(https://ktor.io)는 비동기 클라이언트와 서버 애플리케이션을 만드는 현대적이고 간단한 프레임워크다. 케토는 코틀린 언어 특성을 완벽히 수용하며, 기본적인 동시성 메커니즘으로 코루틴에 완전히 의존한다. 케토는 플러그인 시스템을 통해 확장 가능하며, 이를 통해 템플릿, 직렬화, 인증, 인가, 모니터링과 같은 다른 기존 라이브러리와 쉽게 통합될 수 있다. 케토로핏^{Ktorfit}(https://github.com/Foso/Ktorfit) 같은 프로젝트는 특히 안드로이드 개발에서 인기가 많은 레트로핏^{Retrofit} 스타일의 API(http://square.github.io/retrofit)를 케토에 확장시킨다.

http4k 툴킷(https://http4k.org/)은 서버 및 클라이언트 모두에서 HTTP 서비스를 다루는 함수형 스타일 추상화를 제공한다. 또한 스프링, 쿼커스^{Quarkus}, 버트닷엑스$^{Vert.x}$ 같은 기존 프레임워크도 사용할 수 있다. 스프링은 코틀린 지원과 확장을 기본적으로 제공하며(https://spring.io/guides/tutorials/spring-boot-kotlin), 쿼커스도 코틀린을 일급 지원한다(https://quarkus.io/guides/kotlin). 버트닷엑스도 코틀린을 지원한다(https://vertx.io/docs/vertx-core/kotlin/).

직렬화

12장에서 직접 JSON 직렬화 라이브러리를 구축하는 방법을 살펴봤지만 실제 애플리케이션에서는 검증되고 최적화된 라이브러리를 사용하는 것이 더 바람직하다. **코틀린 직렬화**Kotlin Serialization(https://github.com/Kotlin/kotlinx.serialization)는 젯브레인즈에서 개발한 라이브러리로, 고성능 직렬화와 역직렬화 코드를 생성하기 위한 컴파일러 플러그인을 제공한다. 이 라이브러리는 JSON은 물론 프로토버프Protobuf, 시보CBOR나 기타 커뮤니티의 기여에 의한 추가 형식을 지원한다. 다른 라이브러리로는 **모시**Moshi(https://github.com/square/moshi)라는 커뮤니티에 의해 유지 보수되는 라이브러리가 있다. 모시는 완전히 코틀린으로 새로 작성된 API를 통해 JSON을 파싱하고 인코딩하는 기능을 제공한다.

데이터베이스 접근

몇 가지 코틀린 전용 라이브러리가 데이터베이스에 접근할 때 도움이 될 수 있다. 젯브레인즈에서는 SQL 생성 프레임워크인 **익스포즈드**Exposed(https://github.com/jetbrains/Exposed)를 구축하고 있으며, 이 책에서도 여러 번 익스포즈드를 다뤘다. **SQL딜라이트**SQLDelight(https://github.com/cashapp/sqldelight)는 전통적인 객체-관계 매핑ORM, Object-Relational Mapping 방식을 뒤집어서 SQL 쿼리로부터 타입 안전한 코틀린 API를 생성한다. 또한 전통적인 자바 라이브러리인 **하이버네이트**Hibernate(https://hibernate.org/)나 **주크**jOOQ(https://www.jooq.org/)를 데이터베이스 접근에 사용할 수도 있다.

동시성 프로그래밍

이미 코틀린에서 동시성을 지원하는 주요 라이브러리로 `kotlinx.coroutines`(https://github.com/Kotlin/kotlinx.coroutines)를 살펴봤다. 추가로 몇 가지 다른 라이브러리도 편리한 동시성 프로그래밍 기능을 제공한다.

아토믹푸^AutomicFu(kotlinx.atomicfu)는 코틀린에서 원자적 참조와 연산을 제공한다. 이 API는 숙어적인 코틀린 스타일로 설계됐으며, 자바가 제공하는 기본 기능이 없을 수 있는 비JVM 코틀린 타깃에서도 잘 작동한다.

kotlinx.collections.immutable(https://github.com/Kotlin/kotlinx.collections.immutable)은 코틀린으로 영속적인 불변 컬렉션^(immutable persistent collection)을 제공한다. 이 구현은 Collection 인터페이스를 다른 방식으로 구현한 것으로, 새로운 컬렉션을 만들 때 전체 컬렉션을 복사하는 성능상 손해가 없이 불변 컬렉션의 일부를 변경한 복사본을 만들 수 있게 해준다. 이 컬렉션을 일반적인 목적에도 사용할 수 있지만, 특히 동시성 프로그래밍 상황에서 빛을 발한다.

터빈^turbine(https://github.com/cashapp/turbine)은 플로우를 테스트하기 위한 라이브러리다. 플로우 기반 API의 동작을 테스트하는 데 필요한 도우미 함수를 제공하며, 개별 플로우나 여러 플로우의 유효성을 자동으로 검증할 수 있다.

사용자 인터페이스 개발

사용자 인터페이스를 구축하기 위해 젯브레인즈는 컴포즈 다중 플랫폼^(Compose Multiplatform)(https://jb.gg/compose)을 개발하고 있다. 컴포즈 다중 플랫폼은 구글의 젯팩 컴포즈^(Jetpack Compose)를 기반으로 하는 현대적이고 선언적인 UI 프레임워크다. 이를 통해 재사용 가능한 UI 컴포넌트를 강조하는 코틀린 DSL을 사용해 JVM에서 아름다운 데스크톱 애플리케이션을 개발할 수 있다. 또한 안드로이드, iOS, 그 외의 플랫폼에서 작동하는 공용 모바일 사용자 인터페이스를 구축할 수도 있다.

찾아보기

ㄱ

가변 길이 인자 152
가변 리스트 85
가변 인자 함수 154
가변 컬렉션 295
가비지 컬렉션 59
가상 스레드 620
가상 시간 메커니즘 767
가시성 변경자 181, 184
가시성 지정자 90
간결성 48
값 토큰 558
값과 엮인 호출 가능 참조 255
객체 관계 매핑 57
객체 선언 217
객체 식 172, 229
객체 역직렬화 557
객체 직렬화 549
객체지향 언어 45
검증 로직 61, 168
검증기 516
게터 63, 201
게터 로직 418
고차 함수 431, 435
공변적 499
공유 플로우 700
공통 로직 48
공통 프로퍼티 505
관례 383
교환법칙 389
구문 구조 63
구분자 133
구아바 132
구조 분해 값 무시 411
구조 분해 선언 152, 155, 407
구조화된 동시성 52, 619, 652, 660
구현 상속 214
그레이들 73
그레이들 빌드 스크립트 773
그레이들 의존관계 601
그루비 143
기저 스레드 623

ㄴ

난수 생성기 226
날짜 처리 606
내부 DSL 607
내부 클래스 187
내포 클래스 184
내포된 JSON 객체 550
내포된 루프 114
널 가능성 314
널 가능성 어노테이션 341
널 아님 단언 327
널 포인터 예외 47
널이 될 수 없는 타입 316
널이 될 수 있는 값 316
널이 될 수 있는 타입 47
널이 아닌 타입 331

ㄷ

다운스트림 720
다중 스레드 450
다중 패러다임 언어 44
다중 플랫폼 60
단일 추상 메서드 257, 258
단항 산술 연산자 394
단항 연산자 393

닫힌 범위 117
대입 연산자 391
데스크톱 소프트웨어 42
데이터 복사 함수 510
데이터베이스 칼럼 427
데코레이터 패턴 214
도구 지원 46
도메인 특화 언어 56, 274, 571
도우미 객체 414
도카 780
동등성 기반 통합 708, 710
동등성 비교 연산자 397
동등성 연산 208, 396
동반 객체 172, 217, 221
동반 객체 확장 228
동시성 616
동시성 라이브러리 629
동시성 처리 51, 617
동시성 추상화 620
동시성 코드 620
동시성 프로그래밍 616, 618, 787
동시성 플로우 695
동시적 작업 분해 654
뒷받침하는 프로퍼티 417
드 모르강의 법칙 287
디스패처 637
뜨거운 플로우 614

ㄹ

라우팅 56
람다식 43, 44, 237, 440
람다식 문법 243
래퍼 78
런타임 환경 234
레이블 114, 463
레트로핏 624
렉서 558
로 타입 471
로직 수행 623
로컬 return 465
로컬 변수 선언 532
로컬 함수 165

루프 48, 79, 410
룸 620
리스너 230
리스트 472
리팩터링 46, 110
리플렉션 491, 525, 542

ㅁ

마이그레이션 97
마이크로서비스 54
마커 어노테이션 클래스 591
마커 인터페이스 107
마크다운 777
맵 이터레이션 410
멀티코어 시스템 638
메모리 사용량 484
메서드 이름 충돌 269
메서드 호출 46, 320
메서드 호출 연쇄 579
메시지 버스 54
메이븐 73, 775
메타어노테이션 537
멤버 참조 49, 237, 253
멤버 함수 150
멤버 확장 607, 609
멤버십 검사 402
명령-질의 API 577
명령적 575
명령형 코드 48
명시적 타입 캐스팅 517
모듈 182
모바일 애플리케이션 54
모바일 앱 42
모키토 모킹 프레임워크 784
모키토-코틀린 784
목케이 라이브러리 784
무공변 499
무공변 컬렉션 역할 500
문법 분석 559
문법 분석기 558
문서화 785
문자 타입 351

문자 토큰 558
문자열 리스트 495
문자열 템플릿 43, 86
밑줄 쓰기 702

ㅂ

바이트코드 59
반공변 타입 파라미터 514
반공변성 505
반응형 스트림 617, 626, 716
반응형 확장 51
반전 391
반환 타입 82
반환값 499
발사 후 망각 코루틴 630
배열 기본 연산 380
백슬래시 160
백엔드 45
버그 보고서 53
버튼 클릭 횟수 253
버퍼 오버플로 64
범용 디스패처 638
범용 언어 41
범용 프로그래밍 언어 574
범위 115
벤치마킹 785
변경 가능한 프로퍼티 419
변성 494
변성 규칙 504
변수 선언 82
변수 타입 47
병렬 계산 617
병렬 프로그래밍 618
병렬성 616
복합 대입 연산자 391
봉인된 클래스 188
부 생성자 196
부동소수점 상수 83
부동소수점 숫자 타입 351
부수 효과 48
부호 없는 숫자 타입 351
부호 있는 타입 352

불리언 436
불리언 식 105
불리언 타입 351
불변 데이터 구조 49
불변 변수 64
불변 컬렉션 370
불변 클래스 64
불변성 48, 212
뷰 선언 185
브로드캐스트 700
블로킹 51
블로킹 코드 622
블로킹되는 IO 작업 639
블록 본문 함수 81
비공개 메서드 504
비공개 생성자 195
비교 연산자 395
비동기 계산 634
비동기 코드 45
비동기 프로그래밍 42
비인라인 함수 458
비트 연산자 390
빈 컬렉션 287
빌더 패턴 560

ㅅ

사용 지점 변성 509
사용 지점 타깃 530
사용자 인터페이스의 반응성 616
사이트 방문 데이터 446
산술 연산 오버로딩 387
상계 476
상속 174, 345
상위 타입 496
상태 플로우 700, 707
상호운용성 66
생성자 참조 255
생성자 파라미터 63
선언 지점 변성 470, 509
선언적 575
설계 패러다임 42
성능 46

세터 63, 201
소프트 키워드 99
속성 428
수 변환 355
수신 객체 142
수신 객체 지정 람다 238, 266, 581, 587
수신 객체 타입 142, 583
수집자 689
순서 연산자 397
순수 함수 48
순열 115
술어 287
숨김 속성 310
숫자 리터럴 357
슈퍼바이저 748
스레드 51, 618
스레드 안전 370
스레드 풀 638
스마트 캐스트 98, 106, 179
스타 임포트 96
스타 프로젝션 484, 513
스택 트레이스 329, 457
스페이스 56
스프링 42, 54
슬라이딩 윈도우 297
시그니처 418
시드 560
시스템 스레드 618
시스템 자원 619
시퀀스 303
시퀀스 연산 457
식 본문 함수 81
신뢰성 46
실체화한 제네릭 453
싱글턴 인스턴스 556
싱글턴 클래스 172
싱글턴 패턴 218

ㅇ

아웃-프로젝션 타입 파라미터 511
아토믹푸 788
아파치 커먼즈 132

안드로이드 디바이스 45
안드로이드 스튜디오 53
안전한 캐스트 326
안전한 캐스트 연산자 325
안전한 호출 321
안전한 호출 연산자 320
애트리뷰트 537
양방향 변환 함수 355
어노테이션 54, 525
어노테이션 선언 526, 536
어노테이션 인자 528
어노테이션 타깃 529
어노테이션 파라미터 539
어노테이션 프로세싱 774
어댑터 58
어휘 분석 559
어휘 분석기 558
언더플로 357
언어 릴리스 주기 629
언체크 예외 124
업스트림 720
엔티티 속성 428
엘비스 연산자 43, 44, 322
역직렬화 225
역직렬화 대상 535
역직렬화 컴포넌트 558
역직렬화 함수 561
연산자 오버로딩 63, 391
연산자 함수 389
연상 단어 100
열린 범위 403
영속적인 불변 컬렉션 788
영역 함수 332
예외 처리 122, 757
예외 핸들러 753
오류 메시지 376
오류 전파 743
오류 처리 740
오버로딩 135
오버플로 357
오픈소스 IDE 53
옵저버블 418

와일드카드 타입　509
와즘　60
원격 프로시저 호출　54
원소 버퍼링　727
원시 타입　350
원시 타입 리터럴　356
웹어셈블리　60
위임 객체　414
위임 프로퍼티　413
위임 프로퍼티 구현　418
유니코드 이스케이프 시퀀스　357
유지 보수성　46
유틸리티 클래스　138
의존관계 주입　220, 786
이념　75
이름 붙인 인자　135
이벤트 리스너　229, 262
이스케이프　87, 160
이클립스 컬렉션즈　355
이터레이션　113, 400
이항 산술 연산　387
익명 객체　229
익명 내부 클래스　217
익명 클래스　172
익명 함수　465
익스포즈드 프레임워크　607
인 프로젝션 타입 파라미터　513
인덱스 접근 연산자　400
인라이닝　59
인라인 클래스　231, 233
인라인 함수　432
인라인 함수 정의　450
인라인된 람다　458
인터넷 서비스　50
인터페이스 구현　226
인텔리제이 IDEA　70
인텔리제이 IDEA 커뮤니티 에디션　53
일급 시민인 함수　48
일시 중단 가능한 계산　51
일시 중단 지점　633
일시 중단 함수　51, 617, 621
일시 중단 함수 호출　627

일시 중단된 코루틴　633
읽기 전용 변수　84
읽기 전용 참조　84
읽기 전용 프로퍼티　43, 419
임계 영역　645
입력 컬렉션　298

ㅈ

자바 API　532
자바 가상머신　41
자바 레거시 스레드 API　620
자바 레코드　213
자바 어노테이션 선언　537
자바 와일드카드　509
자바 제네릭스　476
자바 컬렉션　131
자바 표준 리플렉션　543
자바-코틀린 변환기　70
자원　458
장기 실행 코루틴　679
재대입 가능 변수　84
재대입 가능한 참조　84
잭슨　533
저수준 추상화　637
적재 프로세스　52
전위 ++ 연산　395
전제조건　323
전체 메모리 사용량　484
전체 이름　144
접근 캡슐화　518
접근자　93
접근자 메서드　90
접두사　133
접미사　133
정규식　157
정수 배열　380
정수 타입　351
정적 멤버　221
정적 타입 지정　44
정적 타입 지정 언어　46
정적 필드　141
정확한 선언 지정　529

제네릭 HtmlBlockTag 클래스 598
제네릭 JBox 인터페이스 481
제네릭 타입 파라미터 470
제네릭스 469
제이유닛 784
제이유닛 프레임워크 526
제이키드 526
제이키드 라이브러리 소스코드 533
젯브레인즈 56
젯팩 라이브러리 58
젯팩 컴포즈 737
젯팩 컴포즈 툴킷 58
조건 분기 48
주 생성자 192
중간 연산 305
중괄호 191
중복 제거 447
중위 표기법 301
중위 함수 152
중위 호출 155
중위 호출 연쇄 603
증가 연산자 395
지슨 533
지연 계산 303
지연 계산 시퀀스 304
지연 초기화 335, 416
지연 초기화 프로퍼티 334
직렬화 186, 787
직렬화 제어 552
직렬화기 555
진화 프로세스 610
집합 104

ㅊ

차가운 플로우 614
참조 타입 350
채널 플로우 695, 697
체크 예외 124
초경량 추상화 619
초기화 블록 191
최상위 역직렬화 함수 561
최상위 프로퍼티 140

최상위 함수 43
최종 연산 305
최종 연산자 688
추상 클래스 180
추상 프로퍼티 199
추상화 48
출력 리스트 376
취소 664
취소 촉발 665
취약한 기반 클래스 177

ㅋ

칼럼 타입 428
캐스팅 482
캐스팅 경고 532
캐스팅 관련 경고 485
캐시 저장소 566
캡슐화 418
커스텀 게터 563
커스텀 디스패처 639
커스텀 접근자 93, 424
커스텀 중간 연산자 734
컬렉션 130, 278
컬렉션 API 363
컬렉션 연산 43
컬렉션 연산 인라이닝 455
컬렉션 인터페이스 369
컬렉션 클래스 401
컴파일 71
컴파일 오류 478
컴파일러 경고 532
컴파일러 오류 175
컴포즈 다중 플랫폼 788
케독 777
케이토 42
케이토 HTTP 클라이언트 624
케이토 프레임워크 56
코드 블록 465
코드 재사용성 446
코드 커버리지 785
코루틴 51, 617
코루틴 빌더 628

코루틴 생명주기 관리 52
코루틴 스코프 652, 654
코루틴 콘텍스트 646
코루틴과 프로젝트 룸 620
코테스트 579, 784
코틀린 39
코틀린 if 식 78
코틀린 객체 내부 관찰 542
코틀린 데이터 클래스 213
코틀린 동시성 프로그래밍 616
코틀린 런타임 라이브러리 72
코틀린 리플렉션 773
코틀린 리플렉션 API 544
코틀린 문서화 주석 777
코틀린 문자 리터럴 357
코틀린 불변 컬렉션 인터페이스 370
코틀린 빌더 595
코틀린 선언 지점 변성 509
코틀린 심볼 프로세싱 774
코틀린 어댑터 58
코틀린 온라인 놀이터 69
코틀린 우선 플랫폼 42
코틀린 웹 사이트 46
코틀린 정규식 문법 158
코틀린 제네릭스 476
코틀린 지연 계산 시퀀스 304
코틀린 직렬화 787
코틀린 컬렉션 131
코틀린 컴파일러 46
코틀린 코드 44
코틀린 코루틴 621
코틀린 타입 시스템 39
코틀린 표준 라이브러리 49, 73, 237
코틀린 프로젝트 53
코틀린 플레이그라운드 631
코틀린 플로우 686
코틀린의 동시성 처리 방법 617
콘텍스트 수신 객체 610
콜드 플로우 686
콜백 51, 617
콜백 인터페이스 558
콜백 지옥 625

퀵 픽스 527
크로스플랫폼 툴킷 60
클래스 멤버 501
클래스 본문 42
클래스 위임 206, 214
클래스 임포트 96
클래스 참조 539
클래스 초기화 191
키/값 쌍 534

ㅌ

타깃이 정의된 이넘 538
타입 검사 76, 482
타입 별명 519
타입 상계 340
타입 소거 483
타입 시스템 43
타입 안전성 231, 519
타입 안전한 빌더 587
타입 인자 361
타입 정보 482
타입 추론 47, 82
타입 캐스팅 76
타입 파라미터 T 477
타입 파라미터 제약 476
태그 빌더 함수 593
터빈 788
터빈 라이브러리 768
테스트 디스패처 763
테스트엔진 784
테이블 선언 607
테이블 조인 610
토큰 558
툴박스 56
트레일링 콤마 43
특수 디스패처 639

ㅍ

파라미터 이름 435
파라미터 타입 433
파서 558
파서 콜백 인터페이스 558

팩토리 메서드　221
팩토리 함수　380
퍼스트 파티 라이브러리　629
포조 클래스　89
표준 입력 스트림　86
퓨처　51, 617
프라미스　51
프로그램 중단 횟수　59
프로젝트 룸　620
프로젝트 발할라　234
프로퍼티　42, 90
프로퍼티 게터　531
프로퍼티 세터　531
프로퍼티 위임 관례　415
프로퍼티 직렬화　554
프로퍼티 필터링　554
플래그　134
플랫폼 타입　341
플로우　683
플로우 연산자　719
피드백　53
피즈버즈 게임　115

ㅎ

하위 클래스　477
하위 타입　477
하트비트 코루틴　745
한정 와일드카드　513
함수 리터럴　63, 231
함수 시그니처　82
함수 인자 타입　512
함수 임포트　96
함수 타입　49, 439
함수를 반환하는 함수　443
함수의 반환 타입　433
함수형 언어　45
함수형 인터페이스　257
함수형 프로그래밍　48, 239
합성　52
핫 플로우　687, 699
해시 컨테이너　209
핸들러　253

현대적 언어 설계 패러다임　42
협력적　671
호출 문법　136
홑화살괄호 구문　474
확장 가능한 객체　425
확장 프로퍼티　142, 150, 474, 492
확장 함수　142, 339
후위 ++ 연산　395
흐름 제어　461

A

abstract　189
accessor method　90
adapter　58
age 프로퍼티　548
also 함수　273
Android Studio　53
annotation　54, 525
anonymous class　172
anonymous inner class　217
anonymous object　229
Apache Commons　132
Appendable 인터페이스　479
apply 함수　270
Array 생성자　378
arrayOf　378
arrayOf 함수　528
arrayOfNulls　378
as 키워드　110, 144
as?　325
asSequence　457
associate 함수　293
async　52
async {} 빌더 함수　637
async 빌더　634
attribute　428
autoIncrement 함수　610
AutomicFu　788
await　52

B

backing property　417

BigInteger 클래스 386
birthDate 프로퍼티 555
block body function 81
Boolean 351
Boolean 식 105
Boolean? 353
BooleanArray 379
bounded callable reference 255
bounded wildcard 513
break 114
buffer overflow 64
buffer 연산자 727
buildString 함수 436
by lazy() 416
by 키워드 214, 418
Byte 351
ByteArray 379

C

calculate 함수 530
callback 51
callback hell 625
callBy 메서드 565
callBy() 563
CancellationException 668
catch 123
catch 연산자 758
channel flow 697
Char 351
CharArray 379
CharSequence 406, 479
checked exception 124
chunked 296
chunked 함수 299
ClassCastException 325, 486
ClassInfo 구현 563
ClassInfo.createInstance 함수 563
Closable 인터페이스 459
Collection 인터페이스 367
collector 689
Column 프로퍼티 429
command-query API 577

commutativity 389
companion object 172, 217
compareTo 395
compareValuesBy 399
component 함수 407
Compose Multiplatform 788
compound assignment 연산자 391
concurrent decomposition of work 654
conflate 연산자 730
constructor reference 255
constructor 키워드 197
contains 402
continue 114
contravariance 505
convention 383
cooperative 671
copy() 212
coroutine 51
coroutine scope 652
CoroutineExceptionHandler 751
CoroutineScope 658
coroutineScope 654, 658
covariant 499
CPU 코어 616
critical section 645

D

DateSerializer 인스턴스 555
De Morgan's Theorem 287
debounce 연산자 732
dec 함수 394
declaration site variance 509
declarative 575
decorator 패턴 214
delay 함수 629
delegate 531
delegate object 414
Delegate 클래스 414
delegated property 413
DELETE 질의 575
Deprecated 어노테이션 528
destructuring declaration 152, 155, 407

Dex 바이트코드　71
dispatcher　637
Dispatchers.Default　638
divide　387
Dokka　780
Domain Specific Language　56, 274, 571
Double　351
Double 타입　318
downstream　720
DSL　56, 274, 571

E

Eclipse Collections　355
element is T　489
else 분기　104
else 키워드　103
Elvis operator　44
elvis 연산자　322
enum　75
equality-based conflation　708
equals　208
equals()　207
ERROR　527
escape　87
event listener　229
Exception　670
exception 처리　122
execute 메서드　328
expando object　425
expect/actual　60
Exposed 프레임워크　429
expression body function　81
extension function　142

F

field 키워드　420
FieldValidator　516
file　531
fill　295
filter　278, 432
filterIsInstance　489
finally　123

first-class 함수　48
Fizz-Buzz 게임　115
flag　134
flatMap　301
flatten　301
Float　351
floating point 상수　83
Flow　683
flowOn 연산자　733
fold　282
for ... in 루프　385
for 루프　115
for-each 루프　114
forEach 함수　411, 462
forEachIndexed 함수　381
FQN　144
fragile base class　177
Fully Qualifyed Name　144
fun 키워드　77
functional programming　48
future　51

G

Garbage Collection　59
GC　59
general-purpose programming language　574
generics　469
get　400
get 메서드　502
Getter　549
getter　63
getValue　418, 423
GlobalScope　658
Gradle　73
Groovy　143
groupBy 함수　293
GSON　533
Guava　132

H

hashCode()　209
heartbeat 코루틴　745

HIDDEN　527
hidden 속성　310
high order function　431
HTML 빌더　587
HTML 페이지　54
HTTP　54
HTTP 클라이언트　624
http4k　57
http4k 툴킷　786

I

IDEA 플러그인₩　62
identity equals 연산자　397
ifBlank　296
ifEmpty　295
IllegalArgumentException　485
IllegalStateException　670
immutability　48
immutable persistent collection　788
immutable 클래스　212
imperative　575
implementation inheritance　214
import 키워드　96
in 관례　402
in 연산자　209, 400
inc 함수　394
infix call　155
infix 함수　152
inheritance　174
initializer block　191
inline class　231
inline function　432
inline 키워드　449
inline-parameter　454
inlining　59
instanceof 검사　325
Int　351
Int?　353
IntArray　379, 380
intArrayOf　380
IntelliJ IDEA Community Edition　53
intermediate 연산　305

interpoerability　66
inv：391
invoke 관례　599
invoke 연산자　439
is 연산자　209
isActive 속성　672
isBlank　337
isBlankOrNull　337
isEmpty　337
isEmptyOrNull　337
isNullOrBlank　338
iteration　113
iterator 관례　406

J

Jackson　533
Java Virtual Machine　41
Java-to-Kotlin converter　70
java.lang.Class　490
java.lang.reflect　543
java.lang.Void 타입　361
java.util 패키지　371
java.util.ArrayList 클래스　371
java.util.HashSet 클래스　371
JetBrains　56
Jetpack Compose　737
Jetpack Compose toolkit　58
Jetpack 라이브러리　58
JKid　526
joinToString　440
JSON API　54
JSON 직렬화　526
JSON 직렬화 제어　533
JSON 파서 콜백 인터페이스　558
JSON 파싱　557
JsonObject 인터페이스　558
JSR-305 표준　341
JUnit　784
JVM　41
JVM 바이트코드　71
JVM 스레드　619

K

KAnnotatedElement 552
KCallable 544
KCallable.callBy 563
KClass 타입 540
KDoc 777
KEEP 610
KFunction 544
KFunctionN 인터페이스 547
Kotest 579, 784
Kotlin 39
Kotlin Playground 631
Kotlin runtime library 72
Kotlin Serialization 787
Kotlin standard library 73
Kotlin Symbol Processing 774
kotlinx.coroutines 613, 629
KParameter.type 프로퍼티 564
KProperty 422, 544
KSP 774
Ktor 42
KTX 라이브러리 58

L

label 114, 463
lambda expression 44
lambda with receiver 238, 266
late-initialize 335
lateinit 변경자 335
launch 함수 630
lazy initialization 416
leadAnimal 프로퍼티 504
let 함수 330
lexer 558
lexical analyzer 558
list 472
listOf 471
listWithToc 함수 598
loadService 491
loadUserData 함수 625
LocalDate 클래스 404
Lock 객체 450

Long 351
Long 타입 리터럴 356
lookForAlice 함수 461
Loom 620

M

main 함수 77, 377
map 278
map 함수 364
mapOf() 372
marker interface 107
Maven 73
max 함수 80
maxBy 함수 44
member extensions 607
membership test 402
meta-annotation 537
Mockito 모킹 프레임워크 784
Mockito-Kotlin 784
MockK 라이브러리 784
module 182
MutableCollection 368
MutableList 함수 379
MutableMap 인터페이스 400
Mutex 459

N

nested class 185
noinline 변경자 454
NoResultProcessor 361
not-null assertion 327
Nothing 361
Nothing 타입 362
notifyObservers 419
NPE 327
null pointer exception 47
null 검사 320
null 상수 558
null 참조 353
null 처리 39
null 포인터 예외 54
nullability 314

nullable type 47
NullPointerException 43, 54, 319
NullPointerException 오류 314

O

object declaration 217
object expression 172, 229
Object Relational Mapping 57
object 선언 239
object 키워드 217
observable 418
Observable 클래스 419
ObservableProperty 422
OkHttp 624
onChange 함수 419
onClick 핸들러 253
onCompletion 724
onEach 724
onEmpty 724
onStart 724
open range 403
open 변경자 148, 178
operator overloading 63
operator 키워드 387
Optional 타입 319
ORM 57
out 키워드 502
overflow 357
overloading 135
override 변경자 174

P

package 선언 531
param 531
parser 558
partition 289
Plain Old Java Object 89
platform type 341
plus 387
Point 클래스 386
POJO 클래스 89
postfix 133

precondition 323
prefix 133
primitive 타입 350
println 78
printSum 485
private 메서드 504
private 선언 181
progression 115
Project Loom 620
Project Valhalla 234
promise 51
property 91, 531
public 선언 181
pure function 48
put 메서드 481

Q

qualifiedName 프로퍼티 545
quick fix 527

R

Random 클래스 226
rangeTo 404
rangeUntil 404
raw type 471
reactive extension 51
read-only reference 84
reassignable reference 84
receiver 531
receiver object 142
receiver type 142
reduce 282
reflection 525
regular expression 157
reified generic 453
reified 타입 파라미터 490
remove 함수 527
replaceAll 295
ReplaceWith 528
resource 458
Retrofit 624
retry 연산자 760

return 80
return null 361
return 문 82, 461
routing 56
RPC 프로토콜 54
runBlocking 함수 629
RuntimeException 670
runUnderLock 452

S

safe-cast operator 325
SAM 258
SAM 변환 260
SAM 인터페이스 262
seed 560
seedArguments 맵 563
sendEmailTo 함수 330
separator 133
sequence 303
serializerForType 함수 564
ServiceLoader 490
set 400
setOf 함수 130
setOf( ) 372
setparam 531
Setter 63, 549
setValue 423
shared flow 700
shareIn 706
shl 390
Short 351
should 함수 603
showUserInfo 함수 622
shr 390
side effect 48
simpleName 프로퍼티 545
Single Abstract Method 258
singleton pattern 218
sleep 시스템 자원 619
sliding window 297
smart cast 98
soft keyword 99

Space 56
spawn 함수 561
split 메서드 157
Spring 42, 54
SQL 576
SqlExpressionBuilder 객체 611
stack trace 329
star import 96
star projection 484, 513
startActivity 함수 491
state flow 700
statement 79
statically typed 언어 44
string template 86
String 타입 318
String? 337
StringBuilder 436
strLen 함수 315
structured concurrency 52, 619, 652
subclass 477
subList 함수 503
subtype 477
supertype 496
suspendable computation 51
suspending 함수 617
suspension point 633
switch 98
synchronized 함수 451
syntax analyzer 558

T

terminal operator 688
terminal 연산 305
TestNG 784
TextView 인스턴스 271
thread pool 638
thread safe 370
throw 키워드 122
Throwable 670
throws IOException 124
times 387
toBoolean 함수 358

toBooleanStrict 함수 358
toByte() 355
toByteOrNull 358
toChar() 355
toIntOrNull 358
token 558
toolbox 56
toShort() 355
toString 43
toString 구현 132
toString 메서드 440
toString() 207
toTypedArray 메서드 379
TR 객체 589
trailing comma 43
transform 인자 454
try 123
try 문 385
try-catch 블록 741
try-with-resource 125, 460
try/finally 문 458
turbine 788
type alias 520
type inference 47, 82
type parameter constraint 476
typealias 키워드 520

U

UI 418
UI 스레드 624
unchecked exception 124
underflow 357
Unit 타입 360
update 메서드 328
upper bound 340, 476
upstream 720
use-site target 530
use-site variance 509
useLines 458
ushr 391

V

val 키워드 43, 84, 504
ValidatedInput 521
var 키워드 504
vararg 키워드 152
variance 494
visibility modifier 90, 181
void 350, 360

W

WARNING 527
Wasm 60
WebAssembly 60
when 98
while 루프 114
windowed 296
with 함수 266, 325
withContext 642
withIndex 함수 119
withLock 451, 458
wrapper 78
wrapper 객체 157

X

XML 파일 56
xor 391

Y

yield 함수 673

Z

zip 299

Kotlin IN ACTION 2/e
코틀린 컴파일러 개발자가 직접 알려주는 코틀린 언어 핵심

발 행 | 2025년 2월 27일

지은이 | 세바스티안 아이그너 · 로만 엘리자로프 · 스베트라나 이사코바 · 드미트리 제메로프
옮긴이 | 오 현 석

펴낸이 | 옥 경 석
편집장 | 황 영 주
편 집 | 임 지 원
디자인 | 윤 서 빈

에이콘출판주식회사
서울특별시 양천구 국회대로 287 (목동)
전화 02-2653-7600, 팩스 02-2653-0433
www.acornpub.co.kr / editor@acornpub.co.kr

한국어판 ⓒ 에이콘출판주식회사, 2025, Printed in Korea.
ISBN 979-11-6175-969-2
http://www.acornpub.co.kr/book/kotlin-in-action-2e

책값은 뒤표지에 있습니다.